Peter Becker

Aufstieg und Krise
der deutschen Stromkonzerne

Zugleich ein Beitrag zur Entwicklung des Energierechts

Ponte Press

Bochum 2010

Für Hermann Scheer

1944–2010

Inhalt

Vorwort   1

Der Stromstaat entsteht   5

1. Kapitel Zwei geniale Unternehmer: Emil Rathenau und Werner Siemens   6
2. Kapitel Der erste Konzessionsvertrag zwischen der Stadt Berlin und der „Actiengesellschaft Städtische Elektricitätswerke"   9
3. Kapitel Die Großbanken wittern das große Geschäft   11
4. Kapitel Der Stromkrieg von 1901   15
5. Kapitel Hugo Stinnes: Die Ehe zwischen dem RWE und den Kommunen   19
6. Kapitel Der Staat greift ein   24
7. Kapitel Das Glühlampenkartell Phoebus   29
8. Kapitel Weltwirtschaftskrise: Die Konzerne bleiben ungeschoren   32
9. Kapitel Die NSDAP übernimmt die Macht – aber die Energiekonzerne haben das Sagen   35

Der Gesetzgeber greift nach der Energiewirtschaft – allerdings verhalten   41

1. Kapitel Ein Gesetz gegen Wettbewerbsbeschränkungen – aber nicht für die Energiewirtschaft   42
   1 Der Druck der Alliierten   42
   2 Das Gesetz gegen Wettbewerbsbeschränkungen   44
   3 Der „Ausnahmebereich" Versorgungswirtschaft   44
   4 Woran sind die Reformpläne gescheitert?   47

2. Kapitel Der Stromstreit   50
   1 Die Stromverträge   50
   2 Das Schicksal der Stadtwerke in der DDR   52
   3 Die Rechtslage nach den Volkskammer-Gesetzen   53
   4 Die Gegenbewegung: Stromkonzerne und Bundesregierung Hand in Hand   56
   5 Der Widerstand im Westen   60
   6 Erste Auseinandersetzungen vor Gericht: Die Grundsatzverständigung bleibt   64
   7 Der Brief der Oberbürgermeister   66
   8 Weiteres Festhalten des Staates am Weg   67
   9 Der erste Stadtwerkskongress und die Kommunalverfassungsbeschwerde   69

I

10	Der Stromvergleich	73
11	Erfolg, Erfolg	75
12	Was blieb den Konzernen?	76

3. Kapitel Die Liberalisierung der Energiemärkte — 78

1	Vorspiel I in Deutschland	78
2	Vorspiel II auf der Brüsseler Bühne	81
3	Die Umsetzung in Deutschland	83
4	Der Wettbewerb bei Strom springt an: die langfristigen Lieferverträge kippen	85
5	Und die langfristigen Gaslieferverträge?	88
6	Netznutzung: Viel Bürokratie und wenig Wettbewerb	91
7	Das erste Gesetz zur Änderung des Gesetzes zur Neuregelung des Energie-wirtschaftsrechts	92
8	Rechtsschutz	95
9	Die EnWG-Novelle 2005	95
10	Die Regulierung des Gasnetzzugangs	97
11	Die Problempunkte des Gesetzes	98
	Erfolgsmeldungen der Lobby	98
	Keine Kontrolle der Energiepreise	99

4. Kapitel Monopoly – mit staatlichem Segen — 100

1	Die Ausgangslage	100
2	Die Fusion Energieversorgung Schwaben (EVS) und Badenwerk	100
3	Die Fusion VEBA/VIAG und ihrer Stromunternehmen PreussenElektra und Bayernwerk	101
4	RWE/VEW	102
5	Die Beteiligungen	103
	Gemeinschaftskraftwerke	104
	Gemeinsame Beteiligungen der beiden Unternehmensgruppen (im einzelnen Anhang 1b):	104
	Die Stadtwerksbeteiligungen	105
	Das Fazit des Kartellamts	105
	Die Bescheide des Bundeskartellamtes und der Kommission	107
	Die T-Komponente	108
6	... und trotzdem kein Verbot der Fusionen	109
7	Die Fusion E.ON/Ruhrgas	113
	Der Deal	113
	Das Objekt der Begierde: die Ruhrgas AG	114
	Die Gesellschafterstruktur	115
	Das Bundeskartellamt sagt Nein	116
	So schnell wird man klüger	118
	Die Ministererlaubnis	118
	Und Dr. Müller?	119
	Der Antrag auf Ministererlaubnis	119

		Das Gutachten der Monopolkommission	120
		Müller zieht sich zurück	122
		David gegen Goliath	123
		Mündliche Verhandlung zur Ministererlaubnis Nr. 2	124
		Frau Holle schüttet den Goldsack aus	125
		„Die Würde des Rechtsstaats"	126
	8	Die „vertikale Vorwärtsintegration" oder: Wie man Stadtwerke auf die andere Seite bekommt	127
		Der erstaunliche Erfolg der Thüga	127
		Die Pilotfälle „Aggertal" und „Garbsen"	129
		Aber nichts passiert	130
		Der Fall E.ON/Eschwege	132
		E.ON trennt sich von der Thüga	133
	9	Traurige Ergebnisse der Fusionskontrolle	134

5.	Kapitel Die Strompreisbildung: Der Verbraucher hatte immer das Nachsehen		135
	1	Strompreise ohne Kontrolle	135
	2	Nach dem Zweiten Weltkrieg: Späte und mühsame Installierung einer Preisaufsicht	136
	3	Einer gegen alle: Der hessische Preisaufsichtsreferent Schäfer	138
	4	Der Betriebsunfall: Wettbewerb in der Stromwirtschaft	139
	5	Das Wunder von Leipzig	142
	6	Zahlreiche Indizien für manipulierte Strompreise an der EEX	143
		Die Untersuchungen der Europäischen Kommission	144
		Die Studie von London Economics	145
		Die Sondergutachten Strom und Gas 2007 und 2009 der Monopolkommission	145
		Der Schriftsatz des Bundeskartellamts vom 30.11.2006 im Fusionskontrollverfahren E.ON/Eschwege	146
		Einheitliche Konzernstrategien gegenüber der EEX	147
		Der Abschlussbericht der Europäischen Kommission	148
		Die Folien des „Insiders"	151
		Die Resonanz in den Behörden	152
		Schwere Regulierungsmängel bei der EEX	153
	7	Voraussetzungen „angemessener" Strompreise I	155
	8	Voraussetzungen „angemessener" Strompreise II	157
		Kartellrechtliche Instrumente für die Preiskontrolle	157
		... in den Händen nachsichtiger Kartellbehörden	158

6.	Kapitel E.ON oder die Liebe zum Risiko		164
	1	Die E.ON AG: Der größte private Energiekonzern der Welt	164
	2	E.ON fängt ein Bußgeld von 38 Mio. Euro für das „fahrlässige Brechen eines Siegels"	166
	3	Der nächste Bußgeldbescheid der Kommission	167
	4	Die Absprachen des marktbeherrschenden Duopols von E.ON und RWE	169

III

5	Das Deutschland-Kartell	173
6	Die Aufteilung von Ost- und Südeuropa	174
7	Das Europakartell der Energieversorger	176

7. Kapitel Das Bundeskartellamt — 181

1	Halbherzige Konstruktion	181
2	Nötige Änderungen	184

8. Kapitel Die Atomverstromung: Triumph der Verdrängung — 186

1	Die kriegerische Nutzung der Atomkraft	186
2	Der Stromstaat will die „friedliche Nutzung" der Atomkraft	187
3	„Ich grüße dich, Atomreaktor": Atomverstromung in der DDR	190
4	Die Entsorgungsfrage	191
	Das Problem wird nicht erkannt	191
	Die Plutoniumwirtschaft	192
	Die Wiederaufarbeitung	193
	Das Scheitern der Wiederaufarbeitungstechnologie	195
	Fazit: Stillstand in der Entsorgungsfrage	195
5	Das „Staats"kraftwerk Obrigheim: Ein Schwarzbau	196
6	Mülheim-Kärlich: Schwarzbau auf der Erdbebenspalte	201
7	Biblis A: Das Aha-Erlebnis Grüner Atomaufsicht	202
8	Der „ausstiegsorientierte Gesetzesvollzug im Atomrecht"	208
9	Leichen pflastern ihren Weg	211
10	Die Kosten der Atomverstromung	216
11	Der Ausstieg aus dem Ausstieg?	219
	Der Atomkonsens wird gekündigt	219
	Der terroristische Flugzeugabsturz	220
	Die Schlacht um den Einspeisungsvorrang droht	223
	Kein Sachzwang	224

9. Kapitel Der unaufhaltsame Aufstieg der Erneuerbaren Energien — 226

1	Der Gesetzgeber entscheidet höchst selbst	226
	Das Stromeinspeisungsgesetz	226
	Das Erneuerbare Energien-Gesetz	227
2	100 % Erneuerbare Stromversorgung bis 2050: klimaverträglich, sicher, bezahlbar	228
	Die Klimaziele	229
	Der aktuelle Stand der installierten Leistung, des Verbrauchs und der Anteil der EE daran	229
	Die vollständige Umstellung der Stromversorgung auf EE bis 2050 ist möglich	230
	Aber: massiver Speicherausbau nötig	232
	Und: Netzausbau nötig	232
	Die „Sterbelinie" konventioneller Kraftwerke	233
	Die Schwächen des SRU in seinen Untersuchungsempfehlungen	234
	Die Rolle der Stadtwerke	234

Ein Konfliktfeld: die Industriestrompreise 237

10. Kapitel Der Kampf um die Stromerzeugung – Vereinung des Unvereinbaren im Energiekonzept der Bundesregierung 239

1 Das kommende Jahrzehnt: Spannend in jeder Beziehung 239
2 Das Energiekonzept der Bundesregierung, Teil I: EE 240
3 Pfad II: Kernenergie und fossile Kraftwerke 245
    Fossile Kraftwerke 245
    Kernenergie als „Brückentechnologie" 246
    Der „Atomfrieden" ist dahin 249
4 Pfad III: Die Einspeisekonkurrenz 249
5 Absehbare Strategien zur Beeinflussung der öffentlichen Meinung 250
6 Die Kosten der „Energiewende" – und die Kosten der konventionellen Stromerzeugung 250
    CO_2-Aufschlag 251
    Preisbildungsmechanismus an der Börse 251
    Die Kosten der Atomverstromung 251
    Die Kosten der Klimakatastrophe 252

11. Kapitel Die verfassungsrechtlichen (–gerichtlichen) Risiken einer Laufzeitverlängerung 253

1 Zur Frage der Bundesratspflichtigkeit der Laufzeitverlängerung 254
2 Verletzung des Rechtsstaatsprinzips durch mangelhafte Vorkehrungen für die öffentliche Aufgabe Stromversorgung 258
3 Biblis A: Ein Hochrisikoreaktor 258
4 Die Laufzeitverlängerungsgesetze: ein hohes verfassungsrechtliches Risiko 259

12. Kapitel Warum die Stromkonzerne so mächtig sind; und wie sie diese Macht jetzt missbrauchen 260

1 Einfluss über Lobbyismus 260
2 Stromversorgung als Staatstätigkeit 262
3 Dazu kommt die schiere Größe 264
4 Und jetzt: Der Lobbyismusexzess 265

13. Kapitel Die Krise der Stromkonzerne 268

1 Der Machtwechsel in der Erzeugung 268
    Die Daten 268
    Das „Duopol" schwindet dahin 269
    Die „Rekommunalisierung" 270
2 Der Defaitismus der Stromkonzerne 271
3 Die Energiewende wird von Vielen getragen 274
4 Das Versagen der Konzernstrategen 274
5 Konsequenzen für die großen Vier 275
    E.ON 275
    RWE 277

EnBW	279
Vattenfall	280
6 Differenzierte – und insgesamt traurige – Perspektiven	281

Epilog

283

Anhang 1

285

Der Schriftsatz des Bundeskartellamts im Fusionskontrollverfahren E.ON/Eschwege vom 30.11.2006

285

Anhang 1a

300

Gemeinschaftskraftwerke von VEBA/VIAG und RWE

300

Anhang 1b

301

Gemeinschaftsbeteiligungen von VEBA/VIAG und RWE

301

Anhang 1c

302

Die Beteiligungen von RWE und VEW an Regionalversorgern

302

Anhang 2

303

Die Folien des Insiders: Schlussfolgerungen

303

Anhang 3

306

Die Kraftwerke und Kraftwerksbeteiligungen von E.ON

306

Anhang 4

308

Vereinbarung zwischen der Bundesregierung und den Energieversorgungsunternehmen vom 14. Juni 2000

308

Anhang 5

322

Vertrag zwischen der Bundesregierung und den vier Energiekonzernen über die Verlängerung der KKW-Laufzeiten (Stand 06.09.2010)

322

Vorwort

Im Jahre 1984 erschien ein Buch, dessen Titel „Der Stromstaat" nicht auf Anhieb erkennen ließ, worum es ging. Autor war der Journalist Günter Karweina, der zum Gründungsteam des SPIEGEL gehörte und dann Bonner Korrespondent des Norddeutschen Rundfunks wurde. Er war ein großer Spezialist für die Energiewirtschaft und muss einen riesigen Zettelkasten gehabt haben (das Internet gab es noch nicht), aus dem sein Buch eine unglaubliche Farbigkeit zog[1]. Sein Buch erzählt sehr detailreich die Wunderwerke des genialen Erfinders Thomas Alva Edison, dessen Firma zur Mutter des US-Konzerns General Electric wurde. Emil Rathenau, Gründer der AEG, war auf ihn aufmerksam geworden und kaufte bei ihm Patente für die Glühlampe und alles, was drum herum gebraucht wurde. Die Dynamos bekam Rathenau von einem anderen genialen Erfinder und Unternehmensgründer, Werner Siemens (geadelt wurde er erst später). Die beiden verstanden sich ausgezeichnet, aber während es Siemens' Unternehmen heute noch gibt – es ist mit 67 Mrd. Euro das wertvollste Unternehmen im DAX (8/2010) – musste die AEG wegen zahlreicher unternehmerischer Fehlleistungen 1982 Vergleich anmelden und wurde in Teilen verkauft. Ein anderer genialer Unternehmer aus der Zeit der Jahrhundertwende 1900 war Hugo Stinnes, der frühzeitig die Vorteile kostengünstiger Stromerzeugung in Großkraftwerken erkannte und damit das RWE zu einem auch heute noch großen Unternehmen machte – es steckt jetzt allerdings in einer Krise. Stinnes hatte die geniale Idee, viele nordrhein-westfälische Kommunen zu Aktionären des RWE zu machen. Im Gegenzug erhielt er über 50 Jahre laufende Konzessionsverträge und riesige gesicherte Absatzgebiete. Während der Inflation hatte er sein Geld im Ausland angelegt und kaufte damit eine Vielzahl entwerteter Unternehmen auf, was ihn zum größten Unternehmer Deutschlands machte. Aber seine Kinder verspielten das Erbe.

Ein Geschäftsmerkmal der Stromwirtschaft war das Kartell. Unter Anführung der Amerikaner wurden riesige Kartelle gestrickt, beispielsweise das weltweite Glühlampenkartell Phoebus. Aber eine wirksame Kartellaufsicht konnte in Deutschland, anders als in den USA, nicht durchgesetzt werden. Im Gegenteil: Die Nazis fanden die kartellierte Stromwirtschaft gut und bewahrten sie mit dem Energiewirtschaftsgesetz 1935 vor den „schädlichen Folgen des Wettbewerbs", wie es in der Präambel hieß.

Warum Karweina sein Buch „Der Stromstaat" genannt hatte, erschließt sich bei Beleuchtung der Frage, wem die Stromwirtschaft eigentlich gehörte. Das waren einmal die Kommunen, deren Eigenbetriebe, quasi Ämter der Verwaltung, etwa die Hälfte der deutschen Stromwirtschaft ausmachten. Außerdem entstanden neben dem RWE, an dem Kommunen

---

1. Der Stromstaat erschien in 1. und 2. Auflage 1984 als STERN-Buch, vorher erschienen bei STERN-Buch die Titel „Der Megawatt-Clan" (1981) und „Der Sechste Sinn der Tiere" (1982).

die Stimmenmehrheit hielten, in der Inflationszeit die Landeselektrizitätsgesellschaften wie Preussen-Elektra, Energieversorgung Schwaben, Badenwerk etc., über die die Länder unmittelbaren Einfluss auf die Stromwirtschaft erhielten. Bis lange nach dem Zweiten Weltkrieg gehörte damit die Stromwirtschaft fast völlig dem Staat, wenn man von einigen privaten Stromversorgern und der industriellen Eigenerzeugung absieht. So erklärt sich, warum es bis in unsere Tage keine wirksame Aufsicht über die Stromwirtschaft gab: Der Staat wollte sich eben nicht selbst Fesseln anlegen.

Diese Erkenntnis gab den Anstoß für dieses Buch. Sein Autor, Anwalt, in verschiedenen Bereichen des Verwaltungsrechts erfahren, wurde mit einem spektakulären Prozess vor dem Bundesverfassungsgericht Quereinsteiger ins Energiewirtschaftsrecht. Es gelang, den westdeutschen Energiekonzernen die kommunalen Stromversorgungen, die sie der Regierung der DDR abgekauft hatten, wieder wegzunehmen. Das war eine Folge des geschärften Blicks für die Triebkräfte hinter unscheinbaren rechtlichen Regeln. Sie lösten den Wunsch aus, mit diesem geschärften Blick auch die weitere Entwicklung der Stromwirtschaft zu betrachten, allerdings auch unter rechtlichen Aspekten. Denn – anders als bis zum Zweiten Weltkrieg – bemächtigte sich der Staat danach auch des Energiewirtschaftsrechts.

Günter Karweina sollte und musste mit seinem tollen Buch ein Denkmal gesetzt werden. Deswegen bedient sich der Autor vieler wörtlicher Formulierungen, die in ihrer Aussagekraft nicht zu übertreffen sind. Aber Karweinas 170 Seiten bis zum Zweiten Weltkrieg wurden ganz stark gekürzt, auf 37 Seiten. Außerdem wird der Blick konzentriert auf die rechtlich relevanten Bereiche, die Karweina als Journalist nicht mit demselben Gewicht herausarbeitete.

Es waren die Amerikaner, die in Deutschland ein Kartellgesetz erzwangen. Aber der Staat und seine Unternehmen verhinderten den Zugriff der Kartellaufsicht auf die Energiewirtschaft, sie blieb „Ausnahmebereich". Dieser Rechtszustand änderte sich erst 1998, nachdem die EU die Mitgliedstaaten zur Liberalisierung auch der Energiemärkte gezwungen hatte. Diese Entwicklungen – die Entstehung des Gesetzes gegen Wettbewerbsbeschränkungen, der Stromstreit vor dem Bundesverfassungsgericht in 1991/92, die Liberalisierung – werden in den ersten Kapiteln dargestellt. Dabei war sehr hilfreich, dass der Autor jedenfalls seit dem Stromstreit intensiv auf die Liberalisierung Einfluss nehmen konnte, etwa mit den Musterprozessen gegen die langfristigen Strom- und Gaslieferverträge der Konzerne. Aus diesen Aktivitäten ist übrigens eine Anwaltskanzlei entstanden, die die wohl führende europäische Energieanwaltsfirma darstellt, was auch damit zusammenhängt, dass Deutschland eine wegen der zahlreichen Stadtwerke pluralistische Energiewirtschaft hat, die viel Beratungsbedarf erzeugt.

Es folgen die Darstellungen der aktuellen Entwicklungen und Auseinandersetzungen: Die Zulassung der Fusionen RWE/VEW durch das Bundeskartellamt und von VEBA/VIAG mit ihren Töchtern PreussenElektra und Bayernwerk zu E.ON durch die Europäische Kommission. Statt das Entstehen von marktbeherrschenden Giganten zu verhindern, haben die Kartellaufsichten sie gefördert – mit fragwürdigen Rechtfertigungen. Als große Fehlleistung erwies sich auch die Zulassung der Fusion E.ON/Ruhrgas mit Hilfe einer Ministererlaubnis; eine Fehlleistung allerdings nur des Staates, während E.ON damit ein glänzender Coup gelungen ist, der das Unternehmen zu einem der größten Energiekonzerne der Welt machte. Minister Müller musste sich auf Druck der Öffentlichkeit aus dem Verfahren zurückziehen. Sein Staatssekretär Tacke übernahm die Erteilung der Ministererlaubnis – und beide wurden belohnt: Minister Müller wechselte vom Kabinett zum Vorstandsvorsitzenden der RAG, Tacke wurde Chef der STEAG; gut für die beiden, aber für den Rechtsstaat ein Trauerspiel.

Auch die staatliche Überwachung der Strompreisbildung ist kein Glückserlebnis für die Verbraucher. Die staatliche Preisaufsicht, eingerichtet in den siebziger Jahren, blieb weitgehend wirkungslos, was nicht nur an der mangelhaften Ausstattung der Landesbehörden lag, sondern auch an den rechtlichen Regularien. Nach der Liberalisierung gab es kurzzeitigen heftigen Wettbewerb insbesondere zwischen RWE und EnBW. Aber der wurde beigelegt, indem sich die Konzerne über ihre Vorgehensweise bei der Preisbildung an der EEX verständigten. Da es keine „Andienungspflicht" an der Börse gibt, wurden 80 % des Stromhandels „over the counter" abgewickelt. Beim Rest wurde preisbestimmend nicht etwa ein Mix aus den kostengünstig produzierenden und den teureren Kraftwerken, beispielsweise auf Erdgasbasis, sondern nur das jeweils teuerste. Der Staat hat weder die grundsätzliche Konstruktion des börslichen Strompreishandels noch den Handel im einzelnen überwacht und reguliert. Es fehlte an einer Meldepflicht für die Aufsichtsbehörde, am Verbot des Insiderhandels und am Marktmanipulationsverbot für den Spotmarkt, der der wesentliche Preissetzer ist. Eine groß angelegte Untersuchung der Europäischen Kommission, für auch die Konzernzentralen durchsucht wurden, endete trotz zahlloser belastender Indizien in einem Vergleich: E.ON musste sich zur Abwendung eines milliardenschweren Bußgeldes verpflichten, sein Höchstspannungsnetz und etwa 10 % seiner Kraftwerkskapazitäten zu verkaufen. Ergebnis für den Verbraucher: Fehlanzeige.

Aber das Verhalten von E.ON war eine vertiefte Untersuchung wert: E.ON war allein in drei Untersuchungsverfahren der Europäischen Kommission verstrickt und erntete zwei saftige Bußgelder. Es fanden zahlreiche Treffen der deutschen und europäischen Konzernlenker statt, die wohl die Funktion hatten, zu abgestimmtem Verhalten zu kommen. Das ist alles dokumentiert in einem Schriftsatz des Bundeskartellamts, der eigentlich nicht für die Öffentlichkeit bestimmt war, aber im E.ON-Kapitel beleuchtet und im Anhang dokumentiert wird. Warum es nicht zu weitergehenden Untersuchungen kam, legt eine Betrachtung der Ausstattung des Bundeskartellamts nahe: Der Gesetzgeber stattete das Amt so dürftig aus, dass die Beamten zu einer wirklich effektiven Kartellaufsicht, sei es Missbrauch-, sei es Fusionskontrolle, nicht kommen.

Mehrere aktuell gewordene Kapitel befassen sich mit der Atomverstromung und dem unaufhaltsamen Aufstieg der Erneuerbaren Energien. Mit der „friedlichen Nutzung der Kernenergie" bei der Atomverstromung, vom Staat als Gegenmodell zu ihrer kriegerischen Nutzung gedacht, wie sie in den Atombombenabwürfen auf Hiroshima und Nagasaki stattfanden, wurde – zunächst gegen den Willen der Konzerne – eine Technologie platziert, die unsicher war und ist, die wegen der ungelösten Entsorgungsfrage ein großes Zivilisationsrisiko erzeugt und letztlich ohne Zukunft ist. Aber die Kosten der Technologie sind immens – und bis heute nicht sauber aufgelistet.

Es ist letztlich eine List der Technikgeschichte, dass die Erneuerbaren Energien der Atomverstromung den Garaus machen werden. Schon jetzt sind die Erneuerbaren Energien in Deutschland so ausgebaut, dass sie „in die Grundlast der Kernkraftwerke fahren" und sie zur Drosselung des Betriebs zwingen. Im Jahr 2020 soll es die bisherige Grundlast aus Steinkohle-, Braunkohle und Kernkraft nicht mehr geben. Bis 2050 kann die Stromerzeugung vollständig auf Erneuerbare Energien umgestellt sein. Dass das möglich ist, zeigt ein aktuelles Gutachten des Sachverständigenrates für Umweltfragen. Aber hier liegt auch ein epochaler Konflikt: Den Stromkonzernen, die über hundert Jahre die deutsche Stromversorgung garantierten und bis heute daraus viel Geld erlösen, wird langsam das Heft aus der Hand genommen. Private Investoren und Stadtwerke, natürlich auch die Stromkonzerne, bauen Wind-, Wasserkraftwerke, Photovoltaikanlagen, verstromen Biomasse etc. Es entsteht eine bunte Vielfalt von Pfaden. Hier spielen auch Stadtwerke mit ihrer dezentralen Erzeugung und Versorgung eine entscheidende Rolle. Aber es bestehen zwei Herausforderungen: Das Höchstspannungsnetz muss ausgebaut werden, um große Strommengen über hohe Entfernungen zu transportieren. Vor allem sind neue Speicherkraftwerke nötig, weil Strom aus Erneuerbaren Energien „zwischengelagert" werden muss. Dafür müssen in Deutschland Druckluft- und – im Verbund mit Norwegen – Pumpspeicherkraftwerke gebaut werden. Aber hier halten sich die Konzerne bewusst zurück, um ihre Kraftwerke möglichst lange am Netz zu haben.

Deswegen sind der politische Gestaltungswille und die Gestaltungskraft des Staates gefragt. Ein erster Versuch ist mit dem Energiekonzept der Bundesregierung vom September 2010 gemacht worden. Allerdings stehen die beiden Pfade der Stromerzeugung – der fossil/nukleare und der erneuerbare – praktisch unvermittelt nebeneinander. Es wird zu Einspeisekonkurrenzen, zum „Kampf um das Netz" kommen. Zudem steht die Laufzeitverlängerung verfassungsrechtlich auf tönernen Füßen. Wo geht die Reise hin? Gebraucht wird jedenfalls ein höchst transparenter Entscheidungsprozess, in dem die unterschiedlichen Interessen erkannt und bewertet werden. Das ist eine Herausforderung für die Parlamentarische Demokratie. Eins ist absehbar: In der Stromerzeugung wird es zu einem Machtwechsel kommen. An die Stelle der Stromerzeugung in den Konzernen treten die dezentralen Einspeiser aus Erneuerbaren Energien. Die fossile und nukleare Stromerzeugung wird abgewickelt. Und das ist gut so.

I.

Der Stromstaat entsteht

1. Kapitel
Zwei geniale Unternehmer: Emil Rathenau und Werner Siemens

Weltausstellung der Elektrizität 1881 in Paris: Emil Rathenau ist begeistert. Der Industriepalast an den Champs-Elysées wird von über 100 elektrischen Bogenlampen hell erleuchtet. Man spricht vom „Lichtwunder von Paris". Aber Rathenau begeistert etwas Anderes, die Ausstellung des Erfinders Thomas Alva Edison. Er hatte seine Räume mit Glühlampen beleuchtet, die so genannt wurden, weil der Strom in ihnen einen Kohlefaden zum Glühen brachte. Auf einem kleinen Tisch stand eine Lampe, die man mit einem Schalter „anzünden" und ausmachen konnte. Edison hatte also nicht nur die Glühlampe erfunden, sondern auch den Schalter und überhaupt alles, was für den Umgang mit Starkstrom gebraucht wurde: Steckdosen, Fassungen, Klemmen, Schalter, Sicherungen, Anschlussdosen, Stromzähler und den „Jumbo", den größten Generator seiner Zeit, eine Dampfmaschine von 120 PS, die einen 50-Kilowatt-Dynamo antrieb (dieses Prinzip gilt noch heute: Kohle wird verstromt, indem Dampf erzeugt wird, der Dynamos antreibt; auch Atomkraftwerke sind nichts Anderes als gigantische Tauchsieder, die Wasserdampf für die Generatoren erzeugen).

Rathenau hatte Geld in der Hand, weil er seit dem Verkauf einer von ihm gegründeten Maschinenfabrik Goldmark-Millionär war. Neun Jahre hatte er nach einer neuen Lebensaufgabe gesucht. Jetzt lag sie vor ihm. Er sprach Edison an, um sich die deutschen Rechte des Edison'schen Glühlampensystems zu sichern und auf dieser Grundlage eine neuartige Großindustrie aufzubauen. Die von Edison für Europa gegründete Patentverwertungsgesellschaft, die Compagnie Continentale Edison in Paris, räumte Rathenau eine kostenlose Option bis Ende 1882 ein. Die Ausübung der Option war davon abhängig, dass er ein Aktienkapital von 5 Mio. Mark innerhalb eines Jahres nachweisen musste, was damals eine hohe Summe für ein Industrieunternehmen war. Rathenau beschloss, die Elektrizität in Berlin einzuführen. Dafür waren die Verhältnisse günstig: Berlin wuchs in jenen Jahren sehr schnell. Mit dem Bau der Kanalisation für 1,2 Mio. Menschen war erst vor wenigen Jahren begonnen worden. Selbst im Palais des Kaisers gab es keine Badewanne. In dieser Riesenbaustelle konnte Rathenau damit rechnen, dass sein Stromnetz beim Bau der auf 4 Mio. Einwohner geplanten Metropole mitwachsen würde. Der Baulöwe Carstenn gründete eine „Kurfürstendamm AG"; Berlin hörte 1882 am Zoo auf. Nachts war es dunkel. Nur ein Viertel der Berliner hatte Gaslicht, die anderen nur Petroleumlampen. Nach Einbruch der Dunkelheit ging man zu Bett. Berlin war folglich ein ungeheurer Markt für Glühlampen. Die Berliner mussten sie nur kennenlernen.

Seine erste Edison-Anlage installierte Rathenau beim „Berliner Börsencourier" – und das neue helle Licht, das man schon an der Tür einschalten konnte, wurde eine Sensation.

Die zweite Lichtanlage wurde im „Böhmischen Brauhaus" platziert. Die Brauer waren nämlich mit Gaslicht unzufrieden, weil es die Luft in den Gärkellern zu stark erhitzte und die Qualität des Bieres beeinträchtigte. Und das Brauhaus – und bald die ganze Branche – war hochzufrieden. Rathenau begeisterte auch die angesehensten Clubs der Hauptstadt für das elektrische Licht – den „Unionclub" des Adels und die „Ressource" der Banker. Rathenau war Gast bei einem Bankett der Ressource und konnte zuhören, wie der Bankier Pringsheim das neue Licht und seinen Propheten Rathenau pries. Aber Rathenau musste kurz darauf in den Keller verschwinden: Das Licht hatte angefangen zu flackern und er ahnte eine Katastrophe. Die Lager des Dynamos waren heißgelaufen und Rathenau musste sie mit dem Eis kühlen, das eigentlich für die Sektkübel bestimmt war. Am nächsten Tag feierte Berlin das „fabelhaftzuverlässige Edison-Licht".

Der Durchbruch kam am 16. September 1882 auf der Internationalen Elektrizitätsausstellung in München. Es war überhaupt die erste Ausstellung, die nach Einbruch der Dunkelheit eröffnet werden konnte, weil die Hallen und Zufahrtsstraßen von zahlreichen Edison-Lampen beleuchtet wurden. Die Fachleute erkannten, das Rathenau der Bogenlicht-Partei die Schau gestohlen hatte. Von nun an kam nur noch die Glühbirne in Frage. Die eigentliche Sensation war die Bühne im Theatersaal des Glaspalastes. Während der Auftritte des Königlich-Bayerischen Balletts konnte ein Techniker nach Wunsch die Lichtstärke verändern und erstaunliche Effekte erzeugen. „Diese Theaterbeleuchtung ist ein durchschlagender Erfolg des elektrischen Lichts!", meldete die Elektrotechnische Zeitschrift. Die Münchner Zeitungen feierten Rathenau. Berliner Bankiers fragten bei den Kollegen an der Isar ungläubig nach. Die telegrafierten zurück: „Zeitungsdepeschen sind nicht übertrieben." Die Privatbankiers waren gewonnen und erklärten sich bereit, die Gründung der Deutschen Edison-Gesellschaft mit 5 Mio. Mark zu finanzieren. Voraussetzung war allerdings, dass sich Rathenau vorher mit der Firma Siemens & Halske und ihrem Chef arrangierte.

Auch Werner Siemens (der Adelstitel wurde ihm erst 1888 vom „Hundert-Tage-Kaiser Friedrich" verliehen), damals schon 66 Jahre alt, im Unterschied zu dem gerade 45 Jahre alt gewordenen Rathenau, war auf der Pariser Elektrizitätsausstellung gewesen; allerdings als Anhänger der Bogenlampen. Er war zu der Zeit schon weltberühmt, denn er hatte im Jahr 1866 den Dynamo erfunden. Aus einer kleinen Werkstatt mit 10 Arbeitern hatte er – Partner Halske war längst ausgeschieden – in 35 Jahren einen der ersten multinationalen Weltkonzerne mit Tochtergesellschaften in Großbritannien, Russland, Österreich-Ungarn, Frankreich und den USA gemacht. Das war allerdings die Karriere eines Schwachstromers: Siemens war nämlich der Pionier der Telegrafenleitungen, die bis nach Indien, New York und Afrika reichten. Von seiner „genialen technischen Begabung" (Firmengeschichte) zeugten zahlreiche Erfindungen und Entdeckungen. Die Akademie der Wissenschaften ernannte ihn zum Mitglied, obwohl er nicht einmal Akademiker war und den Unterricht in seinen Lieblingsfächern Mathematik und Naturwissenschaft in der Ausbildung zum Berufsoffizier erhalten hatte. Anders als andere Erfinder war Siemens im Laufe der Jahre zum mehrfachen Millionär geworden. Denn er war ein außerordentlich geschickter – und oft auch gerissener – Geschäftsmann, dessen „meisterhafte Ausnutzung aller nationalen und internationalen Kaufmannschancen" die Zeitgenossen bewunderten; ein Bild, das Siemens allerdings nicht sehr lieb war. Aber sein unternehmerisches Gespür zeigte sich z. B. darin, dass er das von dem Amerikaner Alexander

G. Bell entwickelte Telefon einfach nachbaute, da es in Deutschland nicht patentiert war. Der Verkauf verlief „mit großem Erfolg und einer Gewinnspanne von 50 %".

Die Aufnahme der Verhandlungen zwischen den beiden Männern wurde durch den Umstand erleichtert, dass sie sich seit Jahren kannten. Rathenau war als Maschinenfabrikant Mitglied im Verein der Berliner Metallindustrie gewesen; einer Arbeitgeberorganisation, die Siemens gegründet hatte, um gegen die organisierten, streiklustigen Arbeiter eine geschlossene Aussperrungsfront aufbauen zu können. Das war aber eher in den jüngeren Jahren. Als älterer Unternehmer nahm er den Sozialdemokraten den Wind aus den Segeln, indem er die Sonntagsarbeit abschaffte und werktags nur noch von 7 Uhr früh bis 6 Uhr abends arbeiten ließ, bei drei Pausen und einem Spitzenlohn von 25 Mark die Woche. Zusätzlich wurde eine Alters- und Invalidenpensionskasse für die Siemens-Belegschaft gegründet. Die Beiträge zahlte die Firma. Auch das imponierte Rathenau, weil damit fähige Arbeiter an die Firma gebunden und gleichzeitig der „Betriebsfrieden" gesichert werden konnte.

Beide Kontrahenten konnten bei dieser Verhandlungslage nur gewinnen: Siemens brauchte Rathenau und die Edison-Patente, Rathenau brauchte Siemens, weil nur Siemens genügend Erfahrung hatte, um die Massenproduktion elektrischer Aggregate aufzunehmen. Der Kompromiss: Siemens und Rathenau teilten das große Edison-Monopol in zwei kleinere Monopole auf: Rathenau sollte den Bau von Kraftwerken und den Stromverkauf übernehmen. Dafür verpflichtete er sich, alle Dynamos, Motoren, Kabel etc. bei Siemens zu kaufen. Beide Partner durften eigene Glühlampenfabriken bauen, sahen aber bereits die Gründung eines Glühlampenkartells mit strikter Preisbindung vor. Als der auf zehn Jahre befristete Kooperationsvertrag unterschrieben war, hatten Siemens und Rathenau den Elektrizitätsmarkt in Deutschland schon aufgeteilt, bevor es ihn überhaupt gab.

Nachdem Rathenau und seine Bankiers im April 1883 die Deutsche Edison-Gesellschaft mit einem Aktienkapital von 5 Mio. Mark gegründet hatten, ging er zielstrebig an den Ausbau der Elektrizität in Berlin. Dafür holte er sich einen begeisterungsfähigen jungen Mann, Oskar von Miller, der bei ihm Technischer Direktor wurde. Von Miller hatte es bis dahin nur zum königlich-bayerischen Staatsbau-Praktikanten und einem Monatsgehalt von 120 Mark gebracht. Aber er hatte aus eigener Initiative die große Elektrizitätsausstellung in München organisiert. Rathenau bot ihm daraufhin ein sensationelles Jahressalär von 20.000 Goldmark plus Gewinnbeteiligung. Mit seinem kleinen Stab, der auch einen Patentanwalt umfasste, überzog Rathenau Berlin mit einem System von „Blockstationen", die Häuserblocks mit Strom versorgen sollten. Die erste Blockstation entstand an einer der belebtesten Kreuzungen der Reichshauptstadt, Friedrichstraße/Ecke unter den Linden. Sie konnte mit ihren sieben Dynamos 1.800 Glühlampen in den Gaststätten und Geschäften mit Strom speisen. Aber Rathenau dachte damals schon anstelle der kleinen Dynamos in den Kellern an „Riesenhallen mit vieltausendpferdigen Maschinen, die automatisch und geräuschlos ganze Millionenstädte mit Licht und Kraft beliefern". Aber klar war, dass Rathenau solche Pläne nicht ohne und schon gar nicht gegen den Willen der Stadt verwirklichen konnte, in der sich das alles abspielte: Berlin.

2. Kapitel
Der erste Konzessionsvertrag zwischen der Stadt Berlin und der „Actiengesellschaft Städtische Elektricitätswerke"

Erster Schritt war die Gründung einer „Actiengesellschaft Städtische Elektricitätswerke" als Tochtergesellschaft von Rathenaus Deutscher Edison, wiederum mit seinen Bankiers im Rücken. Sie sollte nach ihrer Satzung „der gewerbsmäßigen Ausnutzung des elektrischen Stroms im jetzigen und künftigen Weichbild der Stadt" dienen. Damit war sie von der Konzeption her das erste öffentliche deutsche Elektrizitätsversorgungsunternehmen (EVU).

Die Verhandlungen mit der Stadt erwiesen sich als äußerst schwierig, obwohl der Magistrat unter seinem linksliberalen Oberbürgermeister Rathenaus Plänen ausgesprochen positiv gegenüberstand. Aber viele Abgeordnete im Stadtparlament und ihre Fraktionen diskutierten Monate über die Frage, ob man die Stromversorgung überhaupt einem privaten Unternehmen überlassen oder besser in die eigenen Hände nehmen sollte, so wie bei Gas und Wasser. Der Magistrat setzte sich durch mit dem Argument, dass Privatunternehmen für den Ausbau der Stromwirtschaft besser geeignet seien, weil sie über das erforderliche Wissen verfügten, aber auch das technische und wirtschaftliche Risiko tragen mussten.

Damit verlief die Entwicklung in Berlin anders als in Hamburg, wo der Senat mehrere Anträge auf Wegerechte ablehnte, weil die Hansestadt monatlich fast 200.000 Mark Gaseinnahmen hatte. Der Aufbau der Stromversorgung hätte also in direkter Konkurrenz zur kommunalen Gasversorgung gestanden. Daran war der Senat nicht interessiert. Rathenau machte die Berliner Stadtväter demgegenüber darauf aufmerksam, dass sie ihre Gaseinnahmen erheblich steigern könnten, wenn sie das Stadtgas nicht zur Beleuchtung, sondern für die Gasheizung propagieren würde: „*Sind Gasöfen, die in wenigen Augenblicken funktionieren und das Einbringen unsauberer Brennmaterialien in unsere Wohnungen beseitigen, nicht unvergleichlich angenehmer als Kohlenfeuerungen?*" Und er versicherte: „*Gas gewinnt mit der Heizung ein konkurrenzloses Feld*": Eine äußerst weitsichtige Argumentation.

Am 24. Januar 1884 billigte die Stadtverordnetenversammlung mit großer Mehrheit den Abschluss eines Konzessionsvertrages mit der Actiengesellschaft Städtische Elektricitätswerke. Übertragen wurde die Stromversorgung des Stadtbezirks rings um den Werderschen Markt (heute Sitz des Auswärtigen Amtes); nur wenige hundert Meter von der Prachtstraße Unter den Linden entfernt. Im Vertrag zwischen Stadt und EVU wurden jene Grundregeln festgelegt, die Konzessionsverträge bis zum Jahre 1998 aufwiesen, dem Jahr der Liberalisierung der Energiemärkte. Die Gesellschaft erhielt das exklusive Wegerecht für die Verlegung und den Betrieb von Leitungen; niemand außer der Gesellschaft konnte Stromleitungen verlegen. Das war ein Transportmonopol. Außerdem erhielt sie auch das Monopol für den Stromverkauf, weil sonst der hohe Investitionsaufwand für die Leitungen nicht zu finanzieren war. Als Gegenleistung zahlte Rathenau 6 % vom Umsatz als Konzessionsabgabe an die Stadt. Außerdem verpflichtete er sich, jeden Bürger im Konzessionsgebiet an das Netz anzuschließen – die „Anschluss- und Versorgungspflicht". Der Stadt war auch schon klar, dass im Monopol die Preise kontrolliert werden mussten. Der Magistrat behielt sich also eine Preis- und Missbrauchsaufsicht für die Tarife vor.

Das gelungene Berliner Experiment war ein Signal für andere deutsche und europäische Städte. Das Berliner Beispiel wurde vielfach kopiert. Daraus ergaben sich für Rathenaus Firmen kräftige Wachstumsimpulse. Während die Deutsche Edison im Jahr 1886 nur rund 90.000 Glühlampen verkauft hatte – was damals ein gewaltiger Erfolg war –, wurden drei Jahre später schon mehr als 1 Million Glühlampen verkauft.

Strom wurde allerdings praktisch nur für Glühlampen gebraucht. Rathenau propagierte deswegen die Umrüstung der Industrie von Dampfkraft auf Elektrizität. In Berlin liefen um 1888 tagsüber nur etwa zwölf Elektromotoren. Rathenau stieg daher in Straßenbahnen ein: Er baute städtische Pferdebahnen in Rekordzeit zu einer elektrischen Straßenbahn um. Beispiel Halle: Das städtische Kraftwerk gewann tagsüber einen Großkunden, die „Elektrische", die hohe Gewinne abwarf. Außerdem bezog sie das gesamte elektrische Material von Rathenau. Es kam zu einem „Straßenbahnfieber": Breslau, Chemnitz, Dortmund, Essen, Fürth, Gladbach, Königsberg, Kiew und Oslo.

Rathenau gelang es auch, die gesamte Stromversorgung von Genua in einer einzigen Gesellschaft zusammenzufassen, der als Großverbraucher auch die Straßen- und Zahnradbahn in der Hafenstadt gehörten. Danach fielen auch Mailand, Venedig und Neapel an die AEG. In der Schweiz beteiligte sich Rathenau an einem Konsortium, das das Recht besaß, den Rheinfall von Schaffhausen für die Stromgewinnung zu nutzen. Er baute die Anlagen. Finanziert wurden die Aktionen aus der Schweiz, von einer Spezialbank in Zürich, bei deren Gründung Rathenau sich mit der Schweizerischen Kreditanstalt zusammengetan hatte: „Bank für elektrische Unternehmungen", Elektrobank. Rathenau entdeckte schließlich Südamerika. Er gewann die Konzessionen für Kraftwerksbau und Stromversorgung von Buenos Aires (Argentinien), Santiago de Chile und Montevideo (Uruguay).

3. Kapitel
Die Großbanken wittern das große Geschäft

Rathenaus kleine Berliner Zentralstationen produzierten allerdings außerordentlich teuer; die Kilowattstunde kostete 1 Goldmark. Die Bankiers, die Rathenaus Firmengründungen finanziert hatten, saßen auf unverkäuflichen Aktien. Zwar konnte das erste öffentliche Kraftwerk 6.000 Lampen mit Strom versorgen, tatsächlich am Netz waren aber nur 3.000, und zwar fast ausschließlich in Theatern, Hotels und Banken. Nicht einmal der alte Kaiser hatte elektrisches Licht. Deswegen verlangten die Bankiers drastische Sparmaßnahmen. Die Finanzierung zweier weiterer Kraftwerke in der Innenstadt, die der Magistrat forderte, lehnten sie ab.

Rathenau hielt das für einen schweren Fehler. Er wollte im Gegenteil kräftig expandieren und dazu große Dynamos einsetzen. Die Bankiers hielten ihm entgegen: *„Wenn Sie mit kleinen Maschinen schon keinen Profit machen können, wieviel weniger mit großen!"* Der Magistrat drohte andererseits, die Konzession zu kündigen, wenn die geforderten Kraftwerke nicht gebaut würden. Da kam Rathenau Georg Siemens zu Hilfe, ein Vetter von Werner Siemens, der sich in der Elektrizitätsbranche bestens auskannte. Er war der Gründer und Vorstandssprecher der Deutschen Bank. Dabei stand er in regem Austausch mit dem US-Banker John Pierpont Morgan, dem Finanzier von Edison. Siemens beurteilte die Lage daher anders als die Bankiers, die hinter Rathenau standen. Die Finanzwirtschaft konnte sich mit ihren Krediten direkt an das Wachstum der Elektroindustrie und der Stromwirtschaft ankoppeln, die sich nach dem Berliner Vorbild bald über das ganze Reich ausdehnen würden. Georg Siemens war daher bereit, Rathenaus Gesellschaften die geforderten Kredite zu geben. Mit diesem „Sprung in die Elektrizitätswirtschaft" stiftete der Sprecher der Deutschen Bank die „Ehe zwischen Großbanken und Stromern", die heute noch funktioniert.

Während J. P. Morgan und David Rockefeller in den USA straff organisierte Dachgesellschaften (Trusts) propagierten, zeigte sich Werner Siemens eher ablehnend. Georg Siemens hingegen bewunderte seine amerikanischen Vorbilder: *„Die Leute sind rücksichtslose Räuber, aber sie haben Sinn für große Konstruktionen!"* Die Deutsche Bank beschloss daher auf Vorschlag von Georg Siemens, *„sich mit ihrem Namen, ihrer Arbeit und mit ihrer Kapitalkraft an der Sicherung und Erweiterung der Deutschen Edison-Gesellschaft und ihrer vorbereiteten Unternehmungen zu beteiligen."* Nach amerikanischem Vorbild setzte Georg Siemens die Deutsche Edison und die Firma Siemens & Halske unter Druck, einen neuen Kartellvertrag zu schließen. Danach durfte Rathenau jetzt auch große Dynamos bis zu 100 PS fabrizieren; bei größeren Kraftwerken aber *„sollte die Bauausführung gemeinschaftlich erfolgen"*. Siemens hatte damit ein Standbein im Kraftwerkbau und beteiligte sich mit 1 Million am Aktienkapital der Rathenau-Firma. Sein Sohn Arnold wurde Aufsichtsratsmitglied.

Mit dem frischen Geld wurden Edison zunächst die Patentrechte abgekauft. Außerdem gab es Rathenau Gelegenheit, seine Selbständigkeit auch im Firmennamen zu zeigen: Er taufte die Deutsche Edison in Allgemeine Elektricitäts-Gesellschaft (AEG) um. In den nächsten zwölf Jahren brachte Rathenau die AEG von wenigen Hundert auf fast 20.000 Mitarbeiter. Auch die Berliner Elektricitätswerke AG wurde zur Goldgrube: Rathenau erhielt von Georg Siemens statt der von ihm geforderten drei von den anlagefreudigen Banken in den nächsten vier Jahren 30 Millionen, die er in den Bau von Großmaschinen investierte. Die Aufträge kommentierte Werner Siemens wie folgt: *„Bauen kann ich Ihnen solche Maschinen schon, aber gehen werden sie nicht."* Das war eine Fehleinschätzung. Vielmehr wurden die Maschinen zum Verkaufsschlager des Jahrzehnts, zum *„Goldesel der Firma Siemens & Halske".* Der Erfolg der AEG zeigte sich auch daran, dass Rathenau seinen Aktionären bis 1914 eine Dividende von 15 % p. a. zahlte.

So erfolgreich war die Zusammenarbeit zwischen Edison und der New Yorker Hochfinanz für ihn im Ergebnis nicht. Die Schlüsselfiguren der New Yorker Banker hatten schon früh das gewaltige Potential der Edison'schen Erfindungen erkannt und sich als Ziel die Schaffung eines monopolisierbaren Weltmarktes für neue Produkte und elektrischen Strom gesetzt. Dafür war Edison, der mit seinen mehr als tausend Patenten erfolgreichster Erfinder aller Zeiten, die richtige Persönlichkeit. Er war ein typischer Amerikaner, der nur drei Monate lang eine Schule besuchte und lesen, schreiben und rechnen zu Hause von der Mutter gelernt hatte. Schon mit 20 meldete er sein erstes Patent an und machte sich als „hauptberuflicher Erfinder" selbständig. Allerdings machte Edison nur Erfindungen, mit denen sich auch Geld verdienen ließ. Bevor er die Arbeit aufnahm, untersuchte er in einer Art Marketingstudie das gesamte wirtschaftliche und technische Umfeld einer neuen Erfindung und passte sie den erforderlichen Bedingungen an. Typisches Beispiel war die Bogenlampe, von der Edison sofort erkannte, dass sie für die Beleuchtung von Wohnungen ungeeignet war. Nach der Besichtigung propagierte er in einem Interview, dass er demnächst in New York ein großes Elektrizitätswerk bauen werde, das hunderttausende von kleinen Lampen in Wohnungen und Geschäften mit Strom versorgen würde. Schon in diesem Interview machte er aber auch klar, dass der Strom natürlich bezahlt und der Verbrauch natürlich mit einem Stromzähler gemessen werden müsse. Das Interview erregte größtes Aufsehen in aller Welt – und über Nacht stürzten an den Börsen die Aktien der Gasanstalten in den Keller. Nur wenig später kam eine Gruppe hochkarätiger Kapitalisten im Direktorium der Edison Electric Light Company zusammen, in dem neben den engsten Mitarbeitern von Morgan auch der Präsident der größten Telegraphengesellschaft der Welt und William H. Vanderbilt saßen, der reichste Mann Amerikas. Aber die Glühlampe interessierte Edison zunächst nur am Rande. Er beschäftigte sich vielmehr mit der Struktur der Gasversorgung und übernahm von ihr die Grundidee, dass das elektrische Kabelnetz wie die Rohrleitungen der Gasgesellschaften die Form eines Baumes haben müsse, bei dem die vom Stamm abzuzweigenden Äste nach außen hin immer dünner werden. Außerdem erkannte Edison, dass Glühlampen anders, als dies konkurrierende Ingenieure propagierten, eine Lampe mit hohem elektrischem Widerstand brauche, weil nur dann die Leitungskosten konkurrenzfähig waren. Ein Jahr nach der Gründung der Edison Light Company ließ der Erfinder die Kohlefadenglühlampe patentieren. Den dafür erforderlichen neu entdeckten Dynamo hatte er schon einige Monate vorher zur Patentierung angemeldet. Daraufhin begann er sofort mit den Vorarbeiten für den Bau des ersten Kraftwerks in New

York. Jetzt mussten auch Fabriken für Lampen, Kabel, Dynamos, Installationsmaterial und Motoren gebaut werden. Dafür verlangte er Millionen von seinen Wall-Street-Freunden. Die wollten ihm allerdings keinen Cent bewilligen. Denn sie wollten nicht produzieren, sondern ohne Risiko die weltweit anfallenden Lizenzgebühren kassieren.

Unter diesen Umständen trat Edison die Flucht nach vorne an: *„Da die Geldgeber zu ängstlich sind, stelle ich das notwendige Kapital aus eigener Tasche zur Verfügung. Die Lösung heißt: Fabriken oder Tod!"* Edison steckte in der Tat sein gesamtes Geld in den Bau von Fabriken und überschuldete sich zusätzlich mit Zwischenkrediten, für die ihm sein Partner Morgan 20 % Zinsen abnahm. Damit wurde Edison notgedrungen auch zum Gründer der amerikanischen Elektroindustrie, obwohl er von Finanzierungsgeschäften so wenig Ahnung hatte wie von der Buchführung. Nur bei der Gründung des New Yorker Elektrizitätsversorgungsunternehmens, der Edison Electric Illuminating Company of New York, ließen ihn die Freunde von Wall-Street nicht im Stich. Dieser Kapitalanlage standen dann auch in der Tat keine Risiken gegenüber.

Zwar wurde Edison binnen kurzer Zeit zu einem der größeren Industriellen des Landes. Aber gleich nach der Patentierung der Glühlampe hatten die Kapitalisten den Erfinder mit einem Trick zum Minderheitsaktionär degradiert: Edison konnte bei einer von den Morgan-Leuten vorgeschlagenen Verdreifachung des Stammkapitals nicht mithalten und besaß plötzlich nur noch ein Viertel der Aktien. Die von ihm als Fabrikant gezahlten Lizenzgebühren für seine eigenen Erfindungen wanderten überwiegend in die Taschen von Morgan und Co.

Zur gleichen Zeit stiegen in den USA zwei andere Unternehmer auf: Einer war Charles A. Coffin, Chef der Firma Thomson-Houston, der zunächst ein erfolgreicher Schuhfabrikant gewesen war, bevor er zu Thomson-Houston kam. Er verwandelte die auf Bogenlichtanlagen spezialisierte, schläfrige Firma in ein expandierendes elektrotechnisches Universalunternehmen, das schließlich Konkurrenzunternehmen reihenweise schluckte. Zweiter großer Konkurrent war George Westinghouse, der als Erfinderfabrikant mit seiner Eisenbahn-Luftdruckbremse Millionen gemacht hatte. Er hatte bei seinen Marktstudien und bei Diskussionen mit Elektrotechnikern die große Schwachstelle des Edison-Systems entdeckt. Gleichstrom ließ sich wirtschaftlich nur etwa zwei Kilometer weit leiten. Bei größeren Entfernungen wurden die Kupferkabel zu dick. Wechselstrom konnte man dagegen mit den gerade erfundenen Transformatoren auf Hochspannung bringen. Hochgespannter Strom ließ sich in Kabeln von normaler Strecke ohne größere Verluste über weite Strecken leiten und für den Verbraucher sodann „herunter transformieren". Westinghouse erkannte die Vorteile des Wechselstroms früher als alle anderen Fabrikanten. Er kaufte für riesige Summen alle erreichbaren Wechselstrompatente und baute die ersten Wechselstromkraftwerke.

Edison hätte zu dieser Zeit ebenfalls umsteigen müssen. Aber der geniale Techniker wollte die Vorzüge des Wechselstroms nicht sehen. *„1879 war Edison einer kühner und mutiger Neurer"*, schreibt ein Biograph, *„zehn Jahre später hatte er sich einen vorsichtigen und konservativen Verteidiger des status quo verwandelt"*. Edison schlug zurück: Bürgerinitiativen propagierten damals anstelle der qualvollen Hinrichtung durch den Strang den angeblich blitzschnell wirkenden elektrischen Stuhl. Um die Wähler zu überzeugen, tötete ein auf die Edisons Gehaltsliste stehender Professor H. G. Brown bei Massenveranstaltungen vor den Augen des Publikums große Hunde durch Stromstöße, allerdings darauf hinweisend, dass sich nur der neumodische Wechselstrom zum Töten eigne, nicht dagegen der harmlose Gleichstrom von Edison. Der Bundesstaat New York führte 1888 den elektrischen Stuhl als Hinrichtungsmaschine ein. Professor Brown machte darauf aufmerksam, dass die Hinrichtungen mit Wechselstromgeneratoren der Firma Westinghouse vollzogen würden. Im Parlament wurde sogar vorgeschlagen, in Zukunft nicht mehr von *„Hinrichten"* sondern von *„Westinghousen"* zu sprechen. Das war aber nur ein publizistischer Erfolg.

Aber trotz des „Wechselstromkriegs" hatten alle Unternehmen wirtschaftlichen Erfolg, auch Edisons Gesellschaft. Edison kam mit der Produktion nicht mehr nach und musste Schulden machen, um neue Fabriken zu bauen. Trotz größten Erfolgs als Fabrikant lebte er wegen seines zu geringen Grundkapitals ständig in der Furcht vor dem Bankrott. Unter dem Druck der Banken brachte er seine Werke in die gemeinsam mit der Muttergesellschaft gegründete Edison General Electric ein, eine Trust, unter dessen Dach Patente, Lizenzen, Beteiligungen und Fabriken vereinigt waren. An dieser Gesellschaft hielt Edison zunächst ein Viertel des Aktienkapitals. Doch dann wurde wieder einmal das Stammkapital erhöht, so dass Edison plötzlich nur noch 10 % des von ihm groß gemachten Unternehmens gehörten. Morgan dagegen hatte in wenigen Jahren einen Gewinn von 350 % gemacht.

Aber das war Morgan nicht genug. Er setzte sich zum Ziel, auch die beiden Konkurrenzgesellschaften Thomson-Houston und Westinghouse zum Eintritt in den Trust zu bringen. Dafür ließ sich nutzen, dass Edison nach langen Patentprozessen zum alleinigen Erfinder der Glühlampe erklärt wurde. In der Branche brach Panik aus. Morgan nutzte sie zu Geheimverhandlungen mit Thomson-Houston. Doch deren Chef Coffin, hinter dem schließlich die Bostoner Banker standen, wollte nicht klein beigeben. Er führte ins Feld, dass seine Firma 50 % mehr Gewinn erwirtschaftete als die Edison-Gesellschaft. Das reichte für Morgan: Er bot Coffin den Vorstandsvorsitz an der fusionierten Gesellschaft an, was dieser akzeptierte. Nur Edison legte sich quer: Er lehnte jede Zusammenarbeit mit Patentpiraten und Wechselstromern ab, aber ohne zu merken, dass eine neue Zeit angebrochen war. Da die Bankiers keinen Erfinder mehr brauchten, erhielt die fusionierte neue Gesellschaft den Namen General Electric. Edison wurde auch als Namensgeber nicht mehr gebraucht. Am nächsten Morgen erschien der New York Herald mit der riesigen Schlagzeile: *„Edison ausgebootet!"* Darunter: *„Er war Wall-Street nicht gewachsen."*

Nun war Westinghouse an der Reihe. Um ihn in die Knie zu zwingen, entfesselte Coffin einen Preiskrieg, bei dem beide Konzerne sich gegenseitig unterboten und enorme Verluste machten. Auf dem Höhepunkt einer Rezession kam es plötzlich zu einem konzertierten Börsenmanöver, das die Kurse der Westinghouse-Aktien so stark fallen ließ, dass die kopflosen Anleger zu jedem Preis verkauften – und zwar an eine Großbank. Diese und die Wall-Street-Banker sprachen sich ab. General Electric und Westinghouse beendeten den Preiskrieg und schlossen ein Abkommen über den Austausch ihrer Patente und sicherten sich so für Jahrzehnte die technische Vorherrschaft. An die Stelle des kämpferischen Wettbewerbs mit ruinösem Preisverfall traten heimliche Marktabsprachen mit Quoten und sicheren Profiten: Die *„große Elektroverschwörung"* von 1897 (Time).

Dieses Oligopol war allerdings keine US-amerikanische Spezialität.

4. Kapitel
Der Stromkrieg von 1901

Der beispiellose Erfolg des Wechselstroms in den USA ging auch an der deutschen Strom-wirtschaft nicht vorbei. Siemens und auch Rathenau waren zwar Anhänger des Gleichstroms. Rathenau aber war klar, dass nur Wechselstrom ohne größeren Spannungsverlust über weite Strecken zu transportieren war. Er holte einen brillanten russischen Techniker, Michael von Dolivo-Dobrowolsky, in sein Konstruktionsbüro. Dieser entwickelte in kurzer Zeit ein neuar-tiges System, bei dem drei Phasen verschobene Wechselströme einen „Drehstrom" erzeugten, der einen einwandfrei laufenden Motor antrieb. Die Präsentation übernahm Oskar von Miller, der im August 1891 Drehstrom, der im Wasserkraftwerk Lauffen am Neckar erzeugt worden war, mittels Hochspannung von 16.000 Volt über 175 km Freileitung zur Internationalen Elektrotechnischen Ausstellung in Frankfurt am Main transportierte, wo der erste große Drehstrommotor der Welt angeschlossen war und die Pumpe eines künstlichen Wasserfalls antrieb. Das war damals eine Weltsensation.

Siemens konnte da nicht mithalten. Dafür war vor allem verantwortlich, dass der geniale Senior, gerade geadelt, die Leitung des Unternehmens seinem nur mittelmäßigen Sohn Wil-helm von Siemens überlassen hatte. Das war auch von außen zu erkennen: Die Siemens-KG hatte 14 Millionen verantwortliches Kapital, während Rathenaus AG sich auf 20 Millionen stützen konnte.

Auf dem Kraftwerksmarkt kam es zu einem ungezügelten Wettbewerb. Als Hamburg den Bau der Hamburgischen Electricitätswerke (HEW) ausschrieb, bewarben sich neben der Arbeitsgemeinschaft AEG/Siemens (eine Folge der Kartellabsprache) auch Schuckert, Nürnberg und Helios, Köln. Obwohl Helios die Günstigsten waren, schied das Unternehmen aus, weil es eine Wechselstromversorgung vorschlug. Die Berater des Senats meinten aber, *solche Anlagen seien für Hamburg nicht geeignet*. Den Zuschlag erhielt dann Schuckert, weil er der Stadt zusätzlich zur 20 %igen Konzessionsabgabe eine Gewinnbeteiligung bis zu 50 % einräumte. Das hatten AEG/Siemens nicht nötig. Den Siemensleuten passte allerdings Rathenau bei Angeboten des Konsortiums allzu oft. Der Kartellvertrag wurde aufgelöst. Ra-thenau erhielt damit das Recht, auch große Generatoren zu bauen. Siemens hielt das Risiko für verkraftbar, weil man glaubte, der AEG überlegen zu sein. Aber die Großaufträge in Italien und Südamerika verhalfen der AEG zu einem unglaublichen Erfolg, für den auch der Umstand verantwortlich war, dass ihm die beiden wichtigsten deutschen Bankiers als Auf-sichtsratsvorsitzende zur Seite standen: Bis 1896 Georg Siemens, danach Carl Fürstenberg, Inhaber der Berliner Handels-Gesellschaft. Der Wettbewerb, wie er sich beispielsweise bei der HEW-Ausschreibung dargestellt hatte, konnte der AEG nichts anhaben. Das wussten schon frühzeitig nicht nur Rathenau, sondern auch seine Bankiers.

Die Konkurrenten beklagten sich über den Wettbewerb. Schuckert kritisierte: *„Die Eifersucht der Konkurrenz bringt unnötige Preisschleudereien hervor"*, Siemens sehnte sich nach amerikanischen Verhältnissen, wo *„die elektrische Industrie bekanntlich von einer geringen Anzahl größerer Gesellschaften monopolisiert wird, die sich auf Preiskonventionen stützen und daher Lieferung zu hohen Preisen abschließen könnten".* Rathenau beteiligte sich an dem ruinösem Wettbewerb nur am Rande. Er versteckte mit Bilanzierungstricks große Gewinne vor den Aktionären und legte sie für schlechte Zeiten zurück. Dabei wurden sogar die Aktionäre getäuscht, in dem in den Bilanzen nur die Produktionsgewinne ausgewiesen waren, nicht aber die aus Finanzierungsgeschäften und eigenen Aktien. Aufsichtsratsvorsitzender Fürstenberg kannte diese Manipulation nicht nur, sondern gab später zu, dass sie *„zum Teil sogar auf meinen Rat"* erfolgten. Rathenau konnte so seine Kriegskasse mit Barem füllen. Dafür wurde auch das Instrument genutzt, Maschinen und Werkzeuge im Jahr der Anschaffung voll abzuschreiben.

Rathenau stand daher viel besser da als viele andere. Georg Siemens, als Bankier sehr hellsichtig, erwartete *„in den nächsten drei Jahren eine ganz kolossale Pleite und befürchtete das Schlimmste für Helios, Kummer, Lahmeyer et tutti quanti."* Dieses Zitat aus einem Brief aus dem Vorstandsbüro der Deutschen Bank an Siemens war vom 06.10.1900. Er war als Warnung gedacht. Aber die Firma Siemens hörte nicht darauf. Die Firmen Schuckert, Kummer und andere gerieten in Not; auch Siemens & Halske, die nur von ihrer Schwachstromabteilung gerettet wurde. Nur der AEG konnte der Konjunktureinbruch nichts anhaben. AEG vielmehr investierte, und zwar in die neuartige Dampfturbine, die für alle größeren Elektrizitätswerke äußerst vorteilhaft war. Die Banken rieten den Konzernchefs in aller Verschwiegenheit zu Arrondierungen und einem Kartell: Siemens schluckte Schuckert, AEG wollte Lahmeyer/ Frankfurt kaufen. Doch die Firma wurde von dem großen Kabelhersteller Felten & Guilleaume gekauft. AEG kaufte sich dafür beim Schweizer Konkurrenten BBC ein. Helios wurde hingegen von Siemens und AEG aufgekauft und liquidiert, es wurde „Kapazität vom Markt genommen".

Als die Konjunktur nach der Krise 1904 wieder ansprang, war Rathenau voll da. Von der Konkurrenz hatten außer Siemens nur noch Lahmeyer im Verbund mit Felten & Guilleaume und Bergmann/Berlin überlebt. Rathenau reiste im Herbst 1904 in die USA, um dort *„mit General Electric über die Verteilung der elektrischen Welt zu verhandeln".* Tatsächlich schlossen die beiden Weltkonzerne einen Vertrag über den Austausch ihrer Patente und Erfahrungen, legten die Grenzen zwischen ihren Einflussgebieten weltweit fest und sicherten Heimatmarktschutz zu. In der ersten großen Untersuchung des Wettbewerbs auf dem amerikanischen Elektromarkt schrieb die Federal Trades Commission als Kartellbehörde der USA: *„Durch diese Verträge wird nicht nur jede ausländische Konkurrenz in den USA ausgeschaltet. Sie verhindern auch, dass andere amerikanische Hersteller in den Besitz wichtiger ausländischer Patente und Fabrikationsgeheimnisse kommen, da diese exklusiv an die beiden großen Gesellschaften übergehen."* Dasselbe gilt natürlich auch für die deutsche Stromwirtschaft. Gegen Ende der ersten Krise war „die elektrische Welt" verteilt und die größte wirtschaftliche Machtkonzentration etabliert. Es begann die Herrschaft der Kartelle.

General Electric und Westinghouse in den USA beherrschten den amerikanischen Markt. AEG und Siemens beherrschten rund 75 % des deutschen Marktes. Siemens hatte 1900 rund 16.000 Arbeitnehmer, 1913 gab es schon 82.000. Die Krise wurde von beiden Unternehmen aber auch benutzt, um die Durchschnittsverdienste der Angestellten und Arbeiter zu drücken.

Die Siemens-Arbeiterinnen in den Lampenfabriken hatten noch einen Stundenlohn von 32 Pfennig. Das Einkommen des Konzernchefs belief sich in der gleichen Zeit jährlich auf 1,1 Millionen Mark.

AEG, Siemens sowie Felten & Guilleaume bildeten ein Kabelkartell: Die Geschäftsführung verteilte alle Kabelaufträge nach festen Quoten auf die Mitgliedsfirmen und sorgte für ein stark überhöhtes Preisniveau. Dem gleichen Zweck dienten das Isolierrohrkartell und das Drahtsyndikat. Über den nationalen Rahmen hinaus ging das europäische Glühlampenkartell, für das wiederum die USA das Vorbild lieferten:

Mehrere kleine Unternehmen schlossen sich zur National Electric Lamp Company zusammen, die einen Marktanteil von 38 % erwarb. General Electric hatte 42 %, Westinghouse 13 %. Der Chef von General Electric, Coffin, hatte aber bereits bei der Gründung der National Electric heimlich 72 % des Aktienkapitals der kleinen Gesellschaften aufgekauft. Er hielt später sogar 100 %. Der ganze Wettbewerb war also nur vorgespielt. In den USA wurde statt der Kohlefaden- die Wolframfaden-Lampe entwickelt. General Electric schloss mit AEG, der Auer-Gesellschaft und Siemens Abkommen über den Austausch von Metallfaden-Rechten. Alle Patentpiraten wurden per Gerichtsbeschluss zur Aufgabe gezwungen. Glühlampenbau war nur noch aufgrund von Lizenzen von AEG und Siemens möglich.

Die Zeit war reif für einen Schritt über die Grenzen: AEG und Siemens gründeten 1903 das Europakartell mit den 16 wichtigsten Glühlampenherstellern: Gründung der „Verkaufsstelle Vereinigter Glühlampenfabriken" mit Sitz in Berlin. Gemeinsam lieferten Siemens und AEG fast die Hälfte der in Europa verkauften Glühbirnen.

Ein Kind der Krise war schließlich die Gründung der „Vereinigung Deutscher Elektrizitätsfirmen". Zweck war „die Herbeiführung und Aufrechterhaltung angemessener Preise für ihre Erzeugnisse". Auch die Vereinigung Deutscher Elektrizitätsfirmen war ein Kartell. Man traf sich regelmäßig in Berlin zum Mittagessen (anglisierend Frühstück genannt). Ein Kölner Konkurrent, Herr Geist von der gleichnamigen Elektrizitätsgesellschaft, fand das „Frühstückskartell" ausgezeichnet. Er hatte aber nicht rechtzeitig gemerkt, dass AEG, Siemens und Felten & Guilleaume-Lahmeyer innerhalb des Kartells ein Geheimkartell gebildet hatten, das gegen seine Firma vorging. Als er das schließlich merkte, schaltete Geist eine Anzeige, in der seine Preise für einen Motor und zwei Maschinen als 100 % gesetzt und die Preise der Konkurrenten damit verglichen werden. AEG schoss mit 175 % den Vogel ab. Geist war es ein leichtes, das als „Geheimkartell" anzuprangern. Die Anzeige erzeugte ungeheures Aufsehen, nicht nur in der Branche, sondern auch in der Öffentlichkeit. Für Geist hatte sein Coup allerdings eine unliebsame Folge: Geist wurde aus dem *„Frühstückskartell"* ausgeschlossen. Bei der Erteilung von Aufträgen wurde er zukünftig geschnitten. Immerhin prangerte das Berliner Tageblatt diese Vorgehensweise an.

Die Konzerne setzen außerdem auf Dumping. Ein Beispiel bot die Ausschreibung der Lichtanlage im Bahnhofsgebäude von Bad Homburg. Das Elektrizitätswerk der Stadt bot die Ausführung für 11.800 Mark an. AEG wollte nur für 4.500,70 Mark arbeiten, Siemens gar nur für 4.498,14 Mark: Unterschied: 2,56 Mark. Die Bad Homburger machten das publik, was für ungeheure Aufregung sorgte. Der Preußische Minister für öffentliche Arbeiten wies auf ein Reichsgerichtsurteil hin, wonach eine Absprache unter Ausschreibungsbeteiligten gegen die guten Sitten verstieß, wenn mit der Vereinbarung eine Täuschung des Auftraggebers bezweckt würde. Juristen der Konzerne stritten jede Täuschungsabsicht ab. Aber unter

Ziff. 7 ihrer Kartellvereinbarung hieß es: „Der Schutz ist im Interesse der Geheimhaltung des Schutzabkommens nach Möglichkeit zu verschleiern." Das war Strategie der Konzerne also bereits seit 1901.

Auf dieser Basis wurden auch die überall im Reich errichteten Überlandzentralen ausgeschrieben. Die Handelskammer Aachen, ein preußisches Staatsorgan, veröffentlichte 1909: „Die Verkaufspreise erfuhren durch die Großfirmen eine derartige Herabsetzung, dass es unmöglich war, bei kleinen Maschinen die Gestehungskosten mit dem Marktpreis in Einklang zu bringen." Die Monopolbestrebungen der Großkonzerne setzen sich durch.

Die kleinen Unternehmen prangerten den „verzweifelten Kampf zwischen Spezialfabriken und den Großfirmen" an, der aber schließlich doch zugunsten des Großkapitals entschieden wurde. Die preußische Regierung sollte Maßnahmen zum Schutz treffen. Doch die preußische Regierung machte nichts. Das Dumping brachte allerdings auch Kartellmitglieder in Schwierigkeiten. Felten & Guilleaume-Lahmeyer gerieten in eine wirtschaftliche Schieflage. Als Retter sprang wiederum Rathenau mit seiner AEG ein, der Aktien des Unternehmens übernahm und den Kabelkomplex in das Firmengebäude der AEG eingliederte. Die Dynamowerke von Lahmeyer wurden als lästige Überkapazität aus dem Verkehr gezogen.

In einer großen Reichstagsrede gegen „die monopolistische Ausbildung des Elektrizitätswesens" wurden diese Zustände angesprochen. Der Reichstag wurde aufgerufen, die Gewerbefreiheit „gegen die Übermacht des koalierten Großkapitals" zu schützen. Der zuständige Staatssekretär des Innern sagte, es handele sich „zweifellos um eine Konsequenz der bei uns bestehenden schrankenlosen Gewerbefreiheit". August Bebel (SPD) rief dazwischen: „Der kapitalistischen Ordnung!" Der Abgeordnete Delbrück sprach an, ob man nicht „derartige Betriebe zu Monopoleinrichtungen des Reiches oder der Bundesstaaten machen" soll. Es handele sich schließlich um öffentliche Interessen. Deswegen müssten sie aus der Hand der Privaten in die des Staates gelegt werden. In seltener Einmütigkeit wollte der Reichstag den Vormarsch der Monopole blockiert sehen.

Während im Reichstag die Verstaatlichungsdrohung ertönte, beschlossen die Monopole, den letzten Konkurrenten, den Bergmann-Konzern, auszuschalten. Bergmann war nach der Krise sehr groß geworden, und zwar mit massiver Unterstützung durch die Deutsche Bank. Bergmann hielt sich nicht an die Preisvereinbarungen und unterbot AEG und Siemens häufig um 10 bis 20 %. Aber: Während im Reichstag der Vernichtungskampf der Monopole verdammt wurde, erschien Wilhelm von Siemens in der Vorstandsetage der Deutschen Bank und verlangte, dass dem letzten Konkurrenten der Geldhahn abgedreht werde.

Denn Bergmann hatte sein Kampf um Marktanteile massive Finanzprobleme eingebracht. Die Deutsche Bank sollte helfen. Wilhelm von Siemens legte ein Veto ein. Aber die Deutsche Bank reagierte, wie bei der Großfinanz üblich, ausgewogen. Es wurde ein Kompromiss arrangiert: Siemens hob sein Veto auf und kaufte ein Drittel der neuen Bergmann-Aktien aus einer von der Deutschen Bank gestützten Kapitalerhöhung. Ergebnis: Bergmann blieb nominell an der Spitze des Konzerns, sein Stellvertreter wurde ein Siemens-Mann. AEG und Siemens beherrschten den deutschen Markt.

5. Kapitel
Hugo Stinnes: Die Ehe zwischen dem RWE und den Kommunen

Schon das erste größere Geschäft, das der damals 28jährige Zechenbesitzer Hugo Stinnes abschloss, zeigt seine Genialität, allerdings auch seine Schlitzohrigkeit. Stinnes, dem seine Familie schon mit 21 Jahren das Geschäft mit Zechen, Kohlenhandel und einer Flotte von Rheinschiffen anvertraut hatte, erfuhr, dass die Stadt Essen auf der Grenze zu seiner Zeche Victoria Mathias ein Kraftwerk errichten wollte. Er bot der Kraftwerks-Gesellschaft RWE, die ihn im April 1898 in den Aufsichtsrat gewählt hatte, obwohl er keine einzige Aktie besaß, den Verkauf von Dampf aus dem Kesselhaus seiner Zeche an. Die Sache hatte nur einen Haken: Stinnes hatte sich vertraglich verpflichtet, so wie alle Mitglieder des Rheinisch-Westfälischen Kohlesyndikats, ihre Kohle nur zu den (hohen) Preisen des Syndikats zu verkaufen. Stinnes aber verkündete seinen Mitarbeitern: „Dampf ist keine Kohle!" Prompt verklagte ihn das Syndikat auf Unterlassung – und verlor schließlich beim Reichsgericht.

Stinnes Geschäftsidee war schon damals, dass man nicht nur mit dem Verkauf von Anlagen, sondern auch von Strom Geld verdienen konnte. Deswegen drängte er das RWE, statt des geplanten Generators mit einer Leistung von 500 Kilowatt einen solchen für 1.200 Kilowatt aufzustellen. Der Lieferantin war das nur Recht: Das RWE war nämlich eine Betriebsgesellschaft des Lahmeyer-Konzerns. Die Frankfurter hatten die Konzession von der Stadt Essen erworben, um ein Kraftwerk zu verkaufen.

Der Stromverkauf selbst interessierte Lahmeyer als Anlagenbauer kaum. Für ihn spielte auch die kommunale Licht-Kundschaft nicht die entscheidende Rolle. Der Markt, der erschlossen werden musste, lag vielmehr beim Industrie-Kraftstrom. Denn der von der Industrie in ihren dezentralen und störanfälligen Eigenanlagen produzierte Strom konnte auch in Großkraftwerken hergestellt werden, wie sie Stinnes schon vorschwebten. Dafür war das Lahmeyer'sche Geschäftsmodell allerdings nicht geeignet. Lahmeyer war als Anlagenbauer nur am Verkauf seiner Generatoren interessiert. Deswegen verkauften die Konzerne die Betriebsgesellschaften schon nach wenigen Jahren mit beträchtlichen Gewinnen an die Kommunen, wodurch aus gemischt-wirtschaftlichen dann öffentlich-rechtlich organisierte kommunale Unternehmen wurden. So allerdings nicht beim RWE: Die Chance kam schon im Jahr 1902. Der Lahmeyer-Konzern war in der Stromkrise 1901 in Schwierigkeiten geraten und brauchte dringend Bargeld. Stinnes besprach sich mit seinem 28 Jahre älteren Freund und Geschäftspartner August Thyssen. Resultat des Gesprächs: 86 % der RWE-Aktien aus dem Besitz von Lahmeyer gingen an die Herren Stinnes und Thyssen aus Mühlheim an der Ruhr über.

Vom Charakter her waren beide äußerst unterschiedlich. Hugo Stinnes war ein prüder Protestant, der patriarchalisch für Frau und sieben Kinder sorgte. August Thyssen hingegen – nur 1,54 groß und geschiedener Katholik – hatte eine Vorliebe für dralle Damen und derbe Witze. *„Thyssen war ein Herr, aber ein kein feiner"*, schreibt Pritzkoleit[2]. Aber beide waren gleichzeitig glänzende Techniker, hervorragende Organisatoren und geniale Finanzakrobaten. Thyssen lieh sich 24.000 Mark von seinem Vater und baute den größten und modernsten europäischen Stahlkonzern. Stinnes wurde auf ähnliche Weise von seiner Mutter unterstützt, sanierte scheinbar todkranke Unternehmen und gründete den ersten Mischkonzern der Wirtschaftsgeschichte. Aber beide legten keinen Wert auf Repräsentation: Thyssen schrieb an seine Direktoren: *„Ich bitte die Herren, zur Sitzung einige Butterbrote mitzubringen, damit wir durch das Mittagessen keine Zeit verlieren."* Stinnes hatte eine Schwäche für Eintopf und lehnte Orden und Titel ab. Für Romane oder Theater hatte er weder Zeit noch Sinn, sondern lebte im Dauerstress seiner Transaktionen. Seine Frau Claire stützte ihn. Trotz der vielen Kinder fanden sie immer Zeit, die größeren Geschäfte durchzusprechen. Für Walter Rathenau war Stinnes *„ein Zweckmensch, jenseits von Geist und Gottheit"*. Sein Biograph von Klass schreibt: *„Stinnes liebte die Nacht mehr als den Tag. Der Fernsprecher war ihm ein unentbehrliches Requisit. Wenn andere schlafen gingen, führte er seine stundenlangen Ferngespräche, bei denen es immer um höchst konkrete Geschäfte ging."*

Diese Geschäfte betrieb Stinnes um der Expansion willen. Das Unternehmen hieß ja Rheinisch-Westfälisches und nicht Essener Elektrizitätswerk. Stinnes und Thyssen schrieben in ihren ersten Geschäftsbericht nach Übernahme des RWE: *„Wir betrachten es, im Gegensatz zu den meisten Kommunalbetrieben, nicht als unsere Aufgabe, unter Ausnutzung unserer Monopolstellung in einzelnen Gemeinden bei geringem Stromabsatz großen Gewinn zu machen, sondern wir gedenken, dadurch unsere Aufgabe für uns und für die Allgemeinheit zu erfüllen, dass wir den Konsumenten, insbesondere der Eisenbahnverwaltung und der Industrie, zu den denkbar billigsten Preisen größtmögliche Strommengen zur Verfügung stellen."* Die Akquisitionen liefen über den Strompreis: Der Bau immer größerer Dampfturbinen erlaubte die Senkung des Strompreises von 60 auf 40 Pfennig pro Kilowattstunde. Jeder neue Stromkunde erhielt für die ersten drei Jahre zusätzlich einen Rabatt von 20 %. Da für die Gestehungskosten der Kohlepreis ausschlaggebend war, plante Stinnes ein neues Kraftwerk in Düsseldorf, das mit der dort billigeren Braunkohle betrieben werden sollte. Der Chef des Steinkohlesyndikats, Emil Kirdorf, war alarmiert. Aber er konnte Stinnes von dem Plan erst abbringen, in dem er Steinkohlelieferung zu Preisen anbot, die erheblich unter den üblichen des Syndikats lagen – was Stinnes von Anfang an bezweckt hatte. Als Gegenleistung machte Stinnes dem Syndikat den Vorschlag, einen Gegenseitigkeitsvertrag zu schließen, um den Bau von äußerst unrentablen Spitzenlastkraftwerken zu vermeiden. Tagsüber sollte das RWE den Strom für den allgemeinen Verbrauch liefern. Aber abends, zur Zeit der „Lichtspitze", nahm das RWE den dann nicht mehr arbeitenden Zechen den Strom ab. Das war das erste überörtliche Verbundsystem verschiedener Kraftwerke.

Dieses System setzte Stinnes ein, um die gesamte Elektrizitätsversorgung des Ruhrgebiets und des Rheinlands in die Hand zu bekommen. Städte und Gemeinden ohne eigenes Kraftwerk

---

2. Kurt Pritzkoleit, Männer, Mächte, Monopole. Hinter den Türen der westdeutschen Wirtschaft, 1953.

wurden durch niedrige Strompreise und hohe Konzessionsabgaben angelockt, bestehende Kraftwerke aufgekauft und entweder geschlossen oder als Reserve- und Spitzenlastkraftwerke weiterbetrieben, um Verbraucher und Politiker über die veränderten Machtverhältnisse im Unklare zu lassen. Nach drei Stinnes-Jahren versorgte das RWE die Städte Essen, Mühlheim und Gelsenkirchen, belieferte über die aufgekaufte Tochter Bergisches Elektrizitätswerk die Industrie im Bergischen Land, betrieb im Umkreis von Köln zwei kleinere Kraftwerke auf der spottbilligen Braunkohle und begann den Bau einer Überlandzentrale in Westfalen. Thyssen dazu: *„Stinnes ist der tüchtigste Geschäftsmann, den ich kenne."*

Daraus entstand das *„gemischt-wirtschaftliche Unternehmen".* Stinnes baute die Kommunen als Aktionäre in das RWE-Netz ein. Die Kommunen hatten zwar nicht die Kapital-, aber die Stimmenmehrheit. Sie bekamen hohe Dividenden und erhielten Konzessionsabgaben. Zusätzlich bekamen die Bürgermeister, Oberbürgermeister und Landräte in den Aufsichtsräten Tantiemen von 7.000 bis 11.000 Goldmark p.a. – Summen in der Höhe ihrer Beamtensaläre. Im Gegenzug erhielt das RWE langfristige Konzessionsverträge und billige Kommunaldarlehen. In nur acht Jahren baute Stinnes ein ausgedehntes Stromimperium auf. Trotz des Monopols sanken die Strompreise. Eine amtliche Statistik von 1913 zeigt, dass man beim RWE eine Kilowattstunde für 5,8 Pfennig Selbstkosten produzieren konnte, während die Stadtwerke Hannover und Nürnberg 22 und die Stettiner sogar 38 Pfennig aufwenden mussten. Erheblich ins Gewicht fiel ferner, dass das RWE ohne Transportkosten direkt auf der Brennstoffbasis produzierte.

Ein Geschäft misslang allerdings: Stinnes wollte den jungen rheinischen Braunkohlekönig Paul Silverberg in seinen Einflussbereich locken. Doch der Gründer und Chef der Rheinischen Aktiengesellschaft für Braunkohlebergbau und Brikettfabrikation, kurz Rheinbraun, baute lieber ein eigenes Großkraftwerk neben seinen Gruben und nahm Stinnes beim Rennen um Stromlieferverträge die Städte Köln und Mühlheim/Rhein ab. Zwar hatten die Kölner Stadt- werke sich das Recht ausbedungen, den von Silverberg gelieferten Strom auf eigene Rechnung an die umliegenden Landkreise weiterzuverkaufen. Doch dort war nichts zu machen: *„Die vom RWE"* hatten die Landräte längst auf ihre Seite gezogen, und zwar nicht nur mit – wie geschildert – günstigen Strompreisen und hohen Konzessionsabgaben. Vielmehr hatten die Landräte, nunmehr im Aufsichtsrat des RWE oder seinem Beirat, plötzlich alle ein Auto, für damalige Verhältnisse ein Millionärsgefährt. Köln war umzingelt und die Truppen frei für einen neuen Einsatz: *„Zu Beginn des Jahres 1911 erstreckte sich der Tätigkeitsbereich des RWE von der holländischen Grenze bis südlich von Bonn, sein Einfluss machte sich durch Beteiligungen bis nach Westfalen, Hessen, Thüringen und Baden geltend"*, heißt es bei Asriel[3]. Trotz der enormen Absatzerfolge waren allerdings 1913 erst 15 % der deutschen Haushalte und nur jede fünfte Kommune an das Stromnetz angeschlossen.

Das Reich verlor den ersten Weltkrieg. Jedoch konnte das RWE dank der Belieferung der Rüstungsindustrie seinen Stromverkauf von 290 auf 800 Millionen Kilowattstunden steigern. Stinnes wurde nicht nur Reichstagsabgeordneter, sondern nutzte die schon vor Kriegsende gewonnene Einsicht, dass es zu einer katastrophalen Inflation kommen würde. Sein System war einfach: Er kaufte Sachwerte – Firmen, Aktien oder Rohstoffe – zu niedrigen Zinsen auf

---

3. Asriel, Camillo J., Das R.W.E., Rheinisch-westfälisches Elektrizitätswerk Essen a. d. Ruhr. Ein Beitrag zur Erfor- schung der modernen Elektrizitätswirtschaft, 1930.

Kredit und hielt alle Guthaben seiner Konzerne in Devisen. Der Wertverlust der Mark eliminierte die Kreditforderungen und steigerte umgekehrt proportional den Wert der Devisen auf dem Inlandsmarkt. Keine Woche verging, in der Stinnes nicht irgendwo im Reich ein Unternehmen gekauft hatte; insgesamt 1.535 mit 2.888 Fabriken und 600.000 Arbeitern. Das machte ihn zum größten Inflationsgewinnler und zum verhasstesten Kapitalisten des Deutschen Reiches. Stinnes kam auch an das – nach Rheinbraun – zweitgrößte Braunkohleunternehmen, die Roddergrube. Als deren Aktionäre auf dem Höhepunkt der Inflation feststellten, dass ihre Braunkohleaktien nur noch wertloses Papiergeld einbrachten, ließen sie sich von Stinnes überreden, eine Roddergruben-Aktie gegen zwei frisch gedruckte RWE-Aktien einzutauschen. Stinnes stand jetzt an der Spitze eines auf der Welt einmaligen Supermischkonzerns. Ihm gehörten neben den eigenen Montanbetrieben noch die Gelsenkirchener Bergwerks AG, der Bochumer Verein (Stahl) und der Siemens-Konzern. Nie hatte es einen mächtigeren Unternehmer gegeben. Aber im Jahr 1924 wurde er schwer krank und starb im Alter von erst 54 Jahren. Noch auf dem Sterbebett schärfte er seinen Söhnen ein: *„Denkt daran: Was für mich Kredit ist, sind für Euch Schulden. Eure vornehmste Aufgabe wird sein: Schulden bezahlen, Schulden bezahlen, Schulden bezahlen."* Aber seine noch nicht 30 Jahre alten Söhne deckten nicht alte Schulden ab, sondern machte neue. Ein Jahr nach dem Tod des Vaters zerfiel das Stinnesreich. Aber das RWE überlebte.

Seine Nachfolger, insbesondere der geniale Arthur Koepchen, nutzen besonders eine seiner Akquisitionen aus der Vorkriegszeit: Den Erwerb des Lahmeyer-Konzerns. Lahmeyer hatte nämlich RWE den Weg nach Süden geöffnet. Die Frankfurter hatten vier reizvolle Tochterunternehmen: Die Mainkraftwerke in Höchst versorgten das rechtsrheinische Gebiet im Norden bis in den Westerwald und mainaufwärts bis Aschaffenburg. Das Kraftwerk Altwürttemberg in Ludwigsburg und das Großkraftwerk Württemberg in Heilbronn waren Stromlieferanten der schwäbischen Kernlande. Die Lech-Elektrizitätswerke besaßen Wasser- und Dampfkraftwerke samt Netz in Bayern. Außerdem hatte Stinnes die AG für Energiewirtschaft in Berlin erworben, eine Holding mit den süddeutschen Töchtern Überlandwerke Niederbayern in Landshut, Bayerische AG für Energiewirtschaft in Bamberg, Ostbayerische Stromversorgung, München und Überlandwerke Oberfranken.

Für Koepchen, der ein hervorragender Techniker war, war dieses süddeutsche Standbein der Anlass für die Ergänzung des „schwarzen" Stroms aus den Kohlekraftwerken mit „weißem" Strom aus Wasserkraftwerken in Süddeutschland und den Alpenländern. Dafür musste man allerdings erst die Spannung in den Überlandleitungen auf 220.000 Volt steigern. Koepchen studierte zur Lösung dieser Aufgabe Erfahrungen, die man in den USA gemacht hatte. Die erforderlichen Aufgaben stellte er den Firmen Siemens, AEG und Felten & Guilleaume. So konnte Ende 1924 damit begonnen werden, eine Höchstspannungsbrücke zwischen dem Kohlestrom von Rhein und Ruhr und dem weißen Wasserkraftstrom zu verwirklichen. Ein Beispiel konnte das RWE beim gerade fertig gestellten Walchenseekraftwerk des Bayernwerks studieren, das Oskar von Miller entworfen hatte. Mit diesem Pumpspeicherkraftwerk konnte man den zur Nachtzeit billigen Kohlestrom nutzen, um Wasser vom niedriger gelegenen Kochelsee in den Walchensee zu pumpen. Tagsüber, zu Zeiten des Spitzenlastbedarfs, stürzte das Wasser dann herab, um den Strom so zu „veredeln". Dafür war der Bau einer letztlich 800 km langen Trasse quer durch West- und Süddeutschland nötig. Bis zum Jahr 1930 verlegte das RWE insgesamt 4.100 km Höchstspannungsleitungen. Neben dem Bau des Schluchseewerks im Schwarzwald wurden Zubauten in der Schweiz mit zwei Flusskraftwerken am Hochrhein und Aare beendet. Im Jahr 1929 kam es erstmals zu dem geplanten Austausch weißen Stroms in der Spitzenzeit und Rückfluss schwarzen Pumpstroms nachts. Das RWE stand auf der Weltrangliste der Stromverkäufer nach drei US-Konzernen auf Platz 4 und war an Europas Spitze. So wurde die Stromproduktion für das RWE immer billiger, so dass zahlreiche Industrieunternehmen ihre eigene Stromerzeugung einstellten. Diese Expansion des Konzerns wurde allerdings auf längere Sicht von den Tarifkunden bezahlt. Sie subventionierten nämlich mit ihren hohen Strompreisen die niedrigeren Industriestrompreise und damit die Akquisitionen des RWE.

6. Kapitel
Der Staat greift ein

Das Wachsen der Stromwirtschaft verlief völlig ungeordnet. Am 1. April 1911 gab es 2.504 Elektrizitätswerke für die allgemeine Versorgung. Davon gehörten 739 der öffentlichen Hand, insbesondere Kommunen und Landkreisen, und 1.765 privaten Besitzern. Aber der Staat hatte bis dahin nicht reglementierend eingegriffen, obwohl etwa Oskar von Miller schon seit den 90er Jahren die Aufstellung eines Generalplans forderte, „um die Zersplitterung der Elektrizitätsversorgung zu verhindern". Ein solcher Generalplan müsse, so von Miller, „von derjenigen Stelle aufgestellt sein, die – unabhängig von Sonderinteressen der Firmen, Überlandzentralen, Kreise, Städte und Fabriken – das Wohl der Gesamtheit in unparteiischer Weise wahren. Diese Stelle ist im vorliegenden Fall der Staat."

Der Preußische Handelsminister Sydow konnte sich freilich für ein Eingreifen des Staates nicht begeistern: „Dazu ist die Industrie noch zu jung. Sie bedarf mehr der persönlichen Initiative, sie kann nur gefördert werden durch die Beweglichkeit, die der Privatindustrie inne wohnt und die ein Reichsbetrieb nie haben kann." In Bayern dachte man aber offenbar anders. Denn im Jahr 1908 erhielt Oskar von Miller den Auftrag, einen Generalplan für das heimatliche Königreich Bayern aufzustellen.

Die erste Initiative für ein Eingreifen des Reiches ging überraschenderweise von der Privatwirtschaft aus. Im Jahr 1909 reichte der Verband deutscher Elektrotechniker (VDE) beim Reichsamt des Inneren den Entwurf eines Starkstromwegegesetzes ein. Der VDE wollte damit das Wegerecht der Kommunen attackieren. Nach dem Gesetzentwurf sollten Stromleitungen in Zukunft in öffentlichen Straßen- und Wegen sowie auf privaten Grundstücken unentgeltlich verlegt werden können. Dagegen opponierten natürlich neben alle privaten Grundbesitzern auch die Städte, Gemeinden und Kreise. Auch das Land Preußen war gegen ihn, interessanterweise mit einer „antikapitalistischen" Begründung: „Der Entwurf stellt sich als einseitige Vertretung kapitalistischer Interessen dar, indem er nur den Wünschen der elektrischen Industrie Rechnung trägt, für Starkstromanlagen ungewöhnliche Vorzugsrechte ohne entsprechende Verpflichtungen verlangt, in Sonderheit auch gegen den verfassungsmäßig gewährleisteten Grundsatz der Unverletzlichkeit des Privateigentums verstößt."

Der nächste Schritt kam interessanterweise vom Staat. Das Reichsschatzamt – also das Finanzministerium – brachte am 03.06.1913 den Entwurf für ein Reichs-Starkstromgesetz ein, das vorsah, dass das Reich die gesamte Elektrizitätswirtschaft mittels eines gemischtwirtschaftlichen Unternehmens steuern sollte. Auch diese Gesetzesvorlage scheiterte an Preußen. Diesmal stellte man sich auf den Standpunkt, die Elektrizitätsversorgung sei eine reine Länderangelegenheit, aus der das Reich sich herauszuhalten habe. Widerstand kam auch vom Reichsamt des Innern, wo es ganz im Sinne der Privatwirtschaft hieß: „Das Monopol würde *den Fortschritt in der Entwicklung der privaten Elektrizitätsindustrie hemmen und damit die Stellung der deutschen Elektrizitätsindustrie auf dem Weltmarkt gefährden.*" Der zuständige Ministerialdirektor Lewald vom Innenressort war ein Freund von Carl Fürstenberg, der wiederum ein Freund von Emil Rathenau und Aufsichtsratsvorsitzender der AEG war. Auffällig war nur die hohe Sachkunde, die sich aus den Aufzeichnungen des Schatzamtes ergab. Diese ging nämlich auf eine streng vertrauliche Denkschrift von Walter Rathenau (dem späteren Außenminister) zurück – und der wiederum handelte im Auftrag seines Vaters Emil. Rathenau hätte mit einem solchen Schritt das in 114 Betriebsgesellschaften der AEG blockierte Kapital zu erneuten Anlage freibekommen und einen potenten Kunden für den Markt gefunden, den er gemeinsam mit Siemens monopolisierte: Nur die beiden Weltkonzerne wären noch in der Lage gewesen, eine staatliche Monopolgesellschaft mit den neuen Riesenkraftwerken zu beliefern. Aber das war noch nicht das letzte Wort.

Auch Hugo Stinnes rief plötzlich nach dem Staat und forderte die Errichtung eines Leitungsmonopols, das sämtliche Stromnetze übernehmen sollte. Der Staat bekäme doch auf diese Weise eine neue große Einnahmequelle und könne als Netzbesitzer die gesamte Elektrizitätswirtschaft kontrollieren. Damit konnte Stinnes sogar Reichskanzler Bethmann-Hollweg überzeugen, der ihn bat, seine Gedanken über das *„Starkstrommonopol und die Möglichkeit seiner Durchführung in einer kurzen schriftlichen Darlegung zu übermitteln*" (natürlich vertraulich). Von Bethmann-Hollweg dachte dabei allerdings an die Finanzierung der Wehrvorlagen. Der *„vorläufige Entwurf eines Starkstromgesetzes*" des Innenressorts ging dann noch über Rathenau hinaus. Danach sollten alle Elektrizitätsanlagen einer zentralen Reichselektrizitätsanstalt untergeordnet werden. Sogar Zwangsenteignungen ohne volle Entschädigung sollten zulässig werden. Damit wären auch die privaten Kraftwerke der Großindustrie an den Staat gefallen, die damals vier Mal mehr Strom erzeugten als alle öffentlichen Versorger zusammen. Preußen als Interessenwalter der Schwerindustrie legte wiederum sein Veto ein.

Nach dem verlorenen Weltkrieg und der Machtübernahme der Sozialdemokraten, der Linksliberalen und des katholischen Zentrums, die in der verfassunggebenden Nationalversammlung von Weimar eine Zwei-Drittel-Mehrheit besaßen, dachte man anders. Der Gesetzgeber beschloss 1919 ein *„Gesetz zur Sozialisierung der Elektrizitätswirtschaft*". Danach sollten alle Hochspannungsleitungen über 5.000 Volt, alle Kraftwerke mit einer Leistung von 5.000 Kilowatt und mehr sowie sämtliche Netznutzungsrechte in ein Reichsmonopol eingebracht werden. Die Einzelheiten sollten Ausführungsgesetze regeln. Aber die Stromwirtschaft wusste auch das zu verhindern. Werner, der Chef der Kraftwerkabteilung von Siemens, verkuppelte den *„Schandfrieden von Versailles*" mit der Sozialisierung und schrieb in einer Eingabe: *„Enteignung der Werke und ihre Überführung in Reichsbesitz ist absurd und angesichts des Versailler Vertrages eine immense Gefahr für das Reich. Da der Entente ... der Eingriff in Reichsbesitz offen steht, könnte sie die Kraftwerke nach deren Überführung in Reichsbesitz beschlagnahmen und hätte dann ein wunderbares Objekt, Wirtschaftsspionage zu treiben... Die Überführung irgendwelcher Unternehmen aus Privat- und Reichsbesitz wäre ein Verbrechen am deutschen Volk!*" Zwar wurde das Gesetz beschlossen. Aber sechs Monate nach Erlass verloren die drei Parteien der Weimar-Koalition nicht nur die Zwei-Drittel-, sondern sogar die einfache Mehrheit. Zu den neuen Reichstagsabgeordneten gehörten der Vorsitzende des Präsidiums des Reichsverbandes der deutschen Industrie, der Generaldirektor der Deutsch-Luxemburgischen Bergwerks- und Hütten AG, der Geschäftsführer des Zentralverbandes des deutschen elektrotechnischen Industrie, der Chef von Siemens, der Präsident der AEG, der Hauptgeschäftsführer des Vereins deutscher Eisen- und Stahlindustrieller und schließlich auch Hugo Stinnes. Neuer Reichswirtschaftsminister wurde der Geschäftsführer des Verbandes der Elektroindustrie, neuer Reichsschatzminister (und damit für die Sozialisierung zuständig) ein Stinnes-Mann. Unter diesen Umständen wurden die Ausführungsbestimmungen für das Gesetz nicht erlassen. Es blieb zwar in Kraft. Aber es wurde einfach vergessen.

Anders verlief die Geschichte in den Ländern, so im Freistaat Bayern, der nunmehr den Generalplan des Oskar von Miller in die Tat umsetzte. Das Land nahm im Jahre 1921 eine Anleihe in Höhe von 200 Millionen Mark auf und gründete die „Bayerische Landeselektrizitätsversorgung", das Bayernwerk[4]. Von Miller nahm seinen Lieblingsplan in Angriff, nämlich den Bau des Walchenseekraftwerks, das 1924 in Betrieb ging und sofort zu einer Art Wallfahrtsort für alle Elektroingenieure wurde. Ebenso entstand in Baden im Juli 1921 die Badische Landes-Elektrizitäts-Versorgungs AG, später Badenwerk AG. Auch hier griff man nach der Wasserkraft: In einem der schönsten Täler des nördlichen Schwarzwaldes liegt Forbach. Hier wurde das erste Kraftwerk des Badenwerks gebaut. In Forbach stehen ca. 14 Millionen Kubikmeter Wasser zur Stromgewinnung bereit. 1926 wurde das Leitungsnetz fertig gestellt, das die Wasserkraftwerke am Hochrhein und im Schwarzwald mit den Kohlekraftwerken in Mannheim verband. In Mannheim erfolgte der Anschluss an die von RWE nach Süddeutschland verlegte Stromleitung. Anders war das in Württemberg. Hier gab es kein dem Badenwerk vergleichbares Verbundunternehmen. Es gab viele kleine Unternehmen, die den Gemeinden gehörten. Der Württembergische Staat hatte sich dafür entschieden, die dezentrale Stromwirtschaft zu unterstützen. Erst 1938 wurde das zentrale Unternehmen Energie-Versorgung-Schwaben (EVS) gegründet, deren Gesellschafter aber auch wieder die Kommunen waren.

In Brandenburg reichte die Geschichte schon länger zurück. Bereits am 1. Mai 1909 war von der AEG gemeinsam mit der Elektrobank Zürich das Märkische Electricitätswerk (MEW) gegründet worden. Um den Einfluss Berlins auf die Stromversorgung in der Provinz zu begrenzen, kaufte Brandenburg 7/12 des Aktienkapitals des MEW im Jahr 1916. Damit begann ein neuer Abschnitt in der Geschichte der Brandenburgischen Elektrizitätsversorgung. Nach jahrelangen Verhandlungen zwischen dem MEW und dem Berliner Versorger (Berliner Elektrizitätswerke bzw. später BEWAG) kam 1929 ein Austauschvertrag über Versorgungsgebiete zustande, wobei die Stadtgrenze Berlins die Demarkierungslinie zur Provinz Brandenburg bildete.

Es war insbesondere das bayerische Beispiel, das Preußen neidisch machte. Aber Anlass zum Tätigwerden war der Expansionsdrang des RWE. Das zeigt schon ein Erlass vom Mai 1914 an die preußischen Regierungspräsidenten, in dem die Überlegungen angesprochen werden, von denen sich Preußen 10 Jahre später leiten ließ: *„Der Staat hat sich bisher gegenüber der Entwicklung abwartend verhalten. Wenn sich nicht noch mehr Verhältnisse bilden sollen, die eine künftige Regelung nach einheitlichen Gesichtspunkten stören..., darf diese Zurückhaltung nicht länger beobachtet werden. Der Staat muss seinen Einfluss verstärken... Ein anderer wichtiger Gesichtspunkt ist, dass sich die schon bestehenden Ansätze zur Ausbildung*

---

4. Kurzmann, Siegfried, 30 Jahre Bayernwerk AG: 1921 bis 1951, 1951.

von privaten Versorgungsmonopolen nicht weiter auswachsen." 1924 war es dann soweit. Es wurde beschlossen, eine preußische Elektrizitätsgesellschaft zu gründen, die PreußenElektra AG. Als Basis standen aber nur das Großkraftwerk Hannover, die Preußischen Kraftwerken Oberweser, zu denen außer der Wasserkraft der Edertalsperre und einiger Staustufen noch das neue Braunkohlekraftwerk Borken südlich von Kassel gehörte. Damit sollte ein Vorstoß des RWE nach Osten aufgehalten werden, nachdem Stinnes auch die Braunschweigischen Kohlenbergwerke in Helmstedt gekauft hatte, ein Braunkohleunternehmen. Außerdem plante das RWE eine Hochspannungsleitung in den Frankfurter Raum, für die Enteignungen nötig waren. Die preußische Regierung verweigerte dem RWE die Enteignung so lange, bis ein Stromliefervertrag zwischen dem Kraftwerk Borken und der Stadt Frankfurt unter Dach und Fach war. Dann erteilte Preußen das Enteignungsrecht und das RWE kam mit seiner Höchstspannungsleitung in den Frankfurter Raum.

Diese Auseinandersetzung wurde in den Zeitungen schon der „Elektrokampf" genannt. Für Preußen nicht mehr hinnehmbar war die Absicht des RWE, nach Schleswig-Holstein vorzustoßen, wo man bereits eine Beteiligung erworben hatte. Stromlieferant waren die „Siemens Elektrischen Betriebe" (SEB, später Nordwestdeutsche Kraftwerke). Drei Viertel der SEB-Aktien lagen noch immer bei Siemens und der Basler Handelsbank. Ministerialrat Roemer ließ mit aller Diskretion die Verkaufswilligkeit der beiden Besitzer prüfen und stieß – angesichts des versprochenen Preises – auf lebhaftes Interesse. Der einzige Haken: Preußen musste binnen acht Tagen zusagen. Aber das ging dem zuständigen Handelsminister Walther Schreiber (später CDU-Gründer und Berliner Bürgermeister) zu schnell; er verabschiedete sich erst einmal nach Sylt in den Urlaub. Roemer reiste dem Minister nach und durfte dabei mit der Privatmaschine der Lufthansa, mit der Reichskanzler Luther nach Wyk auf Föhr flog, mitfliegen. Roemer fand Schreiber am Strand, wo nur ein Badegast die „Vossische Zeitung" las, der Minister. Minister Roemer erklärte ihm: *„Er habe es jetzt in der Hand, durch den Ankauf der SEB unsere Anlagen zu einem großen staatlichen Stromversorgungsunternehmen auszubauen, das vom Main bis zur Nordsee und von der holländischen Grenze bis zur Elbe reiche. Weiter bestehe durch einen Anschluss von Schleswig-Holstein die Möglichkeit, bis an die dänische Grenze zu gelangen. Damit würde die ganze Nordseeküste, ausschließlich der beiden Hansestaaten, in unser Versorgungsgebiet einbezogen werden. Auf keinen Fall dürfte er sich dem Vorwurf aussetzen, auf die einmalige Gelegenheit verzichtet zu haben....."* Damit fiel die Entscheidung. Befreit von allen Zweifeln und sichtlich erleichtert sagte er: *„Telegraphieren sie, dass ich zustimme."*

Das kam für das RWE völlig überraschend. Der Gegenschlag sah wie folgt aus: Das RWE kaufte den Stinnes-Erben die Braunschweigischen Kohlenbergwerke in Helmstedt ab, dem die preußische Ministerialbürokratie die Durchleitung von Strom kaum verweigern konnte: Denn das RWE hatte sich mit dem Deutschen Reich, vertreten durch die Elektrowerke, gegen Preußen verbündet. Preußens nächster Schachzug: Das Land kaufte der Disconto-Gesellschaft in Berlin die Aktienmehrheit der Braunkohlen-Industrie Zukunft in Weisweiler bei Aachen ab. Der Konzern besaß ausgedehnte Grubenfelder entlang der belgischen Grenze und Kraftwerke, die das Gebiet Aachen-Düren und die Eifel versorgten. Diese „Zukunft" war Gold wert. Preußen musste für eine damals mit 100 Mark gehandelte Aktie 145 bezahlen. Aber dafür bekam es auch den starken Stützpunkt im Rücken des RWE.

Im Jahr 1927 wurde die Preußische Elektrizitäts-AG, PreussenElektra, gegründet und man setzte sich zusammen (wie viele Jahre später immer wieder); es kam zum *„Elektrofriede Preußen-RWE"* (Der Volkswirt). Beide Gesellschaften erkannten ihre de facto bereits bestehende Demarkationslinie von der Nordseeküste entlang der Weser bis zum Main bei Frankfurt an. Dafür wurde dem RWE die Braunkohle-Industrie Zukunft überlassen. Das RWE seinerseits zog sich aus Schleswig-Holstein zurück und händigte der PreußenElektra seine Beteiligung an den Braunschweigischen Kohlenbergwerken Helmstedt aus. Allerdings war die Minderheitsbeteiligung in Helmstedt für das RWE längst nicht so wertvoll wie die Drei-Viertel-Mehrheit der „Zukunft" mit ihren großen Braunkohlereserven, den Kraftwerken und den Versorgungsgebieten in den Kreisen Aachen, Düren, Jülich, Schleiden, Monschau, Adenau, Prüm, Daun, Geilenkirchen und Heinsberg.

7. Kapitel
Das Glühlampenkartell Phoebus

Das deutsche Glühlampenkartell, das Rathenau und Siemens schon vor der Einführung der Stromversorgung verabredet hatten, hatte anfangs wenig Erfolg. Das lag an den Produktpiraten, die die Preise von anfänglich 6 Mark bis auf 17 Pfennig herunter brachten. Dem gegenüber war das US-amerikanische Glühlampenkartell unter Anführung von General Electric wesentlich erfolgreicher – wie berichtet. Aber ein Weltkartell kam vor dem Ersten Weltkrieg nicht zustande.

Das wurde nach dem Krieg anders. Schon 1920 hatte ein Untersuchungsausschuss des britischen Unterhauses bei der Überprüfung von Kriegsgewinnen in der Elektroindustrie davor gewarnt, dass *„britische, holländische und amerikanische Lampenhersteller sich zu einer internationalen Organisation zusammenschließen, die ... Produktionsmengen und Preise von Glühlampen in weiten Teilen der Welt"* kontrollieren könnte. 1924 trieb der Chefunterhändler für General Electric, Woodward, alle großen Glühlampenhersteller der Welt zu einem *„gigantischen Weltkartell"* (US-Gerichtsurteil) zusammen. Er sah darin einen *„Erziehungsprozess"*, der davon abhing, dass man sich über Produktionsquoten, Preise etc. einigte, was nicht so einfach war. Aber schließlich wurde am Heiligabend 1924 das *„Weltkartell der Glühlampen"* unter dem Namen des Sonnengottes Phoebus in Form einer Aktiengesellschaft in der neutralen Schweiz, und zwar in Genf, gegründet. Das Kartell sicherte für jedes Mitglied ein Kontingent für verschiedene Märkte und legte von Land zu Land die Preise bindend fest. Außenseiter wurden mit allen Mitteln bekämpft. „Neutrale" Lampenfabriken wurden verdeckt aufgekauft. Deutscher Verhandlungsführer war William Meinhardt von der Auer-Gesellschaft, den die Engländer *„the wily old fox"* nannten. Meinhardt kommentierte die wichtigsten Vorschriften des Kartellvertrags wie folgt:

„Bei den Verhandlungen war es im Gegensatz zu anderen internationalen Vereinbarungen bemerkenswert, dass sich zunächst die Großen in der ganzen Welt verständigten und erst nach Klärung der grundsätzlichen Ziele die Kleinen zum Anschluss aufforderten. Zum Gegenstand des Vertrages gehören alle Lampen, die zur Beleuchtung, Heizung oder zu medizinischen Zwecken dienen ... Von einer Regelung der Produktion ist Abstand genommen worden. Dagegen ist eine sorgfältige Kontingentierung des Absatzes und eine Aufteilung der Märkte erfolgt. ... Durch die sachgemäße Aufteilung der Märkte erhält jedes Mitglied die Möglichkeit, mit den denkbar geringsten Vertriebsspesen seine Waren zu vertreiben." Diese delikaten Einzelheiten wurden allerdings dem Publikum in seiner im Jahr 1932 – also auf dem Höhepunkt der Weltwirtschaftskrise – erschienen Schrift „Entwicklung und Aufbau der Glühlampenindustrie" nicht verraten.

Zu den Kartellgeheimnissen gehörte auch die Begrenzung der Lebensdauer einer normalen Glühlampe auf 1.000 Brennstunden, obwohl 3.000 Stunden und mehr technisch möglich waren, ein Phänomen, das sich „geplanter Verschleiß" nennt. Die Kartellbrüder versprachen sich davon „eine Verdopplung des Geschäfts in fünf Jahren". Die Preise wurden auf diese Weise 30 % höher als sie eigentlich hätten sein können, was sich aus den Preisen einer gewerkschaftseigenen schwedischen Glühlampenfabrik ergab.

Bemerkenswert war, dass General Electric – obwohl Konstrukteur des Kartells – niemals formelles Mitglied des Kartells wurde. Das war auch nicht nötig, weil General Electric an zahlreichen Unternehmen beteiligt war, die zum Kartell gehörten. Aber eine Unterschrift erschien nicht opportun, nachdem der Aufkauf von 200 lokalen Elektrizitätsgesellschaften die amerikanischen Kartellbehörden auf den Plan gerufen hatten. Der amerikanische Senat ordnete eine Untersuchung der Wettbewerbsbedingungen auf dem Strommarkt an. Daraufhin zog sich General Electric im Jahr 1924, als das Kartell abgeschlossen wurde, sogar ganz aus dem Stromverkauf zurück.

Der eigentliche Grund lag aber darin, dass in den USA – anders als in Deutschland – schon früh Kartellverbote erlassen wurden. Anlass war das Entstehen von Monopolen, z. B. der Standard Oil Company, der Carnegie Steel Company, der Accessory Transit Company, verbunden mit Namen wie John D. Rockefeller und Cornelius Vanderbilt, die mit ihren „großen Konstruktionen" Monopole schufen, die die Abgeordneten auf den Plan riefen. Der Sherman Antitrust Act von 1890 brachte ein Monopolisierungsverbot, das auch horizontale und vertikale Absprachen grundsätzlich verbot. Das Gesetz sah sogar die Möglichkeit der Entflechtung vor; Unternehmen mit Monopolstellung konnten unter bestimmten Voraussetzungen aufgeteilt werden. Bei Erlass des Gesetzes war eine Strafe von bis zu 5.000 US-Dollar oder eine Gefängnisstrafe von einem Jahr möglich. Der Rahmen für Geldstrafen war natürlich viel zu gering. Im Jahr 2005 waren die Strafen schon auf bis zu 10 Millionen US-Dollar für Unternehmen bzw. 1 Million US-Dollar für natürliche Personen gestiegen. Allerdings dauerte es einige Jahre, bis das Gesetz auch wirklich angewandt wurde. American Tobacco wurde 1911 auf Grundlage des Sherman Antitrust Acts entflochten, Standard Oil am 8. November 1906 von der Regierung der USA angeklagt und am 5. Mai 1911 entflochten. DuPont wurde im Jahr 1912 wegen eines Monopols auf Sprengstoffe in mehrere Teile zerschlagen[5]. Aber General Electric hielt das nicht vom Bau des Welt-Glühlampenkartells ab. Die Zusammenarbeit wurde vielmehr durch finanzielle Verflechtungen nur noch enger. In der Boom-Zeit von 1924 bis 1929 legte das RWE vier Anleihen in Höhe von 65 Millionen Dollar für den US-Markt auf, zu denen 157 Millionen Auslandsanleihen der RWE-Töchter traten. Siemens ließ sich durch ein New Yorker Bankhaus bis 1929 Anleihen in Höhe von 29 Millionen Dollar besorgen. Die AEG überließ den alten transatlantischen Geschäftsfreunden von General Electric gegen Dollar eine 25 %ige Beteiligung an ihrem Aktienkapital von 200 Millionen Mark. Aber den Amerikanern ging es dabei nicht um das Geldverdienen, sondern um Vorbeugung: Wenn sich auf den Heimatmärkten Probleme ergaben, könnten die Konzerne möglicherweise auf die Idee kommen, sich auf Exportmärkten zu engagieren. Um hier regulierend einzugreifen, wollten

---

5. Quelle: Wikipedia. Basis: Sherman Antitrust Act. Folge: Gründung der Hercules Powder und Atlas Chemical Industries.

die Chefs von General Electric und Westinghouse ein Weltkartell der großen Anlagenbauer konstruieren, das jedem hungrigen europäischen Konzern so viel zu beißen gab, dass er nicht auf die Idee kam, in die USA zu expandieren. Am 13. Dezember 1930 war es soweit. Zwar rieten die US-Rechtsberater dringend von einer Unterzeichnung des Weltkartellvertrags ab, weil die Vereinbarung gegen die Antitrustgesetze verstieß. Aber die Amerikaner setzten sich über die Bedenken hinweg und unterschieben das International Notification and Compensation Agreement, das Internationale Benachrichtigungs- und Kompensationsabkommen. Später wurde das Kartell in International Electric Association umgetauft: Internationale Elektrizitätsvereinigung – absolut nichtssagend. Die Konzerne versprachen sich Heimatschutz: Auf ihren Märkten war die Festlegung von Preisen allein ihre Sache. Als Heimatgebiete galten alle europäischen Länder, die USA, Kanada und Japan einschließlich ihrer Kolonien. In den restlichen Ländern der Welt wurden Verkauf und Lieferung von Kraftwerken und Aggregaten durch die Kartellbestimmungen geregelt. Jedes Mitglied, das auch nur von einer Ausschreibung hörte, war verpflichtet, dies auf einer vorgedruckten Karte dem Sekretär des Kartells mitzuteilen. Antworten durften nur die Mitglieder, die vom Sekretär dazu aufgefordert wurden. In der Benachrichtigung waren auch die Mitbewerber aufgeführt. Diese Firmen einigten sich dann untereinander, wem der Auftrag zu welchem Preis zufallen sollte. Erst viele Jahre später deckten die US-Kartellbehörden die Kartellabsprachen auf, die praktisch alle Produkte der Anlagenbauer einbezogen hatten.

8. Kapitel
Weltwirtschaftskrise: Die Konzerne bleiben ungeschoren

Das Kartell war, wenn man den Konzernherren glaubt, ein Kind der Not. Aber Not litten andere. Nur kurz nach dem Vertragsabschluss in Paris erreichte die Zahl der Arbeitslosen in Deutschland den neuen Höchststand von 5 Millionen. Erst in diesen Wintermonaten brach die Weltwirtschaftskrise in Deutschland voll aus. Die Industrie nutzte sie zu einem Groß-angriff auf die sozialen Errungenschaften seit der November-Revolution. Der rheinische Braunkohlenkönig Paul Silverberg erklärte als Präsidiumsmitglied des Reichsverbands der Deutschen Industrie (RDI): *„Eine private, individualistische, kapitalistische Wirtschaft kann nicht erfolgreich sein, wenn der Staat gleichzeitig eine kollektivistische und sozialistische Wirtschaftspolitik verfolgt, speziell auf den Feldern der Sozial-, Steuer- und Fiskalpolitik."* Was darunter zu verstehen war, sagten die Ruhrindustriellen vom RDI: *„Alle kollektivistischen und Zwangsmaßnahmen wie Schlichtung, hohe Löhne, Arbeitszeitgesetzgebung, Sozialver-sicherung, öffentlicher Wohnungsbau etc. müssen mit hohem Tempo beseitigt werden."* Die Strategie: *„Die Gewerkschaften sind noch zu stark für Verhandlungen. Zuerst müssen wir im ganzen Land eine harte Konfrontationsstrategie in allen Fragen verfolgen. Wir müssen eine Situation schaffen, in der die Arbeiter sich enttäuscht von ihren politischen und gewerk-schaftlichen Führern abwenden."*

Deswegen kam es bei diesem Klassenkampf von oben schon zu Beginn der Krise zu Massenentlassungen, bei denen der Siemens-Konzern vorne mit dabei war: Siemens hatte, wie er in einem Brief an Reichskanzler Heinrich Brüning Ende Juli 1930 zugeben musste, in wenigen Monaten von den 51.300 Arbeitern in seiner Berliner Werken 17.450 – also 34 % – gekündigt. Im gleichen Jahr sank der Umsatz nur um 6 %. Der als Siemens & Halske firmierende Konzern zahlte noch 7 % Dividende. Das Ergebnis dieser Konfrontationspolitik war eine sich immer schneller steigende Radikalisierung der Massen. Sie wurde durch eine Währungskrise verschärft: Das Problem der Auslandsleihen der Industrie und des Reichs war, dass sie in Dollar zurückzuzahlen waren. Aber Dollars wurden wegen der Wirtschaftskrise nicht verdient. Die Lage gleicht der heutiger Entwicklungs- oder Schwellenländer: Sie müssen ihre Schulden in Dollar bezahlen, haben aber keine Möglichkeit, Dollar zu verdienen. Das Ergebnis war eine Währungskrise, der der Zusammenbruch des deutschen Bankensystems folgte. Die Banken konnten nur durch massiven Einsatz von Steuergeldern gerettet werden, was den „gestürzten Halbgöttern" aus den Vorstandsetagen äußerst peinlich war.

Der Bankenkrach war Resultat einer krassen Missachtung der Grundregel des Geldgeschäfts, wonach man kurzfristige Kredite nicht langfristig anlegen darf. Diesen Fehler hatten fast alle Großbanken gemacht. Eine Ausnahme war die Berliner Handels-Gesellschaft unter ihrem Chef Fürstenberg. Anfang Juli 1931 hatten die Großbanken kurzfristig rückzahlbare Devisenschulden in Höhe von 5,5 Mrd. Mark. Die Gold- und Devisenreserven der Reichsbank waren auf 1,7 Mrd. zusammengeschmolzen. Die Regierung wurde darüber nicht informiert. Das führte zum „*Schwarzen Samstag des Deutschen Bankgewerbes*". Die DANAT-Bank (Darmstädter und Nationalbank) teilte dem Finanzminister am 11. Juli 1931 die Zahlungsunfähigkeit mit. Der liberale Minister Dietrich warnte seine Kollegen: „*Der Sturz der DANAT-Bank wäre eine ernste Gefahr für den Kapitalismus!*" Die Regierung sprang als Nothelfer der Großbanken ein: Der freie Zahlungsverkehr wurde eingestellt und erst nach drei Wochen wieder zugelassen. Die Großbanken erhielten enorme Geldinfusionen; mit dem Ergebnis der praktischen Verstaatlichung:

Die Reichsbeteiligung bei der Dresdner betrug 91 %, bei der Commerzbank 70 % und bei der Deutschen Bank 35 %. Insgesamt hatte die Regierung Brüning den Banken 1,25 Mrd. zur Verfügung gestellt, ohne das verantwortliche Personal auszuwechseln. Zugleich hielt die Regierung aber am rigorosen Sparkurs gegenüber den Arbeitslosen fest, was im Februar 1932 zu einer Rekordmarke von 6,1 Mio. führte. Ergebnis: Die NSDAP erhielt eine wunderbare Agitationsbasis. Bei den Landtagswahlen im April 1932 wurde sie – außer in Bayern – überall im Reich stärkste Partei.

Die Abläufe hatten allerdings ein Gutes: Es wurde nur zu deutlich, wo die Verantwortung für die Krise lag: „*Das privat-wirtschaftliche System ist nur zu halten, wenn es gegen jene Kapitalisten geschützt wird, die nur Gewinn machen, Verluste aber dem Staat aufbürden wollen*", erklärte Wirtschafts-Staatssekretär Trendelenburg im Februar 1932 im Kabinett. Doch kaum waren die Worte verhallt, kam es zu einem Vorgang, der kaum rational erklärlich ist. Der Industrielle Friedrich Flick hatte sich verspekuliert und wurde ein Opfer der Kreditkrise. Daher wandte er sich an die Reichsregierung um Hilfe – und wunderlicherweise griff das Reich, das kein Geld für die Arbeitslosen hatte, Flick unter den Arm. Das Reich kaufte dem reichen Stahlindustriellen für 96 Mio. heimlich ein Paket Gelsenberg-Aktien ab, das nach Börsenkurs höchstens 30 Mio. wert war. Das war nicht geheim zu halten und umso empörender, als sich Flick gerade ein dreistöckiges Schloss an der Ruhr bauen ließ. „*Flick beruhigte die Parteien nach Art des Hauses mit Spenden.*" Damit wurde aber auch – wieder einmal – ein Aktientausch möglich:

Flick verschaffte sich – auf Kredit – RheinBraun-Aktien im Nennwert von 21 Mio., was eine Sperrminorität war. Silverberg nahm das gelassen zur Kenntnis, wunderte sich aber, weil Flick eigentlich nicht Braun-, sondern Steinkohle für seine Hüttenwerke brauchte. Silverberg hatte aber ein Aktienpaket der Harpener Bergbau, das eingetauscht werden konnte. Die Wertdifferenz war allerdings hoch: Flick besaß 21 Mio. RheinBraun, Silverberg 36 Mio. Harpener. Silverberg lehnte das Angebot ab.

Jetzt kam das RWE ins Spiel: Flick bot RWE die RheinBraun-Aktien an und verpflichtete sich, ihm nach der Übernahme von RheinBraun die von Silverberg gehorteten Aktien der Harpener Bergbau zu geben. Allerdings fehlte noch ein RheinBraun-Paket, das der fanatische Nazi Fritz Thyssen geerbt hatte. Es galt eigentlich als unverkäuflich. Aber das RWE bekam es, weil Fritz Thyssen Silverberg schaden wollte: „*Auch Silverberg selbst hat später angedeutet, dass der Intervention Thyssens gegen die Rheinische Braunkohle primär politische Motive zugrunde gelegen haben.*" Thyssen finanzierte nämlich die Nazis zusammen mit dem Kohlensyndikat-Gründer Emil Kirdorf schon seit 1923. Kirdorf hat sich davon allerdings später distanziert. Jedenfalls kam es so zur RheinBraun-Mehrheit in den Händen des RWE. Dann händigte RWE Flick das Aktienpaket an der Harpener Bergbau aus. Bei der Abwicklung gab es allerdings Schwierigkeiten, in denen auch Konrad Adenauer, Kölner Oberbürgermeister, eine Rolle spielte. Silverberg konnte nämlich in der Aufsichtsratssitzung vom 14.01.1933 einen Vertrag präsentieren, in dem Flick sich verpflichtet hatte, nur einvernehmlich mit der RheinBraun-Leitung (also Silverberg) zu handeln. Dabei wurde er von Adenauer unterstützt, der Führer der kommunalen Minderheits-Aktionäre des RWE war. Nach der Machtübernahme wurde von dem Kölner Bankier Kurt von Schröder „der Pöbel" gegen Silverberg mobilisiert. Am 13. März wurde Konrad Adenauer aus dem Amt gejagt. Damit brach der Widerstand der Aktionäre gegen die Übernahme ihres Unternehmens zusammen. Silverberg trat als Aufsichtsratsvorsitzender von RheinBraun, als Präsident der Industrie- und Handelskammer und als stellvertretender Vorsitzender des Reichsverbands der Deutschen Industrie zurück.

Kirdorf gingen erst jetzt die Augen auf. Für ihn, den unangefochtenen Sprecher der Kohlenbarone, war dies der Augenblick der Wahrheit. Das sagte er nicht nur, sondern schrieb daraufhin einen offenen Brief an die Rhein-Westfälische Zeitung in Essen, wo es u. a. hieß: „Als ein Verbrechen erachte ich das unmenschliche Ausmaß der fortgesetzten antisemitischen Hetze ... Der Dolchstoß, den man diesem wertvollen Menschen versetzt, hat auch mich getroffen."

Die Transaktion wurde dann abgewickelt wie vereinbart: „Nachdem die RWE-Verwaltung, dank der Majorität, zu der ihr Flick verholfen hatte, über RheinBraun verfügen konnte, löste sie das Wort ein, das sie Flick gegeben hatte: Sie übereignete ihm – nachträglich, nota bene – das Harpener-Paket der RheinBraun. Ein gutes Geschäft für die beiden Partner, deren einer mit geliehenem Geld und deren anderer ohne überhaupt Geld einzusetzen zu einem überaus wertvollen Besitz gekommen war. Im Ergebnis führte dieses Geschäft dazu, dass das RWE bis heute den billigsten deutschen Strom erzeugen kann.

9. Kapitel
Die NSDAP übernimmt die Macht – aber die Energiekonzerne haben das Sagen

Das vom Weimarer Parlament beschlossene „Gesetz betreffend die Sozialisierung der Elektrizitätswirtschaft" vom 31.12.1919 war nicht umgesetzt worden. Daher war die Versorgung Dritter mit Elektrizität weiterhin dem uneingeschränkten Wettbewerb überlassen. Es kam zu heftigen und nicht immer fair geführten Ausdehnungskämpfen[6]. Diese riefen das Reichswirtschaftsministerium (RWM) auf den Plan. Es beauftragte den Ingenieur Oskar von Miller mit der Erstellung eines Gutachtens über die Situation der Elektrizitätswirtschaft. Von Miller arbeitete von 1926 bis 1930 an dem Gutachten und befürwortete die künftige Koordinierung der Errichtung von Neuanlagen und der Erweiterung vorhandener Bauten nach einem einheitlichen Generalplan. Das Reich sollte in 13 Versorgungsbezirke aufgeteilt werden. Die Frage der Umsetzung stellte das Gutachten zur Diskussion der beteiligten Kreise.

Die Konzerne bauten vor. 1928 schlossen sich acht große Versorgungsunternehmen zu einer Interessenvertretung, der „Aktiengesellschaft zur Förderung der deutschen Elektrizitätswirtschaft", unter besonderer Betonung der Förderung der Verbundwirtschaft, zusammen. Die Botschaft war klar: Die Energiewirtschaft sei durchaus in der Lage, sich selbst und ohne gesetzlichen Eingriff seitens des Reiches zu organisieren. Tatsächlich erklärte das Preußische Handelsministerium anlässlich der Jahresversammlung des Verbandes deutscher Elektrotechniker im Juli 1929 den alten Plan zur Schaffung eines Reichselektrogesetzes für erledigt.

Unter dem Einfluss der Wirtschaftskrise ging der absolute Strom- und Gasverbrauch drastisch zurück. Der Leistungsüberhang in der Stromwirtschaft betrug 69 %. Das Reich mischte sich immer mehr in die Unternehmenspolitik ein: Verordnet wurden Zinssenkungen, Devisenkontrolle, die Überwachung der Energiepreise und der ihnen zugrundeliegenden Kosten sowie die schematische Absenkung der Tarifpreise[7]. Eine stärkere staatliche Regulierung stand vor der Tür.

Sie kam mit der Machtergreifung Hitlers am 30.01.1933. Im *„neuen Deutschland"* sollte *„wieder der Mensch und sein Wohlergehen das Endziel allen Schaffens* (werden), *dem sich alle Wirtschaftsfaktoren unterzuordnen haben."* Tatsächlich waren schon kurz nach der Machtübernahme Indiskretionen aus dem Braunen Haus, der Parteizentrale der NSDAP, in die Industriekanäle gesickert, die das Schlimmste befürchten ließen: Man sprach von Plänen

---

6. Zenke, Genehmigungszwänge im liberalisierten Energiemarkt, 1998, 50.
7. Evers in Börner, Energiewirtschaftsgesetz, 20.

für eine zentralistische Neuorganisation aller EVU, von einem Baustopp für Fernleitungen und von staatlich festgelegten Mini-Dividenden bei radikaler Senkung der Stromtarife. Im Herbst erstattete die „Abteilung Elektrizität der Unterkommission III b der politischen Zentralkommission der NSDAP" ihren mit größter Nervosität erwarteten „Bericht über Aufgaben in der Elektrowirtschaft" – für die Konzerne ein wahrer Schock. An oberster Stelle des Maßnahmenkataloges stand die Arbeitsbeschaffung. Trotz der Überkapazität von 69 % sollte die Stilllegung von Kraftwerken in den nächsten vier Jahren verboten und mit dem Bau von arbeitsplatzintensiven Wasserkraftwerken begonnen werden. Für Investitionen auf dem Arbeitsmarkt sei eine Zwangsabgabe von mindestens 16 % der Bruttoeinnahmen auf ein staatlich überwachtes Sonderkonto zu zahlen.

Das RWM unter Minister Hjalmar Schacht, der ein Freund der Elektrizitätswirtschaft war, beauftragte die AG zur Förderung der deutschen Elektrizitätswirtschaft mit der Erstellung eines Gutachtens zu den Möglichkeiten und notwendigen Maßnahmen zur Verbesserung der Elektrizitätswirtschaft. Da sich die Konzerne als Federführer sahen, begannen sie auf eine gesetzliche Regelung der Markt- und Strukturprobleme hinzuarbeiten, die ihre Interessen zur Genüge berücksichtigen würde[8]. Die AG legte ihre Ausarbeitung über die Grundlinien eines Energiewirtschaftsgesetzes am 1.10.1933 vor. Vorgesehen war – neben der Aufteilung der Energieversorgung in vier Provinzen unter der Herrschaft der größten EVU zur Zentralisierung der Versorgung – bereits die Überwachung der Stromwirtschaft durch die Aufsicht des Reichswirtschaftsministers. Grundziele der Energieversorgung sollten die Billigkeit und Sicherheit der Versorgung sein. Zur Steuerung des Leistungsüberhangs sollte der Reichswirtschaftsminister ermächtigt werden, den Bau von unnötigen und unwirtschaftlichen Neuanlagen zu untersagen. Gleichzeitig empfahl sich die AG dem RWM als beratende sachverständige Reichsstelle. Im Ergebnis sollten Staatskompetenzen zunehmend mit einer Dispositionsfunktion der großen Versorgungsunternehmen verbunden werden.

Schacht erbat und bekam auch einen Kommentar der NSDAP zum Gutachten der AG. Tenor: *„Nach dem Gutachten ist ungefähr alles gut und richtig, was die Großkonzerne getan haben und weiter anstreben, und alles, was ihnen nicht in den Kram passt, ist falsch und verkehrt."* Außer diesem Kommentar der Partei gegen die Konzerne traf beim Reichswirtschaftsminister auch noch eine Denkschrift des Deutschen Gemeindetages gegen Partei und Konzerne ein. Die Gemeinden verlangten in ihren *„Vorschlägen für die Neugestaltung der deutschen Elektrizitätswirtschaft"*, dass ihre Kraftwerke neben den Großkraftwerken der Konzerne nicht nur weiterbestehen, sondern dass sie sogar vor einer direkten Konkurrenz durch die Großkraftwerke geschützt werden sollten. Indiskutabel sei weiterhin die Streichung der Konzessions- und Wegenutzungsabgaben. Die Rolle eines starken Verbündeten gegen die Konzerne sollte eine Reichsaufsichtsbehörde für die Elektrizitätswirtschaft übernehmen.

Angesichts dieser Auseinandersetzungen gab Hitler – nach manchem internen Gespräch mit Unternehmern – am 27. Februar 1934 sein erstes öffentliches Signal: Im *„Gesetz zur Vorbereitung des organischen Aufbaus der deutschen Wirtschaft"* ermächtigte er den RWM, die Führer der Wirtschaftsverbände zu berufen, die in Zukunft die alleinige Vertretung der Wirtschaftszweige zu übernehmen hätten. Zum Leiter der Reichsgruppe Energiewirtschaft,

---

8. Denkschrift des Deutschen Gemeindetages „Deutsche Energiewirtschaft am Wendepunkt" vom Oktober 1939, 4.

in der die Elektrizitäts- und Gasversorger zusammengefasst wurden, ernannte Schacht den Direktor Krecke aus dem Vorstand der Berliner Elektrizitätswerke (BEWAG). Bei seiner Einsetzung versicherte er: *„Ich brauche wohl nicht besonders zu unterstreichen, dass der feste, unveränderliche Grundsatz für meine Arbeit sein wird, sie in vollster Übereinstimmung mit dem Gedankengut und den Grundsätzen der NSDAP durchzuführen."*

Es dauerte ein weiteres Jahr, bis der Meinungsstreit zwischen Partei, Wirtschaft und Gemeinden über die künftige Organisation der Strombranche beendet wurde. In welchem Sinn ließ Schacht im September 1935 in einer Ansprache vor der Wirtschaftsgruppe Elektrizitätsversorgung erkennen: *„Mit der Elektrizitätswirtschaft verbinden mich als früheren Bankmann langjährige Beziehungen. Nicht nur, dass ich jahrelang im Aufsichtsrat großer Fabrikations- und Lieferungswerke gesessen habe, und dass mich zahlreiche finanz- und kreditpolitische Beziehungen mit der Elektrizitätswirtschaft verknüpft haben, nein, darüber hinaus bin ich heute beinah etwas stolz darauf, dass ich bereits vor 27 Jahren in einem größeren Aufsatz in den Preußischen Jahrbüchern auf alle wesentlichen Probleme hinweisen konnte, die auch heute noch für die deutsche Elektrizitätswirtschaft maßgebend sind."*

Schacht hatte sich in der Debatte über ein Reichselektrizitätsmonopol für *„private Initiative, privates Kapital und privates Risiko"* in der Elektrizitätswirtschaft ausgesprochen. Seine Ausführungen in der Septemberansprache bedeuteten, dass die Stromkonzerne im Kampf mit der Partei Sieger geblieben waren. Während der Wirtschaftsminister die Grundgedanken des vor der Verabschiedung stehenden Energiewirtschaftsgesetzes vortrug, erkannten die anwesenden Experten in zentralen Fragen immer wieder die Handschrift der Konzerne.

Für die Gemeinden war das nicht erfreulich. Auch der Deutsche Gemeindetag war, nachdem in ihm weitere kommunale Spitzenverbände zusammengefasst wurden, im Reichsverband der Elektrizitätsversorgung organisiert worden. Von großem Einfluss war die Deutsche Gemeindeordnung (DGO) vom 30.01.1935, die in ihrem § 67 normiert hatte, dass Gemeinden lediglich dann ein wirtschaftliches Unternehmen errichten oder wesentlich erweitern dürften, wenn kein privates Unternehmen die Aufgabe besser und wirtschaftlicher erfüllen kann (Subsidiaritätsprinzip). Daraufhin verkauften die verunsicherten Kommunen, die unter den Überinvestitionen in der Nachkriegszeit litten, ihre Gesellschaften zunehmend an die großen EVU. Gab es im Jahr 1934 noch etwa 16.000 EVU, die ihre Zwangsmitgliedschaft in der Wirtschaftsgruppe Elektrizitätsversorgung antraten, existierten Ende 1937 lediglich 9.600 bis etwa 10.000 Gesellschaften. In der Gasversorgung verringerte sich die Anzahl der Unternehmen von 2.000 auf 1.200[9]. In dieser Entwicklung riefen die Gemeinden den Reichsinnenminister und Spitzen-PG Frick (seit 1924 im Reichstag) zur Hilfe. Dieser erließ den als „Schutzerlass" vom Deutschen Gemeindetag initiierten Runderlass vom 15.08.1935. Dieser sollte die Konzentrationsbewegung in der Energiewirtschaft zu Lasten der Kommunalwirtschaft stoppen. Aber eine Umkehr bewirkte er nicht: Das ließ sich am Gesetz zur Förderung der Energiewirtschaft, dem Energiewirtschaftsgesetz, vom 13. Dezember 1935 erkennen. Es sollte bis 1998 wirksam bleiben und wurde so eine Magna Charta der Stromindustrie.

Die Präambel enthielt gleich mehrere Punkte des Konzerngutachtens. Es hieß dort, das Gesetz sei beschlossen worden, um *„die Energiewirtschaft als wichtige Grundlage des wirtschaftli-*

---

9. Zenke, (Fußnote 5) 78.

chen und sozialen Lebens im Zusammenwirken aller beteiligten Kräfte der Wirtschaft und der öffentlichen Gebietskörperschaften einheitlich zu führen und im Interesse des Gemeinwohls die Energiearten wirtschaftlich einzusetzen, den notwendigen öffentlichen Einfluss in allen Angelegenheiten der Energieversorgung zu sichern, volkswirtschaftlich schädliche Auswirkungen des Wettbewerbs zu verhindern, einen zweckmäßigen Ausgleich durch Verbundwirtschaft zu fördern und durch all dies die Versorgung so sicher und billig wie möglich zu gestalten."

Eine zentrale Entscheidung des Gesetzes war, die Energiewirtschaft bei bestimmten Entscheidungen einer Aufsicht durch den Reichswirtschaftsminister zu unterstellen. Die in der Weimarer Verfassung verankerte Alleinzuständigkeit der Gemeinden für örtliche Angelegenheiten – und damit für den Bau kommunaler Kraftwerke – war durch die 1935 erlassene Deutsche Gemeindeordnung stark eingeschränkt worden. Die Kontrolle des Staates war in § 3 geregelt: *„Der Reichswirtschaftsminister kann von den EVU jede Auskunft über ihre technischen und wirtschaftlichen Verhältnisse verlangen, soweit der Zweck dieses Gesetzes es erfordert. Es kann auch bestimmte technische und wirtschaftliche Vorgänge und Tatbestände bei diesen Unternehmen mitteilungspflichtig machen."* Nach § 4 mussten die EVU den Bau von Kraftwerken anzeigen. Der Minister konnte das hinnehmen oder auch untersagen, *„wenn Gründe des Gemeinwohls es erfordern."* In § 5 war eine Genehmigungspflicht für die Aufnahme der Energieversorgung vorgesehen, die sich der Sache nach gegen die Gemeinden richtete. In § 6 gab es eine Anschluss- und Versorgungspflicht, allerdings eingeschränkt, wenn sie *„dem Versorgungsunternehmen aus wirtschaftlichen Gründen nicht zugemutet werden kann".* Schließlich behielt sich die Aufsichtsbehörde das Recht vor, *„die allgemeinen Bedingungen und die allgemeinen Tarifpreise der EVU wirtschaftlich zu gestalten".*

Das klang alles sehr weitgehend. Aber in der Gesetzesbegründung hieß es: *„Das Gesetz geht davon aus, dass die energiewirtschaftlichen Unternehmen in erster Linie selbst dazu berufen sind, die Aufgaben aus eigener Kraft zu lösen. Der Reichswirtschaftsminister will sich grundsätzlich darauf beschränken, nur da einzugreifen, wo die Wirtschaft selbst gestellte Aufgaben nicht zu meistern vermag..."* Der Sache nach hatten die Konzerne gesiegt. Aber man konnte auch deutlich erkennen, wo die Reise hinging. Unterschrieben hatte das Gesetz nämlich neben dem *„Führer und Reichskanzler"* und den Ministern für Wirtschaft und Inneres auch der *„Reichskriegsminister und Oberbefehlshaber der Wehrmacht".* Es ging schließlich um die *„Wehrhaftmachung der deutschen Energieversorgung".* Dafür, dass die Konzerne auch in den nächsten Jahren das Sagen behielten, sorgte auch ein Chaos bei den Zuständigkeiten: Für die Elektrizitätswirtschaft fühlten sich verantwortlich der Reichswirtschaftsminister, der Reichsinnenminister, der Reichskommissar für Preisbildung (der im November 1936 eine Preisstoppverordnung auch für Strom erließ), die Technokraten der Partei, ein Generalbevollmächtigter für die Energiewirtschaft, der Reichslastverteiler und der Generalinspektor für Wasser und Energie. Und den Konzernen ging es gut: Dank Hochrüstung und Kriegsvorbereitung verkauften sie doppelt so viel Strom wie je zuvor.

Allerdings blieben die Aufwendungen für die Rüstung nicht ohne Einfluss auf die Energiewirtschaft. In den sechs Jahren nach 1933 gab das Reich 80 Milliarden für Rüstung aus, die Staatsverschuldung stieg auf das Dreifache, der Geldmarkt für privat-wirtschaftliche Investitionen trocknete aus, und der Banknotenumlauf wurde bis zum Zehnfachen hochgefahren. Im Januar 1939 – nach dem Anschluss Österreichs – meldete das Reichsbankdirektorium der Regierung: *„Gold- oder Devisenreserven sind bei der Reichsbank nicht mehr vorhanden.*

Reserven, die aus der Angliederung Österreichs, aus dem Aufruf ausländischer Wertpapiere und inländischer Goldmünzen gemeldet waren, sind aufgezehrt." Aber Rohstoffe für die Rüstungswirtschaft konnten nur auf dem Weltmarkt beschafft werden, wofür wiederum Devisen gebraucht wurden. Diese sollten vor allem die Stars unter den Devisenverdienern, Siemens und AEG, herbeischaffen. Diese hatten allerdings an einer Ausweitung des Exportes kein Interesse. Sie waren dazu auch nicht in der Lage, weil den Arbeitern in den Betrieben schon das Äußerste zugemutet wurde. Gleichwohl mussten sie zu einer echten Exportoffensive mit den dazu gehörenden Preiskämpfen antreten. Das war ihnen allerdings peinlich, denn schließlich hatten sie sich als prominente Mitglieder des Weltkartells verpflichtet, solche Preiskämpfe zu verhindern.

Bei der nächsten Sitzung des Gründerkreises der International Electric Association (IEA) im Londoner Zentralsekretariat erläuterten die deutschen Manager ihren Kartellkollegen die missliche Lage: Obwohl ihnen als Kartellmitgliedern die Notwendigkeit zur Festlegung von verbindlichen Mindestpreisen für Kraftwerke und Kraftwerksaggregate klar war, konnten sie sich wegen der Devisenschwäche ihres Landes nicht an Preisabsprachen halten. Aber die Chefdelegierten des Weltkartells machten den Deutschen keine Vorwürfe, weil sie die Probleme erkannten. Sie kamen den deutschen Kartellmitgliedern Mitte 1939 sogar entgegen, indem sie bereit waren, ihnen einen großen Teil der Aufträge aus dem britischen Empire zu überlassen. Die Deutschen mussten dazu Rücksprache halten. Am 11. August 1939 erhielt der Sekretär des Weltkartells die Nachricht, dass General Electric und Westinghouse keine grundsätzlichen Einwände gegen eine solche Quotenregelung hatten. Aber am 1. September 1939 begann der Krieg mit dem Überfall auf Polen. Das Weltkartell der Anlagenbauer fiel ihm bereits nach wenigen Wochen zum Opfer. Das kleinere Lampen-Weltkartell Phoebus aber überlebte. Der alte Fuchs Meinhardt von der Auer-Gesellschaft hatte es in der neutralen Schweiz angesiedelt. Hier zeigte sich denn auch, dass die Konzernchefs in aller Welt ihre Kartelle auch im Krieg weiterführen: Bei dem routinemäßig schon vor Monaten einberufenen Spitzengespräch im Spätherbst 1939 saßen in der Genfer Rue de Rome neben dem deutschen Vertreter auch die Kartellfreunde aus den freien Staaten England und Frankreich am Tisch. Nur der Pole fehlte. Sein Land hatten die Hitler-Deutschen und Stalin-Russen einträchtig besetzt.

II.

Der Gesetzgeber greift nach der Energiewirtschaft – allerdings verhalten

1. Kapitel
Ein Gesetz gegen Wettbewerbsbeschränkungen – aber nicht für die Energiewirtschaft

1   Der Druck der Alliierten

Der Krieg war vorbei. Wen die Alliierten für die Schuldigen hielten, konnte man bei den Nürnberger Kriegsverbrecherprozessen besichtigen, bei denen auf der Anklagebank nicht nur die überlebenden Nazi-Größen, sondern auch die *„Wehrwirtschaftsführer"* wie Alfred Krupp, Friedrich Flick u. a. saßen. Der Titel *„Wehrwirtschaftsführer"* war ein von den Nazis verliehener Titel, den nur wenige Industrielle erhalten hatten, deren Nähe zu Regime und Partei damit klargestellt war. Über die Frage, wie mit der deutschen Wirtschaft umzugehen sei, war man sich schon beim Potsdamer Abkommen vom 02. August 1945 einig geworden: *„In praktisch kürzester Frist ist das deutsche Wirtschaftsleben zu dezentralisieren mit dem Ziel der Vernichtung der bestehenden übermäßigen Konzentration der Wirtschaftskraft, dargestellt insbesondere durch Kartelle, Syndikate, Trusts und andere Monopolvereinigungen."*[10] Dabei ging es um Repressions- und Sanktionsmaßnahmen, wie sie schon 1942 im Morgenthau-Plan vorgesehen waren. Außerdem sollte die deutsche Wirtschaft entflochten und entkartelliert werden. Die Impulse gingen im wesentlichen von der US-amerikanischen Besatzungsmacht als der dominierenden aus, klassische Anti-Trust-Gedanken.

Die Amerikaner konnten dabei auf ihr eigenes Anti-Trust-Recht zurückgreifen. Materieller Schlüsselbegriff war die Generalklausel von der *„excessive concentration of German economic power"*[11] des Anti-Trust-Rechts. Möschel, einer der Nestoren des deutschen Kartellrechts[12], schätzt dieses Rechtsgebiet als den *„wichtigsten Beitrag (ein), den die Vereinigten Staaten zur Rechtsentwicklung in der Welt überhaupt erbracht haben."* Der Sherman Act von 1890 war der Auftakt. 1914 folgten der Federal Trade Commission Act und der Clayton Act, dessen *„Regeln über Diskriminierungen"* durch den sogenannten Robinson-Patman-Act aus dem Jahr 1936 nachhaltig geändert wurden. Von überragender Bedeutung waren ferner das sogenannte Celler-Kefauver-Amendment von 1950 insbesondere zur Zusammenschlusskontrolle.

---

10. Ziff. 12 Abschnitt IIIb.
11. Dazu Wernhard Möschel, Recht der Wettbewerbsbeschränkungen, 1983, 22.
12. Recht der Wettbewerbsbeschränkungen, 1983, hier: 32 ff.

Die deutsche Rechtsentwicklung hatte dazu wenig beizutragen. Das Deutschland des ausgehenden 19. Jahrhunderts wurde als das *„Land der Kartelle (geschätzte Kartellierungsquote im Jahr 1907 bei Steinkohle 82 %, 50 % des Rohstahls, 90 % des Papiers, 48 % des Zements)"* eingeschätzt[13]. Zwar war mit der sogenannten Kartellverordnung vom 02. November 1923 ein erster Schritt *„gegen Missbrauch wirtschaftlicher Machtstellungen"* versucht worden. Motiviert mit der damaligen wirtschaftlichen Krisenlage sollte sie einen Stabilisierungsbeitrag leisten, indem sie der Preistreiberei durch Kartelle und der üblichen Abwälzung des Geldentwertungsrisikos auf Abnehmer aufgrund von Konditionenabsprachen entgegentrat. Aber: Kartelle blieben unverändert zulässig. Als wichtigster Anwendungsfall wurde § 8 der Verordnung angesehen, wonach Kartellbeteiligte bei Vorliegen eines wichtigen Grundes jederzeit kündigen konnten. Eine allgemeine Regulierung von Kartellen unterblieb: *„Im Kern war dieses Gesetz Ausdruck einer Art syndikalistischer Zusammenarbeit zwischen Staat einerseits und Wirtschaft andererseits, orientiert an verwaltungsmäßigen, öffentlich-rechtlichen Denkkategorien, deren Wurzeln schon in einer frühen Beteiligung des Reiches an bedeutenden Kartellen (Rheinisch-Westfälisches Kohlesyndikat, Kali-Syndikat) lagen. Eine Kartell-Enquête, die in den Jahren 1926 bis 1929 durchgeführt worden war, ergab keine restriktiven Impulse"*, heißt es in einem Bericht für das Parlament[14]. Gegen Ende der Weimarer Zeit schätzte man 2.000 bis 4.000 Kartelle. Folgerichtig hatten die Nationalsozialisten die Kartellverordnung nach der Machtübernahme rasch durch das Zwangskartellgesetz vom 15. Juli 1933 ergänzt[15]. Zunächst in loserer, dann in stärker gelenkter Weise war ein verhältnismäßig nahtloser Übergang in ein System möglich, in welchem Kartelle, Verbände und Kammern *„Glieder im organischen Aufbau der deutschen Wirtschaft"* waren[16].

Die Alliierten hatten daher die Ausgangslage durchaus richtig eingeschätzt und versucht, mit den in ihrer Rechtstradition erprobten Instrumenten einzugreifen. Das war dann konkret das Allgemeine Dekartellierungsrecht der westlichen Besatzungsmächte aus dem Jahr 1947[17]. Neben diese Bestrebungen der Alliierten traten die Ordnungsgedanken der sogenannten Freiburger Schule mit Walter Eucken, Franz Böhm, Leonhard Miksch und anderen, welche später über Ludwig Erhard nachhaltigen Einfluss auf die politische Willensbildung in der Frühzeit der Bundesrepublik Deutschland gewannen. Im Dekartellierungsrecht waren am wichtigsten die Verbotstatbestände, die auch später – nach vollzogener Überleitung – von den deutschen Gerichten häufig angewandt wurden. Das alliierte Dekartellierungsrecht blieb aufgrund einer entsprechenden Klausel im sogenannten „Überleitungsvertrag" vom 26.05.1952[18] aber in Kraft, bis der deutsche Gesetzgeber ein entsprechendes eigenes Gesetz zustande gebracht hatte.

---

13. Möschel (Fußnote 10), 18.
14. Ausschuss zur Untersuchung der Erzeugungs- und Absatzbedingungen der deutschen Wirtschaft, Kartellpolitik, 1930, Teil I, Generalbericht.
15. RGBl I, 488.
16. Möschel (Fußnote 10), 20.
17. US-MRG Nr. 17 v. 18.01.1947, im Wortlaut fast übereinstimmend Brit.MR-VO Nr. 78 v. 12.02.1947; sehr viel allgemeiner dagegen die französische MR-VO Nr. 96 v. 09.06.1947.
18. BGBl II, 1954, 157.

2 Das Gesetz gegen Wettbewerbsbeschränkungen

Dieses Gesetz war das am 01.01.1958 in Kraft getretene GWB vom 27. Juli 1957[19]. Die Arbeit daran dauerte insgesamt zwölf Jahre, es wurde heftig attackiert und heraus kam dann ein halbherziger Kompromiss. Erste Basis waren Überlegungen eines „Comité d'Etudes Economiques", die unter der Federführung von Walter Eucken für das Zentralamt für Wirtschaft der französischen Zone erarbeitet worden waren. Sie führten zu Vorschlägen des Wissenschaftlichen Beirats bei der bizonalen Verwaltung für Wirtschaft zum „Monopolproblem" vom 24. Juli 1949. 1946 war auf Initiative des Länderrates in Stuttgart ein Gremium von Sachverständigen unter dem Vorsitz von Paul Josten, dem langjährigen Leiter des Kartellreferats im früheren Reichswirtschaftsministerium, zusammengetreten. Die Arbeit dieses Kreises führte am 05. Juli 1949 zur Vorlage eines ausgefeilten Entwurfs zu einem *„Gesetz zur Sicherung des Leistungswettbewerbs und zu einem Gesetz über das Monopolamt"*, dem sogenannten Josten-Entwurf. Es enthielt ein absolutes Kartellverbot, eine weitreichende Monopolaufsicht, eine Zusammenschlusskontrolle und einschneidende Entflechtungsregelungen. Diese Vorstellungen waren allerdings für die deutsche Wirtschaft so radikal, dass sie von vielen Seiten, insbesondere vom BDI, aufs Äußerste bekämpft wurden. Sie lösten so nachhaltige Auseinandersetzungen aus, dass sie als *„Siebenjähriger Krieg"* bezeichnet wurden[20]. Der Josten-Entwurf hatte daher keine Chance auf Realisierung. Die dann folgende Gesetzesarbeit war von einer ständigen Abschwächung der Maßnahmen gekennzeichnet. 1951 gab es noch Überlegungen, in Ergänzung eines Gesetzes gegen Wettbewerbsbeschränkungen ein besonderes Bundesgesetz über die Wiederherstellung der Funktionsfähigkeit von Märkten zu planen, die durch ein Oligopol oder ein Monopol gestört waren[21]. Daraus ist nichts geworden.

Der Regierungsentwurf zum GWB vom 13. Juli 1952[22] enthielt zwar in § 1 das Kartellverbot. Auch waren die Durchbrechungen des Kartellverbots in den §§ 2 ff. zunächst recht begrenzt, von Anfang an war eine präventive Zusammenschlusskontrolle vorgesehen. Aber eine Entflechtungsregelung enthielt das Gesetz im Gegensatz zu den oben genannten Vorentwürfen nicht mehr – und blieb damit auch weit hinter den Vorstellungen der Alliierten zurück. Aber auch das Kartellverbot wurde vom BDI massiv bekämpft und sollte durch ein bloßes Missbrauchsprinzip ersetzt werden. Unbeirrte Unterstützung fand das Gesetz nur beim damaligen Bundeswirtschaftsminister und dem mit ihm verbundenen ordoliberalen Kreis. Am Schluss blieb ein Gesetz übrig, das Wiethölter[23] als *„Papiertiger"* bezeichnete.

3 Der „Ausnahmebereich" Versorgungswirtschaft

Die Energiewirtschaft ging in den Kampf um das Kartellgesetz von vornherein mit einem sehr radikalen Ansatz: Während sich Deutschland – auch unter dem Druck der Alliierten – für eine Marktwirtschaft entschieden hatte, konkret gesprochen also dafür, *alle* Märkte über den

---

19. BGBl I S. 1081.
20. K. W. Nörr, in: Achham/Nörr/Schefold (Hrsg.), Erkenntnisgewinne, Erkenntnisverluste, 356, 357.
21. Günther, WuW 1951, 17, 33.
22. BT-Drs. I/3462 (1952).
23. Wiethölter, Rechtswissenschaft, 1968, 529.

Wettbewerb zu steuern und nicht durch staatliche oder private Interventionen, sollte in der Energiewirtschaft alles anders sein: Vorherrschendes Prinzip waren Wettbewerbsbeschränkungen aller Art. Die Argumente der Versorger, allen voran der Stromwirtschaft, gingen dahin, dass eine Wettbewerbsordnung von vornherein ausgeschlossen sei. Die Märkte für Strom und – wenn auch in geringerem Maß – für Gas wiesen bestimmte Besonderheiten auf. Diese schlössen es von vornherein aus, dass sich Wettbewerbsprozesse entfalten könnten. Denn die Versorgungswirtschaft sei leitungsgebunden. Strom und Wasser könnten nur über feste Leitungen transportiert werden. Das galt auch für Gas, wenn auch mit Einschränkungen. Insbesondere die Kraftwerke, aber auch die Leitungsnetze erforderten einen außerordentlich hohen Kapitalaufwand. Einer Mitbenutzung der Leitungen durch Dritte stehe das Eigentumsrecht der Netzinhaber entgegen. Eine Doppelverlegung von Leitungen scheide wegen des hohen Kapitalaufwandes aus. Diese Argumente wurden vom Bundeswirtschaftsministerium im Gesetzgebungsverfahren abgenickt.

Im Ergebnis wurden die Verbote der §§ 1 und 15 GWB sowie die Missbrauchsaufsicht nach § 18 GWB durch die Spezialregelungen der §§ 103 und 104 GWB verdrängt. § 103 garantierte ein System geschlossener Versorgungsgebiete, die sogenannten Demarkationen oder Gebietsmonopole. Kommunen hatten das Recht als Wegeeigentümer, in ihrem Gebiet nur einem einzigen Versorger ein ausschließliches Recht zur Benutzung der Wege für die Verlegung und den Betrieb von Leitungen zu verleihen. Dieses Recht war zunächst unbefristet. Das waren die sogenannten horizontalen Demarkationen. Nicht im Gesetz vorgesehen, aber von der Versorgungswirtschaft reklamiert wurden – durchaus konsequent – die sogenannten vertikalen Demarkationen: Danach durfte in ein bestimmtes Gebiet auch nur ein einziger Vorlieferant Strom oder Gas hineinleiten – mit dem Ergebnis, dass langfristige Lieferverträge mit einer sogenannten Gesamtbedarfsdeckungsverpflichtung galten.

Mit diesen Ordnungsprinzipien schrieb der Gesetzgeber des GWB im Grunde das Energiewirtschaftsgesetz (EnWG) von 1935 fort. Danach war eine billige und sichere Energieversorgung nur gewährleistet, wenn die Versorgungsunternehmen sich auf feste Versorgungsgebiete mit langfristig gesichertem Absatz einstellen konnten. Und: *„Dafür war Wettbewerb schädlich"*, so die Präambel zum EnWG.

Auch in der Rechtsordnung der Bundesrepublik hatte sich also das Denken durchgesetzt, mit dem – insbesondere – die Stromwirtschaft von vornherein angetreten war: Wettbewerb ist von Übel, das Kartell ist das Eigengesetz der Versorgungswirtschaft: Ein Paradies! Freilich hatte der Gesetzgeber des GWB mit dem § 104 eine spezielle Missbrauchsaufsicht eingeführt. Diese sollte sich allerdings im wesentlichen auf eine Preiskontrolle beschränken. Geprüft wurde, ob die freigestellten Verträge zu einer Verbilligung oder entgegen dem Zweck der Freistellung zu einer Verteuerung der Versorgung führten. Als Maßstab kamen aber immer nur die Preise anderer Versorgungsunternehmen in Betracht – und damit Monopolpreise. Denn Wettbewerb gab es ja nicht. Daher verständigten sich die Kartellreferenten in den Jahren 1965 und 1967 auf zwei Entschließungen, die sog. Vertikal- und die sog. Horizontalentschließung. Danach war ein Missbrauch der Freistellung vor allem anzunehmen, wenn ein Nachbar- oder Lieferunternehmen ohne Gebietsschutzverträge ohne weiteres in der Lage gewesen wäre, zu seinen günstigeren Preisen das Gebiet des betroffenen Unternehmens zu versorgen, und hieran nur durch die freigestellten Verträge gehindert wurde[24]. In der Praxis führte das allerdings nur zu einer Angleichung der Preise auf dem Höchstniveau, auch wenn die Kartellbehörden bis 1974 über 400 Verfahren gegen Versorgungsunternehmen wegen des Verdachts missbräuchlich überhöhter Preise durchführten. Diese Preiskontrolle kam aber plötzlich zum Erliegen – und das ausgerechnet durch eine Gerichtsentscheidung: Den bekannten Stromtarifbeschluss des BGH von 1972, in dem das Gericht verlangte, dass die Kartellbehörde bei ihrem Preisvergleich zugunsten des betroffenen Versorgungsunternehmens nicht die unternehmensindividuellen Kosten berücksichtigen durfte, sondern nur die sogenannten strukturbedingten – also beispielsweise überhöhte Kosten infolge schwieriger Bodenverhältnisse (Fels o. ä.)[25]. Das zwang die Kartellbehörden, Kriterien für einen exakten Strukturvergleich zu entwickeln, auch wenn die Beweislast eigentlich beim Unternehmen lag (§ 103 Abs. 1 Nr. 2 GWB). Aber diese Aufgabe stellte sie vor unlösbare Aufgaben. Strukturvergleiche erfordern einen hohen Datenaufwand, zu dessen Erhebung die Kartellbehörden – ohnehin unzureichend ausgestattet – nicht in der Lage waren. Ergebnis: Die Missbrauchsaufsicht fand nur noch in besonders schwerwiegenden Ausnahmefällen statt[26].

Diese Zustände riefen die Monopolkommission auf den Plan. Die Monopolkommission ist ein Beratungsorgan der Bundesregierung, vorgesehen im GWB. Sie wartete auf mit einem Paukenschlag: Die bisherige Fach- und Preisaufsicht sei wirkungslos[27]. Aber: Die Empfehlung, die Freistellung der Gebietsschutzverträge durch § 103 GWB aufzuheben, unterblieb. Denn *„es sei außerordentlich schwierig, die Wirkung einer Aufhebung der Freistellung, der Einführung eines Widerspruchsrechts der Kartellbehörden oder der Verschärfung der Missbrauchsaufsicht auf die Energieversorgung und auf die Marktstrukturen auch nur annähernd vorausschauend zu beurteilen"* ... (Immerhin) *die üblichen Einwände gegen die Anordnung von Durchleitungsrechten seien nicht zwingend, weil schon jetzt vertragliche Durchleitungen sowohl zwischen Verbundunternehmen als auch zwischen EVU und den Betreibern industrieller Eigenanlagen vielfach praktiziert würden (Tz. 767). Die vertraglichen Wettbewerbsbeschränkungen auf dem Elektrizitätsmarkt könnten daher der wirtschaftlichen Nutzung aller Energiequellen entgegenstehen; Durchleitungsrechte könnten zur wirtschaftlich verbesserten Nutzung elektrischer Energie beitragen. Doch handele es sich bei alledem nur um Instrumente, die der Aufsichtsbehörde im Einzelfall zur Verfügung stehen sollten (Tz. 768)."* Vorgeschlagen wurden letztlich nur Maßnahmen zur Verbesserung der Fach- und Preisaufsicht. Radikalere Vorschläge unterblieben.

Und dennoch: Die Vorschläge der Monopolkommission stießen auf breite Ablehnung. Vor allem die Bundesregierung sprach sich mit Nachdruck gegen die Vorschläge aus[28]. Ihr gefiel schon nicht die Kritik der Monopolkommission an der geltenden Fach-, Preis- und Missbrauchsaufsicht (die ja in staatlicher Hand lag!). Vor allem wandte sie sich gegen die

---

24. WuW/E KRT 49, 50 = BReg., Bericht, a.a.O., Tz 120 f. (33 f.).
25. BGHZ 59, S. 42, 47 ff.; bestätigt durch BGHZ 68, 23, 33, 36 „Valium".
26. BReg., Bericht über die Ausnahmebereiche (Fußnote 23), Tz 122 ff., 34 ff.
27. 1. Hauptgutachten 1973/75, 1976, Tz. 734 ff., 753 ff., 769 ff.
28. Vgl. die Stellungnahme der BReg. zum 1. Hauptgutachten der Monopolkommission nach § 24b GWB, BT-Drs. 8 (1977)/702, Tz. 13 ff.

Konzentration der Aufsicht bei einer zentralen Bundesbehörde mit weitgehenden Befugnissen zur Kontrolle der Unternehmen. Warum, wird man später sehen.

Ebenso negativ war natürlich die Stellungnahme der Elektrizitätswirtschaft, also ihrer Verbände Vereinigung Deutscher Elektrizitätswerke (VDEW), Arbeitsgemeinschaft der Regionalen Energieversorger (ARE), Deutsche Verbundgesellschaft (DVG) und Verband Kommunaler Unternehmen (VKU)[29]. Vor allem wandten sie sich gegen die Anordnung allgemeiner Durchleitungsrechte. Zwar wurden die Interessenkonflikte klar gesehen. Aber diese müssten im Sinne der Versorgungsunternehmen gelöst werden, die ja im öffentlichen Interesse handelten[30]. Auf jeden Fall sei eine solche umfassende staatliche Lenkung der unternehmerischen Entscheidungen verfassungswidrig.

Ganz anders äußerte sich dagegen die Vereinigung Industrielle Kraftwirtschaft (VIK), das Sprachrohr der Industrie, die über Eigenerzeugung verfügte. Sie stimmte der Analyse der Monopolkommission zu, zog daraus aber andere Folgerungen. Der VIK forderte vielmehr, die Freistellung der Demarkationsverträge einzuschränken, die Ausschließlichkeitsbindung in den Konzessionsverträgen und in den Verbundverträgen zu beseitigen, das Vorsehen von Durchleitungsrechten (in § 103 Abs. 1 Nr. 4 GWB fand sich nur ein zaghafter Einstieg), den Abbau der Behinderung der Kraft-Wärme-Kopplung und die Verbesserung der Bedingungen für die Einspeisung von Überschussstrom. Ähnliche Überlegungen finden sich auch in weiten Teilen des Schrifttums[31]. Dagegen schrieben wiederum die Autoren an, die bekanntermaßen der Energiewirtschaft nahestanden[32].

4   Woran sind die Reformpläne gescheitert?

Die Antwort ist einfach: Am Staat in seiner Eigenschaft als Stromversorger. Etwa 50 % des gesamten Stromabsatzes stellen die Kommunen sicher, und zwar damals vor allem in der Rechtsform des Eigenbetriebs, in dem die Energie- und Wasserversorgung rechtlich in der Hand der Gemeinde liegen und lediglich wirtschaftlich wie ein Unternehmen geführt wird. Bis heute gibt es noch zahlreiche Eigenbetriebe insbesondere in Bayern und Baden-Württemberg. Die Münchener Stadtwerke, der größte kommunale Energieversorger überhaupt (wenn man einmal von den Hamburger Elektrizitätswerken und der Berliner BEWAG absieht, die sich gerne zu den acht Verbundunternehmen zählten), waren bis vor wenigen Jahren noch Eigenbetrieb. Gegen die Städte und Gemeinden und ihre mächtigen Verbände, den Deutschen Städtetag und die Städte- und Gemeindebünde, lief in der Gesetzgebung nichts. Und die Mehrzahl der Verbundunternehmen gehörte ebenfalls der öffentlichen Hand: Die Macht beim

---

29. Stellungnahmen gemäß Bericht des Bundesrats über die Ausnahmebereiche des GWB, BT-Drs. 7/3206, 38 ff.
30. Emmerich, Ist der kartellrechtliche Ausnahmebereich für die leitungsgebundene Versorgungswirtschaft wettbewerbspolitisch gerechtfertigt?, Gutachten im Auftrag des Niedersächsischen Wirtschaftsministers, 1978, 61.
31. Insbesondere Gröner, ORDO Band XV/XVI (1965), 333 ff.; ders., Die Ordnung der deutschen Elektrizitätswirtschaft, 409 ff.; ders., ZFE 1978, 91 ff.; W. Hamm, Schriften der Vereinigung f. Soz. u. Pol. n. F. Band 65, 1972, 13 ff. u.a.
32. Insb. J. Baur, Widerspruchstatbestand für Demarkationsverträge, 1965, 16 ff. (Baur war langjähriger Direktor des Instituts für Energierecht an der Universität zu Köln); ders., in: Ordnungspolitische Überlegungen, RTW Band 15, 1967, 75, 83 ff.; B. Börner, Reform des Energierechts und Konzentration, 1971, 25 ff.; ders., Grenzen der Wettbewerbswirtschaft, FIW H. 60, 1972, 1 ff., u. a.

RWE lag selbst dann, als in steigendem Umfang der Aktienbesitz privatisiert wurde, in der Hand der Kommunen mit ihren Mehrfachstimmrechten, die PreussenElektra gehörte über die VEBA dem Bund, das Bayernwerk dem Bund und dem Freistaat Bayern, die Energieversorgung Schwaben (EVS) und das Badenwerk mehrheitlich dem Land Baden-Württemberg bzw. Kommunen und Kreisen, die Hamburger Elektrizitätswerke und die BEWAG der Freien und Hansestadt Hamburg und dem Land Berlin usw. Darauf wies die Monopolkommission in ihrem Hauptgutachten erstmals in aller Offenheit hin[33]. Emmerich kommentiert diesen Befund in seinem Gutachten von 1978, das er im Auftrag des Niedersächsischen Wirtschaftsministers verfasst hat, wie folgt: *„In erster Linie hieraus* (aus den Eigentumsverhältnissen, d. Verf.) *resultiert der ganze ungewöhnliche Einfluss der Versorgungswirtschaft auf den Gesetzgeber, der schließlich auch die Bundesregierung veranlasst hat, alle Überlegungen zu einer Auflockerung der Gebietsmonopole aufzugeben. ... Nur das letzte Beispiel dieser Kette immer neuer, von der Versorgungswirtschaft erkämpfter Privilegien, die von den Bereichsausnahmen im Wettbewerbsrecht bis zu den Tarifordnungen reichen, ist die namentlich von den Verbänden der Elektrizitätswirtschaft durchgesetzte Freistellung dieses Wirtschaftszweiges von dem AGB-Gesetz".*

Emmerichs Gutachten, ein spannendes Plädoyer für die Liberalisierung der Energiemärkte, rational kaum zu widerlegen, blieb ergebnislos. Der Grund liegt auf der Hand: Die Liberalisierung, insbesondere deren Folge, dass sich Energiepreise im Wettbewerb bilden müssten und nicht von Monopolisten gesetzt würden, die sich immer darin einig waren, weit über den Produktionskosten liegende Preise zu nehmen, die Unwirksamkeit der Preisaufsicht, das Ausbleiben wirksamer Fusionskontroll- oder gar Entflechtungsmaßnahmen, all das ist darauf zurückzuführen, dass die Maßregeln sich gegen den Staat selbst gerichtet hätten. Warum sollte er ein über hundert Jahre altes System von Monopolen, die ja immerhin die Energieversorgung sichergestellt hatten, aufgeben und sich selbst Zwänge auferlegen?

Diese Form insbesondere der Stromversorgung in der Hand faktisch eines gigantischen staatlichen Monopols hatte noch ein weiteres Gutes. Die Aufsichtsbehörden von Bund und Ländern, seien es die Kartellbehörden oder die eigentlichen Energieaufsichten, kamen mit einem Minimum an Personal aus. Selbst beim Bundeskartellamt gab es bis vor wenigen Jahren nur eine einzige Beschlussabteilung mit fünf bis sechs Beamten, die die gesamte Energiewirtschaft mit einem Umsatz von – geschätzt – der Hälfte des Bundeshaushalts zu überwachen hatten. Und die Preisaufsichtsbehörden der Länder, die pro Land – auf dem Papier – die Strompreise von teilweise über hundert regionalen und kommunalen Stromversorgern zu genehmigen hatten, kamen mit ein bis zwei Beamten aus. Man ging so vor, dass die Preise eines einzigen Unternehmens, beispielsweise in Nordrhein-Westfalen des RWE oder in Hessen der Energie-Aktiengesellschaft Mitteldeutschland (EAM), die zu 54 % Landkreisen gehörte, geprüft wurden. Alle anderen Unternehmen erhielten sogenannte „Erstreckungsgenehmigungen". Damit wurde unterstellt, dass die Kostensituation bei dem einzigen geprüften Unternehmen in etwa auch bei den anderen Unternehmen vorlag – was klar gesetzeswidrig war. Aber dass Verbraucher gegen ein solches System geklagt hätten, ist nicht bekannt geworden. Die Rechtsprechung

---

33. Tz. 729 ff., 736; vgl. auch Emmerich, Das Wirtschaftsrecht der öffentlichen Unternehmen, 349 ff., 356 ff.

half ihnen jedenfalls nicht. Nach einer Entscheidung des Bundesverwaltungsgerichts[34] können Verbraucher die Preisgenehmigung der Aufsichtsbehörde nicht vor den Verwaltungsgerichten anfechten. Dem Verbraucher bleibe ja noch der Zivilprozess gegen den Strompreis. Ein solcher Prozess hätte freilich große Probleme verursacht, hätte doch der Verbraucher die Kosten- und Gewinnsituation des versorgenden Monopolisten darlegen müssen, um die Gerichte zu einer Monopolpreiskontrolle zu bewegen. Das scheiterte schon an den Beweisproblemen.

Es gibt nur einen einzigen Prozess, in dem die Stromkonzerne kräftig Federn lassen mussten. Das war der Stromstreit vor dem Bundesverfassungsgericht, in dem ostdeutsche Städte und Gemeinden sich die Stellung erstritten, die sie noch in der Nazi-Zeit hatten, die aber von der DDR beseitigt worden war: die kommunale Strom- und (in der Folge des Stromstreits vor dem Bundesverfassungsgericht) Gasversorgung. Die westdeutschen Stromkonzerne hatten sich anlässlich der Deutschen Einigung die gesamte Stromversorgung in den Neuen Ländern einverleiben wollen. Aber sie erlitten eine Niederlage. Denn sie hatten nicht damit gerechnet, dass der Rechtsstaat, den sie eigentlich von Anbeginn in der Hand hatten, plötzlich gegen sie eingesetzt werden sollte.

---

34. U. v. 22.04.1994, RdE 1994, 230.

2. Kapitel
Der Stromstreit

1 Die Stromverträge

Der 22. Juni 1990 war ein ganz normaler Verhandlungstag in der Ostberliner Volkskammer
– zunächst. Allerdings, ganz normal waren die Verhandlungen nie. Vielmehr standen die
Abgeordneten unter dem Druck, eine Vielzahl von Gesetzen zu verabschieden, mit denen,
nachdem schon der Vertrag über die Wirtschafts- und Währungsunion mit der Bundesrepublik abgeschlossen worden war, eine Annäherung an die Gesetzgebung Westdeutschlands
erreicht werden sollte. Dazu gehörten auch die Rechte der Kommunen, denen, wie es in § 2
Abs. 2 der Kommunalverfassung vom 17. Mai 1990 hieß, auch die Aufgabe der Versorgung
mit Energie und Wasser obliegen sollte. Das war nicht nur bundesrepublikanischer Standard,
den die Berater der Abgeordneten aus den westlichen Bundesländern als wichtig ansahen.
Es ging auch darum, die Verstromung der ostdeutschen Braunkohle zurückzudrängen, die
schon von Ulbricht als Rückgrat der Stromwirtschaft der DDR angesehen worden war. Die
Gewinnung der Braunkohle in riesigen Tagebauen führte zu einem gewaltigen Flächenver-
brauch. Die Verbrennung der Braunkohle, die auch in privaten Öfen stattfand, soweit es
keine Fernwärmeversorgung gab, bewirkte die Verpestung der Atemluft. Daher verband sich
mit der Neuorganisation der Strom- und Wärmeversorgung nicht nur ein technologischer
Schub. Es sollte vielmehr auch einen Siegeszug der Ökologiebewegung geben, in dem die
dezentrale Versorgung und Erneuerbare Energien eine wichtige Rolle spielten; in der Bundesrepublik stand ja das Stromeinspeisungsgesetz vor der Verabschiedung. Wichtig war auch
der dezentrale Ansatz, in dem die Kommunen mit eigenen Stadtwerken eine führende Rolle
übernehmen sollten. Es ging damit nicht nur um eine Abwendung von der Braunkohle hin zu
sauberem Erdgas, sondern auch um Dezentralität im Gegensatz zu den riesigen Kombinaten
der ostdeutschen Energiewirtschaft.

All das schien plötzlich in Frage gestellt. Denn wenige Tage später wollte die DDR-Regierung
die gesamten Stromproduktions- und –versorgungsanlagen der DDR an die bundesdeutschen
Stromriesen RWE, PreussenElektra und Bayernwerk verkaufen. Aber es gab eine undichte
Stelle: Indiskretionen über die Verhandlungen, die der DDR-Wirtschaftsminister Karl-Hermann
Steinberg mit den deutschen Strommanagern führte, hatten die Abgeordneten der Ostberliner
Volkskammer aufgeschreckt[35]. Daraufhin setzten sich die Emissäre der westdeutschen Konzerne
für eine Good-will-Tour in Bewegung. Empfangen wurden sie auch von den Abgeordneten

---

35. Der SPIEGEL 26/1990 vom 25.06.1990.

der SPD-Fraktion in der Volkskammer. Es schien schon so, als seien die Abgeordneten gewonnen, weil ja in der Tat die riesigen Braunkohlekraftwerke modernisiert und an westdeutsche Emissionsstandards herangeführt werden mussten, was hohe Investitionen erforderte. Die standen der DDR nicht zur Verfügung. Aber *„die sich anbahnende Versöhnungsstimmung endete abrupt, als ein Fraktionsgehilfe einen Stapel Kopien in den Tagungsraum schleppte"*, schrieb der SPIEGEL[36]. Dabei handelte es sich um den Entwurf der Stromverträge zwischen der Regierung der DDR einerseits und dem Bayernwerk, der PreussenElektra und der RWE AG andererseits. Mit diesem Vertragswerk sollten nicht nur die Kraftwerke und das Höchstspannungsnetz an die westdeutschen Konzerne verkauft werden. Vielmehr sollten auch die 15 Bezirks-Energiekombinate (Schwerin, Rostock, Neubrandenburg, Halle, Magdeburg, Leipzig, Dresden, Chemnitz, Potsdam, Erfurt, Jena, Meiningen, Frankfurt/Oder und Berlin) mit den kommunalen Netzen an die Konzerne verkauft werden. Die Konzerne sollten

- nicht nur die Kraftwerke, sondern auch das Transportnetz übernehmen,
- in den Vorständen der Geschäftsführungsgesellschaften die Mehrheit der Vorstandsmitglieder stellen,
- das Versorgungsmonopol durch Verträge absichern können,
- nicht zur Übernahme der Beschäftigten aus den bestehenden DDR-Unternehmen verpflichtet sein und
- von allen bestehenden Umweltaltlasten der DDR-EVU freigestellt werden.

Eine wichtige Rolle spielte die sogenannte *„Braunkohleklausel"*, mit der der Stromabsatz aus den riesigen Braunkohlekraftwerken und damit deren Bestand abgesichert werden sollte. Es hieß dort, dass die DDR dafür sorgen werde, dass das regionale DDR-EVU mit der Verbundnetz AG einen Stromlieferungsvertrag mit einer Laufzeit von 20 Jahren über 70 % seines jeweiligen Strombedarfs abschließt. Für den Fall, dass es zur Gründung von Stadtwerken komme, sollte die DDR *„soweit rechtlich möglich, dafür sorgen, dass die kommunalen EVU mit den jeweiligen regionalen DDR-EVU Bedarfsdeckungsverträge mit einer Laufzeit von zwanzig Jahren abschließen, soweit sie ihren Strombedarf nicht durch Eigenerzeugungsanlagen decken ... und soweit nicht Energieerzeugungsmöglichkeiten aufgrund regenerativer Energiequellen oder durch wärmegeführte Heizkraftwerke geschaffen werden"*. Im unmittelbaren Anschluss an diese Bestimmung findet sich eine Regelung, die die Risiken der Verabredung deutlich machte: *„Die DDR wird darauf hinwirken, dass das regionale DDR-EVU die in seinem gegenwärtigen Verantwortungsbereich befindlichen Energieversorgungsanlagen dauerhaft zu Eigentum erhält, die Kommunen nach dem Kommunalvermögensgesetz nur Geschäftsanteile an dem regionalen DDR-EVU erhält"* und die westdeutschen Erwerber von der Treuhandanstalt die Mehrheit der Gesellschaftsanteile an den regionalen EVU bekommen. Auch sollte das Vermögen des regionalen EVU durch sonstige Herausgabe- oder Entschädigungsansprüche um nicht mehr als 10 % vermindert werden. Dann kam eine Ausstiegsklausel: *„Falls dieses nicht erreicht wird, ist das westdeutsche EVU berechtigt, von diesem Vertrag zurückzutreten."*

Hier lag nämlich der Hase im Pfeffer. Die Abgeordneten der Volkskammer hatten nicht nur weitreichende Vorstellungen über die Neuausrichtung der Energiewirtschaft; sie hatten vielmehr auch versucht, durch verschiedene gesetzliche Vorschriften sicherzustellen, dass die

---

36. Der SPIEGEL 27/1990 vom 02.07.1990

Kommunen das erforderliche Versorgungsvermögen erhielten, um die Vorstellungen von einer dezentralen, ökologisch ausgerichteten Energieversorgung auch zu verwirklichen. Aber sie hatten nicht damit gerechnet, dass die Regierung sich an die gesetzlichen Aufträge einfach nicht halten, sondern ganz andere Ziele verfolgen wollte.

2   Das Schicksal der Stadtwerke in der DDR

In der Weimarer Zeit gab es in Ostdeutschland 138 Stadtwerke allein in den Gemeinden über 10.000 Einwohner[37]. Aber in der sowjetischen Besatzungszone wurde das kommunale Vermögen an wirtschaftlichen Einrichtungen sowie die Beteiligungen und Anteilsrechte an wirtschaftlichen Unternehmen im Zuge einer grundlegenden Neuordnung der kommunalen Wirtschaft in Volkseigentum überführt. Ausgangspunkt war die von der deutschen Wirtschaftskommission erlassene Kommunalwirtschaftsverordnung vom 24.11.1948. Die Kommunen sollten danach Kommunalwirtschaftsunternehmen haben, in die alle Einrichtungen und Betriebe der Versorgungswirtschaft, gleichgültig ob sie Eigenbetriebe oder Gesellschaften waren, eingebracht werden mussten. Die Kommunalwirtschaftsunternehmen waren rechtsfähige Anstalten des öffentlichen Rechts und standen im Volkseigentum. Mit der Energiewirtschaftsverordnung vom 22.06.1949 wurde angeordnet, dass das Volkseigentum an Energieanlagen von der Hauptverwaltung Energie in zonale Verwaltung zu überführen war. Damit wurde der Zugriff auf die Unternehmen eröffnet, der zu einer Umstrukturierung der gesamten Energiewirtschaft auf der Grundlage der heimischen Braunkohle führte. Ziel war eine völlige Autarkie. Neben dem Verbundnetz mit riesigen Braunkohlekombinaten, denen sich später die Atomkraftwerke russischer Bauart Rheinsberg, Greifswald und Stendal hinzugesellten, entstanden 15 Bezirks-Energiekombinate, denen die Regionalversorgung mit Strom, Fernwärme und Gas oblag.

Dabei wurden im Zug der staatlichen Wohnungsbaupolitik Neubaugebiete ausschließlich mit Fernwärme beheizt. Die private Wohnungsheizung mit Braunkohle blieb auf die alten Stadtviertel beschränkt. Unter ökologischen Aspekten nahmen sich beide Heizsysteme nichts. Die privaten Heizungen konnten naturgemäß nicht entstaubt und entgiftet werden. Aber auch die gewaltigen Heizwerke der Energie-Kombinate wiesen keinerlei Immissionsschutzvorkehrungen auf. Während der Heizperiode durchzogen daher die gesamte DDR die widerwärtigen Braunkohledünste, die sich im Bewusstsein der Bevölkerung mit der zentralistischen Energiekonzeption Ulbricht'scher Prägung verband.

Die ungeheure Energieverschwendung des Systems ist bekannt. Sie äußerte sich aber nicht nur darin, dass die Heizungen sowohl in den Alt- wie auch den Neubaugebieten keinerlei Ventile aufwiesen, so dass die Raumtemperatur durch Öffnen und Schließen des Fensters geregelt werden musste. Für die Energieverschwendung war in erster Linie verantwortlich die in der Regel getrennte Strom- und Fernwärmeerzeugung anstatt einer energetisch sinnvollen Kraft-Wärme-Kopplung, so dass der Wirkungsgrad der eingesetzten Primärenergie lediglich etwa 35 % betrug.

---

37. Jacobi, Die kommunale Versorgungswirtschaft auf dem Gebiet der heutigen DDR im geschichtlichen Rückblick, Anlage zum VKU-ND, Folge 501.

Damit wollten die Volks-Abgeordneten gründlich aufräumen. Die Kommunen sollten wieder eine tragende Rolle in der Energieversorgung übernehmen. Daher wurde zu den Selbstverwaltungsaufgaben der Kommunalverfassung vom 25.05.1990 die harmonische Gestaltung der Gemeindeentwicklung *„einschließlich der Standortentscheidungen unter Beachtung der Umweltverträglichkeit und des Denkmalschutzes ..., die Versorgung mit Energie und Wasser, ... der Schutz der natürlichen Umwelt und die Aufrechterhaltung der öffentlichen Reinlichkeit"* gezählt.

3 Die Rechtslage nach den Volkskammer-Gesetzen

Die grundlegenden Regeln für die erforderliche Vermögensausstattung der Kommunen wurden mit dem Treuhandgesetz, dem *„Gesetz zur Privatisierung und Reorganisation des volkseigenen Vermögens"* vom 17.06.1990 geschaffen. Am 01.03.1990 beschloss der Ministerrat der DDR *„zur Wahrung des Volkseigentums"* die Gründung der Treuhandanstalt, die in Treuhandschaft über das volkseigene Vermögen verfügen sollte, das sich im Besitz von Betrieben, Einrichtungen und Kombinaten sowie wirtschaftsleitenden Organen und sonstigen im Register der volkseigenen Wirtschaft eingetragenen Wirtschaftseinheiten befand. Ebenfalls am 01.03. wurde vom Ministerrat die Verordnung zur Umwandlung von volkseigenen Kombinaten, Betrieben und Einrichtungen in Kapitalgesellschaften (UmwandlungsVO) beschlossen. Danach erhielten die unter Treuhandverwaltung befindlichen Wirtschaftseinheiten das Recht, sich in Aktiengesellschaften oder in Gesellschaften mit beschränkter Haftung umzuwandeln. Zur Umwandlung bedurfte es einer Umwandlungserklärung des umzuwandelnden Betriebes und der Treuhandanstalt als Übernehmende der Anteile. Nach dem „Statut der Anstalt zur treuhänderischen Verwaltung des Volkseigentums" vom 15.03.1990 war *„Inhalt der Treuhandschaft ... die Verwaltung des volkseigenen Vermögens im Interesse der Allgemeinheit"*. Am 17.06.1990 beschloss dann die Volkskammer das „Treuhandgesetz".

Gleich am Anfang des Gesetzes hieß es, dass volkseigenes Vermögen nicht nur privatisiert, sondern in durch Gesetz bestimmten Fällen auch Gemeinden, Städten, Kreisen und Ländern sowie der öffentlichen Hand als Eigentum übertragen werden könne. § 1 Abs. 1 S. 3 lautete: *„Volkseigenes Vermögen, das kommunalen Aufgaben und kommunalen Dienstleistungen dient, ist durch Gesetz den Gemeinden und Städten zu übertragen."* Dieses Gesetz war das Kommunalvermögensgesetz vom 06.07.1990. Entwürfe dafür hatten die Fraktionen der SPD und der Fraktion Bündnis 90/Die Grünen vorgelegt. In der Begründung zum Entwurf des „Kommunalisierungsgesetzes" aus der Fraktion Bündnis 90/Die Grünen hieß es, die Kommunalisierung sei ein Gebot der Demokratie. Städte und Gemeinden seien der tragende Teil der demokratischen Strukturen. Damit müsse ihnen auch die entsprechende Verantwortung übertragen werden: Verantwortung für die Betreuung und Versorgung der Bürger, Selbstverwaltung für die Erstattung von deren Betreuung und Versorgung. Deswegen müssten die Kommunen die entsprechenden Einrichtungen, Anlagen und Unternehmen in Besitz nehmen. Denn langfristig verantwortbar sei nur eine Energiewirtschaft, die als erstes die Frage stelle, wieviel Energie welcher Qualität wirklich benötigt werde. Erst danach werde zu fragen sein, wie diese Energie am effizientesten erzeugt werden könne. Deswegen müssten die Kommunen selbst Entscheidungen darüber treffen, wie z. B. Energieeinsparung in Übereinstimmung gebracht werde mit effizienter Energieversorgung. Unternehmen, die privatwirtschaftlich organisiert seien und deren Ziel darin bestehe, durch Absatz Gewinne zu erzielen, seien für solche integrierten Konzepte nicht geeignet. Die Verteilung zum Endverbraucher müsse ebenso wie die Entsorgung in der Hand von denjenigen liegen, die viele Faktoren einer kommunalen Versorgung beeinflussen wollten und könnten: den Gemeinden und Städten.

Aber was die Abgeordneten nicht wussten: Hinter ihrem Rücken verhandelte die Regierung mit den westdeutschen Stromkonzernen, sekundiert von der Bundesregierung, über den Totalverkauf des Energieversorgungsvermögens an die Konzerne, eingeschlossen das kommunale Vermögen für die Energieversorgung, Netze, Umspannstationen, Gasleitungen, Umformer etc. Währenddessen bemühte sich die Volkskammer, die Regelungen für die Übertragung des Vermögens wasserdicht zu machen. In § 6 Abs. 1 des Gesetzes heißt es, dass zu den volkseigenen Betrieben und Einrichtungen, die für die Erfüllung der kommunalen Selbstverwaltungsaufgaben gebraucht würden, insbesondere *„Betriebe und Anlagen zur Versorgung mit Energie und Wasser, wie örtliche Elektrizitäts- und Heizkraftwerke, Gas- und Wasserwerke sowie gemeindliche Verteilernetze"* gehörten. Die Treuhandanstalt, die vom Treuhandgesetz ja nicht nur zur Privatisierung, sondern auch zur Reorganisation des volkseigenen Vermögens berufen war, wurde durch § 7 Abs. 4 des Kommunalvermögensgesetzes für die Verfahren zur Eigentumsübertragung in Dienst genommen: *„Bei der Übergabe von volkseigenem Vermögen an die Gemeinden, Städte und Landkreise sind insbesondere Betriebe und Kombinate der Energie- und Wasserwirtschaft sowie des Verkehrswesens unter Wahrung der Funktionsfähigkeit und Versorgungssicherheit zu entflechten. Erfolgt die Übernahme von Betriebsteilen, Werkstätten, Filialen oder anderen Struktureinheiten größerer volkseigener Betriebe, sind die Bedingungen des teilweisen Übergangs genau zu bestimmen und die Vermögenswerte abzugrenzen. Über die Teilrechtsfolge ist eine besondere Vereinbarung abzuschließen."*

All diese Regelungen hat der Gesetzgeber getroffen, obwohl klar war, dass die betroffenen ehemals volkseigenen Kombinate und Betriebe durch das Treuhandgesetz in Kapitalgesellschaften umgewandelt worden waren. Sollten sie nicht ins Leere gehen, musste die Entflechtung und teilweise Vermögensübertragung trotz der Umwandlung in Kapitalgesellschaften möglich sein und bleiben. Auch dafür hatte der Gesetzgeber eine Regelung vorgesehen. Aber er hat sie, den § 4 Abs. 2 des Kommunalvermögensgesetzes, missverständlich formuliert. Die Vorschrift lautet: *„Sofern Betriebe und Einrichtungen, die nach den Grundsätzen dieses Gesetzes in kommunales Eigentum überführt werden müssen, bereits in Kapitalgesellschaften umgewandelt worden sind, gehen die entsprechenden ehemals volkseigenen Anteile in das Eigentum der Gemeinden und Städte über."*

Dem Verständnis dieses Begriffs *„ehemals volkseigene Anteile"* muss man näher nachgehen, weil er später, nämlich im Einigungsvertrag, einen folgenschweren Bedeutungswandel durchgemacht hat. Das Kommunalvermögensgesetz geht auf die beiden Fraktionsentwürfe zurück[38]. Beide Entwürfe enthalten bereits Regelungen, die im wesentlichen dem späteren § 4 Abs. 2 KVG entsprechen[39]. Danach gehen, sofern zu kommunalisierende Unternehmen, Anlagen und Einrichtungen bereits in Kapitalgesellschaften umgewandelt worden sind, *„deren*

---

38. Nämlich einen der SPD (Drs. 106) und einen der Fraktion Bündnis 90/Grüne (Drs. 107) vom 27. bzw. 28.06.1990.
39. Nämlich in § 2 Abs. 2 (Drs. 106) bzw. § 2 Abs. 1 (Drs. 107).

Anteile nach Maßgabe der Vorschriften des § 3 in das Eigentum der Städte und Gemeinden über". Die wesentlichen Maßgaben des § 3 lauten wie folgt (Drs. 106): „*1. Die Städte und Gemeinden haben in Abstimmung mit den in § 1 Abs. 2 zuständigen Institutionen Verzeichnisse über die Unternehmen, Einrichtungen und Anlagen gem. § 1 (2), die in ihr Eigentum übergehen sollen, anzulegen. Diese haben sie innerhalb eines Monats nach Inkrafttreten dieses Gesetzes aufzustellen und der Treuhandanstalt vorzulegen. Diese Verzeichnisse sind von der Treuhandanstalt zu prüfen und zu genehmigen. 2. Sofern zwei oder mehrere Städte und Gemeinden dieselben Unternehmen, Einrichtungen und Anlagen in ihre Verzeichnisse aufgenommen haben, entscheidet die Treuhandanstalt nach Anhörung der beteiligten Städte und Gemeinden über die anteilige Eigentumsverteilung."*

Diese Fraktionsvorlagen wurden am 29.06.1990 in erster Lesung in der Volkskammer behandelt. Am Tag vorher waren die „Stromverträge" bekannt geworden. Die entstandene Situation kommentierte der Abgeordnete Nooke für die Fraktion Bündnis 90/Grüne wie folgt: „*Gerade in der Energiewirtschaft müssen neue kommunale und dezentrale Konzepte durchsetzbar werden, was kommunales Eigentum an Leitungsnetzen und Erzeugungsanlagen nötig macht. Mit dem gestern vorgesehenen Verkauf der Elektroenergiewirtschaft nach dem hier vorgelegten Vertrag und den damit zu vermutenden Monopolstellungen, wie das gestern deutlich wurde, wird kommunale Eigenständigkeit verhindert. Die Kommunalisierung ist auch ein Gebot der Demokratie. Städte und Gemeinden sind der tragende Teil der demokratischen und föderalistischen Strukturen, die wir schaffen wollen. Damit muss ihnen auch die entsprechende Verantwortung übertragen werden, Selbstverantwortung für die Betreuung und die Versorgung der Bürger wahrzunehmen. Deshalb müssen Kommunen entsprechende Einrichtungen, Anlagen und Unternehmen in Besitz nehmen. Das bedarf, wie eingangs gesagt, schnellstens des dafür nötigen Rechtsaktes. Wir haben eben immer noch nicht die nötigen klaren Regelungen, wer Eigentümer wovon ist."*[40]

Die Beschlussvorlage für die zweite Lesung stammte aus dem Ministerium für kommunale und regionale Angelegenheiten, das die Fraktionsentwürfe verarbeitet hatte. Die systematische Unsicherheit im Umgang mit dem späteren § 4 Abs. 2 hat aber nichts daran geändert, dass der Gesetzgeber die Kommunen nicht auf Kapitalbeteiligungen an den Regionalversorgungsunternehmen reduzieren wollte. Im Gegenteil kann man den Wortmeldungen in der Volkskammer entnehmen, dass die Abgeordneten davon ausgingen, dass die betreffenden Vermögensübergänge mit dem Inkrafttreten des Gesetzes stattzufinden hätten, auch wenn der Wortlaut des Gesetzes (vgl. insbesondere § 7 Abs. 1) auch eine andere Deutung zulässt.

Der Berichterstatter Dr. Ullmann führte Folgendes aus: „*§ 1 ist eine Definition des kommunalen Vermögens, und daran schließt sich in den §§ 2 – 6 eine Umfangsbestimmung dessen an, was diesen gesetzlichen Verfahren unterworfen wird oder unterworfen werden kann. § 7 halte ich für eine ganz besonders wichtige Bestimmung, weil hier das Verfahren festgelegt ist. Dieses Verfahren, meine Damen und Herren, legt uns auch Eile nahe. Ich möchte darum im Namen des Ausschusses, der dieses Gesetz einstimmig verabschiedet hat, an Sie heute appellieren, dass wir zur Verabschiedung dieses Gesetzes gelangen können. Denn nicht ohne Grund haben wir im § 9, in der Schlussbestimmung, festgelegt: ‚Das Gesetz über das*

---

40. Stenographische Niederschrift der Sitzung vom 29.06.1990, 10. Wahlperiode, 19. Tagung, 789.

Vermögen der Gemeinden, Städte und Landkreise tritt am Tag nach seiner Verkündung in Kraft.'"[41] Und an anderer Stelle führte er aus: „*Der Sinn dieses Gesetzes ist ja, dass zunächst einmal die Gemeinden in den Besitz des Grund und Bodens gelangen sollen. Das ist dann die Rechtsgrundlage – deswegen auch das Eilbedürfnis bei diesem Gesetzesvorhaben -, auf der dann solche Fragen geregelt werden können.*"

Die Volkskammer beschloss das Kommunalvermögensgesetz sodann bei einer Gegenstimme und einer Enthaltung. Die Abgeordneten wussten, wie der Ablauf zeigt, genau, was ihre eigene Regierung vor hatte – und was sie nicht wollten: den Komplettverkauf des Energieversorgungsvermögens an die Westkonzerne.

Dieser Widerstand zeigte sich auch in der weiteren gesetzgeberischen Arbeit der Volkskammer. Es wurde unter dem 25.07.1990 eine erste Durchführungsverordnung zum Kommunalvermögensgesetz beschlossen, die Eigentumsüberführungsverfahrensordnung. Dazu erließen der Wirtschaftsminister und der Minister für regional und kommunale Angelegenheiten Empfehlungen zu den Anträgen zur Überführung volkseigenen Vermögens in das Eigentum der Gemeinden, Städte und Landkreise, wo auf § 4 Abs. 2 des Kommunalvermögensgesetzes bezug genommen wurde, wo die „ehemals volkseigenen Anteile" erwähnt sind. Zur Erläuterung hieß es jetzt: „*In diesen Fällen können die Gemeinden, Städte und Landkreise entscheiden, ob sie die ehemals volkseigenen Anteile körperlich, z. B. zur Gründung von Eigenbetrieben oder Eigengesellschaften, oder in Form von Kapitalanteilen übernehmen wollen. Die Art und Weise der Übernahme ist in den Anträgen zur Übertragung des Vermögens auszuweisen.*" Damit war eigentlich alles Wichtige geregelt.

4   Die Gegenbewegung: Stromkonzerne und Bundesregierung Hand in Hand

Die Gegenbewegung ging vom Westen aus. Die Wirtschafts- und Währungsunion hatte nämlich Konsequenzen auch für die Energieversorgung. Die beiden Stromkonzerne PreussenElektra und Bayernwerk, die mit ihren Gebietsmonopolen an DDR-Gebiete angrenzten, nutzten ihre Chancen. Sie gründeten ein Gemeinschaftsunternehmen mit den DDR-Kombinaten für Kernenergie, Braunkohle und das Stromnetz. Die deutsch-deutsche „Kraftwerksnetzgesellschaft", plante und baute vier Hochspannungsverbindungen zwischen West und Ost, und zwar vom Kernkraftwerk Krümmel über Lübeck und Güstrow nach Rostock, von Helmstedt über Wolmirstedt nach Berlin, über Mecklar bei Bad Hersfeld nach Vieselbach bei Erfurt und von Rettwitz in der Oberpfalz nach Remptendorf. Außerdem wurden je ein 5-Megawatt-Kohlekraftwerk in Lübeck und Rostock zur Stromversorgung der DDR geplant: Ausdruck des Misstrauens gegenüber der Leistungskraft der veralteten Braunkohlekraftwerke und gar der ostdeutschen Atomreaktoren. Die 380-kV-Hochspannungsleitung von dem HASTRA-Standort Helmstedt – die HASTRA war eine Tochter der PreussenElektra – war im Juni bis Wollmirstedt bereits fertig und darüber hinaus im Bau.

Das RWE, das mit seinem Versorgungsgebiet nicht direkt an die DDR angrenzte, suchte erst noch nach Zugriffsmöglichkeiten. Nahe lag die Beteiligung an Braunkohlekraftwerken;

---

41. 10. Wahlperiode, 22. Tagung, 907.

erstellt wurde eine Machbarkeitsstudie gemeinsam mit dem DDR-Braunkohlekombinat, in welchen Kraftwerken sich die Nachrüstung noch lohne.

Es lag nahe, wenn der SPIEGEL[42] den VEBA-Manager Piltz, Herrscher auch über die Tochter PreussenElektra, fragte, ob die westdeutschen Stromkonzerne die DDR bereits unter sich aufgeteilt hätten. Piltz antwortete: *„Keineswegs. Die westdeutschen Stromunternehmen liefern sich gegenseitig in der DDR harten Wettbewerb. Bei einem derartigen Angebot kann sich die DDR das günstigste auswählen. Von einer Machtübernahme, wie Sie es unterstellen, kann da keine Rede sein.* Welche Sorte „Wettbewerb" aber gemeint war, beantwortete Dr. Pautz, Staatssekretär im DDR-Wirtschaftsministerium und vorher im Kraftwerkskombinat Wilhelm Leuschner tätig[43]: Bei seinen Inspektionsbesuchen in den Kombinaten fand er häufig brandneue Audi-Limousinen im Hof und Krokodilleder-Aktentaschen unter den Schreibtischen der Kombinatsdirektoren vor. Wer mit wem, das war hier die Frage. Um Wettbewerb nach allgemeinem Sprachgebrauch ging es gar nicht. Bei dieser Sorte Wettbewerb spielten noch in der Weimarer Zeit gewachsene Wirtschaftsbeziehungen eine entscheidende Rolle. So war früher die Bayernwerks-Tochter Contigas intensiv in Thüringen unterwegs. Daran knüpfte die Münchener Firma an: Mancher Bürgermeister fand Hilfe bei seiner Stadtwerksgründung durch Millionen-Schecks, sogenannte *„Marketingzuschüsse"*, die die Contigas-Vorfeldleute in den Rathäusern übergaben. Thüringen spielte bei diesen Akquisitionsbemühungen denn auch eine herausragende Rolle, wie noch zu sehen sein wird.

Die Bereitschaft zur Zusammenarbeit war in den Kombinaten und auch in dem für sie zuständigen Ministerium vorhanden. Denn die Furcht vor dem nächsten Winter und vor irgendwelchen Versorgungsengpässen bei Strom und Wärme war in der DDR allfällig. Die winterliche Sachproblematik in der DDR hatte aber keine technisch-physikalischen Ursachen. Entscheidend war vielmehr der exorbitant hohe spezifische Energieverbrauch (pro Kopf, pro Haushalt, pro Quadratmeter Wohnfläche, pro Einheit Sozialprodukt usw.). Die DDR lag bei diesen Werten in der gesamten Welt an der Spitze. Es war allerdings jedem Fachmann der Energiewirtschaft von vornherein klar, dass diese Missverhältnisse ihre Ursache in der exzessiven Energiepreissubventionierung hatten. Die Energiepreise entsprachen nicht im mindesten den Kosten, verbrauchsbezogene Energieabrechnung war weitgehend unbekannt. Die Haushalte zahlten extrem niedrige, pauschalierte Energiepreise in der Form von Warm-mieten. Der Energiepreis spielte für das Verbrauchsverhalten keine Rolle. Deswegen hatten es die westdeutschen Stromkonzerne einfach, wenn sie bei ihrem Werben für eine große Lösung warnten, dass *„der Winter 1990/91 ziemlich kalt werden könnte in den neuen Ländern"*[44]. Aber in der Kälteperiode 1990/91 ging die benötigte elektrische Höchstleistung von früher 26.000 MW auf 16.000 MW zurück – wie von den Fachleuten erwartet, wenn auch nicht nach außen kommuniziert.

Auch die Bundesregierung stand hinter den Stromverträgen. Bundesumweltminister Töpfer war von seinen Fachleuten mit Informationen über den Zustand der ostdeutschen Kernkraft-werke Greifswald und Stendal versorgt worden. Insbesondere die vier Greifswalder Blöcke

---

42. Nr. 23 v. 04.06.1990; 104.
43. Gespräch des Verf. mit Dr. Pautz am 21.11.1991 in Berlin, Protokoll beim Verf.
44. Wolfgang Schäuble, Wie ich über den Einigungsvertrag verhandelte, 1991, 226.

mit 1.760 MW elektrischer Leistung, die nicht nur 10 % des DDR-Stroms erzeugten, sondern auch Wärme für rund 70.000 Menschen, waren in einem schlimmen Zustand. Der Stahl der Druckgefäße in den Greifswalder Reaktoren war durch den Neutronenbeschuss schlimmer geschädigt als erwartet; *„die konstruktiven Mängel im Sicherheitssystem der Reaktoren erlaubten keinen Schutz bei Bränden oder anderen Katastrophen; das Sicherheitsbewusstsein von Kombinatsleitern wie Betriebsingenieuren, auch nach der Wende, sei katastrophal"*, schrieb der SPIEGEL[45].

Klar war deswegen, dass diese Atomkraftwerke keine Zukunft hatten. Sie mussten sofort stillgelegt werden; mit der Folge, dass ihr Angebot von Strom und Wärme wegfiel. Deswegen wurde am Standort Greifswald sofort ein 200 MW-Heizölkraftwerk errichtet, für das Töpfer PreussenElektra brauchte. Auch das Bundeswirtschaftsministerium stand hinter dem Sicherstellungs-Angebot der Konzerne: Die Abteilungsleiterin Ria Kemper aus dem Bundeswirtschaftsministerium, bei der die Konzerne vorsprachen, war geradezu begeistert. Der liberale Wirtschaftsminister Helmut Haussmann und sein Staatssekretär von Würzen unterstützten die Überlegungen, ergriffen von Anfang an Partei für die Stromverträge und begleiteten die Verhandlungen zwischen den zunächst drei Stromvertrags-EVU und der DDR-Regierung sowie der Treuhandanstalt positiv und stellten zwei kartellrechtliche Ministererlaubnisse in Aussicht[46]. Denn der Bund hatte primär das Interesse, das Energieversorgungsproblem in der DDR sozusagen „mit einem Schlag" zu lösen und diese Aufgabe an ein Kartell der großen Stromversorger zu übertragen. Deren Gestaltungsvorstellungen wurden daher akzeptiert: Die Stromverträge waren – ebenso wie die später formulierten Gasverträge – zweistufig: Die erste Stufe betraf das Verbundnetz der Spannungsstufen 220 und 380 kV sowie die Großkraftwerke (außer die Atomkraftwerke) bzw. bei den Gasverträgen das Hochdruckverbundnetz. Diese Stufe der Verträge war auch später nicht umstritten. Die regionale Stufe allerdings, nämlich die Bildung von je 15 Bezirks-Spartenunternehmen, kollidierte mit den kommunalen Interessen. Den drei großen Stromvertrags-EVU RWE, Bayernwerk und PreussenElektra boten nämlich die Stromverträge in ihren beiden Teilen die Möglichkeit, ein stromwirtschaftliches Kartell sozusagen von der holländischen bis zur polnischen Grenze mit Durchgriff von der Stromerzeugung bis hin zur Versorgung der letzten Glühbirne in jeder Gemeinde zu schaffen. Pläne zu einem *„bisher unrealistischen elektrizitätswirtschaftlichen Imperialismus, gedacht auch in Richtung Osteuropa"* reiften[47]. Man wähnte eine große Renaissance alter Zeiten vor sich und wollte daher in den Stromverträgen keinerlei Konkurrenz und keine Schlupflöcher zulassen. Die Stromvertrags-EVU teilten daher die Regional-EVU in von ihnen geschaffenen Kunstbezirken untereinander auf und schlossen untereinander Abgrenzungs-, sogenannte „Demarkationsverträge". Man wollte sich seine Kundschaft nicht streitig machen und den Wettbewerb untereinander auf Dauer ausschließen.

Allerdings gab es im letzten Moment noch einen unerwarteten Querschläger. Das große Geschäft hatten nämlich zunächst die „drei Großen" unter sich ausmachen wollen; die Beteiligung der Hamburger Elektrizitätswerke (HEW), der Berliner BEWAG, der Vereinigten Elektrizi-

---

45. DER SPIEGEL Nr. 23 vom 07.06.1990, 100.
46. Stellungnahme des Saarlandes zur Kommunalverfassungsbeschwerde vom 10.07.1991.
47. Stellungnahme des Saarlandes, 8 f.

tätswerke (VEW), der Energieversorgung Schwaben und des Badenwerks war nicht vorgesehen. Da bekam Roland Farnung, Chef der HEW, das Vertragswerk in die Hände. Im Schreiben an die Chefs der großen Konkurrenten drohte er damit, das Bundeskartellamt einzuschalten[48]. Diese Drohung hätte verfangen: Das Bundeskartellamt wollte nämlich einen „Ausnahmebereich" in einem künftigen Teil Deutschlands überhaupt nicht erst entstehen lassen[49]. Das Amt konnte zwar das Amt für Wettbewerbsschutz der DDR prinzipiell von seiner wettbewerbspolitischen Auffassung überzeugen. Es drohte mit einem Fusionskontrollverfahren. Allerdings war klar, dass bei einer eventuellen Untersagung ein Ministererlaubnisverfahren ins Haus gestanden hätte. In informellen Verhandlungen mit der Treuhandanstalt konnte erreicht werden, dass die Wettbewerbsstruktur in der DDR wenigstens „*nicht* schlechter" als diejenige in der BRD ausgestaltet wurde[50]. Präsident Kartte „*schmerzte die vertane Jahrhundert-Chance*" bei der Neuordnung der Elektrizitätswirtschaft der DDR. Staatssekretär Pautz versicherte auf der anderen Seite, „*wäre es nach uns gegangen, ... dann hätten wir den Dreien alles gegeben*"[51].

In dieser komplexen Situation schlugen sich die Konzerne auf die sichere Seite und nahmen die fünf kleinen Schwestern in das – jetzt – Achterkartell auf: Nunmehr kam es tatsächlich zu einer Aufteilung der DDR:

- PreussenElektra erhielt die Kombinatsnachfolger HEVAG mit Sitz in Rostock, die EMO mit Sitz in Neubrandenburg, die Mecklenburgische Elektrizitätsversorgung AG (MEVAG) mit Sitz in Potsdam;
- RWE erhielt die Energieversorgung Spree/Schwarze Elster AG (ESSAG) mit Sitz in Senftenberg, die Oder-Spree-Energieversorgung AG (OSE) mit Sitz in Frankfurt/Oder, die Westsächsische Elektrizitätsversorgung Mitteldeutschland AG (WEMAG) mit Sitz in Markkleeberg bei Leipzig;
- das Bayernwerk die Elektrizitätsversorgung Nordthüringen AG (ENAG) mit Sitz in Erfurt, die Ostthüringer Energieversorgung (OTEV) mit Sitz in Jena und die Südthüringer Energieversorgung AG (SEAG) mit Sitz in Meiningen, eine Art Thüringer Fürstentum,
- VEW erhielt die Mitteldeutsche Energieversorgung AG (MEAG) mit Sitz in Halle;
- die zur Energie Baden-Württemberg (EnBW) fusionierten EVS und Badenwerk erhielten die ESAG mit Sitz in Dresden;
- die Hamburger Elektrizitätswerke erhielten die Westmecklenburger Elektrizitätsversorgung AG (WEMAG) mit Sitz in Schwerin;
- die BEWAG erhielt die Elektrizitätsversorgung Berlin AG (EBAG).
Am 22.08.1990 wurden die Stromverträge unterschrieben.

---

48. Persönliche Information gegenüber dem Verfasser.
49. Edmund Ortwein, Das Bundeskartellamt, 1998, 224; ders., Die Ordnung der deutschen Elektrizitätswirtschaft, in: Sturm/Wilks, Wettbewerbspolitik und die Ordnung der Elektrizitätswirtschaft in Deutschland und Großbritannien, 1996, 83 ff.
50. Ortwein, Bundeskartellamt, 225.
51. Energiespektrum o. Jg. Nr. 3, 1991, 13–18.

5   Der Widerstand im Westen

Allerdings entstand auch innerhalb der staatlichen Seite Widerstand. Das Saarland stellte am Tag der Unterzeichnung der Stromverträge auf einer Pressekonferenz eine Dokumentation vor: Darin setzte es sich – aus umwelt- und wettbewerbspolitischen Gründen sowie aus Sorge um ein sprunghaftes Ansteigen der Bundeskompetenz im Energiebereich zu Lasten der Länder – kritisch mit den Stromverträgen auseinander. Aber auch alle im Bundestag vertretenen Parteien, die wichtigsten Gewerkschaften, kommunale Verbände und insbesondere der Verband der Stadtwerke, der VkU, sowie alle Bundesländer hatten sich noch im September und Anfang Oktober 1990 vehement gegen die Stromverträge ausgesprochen und teilweise ihre Rechtswidrigkeit herausgestrichen. Am 19. September 1990 beschloss die Wirtschaftsministerkonferenz der Bundesländer in Würzburg einstimmig:

„Die Länder der Bundesrepublik Deutschland werden alle Möglichkeiten der fachlichen und juristischen Unterstützung in der DDR nutzen, um jedenfalls teilweise die Bildung von Stadtwerken möglich zu machen. Gemeinsam mit dem Deutschen Städtetag, dem Verband kommunaler Unternehmen und dem Städte- und Gemeindebund werden die Länder prüfen, ob zumindest die Städte in der DDR, die früher Stadtwerke hatten und durch den DDR-Staat enteignet wurden, einen Rechtsanspruch auf volle Übertragung der Energieanlagen in ihrem Gemeindebereich haben. Weiter ist zu prüfen, ob die Gemeinden in der DDR Rechtsansprüche auf die Übertragung der Gas- und Fernwärmenetze haben. Schließlich muss geprüft werden, ob die form- und fristgerecht gestellten Anträge der Städte und Gemeinden in der DDR auf Übertragung der Energieanlagen in ihrem Gemeindegebiet gemäß Kommunalvermögensgesetz auch nach Inkrafttreten des Einigungsvertrags vom 31.08.1990 zu erfüllen sind."

In praktischer Ausführung der Beschlüsse von Würzburg unternahmen insbesondere die Länder Schleswig-Holstein, Bremen, Niedersachsen, Hessen und das Saarland systematische Beratungsaktionen in der DDR gegen die Stromverträge und für die Stärkung der kommunalen Rechte im Energiebereich. Dr. Spreer, Abteilungsleiter im Wirtschaftsministerium das Saarlandes, versandte bis 1991 insgesamt sechs Rundschreiben mit umfangreichen Anlagen an alle DDR-Städte über 10.000 Einwohner – immerhin 230 Städte – und trug damit dazu bei, dass die Ost-Städte nicht alles glauben mussten, was die Stromvertrags-EVU behaupteten; so das Bayernwerk im September 1990 in Thüringen: *„Wenn das Kommunalvermögensgesetz bleibt, gehen die Lichter aus."*

Allmählich aber ließ der Widerstand nach, insbesondere in den alten Bundesländern, die Sitzländer der Stromvertrags-EVU sind. Es wurde nämlich sehr rasch klar, dass mit den Stromverträgen nicht nur ein gravierendes Größenwachstum der Konzerne verbunden war, sondern eine willkommene Gelegenheit, die westlichen Überkapazitäten bei Kraftwerken dem Osten zur Verfügung zu stellen, verbunden mit der Möglichkeit, von den Ostkunden westliche Strompreise zu erhalten. Denn der exportierte Strom wurde in den ohnehin vorhandenen und nicht ausgelasteten Anlagen produziert.

Man erwartete einen dauerhaften Milliardentransfer von Ost nach West. Um dies zu verschleiern, beeilten sich die Stromvertrags-EVU, auf die Schwierigkeit der Aufgabe im Osten hinzuweisen – und hatten damit Erfolg. Allerdings fanden intensive Diskussionen insbesondere über die Rolle der Kommunen statt, die Bundesinnenminister Wolfgang Schäuble in seinem Buch über den Einigungsvertrag[52] dargestellt hat:

„Im Spitzengespräch des Bundeskanzlers mit den Partei- und Fraktionsvorsitzenden am 26. August kam noch ein zweites Thema zur Sprache, das nur indirekt mit dem Einigungsvertrag zu tun hatte, nämlich die künftige Stromversorgung der DDR. Nach seriösen Schätzungen erforderte die umweltverträgliche Sanierung der maroden Elektrizitätsversorgung mit ihren defekten und leistungsschwachen Leitungssystemen, ihren veralteten und lebensgefährlichen Reaktoren und ihren stinkenden und kostenträchtigen Braunkohlekraftwerken Investitionen von mindestens 30 bis 40 Milliarden Mark. Die DDR-Elektrizitätswirtschaft und der Braunkohlebergbau zählten über 220.000 Beschäftigte.

Am 22. August schien das Problem gelöst. Die drei großen westdeutschen Energieversorgungsunternehmen Rheinisch-Westfälisches Elektrizitätswerk, Bayernwerk und PreußenElektra hatten mit der Regierung der DDR und der Treuhandanstalt den sogenannten Stromvertrag abgeschlossen. Auch wenn diese große Lösung von Anfang an wettbewerbspolitisch umstritten war, wurde auf diese Weise mit einem Schlag das Stromversorgungssystem der Bundesrepublik auf das Gebiet der DDR übertragen – im Interesse der raschen Sanierung der desolaten ostdeutschen Stromversorgung eine, wie es schien, vertretbare Lösung. Die bundesdeutschen Unternehmen hätten ein finanzielles Engagement in dieser Größenordnung abgelehnt, wenn ihnen ihre künftige marktbeherrschende Position in den neuen Länder nicht durch den Stromvertrag garantiert worden wäre.

Wir von der Bundesregierung beruhigten unser marktwirtschaftliches Gewissen: Ausgerechnet in dieser Situation in der DDR mehr Wettbewerb als bei uns verwirklichen zu wollen, das wäre vermessen gewesen. Und woher hätten die Städte und Gemeinden der DDR das Geld für die Kommunalisierung der Energieversorgung nehmen sollen? In dem Stromvertrag war daher nur eine Minderheitsbeteiligung der Kommunen an bestehenden regionalen Energieversorgungsunternehmen in der DDR vorgesehen.

Das Saarland war von Anfang an gegen diesen Stromvertrag Sturm gelaufen mit dem Argument, hier werde die Chance einer dezentralen Energiepolitik verletzt. Nach Auffassung der SPD und der von Politikern dieser Partei geführten Länder sollte die Zuständigkeit der Gemeinden die Organisation dezentraler Strukturen in der Kraftwerkswirtschaft ermöglichen. Lafontaine behauptete, er habe im Saarland auf diese Weise umweltverträgliche Lösungen wie eine verstärkte Nutzung der Kraftwärmekopplung gefördert. In einem Brief hatte mir schon Wochen zuvor der Saarbrückener Staatskanzleichef Kopp empfohlen, diese im Saarland erprobten Strukturen auch für den ökologischen Neuanfang in der DDR zu nutzen.

In dem Gespräch mit den Partei- und Fraktionsvorsitzenden am 26. August argumentierte der ehemalige Münchner Oberbürgermeister Hans-Jochen Vogel aus der Sicht eines Kommunalpolitikers – und fand volle Unterstützung beim früheren rheinland-pfälzischen Ministerpräsidenten und Ludwigshafener Stadtverordneten Helmut Kohl. Den Gemeinden, auch den großen Städten, so Vogel, werde durch den Stromvertrag für eine sehr lange Zeit unmöglich gemacht, über ihre Energieversorgung eigenverantwortlich zu entscheiden. Sie verlören ihre Ortsnetze an die westdeutschen Konzerne. Die Minderheitsbeteiligung an den

---

52. Der Vertrag. Wie ich über die deutsche Einheit verhandelte, 1991, 224.

regionalen Versorgungsunternehmen, begrenzt auf den Wert ihrer früheren Ortsnetze, sei kein Ausgleich, sondern de facto eine Sperre. Die Städte müssten wie bei uns selber entscheiden können, ob sie ihr Ortsnetz zurückverlangen und auf Ortsebene tätig werden oder ob sie eine Kapitalbeteiligung wählen wollten. Aus dem Energieproblem war ein Streit um den Stellenwert der kommunalen Selbstverwaltung in der früheren DDR geworden. Der Bundeskanzler gab dem Oppositionsführer recht: Er sei Vogels Meinung, die Kommunen müssten gestärkt werden.

Verträge mit den Energieversorgungsunternehmen gehören mit zum Kompliziertesten, und in aller Regel werden sie auch gar nicht transparent gemacht. So war auch der Stromvertrag im Detail uns allen unbekannt. Weil vom Bundeswirtschaftsministerium bei dem Gespräch am Sonntagabend im Kanzleramt niemand anwesend war, telefonierte ich den zuständigen Staatssekretär von Würzen herbei. Er gab uns sachkundige Informationen zu dem Thema, das dann einer Arbeitsgruppe überwiesen wurde. Helmut Kohl bat den Beamten, er möge in Gesprächen mit den Vertragspartnern für Nachbesserungen zugunsten der Kommunen sorgen.

Wie gesagt: Der Stromkontrakt stand nur in einem indirekten Zusammenhang mit den Einigungsvertrag. Der Staatsvertrag über die Währungs-, Wirtschafts- und Sozialunion sah grundsätzlich die Übertragung des gesamten DDR-Vermögens auf die Treuhandanstalt vor. Artikel 21 und 22 des Einigungsvertrages regeln die Aufteilung des Verwaltung- und Finanzvermögens auf die Ebenen von Bund, Ländern und Gemeinden. Der Vertrag sieht überdies die Fortgeltung des Kommunalvermögensgesetzes der DDR vor – mit Maßgaben, die sicherstellen, dass dieses Gesetz im Einklang mit den beiden genannten Artikeln im Einigungsvertrag steht. Der Vertrag der Stromversorger mit der Treuhand machte es nun erforderlich, für die Energieversorgung eine Ausnahme von den Vorschriften dieses Kommunalvermögensgesetzes festzuschreiben. Auf separate Übernahmeverhandlungen mit einer Vielzahl von DDR-Kommunen hätten sich die Konzerne – verständlicherweise – nicht eingelassen.

Auch im Gespräch Helmut Kohls mit den Ministerpräsidenten stand das Thema auf der Tagesordnung. Man war sich einig, dass bei aller Sorge um die Rechte der Kommune der nächste Winter nicht vergessen werden durfte. Die Stromkonzerne bestanden auf der wirtschaftlichen Führungsrolle in einem Geschäft, das 30 bis 40 Milliarden an Investitionen abforderte. Staatssekretär von Würzen wies darauf hin, dass die Treuhand nicht nur an die großen Drei (RWE, Bayernwerk, PreußenElektra) verkauft habe. An der sogenannten Verbundstufe, also dem Höchstspannungsnetz und der überregionalen Stromversorgung, sowie an jeweils 51 Prozent von den 15 Regionalgesellschaften der DDR seien auch die kommunalen Dortmunder VEW, die Hamburger HEW, EVS, Badenwerk und Bewag beteiligt. Im Übrigen gewährleistete das mit dem Einigungsvertrag übernommene Kommunalverfassungsgesetz der DDR den Kommunen das Recht, eigene Stadtwerke zu gründen und ihr Gemeindegebiet mit Strom zu versorgen. Doch von Würzen ließ auch keinen Zweifel an der entschiedenen Haltung der westdeutschen Konzerne aufkommen: Er zweifele nicht, dass diese von dem Stromvertrag zurückträten, wenn sie ihre Kapitalmehrheit an der DDR-Elektrizitätswirtschaft verlören. Wir konnten es drehen und wenden, wie wir wollten – ohne die Konzerne würde es im bevorstehenden Winter ziemlich kalt werden in den neuen Ländern.

Vogel führte nach der Unterzeichnung des Einigungsvertrages im Ausschuss „Deutsche Einheit" noch einmal ein Nachhutgefecht. Er bestätigte den Abgeordneten, in dem Spitzengespräch mit dem Kanzler hätten alle übereinstimmend die Eigenverantwortung der Städte und Gemeinden gewünscht. Doch die Mehrheit hätte das Risiko der Vertragskündigung durch die Konzerne „sehr ernst genommen". Die SPD sei anderer Auffassung und daher auch bereit gewesen, dieses Risiko im Interesse der Städte und Gemeinden der DDR auf sich zu nehmen.

Diese Distanzierung des Oppositionsführers konnte ich nicht unwidersprochen lassen. Namens der Bundesregierung gab ich unsere Überlegungen zu Protokoll, die uns letztlich doch den Vertrag befürworten ließen: „Wir haben auch nach intensiven Gesprächen während der Verhandlungen mit den Energieversorgungs-Unternehmen nicht die Verantwortung übernehmen wollen, ein Scheitern dieses Stromvertrags zu riskieren. Deswegen haben wir uns in dieser Güterabwägung für etwas entschieden, was auch von uns selbst durchaus mit kritischen Anmerkungen versehen wird."

Die Absicherung der Stromverträge erfolgte mit Hilfe einer unscheinbaren Regelung, der Ergänzung zum § 4 Abs. 2 in der Fassung der Volkskammer, der wie folgt lautete:

„Sofern Betriebe und Einrichtungen, die nach den Grundsätzen dieses Gesetzes in kommunales Eigentum überführt werden müssen, bereits in Kapitalgesellschaften umgewandelt worden sind, gehen die entsprechenden ehemals volkseigenen Anteile in das Eigentum der Gemeinden und Städte über."

Es wurde eine sogenannte Maßgaberegelung hinzugefügt. In ihr heißt es wie folgt:

„Soweit die Summe der Beteiligungen der Gemeinden, Städte und Landkreise 49 v. H. des Kapitals einer Kapitalgesellschaft für die Versorgung mit leitungsgebundenen Energien überschreiten würde, werden diese Beteiligungen anteilig auf diesen Anteil gekürzt."

Diese Maßgaberegelung baut auf der Vorstellung auf, dass die Kommunen durch § 4 Abs. 2 S. 1 KVG zu 100prozentigen Kapitaleignern der Regionalversorgungsunternehmen geworden seien oder dass ihnen zumindest ein Anspruch auf Entflechtung und Zuordnung des kommunalen Versorgungsvermögens zustehe. Die Regelung beschränkt die Kommunen auf die Position von Minderheitsaktionären, eröffnete damit den Weg für die Übertragung der Mehrheitsanteile auf die westdeutschen EVU und beseitigte den Anspruch der Kommunen auf Übertragung der Vermögenswerte für die kommunale Versorgung.

Der Einigungsvertrag war allerdings nicht aus einem Guss, was die Entrechtung der Kommunen anging. Da waren zum einen die Artikel 21 und 22 über die Zuordnung ehemals volkseigenen Vermögens mit Bestimmungen dazu, wie Rückgewähransprüche zwischen Körperschaften des öffentlichen Rechts wegen früheren unentgeltlichen Vermögensentzugs zu behandeln sind. Artikel 21 befasst sich mit dem Verwaltungsvermögen, also dem Vermögen der DDR, das unmittelbar bestimmten Verwaltungsaufgaben dient. Darauf gestützt mussten die Kommunen ihr Versorgungsvermögen als Verwaltungsvermögen beanspruchen können – sollte man meinen. Artikel 21, der das Finanzvermögen regelt, betrifft das Vermögen, das nicht unmittelbar bestimmten Verwaltungsaufgaben dient, sondern der öffentlichen Verwaltung mittelbar durch sein Kapitalwert dient. In diesem Fall besteht ein Restitutionsanspruch auf das Finanzvermögen.

In der Auseinandersetzung um die Stromverträge konnten die saarländische Seite und der SPD-Fraktionsvorsitzende Hans-Jochen Vogel ein weiteres Zugeständnis erreichen. Sie signalisierten ihre Zustimmung zum Einigungsvertrag für den Fall, dass das kommunale Wegerechtsmonopol zum 01.01.1992 wieder eingeführt werden würde. Damit hat es folgende Bewandtnis: Den Kommunen steht mit dem Eigentum an den kommunalen Straßen und Wegen auch die Befugnis zu, mit dem sogenannten Konzessionsvertrag das Recht zur Benutzung kommunaler Straßen und Wege für Verlegung und Betrieb von Energieanlagen zu vergeben. Endet der Konzessionsvertrag, steht der Kommune auf Basis der sogenannten Endschaftsklauseln der Anspruch auf Erwerb der Anlagen zu, wobei als Gegenleistung der „Sachzeitwert" zu entrichten war; d. h. ein vermögensbezogener Wert, der auf Basis des Tagesneuwertes dieser Anlagen zu berechnen ist. Während die Vorstellung des Einigungsvertrags ursprünglich war, dass die Regional-EVU ein länger währendes Wegenutzungsrecht haben sollten, wurde das kommunale Wegerechtsmonopol zum 01.01.1992 wieder eingeführt. Auf dessen Basis hatten die Kommunen ab dem 01.01.1992 die Befugnis, die Herausgabe des Versorgungsvermögens zu verlangen, sofern bis dahin nicht ein längerfristiger, in der Regel 20jähriger Konzessionsvertrag abgeschlossen war.

Der Widerstand des Saarlandes konzentrierte sich daher auch auf eine Warnung vor dem Abschluss von Konzessionsverträgen, um so die kommunalen Vermögenspositionen nicht zu gefährden. Diese Kampagne des Saarlandes spielt damit eine ganz herausragende Rolle im Kampf um die kommunalen Rechte: Hätten die Kommunen breitflächig Konzessionsverträge abgeschlossen, wären ihre Rechte nach dem Grundsatz „pacta sunt servanda" erst einmal verloren gewesen – und in vielen Fällen war das auch so, wie sich später zeigen sollte.

6 Erste Auseinandersetzungen vor Gericht: Die Grundsatzverständigung bleibt

In § 11 Abs. 1 der Stromverträge für die Regional-EVU war vereinbart, dass der jeweilige westliche Erwerber mit wirtschaftlicher Wirkung zum 01.01.1991 die Kapitalmehrheit bei dem regionalen EVU übernehmen werde. Daher standen nur wenige Wochen zur Verfügung, in denen Vorbereitungen dafür möglich waren, die Treuhandanstalt an der Übertragung der Kapitalmehrheiten an den regionalen EVU zu hindern. Da erreichte mich ein Telefonanruf des Ministerialrats aus dem Hessischen Wirtschaftsministerium, Gert Apfelstedt, der sich mit seinem Verein Energie Kommunal e.V. für die Belange kommunaler Energieversorgung engagiert hatte; ich war darin Mitglied. Apfelstedt war von dem Leipziger Oberbürgermeister Dr. Lehmann-Grube in den Energiebeirat der Stadt Leipzig berufen worden. In dieser Eigenschaft hatte er in einem Gutachten schon die nach der DDR-Gesetzgebung ziemlich unübersichtliche Rechtslage und deren Einfügung in das westdeutsche Recht dargestellt. Er fragte, ob ich bereit sei, die Rechtslage in einem weiteren anwendungsorientierten Gutachten darzustellen, das im Auftrag des Wirtschaftsministeriums des Saarlandes erstattet werden sollte. Er und Dr. Spreer, Abteilungsleiter Energie im Saarländischen Wirtschaftsministerium, stellten ferner in Aussicht, erforderlichenfalls Mandate ostdeutscher Kommunen zu vermitteln, sofern die Treuhandanstalt zum Jahreswechsel die Privatisierung durchführe.

Das war eine Herausforderung. Mir war schon die einschlägige Gesetzgebung der ehemaligen DDR völlig unbekannt. Dazu kam das Problem, die notwendigen Materialien der Volkskammer zu beschaffen; es kam ja auf eine plausible Auslegung des Begriffs der „ehemals volkseigenen Anteile" in § 4 Abs. 2 des Kommunalvermögensgesetzes an, zu der die Maßgaberegelung im Einigungsvertrag ergangen war. Diese Materialien hatten wir nicht. Die Fraktionen der Volkskammer, die uns hätten helfen können, existierten mit dem Inkrafttreten des Einigungsvertrages ebenfalls nicht mehr. Dennoch sagte ich zu. Anfang Dezember stand das Gutachten mit 90 Seiten Text, in dem nicht nur die Rechtsstellung der Kommunen in Bezug auf die Bezirks-Energiekombinate, die Regelungen der beiden Staatsverträgen, die Ansprüche der Kommunen dargestellt waren, sondern auch die sehr wichtigen Verfahrensfragen: Wie waren die Ansprüche der Kommunen geltend zu machen, welche gerichtlichen Möglichkeiten – einstweilige Anordnungs- und Klageverfahren vor den Kreisgerichten bis hin zur Verfassungsbeschwerde – gab es? Welche Querschüsse der Treuhandanstalt, der Bezirks-EVU und der westlichen Konzerne waren zu erwarten, welche prozessualen Schritte mussten daher nicht nur gegangen, sondern auch zum Erfolg gebracht werden? Wie stand es um die Kostenrisiken? Eine kitzlige Frage, weil die Kommunen mit derartigen Gerichtsverfahren und ihren Kosten völlig unvertraut waren und auch nicht den Eindruck haben durften, westdeutsche Anwälte suchten nach Gelegenheiten, um unerfahrene „Ossis" auszunehmen.

Da viele Städte und Gemeinden aus den Informationsschreiben des Saarlandes die Rechtslage kannten, hatten Akquisitionsbemühungen in größerem Umfang Erfolg. In der letzten Vorweihnachtswoche richtete ich für 62 Städte in den neuen Bundesländern an die Treuhandanstalt eine Abmahnung, mit der sie von der Treuhandanstalt
- die Entflechtung des Vermögens des ehemaligen Bezirks-Energiekombinats,
- die Übertragung des Vermögens des Bezirks-Energiekombinats, das für den Aufbau einer kommunalen Energieversorgung benötigt wird,
beanspruchten.

Zugleich wurde die Unterlassung begehrt, dem zuständigen deutschen EVU 51 % der Aktien der Kapitalgesellschaft zu übertragen, die aus dem ehemaligen Bezirks-Energiekombinat entstanden sein soll. Es müssten alle Rechtsakte unterlassen werden, die die Durchsetzung des Anspruchs der Stadt vereitelten oder erschwerten.

Mit Schreiben vom 10.01.1991 führte die Treuhandanstalt folgendes aus:

„I. Zur Rechtslage vertritt die Treuhandanstalt in Abstimmung mit der Bundesregierung folgende Auffassung:

Mit der Umwandlung der Betriebe und Einrichtungen für die Versorgung mit leitungsgebundener Energie in Kapitalgesellschaften stehen die entsprechenden ehemaligen volkseigenen Anteile den Kommunen zu (§ 4 Abs. 2 S. 1 KVG).

Die Summe der Beteiligungen der Gemeinden, Städte und Landkreise an diesen Kapitalgesellschaften ist auf insgesamt 49 v. H. begrenzt (§ 4 Abs. 2 S. 2 KVG).

Soweit im Bereich leitungsgebundener Energien Restitutionsansprüche der Kommunen bestehen (Artikel 22 Abs. 1 letzter Satz i. V. m. Artikel 21 Abs. 3 Einigungsvertrag), steht der Restitutionsanspruch neben dem Anspruch nach § 4 Abs. 2 KVG (Anspruch auf Kapitalbeteiligungen von insgesamt 49 v. H.), wobei hier die Restitution grundsätzlich im Wege der Entschädigung durchgeführt wird.

II. Die Treuhandanstalt ist z. Z. bemüht, in Gespräche mit allen Beteiligten, insbesondere den Kommunen, den kommunalen Spitzenverbänden und den Energieversorgungsunternehmen, Einvernehmen darüber zu erzielen, wie in Übereinstimmung mit den Bestimmungen des Einigungsvertrages die Beteiligung der Kommunen im Bereich der leitungsgebundenen Energieversorgung gestaltet werden kann. Die Treuhandanstalt führt diese Gespräche mit dem Ziel, dass die dringend erforderlichen Investitions- und Modernisierungsmaßnahmen nicht blockiert werden.

Bis zum Abschluss dieser Gespräche ist nicht *beabsichtigt, Anteile an den in Kapitalgesellschaften umgewandelten ehemaligen Energiekombinaten zu übertragen. Im Übrigen würden etwaige Ansprüche auf Herausgabe von Betrieben und Anlagen durch die Übertragung von Kapitalanteilen nicht beeinträchtigt."*

Die in Ziff. II. dieses Schreibens erwähnte sogenannte Grundsatzverständigung hat am 04.02. stattgefunden; und zwar unter Beteiligung der Treuhandanstalt, von Vertretern der drei westdeutschen EVUs RWE, PreußenElektra und Bayernwerk, des Verbandes Kommunaler Unternehmen (im Folg. VKU), des deutschen Städtetags und einiger Städtevertreter, die zumindest teilweise dieser Grundsatzverständigung jedoch nicht zustimmten. In diesem Papier wird einerseits festgehalten, dass die Beteiligten über Inhalt und Interpretation einer Reihe von Grundsatzvorschriften zur Privatisierung der Strom- und Gaswirtschaft in den fünf östlichen Bundesländern nicht einig seien. Die Bildung von Stadtwerken sei grundsätzlich möglich. Die regionalen Strom- und Gasverteilungsunternehmen bzw. deren nichtkommunale Gesellschafter konnten sich an den neu zu gründenden bzw. neu gegründeten Stadtwerken beteiligen. Ausgehend von dem Bezirks- Beteiligungsmodell (bis zu 49 % Kommunen / mindestens 51 % EVU) sollten bei den Stadtwerken Beteiligungen angestrebt werden, die beiden Seiten, der Stadt und dem EVU, in etwa gleiches Gewicht geben und sich um 50/50 bewegen. Allerdings müssten die Stadtwerke 70 % ihres Strombedarfs vom Regionalversorger beziehen.

7 Der Brief der Oberbürgermeister

Die Grundsatzverständigung wurde von der großen Mehrzahl der ostdeutschen Städte jedoch abgelehnt. Denn sie führte dazu, dass die Kommunen gesellschaftsrechtliche Bindungen mit den Regionalversorgern, ihren Vorlieferanten, eingehen mussten. Sie konnten zudem wegen der 70 %igen Stromabnahmeverpflichtung die ökonomisch und ökologisch sinnvolle Kraft-Wärme-Kopplung in ihren fernwärmebeheizten Gebieten nicht ausbauen.

Die Stimmung wurde in einem Telex vom 27.02.1991 an den Bundeskanzler deutlich, das die Oberbürgermeister der neun größten Städte verfasst hatten. Die OB's beklagten, dass sie seit mehr als einem halben Jahr zeitaufwendige Verhandlungen betreffend die Übernahme der Energieversorgungsanlagen führten. Es bewege sich nichts; daher bilde sich eine Investitionsbremse sondergleichen.

Jede westdeutsche Kommune könne gem. Art. 28 Abs. 2 GG alle Angelegenheiten der örtlichen Gemeinschaft in eigener Verantwortung regeln. Dies beinhalte die freie Entscheidung, wem sie die Energieversorgung übertrage. Für die ostdeutschen Kommunen werde dasselbe Freiheitsrecht begehrt.

Tatsächlich sollten jedoch die ostdeutschen Kommunen nur 49 % der Anteile an den Regionalversorgen erhalten; dies auf unabsehbare Zeit. Damit würden alle ostdeutschen Städte auf Dauer zu Kommunen minderen Rechts. So habe man sich die Vereinigung nicht vorgestellt.

Alle anderen Vermögenswerte, die Zuschussbetriebe der Städte seien, würden zu 100 % übertragen, die später rentable Energieversorgung wolle man überwiegend den westdeutschen Energiemonopolen zukommen lassen. Es gelte offenbar der Grundsatz: Was Geld bringt, erhält die Privatwirtschaft, was Geld kostet, erhält die Kommune.

Hintergrund dieser erstaunlichen Vorgehensweise seien die sog. Strom-Verträge. Die Im Einigungsvertrag ergänzte Fassung des § 4 Abs. 2 KVG könnten die OB's nur als gesetzliches Mäntelchen werten, um die auf massiven ökonomischen Interessen der westdeutschen Energieversorgungsunternehmen beruhenden Strom-Verträge für alle Zukunft zu sichern. Dieser Weg sei jedoch ordnungspolitisch verfehlt. Es könne den Städten nicht zugemutet werden, aus dem Staatsmonopolsozialismus im Energiebereich in den Privatmonopolkapitalismus durch Zwang des Bundes überführt zu werden. Es interessiere, wer für diese eindeutige Fehlentscheidung verantwortlich sei.

Die OB's bestritten der Treuhandanstalt sowohl wirtschaftlich als auch rechtlich, die 51 % Anteile am Energieversorgungsunternehmen ihrer Wahl zum eigenen ökonomischen Vorteil verkaufen zu dürfen. Mindestens die örtlichen Netze und weitere betriebliche Anlagen hätten regelmäßig bis 1950 den Städten oder ihren Stadtwerken gehört. Die von 1950 bis 1990 entstandenen Versorgungsanlagen hätten die Städte traditionsgemäß ebenfalls aus demselben Teil des Sozialprodukts errichtet, wie dies der unselige zentralistische SED-Staat getan habe.

Neuerdings verkünde die Treuhandanstalt, den Restitutionsanspruch, der nach Art. 21 Abs. 3 Einigungsvertrag eindeutig Naturalrückgabe der Netze, betriebliche Anlagen usw. bedeute, abgelten zu wollen. Damit seien die Städte natürlich nicht einverstanden.

Anzumerken sei auch, dass weder die zentralistische Treuhandanstalt, noch der Bund selbst angesichts des grundsätzlich geschützten förderativen Aufbaus der Bundesrepublik Deutschland das Recht habe, in derart fundamentaler und langfristig kaum noch revidierbarer Weise in kommunale Aufgaben einzugreifen. Sämtliche Rechte zur Regelung kommunaler Aufgaben stünden ausschließlich den Ländern und nach Maßgabe der Landesgesetze den Kommunen zu.

Im Ergebnis bleibe festzuhalten, dass die ehemalige DDR und die Treuhandanstalt (in ihren früheren Tagen) die Rechte der wiedererstehenden Städte schlicht vergessen hätten oder vergessen wollten und befürchteten, ohne den seltsamen Strom-Vertrag gingen im Lande die Lichter aus. Von Anfangsschwierigkeiten abgesehen könnten jedoch die Stadtwerke der ostdeutschen Städte die Energieversorgung gewährleisten.

Zusammengefasst sei das Konzept der Städte:
- Unentgeltliche Übertragung der örtlichen Energieversorgungsnetze und zugehörigen betrieblichen Anlagen zu 100 %;
- Aufnahme fremder Beteiligungen an Stadtwerken nach eigener freier Entscheidung der Kommunen hinsichtlich Partner und Quote;
- die Städte/Stadtwerke schließen nach marktwirtschaftlichen Regeln freiwillig Lieferverträge mit überörtlichen Energieunternehmen, soweit sie nicht selbst erzeugen.

Reaktionen des Bundeskanzlers oder der Treuhandanstalt auf dieses Schreiben sind nicht bekannt geworden.

8 Weiteres Festhalten des Staates am Weg

Die Bundesregierung hielt vielmehr an der Entrechtung der Kommunen fest. So wurden die Verfahrensvorkehrungen beseitigt, mit denen die Volkskammer versucht hatte, die Verfahren zur Vermögensübertragung zu regeln. Durch den Einigungsvertrag war die Eigentumsüberführungsverfahrensordnung zum Kommunalvermögensgesetz vom 25.07.1990 nicht übernommen worden. Außerdem fehlten Regelungen über das Verwaltungsverfahren zur Vermögenszuordnung gem. Art. 21, 22 Einigungsvertrag. Daher erließ der Bundesgesetzgeber unter dem 22.03.1991 das *„Gesetz über die Feststellung der Zuordnung von ehemals volkseigenem Vermögen (Vermögenszuordnungsgesetz – VZOG)".*

Mit dem Gesetz wurde zum einen § 7 Kommunalvermögensgesetz aufgehoben; und damit die Zuständigkeit des Präsidenten der Treuhandanstalt für die Entflechtung und Zuordnung des kommunalen Vermögens für die Energieversorgung, außerdem das Auskunftsrecht der Kommunen gegenüber dem Regionalversorger, das mit dem ersten Ergänzungsgesetz zum KVG zum Bestandteil des § 7 gemacht worden war.

Ein zweiter Eingriff betraf die Vorschriften zur Naturalrestitution in Art. 21 und 22 des Einigungsvertrags. Es wurden unterschiedliche Zuständigkeiten für die Verteilung des Verwaltungsvermögens, das für die kommunalen Aufgaben erforderlich war, sowie das Finanzvermögen in Form von Kapitalbeteiligungen geschaffen. Für die Kommunen bedeutete das Hürden über Hürden, weil unklar war, welche übergeordnete Behörde auf der Basis welcher Formulare anzugehen war. Diese systematische Verunklarung war schon im Infodienst Kommunal vom 16.11.1990 mit seiner Arbeitsanleitung zur Übertragung des kommunalen Vermögens vorbereitet worden. Dort wurden das Verwaltungs- und das Finanzvermögen erklärt. Eine empfindliche Einschränkung wurde aber gerade für das energiewirtschaftliche Versorgungsvermögen getroffen. Danach gab es keinen Herausgabeanspruch, wenn das Vermögen des betroffenen Unternehmens empfindlich beeinträchtigt würde; in solchen Fällen könne nur Entschädigung verlangt werden. Dabei berief sich der Infodienst Kommunal auf eine gemeinsame Erklärung nach Anlage III des Einigungsvertrags, die von diesen Fällen gar nicht gesprochen hatte, sowie auf „Rechtsgedanken" verschiedener Gesetze – und gerade keine ausdrücklichen gesetzlichen Regelungen.

Diese Verunklarungen setzten sich in den gerichtlichen Eilverfahren fort, mit denen Sicherungen gegen den Abgang kommunalen Versorgungsvermögens erreicht werden sollten. Zuständig waren die neu geschaffenen Kreisgerichte, in denen abgeordnete Richter aus der Zivil-, der Verwaltungs-, der Arbeits- und der Finanzgerichtsbarkeit aus den alten in die neuen Bundesländer als Einzelrichter zuständig waren. Diese nahmen nur zu gern die von der Treuhandanstalt ins Spiel gebrachten Bedenken an der örtlichen und sachlichen Zuständigkeit der Gerichte auf. Den Vogel schoss ein Richter ab, der die erste Verhandlung über ein solches Eilverfahren am 24.06.1991 beim Kreisgericht Schwerin anberaumt hatte. Ich betrat den Gerichtssaal deutlich vor Terminsbeginn, wo der Richter gerade mit dem Aufbauen seines Diktiergeräts beschäftigt war. Er erklärte mir beiläufig, dass er in allen entscheidenden Fragen – sachliche Zuständigkeit, örtliche Zuständigkeit, Anspruch der Kommunen auf das Versorgungsvermögen – der Auffassung der Treuhandanstalt war; vor Antritt der mündlichen Verhandlung! Ich riet den Beschäftigten der Schweriner Kommunalverwaltung, um deren Ansprüche es ging, den Richter wegen Befangenheit abzulehnen. Das wurde von ihnen aber rigoros abgelehnt: Doch nicht im ersten Gerichtsverfahren, das sie überhaupt zu bestreiten hatten! Es kam wie es kommen musste: Der Richter schlug sich in allen Fragen auf die Seite der Treuhandanstalt – und das vor den feixenden Justitiaren aus den Konzernen und den Bezirks-EVU, die wissen wollten, welche Chancen die Kommunen hätten. Ich nahm den Antrag zurück, um eine schriftliche Entscheidung zu vermeiden. Zu Hause angekommen, war mir der nächste Schritt klar und dessen Konzeption fertig.

9 Der erste Stadtwerkskongress und die Kommunalverfassungsbeschwerde

Am 24. Juni 1991 hatte nämlich in Berlin der Kongress „Auf dem Weg zu neuen Stadtwerken. Hemmnisse – Erfahrungen – Ergebnisse" stattgefunden; und zwar im vormaligen FDGB-Haus, nun Berliner Congreß Center (und jetzt Chinesische Botschaft). Einlader waren die Städte

Leipzig, Schwerin, Jena, Wernigerode und Zehdenick, eine aus jedem Bundesland, große, mittlere, kleine. Die Einladungen wurden von Potsdam aus verschickt, um jeglichen Argwohn zu vermeiden, es könne sich um eine fremdbestimmte Veranstaltung handeln. Und in der Tat waren viele Impulse vom Leiter des Leipziger OB-Büros Michael Weber und dem Geschäftsführer der Wernigeroder Stadtwerke, Wenzislav Stoikow, ausgegangen. Eine ganz wichtige Rolle spielte Bürgermeister Holzgrebe aus Jena, der sogar eine öffentliche Zuwendung für den Kongress locker machte. Auf dem Kongress waren 123 Städte vertreten, überwiegend mit den Aufbaubeauftragten für Stadtwerke aus den Stadtverwaltungen oder auch schon Geschäftsführern, aber auch vielen Bürgermeistern. Referate über die Rechtslage wurden gehalten, darunter auch eine durchaus wohlwollende eines Mitarbeiters der Treuhandanstalt, sowie von Ministerialrat Apfelstedt aus dem Hessischen Wirtschaftsministerium, der den Städten erklärte, sie bräuchten für ihre Stadtwerke keine Betriebsgenehmigung nach § 5 des Energiewirtschaftsgesetzes, weil sie vom Bestandsschutz ihrer früheren Stadtwerke zehren könnten. Im Mittelpunkt stand eine – vorab vorbereitete – Resolution, die in der Absicht gipfelte, eine Kommunalverfassungsbeschwerde zur Sicherung der kommunalen Rechte zu erheben.

Die Verfassungsbeschwerde sollte im Urlaub entstehen. Der Aktenberg, der für die Verfassungsbeschwerde vorzubereiten war, wuchs immer mehr. In unserem Ferienhaus gab es keine Zeit zum Erholen. Mich erreichte nämlich ein Telefonanruf mit dem Hinweis, dass die Treuhandanstalt nunmehr, nach dem Schweriner Sieg, die Stromverträge durch Auskehrung der Kapitalmehrheiten an dem Bezirks-EVU vollziehen wolle. Das war an einem Wochenende. Am Montag rief ich beim Verfassungsgericht an und erfuhr, dass Richter Prof. Böckenförde, der für die kommunale Selbstverwaltungsgarantie des Art. 28 Abs. 2 GG zuständige Richter, am kommenden Freitag den letzten Tag im Gericht sein werde, um danach seinen Jahresurlaub anzutreten. Das erzwang konzentriertes Arbeiten. Küche und Wohnzimmer waren der Verteilung von Akten vorbehalten. Die Kinder mussten auf den Fußspitzen durchlaufen. Am Mittwoch war die Verfassungsbeschwerde fertig (73 Seiten, 200 Seiten Anlagen). Ein Kernstück fehlte allerdings noch, ein Teil der verfassungsrechtlichen Argumentation, den der Mainzer Prof. Hans Heinrich Rupp als Prozessvertreter der Stadt Forst, beisteuern wollte. Prof. Rupp, den ich aus meiner Mainzer Assistenzzeit kannte, war von Günther Nooke, Forster Abgeordneter, angesprochen worden.

Es gab allerdings ein Problem: Vollmachten hatte ich nämlich nur von den Städten Finsterwalde, Jena, Neuruppin, Potsdam, Wernigerode und Zehdenick, also nur von sechs Städten. Aber es gab noch die Anwesenheitsliste des Stadtwerkskongresses. Ich ernannte kurzer Hand alle in der Anwesenheitsliste aufgeführten Kommunen zu Beschwerdeführerinnen in dem Kommunalverfassungsbeschwerdeverfahren.

Zurück in Deutschland am Mittwochabend waren alle Schriftsatzteile fertig, meine Sekretärin um vier Uhr des Nachts auch; dann begannen die redaktionellen Tätigkeiten vor allem an den vielen, vielen Anlagen. Am Donnerstag gegen 16 Uhr übergab ich die Verfassungsbeschwerde vor dem Bundesverfassungsgericht dem Mitarbeiter von Prof. Böckenförde, um Zeit für die Registrierarbeiten zu sparen. Damit begannen die spannendsten Stunden meines Arbeitslebens.

Denn das Verfassungsgericht hatte natürlich noch nicht über die Verfassungsbeschwerde zu entscheiden, aber über einen Eilantrag, mit dem das Bundesverfassungsgericht dem

Bundesfinanzministerium und der Treuhandanstalt untersagen sollte, die Kapitalmehrheiten auszukehren. Nach der beim Verfassungsgericht üblichen Abwägung musste eine solche Anordnung eigentlich ergehen. Wäre die Verfassungsbeschwerde nämlich begründet gewesen, aber die Privatisierung der Bezirks-EVU vollzogen worden, hätte die positive Verfassungsbeschwerdeentscheidung nichts mehr gebracht. War sie hingegen unbegründet, war zwar Zeitverlust eingetreten, aber kein irreparabler Rechteverlust.

Gegen 13 Uhr erreichte mich ein Anruf aus dem Bundesverfassungsgericht: Das Bundesfinanzministerium habe erklärt, dass die Stromverträge einstweilen nicht vollzogen würden. Die Treuhandanstalt werde eine entsprechende Erklärung noch abgeben. Hurra! Am Abend dieses wundervollen Tages ging ich erst mal schön essen und fuhr am nächsten Tag ins Ferienhaus zurück, wo inzwischen alles aufgeräumt war.

Danach begann allerdings eine sehr spannende Phase. Denn in der Verfassungsbeschwerde hatte ich versprochen, die noch fehlenden 117 Vollmachten nachzureichen. Die Bereitschaft der Kommunen, mich mit einer Vollmacht zu versehen, wofür immer eine Entscheidung des Stadtparlaments erforderlich war, waren aber durch zwei Bedingungen sehr erleichtert:
- Zum einen konnte ich ihnen die Verfassungsbeschwerde ja mit der Erklärung der Treuhandanstalt schicken, dass die Stromverträge nicht vollzogen werden würden, so dass es ihnen leichter fiel, diese „Geschäftsführung ohne Auftrag" nunmehr mit dem erforderlichen Auftrag zu versehen;
- Außerdem schickte ich ihnen eine Honorarvereinbarung, die eingeschlossen die Mehrwertsteuer unter 1.000,00 DM lag – es sollte ja keine Abzocke stattfinden.

Und die Vollmachten kamen. Leipzig wollte die Verfassungsbeschwerde aber nicht unterstützen. OB Lehmann-Grube erklärte, vom Gerichtsweg halte er nichts. Dem stimmte sein Stadtparlament allerdings nicht zu. In einer Anhörung hatte ich Gelegenheit, die Position der Verfassungsbeschwerde im Rat zu verdeutlichen, und zwar vor dem RWE-Syndikus Mutschler, dessen Beitrag mir vorab zugespielt worden war. So konnte ich auf alle seine Argumente eingehen, bevor er sie überhaupt gebracht hatte. Glück muss man haben – und der Rat beschloss den Beitritt zur Verfassungsbeschwerde. OB Lehmann-Grube nahm es wörtlich, übersandte die Vollmacht und versprach im Anschreiben jegliche Unterstützung für die Verfassungsbeschwerde – die er auch tatsächlich zuteil werden ließ.

Die Auseinandersetzung vor Gericht war allerdings nicht einfach. Für Bayernwerk, Preußen-Elektra und RWE vertrat Prof. Ossenbühl und für die fünf übrigen EVU Prof. Löwer die Auffassung, die kommunale Selbstverwaltungsgarantie gebe eine Art Anspruch für die Kommunen nicht her, mit dem erforderlichen Versorgungsvermögen ausgestattet zu werden; schon wegen der gesetzgeberischen Akte des Einigungsvertrags. Daher gab es keinen Anspruch auf Rechtspositionen, die die Volkskammer zur Angleichung des Standards der kommunalen Selbstverwaltung an die selbstverständlichen im Westen vorgesehen hatte. Auch lief eine publizistische Kampagne, und zwar nicht nur in den Medien, sondern auch im juristischen Schrifttum, teils für und teils gegen die kommunalen Positionen.[53] Beim Gericht

---

53. Lange, DtZ 1991, 329 (Lange war Justitiar des Deutschen Städtetags); Schmidt, LKV 1992, 154; Weigt, Der Gemeindehaushalt 1991, 4; ders., Rechtspositionen der Städte und Gemeinden der DDR bei der Gründung von Stadtwerken, Anlage zum VKU-Nachrichtendienst, 2 (Weigt war Justitiar des Verbandes Kommunaler Unternehmen); Arndt, LKV 1992, 1; Püttner, LKV 1991, 209; ders., StT 1990, 877; ders., Zurückgewinnung der Stadtwerke

gingen allerdings auch erfreuliche Stellungnahmen ein: Das Bundesverfassungsgericht hatte die Verfassungsbeschwerde nämlich dem Bundestag, dem Bundesrat, der Bundesregierung sowie allen Landesregierungen zugeleitet und Gelegenheit zur Stellungnahme gegeben. Eine ausführliche und höchst interessante Stellungnahme kam aus dem Saarland. Mit ihr wurden die unterschiedlichen Interessenlagen des Bundes und der verschiedenen Länder dargelegt: Während beispielsweise Hessen und das Saarland auf Seiten der Kommunen stritten, standen die Braunkohleländer Brandenburg und Sachsen durchaus hinter den Stromverträgen. Das Verdienst der Saarländischen Stellungnahme war es, unter Verzicht auf juristische Darlegungen Struktur und Funktion der Stromverträge darzulegen, soweit sie auf Übertragung der westdeutschen Monopolstrukturen auf die neuen Länder sowie auf Generierung hoher Strompreise ausgerichtet war. Dieser Aspekt war besonders interessant, weil das Strompreisniveau in den neuen Ländern eigentlich weit unter dem westdeutschen hätte liegen müssen, weil der Strom in abgeschriebenen Anlagen auf der Basis heimischer Braunkohle erzeugt wurde und deswegen nach den Vorschriften der Bundestarifordnung Elektrizität eigentlich sehr niedrig sein musste. Das Gegenteil war der Fall – was noch zu untersuchen sein wird.

Im Spätsommer 1991 fragte ich den wissenschaftlichen Mitarbeiter von Prof. Böckenförde, ob und wann es zu einer mündlichen Verhandlung komme. Für den Fall einer mündlichen Verhandlung regte ich an, diese in den neuen Ländern durchzuführen: Rechtsstaat und Rechtsprechung seien für die ostdeutschen Bürger und ihre Kommunen generell etwas Neues. Die Rolle und die Bedeutung des Bundesverfassungsgerichts seien ihnen nicht vertraut. Das spreche für einen auswärtigen Termin des Bundesverfassungsgerichts in den neuen Ländern – wohl den ersten in seiner Geschichte. Einige Tage später berichtete Geschäftsführer Horstmann von den Stendaler Stadtwerken, das Bundesverfassungsgericht habe bei ihm angefragt, wo man in Stendal eine solche Verhandlung durchführen könne. Er habe das Reichsbahnausbesserungswerk angeboten. In der Tat wollte das Verfassungsgericht dort verhandeln. Wieder einige Tage später ging die Ladung zur mündlichen Verhandlung in Stendal am 27.10.1992 ein. Beigefügt war eine Liste mit Fragen des Bundesverfassungsgerichts. Aus einer Veröffentlichung von Harms[54] hatte das Verfassungsgericht entnommen, dass die Vermögensanteile für die örtliche und die regionale Stromversorgung zwar in den einzelnen Bezirks-EVU je nach Lage unterschiedlich, im Durchschnitt aber hälftig der kommunalen und hälftig der regionalen Versorgung zuzuordnen seien. Dem entspreche ja die etwa hälftige Aufteilung der Kapitalbeteiligungen an den Bezirks-EVU nach der angegriffenen Maßgaberegelung zu § 4 Abs. 2 KVG. In der Vorbereitung zur mündlichen Verhandlung mit dem VKU kam deswegen die Idee auf, dass das Verfassungsgericht möglicherweise einen Vergleich vorschlagen werde. Zur Vorbereitung gehörte auch eine Umfrage bei den Bürgermeisterinnen und Bürgermeistern unserer Beschwerdeführerinnen, wer an der mündlichen Verhandlung teilnehmen wolle. Wir organisierten die Wortmeldungen und die Pressearbeit. Es sollte nichts dem Zufall überlassen werden.

---

in den neuen Ländern, Beiträge zur kommunalen Versorgungswirtschaft des VKU, 74; Ossenbühl, DÖV 1991, 301; ders. DÖV 1992, 1; Löwer, in: Harms (Hrsg.), Neuordnung der Energiewirtschaft in den neuen Bundesländern, BBW, Bd. 7, 1991, 47 ff.; Säcker-Boesche, VerwArch 83 (1992), 1; Tettinger, BB 1992, 2.
54. Harms (vorherige Fußnote)

Die mündliche Verhandlung erwarteten wir mit größter Spannung. Zu den Vorbereitungen gehörte mit der Amtstracht des Anwalts, der schwarzen Robe, auch eine weiße Fliege. Diese hatte sich beim Binden am Morgen in ihre Bestandteile aufgelöst. Aber an der Garderobe des Reichsbahnausbesserungswerks hatten die Garderobefrauen in ihren weißen Kitteln selbstverständlich Nadel und Faden dabei, so dass das Missgeschick schnell behoben war. Im Saal mit seinen verräucherten schweren Vorhängen roch es wie überall in den Amtsstuben der neuen Ländern nach Desinfektionsmitteln. In einem kleinen Raum hinter dem Richtertisch, der auf einem frisch zusammengezimmerten Podest aufgestellt war, gingen wir den Ablauf der Verhandlung durch. Auf unserer Seite stritten noch mit der Prozessvertreter von 17 Thüringer Kommunen, Prof. von Mutius/Kiel, Prof. Rupp für die Stadt Forst und Prof. Wieland als Gutachter im Auftrag der SPD-Bundestagsfraktion. Dabei war auch Dr. Weigt, Justitiar des VKU, der die juristische und mentale Unterstützung des VKU beisteuerte.

In der mündlichen Verhandlung ging der zweite Senat des Bundesverfassungsgerichts unter Vorsitz von Prof. Böckenförde – Prof. Mahrenholz, eigentlich Senatspräsident, war erkrankt – mit uns den Prozessstoff durch. Böckenförde war bestens vorbereitet. Wohin die Reise ging, war zunächst nicht auszumachen. Kurz vor der Mittagspause stellte Prof. Kirchhof einige unangenehme Fragen nach dem bisherigen und herrschenden Verständnis der kommunalen Daseinsvorsorge des Art. 28 Abs. 2 GG als institutionelle Garantie. Daraus war ein Anspruch auf Chancengleichheit mit den westdeutschen Kommunen und auf eine Art Grundausstattung nur schwer ableitbar. Mit hängenden Ohren ging es in die Mittagspause, die mit einer Pressekonferenz begann, die Dr. Gramlich, OB von Potsdam, eröffnete. Wir bemühten uns, Optimismus zu verbreiten. Am Nachmittag kamen eindrückliche Plädoyers unserer kommunalen Vertreter, unter denen das von Bürgermeister Hohberg aus der kleinen Thüringer Gemeinde Sollstedt besonders herausragte; er beschwor mit flammenden Worten die Entrechtung der Kommunen zunächst durch die sozialistische DDR, an die sich die durch die Stromverträge und ihre Flankierung durch die Bundesregierung anschloss. Das machte Eindruck. Herr Horstmann, Geschäftsführer der Stadtwerke Stendal, berichtete äußerst farbig über den erfolgreichen Aufbau seiner – und vieler anderer – Stadtwerke, der das Misstrauen der Grundsatzverständigung, die jedem Stadtwerk eine Zwangsbeteiligung von westdeutschen EVU verpassen wollte, in keiner Weise rechtfertigte. Ich machte darauf aufmerksam, dass die westdeutschen EVU in ihrem Verhältnis zu den Stadtwerksgründungen sehr unterschiedlich aufgetreten seien und lobte das Bayernwerk, dessen Vorstandsvorsitzender, wie ich wusste, aus dem Bayerischen Wirtschaftsministerium kam und offenbar Verständnis für die Wünsche der Kommunen hatte. Er hatte nämlich den Stadtwerken in Thüringen in großem Umfang Hilfe bei den Vorkehrungen für die Betriebsaufnahmegenehmigung nach § 5 Energiewirtschaftsgesetz zugesichert und auch geleistet.

Kurz vor 17 Uhr gab Prof. Böckenförde bekannt, dass sich der Senat zu einer Zwischenberatung zurückziehen wolle. Zurückgekehrt machte er – für die meisten Zuhörer völlig überraschend, aber nicht für uns – einen Vergleichsvorschlag: Die Lage in den neuen Ländern sei doch nicht anders als bei Auslaufen eines Konzessionsvertrags. Die Kommunen hätten aus ihrem Wegerecht den Anspruch auf Übertragung der Versorgungsanlagen. Als Kaufpreis könnten sie den Wert ihrer Kapitalbeteiligungen einsetzen. Während dieser Worte drehte ich mich um zu Dr. Weigt vom VKU, der hinter mir saß. Er strahlte. Wir hörten uns den offensichtlich schriftlich vorbereiteten Vergleichsvorschlag des Gerichts an und kehrten nach einer Pause mit den „Sieben Punkten von Stendal" in den Gerichtssaal zurück. Wir forderten die Übertragung des Versorgungsvermögens im Tausch gegen die Kapitalbeteiligungen, Entflechtung und Eigentumstransfer nach dem Spaltungsgesetz, Hilfe beim Aufbau unter Verzicht auf § 5-Genehmigungen etc. Das Verfassungsgericht gab uns eine Frist bis 20.12.1992. Im Fall der Einigung sollten die Verfassungsbeschwerden bis zum 31.12.1992 zurückgenommen werden.

10   Der Stromvergleich

Am 06.11. fand unter Vorsitz von OB Dr. Rommel, seinerzeit Präsident des Deutschen Städtetages und Präsident des Verbandes Kommunaler Unternehmen, ein erstes Gespräch in Stuttgart statt. OB Rommel informierte über einen Briefwechsel zwischen ihm und Bundeskanzler Kohl, der den Abschluss eines Vergleichs unterstütze, wobei allerdings auch die Braunkohleinteressen gewahrt sein müssten. Anwesend waren die Stromseite mit den Chefs der „Großen Drei", Dr. Kunth von RWE, Herr Krämer von PreußenElektra und Dr. Holzer vom Bayernwerk, der Abteilungsleiter des BMWi sowie der Referent, Ministerialrat Cronenberg, die Treuhandanstalt Abteilung Kommunalvermögen mit Direktor Schöneich und Herrn Berndt, Herr Lange vom Deutschen Städtetag, der Geschäftsführer des VKU Zimmermann, wir mit OB Dr. Lehmann-Grube von Leipzig, OB Kwaschik aus Schwerin, Geschäftsführer Horstmann/Stendal und ich mit dem Kollegen Püttner und zwei Beobachtern der Gasseite. Alle Beteiligten erklärten Verständigungsbereitschaft. Die Stromseite war auch bereit, die Anlagenübertragung nicht von „Zwangsehen" abhängig zu machen. Auch wurde die Verantwortlichkeit der Treuhandanstalt akzeptiert. Aber ein Dissens kam auf bei der Frage des Verfahrens. Die kommunale Seite bestand auf Abspaltung. Die Stromseite wollte Kauf gegen Aktienübertragung. Dabei müssten die Anlagen nach dem Sachzeitwert, die kommunale Kapitalbeteiligung am Regionalversorger nach dem Ertragswert bewertet werden. Das lief auf eine happige Zuzahlung der kommunalen Seite hinaus. Beide Seiten beriefen sich auf Passagen im schriftlich vorliegenden Vorschlag des Gerichts, der ihre Meinung angeblich stützte. Darüber ging man auseinander.

Ich informierte am folgenden Montagmorgen das Verfassungsgericht mit einem über das Wochenende diktierten Schriftsatz; Prof. Böckenförde war darüber vorab informiert. Das Verfassungsgericht beriet noch am Montagnachmittag und schickte mir am Dienstag ein Schreiben mit den folgenden Kernaussagen zu:

- Das Verfassungsgericht wolle eine pauschale Lösung: Die „stadtwerkefähigen" Gemeinden sollten die örtlichen Stromversorgungsanlagen erhalten, im Gegenzug würden die ihnen gesetzlich zustehenden Aktien übertragen;
- ein bestimmtes Verfahren der Übertragung des örtlichen Versorgungsvermögens – Abspaltung oder Einzelübertragung – schlage das Gericht nicht vor;
- die Durchführung der Anlagenübertragung noch durch die Treuhandanstalt eröffne aber den Weg, die Ausgliederung der Anlagen zugleich bei der Bewertung des Unternehmens und damit für den von den EVU zu entrichtenden Kaufpreis für ihre Anteile zu berücksichtigen;
- der Verständigungsvorschlag solle für alle Gemeinden gelten, auch die nicht beschwerdeführenden;
- die Restitutionsansprüche (soweit sie auf dasselbe Vermögen gehen) würden dadurch faktisch miterledigt.

Besondere Bedeutung hatte der Hinweis des Verfassungsgerichts, dass sowohl die Pauschallösung als auch die Erledigung der Restitutionsansprüche allen Beteiligten nütze und damit auch gesamtwirtschaftlich Bedeutung habe.

Am Donnerstag, den 12.11., fand auf dem Flughafen Frankfurt das Fortsetzungsgespräch statt. Die Besetzung war wesentlich größer. Insbesondere war Staatssekretär von Würzen da. PreußenElektra-Chef Krämer erschien allerdings nicht; dafür nahm an seiner Stelle Vorstand Gaul teil. Man munkelte, dass Krämer damit ausdrücken wollte, einem Kompromiss nicht gerade zugeneigt zu sein. Die Stromseite sperrte sich gegen das Abspaltungsverfahren. Falls sich bei der Bewertung der Anlagen eine Differenz zwischen deren Wert und dem der Aktien ergab, sollte ein Spitzenausgleich der Bund übernehmen (der dem zustimmte), Kommunen, die Konzessionsverträge mit Ausstiegsklauseln geschlossen hätten, sollten auf die Anwendung der Ausstiegsklausel verzichten, Stadtwerke sollten sich verpflichten, ihren Strom zu 70 % beim Regionalversorger zu beziehen und Strom selbst nur in vorzugsweise wärmegeführten Heizkraftwerken zu erzeugen.

Gerade der letztere Punkt war für die Kommunen unannehmbar. Denn aus ihren Erfahrungen mit dem Betrieb von Heizkraftwerken für die kommunale Fernwärme ergab sich, dass der Eigenstromanteil aus diesen Anlagen weit höher war als 30 %. Einige Tage später debattierte der Bundestag über einen SPD-Antrag zu dem Vergleichsvorschlag. Alle Redner, einschließlich des parlamentarischen Staatssekretärs im Wirtschaftsministerium, plädierten für den Vergleichsvorschlag. Auch der energiepolitische Sprecher der CDU-Bundestagsfraktion, Seesing, sprach sich für den Vorschlag aus. Der Antrag wurde aber nicht angenommen, sondern trotz des Widerstands der SPD an den Wirtschaftsausschuss verwiesen. Ausschlaggebend war, dass die Vergleichsverhandlungen noch nicht beendet waren.

Einige Tage später ging die schriftliche Fassung einer Verständigungslösung ein, die offenbar zwischen BMWi und Stromseite ausgehandelt war. Die Tauschlösung – Anlagen gegen Aktien – war darin zwar enthalten. Jedoch wurde gefordert, dass Konzessionsverträge bindend bleiben sollten, auch wenn Ausstiegsklauseln vereinbart waren. Auch bei der Braunkohleproblematik zeigte sich keine Bewegung. In Arbeitsgruppen wurde dann beleuchtet, welchen Umfang Konzessionsverträge mit und ohne Ausstiegsklauseln eigentlich hatten. Die Stromseite befürchtete nämlich einen „Flächenbrand". In der nächsten Sitzung wiederum in Frankfurt kam es völlig unerwartet zu einem Vorschlag, den Vorstand Strauß vom Bayernwerk vorlegte, der offensichtlich mit den anderen „Stromern" nicht abgestimmt war. Danach sollte die Abnahme von 70 % Braunkohlestrom beim Regionalversorger „angestrebt" werden; die kommunale wärmegeführte Stromerzeugung könne „im Einzelfall" auch höher als 30 % sein. Dieser Vorschlag fand dann Eingang in die Verständigungslösung. Am 22.12. wurde sie unter Dach und Fach gebracht:

- Pauschaler Tausch Anlage gegen Aktien;
- Auskehrung des Vermögens nach Erhalt der § 5-Genehmigung;
- Abschluss eines Stromlieferungsvertrages mit Laufzeit 20 Jahre mit Braunkohlklausel;
- abgeschlossene Konzessionsverträge ohne Ausstiegsklausel sollten bestehen bleiben; in den übrigen Fällen sollten die EVU den Kommunen die Bestandskraft bestehender Konzessionsverträge mit Öffnungsklausel nicht entgegenhalten, wenn eine Genehmigung nach § 5 erteilt würde.

Sodann sollten sich die Kommunen in ihren Aufsichtsgremien mit dem Verständigungsvorschlag befassen und die Verfassungsbeschwerden bis zum 31.01.1993 zurücknehmen.

Einvernehmen bestand darin, dass für die Gasseite entsprechende Vereinbarungen getroffen werden sollten. In einem Gespräch am 12.01.1993 im Bundeswirtschaftsministerium verständigten sich die Beteiligten dahin, dass eine Kommune im Falle der Genehmigung nach § 5 EnWG auch Gasstadtwerke ohne Zwangsbeteiligung eines westlichen oder Bezirks-EVU gründen könne. Soweit in Verträgen zur Vermögensübertragung bereits Kaufpreise und die Verfahren zu deren Ermittlung vereinbart waren, sollten auf die Kaufpreise der Wert der Anteile an der abgespaltenen regionalen Gasversorgung und etwaige Restitutionsansprüche angerechnet werden.

Nach diesem Erfolg zog sich aber die Herbeiführung der Zustimmung der Kommunen doch noch lange hin. Insbesondere die 17 Thüringer Gemeinden, deren Verfassungsbeschwerden der damalige Geschäftsführer des Gemeinde- und Städtebundes Gnauck organisiert hatte, sperrten sich gegen die Verständigungslösung, die sie als nicht akzeptabel empfanden. Ähnlich zähen Widerstand leistete die Stadt Boizenburg im westlichen Mecklenburg-Vorpommern. Erst nachdem das Bayernwerk auf Gnauck zugekommen und weitere Hilfe bei der Aufstellung der Stadtwerke versprochen hatte, erklärte dieser seine Bereitschaft, die Rücknahme der Verfassungsbeschwerden zu empfehlen. Einige Jahre später wurde Gnauck mit einem Vorstandssitz in der fusionierten E.ON Thüringer Energie AG belohnt; dabei spielte auch eine Rolle, dass Gnauck über Jahre hinweg im Aufsichtsrat der E.ON Thüringen die Belange der kommunale Aktionäre vertreten hatte.

11 Erfolg, Erfolg

Die Kommunen hatten durchgesetzt, was ihnen die Volkskammer als Mitgift mitgegeben hatte: Den Anspruch auf das kommunale Versorgungsvermögen, ohne Geld in die Hand nehmen zu müssen. Die Braunkohleklausel ließ ihnen Freiheit zur Eigenerzeugung in selbstbestimmten Umfang. Kommunen, die Konzessionsverträge mit Ausstiegsklausel vereinbart hatten, konnten sich daraus lösen. Nur diejenigen Kommunen, die insoweit keine Vorsorge getroffen oder sich an der Verfassungsbeschwerde nicht beteiligt hatten, konnten von deren Segnungen nicht direkt profitieren. Aber auch in diesen Fällen konnte die kommunale Kapitalbeteiligung am Regionalversorger für den Kauf des Versorgungsvermögens eingesetzt werden, wie es etwa die Stadt Neubrandenburg getan hat. Eine Hürde stellte freilich häufig die § 5-Genehmigung dar: Das Verfahren wurde etwa im Land Brandenburg so engherzig praktiziert, dass im Einzelfall Klagen erhoben werden mussten. Im Ergebnis sind allerdings bis heute über 140 Stadtwerke mit eigenen Strom-, Gas- und Fernwärmeversorgungen entstanden. Ohne die Aktivisten der Ersten Stunde, Ministerialrat Apfelstedt aus Hessen, Energie-Abteilungsleiter Dr. Spreer aus dem Saarland mit seinem Staatssekretär Haase und die Initiatoren der Kommunalverfassungsbeschwerde wäre das nicht möglich gewesen.

12 Was blieb den Konzernen?

Eine Menge: Der Verbundteil der Stromverträge, der vom Stromstreit gar nicht berührt war, garantierte den Konzernen die unumschränkte Herrschaft in den neuen Bundesländern. An der Vereinigten Energie AG (VEAG) hatten sich die VEBA – Konzernmutter der Preussen-Elektra AG – mit 26,25 % und die VIAG – Konzernmutter des Bayernwerks – mit 22,5 % beteiligt. Daneben hielt RWE eine Beteiligung von 26,25 % und die Energiebeteiligungs-Holding (bestehend aus BEWAG, HEW, VEW und EnBW) eine Beteiligung von 25 %. Ihr gehörte das gesamte Höchst- und Teile des Hochspannungsnetzes in den neuen Ländern, mit einer Länge von 11.500 km machte es 29 % des Verbundnetzes aus, einiges mehr als das der RWE gehörende Netz, das 9.000 km lang war und 22 % des Verbundnetzes ausmachte. Dazu gehörten die riesigen Braunkohlekraftwerke Boxberg, Jänschwalde, Lippendorf u.a., mit einer Erzeugung von 77,1 TWh, die 21,2 % der deutschen Gesamtmenge ausmachte. Das war zwar deutlich weniger, als das RWE mit seiner Erzeugung von 120,4 TWh = 33,1 % der Erzeugung im Westen in Händen hatte, aber doch ein beträchtlicher Zuwachs. Dazu kamen die Stromlieferverträge mit den Regionalversorgern und mit den Stadtwerken, die der VEAG den Absatz ihres Braunkohlestroms garantierte; und zwar im Grundsatz in einem Umfang von 70 % des Bedarfs der Abnehmer. An der VEAG waren schließlich auch die fünf kleineren Verbundunternehmen beteiligt, nämlich Badenwerk, Energieversorgung Schwaben (EVS), BEWAG, HEW und VEW, und zwar über ihre Gesellschaft für Energiebeteiligung mbH mit einem Kapitalanteil von 25 %. Damit stellten die Machtverhältnisse an der VEAG praktisch ein Spiegelbild der westdeutschen Konzernlandschaft dar.

Für die ostdeutschen Braunkohlekraftwerke waren die Braunkohlevorkommen in Brandenburg und Sachsen wichtig, die von der Lausitzer Braunkohle AG (LAUBAG) gehalten wurden. An der LAUBAG waren die sieben westdeutschen Verbundunternehmen wie folgt beteiligt: PreussenElektra 30 %, Bayernwerk 15 %, BBS-Braunkohle-Beteiligungsgesellschaft mBH 55 %. An ihr war wiederum die Energiebeteiligungs-Holding mit 18,2 %, die RheinBraun AG, eine Tochtergesellschaft der RWE, mit 71,8 % und die RWE Energie mit 10 % beteiligt. Damit war die LAUBAG der größte Braunkohleproduzent in Ostdeutschland und bildete als Vorlieferantin der VEAG wirtschaftlich eine Einheit mit ihr.

Eine Gesellschaftskonstruktion, die praktisch das westdeutsche Stromkartell auf die neuen Bundesländer übertrug, musste natürlich das Bundeskartellamt auf den Plan rufen. Das Bundeskartellamt wurde aber mit denselben Argumenten überzeugt, mit denen die Konzerne die Bundesregierung überzeugt hatten: Für die Aufrechterhaltung der Stromversorgung in den neuen Ländern bedürfe es des Sachverstandes der Konzerne, der insbesondere in der Braunkohle-Expertise der RWE AG konzentriert war, um es „im Winter 1990/91 nicht ziemlich kalt werden zu lassen in den neuen Ländern". Argumentativ war der Rücktrittsvorbehalt auch im Verbundteil der Stromverträge von großer Bedeutung. Die Konzerne pochten darauf: Wenn sie die VEAG nicht zu den Konditionen erwerben konnten, wie sie sie auch im Westen vorfanden, wollten sie nicht bei der Stange bleiben – behaupteten sie zumindest. Der Bund, dem in der kurzen Zeit zwischen dem Abschluss der Stromverträge im August und dem Einigungsvertrag, unterzeichnet am 03. Oktober 1990, kaum zwei Monate für die Verhandlung mit den Konzernen verblieb, übte daher denselben Druck auf das Bundeskartellamt aus wie auf die Konzerne, dem letztlich nur die Zustimmung blieb.

Dasselbe galt auch für den Regionalteil der Stromverträge. Die Regionalversorger mussten zwar sukzessive das Stadtwerksvermögen herausgeben. Ihnen blieb aber die eigentliche Regionalversorgung sowie die kommunale Versorgung in den Gemeinden, die keine Konzessionsverträge mit Ausstiegsklausel hatten. Damit ergaben sich die folgenden Beteiligungsverhältnisse:

PreussenElektra: Hanseatische Energieversorgungs AG in Rostock (HEVAG), Energieversorgung Müritz-Oderhaff AG in Neubrandenburg (EMO), Mecklenburgische Energieversorgung AG mit Sitz in Potsdam (MEVAG), Energieversorgung Magdeburg AG mit Sitz in Magdeburg (EVM);

RWE: Energieversorgung Spree-Schwarze-Elster-AG mit Sitz in Spremberg (ESSAG), Oder-Spree-Energieversorgung AG mit Sitz in Frankfurt/Oder (OSEAG), Westsächsische Energieversorgungs AG mit Sitz in Markkleeberg bei Leipzig (WESAG), Energieversorgung Südsachsen AG mit Sitz in Chemnitz;

Bayernwerk: Energieversorgung Nordthüringen AG mit Sitz in Erfurt (ENAG), Ostthüringer Energieversorgung mit Sitz in Jena (OTEV), Südthüringer Energievesorgungs AG mit Sitz in Meiningen (SEAG);

VEW: Mitteldeutsche Energieversorgungs AG mit Sitz in Halle (MEAG);

HEW: Westmecklenburgische Energieversorgungs AG mit Sitz in Schwerin (WEMAG);

EVS und Badenwerk: Energieversorgung Sachsen mit Sitz in Dresden (ESAG);

BEWAG: Energieversorgung Berlin AG (EBAG).

Besonders geschickt war das Bayernwerk vorgegangen, das mit seinem Kompromissvorschlag bei der Braunkohleklausel in den Verhandlungen zum Stromvergleich ausgeschert war. Das Bayernwerk hatte frühzeitig erkannt, dass der Stromvergleich nicht zu verhindern war, und sich deswegen auf die Thüringer Stadtwerke zubewegt. Das hat dazu geführt, dass sich die drei Thüringer Regionalversorger, die das Bayernwerk später zur Thüringer Energie AG fusionierte, an fast allen Thüringer Stadtwerken beteiligen konnten. Da die Beteiligungsbemühungen auch bei den Gasversorgungen ähnlich erfolgreich waren, wurde praktisch die gesamte Thüringer Energiewirtschaft – mochte sie regional, mochte sie kommunal sein – ein „Erbhof" des Bayernwerks. Das war dem Wettbewerb nicht gerade förderlich. Dennoch sind Bemühungen struktureller Art des Bundeskartellamts, dem zukünftig möglicherweise kommenden Wettbewerb eine Chance zu belassen, etwa durch Verhinderung der zahlreichen Stadtwerksbeteiligungen, nicht bekannt geworden.

Der Regionalteil der Stromverträge hatte ein Nachspiel der besonderen Art: Der Kaufpreisfindung sollten nach den einschlägigen Verträgen zwei Bewertungen vorausgehen, und zwar eine auf den 31.12.1990 und eine auf den 31.12.1993: Diese zweite Bewertung hatte die Funktion, aufgrund der Erfahrungen, die in drei Betriebsjahren gewonnen worden waren und die von Wirtschaftsprüfern zu verarbeiten gewesen wären, eine Kaufpreisfindung zu erzielen, die dem Bund tatsächlich den Ertragswert garantierte, der für die Kaufpreisfindung erforderlich war. Jedoch gingen die Konzerne, nachdem sie durch den Stromvergleich hatten Federn lassen müssen, mit vereinten Kräften auf das Bundesfinanzministerium als Dienstherr der Treuhandanstalt zu und erreichten tatsächlich, dass der Bund auf die zweite Bewertung verzichtete. Dem Bund dürfte dadurch mindestens die Hälfte des eigentlich angemessenen Kaufpreises für die Regionalversorgungsunternehmen entgangen sein. Dieser Vorgang ist übrigens im Treuhand-Untersuchungsausschuss des Deutschen Bundestages nie zur Sprache gekommen.

3. Kapitel
Die Liberalisierung der Energiemärkte

Die Einführung von Wettbewerb sollte den Verbrauchern etwas bringen: Eine Vielzahl von Anbietern, bessere Versorgung und vor allem bessere Preise – sollte man meinen. In der Energiewirtschaft war alles anders. Die Liberalisierung der Energiemärkte wurde von Brüssel erzwungen. Deutschland wäre aus eigener Kraft wohl nie zur Einführung von Wettbewerb fähig gewesen. Aber die Lobbyisten schlugen schon bei der Konzeption der Richtlinien zur Liberalisierung der Strom- und Gasmärkte zu. Aber die Einführung von Wettbewerb hätte vorausgesetzt, dass die nationalen Monopolisten privatisiert und dabei so entflochten worden wären, dass Wettbewerb möglich würde. Davon war aber keine Rede. Im Gegenteil: In Deutschland nutzten die Konzerne die Möglichkeit zu *„Großfusionen im engen Oligopol"*, wie der Kartellrechtler Möschl schrieb[55]. So wuchs die Macht der Konzerne ins Schrankenlose. Auch die Einführung des Börsenhandels für Energie wurde von den Konzernen genutzt. Sie strickten sich die Börse so, dass die Preise gesteuert werden konnten. Zwar gab es zu Beginn der Liberalisierungsphase einen Betriebsunfall: EnBW und RWE lieferten sich Wettbewerb aus Gründen, die sie im Nachhinein sicherlich lieber ungeschehen gemacht hätten. Aber danach wurde umso konsequenter reiner Tisch gemacht. Die Verbraucher hatten keine Chance.

1   Vorspiel I in Deutschland

Monopole für die Energiemärkte waren eigentlich durch das Kartellverbot des Art. 85 und das Missbrauchsverbot des Art. 86 im EWG-Vertrag von 1956 von Anfang an verboten. Denn einen Ausnahmebereich für die Energiemärkte gab es – anders als im deutschen Kartellrecht – nicht. Erst im Jahr 1988 packte die *„Iron Lady"*, die britische Premierministerin Thatcher, ermutigt durch die US-amerikanische Vorreiterrolle, in England die Liberalisierung der Energiemärkte an. Das wichtigste Instrument war der *„Third Party Access"* (TPA), der Netzzugang für Dritte. Die Eigentumsrechte der Netzbetreiber sollten zurückstehen. Mit dem *„Utilities Act"* wurden die Privatisierung der staatlichen Energieversorger und das Unbundling, die Entflechtung der Handels- und Netzaktivitäten, angeordnet. OFFER, ein Elektrizitätsregulierer, und OFFGAS wurden installiert, die sich in jeden Geschäftsbereich des Versorgungsunternehmens einmischen könnten. Die Erfahrungen waren allerdings nicht durchweg positiv. Die

---

55. Möschl, BB 2001, 131.

Interessen der Kunden zu schützen und gleichzeitig den Wettbewerb zu entwickeln, sei, so OFFGAS, nicht immer möglich[56].

Die entscheidenden Anstöße zur Liberalisierung der Energiemärkte gingen von der EU aus. Schon mit Art. 37 EWG-Vertrag waren Einfuhr- und Ausfuhrmonopole ab dem 01.01.1970 verboten worden. Auf ihrer Grundlage hatte die Kommission gegen eine Reihe von Mitgliedstaaten Vertragsverletzungsverfahren wegen der Beibehaltung von Einfuhr- und Ausfuhrmonopolen für Elektrizität und Gas eröffnet. Auf Basis des britischen Beispieles setzte die Europäische Kommission 1990 bzw. 1991 die Transitrichtlinien für Elektrizität[57] und Gas[58] mit Beschlüssen des Ministerrates durch. Am 22.01.1992 folgten Vorschläge für eine Elektrizitäts- und eine Erdgasrichtlinie[59]. Vorgesehen wurden drei Schwerpunkte nach dem britischen Beispiel: Zwangsdurchleitung per Netzzugang für Dritte, Kostentransparenz und Unbundling[60]. Pluge[61], Geschäftsführer des Bundesverbandes Gas- und Wasserwirtschaft (BGW), prangerte das als *„Umkrempelung fast des gesamten ordnungspolitischen Rahmens beider Branchen und durch die kafkaesk anmutenden Detailregelungen"* an. Totale Liberalität und totale Regulierung gingen in ihren Extremen ineinander über.

Zuvor hatte Kurt Markert, der Vorsitzende der 8. Beschlussabteilung für die Energiemärkte beim Bundeskartellamt, in einem Vortrag[62] *„gewisse grundsätzliche Vorkehrungen"* von der EG-Kommission gefordert. Dazu gehörte z. B. schon die Frage, ob ausschließliche Konzessionsverträge für die Strom- und Gasversorgung, nach denen die Versorgung in einem bestimmten Gebiet ausschließlich einem Versorger vorbehalten war, überhaupt unter Art. 85 Abs. 1 EWG-Vertrag fielen und ob und ggf. in welchem Umfang die Kommission zu Freistellungen nach Art. 85 Abs. 3 EWGV in diesem Bereich bereit sei. Dahinter stand die Befürchtung, dass die Kommission möglicherweise ein Vorpreschen einer nationalen Kartellbehörde durch eine derartige Freistellung ins Aus schicken könnte.

Markerts Hilferuf wurde erhört. In einem Vortrag[63] erläuterte Ehlermann, der (deutsche) Leiter der Generaldirektion Wettbewerb der Kommission, die Richtlinien: Monopole für Übertragung und Verteilung von Energie seien nicht zu rechtfertigen, ebenso wenig ausschließliche Rechte für die Erzeugung von Elektrizität und den Bau von Leitungen. Insbesondere sei die Funktionentrennung (Unbundling) geboten, die schon mit der Telekommunikationsendgeräte-Richtlinie der Kommission vom Mai 1988 vorgeschrieben worden war. Diese hatte der Eu-

---

56. McKinnon, The Gas Industry in Britain, London 1993.

57. Richtlinie des Rates vom 29.10.1990 über den Transit von Elektrizitätslieferungen über große Netze (90/547/EWG) ABl. L 313/30 vom 13.11.1990.

58. Richtlinie des Rates v. 31. Mai 1971 über den Transit von Erdgas über große Netze (91/296/EWG), ABl L 147/37 v. 12.06.1991).

59. Vorschlag für eine Richtlinie des Rates betreffend gemeinsame Vorschriften für den Elektrizitätsbinnenmarkt (92/C65/04), Kom.(91)548 endg., sowie Vorschlag für eine Richtlinie des Rates betreffend gemeinsame Vorschriften für den Erdgasbinnenmarkt (92/C65/05), Kom.(91)548 endg.

60. Vgl. dazu Pluge, aktueller Stand der Diskussion über den europäischen Binnenmarkt für Gas und Elektrizität, RdE 1993, 169, 171.

61. A.a.O. (vorherige Fußnote)

62. Vom 13. November 1991, RdE 1992, 49.

63. Vom 16.10.1992, Die vorgesehene Regelung zur Strom- und Gasdurchleitung (TPA) als Verwirklichung der Wettbewerbsvorschriften des EWG-Vertrages, RdE 1993, 41.

ropäische Gerichtshof (EuGH) ausdrücklich gebilligt[64]. Vor allem verwies er darauf, dass die Wettbewerbsbehörden schon vor dem Erlass eines *„gesetzgeberischen Aktes"* des Rates zur Anordnung von Durchleitungen berechtigt seien. Die Verweigerung der Durchleitung stelle einen Missbrauch nach Art. 86 dar. Auch Konzessionsverträge, die das ausschließliche Recht zur Verlegung und zum Betrieb von Leitungen einräumten, seien wettbewerbsbeschränkend und fielen unter Art. 85 EGV. Zwar könnten nach Art. 85 Abs. 3 wettbewerbsbeschränkende Vereinbarungen vom Kartellverbot freigestellt werden. Jedoch sei es *„undenkbar, dass sie ein Verhalten freistellt, das als missbräuchliche Ausnutzung einer marktbeherrschenden Stellung zu qualifizieren wäre"*. Die Richtlinien schüfen daher nicht neues Recht, sondern sollten lediglich *„politischen Konsens an die Stelle einer Vielzahl von langwierigen juristischen Auseinandersetzungen vor dem Gerichtshof in Luxemburg treten lassen."*

Das war der Startschuss für das Bundeskartellamt. Aufgegriffen werden sollten Konzessionsverträge an der Bundesgrenze, die die Einfuhr billigerer Energie aus Mitgliedstaaten nach Deutschland behinderten. Der erste Angriff auf den Gebietsschutz sollte an der deutsch-französischen Grenze in Kehl starten. Er wurde aber wegen der bekannten Abneigung der Electricité de France gegen Direktbelieferung deutscher Verbraucher aufgegeben. Aufgegriffen wurde vielmehr ein Konzessionsvertrag des RWE-Konzerns mit der Stadt Kleve aus dem Jahr 1971, mit dem die ausschließliche Belieferung der 50.000 Einwohner und der Industrie Kleves über 55 Jahre festgelegt worden war. Der wirtschaftliche Vorteil für die Kunden in Kleve wäre bemerkenswert gewesen: Industriekunden mussten seinerzeit fast 28 Pf/kWh bezahlen, während der angrenzende niederländische Versorger nur 19,1 Pf/kWh verlangte. Es sollte *„ein Pilotfall"* werden, sagte Markert. Erstmalig habe sein Haus auf Art. 85 des EWG-Vertrags zurückgegriffen. Bundeskartellamts-Präsident Wolf sekundierte, es handele sich um ein *„wichtiges und grundsätzliches Pilotverfahren mit Domino-Effekt"*. Mit der EG-Kommission habe man sich abgesprochen. Allerdings lief der attackierte Konzessionsvertrag wie alle sogenannten *„Altverträge"* nach § 103a Abs. 4, der mit der 4. GWB-Novelle eingeführt worden war, nur bis Ende 1994. Hieran scheiterte schließlich das Bundeskartellamt: RWE meldete nämlich den Konzessionsvertrag – trotz der Ankündigung des EG-Wettbewerbs-Hüters Ehlermann – bei der Kommission an, um nach Art. 85 Abs. 3 EWGV eine Freistellung zu erreichen. Das führte zu einem Wechsel der Zuständigkeit; das Bundeskartellamt musste den Fall nach Brüssel abgeben. Der Vertrag wurde dann 1994 nicht mehr verlängert, weil Kleve eigene Stadtwerke gründete. Der Versuch war gescheitert.

Der nächste Fall, mit dem Markert eine andere Grundsatzfrage der Energieversorgung aufgriff, war der Demarkationsvertrag zwischen den Gasversorgern Ruhrgas und Thyssengas. Diese hatten am 27. September 1927 einen *„Gemeinschaftsarbeitsvertrag"* geschlossen, mit dem sie sich die Versorgung von Köln, Düsseldorf, Duisburg und Oberhausen mit Gas aufgeteilt hatten. Der Vertrag sollte am 19.01.1993 erneuert werden. Die Anmeldung wurde vom Amt untersagt. Rechtsgrundlage war wiederum Art. 85 Abs. 1 EGV in Verbindung mit Vorschriften des deutschen Kartellrechts. Diese Abmahnung betraf mit der Ruhrgas das führende deutsche Gas importierende und vertreibende Handelsunternehmen: Es war mit ca.

---

64. EuGH Frankreich/Kommission, U. v. 19. März 1991 (Endgeräte-Richtlinie, C 202/88, Slg. 1991, I-1223, Rn. 43).

Die Liberalisierung der Energiemärkte

83 % an der gesamten Gasabgabe in der Bundesrepublik Deutschland beteiligt. Thyssengas war mit einem Anteil von 10 % dabei. Insgesamt betraf also diese Gebietsaufteilung deutlich über 90 % des deutschen Gasabsatzes, wäre sie wirksam geworden. Aber das Amt scheiterte beim Berliner Kammergericht: Das Gericht beanstandete die Verfügung mit der an den Haaren herbeigezogenen Begründung, das Amt habe die Bundesländer nicht angehört. Diesen Mangel heilte das Amt mit einer neuen Entscheidung. Diesen Fall legte das Kammergericht nunmehr dem EuGH vor[65]. Aber nunmehr war der Gesetzgeber schneller: Mit dem Gesetzespaket zur Liberalisierung des Energierechts von 1998 wurde § 103, der den Gebietsschutz zuließ, aufgehoben. Man sieht: Auch einer energischen Wettbewerbsbehörde wird von den Konzernen, denen Gerichte häufig sekundieren, der Erfolg schwergemacht. Außerdem lieferten die Auseinandersetzungen zwischen Wirtschaft und Staat die Argumente für die Ebene, auf der die Weichen gestellt wurden, der europäischen Gesetzgebung.

2   Vorspiel II auf der Brüsseler Bühne

Als die Bundesregierung am 16.09.1996 den ersten Entwurf für ein Gesetz zur Neuregelung des Energiewirtschaftsrechts einbrachte, mit dem die Monopolstrukturen in der Energiewirtschaft abgeschafft werden sollten, war in Brüssel schon alles gelaufen. Zwar beschloss die EU über die Liberalisierung für den Elektrizitätsbinnenmarkt erst mit der Richtlinie vom 19.12.1996[66], einige Monate später. Dabei waren Monopole auch für die Energiemärkte eigentlich durch die Art. 85 und 86 des EWG-Vertrags von 1956 von Anfang an verboten. Aber es hatte bis zum 21.01.1992 gedauert, bis die Kommission nach jahrelangen Vorarbeiten einen ersten Vorschlag für eine Elektrizitätsbinnenmarktrichtlinie vorlegte[67]. Er war allerdings gescheitert. Denn die Mitgliedstaaten, ihre Energieunternehmen und der Verbände hatten in Brüssel eine regelrechte Schlacht geschlagen, um der Richtlinie den Biss zu nehmen; mit Erfolg: Der Wirtschafts- und Sozialausschuss hegte ernsthafte Bedenken, das Europäische Parlament meldete eine Vielzahl von Änderungswünschen an und beanstandete vor allem, dass Art. 90 Abs. 2 EGV nicht Rechnung getragen worden war[68]. Dort heißt es, dass Einschränkungen des Wettbewerbs zulässig sind, wenn dieser Unternehmen, die mit gemeinwirtschaftlichen Aufgaben betraut sind, die Erfüllung dieser Aufgaben unmöglich macht. In Brüssel reklamierten deshalb die Konzerne, dass sie in den Mitgliedstaaten in großem Umfang gemeinwirtschaftliche Verpflichtungen erfüllen müssten; zuhause zogen sie allerdings ernsthaft in Zweifel, dass die Energieversorgung überhaupt eine öffentliche Aufgabe sei[69].

Die Einigung kam erst zustande, nachdem die Richtlinie den Mitgliedstaaten eine ungewöhnlich große Anzahl von Optionen zur Verfügung gestellt hatte; allerdings schloss sie einige

---

65. WuW OLG 5694.
66. Amtsblatt der Europäischen Gemeinschaften vom 30.01.1997, Nr. L 27/20.
67. KOM (91) 0548 = RBIEG 1992 Nr. C 65/04 v. 14.03.1992.
68. Baur, Die Elektrizitätsbinnenmarktrichtlinie: Gestaltungsmöglichkeiten von Mitgliedstaaten; Auswirkungen auf die Elektrizitätsunternehmen, Gutachten für die Stadtwerke Düsseldorf, Duisburg, die Gas-, Elektrizitäts- und Wasserwerke Köln AG sowie die Städtischen Werke Krefeld AG, 1997.
69. So aber ständige Rechtsprechung des Bundesverfassungsgerichts; zuletzt B. v. 18.05.2009, 1 BvR 1731/05, ZNER 2009, 232.

Gestaltungen auch von vornherein aus. Die Angriffe aus den Mitgliedstaaten bestritten der EU schon die Zuständigkeit zu einer gemeinschaftsrechtlichen Ordnung der Energiemärkte; dazu zählte gerade auch Deutschland[70]. Im Zentrum der Arbeiten stand der Netzzugang, der sogenannte Third Party Access (TPA): Wettbewerber benötigen freien Zugang zum Kunden, daher war es nötig, die Monopole der Netzbetreiber für die Netznutzung einzuschränken oder vollständig zu beseitigen. Der Blockade eines Anspruchs auf Netzzugang diente in Deutschland vor allem die Berufung der Netzbetreiber auf zwei Grundrechte, nämlich einmal das Grundrecht auf Eigentum in Art. 14 GG und die Freiheit der Berufswahl und insbesondere –ausübung nach Art. 12 GG. Allerdings war zu beachten, dass die für die Beurteilung maßgebliche Rechtsprechung des Europäischen Gerichtshofs nicht etwa auf die Grundrechtsdogmatik der Mitgliedstaaten, insbesondere auch die deutsche, abstellte, sondern auf die gemeinschaftsrechtlich geschützten Grundrechte. Dort hieß es, dass die Grundrechte *„keine allgemeine Geltung beanspruchen (können), sondern ... im Hinblick auf die gesellschaftliche Funktion gesehen werden"* müssen[71]. Daher könnten *„die Ausübung des Eigentumsrechts und die freie Berufsausübung Beschränkungen unterworfen werden, sofern diese Beschränkungen tatsächlich dem Gemeinwohl dienenden Zielen der Gemeinschaft dienen und nicht einen im Hinblick auf den verfolgten Zweck unverhältnismäßigen, nicht tragbaren Angriff darstellen, der die so gewährleisteten Rechte in ihrer Wesentlichkeit antastet."* Daher erschienen die Gestaltungsmöglichkeiten der EU ziemlich weitgehend. Auf der anderen Seite standen freilich die Quasi-Staatsmonopole für die Versorgung mit Strom und Gas in Frankreich, Spanien und Italien, die diese Staaten zu hinhaltendem Widerstand motivierten.

Der erste Entwurf der Elektrizitäts-Richtlinie verzichtete daher von vornherein auf einen Netzzugangsanspruch, dessen Durchsetzung vom Staat überwacht, also reguliert wurde. Statt dessen gab es zwei Modelle zur freien Wahl der Mitgliedstaaten:

- Zum einen den verhandelten Netzzugang, nach dem sich die Vertragspartner auf die Modalitäten des Netzzugangs und insbesondere die Kostenerstattung für die Netznutzung verständigen müssten;
- zum anderen den Netzzugang auf Alleinabnehmerbasis, nach dem der Kunde seine Energie zwar frei einkaufen konnte, diese aber dem Netzbetreiber als *„Alleinabnehmer"* überlassen musste, damit dieser sie zum Kunden transportierte.

Beide Modelle gaben dem Netzbetreiber eine starke Position, die absehbar vor allem eins bewirkte: Viel Phantasie bei der Erfindung von echten oder vermeintlichen Hindernissen für den Netzzugang. Beim Alleinabnehmersystem kam zusätzlich hinzu, dass der Netzbetreiber den Kunden als weiterer Vertragspartner für die Lieferung erhalten blieb, was die Bereitschaft zum autonomen Teilnehmen am Markt nicht gerade stärkte.

Außerdem erfand der Richtliniengeber eine weitere Beschränkung des Netzzugangs, die Rechtsfigur des *„zugelassenen Kunden"*. Am Markt einkaufen konnten danach nur Kunden mit einem Bedarf ab 100 Mio. Kilowattstunden (Gigawattstunde (GWh)); außerdem sollten

---

70. Scholz/Langer, Europäischer Binnenmarkt und Energiepolitik, 208 ff.; Steindorff, Grenzen der EG-Kompetenz, 79 ff., 98 ff., 105; Steinberg/Britz, DöV 1993, 313; Wieland/Hellermann, Der Schutz des Selbstverwaltungsrechts für Kommunen gegenüber Einschränkungen bei wirtschaftlichen Betätigungen nach nationalem und europäischem Recht, 1996, 155; dies., DVBl 1996, 401 f.
71. Soweit EuGH Sg 1974, 491, Rn 14, Nold; zuletzt EuGH 1994, I-15, Rn. 22, Intersekt.

Verteilerunternehmen – und damit alle von ihnen versorgten Kunden wie kleinere Gewerbeunternehmen und Haushaltskunden – von vornherein vom Wettbewerb ausgeschlossen bleiben.

3   Die Umsetzung in Deutschland

Der Gesetzentwurf, den der liberale Wirtschaftsminister Rexrodt am 16.09.1996 einbrachte[72], ging einerseits weiter als die Brüsseler Vorlage: Der Entwurf führte nämlich, rein rechtlich gesehen, eine vollständige Marktöffnung herbei, indem er die §§ 103 und 103a des Gesetzes gegen Wettbewerbsbeschränkungen (GWB) strich, wo die Regelungen zum Schutz der Energiewirtschaft vor Wettbewerb vorgesehen waren: Zum einen die sogenannte Demarkation, ein Recht, das einem Versorger die ausschließliche Zuständigkeit für die Versorgung in einem *„markierten"* Gebiet gab; zum anderen das Recht für Kommunen, das *ausschließliche* Recht für die Verlegung und den Betrieb von Leitungen in ihren kommunalen Straßen und Wegen nur einem einzigen Versorger zu verleihen, die sogenannte Konzession. Allerdings verzichtete er auf einen Netzzugangsanspruch. Statt dessen wurde die Verpflichtung für Kommunen vorgesehen, ihre Wege für den Leitungsbau zur Versorgung von Letztverbrauchern diskriminierungsfrei zu öffnen. Das zielte auf das Instrument des Direktleitungsbaus ab: Ein (großer) Kunde hätte demnach einen Anspruch gegen die Kommune gehabt, ihre Wege für den Bau einer eigenen Direktleitung vom Umspannwerk des Regionalversorgers vor den Toren der Stadt zum Industrienetz zu öffnen. Dieses Instrument sollte die womöglich mildere Alternative, nämlich die Öffnung des Netzes des Regionalversorgers oder des Stadtwerks herbeiführen. Absehbar war allerdings, dass die Drohung, eine Direktleitung zu bauen, zwei bürokratische Hürden enthielt. Zum einen musste die Drohung, eine Direktleitung zu bauen, tatsächlich durch die Vorzeigbarkeit einer – teuren – Entwurfsplanung plausibel gemacht werden. Zum anderen war mit der Kommune über die Möglichkeiten und Kosten der Nutzung kommunaler Straßen und Wege für die Direktleitung zu sprechen, die sich vielfältige Einwendungen zum Schutz ihres konzessionierten Versorgers ausdenken konnte: Beides aufwändig!

Die Beteiligung des Bundesrats war vorgesehen. Dieser hielt das Reformkonzept allerdings für *„wettbewerbspolitisch unzulänglich"*[73], was völlig richtig gesehen war. Er bemängelte das Fehlen von Regelungen über

- die Organisation des Netzzugangs,
- die getrennte Rechnungslegung für Erzeugungs-, Übertragungs- und Verteileraktivitäten,
- die Verhinderung des Missbrauchs marktbeherrschender Stellungen zum Nachteil insbesondere der Verbraucher und zur Verhinderung von Verdrängungspraktiken;

jeweils unter Verweis auf einschlägige Regeln der Stromrichtlinie.

Schützenhilfe erhielt der Bundesrat von keinem geringeren als dem Präsidenten des Bundesverfassungsgerichts, Prof. Papier, der in einem Aufsatz[74] darauf aufmerksam machte, dass der Staat den Wettbewerb auf den Energiemärkten über viele Jahre hinweg beschränkt hatte, indem er Versorgungsmonopole zuließ: Der schon erwähnte § 103 GWB mit dem Recht der

---

72. III B1-105108.
73. Antrag der Länder zu BR-Drs. 806/96.
74. Betriebsberater (BB) 1997, 1214

Kommunen zum Abschluss von Konzessionsverträgen mit Energieversorgern über 20 Jahre, ferner die Demarkationsverträge, mit denen sich Energieversorger wechselseitig versprachen, nicht in das Versorgungsgebiet des anderen einzudringen. Diese Demarkationsabsprache wurde freilich auch auf ein weiteres Instrument ausgedehnt, das im Gesetz gar nicht vorgesehen war: die sogenannte *vertikale* Demarkation (im Unterschied zur *horizontalen* mit den Konzessionsverträgen). Danach erhielt der vorgelagerte Energielieferant etwa für ein Stadtwerk das Recht zur *ausschließlichen* Belieferung für 20 Jahre. Eine Konkurrenz zwischen den Strom erzeugenden Konzernen und Gas importierenden Ferngasgesellschaften war damit von vornherein ausgeschlossen. Ein Lieferantenwechsel war also nur alle 20 Jahre möglich. Aber auch der wurde von den Strom- und Gaskonzernen mit allerlei Wohltaten für die Geschäftsführer verhindert. Auf derartige Strukturen machte Papier aufmerksam und entwickelte daraus ein Gebot verfassungskonformer *„Grundrechtskonkretisierung".* Unternehmen und Kunden, die den Netzzugang reklamierten, könnten sich auf eine grundrechtlich garantierte Wettbewerbsfreiheit berufen, sei es, dass man sie auf die Berufsfreiheit aus Art. 12 Abs. 1 oder auf die allgemeine Handlungsfreiheit aus Art. 2 Abs. 1 GG stützte: Interessant, weil damit die Grundrechte, die in der Auseinandersetzung mit Brüssel für eine Einschränkung des Netzzugangs eingesetzt worden waren, nunmehr für eine Netzöffnung dienstbar gemacht wurden. Das lief auf einen Anspruch gegen den Gesetzgeber auf Regelung eines Netzzugangsanspruchs hinaus.

Ein Netzzugangstatbestand wurde mit § 6 EnWG tatsächlich eingeführt, was nicht zuletzt energischem Drängen von Prof. Markert zu danken war[75]. Auch wurde in § 6 Abs. 1 Satz 2 EnWG eine Verordnungsermächtigung für Regeln über die erforderlichen Verträge und die Bemessung von Netznutzungsentgelten geschaffen. Die Überschrift über dem Paragraphen lautete aber *„Verhandelter Netzzugang",* was doch wohl verfehlt war. Allerdings liefen bereits seit Mitte 1997 Verhandlungen über eine Verbändevereinbarung zwischen der Vereinigung Deutscher Elektrizitätswerke (VDEW), dem Bundesverband der Deutschen Industrie (BDI) und dem Verband Industrielle Kraftwirtschaft (VIK); einen *„Durchleitungstatbestand"* lehnte die VDEW ab[76]. Eine Verbändevereinbarung hielt die SPD-Bundestagsfraktion aber für unakzeptabel: Ihr energiepolitischer Sprecher befürchtete, *„dass eine unverbindliche Vereinbarung zwischen an der Stromwirtschaft beteiligten Verbänden nicht ausreicht, um fairen Wettbewerb einzuführen"*[77]. Die in der Regelung angekündigte Rechtsverordnung müsse daher kommen.

Der Gesetzentwurf enthielt auch eine Vorschrift zur Rechnungslegung (§ 9 Abs. 2 Satz 1), mit der eine europarechtliche Vorgabe umgesetzt werden sollte. Schon dort fehlte aber der wichtigste Punkt, die Entflechtung zwischen Netz und Vertrieb, was wohl kaum aus Versehen passiert war. Deswegen enthielt sich die Branche einer entsprechenden Entflechtung. Ferner fehlten Regelungen über die langfristigen Energiebezugsverträge der Stadtwerke. Das Ministerium verwies[78] lapidar auf die *„allgemeinen zivil- und kartellrechtlichen Regelungen und Grundsätze."* Cronenberg, Federführer im BMWI, äußerte gleichwohl die Erwartung, dass

---

75. Markert, Durchleitung von Strom und Gas: Allgemeines Kartellrecht oder Sonderregelung?, BB 1997, 421.
76. Vgl. Beschlussempfehlung und Bericht des Wirtschaftsausschusses, BT-Drs. 13/9211 v. 25.11.1997.
77. Stellungnahme von Volker Jung, MdB, v. 11.11.1997, Ziff. 2.
78. Gegenäußerung der Bundesregierung zur Stellungnahme des Bundesrates, BR-Drs. 806/96 (Beschluss), v. 12. März 1997 aus dem Bundesministerium für Wirtschaft.

Die Liberalisierung der Energiemärkte

Stadtwerke ihre Vorlieferanten wechseln könnten. Nachdem der Bundestag den Einspruch des Bundesrates zurückgewiesen hatte, trat das Gesetz am 29.04.1998 in Kraft.

4   Der Wettbewerb bei Strom springt an: die langfristigen Lieferverträge kippen

Entgegen allen Erwartungen sprang der Wettbewerb auf dem Strommarkt rasch an. Das lag allerdings nicht am Bundeskartellamt. Die „*kartellrechtlichen Regeln*", mit denen es das Geflecht der langfristigen Energielieferverträge, das sich über ganz Deutschland zog, hätte aufreißen können, blieben ungenutzt. Das Anspringen des Wettbewerbs hatte vielmehr zwei Auslöser, die eigentlich gar nicht im Interesse der Konzerne lagen:

Einer war der „*Fall Waldshut-Tiengen*". Die kleine Kommune an der Schweizer Grenze, traditionell beliefert vom Badenwerk in Karlsruhe, wollte auf Initiative ihres wagemutigen Stadtwerkschefs Karl-Heinz Schilling vom Schweizer Unternehmen atel beliefert werden, das auf der Basis schweizerischen Stroms aus Wasserkraft weit günstigere Bezugspreise anbot. So schnell sich die Anwälte mit dem Verhandlungsführer von atel, einem schweizerischen „*Fürsprech*", vergleichbar unserem Syndikus-Anwalt, einigten, so schwierig gestalteten sich die Gespräche mit dem Badenwerk. Dieses wollte schon von vornherein sein Netz nicht für die zu importierenden Strommengen öffnen, solange der langfristige Liefervertrag zwischen den Stadtwerken und dem Badenwerk nicht gelöst war. Ein einstweiliges Verfügungsverfahren auf Netzöffnung hatte zunächst beim Landgericht Mannheim keinen Erfolg. Eine Anfrage beim Gericht zum Procedere bei einer Beschwerde brachte eine unerwartete Wendung: Das Gericht stellte im Hauptsacheverfahren zur Wirksamkeit des Vertrages – das Badenwerk hatte in Verkennung der Reichweite einer kartellrechtlichen Vorschrift, ganz ohne Not, eine entsprechende Feststellungsklage anhängig gemacht – eine rasche Terminierung in Aussicht. Mit seinem Urteil vom 16.04.1999[79] erklärte das Gericht nicht nur die in dem Vertrag vereinbarte Bezugsbindung an das Badenwerk für rechtswidrig, vielmehr sei auch der ganze Vertrag nichtig, weil die Bezugsbindung ein tragendes Merkmal des Vertrages war. Das Urteil war eine Sensation! Die Badenwerker schlichen mit hängenden Ohren aus dem Gerichtssaal. Waldshut-Tiengen triumphierte – und senkte mit dem Wirksamwerden des Liefervertrages tatsächlich die Preise, wie das Oberbürgermeister Albers in der Gemeinderatssitzung angekündigt hatte. So brachte der Wettbewerb greifbare Ergebnisse.

Die Loslösung aus den langfristigen Verträgen hätte den Stadtwerken allerdings nichts gebracht, wenn es keine Lieferanten gegeben hätte, die bereit waren, mit besseren Preisen Wettbewerb zu machen. Da passierte etwas völlig Unerwartetes: Zum RWE-Konzern gehört die Tochter Heidelberger Druckmaschinen mit Sitz in Heidelberg, mithin im Netzgebiet der EnBW. RWE verlangte von der EnBW, ihre Tochter unter Inanspruchnahme des EnBW-Netzes selbst zu versorgen. Die Bedeutung dieses Verlangens ging weit über den Wunsch nach Befriedigung des Energiebedarfs im eigenen Konzern hinaus. Denn RWE erklärte damit, dass der Konzern nicht länger gewillt war, das System der geschlossenen Versorgungsgebiete zu achten, das – bezogen auf die Konzernebene – ja zugleich die stillschweigende Abmachung enthielt, dass sich die „*großen Schwestern*" keinen Wettbewerb machen würden. Der Vorstoß

---

79. ZNER 1999, 34.

85

von RWE war daher sehr, sehr weitreichend – aber EnBW musste sich ihm wegen der Änderung des rechtlichen Rahmens fügen.

Das geschah freilich nicht ohne Revanche. EnBW machte vielmehr jedem Stadtwerk im bisherigen Versorgungsgebiet von RWE Lieferofferten, das um solche ersuchte. EnBW stellte dafür eigens eine Armada von Stromhändlern ein, die teilweise nicht viel vom Geschäft verstanden, sondern nur vom Auftrag getrieben waren, der EnBW Kunden zu verschaffen, koste es, was es wolle. Das war übrigens keineswegs Frucht einer kurzfristigen Taktik. Vielmehr verfolgte EnBW damit eine grundlegend neue Strategie, nämlich die, das eigene Versorgungsgebiet massiv auszuweiten. Diese Strategie wurde nicht allein in Stuttgart ausgeheckt. Vielmehr stand dahinter ein deutsch-französisches Joint Venture: Das Land Baden-Württemberg hatte nämlich seine 45 %ige Beteiligung an den vormaligen Konzernen EVS und Badenwerk, die nach Fusion an der EnBW bestand, an die Electricité de France (EdF) verkauft. Die EdF, die in Frankreich keinerlei Neigung erkennen ließ, sich dem Wettbewerb zu öffnen, unterstützte als Beteiligungspartner der EnBW die entgegengesetzte Vorgehensweise. EnBW gründete Yello, eine Handelstochter mit Sitz in Köln, deren Aufgabe vor allem die Gewinnung von Haushalts- und kleineren Gewerbekunden war. Dafür wurde eine – nach Ansicht von Branchenexperten unsinnig teure – Werbestrategie aufgelegt. Mit der Formel 19/19 – 19 DM als monatlicher Grundpreis, 19 Pf. als Preis für die Kilowattstunde – wurden attraktive Angebote in den Raum gestellt und in Werbespots vor der Tagesschau aggressiv beworben. Freilich war der Anfang nicht so einfach. Zwar musste der wechselwillige Kunde lediglich eine Postkarte losschicken, mit der er nicht nur erklärte, Strom von Yello beziehen zu wollen, sondern auch die bisherigen Lieferdaten übermittelte und vor allem eine Vollmacht erteilte, den bisherigen Liefervertrag zu kündigen. Aber schon das war ein unübersichtlicher Vorgang, weil die Kunden erst lernen mussten, dass sie mit dem Wechsel des Versorgers keineswegs einen Zusammenbruch der bisherigen Netzverbindung befürchten mussten – und die Angst unbegründet war, dass bei einer Störung im Netz der bisherige Netzbetreiber (und Lieferant) nicht zur Stelle wäre.

So konnten nicht nur die Stadtwerke Solingen Strom für 3,6 Pf. für die Kilowattstunde beziehen, und zwar in einem längerfristigen Liefervertrag mit Verlängerungsoption. Auch zahlreiche andere Stadtwerke versorgten sich günstig mit EnBW-Strom. EnBW schickte sich auch an, in die Industriekundenklientel einzudringen. Etwa die Hälfte der deutschen Stromproduktion wird ja von Industriekunden und Stadtwerken aufgenommen. Die EnBW-Angebote waren häufig etwas günstiger als die der Konkurrenz. So gelang es EnBW Stück für Stück, das Liefervolumen auszuweiten. Für dieses Liefervolumen griff EnBW auf die Ressourcen der EdF zurück, daran erkennbar, dass EnBW der größte Stromimporteur war, und überdies Strom an der Leipziger Strombörse zukaufte. Die Yello-Preise sind allerdings inzwischen Geschichte.

RWE beobachtete dieses Treiben allerdings keineswegs widerstandslos. Vielmehr wurde der Fehdehandschuh aufgegriffen – und davon profitierte vor allem die Südweststrom GmbH, eine Tochter der Tübinger Stadtwerke, die unter ihrem tatkräftigen Chef Friedrich Weng bald zahlreiche baden-württembergische Stadtwerke zu ihren Gesellschaftern zählen konnte. EnBW hatte nämlich – vor dem Hintergrund der einmal eingeschlagenen Strategie durchaus folgerichtig – die zunächst eingelegte Berufung gegen das Urteil des Mannheimer Landgerichts in der Sache Waldshut-Tiengen zurückgenommen. Das war ein Signal an alle wechselwilligen Stadtwerke; sie liefen nicht das Risiko, auf Abnahme des langfristig kontrahierten Stroms verklagt zu werden, sondern genossen die neuartige Wahlfreiheit. Binnen kurzer Zeit wechselte etwa ein Drittel der baden-württembergischen Stadtwerke den Lieferanten.

Lieferant war freilich nicht allein RWE mit seinem günstigen Braunkohle- und Atomstrom. Braunkohlestrom konnte vielmehr günstig auch von der VEAG bezogen werden, an der RWE beteiligt war, Vorgängerin der heutigen Vattenfall. Es gab aber auch zahlreiche andere neue Player am Markt, etwa ENRON, eine Tochter des amerikanischen ENRON-Konzerns, die über keinerlei Eigenerzeugung verfügte, sondern Strom europaweit aufkaufte. Über die Bezugs-möglichkeiten und Lieferpreise orientierte das alltäglich erscheinende ENRON-Stromfax, in dem für die jeweiligen Standorte Lieferpreise ausgewiesen waren. Andere Lieferanten, die sich vor allem an Haushaltskunden wandten, waren Zeus, Riva, Best Energy – und die kleine Berliner Ampere AG, die später mit einer kühnen Aktion von sich reden machen sollte.

Die PreußenElektra und das Bayernwerk beteiligten sich an diesen Umbrüchen allerdings nicht in gleicher Weise. Das Bayernwerk verfügte über in langen Jahren gewachsene Liefer-beziehungen zu Stadtwerken, die – eine bayerische Besonderheit – kommunale Eigenbetriebe waren, also eher wie ein Amt der Stadtverwaltung organisiert, ohne privatrechtliche Gesell-schaftsstruktur. Selbst die Münchener Stadtwerke, mit einem Absatz von etwa drei Mrd. kWh nach der Berliner Bewag – die man allerdings nicht als Stadtwerk bezeichnen kann – das größte deutsche Stadtwerk, war bis 2004 ein Eigenbetrieb. In der bayerischen Stadtwerksor-ganisation KEA wurden daher Wechselavancen zurückhaltend gesehen.

Anders war das bei den PreußenElektra-Töchtern Energie-Aktiengesellschaft Mitteldeutsch-land (EAM) mit Sitz in Kassel, an der bis 2005 Landkreise mit 54 % die Mehrheit hielten, und bei der HASTRA in Hannover, die mit ca. 64 % zum PreußenElektra-Konzern gehörte. Die EAM-Strombezieher, eine Arbeitsgemeinschaft von gut 20 Stadtwerken in Nordhessen und Süd-Niedersachsen, luden zu einer Strom-Konferenz ein, auf der vier Lieferanten ihre Lieferbereitschaft und Preise bekannt geben sollten. Dazu zählte vor allem VASA, eine Strom-handelsgesellschaft, in der schwedisches Kapital steckte, sowie die EAM, die wohlweislich als Letzte auf die Tagesordnung gesetzt worden war. So hatten die Stadtwerke schon die Lockangebote der Konkurrenten gehört, auf die die Vorstellungen der EAM folgten. Dar-geboten wurden diese freilich nicht von einem EAM-Mitarbeiter, sondern von einem (der wenigen) PreußenElektra-Strategen, der die Festlegungen des Konzerns bekannt gab. Diese waren allerdings nicht rundweg abzulehnen; vielmehr näherte sich die Preisstellung deutlich den Preisen der Konkurrenten (mit Aussicht auf Verbesserung). Dahinter war die Strategie zu erkennen, dass PreußenElektra die Zeichen der Zeit begriffen hatte: Die Stadtwerke sollten nicht mit der Drohung bei der Stange gehalten werden, in jedem Einzelfall um die Loslösung aus dem Vertrag kämpfen zu müssen. Vielmehr wollte man die Stadtwerke mit guten Kondi-tionen bei der Stange halten – und so die Lieferbeziehungen retten. Diese Strategie hat denn auch über Jahre hinweg funktioniert; wobei sich die Kundenpflege auszahlte, die EAM mit Kundenveranstaltungen betrieben hatte, endend in opulenten Essen.

Der Preiskampf war allerdings für ein Unternehmen wie EnBW nicht lange durchzuhalten. EnBW ist der kleinste der – verbliebenen – vier Konzerne und verfügt nur etwa über 10 % der deutschen Kraftwerkskapazitäten, zu denen freilich mit Philipsburg, Neckarwestheim und – bis 2005 – Obrigheim drei Kernkraftwerke mit ihrem Strom zählten, der Herstellungskosten von 3 bis 3,5 Pf./kWh aufweist. Dabei handelte es sich um Grundlaststrom; Kohlekraftwerke für die Mittellast und Gaskraftwerke für die Spitzen sind im EnBW-Konzern nicht viele vorhanden. Das Niveau der Einkaufspreise bei EdF und an der Börse lag sicherlich über den eigenen Produktionskosten. Dazu kamen einige teure Akquisitionen: So kaufte sich EnBW mit letztlich 54,95 % bei den Stadtwerken Düsseldorf ein. Dazu erwarb Konzernchef Goll die notleidende Schuhfabrik Salamander, wofür freilich wohl nicht energiestrategische Überlegungen ausschlaggebend waren, sondern die Freundschaft von Goll zu Salamander-Chef Dazert. So sackte das Eigenkapital des Konzerns immer mehr zusammen und landete schließlich bei ca. 6 % – was Konzernchef Goll den Job kostete. Aber auch sein Nachfolger Utz Classen hielt an der Expansionsstrategie fest und kaufte Beteiligungen an den Stadtwerken Monheim und Hilden. Salamander freilich wurde verkauft.

Irgendwann einmal müssen sich die Vorstände und RWE und EnBW getroffen haben, um den aggressiven Wettbewerb zu beenden. Die Verständigung könnte so gelautet haben, dass für die Preisbildung der Konzerne im Grundsatz die Preisstellungen der Leipziger Strombörse EEX maßgeblich seien. Der neue Konzernchef Roels erklärte, *„das Preisdumping war ein Fehler“*.[80] Seit dieser Zeit stiegen die Preise kontinuierlich bis zur Wirtschafts- und Finanzkrise 2008 an, angetrieben von den Preisfindungen an der Börse – an der wohl nicht alles mit rechten Dingen zugegangen ist.

5   Und die langfristigen Gaslieferverträge?

Die Gaswirtschaft beobachtete das Treiben auf dem Strommarkt fassungslos bis entsetzt. Wie konnte man das schöne Oligopol, die über Jahrzehnte aufgebauten Demarkationen, die gewachsenen Lieferbeziehungen binnen weniger Wochen aufkündigen und sich in einen ruinösen Preiswettbewerb stürzen? In Essen, im Haus der Ruhrgas, aber auch bei allen anderen Ferngasgesellschaften, war klar: Das machen wir nicht mit. Wir verteidigen die langfristigen Verträge. Das war auch die erklärte Strategie des Bundesverbandes Gas- und Wasserwirtschaft (BGW). Aber es gab eine Ausnahme: Das war die WINGAS in Kassel, ein Gemeinschaftsunternehmen der BASF-Tochter Wintershall und der Gazprom Germania mit einer Mehrheit von einem Anteil für Wintershall. Gegründet 1993 dehnte sich die WINGAS schnell aus und ist heute aktiv in Deutschland, Belgien, Frankreich, Großbritannien, Österreich, der Tschechischen Republik und Dänemark. Entstanden war sie, weil sich die BASF über die hohen Gaspreise der Ruhrgas und der Gasversorgung Süddeutschland (GVS) ärgerte. Der Konzern beschloss, selbst in den Gashandel einzusteigen. Dafür war allerdings – lange vor der Liberalisierung – ein eigenes Pipeline-Netz nötig. Denn die Ruhrgas war entschlossen, den Zugang zu ihrem Netz nur mit ihr verbundenen Unternehmen zu gestatten. Die BASF nahm in der Tat mehrere Milliarden DM in die Hand und baute nach dem Abschluss entsprechender Lieferverträge mit der Gazprom zwei Pipelines, die Sachsen-Thüringen-Erschließungsleitung (STEGAL) und die MIDAL für die Erschließung von Mitteldeutschland. Später kam der größte unterirdische Erdgasspeicher Westeuropas im niedersächsischen Rehden dazu. Derzeit baut die WINGAS zusammen mit E.ON die Ostsee-Pipeline Nord Stream; Vorsitzender des Aktionärsgremiums dieser Gesellschaft ist Gerhard Schröder, ferner die Norddeutsche Erdgasleitung (NEL) und die Ostsee-Pipeline-Anbindungs-Leitung (OPAL). Das waren unternehmerische Entscheidungen

---

80. Zeitung für kommunale Wirtschaft 9/2004, 5.

erster Güte – aber sie trafen auf ein geschlossenes Netz von langfristigen Gaslieferverträgen der etablierten Konkurrenz, insbesondere Ruhrgas, Thyssengas, GVS etc. Diese Unternehmen wollten ihre Verträge nicht nur mit rechtlichen Mitteln verteidigen. Stadtwerke, die auch nur im Ansatz Überlegungen erkennen ließen, den Versorger zu wechseln, erhielten Rabatte und Bargeldzahlungen, getarnt als „Marketing-Zuschüsse". Für die WINGAS war der Markteintritt also gar nicht einfach.

Da trat ein anderer wagemutiger Stadtwerks-Chef auf den Plan, Dieter Attig, Vorstandsvorsitzender der Stadtwerke Aachen AG (STAWAG). Auch die STAWAG verfügte über einen langfristigen Gasliefervertrag, und zwar bei der RWE-Tochter Thyssengas. Die Thyssengas war nicht bereit, Gasmengen freizugeben und folgte damit der Verschwörung der Gaswirtschaft. Die STAWAG ließ sich aber, rechtlich beraten, auf das Risiko ein und bestellte Gas in erheblichen Mengen bei der WINGAS – wohl wissend, dass die Klage der Thyssengas unmittelbar folgen würde.

Und in der Tat: Auch die vorsichtige Strategie der STAWAG, zunächst von der WINGAS nur ein Drittel des Bedarfs zu beziehen und mit dem Rest bei der Thyssengas zu bleiben, wurde von dieser nicht akzeptiert. Sie klagte auf Einhaltung des Vertrages. Der Vertrag war konstruiert wie viele andere auf dem Gasmarkt auch: Ursprünglich enthielt dieser Vertrag aus dem Jahr 1984 eine Verpflichtung, den gesamten im Versorgungsgebiet anfallenden Gasbedarf nur von der Thyssengas zu beziehen, eine sogenannte *„rechtliche Gesamtbedarfsdeckungsverpflichtung"*. Anstelle dieser Klausel wurde nach einer Intervention des Kartellamtes im Jahre 1997 vereinbart, eine feste Vertragsmenge zu beziehen, die – welcher Zufall – genau der bisher insgesamt von der STAWAG bezogenen Menge entsprach, eine sogenannte *„wirtschaftliche Gesamtbedarfsdeckungsverpflichtung"*. Nur: Auch mit dieser Klausel wurde der wirtschaftliche Erfolg der vorherigen garantiert, nämlich keinen Wettbewerber ins Geschäft zu lassen. Nachdem nun der Vertrag der STAWAG mit der WINGAS abgeschlossen war, begehrte die Thyssengas beim Landgericht Köln die Feststellung, dass der Gasbezugsvertrag insgesamt wirksam sei. Aber: Die STAWAG obsiegte[81]. Und auch in der nächsten Instanz, beim Oberlandesgericht Düsseldorf, unterlag die Thyssengas im November 2001[82]. Das Gericht beschäftigte sich in seiner sehr gründlichen Entscheidung zunächst mit den gesamten Einzelheiten des Vertrages und des Marktes, auf dem er abgeschlossen war. Dann folgte eine Analyse der langfristigen Bezugsbindung, der der Kartellsenat des OLG attestierte, sie verstoße nicht nur gegen das deutsche Kartellrecht[83], sondern auch gegen das entsprechende europäische Recht, nämlich die Art. 81 Abs. 1 und 2 EG. Das Verfahren hatte übrigens der inzwischen in Pension gegangene Vorsitzende der 8. Beschlussabteilung beim Bundeskartellamt, Markert, kritisch begleitet. In seiner Anmerkung zum Urteil des OLG Düsseldorf[84] stellte er die Situation auf dem Gasmarkt und die dazu bereits vorliegenden Entscheidungen dar. Danach konnte es kaum zweifelhaft sein, dass das OLG rechtlich auf der absolut sicheren Seite war.

Diese Entscheidung war auch deswegen bedeutsam, weil das OLG Düsseldorf dasjenige Gericht ist, bei dem Beschwerden gegen Entscheidungen des Bundeskartellamts landen. Das

---

81. Mit Urteil v. 07.06.2000, ZNER 2000, 132.
82. U. v. 07.11.2001, ZNER 2001, 255.
83. § 19 Abs. 2 GWB.
84. ZNER 2001, 260.

Bundeskartellamt hätte also, wäre es gegen langfristige Gaslieferverträge vorgegangen, sicher sein können, dass es beim OLG Düsseldorf gewinnt. Außerdem war bekannt geworden, dass auch das OLG Stuttgart der – späteren – Rechtsauffassung des OLG Düsseldorf zuneigte. Schon in einem Berufungsverfahren in einem Stromfall hatte das OLG Stuttgart nämlich zu erkennen gegeben, dass es die in einem Altvertrag vereinbarte Gesamtbedarfsdeckungsverpflichtung eines Weiterverteilers als Verstoß gegen § 1 GWB betrachtete[85]. Auch in einem Gas-Fall, angepackt von dem tatkräftigen Geschäftsführer der Stadtwerke Schwäbisch Hall, Johannes van Bergen, beurteilte das OLG Stuttgart die Rechtsfrage im kommunalen Sinne[86]. Im Revisionsverfahren vor dem BGH ließ dieser deutlich erkennen, dass auch er die Position der Stadtwerke und die Argumente ihrer Anwälte für richtig hielt. Außerdem argumentierte auch das Bundeskartellamt vor dem BGH im Sinne der Stadtwerke. Aber es kam zu keinem Urteil: Auf Betreiben der Ruhrgas, die wieder einmal das Füllhorn ausgeschüttet haben soll, wurde die Revision der Stadtwerke zurückgenommen. Eine Leitentscheidung des Bundesgerichtshofs war damit verhindert.

Obwohl das Bundeskartellamt für eine nunmehr bundesweite Beanstandung der langfristigen Verträge sicheren Boden unter den Füßen gehabt hätte, rührte es sich nicht. Stadtwerke, die den Versorger wechseln und am Wettbewerb teilnehmen wollten, waren also nach wie vor auf eigenes Risiko unterwegs. Aktiv wurde das Amt erst mit einem Auskunftsersuchen vom 01.12.2003, mit dem es die Vertragsverhältnisse der in Deutschland tätigen 15 überregionalen und regionalen Ferngasunternehmen auf den Weiterverteilermärkten untersuchte. Und dann dauerte es weitere zwei Jahre, bis am 13.01.2006[87] eine Verfügung gegen die Ruhrgas erging, mit der das Amt feststellte, dass verschiedene Gaslieferverträge der Ruhrgas hinsichtlich langjähriger Bezugsverpflichtungen und tatsächlicher Bedarfsdeckungen in ihrer Kombination gegen Art. 81, 82 EG und § 1 GWB verstießen. Die Ruhrgas wurde verpflichtet, die Durchführung solcher Verträge bis spätestens zum 30. September 2006 abzustellen – eine äußerst großzügige Übergangsfrist. Ferner wurde festgelegt, dass die Ruhrgas bei Verträgen mit einer Liefermenge von mehr als 200 GWh pro Jahr die Laufzeit nicht länger als vier Jahre festlegen dürfe, wenn der Bedarf des Abnehmers zwischen 50 bis 80 % liege, und nicht mehr als zwei Jahre, wenn der Bedarf 80 % überschreite. Klar: Die Ruhrgas klagte gegen diese Verfügung vor dem OLG Düsseldorf. Und sie verlor[88]; und genauso beim BGH[89]. Damit waren die Verhältnisse geklärt – und die Ruhrgas konnte nicht mehr, wie bisher, die anderen Wettbewerber an die Wand drücken.

Aber was passierte: Das Bundeskartellamt erklärte knapp zwei Jahre später, auf eine Befragung von über Hundert Marktteilnehmern verweisend – darunter große Gasgesellschaften, ausgewählte Wettbewerber und Kommunal- und Regionalversorger –, die Ruhrgas dürfe

---

85. Vgl. Markert, Fußnote 1 in seiner Anmerkung.
86. Auch wenn das Urteil wegen eines prozessualen Mankos gegen die Stadtwerke Schwäbisch Hall ausfiel, was die Stadtwerke zwang, Revision beim BGH einzulegen.
87. ZNER 2006, 74.
88. OLG Düsseldorf, B. v. 20.06.2006, VI-2 Kart 1/06 (V), ZNER 2006, 244.
89. BGH, B. v. 10.02.2009, KVR 67/07, unzulässige Stapelung von Gaslieferverträgen der E.ON-Ruhrgas, ZNER 2009, 234.

nun wieder Stadtwerke und Regionalversorger beliebig lange und intensiv an sich binden[90]. Handlungsbedarf hatte bestanden, weil die Bindungswirkung der Verfügung, die bis zum 30. September 2010 befristet war, nicht verlängert werden sollte. Zugleich aber prangerte der neue Kartellamts-Präsident Mundt, nach der Regierungsübernahme von Schwarz-Gelb ins Amt gekommen, die „extreme Sozialschädlichkeit von Kartellen" an[91]. Der Beobachter wundert sich, die Wettbewerber der Ruhrgas ärgern sich, aber beim Amt herrscht offenbar die Erwartung, dass Ruhrgas in den vergangenen zwei Jahren den Wettbewerb geübt habe und auf den Geschmack gekommen sei ...

6   Netznutzung: Viel Bürokratie und wenig Wettbewerb

Eigentlich hatte der Wettbewerb beim Strom so schön angefangen: Nicht nur Yello, VASA, ENRON, Zeus, Riva, Best Energy traten an. Vielmehr gründeten auch E.ON mit der Marke Eprimo und RWE mit der Marke Avanza Töchter zur Belieferung vor allem von Haushalts- und kleinen Gewerbekunden. Aber die Mehrzahl der Newcomer verschwand sehr schnell wieder vom Markt. Die Gründe waren mit Händen zu greifen:
–   Der Netzzugang musste in vielen Fällen erst vor Gericht erstritten werden[92];
–   wegen der fehlenden Rechtsverordnung über die Gestaltung der Netznutzungsverträge gemäß § 6 Abs. 2 EnWG konnte jeder Netzbetreiber die einschlägigen Verträge autonom gestalten, was die Händler wiederum zwang, in monatelangen Verhandlungen Verträge für oft nur wenige Kunden auszuhandeln;
–   oft wurden auf Basis des sogenannten „Doppelvertragsmodells" Verträge des Netzbetreibers sowohl mit den neuen Lieferanten als auch mit den Endkunden verlangt;
–   verlangt wurden auch Wechselentgelte, also Entgelte für das Handling des Versorger-wechsels;
–   Kritikwürdig waren aber vor allem die Netznutzungsentgelte, die Spreizungen von bis zu 300 % aufwiesen und insgesamt überhöht waren, obwohl sie angeblich alle auf dem Kalkulationsleitfaden zur Verbändevereinbarung VV II und VV II plus basierten.
Die FAZ vom 27.04.2001 titelte in einem Bericht über die Newcomer: „Wir werden von den Versorgern schikaniert". Yello-Geschäftsführer Zerr[93] behauptete: „Die Regierung schützt die Monopole". Selbst EnBW-Chef Goll bemängelte die Verbändevereinbarung und verlangte ein verbindliches Regelwerk und eine staatliche Regulierungsinstanz[94].

Dazu noch folgendes Schmankerl: Beim Bundeswirtschaftsministerium war zu Beschwich-tigung der Kritik eine „task force Netzentgelte" eingerichtet worden; Leiter: Der vormalige

---

90. Handelsblatt v. 16.06.2010, 26.
91. DER SPIEGEL, Nr. 24 v. 14.06.2010, 81 f.
92. Überblick über die Rechtsprechung und Literatur bei Säcker/Boesche, Berliner Kommentar zum Energierecht, 2004, § 6 Rz. 103 in FN 201 und 202; Boesche, Die zivilrechtsdogmatische Struktur des Anspruchs auf Zugang zu Energieversorgungsnetzen. Diss. jur. 2002; Theobald/Zenke, Grundlagen der Strom- und Gasdurchleitung, 2001; Schwintowski (Hrsg.), Verhandelter vs. regulierter Netzzugang, 2005; aus der Vielzahl der Entscheidungen beispielhaft zitiert OLG München, U. v. 04.12.2003, GRUR-RR 2004, 156; OLG Düsseldorf, U. v. 05.12.2001, RdE 2002, 214 = WuW/E DE-R 874; OLG Dresden, U. v. 08.02.2001, ZNER 2001, 168, mit Anmerkung Becker.
93. Die ZEIT, 02.05.2001.
94. Süddeutsche Zeitung vom 09.04.2004.

Vorsitzende der 8. Beschlussabteilung beim Bundeskartellamt Schultz. Wie jedoch der Focus am 05.08.2001 meldete, waren allein drei Mitglieder der task force von großen Energieversorgern ausgeliehen und würden weiterhin von den Unternehmen bezahlt. Das Wirtschaftsministerium begründete diese Organisation der Aushilfe damit, dass die Haushaltslage nur wenige neue Ministeriumsstellen zulasse.

Die Kartellbehörden bemühten sich redlich[95], die Missstände abzustellen. Mit ihrem System der Ex post-Kontrolle musste aber jeder Einzelfall aufgegriffen werden. Der Angriff auf die Kalkulationsgrundsätze der Verbändevereinbarung[96] scheiterte vor dem Oberlandesgericht Düsseldorf[97]. Das OLG meinte, das Bundeskartellamt sei im Rahmen der Missbrauchsaufsicht nicht befugt, irgendeine Kalkulationsmethode vorzuschreiben. Die Preisfindungsprinzipien der VV II plus seien ein *„taugliches und betriebswirtschaftlich vertretbares Konzept zur Preiskalkulation"*. Im juristischen Schrifttum wurden daher seit dem Jahre 2001[98] die Effekte des verhandelten Netzzugangs kritisch beleuchtet und eine Regulierung gefordert.

7 Das erste Gesetz zur Änderung des Gesetzes zur Neuregelung des Energiewirtschaftsrechts

Trotz dieser Kritik hielt die Koalition mit dem Gesetzentwurf der Bundesregierung vom 09. Mai 2001[99] am branchenfreundlichen Kurs fest. Es ging dort zunächst nur um die Umsetzung eines Anstoßes aus Brüssel, nämlich die Aufnahme der Gasrichtlinie 98/30/EG des Europäischen Parlaments und des Rates vom 22. Juni 1998. Jedoch reichten die Fraktionen SPD und Bündnis'90/Die GRÜNEN im Mai 2002 einen Änderungsantrag ein, wonach in § 6 Abs. 1 eingefügt werden sollte, dass *„bei Einhaltung der Verbändevereinbarung über Kriterien zur Bestimmung von Netznutzungsentgelten für elektrische Energie und über Prinzipien der Netznutzung ... bis zum 31. Dezember 2003 die Erfüllung der Bedingung guter fachlicher Praxis vermutet"* werde. Federführer: Der energiepolitische Sprecher der SPD-Bundestagsfraktion, Volker Jung, zugleich Beigeordneter beim VkU, der 1997 noch gegen eine Verbändevereinbarung gewesen war.

Das war ein folgenschwerer rechtstechnischer Trick: Wenn das Gesetz einem Verfahren die gesetzliche Vermutung der Richtigkeit beimisst, führt das zu einer Beweislastumkehr vor Gericht. Es muss jetzt nicht mehr der Netzbetreiber nachweisen, dass die Kalkulationsgrundsätze der Verbändevereinbarung fachlich in Ordnung sind und die Anwendung dieser Kriterien daher zu angemessenen Netzentgelten führt. Vielmehr musste der Netzzugangsaspirant dartun, warum diese Kalkulationsgrundsätze nicht zu angemessenen Netzentgelten führen, der davon gar nichts verstand: So war beispielsweise sehr strittig, welche Nutzungsdauern

---

95. Bericht der Arbeitsgruppe Netznutzung Strom der Kartellbehörden des Bundes und der Länder vom 19.04.2001.

96. Untersagungsverfügung des BKartA v. 14.02.2003, ZNER 2003, 145.

97. B. v. 30.07.2002, ZNER 2003, 254; B. v. 11.02.2004, ZNER 2004, 76.

98. Becker, Zur Lage der Stadtwerke im vierten Jahr der Marktöffnung, ZNER 2001, 122; Säcker, ZNER 2002, 5; Theobald/Schiebold, AöR 94 (4/2003), 157; Der SPIEGEL Nr. 7/2003 „Zurück zum Monopol", 73.

99. BT-Drs. 14/5969.

einem Anlagegut beizumessen waren. Beispiel: Ein Kabel, das nach seiner technischen Auslegung 50 Jahre nutzbar war, war gleichwohl mit einer Nutzungsdauer von nur 25 Jahren
abgeschrieben worden. Solche kurzen Nutzungsdauern waren in vielen Bundesländern
üblich, weil die Behörden, die die Aufsicht über die Strompreisbildung führten, die kurzen
Abschreibungsfristen als sogenannte steuerliche Abschreibung akzeptiert hatten. Nach 25
Jahren wurde es also mit dem Wert 0 im Anlagenspiegel geführt. Wenn dasselbe Anlagegut
nach den Nutzungsdauern der Verbändevereinbarung auf 50 Jahre abgeschrieben wurde,
war es plötzlich wieder halb so viel wert, wie es ursprünglich einmal gekostet hatte. Man
konnte es der Vereinigung Deutscher Elektrizitätswerke (VDEW) kaum verdenken, wenn sie
im Rahmen einer Verbändevereinbarung für die Beibehaltung dieser Wohltaten aus früheren
Monopolzeiten stritt. So blieben die Kosten der Stromdurchleitung rechnerisch höher als
sie eigentlich sein mussten, und dementsprechend die Netznutzungsentgelte. Wenn der Gesetzgeber nunmehr diese Grundsätze der Verbändevereinbarung damit adelte, dass sie *gute
fachliche Praxis*" darstellten, war jahrelanger Streit vor Gericht programmiert: Jahrelang
deswegen, weil kein Richter sich mit dieser neuartigen Materie auskannte und deswegen
auf Sachverständigengutachten setzen musste, um sich die Kalkulationsgrundsätze und die
Berechnung als solche erklären zu lassen. Eine weitere Problematik bestand darin, einen
Sachverständigen zu finden, auf den sich beide Parteien einigen konnten; sind doch in der
Energiewirtschaft alle Sachverständigen irgendwo wirtschaftsnah. Auch Sachverständige aus
Wirtschaftsprüfungsgesellschaften waren keineswegs neutral. Immer spielte eine große Rolle,
welche Jahresabschlüsse sie zu prüfen hatten. Da brachte das Internet häufig überraschende
Verortungseinsichten.

Im juristischen Schrifttum[100] hat diese Verrechtlichung der Verbändevereinbarungen
herbe Kritik erfahren. Eine funktionierende wettbewerbsorientierte Praxis sei auf dem
Elektrizitätsmarkt nur im Ansatz und auf dem Gasmarkt noch weitaus weniger spürbar. Es
werde daher auf eine „*Praxis*" verwiesen, die ihre Bewährungsprobe noch nicht bestanden
habe. Der Bundesrat lehnte die Verrechtlichung beim Erdgas daher ab[101]. Die Vermutung
guter fachlicher Praxis habe die Funktion, einen möglichen Missbrauchsvorwurf nach den
Regeln des Kartellrechts zu entkräften. Das führe zu einer Beweislastumkehr. Wettbewerber
könnten die ihnen aufgenötigten Beweise aber schlecht führen. Damit würde die gesetzliche
Vermutung, so die angesehenen Energierechtler Säcker/Boesche[102], zur „*EG-rechtswidrigen
mitgliedsstaatlichen Verstärkung wettbewerbsbeschränkenden Verhaltens.*"

Am 14. März 2003 lehnte der Bundesrat die Verrechtlichung der Kalkulationsgrundlagen
beim Netzzugang ab und rief den Vermittlungsausschuss an. In der öffentlichen Anhörung
im Wirtschaftsausschuss des Bundestags am 13. Mai wandten sich die Mehrheit der Sachverständigen und insbesondere das Bundeskartellamt gegen die Verrechtlichung der Ver-

---

100. Säcker/Boesche, Gute fachliche Praxis der Netzkostenkalkulation – Ein Beitrag zur „Verhexung des Denkens
durch die Mittel unserer Sprache"?, in: Säcker, Neues Energierecht (Hrsg.), 2. Aufl. 2003, 135; Säcker/Boesche,
ZNER 2002, 183 ff.; vgl. auch Wagemann, Die Novellierung des Energiewirtschaftsgesetzes – Inhalt und Bedeutung aus Sicht des Bundeskartellamtes, a. a. O., 169; von Hammerstein/Hertel, Die gesetzliche Veredelung der
Verbändevereinbarung Gas II – Verfassungs- und europarechtliche Bewertung, ZNER 2002, 193.
101. Sitzung vom 21. Juni 2002.
102. ZNER 2002, 183.

bändevereinbarungen. Allenfalls könne man die Verbändevereinbarungen „berücksichtigen". Insbesondere könne eine solche Vermutung nicht dem Kalkulationsleitfaden für Netzentgelte Strom zukommen. Die Verbändevereinbarung Gas sei insgesamt nicht so weit und könne deswegen keinesfalls an der Vermutung teilhaben.

Aber der Lobby-Einfluss war stärker: Der Bundestag beschloss die Verrechtlichung beider Verbändevereinbarungen mit der Beweislastumkehr. Jedoch wurde unter dem Eindruck des Vermittlungsverfahrens mit Art. 2 § 3 ein Monitoring eingeführt. Danach habe das Bundesministerium für Wirtschaft und Arbeit dem Bundestag bis zum 31. August 2003 über die energiewirtschaftlichen und wettbewerblichen Wirkungen der Verbändevereinbarungen zu berichten und ggf. Verbesserungsvorschläge zu unterbreiten.

Im ersten Monitoring-Bericht[103] hieß es unter dem Stichwort „Durchsetzung des Netzzugangsanspruchs" erwartungsgemäß, dass die Zivilgerichte und Kartellbehörden in großem Umfang in Anspruch genommen wurden. Was die Haushaltskunden angeht, wurde eine geringe Wechselbereitschaft beklagt, die insbesondere auf die vielen Schwierigkeiten beim Lieferantenwechsel zurückzuführen sei. Zu den Netznutzungsentgelten heißt es:

„Wie angemessene Netznutzungsentgelte nach einem breit akzeptierten Verfahren bestimmt werden können, ist bisher nicht zufrieden stellend beantwortet. Die Preisfindungsprinzipien der VV II plus lassen insoweit eine Reihe wichtiger Fragen unbeantwortet ..."[104].

Die Monopolkommission wurde in ihrem 15. Hauptgutachten vom 09. Juli 2004[105] noch deutlicher: Es seien „weiterhin erhebliche Behinderungen beim Netzzugang in der Elektrizitätswirtschaft festzustellen, die auf das außerordentlich hohe Niveau der Netznutzungsentgelte in Deutschland zurückzuführen sind." Die gerichtliche Kontrolle funktioniere nicht. Die Leitentscheidung des OLG Düsseldorf betreffend Netzentgelte vom 11. Februar 2004 (TEAG)[106] wird mit den Worten kommentiert, die gerichtliche Kontrolle sei gescheitert:

„Insgesamt wird die Missbrauchsaufsicht im Rahmen des allgemeinen Wettbewerbsrechts durch die Rechtsauffassung des Gerichts im Hinblick auf die Folgewirkungen der „Verrechtlichung" der Verbändevereinbarung geradezu ad absurdum geführt".

Das OLG, dessen Entscheidungen wegen seiner Zuständigkeit für das Bundeskartellamt in Bonn die Rechtssprechung stark beeinflusst hatte, hatte ja die Verbändevereinbarung rundherum abgesegnet.

Damit hatte das OLG freilich nur die vom Gesetzgeber offensichtlich gewollte Reduzierung der gerichtlichen Kontrolldichte praktiziert. Es war daher nur konsequent, wenn die Monopolkommission jetzt eine „Reform des Regulierungsrahmens" und die vorherige Genehmigung der Netznutzungsentgelte forderte. Beides wurde dann mit dem zweiten Neuregelungsgesetz zum EnWG in Angriff genommen. Dabei musste der Gesetzgeber die Erfahrungen der Regulierung bei Telekom und Post berücksichtigen.

---

103. Vom 01.09.2003, BT-Drs. 15/1510.
104. Seite 20.
105. Kapitel VI. zu „Entwicklung und Perspektiven des Wettbewerbs in der Elektrizitätsversorgung", ZNER 2004, 253.
106. ZNER 2004, 76.

8 Rechtsschutz

Denn die Erfahrungen mit der gerichtlichen Kontrolle von Regulierungsentscheidungen bei Telekom und Post waren nicht ermutigend. Zerres, Mitarbeiter der Regulierungsbehörde, schrieb[107], die Anfechtung von Regulierungsentscheidungen sei für Telekom und Post Routine. Im Zeitraum 1997 bis 2002 hätten die Unternehmen ca. 1.800 Verfahren gegen die Regulierungsbehörde für Telekommunikation und Post (RegTP) bzw. das Bundesministerium für Wirtschaft angestrengt, davon seien 1.000 TK-rechtlich. Erledigt war zu diesem Zeitpunkt die Hälfte. Die Erfolgsquote liege bei etwa 50/50.

Lau[108], Vorsitzender Richter des für die RegTP zuständigen Senats beim Oberverwaltungsgericht (OVG) Münster, kam zu dem Ergebnis, dass häufig die Inanspruchnahme des Rechtsschutzes zum Aus der Maßnahme führe. Ein Hauptgrund sei die Dauer der verwaltungsgerichtlichen Eil- und Hauptsacheverfahren. Zwar seien die Maßnahmen der RegTP sofort vollziehbar. Jedoch setze die RegTP ab Stellung des Antrags auf einstweiligen Rechtsschutz (von sich aus) den Vollzug aus[109]. Eilverfahren dauerten gewöhnlich um die drei Monate. Damit erlange das regulierte Unternehmen zumindest drei Monate Wettbewerbsvorsprung. Hauptsacheverfahren sind selten. Vom Bundesverwaltungsgericht lagen 2005, acht Jahre nach der Liberalisierung von Telekom und Post, nur zwei Hauptsacheentscheidungen vor.

Da die Beschlüsse der RegTP gegen das regulierte Unternehmen meistens auf ein Jahr befristet waren und der Rechtsschutz aufgrund der Komplexität der regulierten Sachverhalte und Regelungen geraume Zeit in Anspruch nahm, konnte von einem effektiven Rechtsschutz nicht die Rede sein. Zwar konnten auch Wettbewerber Eilrechtsschutz beantragen. Sie mussten jedoch einen Anordnungsgrund nachweisen, der regelmäßig verneint wurde, wenn die Hauptsache vorweggenommen wird. Der Anordnungsgrund wurde in der Regel nur bejaht, wenn der Wettbewerber seine Existenzgefährdung nachweisen konnte[110]. Die deutsche Telekom bekam die Aussetzung jedoch schon dann, wenn *„überwiegend wahrscheinlich ist, dass der Anspruch auf die Genehmigung des höheren Entgelts besteht"*, wie es im TKG hieß. Zweierlei Maß!

9 Die EnWG-Novelle 2005

Die Beschleunigungsrichtlinien der EU vom Juli 2003 verpflichten alle Mitgliedsstaaten, auch Deutschland, zur Einführung des regulierten Netzzugangs. Das Vorverständnis der Bundesregierung dazu ergibt sich aus der Rede von Bundeswirtschaftsminister Wolfgang Clement anlässlich der Handelsblatt-Jahrestagung Energie vom 20. Januar 2004. Er sagte dort: *„Es darf auf keinen Fall gegen den Markt reguliert werden. Den Wert der Regelungen, auf die sich Marktpartner bereits verständigt haben oder noch verständigen, wollen wir deshalb berücksichtigen. So wollen wir z.B. das Netzzugangsmodell aus der Verbändevereinbarung Strom in vollem Umfang übernehmen. Und auch bei der Festlegung eines unternehmerischen*

---

107. MMR-Beilage 12/2002, 8.
108. MMR-Beilage 12/2002, 3 ff.
109. Dazu Schütz, MMR-Beilage 12/2002, 18 ff.
110. VG Köln, B. v. 26.04.2002.

Risikozuschlages, der wegen notwendiger Investitionen ins Netz in die Entgelte eingerechnet werden darf, sollten wir uns an den Regelungen der Verbändevereinbarung orientieren."

Wenn *„nicht gegen den Markt reguliert werden"* soll, heißt das: Nicht gegen die Branche. Wie das konkret geplant war, ergab sich aus dem *„Entwurf eines zweiten Gesetzes zur Neuregelung des Energiewirtschaftsrechts"* vom 14. Oktober 2004[111]. Als zentrale Regulierungsinstanz sollte die RegTP, nunmehr umbenannt in Bundesnetzagentur für Elektrizität, Gas, Telekommunikation, Post und Eisenbahnen (Bundesnetzagentur), eingeführt werden. Die Regulierung sollte sich auf die Festlegung der Methoden im Gesetz und in den Rechtsverordnungen beschränken. Die konkrete Aufsicht sollte im Nachhinein stattfinden. Diese Entscheidungen wurden von der Branche begrüßt. Das nimmt, angesichts der zahlreichen Eilverfahren auf Netzzugang, nicht wunder.

Es gab jedoch auch kritische Stimmen[112]; vor allem deswegen, weil die zentrale Regulierungsbehörde nunmehr für etwa 1.600 Netzbetreiber zuständig werden sollte. Das ließ eine völlige Überforderung erwarten, weil nicht nur – wie bei Telekom und Post – zwei Unternehmen zu regulieren waren, sondern gleich 1.600 Netzbetreiber. Die Erfahrungen bei der RegTP alt zeigten außerdem, dass Telekom und Post praktisch jede Regulierungsentscheidung angefochten hatten, was zu einer Unzahl von Prozessen führte[113]. Die Entscheidung für eine zentrale Regulierung hätte dann zu einer Konzentration des Rechtsschutzes beim Regulierungssenat des OLG Düsseldorf geführt, dessen Überlastung unschwer vorherzusagen war[114]. Diese Überlegungen haben in der Tat gefruchtet:

Denn der Bundesrat forderte in seiner Stellungnahme[115] ein Umschwenken in zahlreichen Grundsatzfragen:
- Die explizite Etablierung einer Anreizregulierung,
- eine wirksame Kontrolle des Netzzugangs und der Höhe der Netznutzungsentgelte durch Abkehr vom Prinzip der Nettosubstanzerhaltung,
- Ersetzung des Begriffs der *„energiewirtschaftlich rationellen Betriebsführung"* als Maßstab für die Angemessenheit der Netzzugangsentgelte durch den Grundsatz der *„effizienten Leistungserbringung"* gemäß TKG,
- eine vorherige Genehmigung der Netzentgelte (Ex ante)
- mit Beteiligung der Länder für Netze mit maximal 100.000 Abnehmern und Belegenheit in nur einem Bundesland,
- eine effiziente Kontrolle der Regelenergiepreise u. a.

Ferner bemängelte der Bundesrat den Umfang des Gesetzes und der vielen neuen Berichtspflichten, die Überladenheit der Stromkennzeichnungspflicht etc.

Im Vermittlungsverfahren kam es wie durch ein Wunder zu einer sehr weitgehenden Annäherung von Regierung und Opposition, wohl in erster Linie bewirkt durch die Erkenntnis, dass es die Union nach den Landtagswahlen 2005 in Nordrhein-Westfalen in der Hand

---

111. BT-Drs. 15/3917.
112. Vgl. zu den Einzelheiten Becker, Zu den Aussichten des Energiewirtschaftsgesetzes nach der Anhörung im Wirtschaftsausschuss, ZNER 2004, 325.
113. MMR-Beilage 12/2002.
114. Holznagel/Werthmann, ZNER 2004, 17; Becker, ZNER 2004, 130.
115. Vom 24.09.2004, BT-Drs. 15/3917 bzw. BR-Drs. 613/04.

hatte, das gesamte Gesetz scheitern zu lassen, was zunächst auch erwogen worden war. Da die Kommission bereits ein Vertragsverletzungsverfahren eingeleitet hatte, weil Deutschland mit der Anpassung seines Rechtsrahmens an die europäische Regulierungsrichtlinie säumig war, wäre leicht eine prekäre Situation entstanden, die durch die Einigung in letzter Sekunde vermieden wurde.

Die weitestreichende Änderung war zweifellos der Übergang von der Ex post-Kontrolle der Netzzugangsbedingungen und -entgelte zur Ex ante-Genehmigung durch die Bundesnetzagentur bzw. der Landesregulierungsbehörden (§§ 54 ff.)[116]. Damit wurden die negativen Erfahrungen aus der Ex post-Kontrolle nach EnWG 1998 aufgegriffen. Die Unternehmen müssen ihre Entgelte vorab kalkulieren und genehmigen lassen. Das führte zu mehr Rechtssicherheit in zweierlei Hinsicht:

- Zum einen stieg die Gewähr für Netznutzer, dass die Entgelte rechtmäßig kalkuliert sind;
- zugleich konnten die Unternehmen gegenüber kritischen Netznutzern auf die Tatbestandswirkung der Genehmigung verweisen.

Die Etablierung von Landesregulierungsbehörden führte zugleich zur Dezentralisierung des Rechtsschutzes und damit zur Verminderung des *„Flaschenhals-Effektes"* beim OLG Düsseldorf. Würden sich nämlich regulierte Netzbetreiber in dem Umfang gegen Entscheidungen der Agentur stemmen wie Telekom und Post, war mit dem Stillstand der Rechtspflege zu rechnen. Dabei muss bedacht werden, dass zwar die RegTP alt regelmäßig den Sofortvollzug der Regulierungsentscheidungen angeordnet hatte. Die Verwaltungsgerichte forderten die Behörde aber ebenso regelmäßig auf, vom Vollzug des Verwaltungsaktes bis zur gerichtlichen Entscheidung abzusehen. Damit wurde die Schnelligkeit der gerichtlichen Entscheidung zugleich zur Voraussetzung einer effektiven Regulierung. *„Effektiver Rechtsschutz"* hatte dann – fand er statt – mehrere Funktionen:

- Er verhalf der Agentur zur Durchsetzung ihrer Entscheidung,
- oder dem Netzbetreiber zur Durchsetzung seiner Rechtsauffassung,
- was zu relativ früher Rechtssicherheit führte; auch für den Verbraucher.

Im Ergebnis wirkt sich diese Effektivierung auch für die Unternehmen positiv aus, weil sie schneller wissen, *„wo es lang geht"*, und weniger Rückstellungen bilden müssen.

10 Die Regulierung des Gasnetzzugangs

Eine ganz unerwartete Wendung nahm auch die Neuordnung des Gasnetzzugangs.

Nach dem Regierungsmodell sollte der Transportkunde mit jedem Netzbetreiber entlang der fiktiven Transportkette einen Transportvertrag abschließen (§ 20 Abs. 1 b). Da Deutschland in eine Vielzahl von Netzen zerfällt, waren i. d. R. mehrere Durchleitungsverträge zu schließen, die auszuverhandeln viel Zeit und auch Geld kostete. Dazu kam die Vielzahl technisch aufwendiger Forderungen der Netzbetreiber beim Bilanzausgleich, beim Speicherzugang, bei unterjährigen Lieferungen oder Lieferungen gegen die Fließrichtung etc. Zu einer vernünftigen Weiterentwicklung der VV Gas kam es trotz der rituellen Drohungen von Minister Müller, er werde beim Scheitern der Verbändeverhandlungen eine Rechtsverordnung zum Gasnetzzugang

---

116. So gefordert schon 2003 von Becker/Riedel, ZNER 2003, 170.

erlassen, nicht. Selbst nachdem BEB sein funktionierendes Entry-/Exit-Modell[117] vorgelegt hatte, gab das Wirtschaftsministerium dem Druck des BGW und der hinter ihm stehenden Ruhrgas nach und hielt am Transaktionsmodell fest.

Die CDU-Seite war jedoch in das Vermittlungsverfahren mit dem festen Willen hineingegangen, zu einem effektiven Netzzugang auch beim Gas zu kommen. Sie nahm dabei Überlegungen einer kommunalen Aktion Gasnetzzugang auf, getragen von 86 Stadtwerken, und der GEODE, eines Verbandes unabhängiger Netzbetreiber.[118] Eine derartige, höchst erfolgreiche Intervention der kommunalen Seite hatte es im Gesetzgebungsverfahren noch nie gegeben – und sie war erfolgreich: Das Gesetz verlangte jetzt nur noch **einen** Einspeisevertrag mit dem Netzbetreiber, in dessen Netz die Einspeisung von Gas erfolgt, sowie **einen** Ausspeisevertrag mit dem Netzbetreiber, aus dessen Netz das Gas tatsächlich entnommen wird. Zur Umsetzung dieses Modells müssen alle Netzbetreiber kooperieren. Mit dem System der Kostenwälzung wie beim Strom kam es jetzt dazu, dass am Ausspeisepunkt, in der Regel beim Verteilnetzbetreiber, die Entgelte für alle berührten Ebenen abgerechnet werden. Schließlich wurden auch die Ferngasleitungen entgegen der Regierungslösung jedenfalls dann in die Regulierung auf Kostenbasis einbezogen, wenn nicht nachweislich Wettbewerb herrschte.

Zu diesem Gesetzgebungserfolg kam es nur, weil sich der Vermittlungsausschuss von den Vorstellungen des Wirtschaftsministeriums löste, das sehr stark unter dem Einfluss des BGW stand, was sogar nachgeordnete Bedienstete des Ministeriums unter der Hand bemängelten.

Ein Vorgang war außerordentlich aufschlussreich: Am Tag vor der abschließenden Beratung im Wirtschaftsausschuss schrieb der BGW an die CDU-Vorsitzende Merkel und mahnte eine Korrektur der vorgesehenen Regelungen zum Gasnetzzugang an. Aus Sicht der Gaswirtschaft sei *„noch nicht abschätzbar"*, ob die vorgesehenen umfassenden Kooperationsverpflichtungen und vertraglichen Regelungen *„in der Praxis umsetzbar sind"*. Diese Regelungen seien *„in letzter Minute"* und *„ohne vorherige Absprache mit der Gaswirtschaft"* getroffen worden.[119]

„Ohne vorherige Absprache mit der Gaswirtschaft". Gesetz sollte also nur das werden, was die Gaswirtschaft vorher für gut befunden hatte. Wer ist der Gesetzgeber im Energiewirtschaftsrecht?

11   Die Problempunkte des Gesetzes

Erfolgsmeldungen der Lobby

Dennoch verblieben im Gesetz, nachdem es am 07.07.2005 ausgefertigt worden war[120], zahlreiche problematische Punkte, die dem auffallen, der die Erfolgsmeldungen des Branchenverbandes VDEW und des Verbandes kommunaler Unternehmen zum Gesetz studiert. Das gilt beispielsweise für das versorgerfreundliche Prinzip der Nettosubstanzerhaltung bei der Netzentgeltkalkulation, das infolge des erfolglosen TEAG-Verfahrens des Bundeskartell-

---

117. Verhandlungsergebnis im Marathon-Verfahren der Europäischen Kommission; dazu Bundesrat, BT-Drs. 15/3917, Nr. 24, 82.
118. ZfK 7/2005, 2.
119. So e&tm daily v. 16.06.2005.
120. BGBl I 1970.

amts noch für Investitionen bis zum 31.12.2005 galt und erst danach durch das Prinzip der Realkapitalerhaltung abgelöst wurde; ferner hob der Verband der Verbundunternehmen und regionalen Energieversorger in Deutschland (VRE)[121] als Erfolg hervor, dass es gelungen sei, *„die periodenübergreifende Saldierung rückgängig zu machen"*, also den Ausgleich zwischen tatsächlich aufgewandten Anschaffungs- und Herstellungskosten und Tagesneuwerten bei der kalkulatorischen Abschreibung[122], für die der Bundesrat bemängelt hatte, dass sie zu verdeckten Gewinnen führe. Entfallen sind auch die Klage- und Vorteilsabschöpfungsrechte von Verbänden.

Keine Kontrolle der Energiepreise

Von viel weiterreichender Bedeutung war aber, dass dem Gesetzgeber die Auspreisung der Energie aus dem Blick geriet. Wettbewerb bei den Gaspreisen gab es ohnehin nicht[123]. Das System der kartellrechtlichen Preishöhenkontrolle gemäß § 19 Abs. 4 Nr. 3 GWB griff kaum, wie sich bei den Preiserhöhungsrunden der großen Gashandelsunternehmen und ihnen folgend der Verteilerwerke nach den Preiserhöhungsrunden für leichtes Heizöl immer wieder zeigte. Die Kampagnen des Bundeskartellamts und der Landeskartellbehörden hatten letztlich wenig Erfolg, was darauf zurückzuführen war, dass den Kartellbehörden die Instrumente und eine angemessene Ausstattung fehlen.

Auch beim Strom fordert die Monopolkommission[124] eine *„intensivierte wettbewerbliche Aufsicht über die Stromgroßhandelsmärkte..., um Marktmachtproblemen auf dem Strom-großhandelsmarkt Rechnung zu tragen"*. Wahrscheinlich gibt es ein Preiskartell der vier Energiekonzerne, bei denen 80 % der Kraftwerkskapazitäten liegen. Auch auf dem Haushaltskundenmarkt hatte der Bundesrat[125] angesichts des zusammengebrochenen Wettbewerbs die Beibehaltung der Strompreisaufsicht gefordert.

Auf Basis dieser Überlegungen wollte das Gesetz mit § 29 GWB eine besondere *„Missbrauchsaufsicht über die Grund- und Ersatzversorgung mit Elektrizität"* einführen (Art. 3 Nr. 31 des Gesetzes). Diese Vorschrift war zunächst dem Vermittlungsverfahren unter der Überschrift *„Abbau von Bürokratie"* zum Opfer gefallen: *„Eine besondere Missbrauchsaufsicht über Stromtarife stellt im Ergebnis einen regulierenden Eingriff in den Wettbewerbsbereich dar, der nicht zu rechtfertigen ist. Vielmehr ist zu befürchten, dass diese Vorschrift die Entstehung von Wettbewerb um Haushalts- und sonstige Kleinkunden behindert und damit den Zielen des Gesetzes zuwiderläuft."*

Eine besondere Missbrauchsaufsicht über Gaspreise war wunderlicher Weise von vornherein nicht vorgesehen. Aber es sollte noch bis Ende 2007 dauern, bis die neue Regelung kam.

---

121. Rundschreiben vom 16.06.2005.
122. § 6 Abs. 5 StromNEV, BGBl I 2225; ebenso die GasNEV.
123. Böge, Präsident des Bundeskartellamts, Handelsblatt-Jahrestagung der Energiewirtschaft 2005 am 18. Januar 2005, lt. Manuskript, 82, 15; Monopolkommission, 15. Hauptgutachten 2004, Kurzfassung, 82.
124. 15. Hauptgutachten 2004, Kurzfassung, 82.
125. BR-Drs. 15/3917 Ziff. 62 zu § 118 Abs. 3a EnWG

4. Kapitel
Monopoly – mit staatlichem Segen

1   Die Ausgangslage

Zu Zeiten des Monopols herrschten in der Versorgungswirtschaft, auch was die dort tätigen Gesellschaften und die von ihnen versorgten Gebiete anging, paradiesische Strukturen. Die Grenzen der demarkierten Versorgungsgebiete stimmten häufig mit denen der Bundesländer überein, was damit zusammenhing, dass der Startschuss zur Gründung der Versorgungsunternehmen häufig von den Regionalstaaten ausgegangen war. So deckten sich z. B. die Versorgungsgebiete der Energieversorgung Schwaben (EVS) und des Badenwerks mit den Ländern Württemberg-Baden und Baden, die sich erst 1951 zum Bundesland Baden-Württemberg zusammengeschlossen hatten (mit Württemberg-Hohenzollern). Die Liberalisierung setzte jedoch ein gewaltiges Fusionskarussell in Gang, das von der Überlegung angetrieben war, im Wettbewerb könnten nur große Konzerne überleben. Der Staat betrachtete daher die Liberalisierung zugleich als Auftakt und Antrieb, sich von seinen Beteiligungen zu trennen. Den Anfang machte das Land Baden-Württemberg.

2   Die Fusion Energieversorgung Schwaben (EVS) und Badenwerk

Im Januar 1997, also deutlich vor dem Wirksamwerden der Liberalisierung im April 1998, entschloss sich der Staat Baden-Württemberg, die ihm mehrheitlich gehörenden beiden Energieversorgungsunternehmen Badenwerk AG und Energie-Versorgung Schwaben AG (EVS) zur EnBW Energie Baden-Württemberg zusammenzuschließen. Die beiden Tochtergesellschaften der ehemaligen EVS Überlandwerk Jagstkreis AG in Ellwangen und die Mittelschwäbische Überlandzentrale AG in Giengen an der Brenz beschlossen im Juli 1999 rückwirkend zum Jahresbeginn den Zusammenschluss zur EnBW Ostwürttemberg-DonauRies AG (ODR). Das Bundeskartellamt gab die Fusion frei, weil wegen der gemeinsamen Mehrheitsbeteiligung des Landes und der oberschwäbischen Landkreise kein Wettbewerbsverhältnis zwischen ihnen bestand[126]. Und so ging es weiter: Im Januar 2000 verkaufte das Bundesland seinen Aktienanteil von zunächst 25,1 %, den es bis dahin an der EnBW hielt, für 2,4 Mrd. EUR an den staatsdominierten französischen Stromkonzern Électricité De France (EDF). Diese Beteiligung wurde von der EG-Kommission unter dem 07.02.2001 freigegeben[127]. Die Kommission erwartete, dass

---

126. Vgl. Tätigkeitsbericht des Bundeskartellamts 1993/94, 145 f.
127. Aber unter den folgenden Auflagen: EdF muss ihren Markt für Konkurrenten öffnen und Produktionskapa-

EnBW, die sich schon mit ihrer Marke Yello für Haushaltskunden in den Wettbewerb gestürzt hatte, nunmehr mit französischem Kernkraftstrom auch in den Wettbewerb um Industriekunden einsteigen würde. Diese Erwartung war und ist nicht unzutreffend. Trotzdem drehte die EnBW weiter an der Fusionsschraube. Im Oktober 2003 erfolgte der Zusammenschluss der EnBW mit der Neckarwerke Stuttgart AG. Im Dezember 2005 übernahm EnBW durch eine Übernahme von weiteren 25,5 % für einen Kaufpreis von 361 Mio. EUR mit knapp 55 % die Mehrheit an den Stadtwerken Düsseldorf. Im Juli 2009 beteiligte sich EnBW mit 26 % am Oldenburger Energiekonzern EWE AG. Auch diese Fusion wurde vom Bundeskartellamt freigegeben, obwohl es durchaus nicht klar war, ob nicht EnBW als Bestandteil des Oligopols zusammen mit den drei weiteren Konzernen E.ON, RWE und Vattenfall zu betrachten war. Aber EnBW hat offenbar von Anfang an eine gewisse Sonderstellung in der kartellamtlichen Beurteilung genossen. Das hing mit der besonders kühnen Rolle zusammen, die EnBW kurz nach der rechtlichen Liberalisierung der Energiemärkte spielte – wie wir gesehen haben.

3   Die Fusion VEBA/VIAG und ihrer Stromunternehmen PreussenElektra und Bayernwerk

Am 14. Dezember 1999 ging bei der Europäischen Kommission ein Antrag ein, aus dem sich ergab, dass sich die VEBA Aktiengesellschaft und die VIAG Aktiengesellschaft gesellschaftsrechtlich miteinander verbinden wollten, im Fachjargon „fusionieren". Die VEBA, die Vereinigte Elektrizitäts- und Bergwerks AG, entstanden in Preußen im Jahr 1929, war ein der Bundesrepublik gehörender Konzern, der ab dem Jahr 1965 privatisiert worden war; der Bund wollte den Einstieg in die Volksaktie wagen. Von den Tätigkeiten Elektrizität, Erdgas, Mineralöl, Chemikalien, Telekommunikation, Wasser, Entsorgung, Stahlhandel, Logistik und Immobilienmanagement war die Stromtochter PreussenElektra AG die wichtigste, weil sie auf allen Stufen der Elektrizitätswirtschaft – Betrieb von Kraftwerken, Netzbetrieb, Stromhandel – tätig war. Sie war neben der RWE AG eines der größten deutschen Stromverbundunternehmen, dessen angestammtes Versorgungsgebiet die nördlichen Bundesländer Schleswig-Holstein, Niedersachsen und weite Teile von Hessen umfasste.

Die andere Antragstellerin war die Münchener VIAG, die im Jahr 1923 vom Deutschen Reich gegründet worden war, ein international tätiger Mischkonzern, aktiv in den Bereichen Elektrizität, Erdgas, Chemikalien, Telekommunikation, Verpackungen, Wasser, Entsorgung, Aluminium, Stahlhandel und Logistik. Die Energieaktivitäten waren in dem Konzernunternehmen Bayernwerk AG konzentriert, das ebenfalls zu den großen deutschen Verbundunternehmen gehörte. Auch das Bayernwerk war auf allen Stufen der Elektrizitätswirtschaft tätig. Das angestammte Netz- und Versorgungsgebiet erstreckte sich auf den größten Teil des südlichen Bundeslandes Bayern.

Beide Konzerne besaßen überdies an dem ostdeutschen Verbundunternehmen VEAG seit den 1990 geschlossenen Stromverträgen die folgenden Anteile: VEBA 26,25 %, Bayernwerk

---

zitäten in Frankreich von 6.000 MW abgeben ... EnBW muss sich von ihrer Beteiligung an der schweizerischen Watt AG trennen; vgl VWD Trade News Strom und Erdgas v. 08.02.2001.

22,5 %, insgesamt also 48,75 %. An der VEAG war außerdem die RWE Energie AG mit 26,25 % beteiligt, insgesamt 75 %. Die restlichen 25 % verteilten sich auf die übrigen Verbundunternehmen VEW, EnBW, BEWAG und HEW. Folglich war ein Zusammengehen sinnvoll, weil so der Kraftwerkseinsatz und der Stromhandel – und damit die Strompreise – koordiniert werden konnten, um so die „schädlichen Folgen des Wettbewerbs" zu minimieren, wie schon die Nationalsozialisten in die Präambel des Energiewirtschaftsgesetzes von 1935 hineingeschrieben hatten. Eine weitere Beteiligung war zwar nicht von größerer strategischer Bedeutung, erleichterte aber einen späteren Deal: Das Bayernwerk war nämlich an dem Berliner Stromversorger BEWAG beteiligt, und zwar mit 26 %, die VEBA mit 23 % und der amerikanische Stromversorger Southern Company mit 26 %. Die Auswirkungen auf den Strommarkt werden noch deutlicher, wenn man die Kraftwerkskapazitäten und die Marktanteile an der Stromabgabe auf der Verbundebene betrachtet: Von den Erzeugungskapazitäten hielten die VEBA 17,5 GW[128] = 17,6 %, die VIAG 11,0 GW = 11,1 %, die BEWAG 2,9 GW = 2,9 %, gemeinsam 31,4 GW = 31,6 %. Alle Verbundunternehmen verfügten über 76,8 %.

Die Europäische Kommission war nach der Europäischen Fusionskontrollverordnung für die Beurteilung zuständig, ob die Fusion zu genehmigen oder zu verbieten war, weil sie gemeinschaftsweite Bedeutung hatte. Die Umsätze (1998: VEBA 42,8 Mrd. EUR; VIAG 25,1 Mrd. EUR) waren so hoch, dass der angemeldete Zusammenschluss die Wettbewerbsverhältnisse auf der europäischen Ebene entscheidend veränderte.

4 RWE/VEW

Die strategischen Überlegungen in den Häusern VEBA und VIAG blieben natürlich der RWE AG nicht verborgen. Nur zwei Wochen nach der Einreichung des VEBA/VIAG-Antrages bei der Kommission ging beim Bundeskartellamt ein entsprechender Antrag der RWE AG und der Vereinigte Elektrizitätswerke Westfalen AG (VEW) ein, die ebenfalls fusionieren wollten. Die RWE AG war der weitaus größte deutsche Stromerzeuger und versorgte das westliche Nordrhein-Westfalen, Teile von Rheinland-Pfalz, Baden-Württemberg und Bayern, VEW Westfalen. Bei ihnen sahen die Daten bei Erzeugungskapazität und Stromabsatz wie folgt aus: Erzeugungskapazitäten: RWE 19,8 GWh = 19,9 %, VEW 4,2 GWh = 4,2 %, gemeinsam 24 GWh = 24,1 %. Alle Verbundunternehmen: 76,3 GW = 76,8 %. Stromabgabe: RWE 120,4 TWh = 33,1 %. VEW 19,8 TWh = 5,44 %, gemeinsam 140,2 TWh = 38,54 % (alle Verbundunternehmen: 363,9 TWh = 100 %). Ähnlich eindrucksvoll ist auch der Anteil von RWE und VEW am Höchst-/Hochspannungsnetz: RWE 9.000 km = 22 %, VEW 2.000 km = 5 %, insgesamt 11.000 km = 27 % am gesamten Übertragungsnetz mit seiner Länge von 40.150 km.

Zur Marktmacht gehört aber auch der Anteil an der Kapazität der Kuppelstellen mit den ausländischen Netzen. An der gesamten Übertragungskapazität von 46 Gigawatt (GW) hielt allein RWE 13,9 GW an den sogenannten Interkonnektoren zu den Netzen in den Niederlanden, Frankreich, Luxemburg, Österreich und der Schweiz, VEW 3,2 GW in die Niederlande. Insgesamt waren das über ein Drittel an der technisch vorhandenen Kuppelkapazität. Für den Stromhandel tatsächlich zur Verfügung stand aber nur ein kleiner Anteil davon, weil die

---

128. Gigawatt = eine Milliarde Watt = 1000 Megawatt; Synonym Terawatt.

Konzerne den Löwenanteil der Kuppelkapazitäten durch Verträge für sich reserviert haben. Eine Untersuchung, die RWE im Auftrag der Deutschen Verbundgesellschaft durchgeführt hatte, ergab nur eine maximale Import-Übertragungskapazität von 13,4 GW, gerade einmal ein gutes Viertel der technisch vorhandenen Kapazität.

Zu einer ähnlichen Beurteilung führte die Beleuchtung der Situation beim Gas. RWE hielt nämlich eine Beteiligung von 50 % an der Thyssengas GmbH, einem Ferngasunternehmen, das von RWE, ESSO und Shell gemeinsam beherrscht wurde. Allerdings hatte sich ESSO gegenüber der Europäischen Kommission verpflichtet, die Beteiligung an Thyssengas zu verkaufen. Thyssengas war mit Einkauf, Transport, Speicherung und Vertrieb von Gas sowie die Entwicklung und den Betrieb der hierzu erforderlichen Anlagen tätig und setzte im Geschäftsjahr 1998/99 insgesamt 70,5 Mrd. kWh Gas an 34 Stadtwerke und ca. 90 industrielle Sondervertragskunden ab. Es wurde ein Umsatz von 1,45 Mrd. DM erzielt. Das Tätigkeitsgebiet umfasste das westliche Nordrhein-Westfalen. RWE hielt darüber hinaus direkte oder indirekte 50 Beteiligungen an gasversorgenden Stadtwerken in den Bundesländern Nordrhein-Westfalen, Niedersachsen, Rheinland-Pfalz, Hessen, Brandenburg, Berlin und Sachsen und war außerdem in den Neuen Ländern an regionalen Gasverteilern beteiligt, nämlich der Gasversorgung Sachsen-Ost (GASO), dies über die Rhenag, sowie über die Gasversorgung Energiedienstleistung (GGV) mit 33 % an der Spreegas in Cottbus.

Das unternehmerische Interesse der RWE bestand gerade auch an den Gasaktivitäten der VEW, die nämlich seit der Verschmelzung der Westfälischen Ferngas (WFG) und der Westfälischen Gasversorgung (WGV) den Rang des größten Regionalverteilers in Deutschland inne hatte. VEW/WFG erzielten insgesamt etwa den Umsatz und den Gasabsatz von Thyssengas, was zur Verdopplung des RWE-Gasgeschäfts führten sollte.

Auch diese Beteiligung war nach Ansicht des Bundeskartellamts zu untersagen, weil sie zur Verstärkung der marktbeherrschenden Stellungen von RWE, Thyssengas und VEW/WFG bzw. der mit ihnen verbundenen Unternehmen sowie der Spreegas führte. Die Unternehmen hätten jeweils eine überragende Marktstellung auf dem Gebiet der Gasletztversorgung. Da ein Durchleitungswettbewerb beim Gas auf absehbare Zeit noch nicht zu erwarten war, herrschten praktisch die monopolistischen Verhältnisse aus der Zeit vor der Liberalisierung weiter. Dazu kam ein interessanter Hinweis: Das größte deutsche Gas importierende und mit Gas handelnde Unternehmen, die Ruhrgas, werde gegenüber RWE und ihren Töchtern nicht als Wettbewerber auftreten. Als einziger aktueller Wettbewerber verbleibe Wingas, deren Wettbewerbsmöglichkeiten aber auf den Korridor entlang ihrer neuen Ferngasleitungen beschränkt war.

5   Die Beteiligungen

Die Marktmacht der Konzerne wird erst richtig plastisch, wenn man sich die Beteiligungen an gemeinsam oder allein beherrschten Unternehmen ansieht. Dabei sind von besonderer Bedeutung die Gemeinschaftskraftwerke von VEBA/VIAG und RWE, die das Bundeskartellamt[129] aufzählt (im einzelnen Anhang 1a):

---

129. BKartA, B. v. 28.07.2000, B8-309/99, RWE/VEW, ab Rz 104.

Gemeinschaftskraftwerke

- Kernkraftwerk Gundremmingen Block B und C: RWE und Bayernwerk Beteiligungsanteile von 75 % zu 25 %
- Kernkraftwerk Emsland: RWE 12,5 %, VEBA 12,5 %, VEW 75 %
- Steinkohlekraftwerk in Rostock: RWE 24,6 %, VEBA 24,6 %, Bayernwerk 21,1 %
- Bayerische Wasserkraftwerke AG: Lech-Elektrizitätswerke, ein Konzernunternehmen des RWE, und das Bayernwerk zu je 50 % beteiligt, das Wasserkraftwerke in Bayern betreibt.
- Rhein-Main-Donau AG: Wasserkraftwerke am Rhein-Main-Donau-Kanal Lech-Elektrizitätswerke 22,5 %, Bayernwerk 77,49 %
- Untere Iller AG: Wasserkraftwerke. 40 % Lech-Elektrizitätswerke, 60 % Bayernwerk.

Neben dem vergleichbaren Kraftwerkspark haben sich beide Unternehmensgruppe weiterhin vergleichbar mit langfristigen Lieferverträgen Importkapazitäten aus dem Ausland gesichert, die über die langfristig reservierten konzerneigenen Interconnectoren eingeführt werden.

Gemeinsame Beteiligungen der beiden Unternehmensgruppen (im einzelnen Anhang 1b):

Das Verbundunternehmen VEAG betrieb die Braunkohleverstromung in den Neuen Bundesländern: RWE war mit 26,25 %, VEBA mit 26,25 %, Bayernwerk mit 22,5 % beteiligt. Diese drei Gesellschafter kontrollieren VEAG gemeinsam als Oligopol. Die restlichen Anteile verteilen sich auf die übrigen Verbundunternehmen VEW, EnBW, BEWAG und HEW.

LAUBAG AG: Die LAUBAG war der größte Braunkohleproduzent in Ostdeutschland und bildete als Vorlieferant der VEAG wirtschaftlich eine Einheit mit der VEAG. PreussenElektra 30 %, Bayernwerk 15 %, BBS-Braunkohle-Beteiligungsgesellschaft mbH 55 %, BBS: (BEWAG, HEW, VEW und EVS, zu EnBW gehörend) mit 18,2 %, Rheinbraun mit 71,8 %, RWE mit 10 % beteiligt.

Rhenag Rheinische Energie AG: Die Rhenag war zu 54,1 % im Anteilsbesitz der RWE Energie AG und zu 41,3 % im Anteilsbesitz der Thüga AG, an der der VEBA-Konzern eine Beteiligung in Höhe von 56,29 % hält.

STEAG AG: Die STEAG ist im wesentlichen in der Steinkohleverstromung tätig und veräußert den erzeugten Strom nahezu ausschließlich an RWE und VEW. Die Gesellschaft für Energiebeteiligung mbH ist zu 26 % beteiligt, an der wiederum RWE Energie AG zu 49,7 % und VEBA zu 50,3 %. Hauptgesellschafterin der STEAG ist die RAG AG mit 71,5 %.

Die enviaM, eine Konzerngesellschaft der RWE, hält mehrere Minderheitsbeteiligungen an Stadtwerken im Bundesland Sachsen, an denen auch die VEBA-Konzerngesellschaft Thüga minderheitlich beteiligt ist.

Weitere gemeinsame Beteiligungen bestanden an Kraftwerken im Grundlastbereich, an denen sowohl VEBA/VIAG als auch RWE Strombezugsrechte besitzen. Der gemeinsame Betrieb dieser Kraftwerke erforderte jedoch kaum Abstimmung der Betreibergesellschaften untereinander. Vielmehr liefen Kraftwerke im Grundlastbereich im Dauerbetrieb, so dass keine Abstimmung über das Anfahren bzw. Herunterfahren des Kraftwerks zwischen den Betreibern nötig war. Jeder Betreiber bezieht elektrische Energie entsprechend der von ihm reservierten Kapazität. Dementsprechend gering war die Bedeutung der Gemeinschaftskraftwerke, zumindest im Grundlastbereich, für die Möglichkeit, Einsicht in die Geschäftspolitik des jeweils anderen Duopolmitglieds zu erhalten.

Die Stadtwerksbeteiligungen

Schließlich verfügten beide Konzerne über eine Vielzahl von Beteiligungen an Stadtwerken. Mit diesen Beteiligungen hat es eine besondere Bewandtnis: Sie dienen nämlich, wie das das Bundeskartellamt in verschiedenen Fusionskontrollentscheidungen genannt hat, der Sicherung des Absatzes von Strom oder Gas, die sogenannte *„Beteiligungsstrategie zur Absatzsicherung"*. Dabei hielten allein VEBA/VIAG ca. 150 Beteiligungen, die meisten davon mittelbar über ihre Tochtergesellschaften Contigas und Thüga. Die Größten: Avacon 55 %, Badische Gas- und Elektrizitätsversorgung 47,6 %, e.dis 69 %, EAM 46 %, Energieversorgung Potsdam 35 %, EWE 27 %, Fränkische Überlandwerke 67,1 %, Freiburger Energie- und Wasserversorgung 35,9 %, PESAG 54,7 %, Prevag Provinzialsächsische Energieversorgung 25 %, SCHLESWAG 65 %, Stadtwerke Magdeburg 29 %, Stadtwerke Frankenthal 10 %, Stadtwerke Garbsen 24,9 %, Stadtwerke Geesthacht 24,9 %, Stadtwerke Halberstadt 20 %, Stadtwerke Schwedt 37 %, Stadtwerke Weißenfels 24,5 %, Stadtwerke Zweibrücken 25,1 %, Städtische Werke Brandenburg 24,5 %, Stromversorgung Osthannover 26 %.

Eine besondere Bedeutung hatte die Thüga, an der VEBA einen 56,5 %-Anteil gehörte. Das Thüga-Geschäftsmodell sieht eine Beteiligung an Stadtwerken als „Freund und Helfer" vor. Dabei erfolgt die strategische Steuerung nicht nur über den Aufsichtsrat, sondern auch über einen Standard-Beratungsvertrag, über den pauschal strategische und energiewirtschaftliche Fragen sowie die Rechts- und Steuerberatung für eine pauschale Gegenleistung zur Verfügung gestellt werden. Thüga verfügte zum Zeitpunkt der Liberalisierung über ca. 65 Beteiligungen, seither sind – insbesondere durch die Fusion mit der Contigas – etwa 55 dazu gekommen. Ein nicht ganz so großes Rad wurde bei der Rhenag gedreht, an der VEBA zu 42 % und RWE zu 54 % beteiligt waren.

RWE und VEW hielten zahlreiche Beteiligungen an Regionalversorgern; RWE insgesamt 12 und VEW 3 (vgl. im einzelnen Anhang 3c).

Die VIAG-Beteiligungen sahen aus wie folgt: Contigas: 95,0 %, Isar-Amper-Werke (IAW): 84,6 %, Energieversorgung Ostbayern (OBAG): 96,0 %, Regensburger Energie- und Wasserversorgung (REWAG): 35,5 %, Thüringer Energie AG (TEAG): 75,0 %, Überlandwerk Unterfranken: 54,3 %.

Das Fazit des Kartellamts

Die Bewertungen des Amtes lesen sich durchaus ausdrucksstark: Die Einschätzung der Beschlussabteilung, dass durch die Zusammenschlüsse der Preiswettbewerb zwischen den Duopolmitgliedern Beschränkungen unterworfen würde, bestätigten Presseverlautbarungen der Unternehmensvertreter. So habe der VEBA-Vorstandsvorsitzende Hartmann erklärt, die Strompreise hätten die Talsohle erreicht und die Versorger hätten erkannt, dass aggressive

Preisgestaltung nicht zwingend mehr Kunden bringe[130]. Es sei nicht zu erwarten, dass Kraftwerksneubauten den künftig im Oligopol zu erwartenden Wettbewerbsfrieden störten. Art und Umfang der Planung und Realisierung von Kraftwerksbauten ließen sich nicht geheim halten, sondern seien branchenbekannt. Damit kämen sie für kurzfristige Wettbewerbsvorstöße nicht in Betracht. Im Gegenteil, die Transparenz des Kraftwerkportfolios eines jeden Oligopolmitglieds begünstige die Kollusion, das geheime Zusammenspiel, da die Ersatzinvestitionen in Kraftwerke Teil des wettbewerbsbeschränkenden Parallelverhaltens werden könnten. Weiter stehe zu erwarten, dass die Kapazitätskollusion im Bereich Kraftwerke durch kollusives Verhalten im Bereich der Grenzkuppelstellen zusätzlich abgesichert werde. Die Möglichkeit hierzu bestehe, da die Oligopolmitglieder über Interconnectoren zu allen Nachbarstaaten verfügten und mit Ausnahme der EnBW-Kuppelstellen nach Frankreich, Österreich und in die Schweiz alle Netzübergabepunkte vom und ins Ausland kontrollierten.

Oligopolistisches Parallelverhalten bei der Belieferung von Stadtwerken sei zudem dadurch gefördert, dass diese Kundengruppe zwischen den Oligopolmitgliedern je nach Lage im Gebiet eines Übertragungsnetzbetreibers aufgeteilt werden könne. Im Gegensatz zu EnBW hätten RWE/VEW und PreussenElektra/Bayernwerk nur wenige Weiterverteiler als Kunden verloren, so dass die Wiederherstellung der Lieferströme, wie sie jahrzehntelang bis zur rechtlichen Beseitigung der Gebietsmonopole bestanden, weitgehend reibungslos vollzogen werden könnte.

Auch das Verhalten des Duopols an den Kuppelstellen wird drastisch beschrieben: Da die Oligopolmitglieder den Großteil der internationalen Kuppelstellen kontrollierten, könnten Newcomer kaum auf Stromimporte ausweichen. Schon die Durchleitungsvorschriften enthielten keine Regelungen zum Engpassmanagement von Netzengpässen, zu denen auch die Kuppelstellen zählten. Daher verfügten die Oligopolmitglieder über erhebliche Verhaltensspielräume, Dritten den Zugang zu Importquellen auch künftig zu verweigern. Zunächst könnten durch überzogene netztechnische Sicherheitsbedenken die Kapazitäten der Kuppelstellen „heruntergerechnet" werden. Hinsichtlich der verbleibenden Kapazitäten könnte das Verbundunternehmen auch in Zukunft daran festhalten, dass Engpässe ausschließlich zu Lasten von Drittunternehmen gehen. Denn im Durchleitungsregelwerk werde kein diskriminierungsfreier und transparenter Vergabemechanismus geschaffen. Insofern könne ein Kuppelstellenbetreiber die freien Kapazitäten ganz oder zum Teil seinem Bereich Strombeschaffung zur Verfügung stellen, ohne dass gesichert wäre, dass er nicht genutzte Kapazitäten zumindest kurzfristig Dritten, anbiete auch sonst ein kapazitätsförderndes Engpassmanagement und Netzsicherheitsberechnungen offenlege. Die Durchleitungsverweigerungsargumente der vom Bayernwerk mit beherrschten BEWAG dokumentierten die vorgenannten Verhaltensspielräume des Netzmonopolisten zu Lasten von Wettbewerbern.

---

130. Vgl. „Strom kaum noch billiger", in: Rhein-Zeitung Koblenz vom 31. März 2006, 6, und „VEBA wandelt sich mit Power in E.ON", in: Handelsblatt vom 31. März 2000.

Die Bescheide des Bundeskartellamtes und der Kommission

Beide Kartellbehörden kamen zu dem Ergebnis, dass die Fusionen eigentlich untersagt werden müssten; andernfalls entstehe ein marktbeherrschendes Duopol. Das Bundeskartellamt preschte mit seinen Bescheiden vom 12. April 2000 vor, wobei die Situation bei Strom und Gas getrennt abgehandelt wurde. Der Zusammenschluss werde zur Entstehung eines marktbeherrschenden Oligopols führen, bestehend aus RWE/VEW und Preussen-Elektra/Bayernwerk auf den Märkten für die Belieferung von Sondervertragskunden, für die Belieferung von Kleinkunden und für den Stromhandel, insbesondere dem Markt für die Belieferung von Strom-Wiederverkäufern (Stadtwerken).

RWE und VEW hätten in ihren angestammten Versorgungsgebieten eine marktbeherrschende Stellung. Zwar hätten sie in ihren Netzgebieten wegen des Wegfalls der geschlossenen Versorgungsgebiete in der Regel keine Monopolstellung mehr. Der Marktanteil liege aber sehr hoch, weil sich noch kein Durchleitungswettbewerb entwickelt habe. Diese marktbeherrschenden Stellungen gälten auch für die mittelbar über Beteiligungsunternehmen versorgten Gebiete. Dazu gehört beispielsweise auch das Gebiet der Stadtwerke Leipzig, an der die MEAG eine 40 %ige Beteiligung hielt, die sie zum Jahreswechsel 1998/99 erworben hatte.

Bei den Kriterien, aus denen die Behörden die Marktmacht des Duopols ableiten, waren sich die Behörden einig. Das Amt schreibt: Die **Marktstruktur** werde tiefgreifend verändert. Der deutsche Markt für Elektrizitätsabgabe von der Verbundebene sei bereits derzeit hochkonzentriert, das Wettbewerbspotential sei durch weitere Faktoren eingeschränkt. Das Höchstspannungs-Übertragungsnetz, das für den Wettbewerb auf der Verbundebene ebenfalls von Bedeutung sei, werde zu über 80 % von den vier größten Stromerzeugern kontrolliert. Der Zusammenschluss führe zu einem marktbeherrschenden Duopol. Insgesamt entstehe auf dem deutschen Markt für Elektrizitätsabgabe von der Verbundebene zwei in etwa gleichwertige Blöcke, ein marktbeherrschendes Duopol, das einen weiten Vorsprung vor den übrigen Anbietern hätte.

Auch die Auswirkungen auf den **Binnenwettbewerb** seien beträchtlich:

Aufgrund zahlreicher struktureller Faktoren sei nach dem Zusammenschluss wesentlicher Wettbewerb zwischen VEBA/VIAG einerseits und RWE andererseits nicht mehr zu erwarten. Elektrizität sei ein homogenes Produkt, das auf einem transparenten Markt angeboten wird. Aufgrund eines ähnlich zusammengesetzten Kraftwerksparks und einer Reihe gemeinsam betriebener Großkraftwerke hätten VEBA/VIAG und RWE vergleichbare Kostenstrukturen. Zwischen VEBA/VIAG und RWE bestehen Verflechtungen, die Parallelverhalten fördern können. Die Möglichkeit, an die Kundenaufteilung entsprechend den ehemaligen Gebietsmonopolen anzuknüpfen, erleichtere ein Parallelverhalten. Das geringe zu erwartende Nachfragewachstum verringere zusätzlich einen Anreiz zu aktivem Wettbewerb der Duopolisten. Die geringe Preiselastizität der Nachfrage begünstige ebenfalls ein Parallelverhalten. VEBA/VIAG und RWE sind keiner wesentlichen Nachfragemacht ausgesetzt.

Außenwettbewerb werde es nicht geben:

Das Duopol von VEBA/VIAG und RWE bzw. RWE/VEW werde im Außenverhältnis keinem wesentlichen Wettbewerb ausgesetzt sein. Denn zu dem außerordentlich hohen Marktanteil des Duopols komme hinzu, dass mit allen anderen Verbundunternehmen außer EnBW Verflechtungen bestehen, die die Marktmacht des Duopols stärken. Das Duopol werde den weitaus größten Teil der installierten Erzeugungskapazität, nahezu das gesamte freie Erzeugungspotential und den weitaus größten Teil des Übertragungsnetzes kontrollieren. Es bestehen erhebliche Schranken beim Zutritt zu dem Markt, sowohl bei der Schaffung von Kapazitäten als auch bei den Importen. Die nur in begrenztem Maße möglichen Importe, die zudem weitestgehend über von den Duopolmitgliedern kontrollierten Interconnectoren erfolgen, könnten den Verhaltensspielraum des Duopols nicht einschränken. Dessen Mitglieder verfügten durch ihre zahlreichen Beteiligungen über eine starke Stellung auf den nachgelagerten Märkten, womit sie ihre Absatzbasis zu Lasten ihrer Wettbewerber sicherten. Die Ausgestaltung der Verbändevereinbarung II, insbesondere hinsichtlich der T-Komponente und der Regelenergie, verschaffe dem Duopol weitere Vorteile gegenüber Wettbewerbern. Die Kontrolle des weitaus größten Teils der Erzeugungskapazitäten, der Übertragungsnetze und der Kuppelkapazitäten zu den Nachbarstaaten verschafften dem Duopol einen entscheidenden Einfluss auf den sich im Gefolge der Liberalisierung entwickelnden Stromhandel.

Die Kommission fasste das Ergebnis wie folgt zusammen: Die Fusion von VEBA und VIAG verschlechtere die Strukturen auf dem deutschen Markt für die Stromabgabe von der Verbundebene erheblich. Der Wettbewerb werde durch die Entstehung eines Duopols (VEBA/VIAG und RWE bzw. RWE/VEW) entscheidend geschwächt. Aufgrund ihrer überlegenen Marktstellung und dem Zugriff auf Ressourcen wie Kraftwerke, Übertragungsnetz und Netzübergabestellen könne das Duopol den deutschen Markt weitgehend vom Wettbewerb abschotten und zudem die Entstehung eines funktionierenden Marktes für Stromhandel unterbinden. Der Zusammenschluss würde somit zur Entstehung einer gemeinsamen marktbeherrschenden Stellung führen. Für die marktbeherrschenden Stellungen waren von großer Bedeutung auch die langfristigen Gaslieferverträge, die – anders als beim Strom – von den großen Gasgesellschaften mit Zähnen und Klauen verteidigt wurden (vgl. 2. Teil, Kap. 3, Ziff. 5).

Die T-Komponente

Der Erfindungsreichtum der Stromkonzerne machte natürlich vor den Durchleitungsregeln der Verbändevereinbarung nicht halt. Eine besondere Erfindung war die sogenannte T-Komponente: Die Netzgebiete der Konzerne wurden in eine Nord- und in eine Südzone eingeteilt. Jeder Stromerzeuger oder –händler, der beide Zonen für seine Transporte nutzen musste, hatte 0,25 Pf/kWh zu bezahlen. Für Stromimporte ausländischer Anbieter fiel jeweils eine T-Komponente in Höhe von 0,125 Pf/kWh an. Die Konzerne waren freilich von dieser Komponente ungleich geringer als externe Stromhändler betroffen, weil sie Lieferungen und Bezüge zwischen den Zonen saldieren konnten. Eine besondere stromwirtschaftliche Leistung war mit der T-Komponente nicht verbunden; die Nutzung des Netzes wurde ja mit dem Regel-Netzentgelt abgerechnet. Die Kartellbehörden prüften, mit welcher Vorgehensweise sie gegen diese Komponente angehen könnten, ohne damit rechnen zu müssen, dass gegen eine Untersagungsverfügung bis zum Bundesgerichtshof geklagt würde – und ein Ansatz sollte sich in den Fusionskontrollverfahren ergeben.

6 ... und trotzdem kein Verbot der Fusionen

Die Europäische Kommission und das Bundeskartellamt waren sich gleichwohl einig, beide Fusionen freizugeben, wenn sich die Unternehmen verpflichteten, Auflagen zu erfüllen – die auf den ersten Blick sehr weitreichend aussahen, aber den Wettbewerb gleichwohl nicht voranbringen sollten. Die wichtigste Zusage betraf die Veräußerung der Beteiligungen an der VEAG. VEBA war an ihr mit 26,25 % und VIAG mit 22,5 % beteiligt. Daneben hielt RWE eine Beteiligung von 26,25 % und die Energiebeteiligungs-Holding (bestehend aus BEWAG, HEW, VEW und EnBW) eine Beteiligung von 25 %. Allein die Beteiligungen von VEBA, VIAG und RWE machten 75 % aus, die von VEW 6,25 %, so dass damit über 80 % der Gesellschaftsanteile zum Verkauf standen. Außerdem mussten sich die Parteien verpflichten, ihre Geschäftsanteile an dem ostdeutschen Braunkohleproduzenten LAUBAG sowie die dazugehörigen Bergrechte an den Erwerber der VEAG-Anteile zu veräußern. An der LAUBAG war auch die EBS Braunkohle-Beteiligungsgesellschaft mit 55 % der Anteile beteiligt, die wiederum in ihrer Mehrheit zur RheinBraun AG gehörte, Bestandteil des RWE-Konzerns. Damit stand eine Kapitalmehrheit an der VEAG zum Verkauf, die dem Erwerber die gesellschaftsrechtliche Dominanz sichern würde.

Das Problem war allerdings, wie das Überleben der VEAG gesichert werden konnte. Denn die westdeutschen Konzerne hätten mit ihren Überkapazitäten die neugeordnete VEAG ausbremsen können. Deswegen verpflichteten sich die Fusionspartner, über die bereits kontrahierten Bezüge ihrer ostdeutschen Töchter TEAG, e.dis und Avacon-ost hinaus, Strom zum Marktpreis von der VEAG zu beziehen, und zwar bis zum 31. Dezember 2003. Danach konnten die Absatzmengen zurückgehen. Besonders interessant ist, dass in der Auflage bis zum 31. Dezember 2001 ein Marktpreis von 6 Pf/kWh für Energie und Netz garantiert wurde. Der Energieanteil belief sich nach den Erfahrungen mit der Berechnung von Netzentgelten auf 4 Pf/kWh bzw. 2 ct/kWh. Das war genau der Durchschnittspreis für die reine Energie, wie er von den Konzernen während des Wettbewerbs auch im Westen verlangt wurde.

Veräußert werden mussten auch zwei Juwelen, zum einen die Geschäftsanteile an der BEWAG, die zu 26 % der VIAG und zu 23 % der VEBA gehörte. Außerdem musste sich VEAG verpflichten, ihre unmittelbare Beteiligung an den Hamburger Elektrizitätswerken (HEW) zu veräußern, an denen sie 15,4 % des Kapitals hielt. Mittelbar war VEBA über die schwedische Sydkraft, an der sie mit 17,6 % beteiligt war, in Höhe von 15,4 % an der HEW beteiligt. Auch diese Beteiligung musste verkauft werden.

Außerdem kam die T-Komponente ins Spiel: Alle Fusionspartner mussten sich verpflichten, innerhalb eines Monats nach Freigabe die T-Komponente aufzugeben. Dazu kamen einige weitere Zusagen, so die Aufspaltung der Strompreise in die Anteile nach Energie, Netz, Zählung/Ablesung sowie sonstige Bestandteile wie Konzessionsabgaben und Steuern. Außerdem sollte es Verbesserungen bei der Bereitstellung von Regelenergie und bei der Kapazitätsausweitung des Interconnectors an der deutsch-dänischen Grenze geben.

Diese Zwangsveräußerungen machten allerdings nur Sinn, wenn es für die freiwerdenden Gesellschaftsanteile auch Einkäufer gab. Mit anderen Worten: Die Kartellbehörden, die nicht nur Vorschläge der fusionswilligen Unternehmen umsetzten, sondern auch sicher sein wollten, dass dahinter auch gesamtstaatlicher politischer Wille stand, brauchten eine Absicherung, einen Strategen, der fähig war, diese komplexen Gegebenheiten in eine bestimmte Richtung zu lenken. Dieser Mann war Wirtschaftsminister Dr. Werner Müller, früher VEBA-Manager und Vorstand bei der Energieversorgung Magdeburg (EVM) in den Neuen Bundesländern, der also die Anliegen seines ehemaligen Konzerns und die Gegebenheiten in den Neuen Bundesländern kannte – und nicht nur das: Er hatte auch als Bundeswirtschaftsminister die Macht, mit Hinweisen an die beteiligten Unternehmen, mit Äußerungen gegenüber dem ihm unterstellten Bundeskartellamt, mit politischen Signalen nach Brüssel alles in die richtige Richtung zu lenken.

Das tat er alles mit Hilfe der von ihm erfundenen Formel von der „vierten Kraft": Neben dem neu entstehenden Duopol von VEBA/VIAG und RWE/VEW und der bis zur EDF orientierenden EnBW sollte es einen neuen Konzern geben, der sich aus der ehemaligen VEAG sowie BEWAG, HEW und LAUBAG als Braunkohleförderunternehmen fügen sollte. Erst später stand ein neuer Erwerber in Person der hinter der VASA Energy stehenden schwedischen Vattenfall bereit, die Eigner des neuen Konzerns wurde.

Diese Stellage schuf für die beiden Kartellbehörden Argumentationsmöglichkeiten, die freilich nur teilweise auf Fakten, überwiegend aber auf Hoffnungen beruhten. Die Fakten lagen darin, dass die gesellschaftsrechtliche Verbindung der beiden Konzerne über die von ihnen beherrschte VEAG aufgelöst würde. Die beiden Konzerne, die sich schon in der Zeit des Monopols einig waren, in den Neuen Ländern keinen Wettbewerb aufkommen zu lassen, hatten dieses Verhalten auch nach der Liberalisierung nicht eingestellt. Die Veräußerung der Beteiligungen stelle nunmehr sicher, dass die beiden Konzerne ihr „Parallelverhalten" jedenfalls bei der Steuerung der VEAG nicht mehr aufrechterhalten konnten.

Ob freilich der neue Konzern nunmehr ein echter Wettbewerber des Duopols werden würde und ob gar das Duopol seine für die Marktbeherrschung relevanten Verhaltensweisen – sich nämlich weder Binnen- noch Außenwettbewerb zu machen – aufgeben würde, war rein spekulativer Natur: *„Durch das angebotene Zusagenpaket, das mit den Zusagen von RWE vor dem Bundeskartellamt wie oben dargestellt verknüpft ist, wird sichergestellt, dass auf dem deutschen Markt für die Elektrizitätsabgabe von der Verbundebene kein marktbeherrschendes Duopol von VEBA/VIAG bzw. RWE/VEW entsteht. Die Zusagen stellen sicher, dass die bedeutendsten gesellschaftsrechtlichen Verbindungen der Duopolmitglieder gelöst werden. Dies lässt eines der Elemente, die Parallelverhalten fördern konnten, entfallen. Weitere Zusagen, die die Veräußerung von Beteiligungen u.a. an konkurrierenden Verbundunternehmen betreffen, vermehren die Zahl und die Bedeutung der von VEBA/VIAG und RWE/VEW unabhängigen Wettbewerber. Die Zusagen, die sich auf die Marktbedingungen und den Zugang zum deutschen Markt beziehen, verbessern weiter die Ausgangssituation für aktuelle und potentielle Wettbewerber beider Gruppen."*

Diese Argumentation war in hohem Maße unlogisch: Wieso durch die Erfüllung der Zusagen *„sichergestellt"* wird, dass auf dem Strommarkt *„kein marktbeherrschendes Duopol von VEBA/ VIAG und RWE entsteht"*, war schon deswegen offen, weil dieses Duopol ganz unabhängig von der Situation in den Neuen Ländern bereits bestand, wie beide Bescheide überzeugend festgestellt hatten. Genauso unlogisch ging die Argumentation weiter: *„Der deutsche Markt für die Elektrizitätsabgabe von der Verbundebene hatte bereits vor dem Zusammenschluss einen hohen Konzentrationsgrad. Die weitere Zunahme durch die Fusion würde dazu führen, dass die beiden Unternehmensgruppen sich keinen effektiven Wettbewerb mehr machen. Grundlegende Marktbedingungen wie die Homogenität des Produktes, die Markttransparenz* *sowie das geringe Nachfragewachstum begünstigen ebenfalls das Parallelverhalten, welches bei der neuen Marktstruktur, zu der auch die gesellschaftsrechtlichen Verbindungen der beiden Blöcke gehören, mit hinreichender Sicherheit zu erwarten gewesen wäre."*

Wenn es so wäre, dass die Fusion dazu führte, *„dass die beiden Unternehmensgruppen sich keinen effektiven Wettbewerb mehr machen"*, dann wäre auch diese Annahme nur logisch, wenn vorher Wettbewerb stattfand – wovon keine Rede sein konnte. Das Parallelverhalten bestand vielmehr – und würde auch zukünftig weiter bestehen, wie man alsbald sehen konnte. Ganz und gar überraschend war schließlich die Erwartung der Kartellbehörden zum Verhalten des neuen Konzerns: *„Gleichzeitig führt die Veräußerung der VEAG-Anteile durch VEBA/VIAG und durch RWE dazu, dass die VEAG ein unabhängiger Wettbewerber wird. Das Wettbewerbspotential der VEAG ist nicht mehr länger den beiden Blöcken zuzurechnen. Die Veräußerung bedeutet faktisch, dass sich die Marktkonzentration im Gefolge des Zusammenschlusses nicht wesentlich verändert. Durch die Fusion von VEBA und VIAG steigert sich zwar der Marktanteil der VEBA um 12,2 % (ohne Zurechnung der BEWAG- sowie VEAG/Position). VEAG hat jedoch eine mit der VIAG vergleichbare Marktstellung mit einem Marktanteil von 12,1 % und wird nach Erfüllung der Zusagen als unabhängiger Anbieter am Markt auftreten."*

Zwar war richtig, dass VEAG ein vom Duopol unabhängiges Unternehmen würde – aber ein *„Wettbewerber"*? Diese Erwartung würde doch voraussetzen, dass der gerade entflammte Wettbewerb, der im wesentlichen auf die Konzerne RWE und EnBW beschränkt war, sich fortsetzen und auf die VEAG ausdehnen würde. Davon konnte aber keine Rede sein, wie das Bundeskartellamt in seinem Bescheid vom 03. Juli 2000 sehr faktenreich und belegt ausführt. Der Stromhandelsmarkt weise *„Wettbewerbsbedingungen auf, die durch den Zusammenschluss so verschlechtert werden, dass sie RWE/VEW und PE/BAG von Wettbewerbshandlungen absehen lassen werden und wettbewerbsbeschränkendes oligopolistisches Parallelverhalten zu erwarten ist"*[131]. Dabei verweist das Bundeskartellamt auch auf die *„intensive Kooperation der Oligopolmitglieder in ihrer Eigenschaft als Übertragungsnetzbetreiber in der DVG*[132]*, die es ihnen erlaubt, Art und Umfang der Lastflüsse in Deutschland sowie Stromimporte zu verfolgen."* Diese Zusammenarbeit sei durch die Entscheidungen der Kartellbehörden in keiner Weise berührt. Wettbewerb zwischen den Duopolmitgliedern sei nicht zu erwarten. Dagegen sprächen nicht *„die gegenseitig zu beobachtenden deutlichen Preissenkungen und gewisser Preiswettbewerb auf der Weiterverteilerstufe ..., die von den Verbundunternehmen (und anderen EVU) zu Monopolzeiten geschaffenen, im Wettbewerb jedoch unwirtschaftlichen Überkapazitäten im Bereich der Stromerzeugung durch Stilllegungen deutlich zurückgeführt worden sind und innerhalb des zugrundeliegenden Prognosezeitraums weiter abgebaut sein dürften, wie sich aus den Marktermittlungen der Beschlussabteilung ergibt. Die Überkapazitäten der Oligopolmitglieder, die in der Vergangenheit ein wettbewerbsbelebendes Element dargestellt hätten, entfallen somit künftig weitgehend."*[133] Der Preiswettbewerb wurde von den Konzernen auch sehr kritisch gesehen: *„So erklärte der VEBA-Vorstandsvorsitzende Hartmann, die*

---

131. B. v. 03.07.2000, B8-309/99 RWE/VEW, Rz 40, 29.
132. Deutsche Verbundgesellschaft (der Netzbetreiber).
133. Bescheid 32.

Strompreise hätten die Talsohle erreicht und die Versorger hätten erkannt, dass attraktive Preisgestaltung nicht zwingend mehr Kunden bringe."[134]

Aber auch Außenwettbewerb war nicht zu erwarten. *„Duopolunabhängige Regionalversorger und Stadtwerke kommen, abgesehen von sehr wenigen Ausnahmen, nicht als Anbieter in Betracht, da sie weder über Eigenerzeugungsanlagen noch über besonderes Stromhandels-Know-how verfügen ... Zum anderen fehlt vielen dieser kommunalen Unternehmen das Know-how, die Finanzkraft und aufgrund von Rechenschaftspflichten die Risikofähigkeit, um im gewichtigen Maße in das Stromhandelsgeschäft einzusteigen."*[135] Auch vom Ausland sei kein Wettbewerb zu erwarten: *„Da die Oligopolmitglieder den Großteil der internationalen Kuppelstellen kontrollieren, können die Newcomer kaum auf Stromimporte ausweichen."*[136]

Schon wenn man die beiden Bescheide nebeneinander legt, werden die Widersprüche in den Argumenten deutlich. Das liegt auch an der unterschiedlichen Bescheidungsweise der Behörden. Während der Bescheid des Bundeskartellamts vom 28.04.2000 zunächst wohl zu einer Untersagung führen sollte, die nur an wenigen Stellen Ansatzpunkte für ein finales Umsteuern bieten konnte (und durfte), endete der Bescheid der Kommission vom 13.06.2000 mit der Freigabe. Der Bescheid ist zwar, was die wettbewerbsrechtliche Würdigung des Duopols angeht, sehr deutlich. Aber er lässt die Ansatzpunkte für die Auflagen doch erkennen.

Umso dürftiger fällt denn auch die Freigabe unter Auflagen des Bundeskartellamts vom 04.07.2000 aus. Die Pressemitteilung hebt einleitend darauf ab, dass in der Gaswirtschaft Wettbewerbsprobleme *„beseitigt"* würden: So müsse RWE Beteiligungen an der Spreegas und an der GASO in den Neuen Ländern und an der rhenag im Westen veräußern, die Thyssengas müsse den Zugang zu ihren Gasversorgungsnetzen verbessern. Zugleich wird aber auf die Achillesferse des Wettbewerbs in der Gaswirtschaft hingewiesen: *„Diese Auflagen im Gasbereich reichen allerdings nicht aus, da sie aufgrund der in der Gaswirtschaft bestehenden langfristigen Lieferverträge nur begrenzte Wirkungen entfalten können."* Diese hätte das Bundeskartellamt durch Auflagen angehen können und müssen! Statt dessen heißt es, dass die verbleibenden Verschlechterungen auf den betroffenen Gasmärkten *„durch erhebliche Verbesserungen der Wettbewerbsbedingungen auf den Strom-Regelenergiemärkten überwogen"*: Regelenergie, die als Ausgleichsenergie bei der Netznutzung Dritter gebraucht wird, soll unter verbesserten Wettbewerbsbedingungen bereitgestellt werden: *„Die Auflagen verbessern die Möglichkeiten der Vollversorgung von Industriekunden und Stadtwerken durch Wettbewerber von RWE/VEW."* Was die Stromwirtschaft angeht, redet die Pressemitteilung forsch davon, dass die dort bestehenden Wettbewerbsprobleme *„beseitigt"* würden. Die VEAG werde wegen der Veräußerung zu einem *„vollständigen und bedeutenden Wettbewerber auf allen Marktstufen ... Durch die Schaffung von wirksamem Außenwettbewerb auf den Strommärkten wird zusammen mit weiteren Auflagen das andernfalls zu erwartende oligopolistische Parallelverhalten in einem weitgehenden symmetrischen Duopol RWE/VEW und VEBA/VIAG verhindert"*.

---

134. Bescheid 32 unter Verweis auf „Strom kaum noch billiger" in: Rhein-Zeitung Koblenz v. 31. März 2006, 6, und „VEBA wandelt sich mit Power in E.ON", in: Handelsblatt v. 31. März 2000.
135. Bescheid 34.
136. Bescheid 34.

Diese Einschätzungen, die die Freigabe tragen, liegen, gemessen an den eigenen Aussagen der Bescheide zur Würdigung des Verhaltens der Duopolmitglieder, völlig neben der Sache. Und sie werden durch die eigenen Feststellungen des Amtes wenig später widerlegt werden.

7 Die Fusion E.ON/Ruhrgas

Der Deal

Die E.ON war kaum entstanden, da plante ihr Vorstand schon den nächsten großen Deal: den Kauf der Ruhrgas AG. Sollte er wirklich gelingen, würde er eine strategische Glanzleistung. Im Wettbewerb zwischen E.ON und RWE, wer der Größte und Mächtigste sei, würde das Geschäft die Verhältnisse endgültig zugunsten von E.ON wenden. E.ON ist zweitgrößter deutscher Stromerzeuger. Und die Ruhrgas AG war und ist der größte deutsche Gasimporteur, -händler und -versorger. Von zentraler Bedeutung war aber nicht nur diese beherrschende Marktstellung, sondern auch, dass Erdgas immer mehr als Energiequelle für die Stromerzeugung eingesetzt wird, und zwar nicht nur in Kondensationskraftwerken, bei denen angefallene Wärme in die Atmosphäre abgegeben wird, sondern in Gas- und Dampf-Kraftwerken (GuD), die die beim Verstromungsprozess anfallende Wärme für die Fernwärmeversorgung nutzen und so eine Energieausbeute von deutlich über 80 % möglich machen. Wer gesichert und zu langfristig kalkulierten Preisen Erdgas für einen Kraftwerkspark im eigenen Hause einsetzen könnte, verschaffte sich dadurch eine überragende Stellung.

Aber es war keineswegs einfach, das Geschäft auch hinzubekommen. Denn es gab hohe Hürden. Zunächst mussten die Gesellschafter, eine verzweigte Schar mit zum Teil langfristig gewachsener Tradition, vom Sinn des Geschäfts überzeugt werden. Als noch schwieriger war die Frage anzusehen, ob das Kartellamt der Fusion von E.ON und Ruhrgas überhaupt zustimmen würde. Beide Unternehmen waren nach der Beurteilungspraxis des Amtes als marktbeherrschend anzusehen. Die Fusion musste zwangsläufig diese marktbeherrschende Stellung verstärken. Eine Ablehnung der Fusion war damit fast sicher. Allerdings gibt es im deutschen Recht noch das Instrument der Ministererlaubnis (§ 42 GWB). Der Bundeswirtschaftsminister kann eine Fusion danach auch genehmigen, wenn sie vom Bundeskartellamt als schädlich für den Wettbewerb angesehen wird. Voraussetzung ist nach dem GWB, dass *„im Einzelfall die Wettbewerbsbeschränkung von gesamtwirtschaftlichen Vorteilen des Zusammenschlusses aufgehoben wird oder der Zusammenschluss durch ein überragendes Interesse der Allgemeinheit gerechtfertigt ist"* (§ 42 Abs. 1 Satz 1 GWB). Die Art und Weise, wie der Konzern es anstellte, diese Bedingungen zu erfüllen, zeugt von der Bereitschaft zur Gratwanderung. Denn beim Instrument der Ministererlaubnis muss eben der Bundeswirtschaftsminister mitspielen. Der Konzern schätzte die Lage aber offensichtlich so ein, dass dieser Schritt zu erreichen war. Das zeugt von einem unglaublichen Selbstbewusstsein, ging es doch immerhin um die Entscheidung eines Ministers, die sicherlich im Kabinett abgesegnet werden musste und sich vor den Augen der Öffentlichkeit abspielte. Man kann sich vorstellen, dass in den Häusern E.ON und Ruhrgas zahlreiche Planspiele stattgefunden haben, bei denen die Abläufe durchdacht und festgelegt wurden. Die Person des zuständigen Ministers würde dabei eine entscheidende Rolle spielen.

Das Objekt der Begierde: die Ruhrgas AG

Die Gründung der Ruhrgas war seinerzeit unternehmerisch geradezu geboten. Den Herren der Ruhrgebietszechen war nämlich klar, dass man das beim Verkokungsprozess anfallende Gas nicht nur in den eigenen Zechen verwenden, sondern die Überschüsse auch verkaufen konnte, und zwar an die Städte, die Stadtgas schon seit langem einsetzten. Daher gründeten die Zechen im Jahr 1926 die Ruhrgas als Gemeinschaftsunternehmen. Die Idee hatten wiederum ein Stinnes-Mann, nämlich Alfred Pott, der Generaldirektor des Bergbauzweiges des Stinnes-Konzerns, und Albert Vögler, Generaldirektor der Vereinigten Stahlwerke AG, die mit der Idee einer großräumigen Ferngasversorgung bei den Zechen um Unterstützung warben. Und sie hatten Erfolg. 1928 wurde das 300 km lange Leitungsnetz der RWE AG übernommen und die *„Aktiengesellschaft für Kohleverwertung (AGKV)"* in Ruhrgas AG umbenannt. Bis zum Ende des Jahrzehnts waren Verträge für die Gasversorgung der Städte Köln, Düsseldorf, Hannover und Saarbrücken unter Dach und Fach. 1930 betrug der Gesamtabsatz 0,3 Mrd. cm³ (3,8 Mrd. kWh). Das Leitungsnetz umfasste 857 km. Die Ruhrgas beschäftigte 385 Mitarbeiter und hatte einen Umsatz von 13 Mio. RM.

Bis 1936 war das Rohrnetz schon auf 1.128 km Länge gewachsen, mit dem 2 Mrd. cm³ Kokereigas aus 32 Kokereien verteilt wurden. Ein Signal für das erfolgreiche Werben um Industriekunden war die Akquisition des Opel-Werks in Rüsselsheim. 1939 kam Erdgas dazu: Bei Bentheim war Erdgas entdeckt worden. Das Reichswirtschaftsministerium wollte, dass die Ruhrgas die Erdgasvorräte in das bestehende Netz integrierte. Aber infolge des Krieges konnte erst 1944 eine 75 km lange Erdgasleitung zu den Chemischen Werken Hüls fertiggestellt werden. Nachdem die kriegsbedingten Zerstörungen überwunden waren, setzte mit Macht die Expansion ein. Schon 1948 exportierten Ruhrgas und Thyssengas gemeinsam Kokereigas in die Niederlande. 1965 war das Leitungsnetz 3.402 km lang, der Gesamtabsatz lag bei 3,3 Mrd. cm³, davon 10 % aus Erdgas.

Die in Deutschland gefundenen Erdgasvorkommen wurden allerdings in erster Linie von der Brigitta Elwerath (BEB), Hannover, vermarktet, einem Gemeinschaftsunternehmen von Shell und Esso. Daher wandte die Ruhrgas den Blick nach Osten. Im Jahr 1970 kam es zum ersten Liefervertrag mit dem Partner OAO Gazprom. Die Ruhrgas wurde zu Deutschlands größtem Erdgasimport- und –verteilungsunternehmen mit einer praktisch monopolartigen Stellung, die durch den Abschluss der deutsch-sowjetischen Verträge 1973 noch wuchs. Voraussetzung war allerdings, dass man das Gas vom Fundort Sibirien auch nach Deutschland bekam. Die Ruhrgas bot daher die Errichtung einer Erdgaspipeline von Sibirien bis Deutschland an, für die die Mannesmann AG die Röhren liefern sollte. Finanzier wurde die Deutsche Bank. Im Gegenzug belieferte die heutige Gazprom die Ruhrgas mit Erdgas. Das langfristige Denken der Ruhrgas-Manager war daran zu erkennen, dass der Preis für das Importgas bis zum Jahr 2000 festgeschrieben wurde. Daraus tilgte die sowjetische Seite den Kredit bei der Deutschen Bank.

1980 betrug das Leitungsnetz schon 7.507 km und der Gesamtabsatz belief sich auf 38,2 Mrd. cm³, davon 95 % aus Erdgas. Für die Ruhrgas werkten 2.938 Mitarbeiter, die einen Umsatz von 8,8 Mrd. DM erwirtschafteten. Die Expansion dehnte sich auch nach Westen aus. Schon 1977 hatte die Ruhrgas in Kooperation mit der Swissgas Erdgaslieferungen in die Schweiz aufgenommen. Neben sibirischem Gas (Anteil im Jahr 2000 35 %) wurde Gas nunmehr auch in den Niederlanden (20 %), in Norwegen (1977), in Dänemark (1984) und in

Großbritannien eingekauft (1998). Ein immer wichtigerer Partner wurde der norwegische Staat (25 %), mit dem die Ruhrgas das Troll-Feld erschloss. Allein dieser Förderweg verdoppelte den Anteil norwegischen Erdgases aus der Nordsee von 1996 bis 2005. 1998 beschäftigte die Ruhrgas 9.100 Mitarbeiter, das Leitungsnetz war 10.361 km lang und der Gesamtabsatz betrug 50,9 Mrd. cm³. Die deutsche Erdgasversorgung hing zu 80 % unmittelbar und mittelbar von der Ruhrgas ab. Dagegen nahm sich die zum RWE-Konzern gehörende Thyssengas vergleichsweise klein aus.

Die Gesellschafterstruktur

Die Gesellschafterstruktur der Ruhrgas war einerseits ein Abbild ihrer Geschichte: Die Kohleherren von der Ruhr waren repräsentiert in der Ruhrkohle AG (RAG) Beteiligungs-GmbH. Außerdem spielte die Mineralölwirtschaft eine wichtige Rolle, die früh die strategische Bedeutung der Ruhrgas mit ihrem Gasimportnetz erkannt hatte. Um die gesellschafterliche Macht effektiv einzusetzen, hatten sich die Gesellschafter in Beteiligungsgesellschaften zusammengeschlossen, um ihre Stimmen zu poolen. Das waren die Bergemann GmbH mit einem Anteil von 59,76 %, in der insbesondere zusammengefasst waren die Gelsenberg AG, die wiederum der Deutschen BP Holding AG gehörte, die RAG-Beteiligungs-GmbH, die Mannesmann AG, die Thyssen-Krupp AG, die RWE DEA AG, die VEBA AG u.a. Besonders interessant war dabei die VEBA Öl AG, weil über sie der E.ON-Vorgängerkonzern VEBA eine Beteiligung hielt. Der VEBA Öl AG gehörte u. a. die Tankstellenkette ARAL.

Weitere 25 % hielt die Brigitta Erdgas und Erdöl GmbH, die der Esso- und der Shell AG zu gleichen Teilen gehörte. 15 % hielt die Schubert KG, die wiederum eine Beteiligungsgesellschaft war. In dieser Beteiligungs-GmbH fanden sich die Mobil Oil AG und die PREUSSAG AG, Elwerath Erdgas und Erdöl GmbH (Esso und Shell) sowie die Gelsenberg AG (Deutsche BP Holding AG). Nur 0,24 % der Aktien gehörten Kleinaktionären.

Von großer Bedeutung für den Erwerb der Aktienmehrheit an der Ruhrgas war damit die Gelsenberg, weil sie in beiden Beteiligungsgesellschaften vertreten war. E.ON war daher an die Gelsenberg-Gesellschafterin, die Deutsche BP Holding AG, herangetreten. Das Angebot: Tausch der Beteiligungsrechte an der ARAL AG gegen die BP-Anteile an der Ruhrgas. Darauf ließ sich die BP ein. Hier liegt der Grund dafür, warum BP als Anbieter aus dem deutschen Tankstellennetz verschwinden würde. Diesen Erwerb hatte das Bundeskartellamt vorab freigegeben. Damit war der weitere Weg klar: E.ON verhandelte mit den übrigen Gesellschaftern und sicherte sich Optionen auf deren Ruhrgasanteile. Aber die große Frage war, ob das Bundeskartellamt den ausschlaggebenden Deal, den Erwerb der Mehrheit von BP an der Gelsenberg, freigeben würde.

Um die Kapital- und Stimmenmehrheit an der Ruhrgas zu erlangen, musste E.ON zu seinen bereits gehaltenen 0,1827 % der Anteile an der Bergemann GmbH außerdem deren restliche Anteile erwerben. Denn Bergemann hielt zusätzlich zur eigenen Beteiligung von 34,7558 % an Ruhrgas aufgrund vertraglicher Vereinbarung die Stimmrechte aus einem 25 %igen Anteilspaket der Gelsenberg. So konnte in Summe eine Stimmenmehrheit von 59,7558 % an der Ruhrgas AG erreicht werden. Auch diese Transaktion musste vom Kartellamt genehmigt werden.

Das Bundeskartellamt sagt Nein

Aber das Bundeskartellamt untersagte die Fusionsvorhaben mit Beschlüssen vom 17. Januar und 26. Februar 2002: Für diese Entscheidung war nach dem Gesetz gegen Wettbewerbsbeschränkungen erforderlich, dass der Zusammenschluss eine marktbeherrschende Stellung begründe oder verstärke (§ 36 Abs. 1 GWB). Das war eigentlich klar, weil die marktbeherrschende Stellung, die die E.ON nach der Auffassung des Bundeskartellamts schon hatte, durch den Zusammenschluss mit der Ruhrgas noch verstärkt würde, und zwar sowohl beim Absatz von Gas als auch beim Absatz von Strom. Aber man hatte ja noch ein As im Ärmel ...

Beide Bereiche arbeitete das Amt getrennt ab: Beim Gas beziehe sich die erwartete Verstärkung darauf, dass der Absatz an die zum E.ON-Konzern gehörenden Unternehmen (Regionalversorger und Stadtwerke) gesichert würde. Quantitativ bedeutsamer war aber ein weiteres Moment, die Verstärkung der „vertikalen Integration". Dieser Begriff ist das Synonym dafür, dass E.ON unmittelbar oder über Tochterunternehmen an etwa 150 Stadtwerken und einer beträchtlichen Anzahl an Regionalversorgern beteiligt war. Eine wichtige Gesellschaft war in diesem Zusammenhang die Thüga AG, die E.ON zu insgesamt 61,2 % gehört. Die Thüga war an 100 Strom-, Gas- und Wasserunternehmen beteiligt. Ein bedeutender Anteil dieser Beteiligungen war erst vor kurzem erworben worden.

Ein weiterer Effekt, der das Bundeskartellamt bekümmerte, war der Wegfall des potentiellen Wettbewerbs zwischen E.ON und Ruhrgas bei der Belieferung von industriellen und gewerblichen Gasgroßkunden einerseits und von Stadtwerken. Zwar war dieser Wettbewerb nicht sehr wahrscheinlich, aber jedenfalls vom Ansatz her möglich.

Mindestens ebenso gravierend waren auch die Auswirkungen auf den Strombereich: Die E.ON Energie habe zusammen mit der RWE-Konzerntochter RWE Plus AG auf bundesweiten Märkten als „Duopol" eine marktbeherrschende Stellung. Das gelte für die Belieferung von industriellen und gewerblichen Stromgroßkunden, aber auch für die Belieferung von weiterverteilenden Regionalversorgern und Stadtwerken. Außerdem könne die Koppelung von Strom und Gas zu erheblichen Absicherungseffekten für E.ON führen. E.ON habe über Ruhrgas einen vollständigen Einblick in die Gasbezugskonditionen der anderen Unternehmen. E.ON könne – angesichts der Bedeutung, die dem Energieträger Erdgas in einer Vielzahl von Prognosen beigemessen werde – die zukünftige Kraftwerksstruktur in Deutschland beeinflussen: Und damit würden die Wettbewerbsmöglichkeiten unabhängiger Stromerzeuger massiv behindert; ihr Markteintritt werde praktisch unmöglich. Auch die Eigenerzeugungsmöglichkeiten der Industrie und damit ihre Verhandlungsmöglichkeiten würden beeinträchtigt.

Das Ausmaß der Verstärkung der marktbeherrschenden Stellungen war nach den Ermittlungen des BKartA gravierend. Hinsichtlich der Position der Ruhrgas auf der Ferngasstufe bei der Belieferung von Gasweiterverteilern wird festgestellt (Rn. 30), dass *„insgesamt eine Sicherung von rund einem Drittel des gesamten aktuellen Gasabsatzes des Ruhrgas-Konzerns an Weiterverteiler"* eintritt. Insgesamt führe die Verbindung von E.ON mit Ruhrgas (so Rn. 35) zu einem für den Wettbewerb gefährlichen Ausmaß an vertikaler Integration auf dem Gas-Weiterverteilermarkt: *„Sie erfasst – mit unterschiedlicher Intensität – 47 % aller in Deutschland an Weiterverteiler gelieferten Gasmengen. In einer Phase beginnender Liberalisierung auf den Gasmärkten werden damit die Chancen für wirksamen Wettbewerb durch andere*

Ferngasunternehmen von vornherein deutlich verschlechtert. Die bereits marktbeherrschende Stellung der Ruhrgas wird dadurch zementiert."

Hinsichtlich der Stellung der E.ON und ihren Beteiligungsunternehmen, die im Netzbereich von Ruhrgas liegen, sei bei der Belieferung von letztverbrauchenden Großkunden und lokalen Gasweiterverteilern (Stadtwerken) (Rz. 42) zu erwarten, dass *„Ruhrgas im Gebiet der genannten E.ON- Unternehmen als potentieller Wettbewerber von Gasgroßkunden einerseits und von Stadtwerken andererseits auf Dauer ausfällt".* Außerdem verweist das Amt auf die mit der Fusion verbundene deutliche Verstärkung der marktbeherrschenden Stellung von E.ON im Strombereich, sowohl bei der Belieferung von Großkunden als auch bei der Belieferung von Weiterverteilern, die zur weiteren Verstärkung der kollektiven Marktbeherrschung von E.ON Energie und RWE Plus führe. Das ohnehin marktbeherrschende Duopol gewinne mit dem Einfluss auch auf Ruhrgas zusätzliche wettbewerbliche Verhaltenspielräume gegenüber den übrigen inländischen etablierten, aber auch gegenüber den unabhängigen Stromerzeugern (IPP), die unter Nutzung der Primärenergie Erdgas z. B. letztverbrauchende Stromgroßkunden und Stromweiterverteiler als Kunden aus derartigen Kraftwerken beliefern und umwerben könnten. Insbesondere würde die Belieferung von für den Betrieb von GuD-Kraftwerken benötigten Gasmengen durch die Fusion mit den damit verbundenen Einflussmöglichkeiten die Chance auf diese Art von Wettbewerb von vornherein dämpfen (Rn. 67).

Allerdings hatte E.ON angeboten, Maßnahmen zur Verbesserung des Gaswettbewerbs durchzuführen und Beteiligungen abzugeben. So hatte E.ON zur Förderung des Durchleitungswettbewerbs bei Gas in den Netzgebieten ihrer Konzernunternehmen Schleswag, Heingas/ HGW (einschließlich Hansegas) und Avacon folgende Auflagen vorgeschlagen:

- Veröffentlichung von Netznutzungsmodalitäten und Netzkarten, der Kalkulationsmethode der Durchleitungsentgelte, freier Kapazitäten und Zusage diskriminierungsfreien Netzzugangs,
- Bereitschaft zur Herstellung physischer Verbindungen zum Leitungsnetz der vorgenannten E.ON-Regionalversorger,
- die Bereitschaft zum Abtausch von Gas unterschiedlicher Beschaffenheit anstelle Durchleitung in seinem Netz,
- die Praktizierung der Durchleitung für Heiz-/Kochgaskunden auf der Grundlage synthetischer Lastprofile mit sofortiger Wirkung, und Verzicht auf Leistungsmessung,
- die Bereitschaft zur Gewährung diskriminierungsfreien Zugangs zu den freien Kapazitäten der Regionalspeicher (je zwei Speicher von HGW/Heingas und Avacon),
- die Vereinfachung des Vertragshandlings beim Abschluss von Durchleitungsverträgen (Abschluss nur noch eines Vertrages für Regional- und Endverteilerstufe der vorgenannten Unternehmen),
- die Schaffung eines Bilanzausgleichs für Bereiche gleicher Gasqualität und für leistungsgemessene Kunden in jeweils zusammenhängenden Hochdrucknetzen von Avacon, Schleswag und HGW.

Ferner hatte sich E.ON bereit erklärt, Veräußerungsauflagen zu akzeptieren, nämlich die Veräußerung ihrer 22 %-Beteiligung an Bayerngas, ihrer 12,95 %-Beteiligung an GASAG, ihrer 5,26 %-Beteiligung an VNG.

Diese Zusagen hielt das Amt allerdings für nicht ausreichend. Eine Freigabe der Fusion schied daher aus.

So schnell wird man klüger

Das Amt spricht vom *„marktbeherrschenden Duopol von E.ON und RWE".* Man reibt sich die Augen: In der Entscheidung über die Freigabe der Fusion von RWE und VEW vom April 2000 hatte das Amt noch geschrieben, dass durch die Zusagen, die RWE im Zusammenhang mit der Fusion gemacht hatte, *„sichergestellt (werde), dass auf dem deutschen Markt für die Elektrizitätsabgabe von der Verbundebene kein marktbeherrschendes Duopol von VEBA/ VIAG bzw. RWE/VEW entsteht".* Plötzlich sollte das Gegenteil gelten. Auch die Erwartung, dass die Veräußerung der VEAG und deren Übernahme durch Vattenfall das *„zu erwartende oligopolistische Parallelverhalten in einem weitgehend symmetrischen Duopol RWE/VEW und VEBA/VIAG verhindert",* hatte sich offensichtlich nicht bestätigt. Wenn man sich die Geschichte der beiden Unternehmen betrachtet, war allerdings die Erwartung, dass RWE und E.ON durch die Liberalisierung plötzlich ihre marktbeherrschende Rolle und diejenigen Verhaltensweisen, mit denen die Marktbeherrschung exekutiert wurde, aufgeben würden, ohnehin reine Illusion. Das hatte das Amt jetzt – nach nur eineinhalb Jahren – völlig richtig bemerkt. Aber die kurz zuvor freigegebenen Fusionen hatten Bestand. Ähnlich sollte das Amt einige Jahre später wieder vorgehen.

Die Ministererlaubnis

Das As im Ärmel war die Ministererlaubnis. Dazu hatte es offensichtlich eine Vorabsprache gegeben. Der SPIEGEL[137] berichtete nämlich, dass der *„Bundeskanzler eine entsprechende Erlaubnis bereits vor Wochen im Beisein mehrerer Manager und Gewerkschafter in Aussicht gestellt (habe). Auch sein Wirtschaftsminister, der parteilose Werner Müller, hatte eine Ministererlaubnis im Falle einer Ablehnung durch das Kartellamt ins Gespräch gebracht."* Und weiter: *„Immerhin habe Bundeskanzler Gerhard Schröder schon im Oktober in Aussicht gestellt, dass im Falle einer Ablehnung durch das Kartellamt auch ein Antrag auf eine Ministererlaubnis gestellt werden könne."* Außerdem hatte Minister Dr. Müller auf dem Steinkohletag Mitte November 2001 Ausführungen zum Fusionsvorhaben gemacht, welche die FAZ vom 15.11.2001 wie folgt kommentiert hat: *„Müllers Ausführungen lassen den Schluss zu, dass er bei einer ablehnenden Haltung des Kartellamtes gute Gründe sieht, die geplanten Transaktionen durch eine Ministererlaubnis zu ermöglichen."*

Wie war das möglich? Wieso konnten ein Bundeskanzler und ein Bundeswirtschaftsminister am Kartellamt vorbei, ja schon vor der Entscheidung des Amtes, dem E.ON-Konzern in Aussicht stellen, die Bundesregierung werde die Fusion schon freigeben? Dazu muss man wissen: Der Vorstandsvorsitzende der Ruhrgas AG, Dr. Klaus Liesen, laut Manager-Magazin 2002 eine der zehn mächtigsten „Grauen Eminenzen" innerhalb der Deutschland AG, war von 1987 bis 2002 auch Vorsitzender des Aufsichtsrates der Volkswagen AG. In dieser Funktion war er für das Unternehmen offenbar so erfolgreich, dass er nach seinem Ausscheiden als Ehrenvorsitzender des Aufsichtsrates gewählt wurde. Dort muss er auf Gerhard Schröder

---

137. 4/2002 v. 18.01.2002

gestoßen sein, der seit seiner Wahl zum Niedersächsischen Ministerpräsidenten im Juni 1990 kraft Amtes dem Aufsichtsrat der Volkswagen AG angehörte. Zwar war dieser mit seiner Wahl zum Bundeskanzler im Herbst 1998 aus dem Gremium ausgeschieden. Aber offensichtlich halten alte Connections. Es gibt ja noch das Telefon. Jedenfalls muss Schröder bereits gebrieft gewesen sein, als er *„im Oktober (2001) ... eine Ministererlaubnis in Aussicht gestellt hatte"*, wie der SPIEGEL schreibt.

Und Dr. Müller?

Dr. Werner Müller, parteilos, war von Gerhard Schröder nach dem Scheitern des zunächst ins Gespräch gebrachten Unternehmers Stollmann zum Bundeswirtschaftsminister ausgewählt worden. Ein Mann der Energiewirtschaft: Von 1973 bis 1980 war er bei der RWE AG, von der er zur VEBA AG (Leiter Energiestab) wechselte, wo er später Generalbevollmächtigter wurde. 1992 wechselte er zur VEBA-Tochter VEBA-Kraftwerke Ruhr AG und wurde Vorstand für den Energiehandel. Im Oktober 1997 verließ Müller überraschend die VEBA. Zuvor war es zu unterschiedlichen Auffassungen zwischen ihm und Konzernvorstand Ulrich Hartmann sowie dem Chef der bedeutendsten VEBA-Tochter PreussenElektra, Hans-Dieter Harig gekommen. Dabei ging es u. a. um die Neuordnung des VEBA-Kraftwerkebereichs. Eine interessante Persönlichkeit: Neben seiner wirtschaftlichen Ausbildung hatte er Sprachwissenschaften und Musik studiert. Seinen Doktor machte er in Musikwissenschaften. Für ein gutes Konzert soll er auch schon mal übers Wochenende nach New York fliegen.

So ging laut Handelsblatt die Karriere weiter: *„Es war in den Mittagsstunden des 19. Oktober 1998. Wenige Stunden zuvor hatte den privatisierenden Ex-Manager der Anruf seines Freundes Gerhard Schröder erreicht. Müller solle dem designierten Kanzler aus der Patsche helfen, um anstelle des ahnungslosen Jobst Stollmann neuer Bundesminister für Wirtschaft und Technologie zu werden."* ,Müller wer?', *fragen die Berichterstatter nach dem fast Unbekannten. Schon damals lächelt der Mann, als würde er das Spektakel nicht ganz ernst nehmen. Man wird ihn bald kennenlernen."*

Mit Müller hatte die E.ON ihren „Mann in Berlin", auch wenn Müller 1997 im Streit aus dem VEBA-Konzern ausgeschieden war. Das sollte sich bald zeigen.

Der Antrag auf Ministererlaubnis

Die langfristige Planung des Hauses E.ON konnte man schon daran erkennen, dass zwar der Rechtsweg gegen die Untersagungsverfügungen des Bundeskartellamts zum OLG Düsseldorf beschritten wurde. Denn man durfte die Untersagungen der Fusionen nicht bestandskräftig werden lassen. Aber taktisch spielten diese Schritte keine Rolle. Von zentraler Bedeutung waren dagegen die Anträge auf Ministererlaubnisse vom 15.02. und 05.03.2002. Zur Begründung der Anträge führte E.ON neben einer angeblich falschen Beurteilung der Lage durch das Kartellamt das Gemeinwohlargument der Sicherung der deutschen Energieversorgung sowie die Wettbewerbsfähigkeit der Ruhrgas im internationalen Gasmarkt an. Ein leistungsfähiges Unternehmen sei wichtig, um die zunehmende Importabhängigkeit von Exportregionen und die damit verbundenen Risiken zu minimieren. Um Ruhrgas auf den ausländischen Märkten besser zu positionieren und international wettbewerbsfähig zu machen, müsse die starre Gesellschafterstruktur aufgebrochen und Ruhrgas eine breitere Finanzierungsbasis verschafft werden, um ihr damit wichtige gaswirtschaftliche Optionen zu ermöglichen. Ruhrgas werde dann über verbesserte Ressourcen für notwendige Unternehmensakquisitionen und andere Wettbewerbsmaßnahmen verfügen.

Das integrierte Gasunternehmen mit Aktivitäten auf allen Stufen der Wertschöpfungskette sei das in der europäischen Gaswirtschaft durchgängig zu findende Modell, welches den künftigen europäischen Wettbewerbsmarkt prägen werde. Die dadurch entstehenden Kostenvorteile könnten zu den Kunden weitergereicht werden. Durch die Fusion könne Ruhrgas in dieser Hinsicht international wettbewerbsfähig werden. Die Gaswirtschaft sei ferner durch lange Vorlaufzeiten mit langfristigen Abnahmeverträgen und damit einhergehenden hohen Kosten und Finanzierungszeiträumen charakterisiert. Hingegen interessierten sich die Endverbraucher zunehmend für kurzfristige und flexible Verträge. Aus diesem Grund müsse Ruhrgas in einen integrierten Gasanbieter umgewandelt werden. Schließlich garantiere der Zusammenschluss den Erhalt von Arbeitsplätzen, da es in Deutschland unmittelbar oder mittelbar viele Beschäftigte gebe, die von einer sicheren und preiswürdigen Gasversorgung abhängig seien. Ferner werde die Umwelt- und Klimapolitik der Bundesregierung unterstützt. Um das Kyoto-Abkommen zu erfüllen, reichten weder der verstärkte Einsatz erneuerbarer Energien noch eine Erhöhung der Energieeffizienz aus. Es sei hierfür vielmehr notwendig, dass die Gasverwendung zunimmt.

Die E.ON hatte beide Anträge auf Erteilung der Ministererlaubnis mit drei wirtschaftswissenschaftlichen Gutachten ergänzt. Darunter war auch ein Gutachten von Ernst Ulrich von Weizsäcker, dem Chef des Wuppertal-Instituts für Klima, Umwelt, Energie (1991-2000), den die informierten Kreise eigentlich eher auf der Gegenseite vermutet hätten.

Das Gutachten der Monopolkommission

Die Monopolkommission ist ein Beratungsorgan der Bundesregierung, das nach dem GWB (§ 42 Abs. 4 Satz 2) eine Stellungnahme abgeben muss, wenn eine Ministererlaubnis begehrt wird – und diese fiel vernichtend aus: *„Gegen eine solche Erlaubnis sprechen die besonders schwerwiegenden Wettbewerbsbeeinträchtigungen, die vor allem aus den durch die vertikale Integration bewirkten Marktschließungseffekten und der Verknüpfung marktbeherrschender Stellungen im Gas- und Strommarkt resultieren. Diese gravierenden Wettbewerbsbeschränkungen gefährden überdies mögliche Liberalisierungserfolge und laufen der vom Gesetzgeber mit der Novellierung des Energierechts angestrebten Zielsetzung eines funktionsfähigen Wettbewerbs im Wege der Durchleitung geradewegs zuwider."* Die Monopolkommission sprach Klartext:

Bereits die Größe der involvierten Unternehmen und die Bedeutung der Gas- und Strommärkte für die Energieversorgung lassen ein erhebliches quantitatives Gesicht der Wettbewerbsbeschränkungen erwarten. Ein wirksamer Wettbewerb im Bereich der Gaswirtschaft besteht nicht. Auch nach der Unterzeichnung der Verbändevereinbarung Gas II bleiben die Erfolgaussichten für den funktionierenden Durchleitungswettbewerb unklar.

Im Fortbestand von Ruhrgas liegt durchaus Potenzial für eine künftige Intensivierung des Wettbewerbs auf den Endabnehmermärkten, das nun verringert bzw. beseitigt wird. Ähnliches gilt für die VNG bzw. das Gebiet der VNG.

Angesichts der gegenwärtigen wettbewerbsfeindlichen Strukturen auf dem deutschen Gasmarkt stellen auch die zu erwartenden horizontalen Veränderungen des Zusammenschlusses Wettbewerbsbeschränkungen von erheblichem Gewicht dar.

Das Gewicht der Wettbewerbsbeschränkungen ist um so höher einzuschätzen, als die Beeinträchtigungen des Wettbewerbs im Gasmarkt der ursprünglichen Zielsetzung, die der Gesetzgebers mit der Novellierung des Energiewirtschaftsrechts und des GWB verfolgt habe, geradewegs zuwider laufe.

Im Strommarkt wird die marktbeherrschende Stellung des Duopols E.ON/Ruhrgas insbesondere durch die Beeinflussungsmöglichkeiten des Einsatzes von Erdgas in der Stromerzeugung verstärkt. E.ON hat durch den Zugriff auf Ruhrgas einen vollständigen Einblick in die Gasbezugskonditionen der anderen Unternehmen.

Als Fazit fasst die Monopolkommission zusammen:

„Im Resultat entsteht durch den Zusammenschluss E.ON/ Ruhrgas ein vertikal integrierter Strom- und Gaskonzern, wobei die Integration sämtliche Wertschöpfungsstufen sowohl der Gas- als auch der Stromversorgung erfasst, und die beiden auf den jeweiligen Sektoren dominierenden Unternehmen zusammen führt. Aufgrund des in verschiedenen Bereichen bestehenden Substitutionsverhältnisses zwischen Strom und Gas weisen die Zusammenschlussvorhaben zugleich eine bedeutende horizontale Dimension auf. Die Verknüpfung strom- und gaswirtschaftlicher Aktivitäten begründet einen so weiten Verhaltensspielraum von E.ON/ Ruhrgas, dass das Gewicht der Wettbewerbsbeschränkungen als besonders schwerwiegend beurteilt werden muss. Dies gilt insbesondere angesichts der im Strommarkt abnehmenden Wettbewerbsintensität, die sich auch zukünftig fortsetzen wird, und der im Gasmarkt nahezu wettbewerbslosen Struktur." (Rn. 128) ...

„Damit werden die Absichten des Gesetzgebers aus dem Jahre 1998/99, die Strom- und Gaswirtschaft zu einem Durchleitungssystem umzuformen und sie so dem Wettbewerb zu öffnen, unterlaufen. Hinzu kommt, dass die Zusammenschlussvorhaben zu einem Zeitpunkt erfolgen, in dem die zuvor kartellrechtlich freigestellten Versorgungsgebiete abgeschafft wurden, die rechtlichen und tatsächlichen Bedingungen für einen wirksamen Gas-zu-Gas-Wettbewerb in Deutschland jedoch noch nicht gewährleistet sind. ..." (Rn. 129)

Zwar kann der Minister eine wettbewerbsschädliche Fusion gleichwohl freigeben, wenn dadurch Vorteile für das Gemeinwohl entstehen, die höheres Gewicht haben (§ 42 Abs. 1 Satz 1 GWB). Aber die von E.ON vorgetragenen Gründe finden vor der Monopolkommission keine Gnade. Das gelte schon für die im Antrag hervorgehobene Auflösung der Gesellschafterblockade bei Ruhrgas – die Gesellschafterstruktur war in der Tat komplex, aber von Problemen bei der Willensbildung hatte man bisher noch nichts gehört. Dazu sagt die Monopolkommission: *„Die vielfältigen volkswirtschaftlichen Vorteile der vertikalen Integration, die genannt werden, sind durchweg zweifelhaft"* (Rz. 237) ... (Zudem stehen) *„diesen Vorteilen ... vielfältige volkswirtschaftliche Nachteile gegenüber."*

Auch das Argument einer erhöhten Finanzkraft der Ruhrgas, insbesondere hinsichtlich ihrer Russland-Aktivitäten, lässt die Monopolkommission nicht gelten (Rn. 186). Selbst wenn sich Ruhrgas oder E.ON künftig verstärkt im Explorationsgeschäft engagierten, ginge dies nicht mit einer erhöhten Versorgungssicherheit für Deutschland einher: *„Käme es ... zu den in den Szenarien dargelegten Versorgungsknappheiten, wird es für ein gasförderndes Unternehmen nicht darauf ankommen, ob die Abnehmer sich gerade in dem Land befinden, in dem E.ON/Ruhrgas seinen Firmensitz hat. Ein ... auf Gewinnmaximierung ausgerichteter Konzern wird sich keine politischen Vorgaben machen lassen, zumal er nach den Rechtsgrundsätzen des europäischen Binnenmarktes gar nicht daran gehindert werden kann, das Gas in andere Mitgliedstaaten der Europäischen Union zu verkaufen"*: Schließlich stellte die Monopolkommission fest (Rn. 192 ff.), dass nicht dargelegt wurde, dass Ruhrgas (wie im Rahmen des § 42 GWB erforderlich) ohne den Zusammenschluss auf Dauer nicht auf internationalen Märkten bestehen könne. Es fehlten jegliche Anhaltspunkte, dass Ruhrgas ohne die Fusion Schwierigkeiten hätte, auf Dauer auf den Gasbeschaffungsmärkten zu bestehen (Rn. 200): *„Die Ruhrgas AG stellt auch ohne die Beteiligung von E.ON ein ertragsstarkes Großunternehmen dar. Es konnte nicht überzeugend dargetan werden, warum kein ausreichender Zugang zu Fremdkapital besteht bzw. das vorhandene Eigenkapital unzulänglich sei."*

Genau dieser Aspekt sollte im weiteren Verfahrensverlauf zu einer Groteske führen.

Müller zieht sich zurück

Die mündliche Verhandlung über den Antrag auf Ministererlaubnis hatte das Bundeswirtschaftsministerium auf den 29.05.2002 anberaumt. Diese Verhandlung ließ vehemente Auseinandersetzungen erwarten. Es gab nämlich nicht nur die 15 Befürworter der Fusion, beginnend mit E.ON und Ruhrgas über die BP, die RAG-Beteiligungs-GmbH, die Vodafone AG (vormals Mannesmann), die RWE bis zur Verbundnetz Gas, sondern 30 weitere Verfahrensbeteiligte, die das Bundeskartellamt auf ihre Anträge zu dem Verfahren beigeladen hatte. Darunter waren weit überwiegend Opponenten, wie etwa die EnBW, die Wingas und eine Vielzahl von inländischen und ausländischen Konkurrenten der Ruhrgas, die – mit Recht – eine Schwächung ihrer Marktposition befürchteten, wenn die Fusion durchginge.

Ein Hauptangriffspunkt der Opponenten war die allgemein bekannte Nähe des Bundeswirtschaftsministers zu seinem früheren Arbeitgeber, der vormaligen VEBA und der jetzigen E.ON. Auch wenn man Müller nicht als glatten Aufsteiger bezeichnen konnte: Dass seine Neigung eher dahin ging, die Ministererlaubnis zu erteilen als sie zu verweigern, war offensichtlich. Doch diesen offensichtlichen Angriffspunkt räumte Müller beiseite; er wolle nicht Anlass für *„Besorgnis der Befangenheit"* geben – und zog sich aus der Entscheidung zurück. Als seinen Vertreter bestellte er den beamteten Staatssekretär Dr. Tacke, vormals Schröders „Sherpa" in der niedersächsischen Staatskanzlei. Dieser solle über die Ministererlaubnis entscheiden. Aber in der öffentlichen Verhandlung im Bundeswirtschaftsministerium erschien Dr. Tacke gar nicht erst. Den vielen Fragen über seine Nähe zu seinem Minister oder seinem früheren Ministerpräsidenten, der sich öffentlich für eine Ministererlaubnis ausgesprochen hatte, stellte er sich nicht. Der Ministeriumsbedienstete, der die Sitzung leitete, musste passen. Die Fragen blieben unbeantwortet. Am 05.07.2002 erging gleichwohl die Ministererlaubnis.

David gegen Goliath

Doch dann bahnte sich eine Sensation an. Der kleinste Konkurrent der E.ON, das junge Stromhandelsunternehmen Ampere AG der Gebrüder Rottenbacher, reichte noch am selben Tag beim Oberlandesgericht Düsseldorf, zuständig für Prozesse in kartellrechtlichen Verfahren der Bundesorgane, Anträge auf Erlass einstweiliger Anordnungen ein. Damit sollte der Vollzug der Ministererlaubnis gestoppt werden; die Ministererlaubnis gab ja E.ON und Ruhrgas die rechtliche Möglichkeit, die schon vorab geschlossenen Kaufverträge für die verschiedenen am Deal beteiligten Unternehmen zu vollziehen. Und diese Rechtswirksamkeit kam der Ministererlaubnis in der Tat zu, auch wenn die kleine Ampere AG dagegen Beschwerde eingelegt hatte. Am 10.07.2002 kam ein sehr großes Unternehmen dazu, die finnische Fortum Oy. Schon am 11.07. entschied der Kartellsenat des OLG – er hatte gerade einmal sechs Tage Zeit zum Verdauen der viele Seiten starken Antragsschriften und zur Formulierung seiner Beschlüsse – und die lauteten: Der Vollzug der Ministererlaubnis wird ausgesetzt. E.ON war in seinem Vormarsch gestoppt. Die Sensation war da. Wenige Tage später stiegen auch noch die Stadtwerke Rosenheim und Aachen ein. Mit Beschluss vom 25.07.2002 erließ das OLG seine Stoppverfügung auch zugunsten dieser Antragstellerinnen, nur einen Tag nach einer ausgiebig durchgeführten mündlichen Verhandlung – in der man einen glänzend vorbereiteten Kartellsenat unter seinem Vorsitzenden Richter Jaeger erleben konnte. So dubios vorher das Verwaltungsverfahren war, so eindrucksvoll präsentierte sich jetzt der Rechtsstaat in Form der Kartellrechtsprechung.

Der Vorsitzende Richter bekräftigte in der mündlichen Verhandlung die *„ernstlichen Zweifel an der Rechtmäßigkeit der Ministererlaubnis vom 05.07.2002"*, die der Senat schon in der vorangegangenen einstweiligen Anordnung geäußert hatte. Einer der ernstlichen Zweifel war, dass Staatssekretär Dr. Tacke die Ministererlaubnis – in Vertretung seines Ministers – erlassen hatte, obwohl er *„in der einzigen öffentlichen mündlichen Verhandlung am 29.05.2002 überhaupt nicht anwesend war, diese Verhandlung vielmehr durch Beamte des BMWi unter der Leitung des Ministerialdirektors Dr. S. hat durchführen lassen"*. Das war ein Verstoß gegen das GWB (§ 56 Abs. 3 Satz 3 i. V. m. Satz 1). Überzeugende Gegenargumente hätten auch die übrigen Beteiligten nicht gebracht. Das Gesetz habe dem Minister die Befugnis verliehen, eine Ministererlaubnis zu erteilen. Dann müsse sich der Minister – oder sein richtig bestimmter Vertreter – selbst ein Bild von der Argumentationslage machen. Das verlange der Anspruch der Verfahrensbeteiligten auf rechtliches Gehör. Dazu kam, dass auch sehr zweifelhaft war, ob der Minister überhaupt durch den Staatssekretär vertreten werden konnte oder ob Vertreter des Ministers im Sinne dieser Verfahrensart nicht der nach der Geschäftsordnung der Bundesregierung in Frage kommende Finanzminister war. Diese Zweifel gingen so weit, dass im Fachschrifttum ein Aufsatz unter dem Titel erschien: *„Wer ist Minister bei der Ministererlaubnis nach § 42 GWB?"*[138]

Aber es gab da noch einen weiteren Verfahrensfehler, der noch viel aufschlussreicher war, und den das Gericht in aller Klarheit herausarbeitete. Am 03.07.2002 hatten nämlich der Vorstandsvorsitzende der E.ON und ein weiteres Vorstandsmitglied an den Staatssekretär

---

138. Lenz, NJW 2002, 2370; vgl. auch Hermes/Wieland, Die Ministererlaubnis nach § 42 GWB als persönlich zu verantwortende Entscheidung, ZNER 2002, 267.

Dr. Tacke geschrieben, wo es hieß: *„Sehr geehrter Herr Dr. T., unter Bezugnahme auf die mit Ihnen geführten Gespräche über das Ministererlaubnisverfahren E. bestätigen wir hiermit, dass die E. AG im Falle einer Erteilung der Erlaubnis beabsichtigt, der R. AG mittelfristig einen Betrag von 6 bis 8 Mrd. EUR für gaswirtschaftliche Investitionen zur Verfügung zu stellen, die Wirtschaftlichkeit der Vorhaben vorausgesetzt. Mit freundlichen Grüßen E. AG".* Genau dieser Aspekt wurde in der Ministererlaubnis (u. a. in RNr. 156) als ein entscheidungserheblicher *„gesamtwirtschaftlicher Vorteil"* gesehen. Zwischen Staatssekretär Dr. Tacke und weiteren Bediensteten und dem Vorstandsvorsitzenden der E.ON, Hartmann, hatten am 17.06., 21.06. und am 03.07.2002 Gespräche stattgefunden. Nur über das erste Gespräch existierte ein Protokoll, über das vom 03.07. nicht. Dem Gericht kam es offenbar merkwürdig vor, dass am 03.07., also in letzter Minute vor Ergehen der Ministererlaubnis, noch eine Zusage von der E.ON auf den Tisch gelegt wurde, die das Ministerium als so wesentlich angesehen hat, dass es in der Ministererlaubnis als wesentlich erwähnt wird. Nur: Dieses Schreiben hatte das Ministerium den anderen Verfahrensbeteiligten nicht zur Kenntnis gebracht und damit den Grundsatz des rechtlichen Gehörs verletzt.

Das gleiche galt für ein Auflagenpapier, das die Beteiligten in dem Gespräch vom 03.07.2002 ausgehandelt haben müssen. Im gerichtlichen Beschluss heißt es dazu: *„Staatssekretär Dr. T. leitete dieses Gespräch mit einer skeptischen Bemerkung zu der Frage ein, ob die für eine Ministererlaubnis notwendigen Gemeinwohlgründe bisher hinreichend plausibel gemacht worden seien. Darüber wurde anschließend ohne festes Ergebnis diskutiert."* Sodann heißt es im Protokoll: *„Unter Offenlassung dieser Frage wurden hypothetisch verschiedene Möglichkeiten für Auflagen diskutiert."* Daraus entstanden dann die Auflagen in der Ministererlaubnis – allerdings ohne wirklich substantielle Zusagen wie etwa der Verkauf der Thüga, ein E.ON-Beteiligungsunternehmen mit 100 Stadtwerkebeteiligungen. Deren Aufgabe ging E.ON offenbar zu weit. Stattdessen wurde ein „Bauernopfer" angeboten. Das war so, als ob das Gericht dem Anwalt seine Klage überhaupt erst schlüssig macht. Der Verfahrensfehler war, dass die übrigen Beteiligten auch dieses Auflagenpapier vor der Entscheidung nicht gesehen hatten, was aber zur Gewährung rechtlichen Gehörs erforderlich war.

Mündliche Verhandlung zur Ministererlaubnis Nr. 2

Das Gericht verfasste in den nur sechs Tagen zwischen mündlicher Verhandlung und Entscheidung einen ausführlichen Beschluss, eine forensische Meisterleistung, die nur hervorragend eingearbeiteten und disziplinierten Richtern gelingt. Dieser Beschluss war für das Bundeswirtschaftsministerium offenbar so eindrucksvoll, dass man nunmehr auf Nummer Sicher gehen wollte. Die mündliche Verhandlung sollte am 05. September wiederholt werden, nunmehr in Anwesenheit von Dr. Tacke. Schon in der FAZ vom 17.08., knapp drei Wochen vorher, waren die Auflagen des Ministeriums, die das Ministerium nunmehr verschärfen wollte, unter dem Titel *„...Tricks und Giftpillen"* abgehandelt worden. E.ON sei es *„gelungen, dem Staatssekretär Alfred Tacke Auflagen anzubieten, die beeindruckend aussehen, E.ON und Ruhrgas aber nicht weh täten"*. Die Auflage, Beteiligungen an der VNG zu veräußern, sei ungeeignet, die VNG zum echten Wettbewerber zu machen. Der Verkauf der E.ON-Beteiligung von 27 % an der EWE AG, Oldenburg, einem Regionalversorger für Strom und Gas, tue dem Energiekonzern überhaupt nicht weh, weil EWE *„sowieso ein Fremdkörper in einem E.ON-Ruhrgas-Konzern"* war. Die Veräußerung der Beteiligung an der Bayerngas GmbH beziehe sich nur auf den E.ON-Anteil, nicht aber auf den gleich hohen Ruhrgas-Anteil. Außerdem müsse der nach der Satzung der Bayerngas der E.ON-Anteil zunächst ausgerechnet der Ruhrgas angeboten werden. Schließlich war die Auflage für E.ON, über drei Jahre 25 Mrd. Kilowattstunden Erdgas im Auktionsverfahren zu verkaufen, *„angesichts des Ruhrgasabsatzes von 550 Mrd. Kilowattstunden pro Jahr nicht gerade beeindruckend"*.

Aber das alles beeindruckte den Stellvertreter Tacke des Ministers nicht. Sein „Heilungs-verfahren" zur Reparatur der Ministererlaubnis wurde unter dem 18.09.2002 mit einer er-neuten Ministererlaubnis beendet. Daraufhin beantragte der Minister beim OLG Düsseldorf, den Vollzug der einstweiligen Anordnungen auszusetzen. Diesen Antrag lehnte das Gericht ab – was für die E.ON fatal war: Denn es war nicht absehbar, ob und wann man das Gericht umstimmen könnte. Die Optionen zum Erwerb der übrigen Gesellschaftsanteile an der Ruhrgas waren befristet bis Ende Januar 2003. Sollte vor Ablauf dieser Frist keine anderslautende Entscheidung ergehen, war der Deal geplatzt.

Frau Holle schüttet den Goldsack aus

Aber schon einige Tage vorher, nämlich am 22. August, soll ein höchst folgenreiches Treffen stattgefunden haben, zu dem die Ampere AG alle Beschwerdeführer geladen hatte. Der Chef einer prominenten Werbeagentur soll eine gütliche Einigung mit E.ON propagiert haben. E.ON werde sich die Beendigung der Beschwerdeverfahren sicherlich etwas kosten lassen. Es solle doch geprüft werden, ob man nicht eine alle Seiten zufriedenstellende Lösung finden könne.

Und zu einer solchen Lösung kam es tatsächlich – allerdings erst nach langen und, je näher man dem Ablauf der Frist kam, immer hektischeren Verhandlungen. Schließlich fand E.ON alle Beschwerdeführerinnen ab. Das muss E.ON viel Geld gekostet haben. Aber das war zu verschmerzen, wenn im Gegenzug einer der weitestreichenden strategischen Schachzüge in der deutschen Energiewirtschaft zum Erfolg gebracht werden konnte. Versorgungsnetze, Kraftwerksscheiben u. a. sollen den Besitzer gewechselt haben. Bei dem Aachener OB, zugleich Aufsichtsrats-Chef der STAWAG, soll die Staatskanzlei angerufen haben, um ihm zu verdeutli-chen, dass das Land Nordrhein-Westfalen staatspolitisches Interesse am Zustandekommen des E.ON/Ruhrgas-Deals habe. Denn davon hinge ab, ob sich die RAG die Degussa einverleiben und damit einen neuen Chemiestandort nach NRW holen könne. Und die finnische Fortum Oy, die mit E.ON in großem Umfang Assets ausgetauscht haben soll – man spricht von einem Volumen von einer knappen Milliarde -, soll sogar durch einen Anruf auf Regierungsebene zur abschließenden Vergleichsbereitschaft gebracht worden sein.

So kam es, wie es kommen musste: Am Tag des Ablaufs der Optionsfrist gingen beim OLG Düsseldorf die Rücknahmen aller Beschwerden gegen die Ministererlaubnis ein. Das Gericht musste die Akten zuklappen. E.ON war am Ziel – und der Rechtsstaat hatte eine schwere Schlappe erlitten.

„Die Würde des Rechtsstaats"

Mit der Ruhrgas-Akquisition, aber auch zahlreichen weiteren Zukäufen, war aus E.ON der weltgrößte private Energiekonzern entstanden. Wie das Vorgehen beim Erwerb der Ruhrgas zeigt, war die Strategie von vornherein darauf ausgerichtet, den Staat als Instrument einzusetzen. Das war schon fragwürdig genug. Aber unter rechtsstaatlichen Aspekten nicht hinnehmbar war die Bereitschaft des Staates, sich für eine solche Strategie auch noch einspannen zu lassen. Dieser rechtsstaatliche Eklat wurde auch durchaus deutlich: Anlässlich der Feier zum 30. Jahrestag der Monopolkommission sprach ihr Vorsitzender, der Hamburger Professor Basedow, das Ministererlaubnisverfahren mit den Worten an, *„die Presse* (stelle) *nicht ohne Grund die Frage, wie weit wir eigentlich noch von einer Bananenrepublik entfernt sind. Die Würde staatlicher Institutionen und Verfahren verdient jedenfalls einen größeren Respekt, von Seiten der Amtsträger ebenso wie von den beteiligten Unternehmen."*. Das empörte den anwesenden Staatssekretär aus dem Bundeswirtschaftsministerium, Adamowitsch (vormals VEW-Mananger) so sehr, dass er das Manuskript seiner Laudatio zusammenpackte und den Saal verlassen wollte. Er blieb dann aber doch und rechtfertigte die Ministererlaubnis mit *„Interessen der Industriepolitik"*. Kurz darauf veröffentlichte einer der Herausgeber der führenden kartellrechtlichen Zeitschrift in Deutschland, Wirtschaft und Wettbewerb (WuW), einen Kommentar[139], mit dem der Begriff *„Bananenrepublik"* zurückgewiesen wurde: *„In journalistischen Kommentaren mag er noch seinen Platz haben. In eine Begrüßungsrede zur Dreißigjahrfeier einer Wettbewerbsbehörde gehört er nicht. Die Verteidigung der Würde, wenn sie denn nötig ist, sollte mit Würde erfolgen..."*. Darauf erschien wiederum ein Leserbrief, mit dem Prof. Basedows Begriffswahl unterstützt wurde:

„... inhaltlich war die Wertung berechtigt. Noch vor der Untersagung durch das Kartellamt hatte Bundeskanzler Schröder eine Ministererlaubnis ,in Aussicht gestellt. Auch sein Wirtschaftsminister, der parteilose Werner Müller, hatte eine Ministererlaubnis im Fall einer Ablehnung durch das Kartellamt ins Gespräch gebracht' (Der SPIEGEL vom 18.1.2002). Das Bundeskartellamt korrigierte seine jahrelange Nachsicht gegenüber einer Vielzahl von Beteiligungen insbesondere der E.ON-Tochter Thüga an Stadtwerken mit der Untersagung der Fusion E.ON/Ruhrgas. Minister Müller erteilte im Juli 2002 entsprechend seiner Ankündigung die Erlaubnis. Das daraufhin angerufene OLG Düsseldorf rügte in zwei Entscheidungen die Verletzung rechtlichen Gehörs durch den Minister. Im Beschluss vom 16.12.2002 (ZNER 2002 S. 346 ff.) wird bemängelt, dass E.ON die Auflagen zur Ministererlaubnis, die die FAZ (vom 17.08.2002) als ,Rosstäuschertricks und Giftpillen' apostrophierte, im trauten tête à tête mit dem BMWA erörterte. Das OLG entschied zweimal zugunsten der Einsprechenden. E.ON war genötigt, sich mit den Beschwerdeführerinnen Ende Januar zu vergleichen.

Die Belohnung erfolgte postwendend: Minister Müller wurde im Juni 2003 RAG-Chef; E.ON ist bedeutender Aktionär der RAG. Sein Staatssekretär Dr. Tacke, der die Ministererlaubnis erteilt hatte, nachdem Müller wegen Befangenheitsvorwürfen seine Zuständigkeit abgetreten hatte, wurde im September 2004 Vorstandsvorsitzender der RAG-Tochter STEAG. Der anfäng-

---

139. WuW 2005, 983.

liche Protest der CDU/CSU-Bundestagsfraktion dagegen ebbte kurz vor dem Bekanntwerden der Zahlungen an die früheren RWE-Manager Meyer und Arentz ab.

Ich finde nicht, dass das Aufgreifen der ‚Schmierenkomödie' (FAZ vom 4.9.2004) in dieser Form unter der Würde der Monopolkommission lag. Im Gegenteil: Die Würde des Rechtsstaats stand (und steht) auf dem Spiel."

Aber wie das mit Auseinandersetzungen in der Literatur so ist: Sie bleiben in der Regel folgenlos.

8 Die „vertikale Vorwärtsintegration" oder: Wie man Stadtwerke auf die andere Seite bekommt

Der erstaunliche Erfolg der Thüga

Eine besondere Rolle spielte im E.ON-Konzern die Thüga. Denn sie ist kein normales Unternehmen, sondern eine Art „dual use"-Instrument. Dieser Begriff kommt eigentlich aus dem Denken der Kriegswaffenexportkontrolle. Ein unverdächtiger kleiner Apparat wie eine Zentrifuge, gedacht um flüssige oder feste Substanzen voneinander zu separieren, kann auch eingesetzt werden für den Bau von Atomwaffen, wie man das beim Iran vermutet. Über derartige Eigenschaften verfügte auch die Thüga. Und sie entfalteten sich erst so richtig, wenn ein Konzern wie E.ON Ruhrgas sie steuerte.

Gegründet wurde sie 1867 in Gotha als Thüringer Gasgesellschaft (Thüringer Gas AG). Schon 1900 gehörte sie zu den größten Gasversorgern im Deutschen Reich mit Schwerpunkt auf Sachsen und Thüringen. Noch vor dem Ersten Weltkrieg expandierte sie nach Bayern. Ab den 1920er Jahren errichtete die Thüga auch Gasanlagen in Niedersachsen, Baden und Württemberg. Nach der Übernahme der Rheinische Wasserwerks-Gesellschaft (heute rhenag, zu 66,67 % RWE und zu 33,33 % RheinEnergie AG) sowie der Aktiengesellschaft für Licht- und Kraftversorgung (LuK) wurde Thüga 1930 von der Preussische Elektrizitäts AG und der Sächsischen Elektra AG übernommen (die später zur PreussenElektra fusionierten und nach dem Zweiten Weltkrieg in der staatlichen VEBA aufgingen). Während der 1930er Jahre betrieb die Thüga ein beinahe das gesamte Deutsche Reich abdeckendes Gasnetz[140]. Mit dem Zusammenschluss von VEBA/VIAG zu E.ON wurde auch die Thüga Bestandteil des E.ON-Konzerns, für den sie wegen ihrer zahlreichen Stadtwerksbeteiligungen sehr interessant war.

Hauptinstrument für die strategische Steuerung durch den Konzern war ein Standard-Beratungsvertrag, mit dem Thüga-Beteiligungsgesellschaften gegen ein jährliches Pauschalhonorar rechtliche, steuerliche und energiewirtschaftliche Beratung beziehen konnten. Das klingt beim Durchschauen des Unternehmensauftritts im Internet unverfänglich: *„Die Thüga-Gruppe ist deutschlandweit das größte Netzwerk kommunaler Energieversorger. Zu den Grundsätzen der Zusammenarbeit gehört es, die Autonomie und Selbständigkeit der Partner zu erhalten. Gleichzeitig sorgt die Einbindung in die Gruppe für Wettbewerbsstärke und Zukunftsfähigkeit. Wo Synergieeffekte sinnvoll genutzt werden können, arbeiten die Partner*

---

140. Quelle: Wikipedia.

auf der Ebene der Thüga-Gruppe eng zusammen, z. B. beim Energie- und Materialbezug." Nur: Mit dieser Beratung beziehen sie unmerklich auch die Konzernphilosophie. Wichtiger noch ist die Hilfe beim Energiebezug: Strom und Gas gibt es ja im Konzern. Warum dann *„in die Ferne schweifen"*? Diesen Effekt nennt das Bundeskartellamt *„Beteiligungsstrategie zur Absatzsicherung".* Das war ein kartellrechtlicher Arbeitsbegriff, der die Wettbewerbshüter zu äußerster Aufmerksamkeit veranlassen sollte. Jeder Energiebezug vom Mutterkonzern verhinderte nämlich zugleich Energiebeschaffung am Markt und damit im Wettbewerb. So wurde die Hilfe zur Selbsthilfe, für die Thüga immerhin 19.200 Mitarbeiter beschäftigt, auch zur Versorgung von 3,5 Mio. Gas- sowie 2,9 Mio. Stromkunden, was zunächst ganz unschuldig aussieht, zu einem Lenkungsinstrument erster Güte.

Wie der E.ON-Konzern und Thüga die Vorgehensweise beschreiben, kann man auch in O-Tönen nachlesen, nämlich in einer sehr interessanten „Fundsache": Das Bundeskartellamt hatte in einem Schriftsatz vom 30.11.2006 im Fusionskontrollverfahren E.ON/Eschwege[141] die Ergebnisse zusammengefasst, die bei einer Razzia der Europäischen Kommission mit Amtshilfe des Bundeskartellamts und der Staatsanwaltschaft im Mai 2006 in der E.ON-Konzernzentrale sichergestellt wurden. Insbesondere deswegen passt der Begriff „Fundsachen"; er passt aber auch deswegen, weil dieser Schriftsatz eigentlich für das OLG Düsseldorf bestimmt war und allenfalls von dem dortigen Beschwerdeführer, dem E.ON-Konzern und der Konzerntochter Energie-Aktiengesellschaft Mitteldeutschland, später E.ON Mitte AG, gelesen werden sollte. Aber dieser Schriftsatz fand sich dann in einer Straßenbahn und erlangte ungewollt weitere Verbreitung. Das Kartellamt schreibt:

„Im April 2003 wird in einem Papier mit dem Titel „Thüga, Quo Vadis?" die Bedeutung der vertikalen Integration über Minderheitsbeteiligungen hervorgehoben. Unter der Bezeichnung ,Führung durch Partnerschaft' wird eine Beteiligung an einem Stadtwerk auch deshalb als positiv angesehen, weil Konzessionsverträge von den Kommunen an das eigene Unternehmen vergeben werden und weil Einflussnahme und Vorkaufsrechte vertraglich verankert und institutionalisiert sind, z. B. durch Konsortialverträge aber auch durch die Besetzung von Führungspositionen.

An anderer Stelle lautet es ,Der Erhalt der Wertschöpfung vor Ort ermöglicht die Absicherung und Expansion unserer lokalen Absatzmärkte und erhöht die Schlagkraft der Einheit'. Als Ziele der Thüga AG werden u.a. angesehen ,Erhalt, Steigerung des Beteiligungsergebnisse'" sowie ,Vermeidung von Konflikten zwischen Beteiligungen mit E.ON'. Grundlage dieser Strategie – so im o.g. Papier – ,ist eine sachgerechte und politiktaugliche Verteilung lokaler, regionaler und zentraler Aufgaben'. Als Thüga-Strategie und –Angebot wird den Beteiligungen die Bündelung und Optimierung des Energiebezugs über die Syneco nahegelegt. Der Vorschlag, den Energiebezug über die Syneco zu gestalten, ergibt für E.ON nur Sinn, wenn sichergestellt ist, dass die Syneco – obwohl gesellschaftsrechtlich nicht zum E.ON Konzern gehörend – sich wie ein E.ON Konzernunternehmen verhält."[142]

---

141. E.ON Energie AG/Stadtwerke Eschwege GmbH – VI-2 Kart 7/04 (V), abgedruckt in ZNER 2009, 78; in diesem Buch Anhang 1.
142. Rz. 44, Anlage B.37, E.ON AG – CB 102, 1, 24, 28, 29, 32, 33.

Thüga verfügte schon vor der Einbindung in die E.ON-Konzernstrategie über 44 Beteiligungen. Dafür war der *„kommunale Geist"* verantwortlich, den insbesondere Konzernvorstand Dieter Nagel repräsentierte. Die Liberalisierung setzte dann eine Art Run auf die Thüga frei. Dafür war die Überlebensangst der kommunalen Unternehmen und der hinter ihnen stehenden Gemeinden verantwortlich. Die Liberalisierung hatte diese nämlich geradezu in Panik versetzt; sie fürchteten, im Wettbewerb nicht bestehen zu können. Unter den Kämmerern galt die Devise „Wir verkaufen unser Stadtwerk, solange es noch etwas wert ist". Diese Hysterie wurde von der fortschreitenden kommunalen Finanznot unterstützt.

Die entscheidende Frage war, wie das Bundeskartellamt derartige Beteiligungen wettbewerbsrechtlich beurteilte. Denn jede Fusion muss beim Bundeskartellamt angezeigt werden[143]. Wenn das Amt nicht binnen vier Monaten dem Zusammenschluss widerspricht, gilt dieser als genehmigt[144]. Die Welle an Beteiligungsverkäufen forderte das Amt heraus: Wollte es sich dieser Welle entgegenstemmen, mussten Gründe für eine Ablehnung her. Die lagen zwar bereit – und trotzdem zeigte sich das Amt überaus großzügig.

Die Pilotfälle „Aggertal" und „Garbsen"

Im Lauf der Zeit waren vom Bundeskartellamt um die 200 derartiger kleinerer Fusionen gebilligt worden. Das bedeutete, dass bei existierenden 550 kommunalen Stromversorgern ca. 35 % nicht autonom geführt, sondern von den Konzernen gelenkt wurden; daran erkennbar, dass diese im Branchenhandbuch Energiewirtschaft, Verlag Glückauf (erscheint jährlich), wie selbstverständlich als Konzernunternehmen geführt werden, lag die Beteiligung auch unter 25 % und damit unter einer gesellschaftsrechtlich wichtigen Grenze. Dem wollte die 8. Beschlussabteilung des Bundeskartellamts unter ihrem energischen Vorsitzenden Markert anhand zweier Pilotverfahren einen Riegel vorschieben. Beide Verfahren betrafen Zusammenschlüsse durch Beteiligung von Verbundunternehmen an regionalen Stromversorgern, im Falle Aggertal von RWE an der „Stromversorgung Aggertal GmbH", im Falle „Garbsen" erstrebten HASTRA als Stromlieferantin und die Stadtwerke Hannover AG (SWH) als Gasvorlieferantin gemeinsam mit der Stadt Garbsen eine Beteiligung an der „Stadtwerke Garbsen GmbH". RWE und HASTRA strebten eine Beteiligung von über 25 % an.

Das Amt lehnte die Fusionen ab. Durch die vertikalen und horizontalen Zusammenschlüsse mit dem regionalen Unternehmen werde dessen marktbeherrschende Stellung verstärkt. Denn die Beteiligung diene vornehmlich dem Zweck der langfristigen Sicherung der Absatzmärkte auf dem vorgelagerten Stromverteilermarkt – über die Laufzeit der vorhandenen Lieferverträge hinaus. Das war ein interessanter Aspekt: Die Lieferverträge liefen regelmäßig 20 Jahre und enthielten eine Verpflichtung zur Deckung des gesamten Bedarfs beim Regionalversorger, die sogenannte „vertikale Demarkation". Diese war zwar kartellrechtlich unzulässig, weil sie gegen europäisches und deutsches Wettbewerbsrecht verstieß. Denn die Ausnahmen vom Kartellverbot im § 103 GWB sahen keine Freistellung der Absatzbindung im Vertikalver-

---

143. § 36 Abs. 1 GWB.
144. § 40 Abs. 2 GWB.

hältnis, die sogenannte „vertikale Demarkation", vor. Aber das Amt hatte derartige Klauseln gleichwohl nie bekämpft. Mit den Fusionsverboten sollte erstmals die „Absatzbindung der zweiten Hand" unterbunden werden, nämlich die Wahrscheinlichkeit, dass das Beteiligungsunternehmen den Liefervertrag auch nach Auslaufen der 20 Jahres-Bindung verlängern würde. Vorsichtsmaßnahmen dieser Art waren angesichts der anstehenden Liberalisierung durchaus sinnvoll, wenn auch nicht aus Sicht der Verbraucher.

Und das Amt hatte beim Bundesgerichtshof Erfolg. Der BGH bestätigte beide Untersagungen[145]. Er hob damit Entscheidungen des Kammergerichts auf, die zu Lasten des Amtes ergangen waren. Die Prognose des Kammergerichts, es sei nicht zu erwarten, dass RWE Energie bis zum Jahre 2014 eine marktbeherrschende Stellung innehaben werde, wurde vom BGH nicht geteilt. Im „engen Oligopol", wie es im wettbewerbsrechtlichen Schrifttum[146] heißt, führen schon geringfügige Vorteile zur Verstärkung der marktbeherrschenden Stellung des Monopolisten oder Oligopolisten. Dafür sind vier Kriterien maßgeblich:
– Der Marktanteil wird erhöht,
– die bestehenden Leitungsnetze werden erweitert,
– die Absatzmöglichkeiten werden vertraglich abgesichert,
– ebenso die Finanzkraft des Konzerns, so der BGH[147].

Aber nichts passiert

Das Amt bediente sich der BGH-Entscheidungen aber nicht. Das mochte daran liegen, dass zwischen 1999 und 2001 auf dem Strommarkt Wettbewerb zwischen EnBW und RWE herrschte; das RWE hatte diesen losgetreten mit seinem Wunsch, die Konzerntochter Heidelberger Druck in Heidelberg mit RWE-Strom im Wege der Durchleitung zu beliefern. PreussenElektra hatte sich daran allerdings nicht beteiligt, jedenfalls nicht aggressiv werbend gegen die Kollegen des Oligopols aufgestellt. Das eigentliche Problem waren aber die Freigaben der Fusionen VEBA/VIAG durch die Kommission und RWE/VEW durch das Bundeskartellamt. Da waren Fusionsverbote zu Lasten der Kleinen nicht opportun: „Die Großen lässt man laufen, die Kleinen hängt man", so Säcker/Boesche in einem sehr einflussreichen Aufsatz[148]. Das Amt hat daher mit mehreren Freigaben zwar Auflagen verbunden, aber Freigaben erteilt. Ein weiteres Entscheidungsmuster war die sogenannte „Bagatellfusion": Setzte das kommunale Unternehmen in seinem Netzgebiet nicht mehr als 100 Mio. kWh Strom oder Gas ab, wurde die Fusionskontrolle faktisch außer Kraft gesetzt. So kam es zu einer Vielzahl von Freigaben, darunter Beteiligungen an den Stadtwerken Radolfzell, Viersen, Schramberg sowie die Beteiligung einer 100 %igen E.ON-Tochter an dem regionalen Gasversorger „hein gas".

---

145. „Stromversorgung Aggertal": B. v. 15.07.1997, BGHZ 136, 268 ff. = WuW 1998, 170 = WuW/E DE-R 24; „Stadtwerke Garbsen": B. v. 15.07.1997, WuW 1998, 178 f. = NJW 1998, 2444.
146. Möschel, BB 2001, 131.
147. „Stadtwerke Garbsen", NJW 1998, 2444, 2447.
148. Betriebsberater 2001, 2329, 2331 unter Verweis auf das Interesse des Bundeswirtschaftsministeriums, die VEAG zu erhalten, vgl. Möschel, BB 2001, 131; Becker, ZNER 2001, 122, 123.

Eine Fusion hätte das Bundeskartellamt aber in Marsch setzen müssen. In der Folge der Fusion VEBA/VIAG zu E.ON standen auch Contigas Deutsche Energie-Aktiengesellschaft (Bayernwerk) und Thüga (PreussenElektra mit 56,5 % und Bayerische Landesbank mit 27 %) vor der Fusion. Am 02. Juli 2001 übernahm die Thüga das Gasgeschäft der Contigas, die sich seitdem auf ihr Stromgeschäft konzentriert. Die Contigas war der Thüga nicht unähnlich. Sie wurde am 12. März 1855 in Dessau durch Herzog Leopold IV. konzessioniert. Zu den Gründern gehörten der Unternehmer Viktor von Unruh und der Dessauer Bankier Louis Nulandt – eine Allianz, die man schon kennt. Geschäftsfeld war die kommunale Gasversorgung. Furore machte sie mit Erfindungen wie etwa der Gasuhr. 1886 stieg sie auch ins Stromgeschäft ein. In der ersten Hälfte des 20. Jahrhunderts war sie schon eines der größten Unternehmen in Deutschland und beschäftigte während des Zweiten Weltkriegs rund 60.000 Menschen, darunter auch ausländische Zwangsarbeiter. Nach dem Krieg wurden die in der SBZ gelegenen Unternehmensteile zwangsenteignet. Daraufhin verlegte die Contigas den Sitz nach Hagen/Westfalen und konnte das Geschäft in Westdeutschland wesentlich auf ihre etwa 40 Stadtwerksbeteiligungen stützen. Für den E.ON-Konzern waren gerade diese interessant. Die Thüga konnte nämlich ihren 65 Beteiligungen die 39 Stadtwerksbeteiligungen der Thüga sowie sechs Betriebe hinzufügen. Die Fusion führte dazu, dass die Thüga nunmehr Minderheitsgesellschafter an rund 110 Unternehmen wurde, davon waren gut 90 (kommunale) Energieversorger. Damit entsteht *„das bundesweit größte Netzwerk lokaler und regionaler Energieversorger, an denen kommunale Partner die Mehrheit halten"*, so der Thüga-Internetauftritt. Was dort nicht steht, ist, dass nunmehr E.ON über die Thüga Einfluss auf dieses Netzwerk bekam. Die Fusion hätte, weil sie konzernstrategisch von größter Bedeutung war, das Kartellamt auf den Plan rufen müssen. Aber infolge der Freigaben der Fusionen VEBA/VIAG und RWE/VEW, letztere u. a. mit der Auflage, die Beteiligung an der rhenag zu verkaufen, was die Contigas dem Beteiligungsmarkt aussetzte, musste die Fusion freigegeben werden.

Gegen diese Praxis liefen Säcker/Boesche Sturm und wiesen nach, dass es für die Freigaben schlechterdings keine Rechtfertigung gab. Das Bundeskartellamt habe *„sich in seiner eigenen Prognose verstrickt. Es ist gefangen und befangen in dem Urteil, dass wesentlicher Wettbewerb zwischen den Oligopolisten entstehen wird, wenn nur die Verpflichtungen zwischen ihnen beseitigt werden und die Durchleitung von Strom diskriminierungsfrei funktioniert"*. Das wäre aber nur dann richtig, wenn man die Akquisition eines Verteilerunternehmens nicht dem Oligopol insgesamt, sondern nur dem einzelnen Unternehmen zurechne. Aber auch ohne gesellschaftsrechtliche Verpflichtung der Unternehmen kann wesentlicher Wettbewerb auf einem engen homogenen Oligopolmarkt fehlen. Dafür reicht schon die Angst vor offenem Preiskampf aus. Sie hat zur Folge, dass die Unternehmen langfristig auf (offene) Preiszugeständnisse verzichten[149]. Das war die ökonomische herrschende Leere. Außerdem konnten Säcker/Boesche mit Recht darauf verweisen, dass der aktive Preiskampf zwischen RWE und EnBW inzwischen eingestellt worden war; die Vorstände hatten sich offenbar getroffen. Die Preise auch für Industriestrom seien inzwischen wieder deutlich, zum Teil um 50 % und mehr, gestiegen. Preisunterbietungen *„in den angestammten"* Revieren *„der Konkurrenten mit dem Ziel, neue Großabnehmer zu gewinnen, finden nicht mehr statt"*. Damit war klar: Die Wett-

---

149. Vgl. Säcker/Boesche, Betriebsberater 2001,2329; Fußnote 46 mit zahlreichen Verweisen.

bewerbsbedingungen ließen für die Zukunft keinen wesentlichen Wettbewerb erwarten; und zwar erst recht dann, wenn die oligopolistische vertikale Integration voranschreite.

Der Fall E.ON/Eschwege

Aber das Amt brauchte noch weitere zwei Jahre, bis es sich zum ersten Pilotfall für eine Untersagung durchrang: der Beteiligung der E.ON-Tochter E.ON Mitte (zuvor Energie Aktiengesellschaft Mitteldeutschland, EAM, zunächst zu 54 % im Besitz der drei Landkreise in und um Kassel, die sich aber bis auf 25,1 % von ihrer Beteiligung trennten und damit auch das Sagen bei der EAM aufgaben). EAM hatte mit der Kreisstadt Eschwege einen Kaufvertrag über 33 % der Geschäftsanteile an der Stadtwerke Eschwege GmbH geschlossen. Man war schon zuvor freundschaftlich miteinander umgegangen. Die Stadtwerke bezogen nämlich den Strom nahezu ausnahmslos von EAM. Mit Bescheid vom 12.09.2003 wurde der Vollzug dieses Beteiligungsverkaufs untersagt. Dagegen klagten E.ON Mitte und E.ON beim OLG Düsseldorf. Der Prozess dauerte zwar ziemlich lange, was aber für einen Pilotfall nicht ungewöhnlich ist. Insbesondere förderte er eine „Fundsache" zutage, von der schon die Rede war. Jedenfalls bestätigten zunächst das OLG Düsseldorf[150] und der BGH die Kartellamtsentscheidungen. Der BGH argumentierte in seinem Beschluss vom 11.11.2008[151] sehr grundsätzlich. Es bestätigte zunächst die Feststellungen des Amtes und des OLG, dass E.ON und RWE auf dem Erstabsatzmarkt für Strom, dem für weiterverteilende Unternehmen wie die Stadtwerke Eschwege und Industriekunden, ein marktbeherrschendes Duopol bildeten. Ein solches Duopol bestehe, wenn zwischen zwei oder mehreren Unternehmen kein wesentlicher (Binnen-) Wettbewerb mehr stattfinde und sie als Gesamtheit im Außenverhältnis keinem wesentlichen Wettbewerb ausgesetzt seien oder jedenfalls eine überragende Marktstellung hätten. Zu untersuchen sei, ob aufgrund der Marktstruktur mit einem dauerhaft einheitlichen Verhalten der Mitglieder des möglichen Oligopols zu rechnen sei. Das sei anzunehmen, wenn zwischen den beteiligten Unternehmen eine enge Reaktionsverbundenheit besteht. Dafür verwendet der BGH den Begriff der *„impliziten Kollusion"*. „Kollusion" ist für Juristen ein interessanter Begriff, denn er besagt, dass ein *„Zusammenspiel"* stattfindet, und zwar ohne dass das Außenstehende bemerken und – häufig – außerhalb der Legalität. Ein derartiges Zusammenspiel, eine Reaktionsverbundenheit der Konzerne, nimmt der BGH in der Tat an und hält die Konzerne daher für kollektive Marktbeherrscher. Beide Unternehmen hätten auch eine *„überragende Marktstellung"*. Dafür seien insbesondere die Beteiligungen an Stromversorgern relevant. Während Vattenfall und EnBW zusammen nur rund 35 Minderheitsbeteiligungen hätten, verfügten E.ON und RWE über Beteiligungen an insgesamt 204 solcher Unternehmen, wobei E.ON die Nase vorn hat. Es gebe auch keinen Außenwettbewerb gegen E.ON und RWE. Zwar hätten E.ON und RWE auf dem Großkundenmarkt seit dem Jahr 2000 Marktanteile verloren. Aber die hohen Marktanteile des Duopols und der deutliche Abstand zu den Marktanteilen von Vattenfall und EnBW reichten aus, um E.ON und RWE als marktbeherrschendes Duopol einzuordnen. Diese Stellung

---

150. ZNER 2007, 327 = WuW/E DE-R 2094.
151. BGHZ 178, 285 = ZNER 2008, 357.

werde durch die Beteiligung an den Stadtwerken Eschwege verstärkt. Das Absatzgebiet der EAM bleibe langfristig erhalten. Denn im Rahmen der strategischen Partnerschaft zwischen EAM und Stadtwerken würden wichtige Angelegenheiten vorab zwischen EAM und Stadt abgestimmt. Auch könnte EAM auf günstigere Konkurrenzangebote reagieren, indem sie ihr Angebot nach besseren oder Zusatzleistungen auf anderen Gebieten anböte. Damit würden die Absatzmöglichkeiten auch nur eines der Oligopolmitglieder verbessert. Dabei werden die Erfahrungen, die das Amt in den vergangenen Jahren gemacht hatte, vom BGH zu Lasten der EAM berücksichtigt. Ergebnis: Das Amt hatte seinen Pilotfall gewonnen – aber erst im Jahr 2008. Die vorher gelaufenen Kleinfusionen waren unter Dach und Fach.

Zwar haben zwei Professoren von der Freien und der Humboldt-Universität Berlin, Klaue und Schwintowski[152], die These vertreten, dass ein Fusionsvertrag auch dann nichtig sein könne und sei, wenn er vom Bundeskartellamt freigegeben worden war. Dafür werden eben die Argumente angeführt, die den BGH zur Bestätigung der Kartellamtsentscheidung veranlasst hatten. Aber auf Basis dieser Ausführungen hat bisher noch kein wagemutiger Teilnehmer (und ein ihm sekundierender Rechtsanwalt) gegen derartige Beteiligungen geklagt.

E.ON trennt sich von der Thüga

„Paukenschlag auf dem deutschen Energiemarkt" hieß es in der Presse: *„Ein Konsortium aus rund 50 Stadtwerken kauft für 2,9 Mrd. EUR die E.ON-Tochter Thüga. Damit entsteht Deutschlands fünfter Energieriese – in kommunaler Hand".* Nach monatelangen Verhandlungen hatte sich E.ON mit einem Stadtwerkebündnis geeinigt. Der Preis betrug 2,9 Mrd. EUR. Das Bundeskartellamt gab die Fusion am 30.09.2009 frei. Den Grund benannten sowohl E.ON als auch Thüga-Chef Woste ganz freimütig: Die *„kartellamtlichen Beschränkungen"* – also das Fusionsverbot E.ON/Eschwege – hätten der weiteren Verbreitung des Thüga-Geschäftsmodells entgegengestanden. Daher war im Unternehmensinteresse eine Trennung unumgänglich. Der Kaufpreis half zudem E.ON, die mit dem Akquisitionskurs verbundene Verschuldung herunterzufahren.

Allerdings lohnt es sich, die Erwerber einmal näher zu betrachten. Die Regionalversorger Mainova aus Frankfurt, die Stadtwerke Hannover und Nürnberger N-Energie übernahmen jeweils 20,75 % an der Thüga, den Rest von 37,75 % erwarb die Gruppe Kom9, bestehend aus 45 kleineren Stadtwerken um den Freiburger Regionalversorger Badenova. Denn die Thüga hatte ihrerseits Beteiligungen an der Mainova (rund 24 %), der Stadtwerke Hannover (24 %), der N-Energie (40 %) und der badenova (47,3 %), die man allerdings wegen ihrer Ausdehnung kaum noch als Stadtwerke, sondern eher als Regionalunternehmen bezeichnen muss. So hatten die Gesellschaften gewissermaßen Beteiligungen an sich selbst, was die Willensbildung erleichterte, aber mit der neuen Gesellschafterin Kom9 musste man sich immer noch einigen. Das machte komplizierte Regelungen in den Verträgen nötig – ob sie funktionieren, muss sich zeigen.

---

152. Siegfried Klaue, Hans-Peter Schwintowski, Strategische Minderheitsbeteiligungen in der deutschen Energiewirtschaft, 2004.

9 Traurige Ergebnisse der Fusionskontrolle

Wäre der Staat in die Liberalisierung mit dem Ansatz hereingegangen, wirtschaftliche Macht im Interesse des Wettbewerbs zu beschränken, hätte er zunächst das dafür erforderliche gesetzliche Instrumentarium schaffen müssen; insbesondere Entflechtungsvorschriften. Die Privatisierung staatlicher Beteiligungen hätte zudem genutzt werden können, Unternehmen weiter zu entflechten. Das Gegenteil geschah: Badenwerk und EVS wurden zur EnBW fusioniert, um dann die Anteile um so lukrativer an die EdF verkaufen zu können. VEBA und VIAG wurden fusioniert, um beim Börsengang die Anteile an der neu geschaffenen E.ON aufzuwerten. Die Fusionskontrolle funktionierte nicht. Statt der vorher acht Energiekonzerne gab es wenige Jahre nach der Liberalisierung nur noch vier. Und die Fusion E.ON/Ruhrgas wurde mit dem Instrument der Ministererlaubnis, dessen Einsatz von Anfang an geplant war, durchgezogen; dabei ist eigentlich auch die Ministererlaubnis nicht konzipiert, um damit Marktmacht noch zu vergrößern.

Ein Lichtblick bleibt: die Veräußerung der Thüga durch E.ON. E.ON wird vom Bundeskartellamt als Bestandteil eines marktbeherrschenden Duopols mit RWE angesehen. Diese Einschätzung teilt auch die Europäische Kommission; sie bezieht in die Betrachtung noch Vattenfall ein, die als Oligopol den deutschen Strommarkt beherrschen. Ein wichtiges Indiz für die Marktbeherrschung war für das Amt die „Beteiligungsstrategie zur Absatzsicherung", für die E.ON das Instrument Thüga eingesetzt hatte. Nach der Absegnung des Fusionsverbots E.ON/Eschwege durch den BGH war klar, dass weitere Stadtwerksakquisitionen nicht mehr durchzusetzen waren. Aber eigentlich hätte für E.ON noch kein Anlass bestanden, sich deswegen von der Thüga insgesamt zu trennen. Der eigentliche Anlass für den Verkauf liegt wohl im Bestreben von E.ON, den Marktmachtvorwurf zu entkräften. E.ON hat im Jahr 2010 bei dem britischen Beratungsunternehmen Frontier Economics untersuchen lassen, ob denn die Einstufung als marktbeherrschendes Unternehmen immer noch berechtigt sei[153]. Das Londoner Forschungsinstitut verweist in seiner Untersuchung darauf, dass sich die Duopol-Vorwürfe auf Marktdaten aus den Jahren 2003 bis 2006 bezögen. *„Seither befindet sich der deutsche Stromerzeugungsmarkt weitgehend unbemerkt von Politik und Öffentlichkeit allerdings in erheblichem Wandel"*, schreiben die britischen Forscher. E.ON habe sich 2008 und 2009 von einem Viertel seines riesigen Kraftwerksparks getrennt *„und Holding Thüga mit rund hundert Stadtwerksbeteiligungen verkauft"*. Der E.ON-Marktanteil in Deutschland liege zusammen mit RWE deutlich unter jenen 50 %, die im deutschen Wettbewerbsrecht als relevantes Kriterium für die gemeinsame Marktbeherrschung eines Duopols genannt seien. Ob das Bundeskartellamt daraufhin seine Bewertung ändert, wird sich zeigen. Immerhin zeigt der E.ON-Auftrag, dass der Druck des Amtes Wirkung zeigt – ein ermutigendes Ergebnis.

---

153. FAZ v. 21.10.2010.

5. Kapitel
Die Strompreisbildung: Der Verbraucher hatte immer das Nachsehen

1   Strompreise ohne Kontrolle

Dass Strom etwas sehr Wertvolles ist, merkten als erstes die Berliner Hoteliers, denen Emil Rathenau den Strom aus seinen Blockstationen anbot – eine Goldmark kostete die Kilowattstunde. Die Preise änderten sich mit dem Auftreten des RWE, das Strom billig in seinen Großkraftwerken erzeugte. Dieser Preis war für Städte und Gemeinden attraktiv, die Strom nicht selber erzeugen konnten oder wollten und deshalb bereit waren, mit dem RWE langfristige Stromlieferverträge zu schließen. Im Jahr 1904 kostete Strom beim RWE nämlich nur noch 40 Pf für die Kilowattstunde. Im Jahr 1913 ergab eine interne Kalkulation, dass die Stromerzeugung aus Stein- und Braunkohle sogar nur 5,8 Pf Selbstkosten erzeugte. Zu dieser Zeit wandten die Städte Hannover noch 22 Pf und Stettin gar 38 Pf für die Produktion von Strom in eigenen Kraftwerken auf. Die Weltwirtschaftskrise führte dazu, dass auch Strom billiger wurde – weil er billiger werden musste, um den notleidenden Hauhalten den weiteren Bezug von Strom überhaupt erst zu ermöglichen. Aber rechtlichen Druck auf die Strompreisbildung gab es nicht. Denn selbst ein Gigant wie das RWE, aus heutiger Sicht fast ein Monopolist, was die Erzeugung in Großkraftwerken anging, musste seine Strompreise nicht rechtfertigen. Es gab weder eine behördliche Strompreisaufsicht noch Kartellbehörden, an die sich Verbraucher wenden konnten.

Die Verhältnisse änderten sich erst 1935, überraschenderweise mit dem Energiewirtschaftsgesetz der Nazis, das in seinem § 7 dem Reichswirtschaftsminister die Befugnis gab, die Strompreise *„wirtschaftlich zu gestalten"*. Das machten die Nazis auch, freilich im Interesse der Industrie, die wiederum die entscheidende Rolle bei der Aufrüstung der Reichswehr zu übernehmen hatte. Da waren hohe Strompreise, wie sie die Stromkonzerne autonom zu kalkulieren gewohnt waren, nicht opportun. Und die Stromwirtschaft fügte sich; sie wollte ja das gedeihliche Miteinander nicht gefährden, das zum *„Gesetz zur Förderung der Energiewirtschaft"* vom 13. Dezember 1935 geführt hatte. Dieses Gesetz verfolgte nach seiner Präambel das Ziel, *„volkswirtschaftlich schädliche Auswirkungen des Wettbewerbs zu verhindern"*, was genau das Verständnis der Stromwirtschaft war. Der Staat hatte auch keinerlei Interesse daran, dieser Sicht zu widersprechen, zumal die Stromwirtschaft den Ländern und den Kommunen weit überwiegend gehörte; das galt auch für das RWE, an dem die Kommunen die Kapitalmehrheit hielten.

135

2 Nach dem Zweiten Weltkrieg: Späte und mühsame Installierung einer Preisaufsicht

Die Wirtschaftsordnung, die die Alliierten nach dem Zweiten Weltkrieg installierten, sollte allerdings mit Kartellen aufräumen. Dafür war die Nähe zwischen dem nationalsozialistischen Staat und den Wehrwirtschaftsführern noch zu präsent. Deswegen entschied sich das Grundgesetz auch keineswegs für eine Marktwirtschaft als gesellschaftliches Grundmodell. Wie das Bundesverfassungsgericht vielmehr in mehreren Entscheidungen[154] klargestellt hat, habe sich das Grundgesetz für *„wirtschaftspolitische Neutralität"* entschieden. Der wirtschaftliche Erfolg des Wiederaufbaus, das „Wirtschaftswunder", fand seine Grundlage allerdings in der Marktwirtschaft. Preisrecht, das man gebraucht hätte, um überhöhten Strompreisen beizukommen, war in dieser freien Marktwirtschaft ein Fremdkörper. Es bedurfte erst der Weiterentwicklung zu einer „sozialen Marktwirtschaft", zu der eine staatliche Preisaufsicht passte.

Diese kam mit der Bundestarifordnung Elektrizität (BTOElt) vom 26.11.1971[155]. Sie ging davon aus, dass die Elektrizitätsversorgungsunternehmen eine Monopolposition hätten und dass deswegen eine staatliche Preisaufsicht erforderlich sei. Sie unterwarf daher die Preise für die Tarifkunden – also die nach einem allgemeinen Tarif des Energieversorgers festgesetzten Preise für Haushalte, Gewerbe und ländliche Anwesen – einer staatlichen Genehmigung. Die Energieversorger mussten daher zukünftig darlegen, dass sie ihre Preise anhand der Kosten der Energieversorgung gebildet hätten. Zu diesen Kosten, also denen des Netzes, des Vertriebs, des Geschäftsbetriebs, durften die EVU auch einen – ebenfalls überwachten – Zuschlag für die Verzinsung des Eigenkapitals hinzurechnen. Nach diesen Grundsätzen ging auch eine Novellierung der BTOElt vom 18.12.1989[156] vor.

Diese Preisaufsicht hatte allerdings von vornherein nur einen beschränkten Zugriff. Denn etwa ein Drittel der Strompreise entfielen auf Steuern und Abgaben und war daher einer Nachprüfung entzogen. Nur gut 60 % der Preise entfielen also auf Energie und Netz. Die Stromabgabe an Sondervertragskunden, insbesondere die Industrie, die etwa die Hälfte des Stromabsatzes eines Verteilerunternehmens ausmacht, war nicht genehmigungspflichtig. Somit unterlagen nur 30 % der Stromabgabepreise der staatlichen Preisprüfung. Die Energiebezugskosten der Verteilerunternehmen waren ebenfalls weitgehend prüfungsfrei. Einer Genehmigungspflicht unterlagen die Elektrizitätseinkaufspreise nach § 11 BTOElt nur dann, wenn der Vorversorger keine Tarifabnehmer versorgte und die jährlich an das Verteilerunternehmen gelieferte elektrische Arbeit insgesamt mehr als 500 Mio. kWh ausmachte; ein seltener Fall.

Somit war das Tätigkeitsfeld der Preisprüfung von vornherein sehr beschränkt. Hinzu kam, dass die Detailprüfung der Strompreise nach *„Leitsätzen für die Preisermittlung aufgrund von Selbstkosten"* (LSP) durchgeführt wurde, die der Staat beispielsweise für die Festsetzung der Aufkaufpreise für Branntwein der Staatlichen Branntweinmonopolverwaltung in Offenbach

---

154. Ausgangspunkt war die Investitionshilfeentscheidung vom 20.07.1954, BverfGE E 4, 7; vgl. auch die Mitbestimmungsentscheidung vom 01.03.1979, E 50, 290.
155. BGBl I S. 1865.
156. BGBl I S. 2255, mit amtlicher Begründung in BR-Drs. 493/89 v. 21.09.1989.

geschaffen hatte. Die LSP stammten aus dem Jahre 1953[157]. Der in der Elektrizitätsversorgung neben den Strombezugspreisen wesentliche preisbestimmende Faktor ist das Netz. Dessen Kosten wurden aber nicht nach den Anschaffungs- und Herstellungskosten kalkuliert und abgeschrieben, sondern nach den „Wiederbeschaffungspreisen". Damit wurden die Netzbetreiber finanziell so ausgestattet, als müssten sie jederzeit ein Netz neu errichten, allerdings unter Berücksichtigung der Abschreibung nach Sätzen, die sich an den in der Branche üblichen Nutzungsdauern orientierten. Dazu kam eine weitere Großzügigkeit, die es nur in der Energiewirtschaft gab: Selbst vollständig abgeschriebene Anlagen, die aber noch nutzbar waren, konnten mit einem sogenannten „Anhaltewert" von bis zu 15 % geführt werden, so dass der Strompreis sogar einen Anteil für Anlagen enthielt, die der Kunde vorher schon vollständig bezahlt hatte. Damit erreichten die Strompreise Höhen, die weit über denen in anderen europäischen Ländern lagen.

Dieses Treiben fiel dem Gesetzgeber allerdings auf, aber erst Jahre später. Wenige Monate vor der Novellierung der BTOElt im Dezember 1989, nämlich im Juni 1989, wurden die LSP novelliert[158]. Die Ausnahmeregelung für die Ansetzung von Wiederbeschaffungswerten, die regelmäßig angewandt worden war, wurde gestrichen. Aber eine Anpassung der Regeln, die sich die Preisaufsichtsreferenten der Länder gegeben hatten, der *„Arbeitsanleitung zur Darstellung der Kosten- und Erlösentwicklung in der Stromversorgung"*[159], blieb aus. Dort waren die Einzelheiten für die Preisbestimmung festgesetzt, die durchaus auch von den LSP abwichen. Die Streichung der Bezugnahme auf Wiederbeschaffungswerte in der LSP-Novelle von 1989 hätte daher dazu führen müssen, dass in den kalkulatorischen Abschreibungen der Stromversorgungsanlagen grundsätzlich von Anschaffungs- und Herstellungskosten auszugehen war – mit dem Effekt, dass die Strompreise um bis zu 15 bis 20 % hätten fallen müssen.

Aber noch bevor Konsequenzen aus der veränderten Rechtslage gezogen werden konnten, flatterte den Preisreferenten die – völlig unerwartete – Frage auf den Tisch, welches Preisrecht denn ab Oktober 1990 in den Neuen Ländern gelten sollte. Diese Frage musste beantwortet werden, weil die westdeutschen Stromkonzerne als Geschäftsbesorger in den Neuen Ländern Strompreisanträge zu stellen hatten, die die – noch gar nicht vorhandenen – Preisaufsichtsreferenten in den fünf neuen Landesregierungen bearbeiten mussten. Und es setzte sich die nordrhein-westfälische Linie durch, die dafür plädierte, die eingetretene Rechtsänderung einfach nicht zu beachten, sondern bei der Strompreisprüfung weiter von Wiederbeschaffungswerten auszugehen, die von den Geschäftsbesorgern in die Anlagenverzeichnisse zu den Eröffnungsbilanzen hineingenommen worden waren. Verständlich: Denn „Anschaffungs- und Herstellungskosten" der untergegangenen DDR gab es nicht, wohl aber Tagesneuwerte von Anlagen, die für die Sanierung der Netze der Neuen Länder gebraucht wurden. So kam es, dass die Strompreise, soweit sie sich auf die Netze stützten, nicht nur nicht heruntergingen, sondern dass die ostdeutschen Neubürger auch noch die hohen westdeutschen Strompreise bezahlen mussten, obwohl – zunächst – von den Geschäftsbesorgern noch gar nichts investiert worden war.

---

157. VOPR Nr. 30/53 über die Preise bei öffentlichen Aufträgen v. 21.11.1953, Bundesanzeiger v. 18.12.1953.
158. VO zur Änderung preisrechtlicher Vorschriften v. 13. Juni 1989, BGBl I 1094.
159. Entwickelt schon vor Inkrafttreten der BTOElt in der 1. Fassung, letzter Stand vor der Liberalisierung v. 19.05.1981, abgedruckt in Obernolte/Danner, Energierecht, III Anhang 5.

3   Einer gegen alle: Der hessische Preisaufsichtsreferent Schäfer

In den alten Ländern gab es allerdings einen, der nicht locker ließ. Das war der hessische Preisaufsichtsreferent Gert Schäfer, der vor der Frage stand, ob er Kaufpreise für Netze anerkennen sollte, die auf der Basis des Sachzeitwertes ermittelt waren, der wiederum generell von Wiederbeschaffungswerten ausging. Diese Frage stellte sich in einer Vielzahl von Fällen, weil § 103a Abs. 4 GWB, der mit der vierten Kartellgesetznovelle kam, die Laufzeit von Konzessionsverträgen auf 20 Jahre begrenzte und anordnete, dass bereits länger laufende Konzessionsverträge am 30.12.1994 endeten. Es kam zu einer Vielzahl von Netzübernahmen – und in allen Fällen wurde erbittert darüber gestritten, welcher Kaufpreis denn nun gelten sollte. Eine höchstrichterliche Entscheidung dazu gibt es bis heute nicht. Allerdings entschied der Bundesgerichtshof im berühmten „Kaufering-Urteil" vom 16.11.1999[160], dass die Verwendung des Sachzeitwertes nicht zu beanstanden sei, wenn er den Ertragswert nicht überstieg. Denn der BGH argumentierte sehr vernünftig, dass ein Netzkäufer doch nur denjenigen Kaufpreis zu bezahlen bereit war, der sich im Laufe der Zeit auch amortisieren würde. Für die Bestimmung des Ertragswertes kam es aber auf den Wert der Netznutzung an. Dafür wurden Regeln erst mit der Netzentgeltverordnung vom 25.07.2005[161] geschaffen, auf deren Basis die neu installierten Regulierungsbehörden Netznutzungsentgelte festsetzen. Aber bis heute hat sich eine Netzwertbemessung auf Basis der Netzentgelte nicht durchgesetzt.

Herr Schäfer konnte natürlich diesen jahrzehntelangen Streit nicht vorhersehen und legte sich auch schriftstellerisch ins Zeug[162]. Mitstreiter Apfelstedt, der sich später auch um die kommunale Energieversorgung in den Neuen Ländern verdient gemacht hat, gab das sogenannte „Endschafts-Gutachten"[163] in Auftrag, mit dem die These belegt werden sollte, dass für ein Netz nur der „tarifkalkulatorische Restwert" zu bezahlen war, also der Preis, der dem investierenden Netzbetreiber noch nicht über die Strompreise erstattet worden war. Dem BGH lag dieses Gutachten zwar vor und er war bei seinen Ertragswertüberlegungen sichtlich durch dieses Gutachten beeinflusst. Aber er konnte sich noch nicht zur Gefolgschaft durchringen. Der Bund-Länder-Ausschuss, in dem die Preisreferenten zusammenarbeiteten, nahm daraufhin die Novellierung der Arbeitsanleitung in Angriff, um so zu investitionsgerechten Strompreisen zu kommen. Die Neuformulierung der Arbeitsanleitung ist dann arbeitstechnisch in hohem Maße in Wiesbaden entstanden. Ihr Ansatz war, wie bei jeder Bilanz und Gewinn- und Verlustrechnung eines Unternehmens üblich, das Ausgehen von Anschaffungs- und Herstellungskosten. Zusätzlich sollte den Unternehmen aber als Inflationsausgleich eine „Substanzerhaltungsrücklage" erlaubt werden. Die Preisaufsichtsbehörden beschlossen schließlich im Juni 1997 die neue Arbeitsanleitung. Sie ging grundsätzlich von den Anschaffungs- und

---

160. BGHZ 143,129 = ZNER 1999, 137.
161. V. 25.07.2005, BGBl I 2225 (Strom).
162. Schäfer, Versorgerwechsel in der Stromwirtschaft: Die Problematik der Netzübernahme zum Sachzeitwert vor dem Hintergrund der Preisaufsicht nach § 12 Bundestarifordnung Elektrizität, RdE 1993, 185; ders.: Auszehrung der Unternehmenssubstanz durch Preisaufsicht?, Zum Kolloquium „Tarifgenehmigung und Preisaufsicht in der Energiewirtschaft" des FORUM-Instituts für Management am 28.01.1994; ders., Tarifpreisrecht, in: Bartsch/Röhling/Salje/Scholz (Hrsg.), Stromwirtschaft. Ein Praxishandbuch, 2002, 585.
163. Petersen/Klaue/von Zezschwitz/Traub, Gutachten zur Beurteilung von Endschaftsklauseln in Stromkonzessionsverträgen, Vorläufiger Abschlussbericht, Gießen, Juni 1995.

Herstellungskosten aus, zuzüglich eines Ausgleichs für Substanzerhaltung. Die BTOElt sollte entsprechend angepasst werden. Aber es gelang den Ländern nicht, diese Arbeitsanleitung durchzusetzen. Dafür wäre eine entsprechende Entscheidung des Bundeswirtschaftsministeriums erforderlich gewesen. Der dort zuständige Ministerialrat Martin Cronenberg verwies darauf, dass die Liberalisierung der Energiemärkte anstand und dass sich Strompreise dann im Wettbewerb bilden würden. Daher brauche man keine neue Arbeitsanleitung.

Bayern, Hessen, Niedersachsen und das Saarland wendeten dann die neue Arbeitsanleitung im Alleingang an. Die BTOElt wurde mit dem EnWG 2005 abgeschafft, und zwar zum 30. Juni 2007. Zwar wandte sich 2006 die nordrhein-westfälische Wirtschaftsministerin Christa Thoben gegen die Abschaffung. Sie argumentierte, es herrsche doch gar kein Wettbewerb, mit dem entsprechenden Druck auf die Strompreise. Aber sie konnte sich nicht durchsetzen. Die BTOElt fiel – und die Preise blieben oben. Preisreferent Schäfer jedoch erfuhr späte Genugtuung, jetzt als Leiter der Hessischen Landesregulierungsbehörde: Er konnte sein Berechnungsmodell für angemessene Netzkosten in der Stromnetzentgeltverordnung 2005[164] durchsetzen.

4 Der Betriebsunfall: Wettbewerb in der Stromwirtschaft

Seit dem ersten Konzessionsvertrag von Emil Rathenaus Allgemeiner Elektricitäts-Gesellschaft mit der Stadt Berlin von 1885, und vor allem seitdem Hugo Stinnes zahlreiche nordrhein-westfälische Städte mit langfristigen Konzessionsverträgen an das RWE band, hatte es in der Stromwirtschaft immer nur ein Prinzip gegeben: Wettbewerb der Stromversorger untereinander musste nach Möglichkeit verhindert werden. Dem dienten mehrere Prinzipien: Zum einen das System geschlossener Versorgungsgebiete, in dem nur ein EVU für alle Stromabnehmer, seien es Haushalte, Gewerbetreibende, Industrieunternehmen, zuständig war, und die Kunden allesamt „gefangene Kunden" waren; das Prinzip der „vertikalen Demarkation", mit dem immer nur ein vorgelagerter Stromversorger ein regionales oder kommunales Unternehmen versorgte, was wiederum diese zu „gefangenen EVU" machte. Wettbewerb konnte es vom Prinzip her nur dann geben, wenn ein Konzessionsvertrag auslief und mehrere Stromerzeuger um dieselbe Gemeinde buhlten. In einer solchen Konkurrenzsituation hatte natürlich das RWE mit seinem billigen Strom sehr gute Karten. Je mehr allerdings die Länder des Reiches eigene Stromunternehmen aufbauten, desto mehr entwickelte sich ein System geschlossener Gebiete, bis schließlich acht Stromkonzerne entstanden waren: RWE, PreussenElektra, Bayernwerk als die größten, sodann VEW, Badenwerk, Energieversorgung Schwaben, und die städtischen Versorger für Hamburg (HEW) und Berlin (BEWAG). Alle Unternehmen arbeiteten zusammen in der Deutschen Verbundgesellschaft (DVG), was den Vorteil hatte, ein Netz von Höchstspannungs-, Hochspannungs- und Mittelspannungsleitungen über das gesamte Reich zu bewirtschaften, in dem die Kraftwerke dort platziert wurden, wo die größten Abnahmedichten vorzufinden waren. So entstand ein weltweit vorbildliches System, das Versorgungssicherheit garantierte. Die Regeln dafür wurden in der DVG festgelegt, was nun freilich einen janusköpfigen Effekt hatte: Es galt immer ein hoher technischer Standard, aber

---

164. Vgl. §§ 6, 7 und insbesondere 32 Abs. 3 StromNEV vom 25. Juli 2005, BGBl I 2225, ebenso die GasNEV v. 25.07.2005, BGBl I 2197.

man besprach sich auch immer darüber, wie man in diesem System Wettbewerb verhinderte. Die Durchsetzung solcher Absprachen war kein Problem, weil die Stromwirtschaft weitgehend staatlich war und die Konzerne und die Stadtwerke immer nur auf ihre Länder oder das Reich zugehen mussten, um einen Mindestbestand an rechtlichen Regeln herbeizuführen. Ausnahmen existierten nur wenige, insbesondere in der Industrie von Württemberg, im Ruhrgebiet etc., wo stromintensive Unternehmen den Vorteil der Eigenerzeugung erkannt hatten und groß genug waren, um die hohen Investitionssummen aufzubringen und den Anschluss an das öffentliche Netz herbeizuführen; das eigene Kraftwerk konnte ja auch ausfallen, so dass man eine Reserveeinspeisung vorhalten musste. Die ließen sich die Konzerne freilich teuer bezahlen. Der Industrie stand damit nur ein einziges Instrument zur Erreichung besserer Strompreise zu Gebote, die Drohung, man werde eine Eigenerzeugung bauen. Das wurde dann häufig verhindert, die Preise näherten sich dann aber auch denen, die bei Aufbau einer Eigenerzeugung entstanden wären.

Dieses ganze System, das von 1885 bis 1998 existiert hatte, seit 1956 mit dem GWB auch noch rechtlich abgesichert, das für die Stromwirtschaft also keineswegs ein Gesetz gegen, sondern für Wettbewerbsbeschränkungen war, dieses ganze System beseitigte der Gesetzgeber mit der Streichung des § 103 GWB durch das Begleitgesetz zum EnWG 1998, demjenigen Paragraphen, in dem die ganzen Privilegien der Stromwirtschaft zusammengefasst waren.

Dass aber die Streichung dieses einen Paragraphen durch den Gesetzgeber gleich zu Wettbewerb führte, war auf zwei Umstände zurückzuführen, die eigentlich gar nichts miteinander zu tun hatten – aber nur beim Strom. Einer lag darin, dass das Badenwerk einen von ihm selbst angezettelten Prozess, mit dem es eigentlich vom Gericht die Standfestigkeit seines zwanzigjährigen Stromliefervertrages mit den Stadtwerken Waldshut-Tiengen attestiert haben wollte, mit Pauken und Trompeten verlor[165]. Das Badenwerk, inzwischen zur EnBW fusioniert, entschloss sich, eine schon eingelegte Berufung wieder zurückzunehmen. Bundesweit war der Prozess Waldshut-Tiengen aber insbesondere von den Stadtwerken mit größter Aufmerksamkeit verfolgt worden. Es wurde immer klarer und klarer: Die langfristigen Strombezugsverträge waren am Ende. Das musste freilich zuhause auch kommuniziert werden. Die Argumente dafür fanden sich in einem Gutachten der Professoren Klaue, ehemals Vorsitzender der 8. Beschlussabteilung beim Bundeskartellamt und nunmehr Pensionär, Schwintowski von der Humboldt-Universität Berlin, des Beraters Ben Schlemmermeier von der LBD-Beratungsgesellschaft und des Verfassers dieser Schrift. Nachdem auch das Landgericht Köln der Rechtsauffassung des Landgerichts Mannheim zugestimmt hatte, war kein Halten mehr. Immer mehr Stadtwerke orientierten sich nunmehr neu, wobei Schützenhilfe das ENRON-Stromfax mit den alternativen Anbietern in den jeweiligen bisherigen Versorgungsgebieten Hilfestellung leistete. Aber die wichtigste Hilfestellung kam ausgerechnet vom RWE, wie schon geschildert: Das RWE hatte nämlich eine Konzerntochter, die Heidelberger Druckmaschinen mit Sitz in Heidelberg. Der RWE-Konzern wollte diese Tochter unbedingt mit RWE-Strom versorgen, und zwar im Wege der Durchleitung, für die freilich das EnBW-Netz gebraucht wurde. Das fasste EnBW als Kampfansage auf. So kam es zu der Groteske,

---

165. LG Mannheim, U. v. 16.04.1999, 7 O 372/98 (Kart), ZNER 1999, 34; vgl. oben Teil II, Kapitel 4, Ziff. 4 Der Wettbewerb bei Strom fängt an: die langfristigen Lieferverträge kippen ...

dass RWE baden-württembergische Stadtwerke mit Billigstangeboten verwöhnte, während die EnBW-Vertreter in Nordrhein-Westfalen umherfuhren: Ein Eldorado für Stadtwerke, soweit ihre Geschäftsführer die Nase in den Wind hielten. Besonders grotesk war, dass dieselben Stadtwerke, die gerade noch das Totenglöcklein des Wettbewerbs hatten bimmeln hören, und um ihre Existenz fürchteten, die *„besten Jahre der Firmengeschichte"* verzeichnen konnten: Die Bezugspreise gingen nämlich nach unten, während die Abgabepreise an die Haushalts- und Industriekunden zunächst oben blieben. Allerdings gab es, wie immer, auch einige Fußkranke der Entwicklung, die, von Panik getrieben, insbesondere an die Thüga Anteile an ihren Stadtwerken verscherbelten.

Die PreussenElektra hielt sich aus dem Treiben heraus. Sie legte keine Angebote an den jeweiligen Interessenten, sondern versuchte, die bisherigen Großkunden zu halten. Das geschah mit einer sorgfältig überlegten Strategie: Die Kunden wurden nicht etwa mit rechtlichen Mitteln gebunden – was ja auch nicht viel gebracht hätte –, vielmehr legte sich PreussenElektra und später E.ON mit den Preisen durchaus in die Nähe der Preise von RWE und EnBW. Diese Strategie hatte Erfolg; PreussenElektra musste nur geringe Kundenverluste erleiden – und hatte mit seiner Strategie vor allem nicht die fürchterlichen Margenverluste zu erleiden, die insbesondere bei EnBW eintraten. So ähnlich war die Situation beim RWE, wenngleich das RWE ungleich kapitalstärker war. Hier musste Konzernchef Kuhnt den Sessel räumen. Für die traurigen Ergebnisse in den Geschäftsberichten waren allerdings auch Auslandsengagements insbesondere im Wassergeschäft verantwortlich, insbesondere der Erwerb von Thames Water, womit sich RWE plötzlich vor der Aufgabe sah, das Londoner Wasserleitungsnetz zu sanieren. Auf Kuhnt folgte ein Sanierer, nämlich der Holländer Harry Roels, der RWE insbesondere mit Firmenverkäufen bald wieder in die Gewinnzone brachte – und seine Aktienoptionen aufbesserte.

Diese Schlacht fiel, was die mittleren Bezugspreise in kWh betrifft, etwa wie folgt aus: Während Stadtwerke vor der Liberalisierung Bezugspreise von 11 bis 16 Pf je kWh für Energie und Netz (Mittelspannungsebene) zu zahlen hatten, also 7 bis 8 Cent je kWh, so waren es jetzt im Wettbewerb 1,6 bis 2 Cent für die Energie und 2 Cent für das Netz, insgesamt knapp 4 Cent. Das heißt: Die Strombezugspreise der Stadtwerke hatten sich halbiert. In den Jahren 2000 und 2001 konnte man also durchaus für 18 bis 20 Euro je MWh (1.000 kWh) Strom einkaufen. Das war natürlich ein Zustand, mit dem die Konzerne reinen Tisch machen mussten. RWE-Lenker Roels gab die Devise aus: *„Das Preisdumping war ein Fehler."*[166] Und man besprach sich, wie die Preise wieder nach oben zu bringen waren. Das Instrument war die Leipziger Strombörse LPX, die 2002 mit der an der Frankfurter Börse angesiedelten EEX (European Energy Exchange) zur EEX fusionierte. Die Energiehändler aus Frankfurt mussten nach Leipzig umziehen.

---

166. ZfK 5/2005.

5 Das Wunder von Leipzig

Gut aufgestellte Stromkunden – Industrie und Weiterverteiler – konnten noch bis in das Jahr 2004 hinein niedrigste Preise von 18 Euro/MWh erzielen[167]. 2004 wurde allerdings auch schon ein Höchstpreis von 40,17 Euro/MWh registriert. Ab dem Jahr 2003 zogen die Preise ausgehend von der EEX jedenfalls massiv an. Hauptpreistreiber war der Emissionshandel, der mit dem Treibhausemissionshandelsgesetz (TEHG) ab dem 01.01.2005 eingeführt wurde. Die Emissionszertifikate wurden ebenfalls an der Börse gehandelt. Ab dem 01.01.2005 kam es zu einem Preissprung; schon 2004 lagen die Bezugspreise im Mittel zwischen 25 und 35 Euro/MWh, die Höchstpreise bei 45 Euro/MWh. Besonders auffällig waren die Strompreissteigerungen beim Mittelwert für Spitzenlaststrom, der sich zwischen 2005 und 2006 um etwa 25 Euro verteuerte. Der Maximalwert wurde am 18. April 2006 erreicht und betrug 60,35 Euro/MWh[168]. Diese Preissteigerungen speisten sich aus mehreren Quellen: Zum einen stiegen die Preise für die reine Energie, wohl durch Manipulation des Stromhandels an der EEX, zum anderen schlugen die Stromkonzerne die Preise für die Zertifikate auf die Strompreise auf; das mit dem Argument, dass es sich um sogenannte „Opportunitätskosten" handele, einen fiktiven Wert, der nur beim Verkauf der Zertifikate realisierbar gewesen wäre. Die Konzerne brauchten die „Verschmutzungsrechte" aber zur Kompensierung der CO_2-Abgabe an die Atmosphäre. Aber die Einpreisung fand trotzdem statt, obwohl sie vom Bundeskartellamt mit einer sehr interessanten Abmahnung[169] gegen die RWE AG bekämpft werden sollte. Leider blieb sie folgenlos, weil sich das Amt schließlich mit RWE einigte. Der neue Kartellamtspräsident Heitzer wollte die kämpferische Linie seines Amtsvorgängers Böge nicht fortsetzen. Schließlich gab es auch noch den Verdacht, dass auch der Handel mit Emissionsrechten an der Börse manipuliert sei[170].

Für die Industrie war diese Entwicklung fatal. Ein stromintensives Unternehmen wie Europas größter Kupferproduzent, die Norddeutsche Affinerie in Hamburg, musste plötzlich viele Millonen mehr für seinen Strom bezahlen. Denn kein Konzern war mehr bereit, den anderen zu unterbieten. Das brachte Konzernchef Werner Marnette dermaßen auf die Palme, dass er im ZDF-Magazin frontal 21 von den *„vier Besatzungszonen"* sprach. Nun war Marnette nicht irgendwer: Er war Vorsitzender des Energieausschusses beim Bundesverband der Deutschen Industrie (BDI). Kurz darauf soll der Präsident des BDI einen freundlichen Brief von einem Stromkonzern erhalten haben, in dem er auf die hohen Mitgliedsbeiträge der Stromkonzerne hingewiesen wurde, die einen wesentlichen Anteil des Beitragsaufkommens insgesamt ausmachten. Man müsse ja nicht Mitglied bleiben, wenn Werner Marnette weiter Vorsitzender bliebe. Die Drohung hatte Erfolg: Marnette musste seinen Sessel räumen. Aber das erklärt noch nicht die Preissteigerungen.

---

167. Bundeskartellamt, Abmahnung gegen die RWE AG v. 18.12.2006, ZNER 2007, 448, 453.
168. Monopolkommission, Sondergutachten Strom und Gas 2007, BT-Drs. 16/7087, Rn 188 ff.; nachfolgend zitiert als MK a.a.O.
169. V. 18.12.2006, ZNER 2007, 448.
170. Jungbluth/Borchert, Möglichkeiten der Strompreisbeeinflussung im oligopolistischen Markt, ZNER 2008, 3145.

Um zu verstehen, wie die Preisbildung an der Energiebörse funktioniert, muss man sich ansehen, wie der Stromhandel organisiert ist: Es gibt zwei große Handelsgruppen, den Spot- und den Terminmarkt (Futures). Am Spotmarkt werden Mengen gehandelt, die bereits am nächsten Tag geliefert werden sollen. Am Terminmarkt geht es um Strommengen, die beispielsweise zum Jahreswechsel, für den Verlauf eines Jahres in der Grundlast etc. geliefert werden sollen. Die Preisfestsetzung erfolgt in Auktionen. Beim Spotmarkt handelt es sich um einen physischen Markt, bei dem die Geschäfte wegen der mangelnden Speicherbarkeit von Strom sofort abgewickelt werden müssen. Auf dem Terminmarkt werden bedingte (Optionen) und unbedingte (Futures) standardisierte Termingeschäfte (Derivate) getätigt. Mit diesen Geschäften will man hauptsächlich zukünftige Preisrisiken absichern.

Die Preisbildung am Terminmarkt hängt von der am Spotmarkt ab. Zwar gibt es keinen unmittelbaren Zusammenhang zwischen Spot- und Terminmarkt. Aber es ist davon auszugehen, dass die Preise am Spotmarkt den Terminmarkt mittelbar beeinflussen. Das ergibt sich aus mehreren voneinander unabhängigen Untersuchungen[171]. Auch das sächsische Wirtschaftsministerium als Aufsichtsbehörde für die EEX geht davon aus, dass ein Zusammenhang zwischen Spot- und Terminmarkt existiert[172].

Für die Integrität der Preisbildung an einer Börse ist die behördliche Überwachung von großer Bedeutung; das gilt auch für die EEX. Aber: Der Terminmarkt wird behördlich überwacht, der Spotmarkt wurde es bis vor kurzem nicht. Manipulationen der Preisbildung am Spotmarkt – mit ihren mittelbaren Folgen für den Terminmarkt – blieben so unentdeckt. Dabei dürfte davon auszugehen sein, dass insbesondere E.ON die Strompreisbildung an der EEX von 2002 bis 2007 manipuliert hat.

6   Zahlreiche Indizien für manipulierte Strompreise an der EEX

Während Stromkunden in den Jahren 2000 bis 2003 – bei den Konzernen direkt – Preise von 18 bis 20 Euro/MWh bezahlten, kostete Großkunden der Strom im Jahr 2007 im Mittel schon 60 Euro/MWh, obwohl in diesem Jahr CO_2-Zertifikate keine Rolle mehr spielten, weil infolge eines Überangebotes an der EEX ein rapider Preisverfall feststellbar war. An dieser Preisentwicklung hatte die EEX eine entscheidende Rolle, allerdings aufgrund verschiedener strategischer Entscheidungen der Konzerne, bei denen sie sich völlig einig waren. So handelten sie 80 % und mehr des von ihnen erzeugten Stroms gar nicht an der EEX, sondern in sogenannten „Over the counter"- (OTC) Verträgen. Aber bei der Preisbildung lehnten sie sich an die Preisbildung an der EEX an. Außerdem schlugen sie die Preise für CO_2-Zertifikate, wie sie im Trading an der EEX erzielt wurden, auf ihre Strompreise auf, obwohl sie die Zertifikate kostenlos erhalten hatten und für ihre Stromproduktion in Kohle- und Gaskraftwerken

---

171. Insbesondere MK 2007, Rn 201; ebenso Abschlussbericht der Europäischen Kommission v. 26.11.2008 im Verfahren gegen E.ON, Rn 38, WuW 2009, 458/EU-V 1380 = ZNER 2009, 69.
172. Bundesrat, Stellungnahme v. 15.12.2006 zum Entwurf eines Gesetzes zur Umsetzung der Richtlinie über Märkte für Finanzinstrumente und der Durchführungsrichtlinie der Kommission (Finanzmarkt-Richtlinien-Umsetzungsgesetz), BR-Drs. 833/06 (Beschluss), Ziff. 6; ferner Beschluss v. 11.05.2007 zum Gesetz zur Umsetzung der Richtlinie über Märkte für Finanzinstrumente und der Durchführungsrichtlinie der Kommission (Finanzmarkt-Richtlinie-Umsetzungsgesetz), BR-Drs. 247/07 (Beschluss).

vollständig verbrauchten. Schon diese beiden strategischen Grundentscheidungen haben gravierende Auswirkungen. Entscheidend für die Preisbildung wird so der Preis der Produkte an der EEX. Sowohl bei den Angebots- wie bei den Abnahmepreisen machen allerdings die Gebote der Konzerne nur etwa die Hälfte aus, weil auch Banken sowie weitere inländische und ausländische Trader am Bietgeschehen teilhaben. Daher entfällt auf die Konzerne höchstwahrscheinlich nur ein Angebots- und Abnahmevolumen von unter 10 % der Gesamtmenge. Dieses geringe Volumen reagiert natürlich auf die Handelsvorgänge viel sensibler als wenn die gesamte Menge des erzeugten Stroms über die Börse gehandelt würde, da die Konzerne die größten Anbieter und Abnehmer an der Börse sind. Folglich spielt ihr Angebots- und Abnahmeverhalten eine ganz entscheidende Rolle. „Wenig Eingriff", wie der E.ON-Konzern intern formulierte, sei nötig, um die Strompreisentwicklung zu steuern. Und es gab eine Vielzahl von Indizien dafür, dass bei den sprunghaften Steigerungen der Strompreise, nämlich einer Verdreifachung in knapp vier Jahren, nicht alles mit rechten Dingen zugegangen war. Das wurde in mehreren Untersuchungen festgestellt.

Die Untersuchungen der Europäischen Kommission

Die Generaldirektion Wettbewerb (GD IV) der Europäischen Kommission beauftragte im Rahmen der „Sector Inquiry 2007" das Beratungsbüro London Economics (LE) mit einer Konzentrationsstudie für den europäischen Elektrizitätsmarkt. „Sector Inquiry" heißt, dass alle wichtigen Unternehmen des Elektrizitätssektors untersucht wurden, und zwar auf Basis von Daten aus den Jahren 2003 bis 2005. Parallel wurden auf Beschwerden aus dem Kreis deutscher Industriegroßkunden Beschwerdeverfahren[173] gegen E.ON eingeleitet. Die Untersuchung konzentrierte sich auf vier Punkte, die allesamt den Verdacht auf massive Beeinflussung der Stromwirtschaft signalisierten. Der wichtigste war der Verdacht, dass E.ON zu dem Zweck, die Preise an der EEX hochzutreiben, gezielt die Stromerzeugung aus kostengünstigen Kraftwerken zurückgehalten hatte, die sogenannte „Kapazitätszurückhaltung", ferner, dass Dritte abgeschreckt wurden, in die Stromerzeugung auf dem deutschen Stromgroßhandelsmarkt zu investieren, dass verbundene Unternehmen auf dem deutschen Regelenergiemarkt begünstigt und dass Stromerzeuger anderer Mitgliedstaaten behindert wurden, Regelenergie auf den Regelenergiemärkten zu verkaufen. Im Rahmen dieses Beschwerdeverfahrens wurden in den Geschäftsräumen von E.ON im Mai und Dezember 2006 Untersuchungen durchgeführt. Allein bei der Untersuchung im Mai 2006 wurden um die 60.000 Blatt Asservate mitgenommen. E.ON wurde wegen des Erbrechens eines Siegels an einem Aktenraum mit Asservaten ein Bußgeld von 38 Mio. EUR auferlegt. Das Gutachten und die Untersuchungen liefern zahlreiche Anhaltspunkte dafür, dass E.ON die Preisbildung an der EEX von 2002 bis 2007 manipuliert haben dürfte.

---

173. COMP/39.315 – 317, 39.326, 39.388 und 39.389.

Die Studie von London Economics

LE[174] untersuchte insbesondere die Konzentration auf der Elektrizitätserzeugerstufe und wies in diesem Zusammenhang darauf hin, dass die Stromerzeugung aller vier deutschen Konzerne während des Jahres 2005 zur Deckung der Nachfrage über längere Zeiträume unabdingbar waren[175]. Das signalisiert, dass sich die Konzerne beim Stromhandel abgestimmt haben könnten.

Insbesondere hat sich LE mit der Frage befasst, ob die Strompreise in den untersuchten Jahren deutlich über den Grenzkosten lagen. Diese Frage wurde bejaht, und zwar auch unter Berücksichtigung der CO_2-Einpreisung ab 2005[176]. Dabei wurde auch untersucht, ob Kapazitätszurückhaltungen die Ursache für die Preisaufschläge über die Grenzkosten sind. Es zeigte sich, dass Kraftwerke mit vergleichsweise geringen variablen Kosten (Kohle und Uran) häufiger unterhalb ihrer optimalen Auslastung produziert hätten als die kostenintensiveren Kraftwerke[177]. Die Ergebnisse dieser Untersuchung indizieren, dass gezielt Kapazitäten mit niedrigeren variablen Kosten zurückgehalten wurden. Dabei spielt die sogenannte Merit Order[178] eine große Rolle. Die Merit Order ist eine Rangfolge der Kraftwerke entsprechend ihrer Kostengünstigkeit. Jeweils das teuerste Kraftwerk, dessen Strom noch an der Börse verkauft werden konnte, bestimmt den Preis. Die Untersuchung von LE legt die Vermutung nahe, dass der Marktpreis gezielt nach oben getrieben wurde[179]. Die Monopolkommission, ein Sachverständigengremium, das auf Basis des GWB eingerichtet wurde, verweist zwar auf kritische Anmerkungen gegenüber der Herangehensweise von LE, bestätigt aber die grundlegende Aussage, dass diverse Indizien für die Marktmachtausübung der großen Verbundunternehmen an der EEX sprechen; dies werde auch in zahlreichen weiteren ökonomischen Studien bestätigt[180].

Die Sondergutachten Strom und Gas 2007 und 2009 der Monopolkommission

Die Monopolkommission hat nach dem Bekanntwerden der Manipulationsvorwürfe und der Untersuchungen der Kommission zwei Sondergutachten „Strom und Gas 2007 und 2009" erstattet. Das Gutachten 2007 befasst sich unter der Überschrift „Preismanipulationen an der Strombörse EEX?" intensiv mit der Strompreisbildung[181], identifiziert sich mit den Feststellungen von LE und führt aus, in der Studie seien deutliche Aufschläge auf die kurzfristigen Grenzkosten beim Kraftwerksabruf nach der Merit Order nachgewiesen worden[182]. Daher sei anzunehmen, dass die aktuellen Großhandelspreise auch über den langfristigen Grenzkosten

---

174. Structure and Performance of six European Whole Sale Electricity Markets in 2003, 2004 and 2005, Februar 2007.

175. London Economics, a.a.O.,292; dazu Monopolkommission, a.a.O., 174 ff., 183.

176. MK (Fußnote 163), Rn 203 ff.; so auch Hirschhausen/Weigt/Zachmann, Preisbildung und Marktmacht auf den Elektrizitätsmärkten in Deutschland – Grundlegende Mechanismen und empirische Evidenz, 2007, 41 ff.

177. London Economics (Fußnote 169), 389 ff.

178. Dazu im einzelnen MK (Fußnote 163), Fußnote 70 ff.; Jahn, ZNER 2008, 297, 299 f.

179. MK (Fußnote 163), Rn. 206 a. E.

180. MK (Fußnote 163), Rn. 210, mit zahlreichen Verweisen auf diese Studien Fußnote 200.

181. Rn. 188 – 218.

182. A.a.O., Rn. 215. Dazu auch Jahn, ZNER 2008, 297, 300 f.

liegen. Im Gutachten 2009 hält die Monopolkommission die Organisation des börslichen Stromhandels zwar für *„funktionsfähig"* – aber nur unter bestimmten Bedingungen: *„Bei hinreichend wettbewerblichem Verhalten der Marktteilnehmer würde der börsliche Stromhandel zu einem kurzfristig effizienten Kraftwerkseinsatz und zu langfristig effizienten Investitionen führen."* Aber dann wird die Kommission sehr deutlich: *„Unter dem Eindruck einer in Deutschland weitgehend vermachteten Stromerzeugung jedoch und einer Engpasssituation an den Außengrenzen der deutschen Übertragungsnetze, die verhindert, dass Kapazitätszurückhaltung eines marktmächtigen Anbieters jederzeit durch Einspeisung kostengünstiger Reservekapazität aus dem Ausland sanktioniert werden kann, gelangt die Monopolkommission zu der Einschätzung, dass sowohl Anreize als auch Möglichkeiten zur missbräuchlichen Ausnutzung von Erzeugermarktmacht auf dem Stromgroßhandelsmarkt gegeben sind. Aus der Perspektive eines gewinnmaximierenden Erzeugers ist die strategische Zurückhaltung von Erzeugungskapazitäten geradezu eine gebotene Strategie. Daher stellt sich die Frage, warum die marktmächtigen Verbundunternehmen diese Situation nicht zumindest in Spitzenlastzeiten zu ihren Gunsten umsetzen sollen."* (Rz 180). Wegen der Manipulationsvorwürfe empfiehlt die Monopolkommission eine spezielle Marktüberwachungsstelle mit der Aufgabe eines Market Monitoring[183]. Wie insbesondere E.ON gegenüber der EEX vorgegangen ist, ergibt sich aus einem sehr interessanten Dokument.

Der Schriftsatz des Bundeskartellamts vom 30.11.2006 im Fusionskontrollverfahren E.ON/ Eschwege

Das Bundeskartellamt hat mit diesem Schriftsatz gegenüber dem OLG Düsseldorf[184] ein Dokument verfasst, das in einer bisher noch nie dagewesenen Transparenz Aufschluss über die Vorgehensweise insbesondere von E.ON zur Festigung seiner marktbeherrschenden Stellung gibt[185]. Dieser Schriftsatz arbeitet die bei der „Nachprüfung" im Mai 2006 bei E.ON und RWE gefundenen etwa 60.000 *„Asservate"* (sichergestellte Schriftsätze) auf und befasst sich dabei auch mit der Vorgehensweise von E.ON gegenüber der EEX. Das Unternehmen habe

„Verhaltensspielräume in den Bereichen Erzeugung, Handel und Vertrieb von Strom ... genutzt ..., um die Stromproduktpreise maßgeblich zu beeinflussen. Sie selbst spricht von sogenannten Stellgrößen der Strompreispolitik und stellt einen Fonds (genannt SPP-Handelsbuch) zur Verfügung, um diese Stellgrößen aktiv zu steuern ...

E.ON stellt bei der Beantwortung der Frage „Welchen Anteil haben wir an der Marktpreisentwicklung?" für 2003 fest: ‚Von März bis Juni 2003 hat ein intensiver Einsatz des

---

183. Rn. 211.

184. Abgedruckt im Anhang 1 sowie ZNER 2009, 78 ff.; dazu DER SPIEGEL 45/2007.

185. Überschriften: I. Kein Binnenwettbewerb, Austausch von Unternehmensparametern und Strategien, Arrondieren von Absatzgebieten und Minderheitsbeteiligungen zur gegenseitigen Respektierung der Einflusssphären, II. Kein Außenwettbewerb: Treffen und Kooperation auf europäischer Ebene, Treffen und Kooperation auf nationaler Ebene, III. Marktanteile, Marktmacht, Marktbeeinflussung: 1. Marktanteilsberechnungen und Verhaltensspielräume, 2. Verhinderung von Kraftwerkskapazitäten in den Händen Dritter, um die Kontrolle über die Erzeugungskapazitäten zu halten, IV. Fazit.

SPP-Eigenhandelsbuches zur Initiierung von Marktpreissprüngen und zur Absicherung von Marktpreiseinbrüchen beigetragen ... EST[186] hat als Treiber des Marktes sehr großen Anteil am Durchstoßen eines Zielpreises.' Für den Zeitraum Juli bis September 2003 konstatiert EST: ,Wenig Eingriffe durch EST notwendig, um Marktpreis auf hohem Niveau zu stabilisieren.' ...

Als im Beeinflussungsbereich von E.ON liegende Stellgrößen der Strompreispolitik 2004 in den Bereichen Erzeugung, Handel und Vertrieb identifiziert EST:

- *Für die Erzeugung sind Stellgrößen eine strategische Handlungsfähigkeit im Spotmarkt durch tägliche Make or Buy-Entscheidungen sowie dynamische Mindestmargen.*
- *Für den Handel sind Stellgrößen eine Vermarktung oberhalb eines gesetzten Konzernpreises und die Errichtung eines SPP-Handelsbuches zur Preisbeeinflussung.*
- *Für den Vertrieb ist eine Stellgröße die Anwendung der Regel, dass REVUs[187] auf Marktpreisbasis verkaufen müssen, solange diese größer als der Konzernpreis ist. ...*

Der Beschlussvorschlag in dieser Vorlage sieht vor: ,Der Fortsetzung der Strompreispolitik mit dem Ziel der Preisstabilisierung auf hohem Niveau wird zugestimmt.' Als hierfür notwendige Instrumente werden im Dezember 2003 bereits für vier Jahre im voraus festgesetzte Konzernpreise pro kWh freigegeben, d. h. bis 2007, die als absolute Untergrenze für die Vermarktung eigener Erzeugung gelten sollten sowie ein SPP-Eigenhandelsbuch mit einem noch festzulegenden Geldbetrag in Millionenhöhe zur Verteidigung dieser Preisuntergrenzen."

Zu diesen Ausführungen ist zunächst festzuhalten, dass sie auf Asservaten beruhen, auf Urkunden aus dem Hause E.ON selbst. Sie belegen also unmittelbar und nicht nur indiziell die gezielte Beeinflussbarkeit und Beeinflussung des Handels an der EEX insbesondere in den Jahren 2003 bis 2007. Diese Möglichkeiten der Preissteuerung ergeben sich aus einer Fähigkeit, die nur Strom erzeugenden Unternehmen zur Verfügung steht, dem sogenannten „asset backed trading"; insbesondere den vier Stromkonzernen: Im Trading Room des Handelsunternehmens sind auf den Bildschirmen einerseits alle Kraftwerksdaten mit der jeweiligen Fahrweise und den jeweiligen Kosten der Erzeugung sowie den Gesamtkosten des Kraftwerksportfolios angegeben, auf der anderen finden sich die jeweiligen Online-Handelsdaten an der EEX[188]. So kann der Trader jeweils entscheiden, ob und in welchem Umfang er steuernd in das Handelsgeschehen eingreift. Dabei werden nicht nur die Handelsentscheidungen aus dem täglich sich ergebenden Marktgeschehen entscheidend, sondern auch die festgelegten Unternehmensstrategien.

Einheitliche Konzernstrategien gegenüber der EEX

Aus dem Kartellamts-Schriftsatz ergeben sich noch weitere Hinweise darauf, dass nicht etwa nur E.ON allein, sondern alle vier Konzerne Absprachen gegenüber der EEX getroffen haben müssen. Dazu zählt nicht nur die einheitlich getroffene und umgesetzte Grundentscheidung, nur einen kleinen Teil des Handels über die Strombörse abzuwickeln, und zwar nur insoweit,

---

186. E.ON Sales & Trading GmbH.
187. Regionalversorgungsunternehmen, Töchter des Konzerns.
188. Der Abschlussbericht der Europäischen Kommission – WuW a.a.O. = ZNER a.a.O., o. Fußnote 4 – verweist auf den „Online-Dienst, der Echtzeitinformationen über die Kraftwerksauslastung liefert", Rn. 19, Fußnote 11.

als der Handel für die Preissetzung maßgeblich war, während das Gros des Stromhandels OTC abgewickelt werden sollte. Vielmehr haben die Konzerne sich offensichtlich auch in „*Handelsgesprächen*" über ihr Verhalten gegenüber der EEX abgestimmt. Das Kartellamt schreibt:

„*(29) Unterlagen zur Vorbereitung eines Handelsgespräches am 16.02.04 kennzeichnen das jeweils konkrete Verhalten aller vier Verbundunternehmen E.ON, RWE, Vattenfall und EnBW in Bezug auf die Weiterentwicklung der Strombörse EEX. Die Rubriken in den einzelnen Unternehmensabschnitten „Fragen Richtung Vattenfall" und „Fragen Richtung EnBW" und die dort formulierten konkreten Fragen können als Indiz dafür aufgefasst werden, dass es sich um ein terminiertes Handelsgespräch zwischen den vier Verbundunternehmen handelt. Weitere Themen dieses Handelsgespräches sind OTC-Clearing und die Preiseffekte von CO$_2$-Zertifikaten. Auch zum Thema OTC-Clearing werden konkrete Fragen in den E.ON Vorbereitungsunterlagen an RWE, Vattenfall und EnBW formuliert.*"

Die Konzerne haben sich hier über die „*Weiterentwicklung der Strombörse EEX*" verständigt. Fragen dienten der Vorbereitung – und sicherlich darauf folgender Abstimmung – des Gesprächs. Aufschlussreich ist auch, dass das „*OTC-Clearing*" – also der nicht über die Börse abgewickelte, weit überwiegende Handelsmarkt – „*und die Preiseffekte von CO$_2$-Zertifikaten*" besprochen wurden: Die Preisbildung bei den CO$_2$-Zertifikaten und deren Einpreisung betrafen weitere strategische Grundentscheidungen der Konzerne. Der Schriftsatz fährt wie folgt fort:

„*(31) Auf der Ebene „Leiter Vertrieb Industriekunden" wird in einer E-Mail vom 11.07.04 eine Vereinbarung zwischen E.ON und Vattenfall über einen best practice und benchmark Austausch zum Vertrieb Industriekunden und Kennziffernvergleich bei Stadtwerken (z. B. durchschnittliche Bruttomarge in Prozent) getroffen, allerdings angeblich unter Beachtung der „üblichen Wettbewerbseinschränkungen". Man verabredet die Erhebungsmethoden festzulegen; als Termin für die Datenerfassung ist Ende September 2004 vorgesehen.*"

Hier hat man sich über den Vertrieb bei Industriekunden und einen „*Kennziffernvergleich bei Stadtwerken (z. B. durchschnittliche Bruttomarge in Prozent)*" verständigt. Welche Margen will man erzielen, welche hat man erzielt? Es liegt auf der Hand, dass damit der Wettbewerb beschränkt – und nicht etwas ausgebaut – wurde.

Der Abschlussbericht der Europäischen Kommission

Die Kommission hat sich am 26.11.2008 entschieden, das Verfahren gegen E.ON mit der Annahme von Verpflichtungszusagen zu beenden. E.ON hatte, nachdem die Generaldirektion Wettbewerb ihre „vorläufige Beurteilung" nach Art. 9 Abs. 1 der Kartellrechtlichen Verfahrensverordnung[189] zugestellt hatte – wahrscheinlich die Androhung eines „zweistelligen Milliarden-Bußgelds"[190] – angeboten, ihr Höchstspannungsnetz und Kraftwerkskapazitäten in wesentlichem Umfang zu veräußern. Das musste schon Einiges sein:

- Verkauf des deutschen Höchstspannungsnetzes (an den niederländischen Netzbetreiber TENNET)

---

189. VO EG Nr. 1/2003.
190. FAZ vom 29.02.2008.

- Tausch von Erzeugungskapazitäten zwischen E.ON und GDF Suez (1.700 MW)
- Verkauf der Anteile am Steinkohle-Kraftwerk Mehrum an die Stadtwerke Hannover (375 MW)
- Verkauf von Wasserkraftwerken am Inn an den österreichischen Energieversorger Verbund (312 MW).

Der Verkauf der Thüga ist möglicherweise ebenfalls mit auf Druck der Kommission zurückzuführen.

Die Kommission nahm diese Angebote als verpflichtende Zusagen an und stellte daraufhin das Verfahren gegen E.ON ein. Der im Februar 2009 bekannt gegebene Abschlussbericht[191] geht davon aus, dass RWE, E.ON und Vattenfall eine marktbeherrschende Stellung auf dem deutschen Stromgroßhandelsmarkt hätten. Diese drei Unternehmen seien die einzigen Nettoverkäufer mit Überkapazitäten und sie seien sich dieser Tatsache bewusst; EnBW habe demgegenüber Kapazitätsengpässe[192]. Die drei Unternehmen könnten

„eine gemeinsame Preiserhöhungsstrategie vereinbart haben. Sie kann aufgrund der bestehenden strukturellen Verbindungen in der Stromerzeugung aufgrund der großen Transparenz unter den betroffenen Betreibern umgesetzt werden. Dies funktioniert, weil die Betreiber direkt reagieren können, wenn ein Beteiligter gegen die Vereinbarung verstößt. Auf der Produktionsseite kann ein Unternehmen, das Kapazität zurückhält, angesichts dieser Transparenz sofort erkennen, wann ein anderes Unternehmen seine Stromerzeugung steigert, und mit einer Steigerung kontern. Im Bereich der Preise können die Unternehmen sofort auf Preisangebote und außerbörsliche Märkte reagieren und einen Preiskampf beginnen.“[193]

Die Kommission nimmt an, dass eine *„große Transparenz unter den betroffenen Betreibern"* existiert: Das ist von großer Bedeutung. Denn damit wird gezeigt, dass die Konzerne sich nicht etwa jeweils konkret verständigen müssen, sondern aus ihren Beobachtungen des tatsächlichen Handelsgeschehens erkennen, wie die anderen Konzerne sich verhalten. In der Diskussion um die staatliche Reaktion auf das Preisgeschehen an der EEX wird gern damit argumentiert, dass größere Transparenz den Konzernen helfe, sich abzustimmen. Das ist natürlich richtig. Aber diese Transparenz herrscht für sie sowieso. Die anderen Handelsteilnehmer können dieses Verhalten aber nicht erkennen; sie haben an dieser Transparenz nicht teil und sind daher im Handel benachteiligt.

Der Abschlussbericht geht sodann auf die Preisbildung an der EEX ein und führt aus:

„Die Nachfrage ist ... relativ unelastisch und das Produkt kann nicht gelagert werden. Im Vergleich zu den meisten anderen Wirtschaftszweigen erhöht sich deshalb der Preis auf dem kurzfristigen Markt automatisch, sobald die Stromerzeugung gedrosselt wird, und kann bei starker Nachfrage (d. h. wenn die teureren Kraftwerke zur Deckung der Nachfrage herangezogen werden) einen starken Preisanstieg bewirken.[194]

---

191. ZNER 2009, 69.
192. Fußnote 186, Rn 16.
193. Fußnote 186, Rn 20.
194. Fußnote 186, Rn 35.

Der vorläufigen Beurteilung der Kommission zufolge hat E.ON die Strategie verfolgt, verfügbare Erzeugungskapazitäten kurzfristig zurückzuhalten, um die Preise in die Höhe zu treiben.[195]

Nach Berechnungen der Kommission könnte E.ON zwischen 2002 und 2007 und insbesondere in den Jahren 2003 und 2004 einen erheblichen Teil seiner rentablen Kapazität zurückgehalten haben."[196]

Hier wird ein zentrales Instrument zur Preissteuerung gegenüber der EEX beschrieben, die Kapazitätszurückhaltung. Ein Konzern, der – wie E.ON – über hohe Stromerzeugungskapazitäten aus Kernkraftwerken verfügt, wird sich gegenüber der EEX vernünftigerweise so verhalten, dass er diese Kapazitäten nicht über die Strombörse vermarktet. So wirken preisbildend nur die teuren Produktionsverfahren, etwa aus Erdgaskraftwerken. Die Daten dazu sind in den Unternehmen vorhanden, bei den Aufsichtsbehörden aber nicht. Die Kommission hätte daher – hätte sie die Untersuchung fortgesetzt und in einen Bußgeldbescheid einmünden lassen – eine hieb- und stichfeste Beweisführung liefern können. Das unterblieb.

Immerhin: Der Abschlussbericht formuliert, dass das beschriebene Verhalten an den Tag gelegt worden sein *„könnte"*; andererseits heißt es, dass die Kommission *„Grund zu der Annahme hatte"* ... Also werden die gefundenen Asservaten die Feststellungen belegt haben. Allerdings wird E.ON zu den meistbelastenden Asservaten Stellungnahmen angefertigt haben. Wäre ein Bußgeldbescheid ergangen, hätte E.ON diesen sicherlich angefochten. Das Ergebnis wäre ein jahrelanges Verfahren gewesen; die Kommission hat deswegen wohl den schnellen Erfolg in Form der Annahme der Verpflichtungszusagen gewählt.

Für den deutschen Stromgroßhandelsmarkt hat diese Beendigung des Verfahrens allerdings eine äußerst unbefriedigende Wirkung. Denn die Strompreismanipulationen sind nicht geahndet worden; Schadenersatzansprüche der Betroffenen nach den §§ 19 Abs. 4 Nr. 2, 33 GWB entbehren daher nach wie vor einer einfach handhabbaren Basis.

Die Mitgliedstaaten könnten aber auf die Untersuchungsergebnisse und Belege – hier insbesondere die Asservaten – zurückgreifen[197]. Das Bundeskartellamt, das über sehr aufschlussreiche Akten verfügt[198], könnte diese also unmittelbar nutzen.

Allerdings zeigt sich hier ein bedeutsamer Unterschied im Rechtsschutz der geschädigten Kreise. Nach der deutschen Rechtslage haben Beschwerdeführer und Beigeladene ein Akteneinsichtsrecht, insbesondere wenn das Untersuchungsergebnis in Form einer Abmahnung vorliegt[199]. Nach der europäischen Rechtslage besteht im Fall der Einstellung des Verfahrens nach der Annahme von Verpflichtungszusagen ein Akteneinsichtsrecht nur bezüglich der „Unterlagen ..., die der vorläufigen Beurteilung der Kommission zu Grunde liegen„ (Art. 8

---

195. Fußnote 186. Rn 36.

196. Fußnote 186, Rn. 37, vgl. auch Rn. 82, wo darauf aufmerksam gemacht wird, dass die „zwischen 2002 und 2007 verfügbare Erzeugungskapazität über Hunderte von Stunden, d. h. wiederholt und andauernd über mehrere Jahre, zurückgehalten worden sein könnte."

197. Erwägungsgrund 13 der kartellrechtlichen VerfahrensVO der Kommission VO (EG) Nr. 1/2003 des Rates vom 16.12.2003.

198. Wie der Schriftsatz im Verfahren E.ON/Eschwege – ZNER 2009, 78 – zeigt; vgl. Art. 11 Abs. 2 der VO 1/2003 zum Informationsaustausch.

199. Wie beispielsweise die Abmahnung vom 18.12.2006 im Verfahren gegen die RWE AG, ZNER 2007, 448.

VO EG Nr. 773/2004 der Kommission)[200]; also im Abschlussbericht. Deutschland sollte daher auf eine Änderung der europäischen Rechtslage hinwirken.

Die Folien des „Insiders"

Am 18.02.2007 wurden interne Handelsdaten der EEX an das Bundeskartellamt, das Magazin DER SPIEGEL und an zahlreiche „Energieexperten" verschickt, die das Verkaufs- und Einkaufsverhalten der wichtigsten Handelsteilnehmer im Spotmarkt der EEX vom 2. Quartal 2005 bis Ende 2006 darstellten; verbunden mit den gesamten Handelsdaten in elektronischer Form. Diese Daten waren nach – späterer – Aussage des Vorstandsvorsitzenden der EEX, Dr. Menzel, authentisch[201]. Die Erkenntnisse daraus waren am Schluss der Folien dargestellt[202].

Die aggregierten Handelsdaten erlauben mehrere Schlussfolgerungen:
- Die vier Stromkonzerne erzeugten im Jahr 2005 knapp 450 TWh, davon RWE 181 TWh (32 %), E.ON 130 TWh (23 %), Vattenfall 80 TWh (14 %), EnBW 56 TWh (10 %); so in etwa auch 2006.
- Trotzdem tauchen die Konzerne RWE und EnBW in 2006 nur auf der Einkäuferseite auf: RWE mit gut 15 TWh, EnBW mit ca. 5 TWh.
- RWE hatte zudem zum 01.01.2006 radikal die Strategie gewechselt: Das Unternehmen verkaufte im 2. bis 4. Quartal 2005 ca. 5,5 TWh, kaufte aber in 2006 insgesamt 15 TWh. Dieses Verhalten kann im Jahr 2006 nur die Funktion gehabt haben, die Preise nach oben zu treiben[203]. RWE hat damit im Jahr 2006 fast 30 % des Netto-Stromeinkaufs verantwortet.
- Im Fall einer solchen Stärkung der Nachfrage ist die Börse kaum mehr Repräsentant des Gesamtmarktes, sondern dürfte im Sinne der Stromerzeuger instrumentalisiert worden sein.
- Großer Verkäufer war allein Vattenfall mit ca. 28 TWh = 51 % des Angebots = 35 % seiner Stromerzeugung, was bei diesem schwedischen Konzern, der gewöhnt ist, an der skandinavischen Börse NordPool seinen Strom zu handeln, nicht überrascht.
- Daraus ergibt sich, dass der Rest am OTC-Markt gehandelt worden sein muss. Die Börse wird von den restlichen drei Konzernen denn auch weniger als Handelsplatz als als Preisbildungsinstrument benutzt.
- Dafür spricht, dass drei der vier größten Stromverkäufer an der EEX 2006 aus dem Ausland stammten: J. Aron, Barclays Bank und Sempra Energy; Vattenfall nimmt eine Zwischenstellung ein. Im Vergleich zum gesamten deutschen Strommarkt sind ausländische Teilnehmer auf der Verkaufsseite des EEX-Spotmarktes überrepräsentiert. Sie nutzen die Börse für den Stromverkauf, da sie über weniger ausgereifte Vertriebsstrukturen verfügen als inländische Stromerzeuger.

Die Folien geben damit Einsicht in das tatsächliche Verhalten der großen Stromerzeuger an der Börse, das erheblich von ihrem Verhalten am Gesamtmarkt und auch dem an der Börse erwarteten Verhalten abweicht. Der Referenzcharakter des Börsenpreises schafft für die großen

---

200. Vom 07.04.2004, ABl. der EU vom 27.04.2004, L 123/18 DE.
201. E&M Daily vom 13.03.2007; FAZ vom 14.03.2007, 11.
202. Beim Verfasser.
203. Das hat RWE unter Verweis auf eine KPMG-Studie mit Presseerklärung vom 08.08.2007 bestritten.

Stromerzeuger in einem stark konzentrierten Markt neue Anreize für einen möglichen Missbrauch der Börse: Der Ersatz eigener Stromerzeugung durch einen Fremdbezug, der zu einem höheren Börsen- bzw. Referenzpreis führt. Zu diesem können sie sodann den überwiegenden Teil bzw. ihre gesamte Produktion OTC verkaufen. Fazit: Die Börse ist als kleiner Ausschnitt des Gesamtmarktes, in dem der Referenzpreis entsteht, für den Gesamtmarkt nicht repräsentativ.

Die Beobachtungen des „Insiders" sind für Staat und Volkswirtschaft eigentlich von großem Interesse. Die Behörden haben sie offensichtlich ernst genommen (zusammen mit den Hinweisen aus dem Vorgehen der Europäischen Kommission)[204]. Eigentlich müsste der Insider als sogenannter „Whistleblower"[205] öffentliches Lob erfahren, weil er auf bisher nicht beachtete Anreize für Strategien von Marktbeherrschern hingewiesen hat. Stattdessen wurde ein Strafverfahren gegen ihn eingeleitet. Dabei betrafen die publizierten Daten sämtlich abgeschlossene Handelsvorgänge und konnten daher den betroffenen Unternehmen nicht schaden (wenn man von der Aufdeckung ihrer Praktiken absieht).

Die Resonanz in den Behörden

Die Folien erzeugten nicht nur in der Öffentlichkeit große Resonanz[206], sondern wurden auch von den Behörden sehr ernst genommen: Die Wirtschaftsministerkonferenz beschloss am 04./05.06.2007 die Einrichtung einer Bund-Länder-Arbeitsgruppe „Verbesserung der Markttransparenz im Stromgroßhandel; Strompreisbildung an der EEX", die seither zwei Berichte verfasst hat[207]. Schon vor der Veröffentlichung der Folien hatte der Leiter der Sächsischen Börsenaufsicht in einem Vortrag[208] gravierende gesetzliche Aufsichtslücken angesprochen. So bestünden im Spotmarkt keine Meldepflichten und keine ad-hoc-Publizität von Insiderinformationen. Die Überwachung von Marktpreismanipulation funktioniere nur eingeschränkt, Insider-Handel sei erlaubt. Er kam zu dem Fazit, die bisherigen freiwilligen Veröffentlichungen reichten nicht aus, erforderlich seien gesetzliche (energierechtliche) Offenlegungspflichten; nötig sei ferner eine kapitalmarktrechtliche Weiterentwicklung. In einem „ökonomischen Gastkommentar" im Handelsblatt[209] schrieb der Sächsische Wirtschaftsminister Thomas Jurk, der Börse fehlten

„nichtbörsliche Marktinformationen, die für einen effizienten Handel entscheidende Bedeutung haben: Informationen über das aktuelle Stromangebot, die Kapazität und die tatsächliche Erzeugung ebenso wie Daten über die Nachfrage, z. B. die Netzlast ... Leider sind wir von guten und verbindlichen Informationsstandards im Stromgroßhandel noch weit entfernt ... An der Diskussion über die EEX-Preise zeigt sich beispielhaft, dass der Vorwurf des Marktmissbrauchs weder belegt noch klar widerlegt werden kann, denn es fehlt an wirksamen Kontrollmöglichkei-

---

204. Wie insbesondere am Bericht der Bund-Länder-Arbeitsgruppe 2007, a.a.O., Fußnote 7, erkennbar.
205. Die Pfeife blasen = Aufdecken von Missständen; im Gesetzgebungsverfahren befindet sich ein § 612a BGB zum Informantenschutz, der in solchen Fällen ein spezielles Anzeigerecht vorsieht.
206. Vgl. DER SPIEGEL 12/2007, 96 f.
207. Zur Amtschefkonferenz am 17.10.2007 und zur Amtschefkonferenz am 30.10.2008.
208. MR Flaskamp am 25.01.2007 beim VIK (Folien beim Verfasser).
209. Vom 10.07.2007.

ten, um mögliche Marktmanipulationen aufdecken zu können. Die Erfahrung der Sächsischen Börsenaufsicht zeigt, dass auffälliges Handelsverhalten von Börsenteilnehmern feststellbar ist. Es ist aber nicht möglich, das gesamte Marktverhalten einschließlich der außerbörslichen Geschäfte zu untersuchen. Hier fehlt es an Meldepflichten und an Insider-Regeln, wie sie etwa im Aktienhandel üblich sind ... Der Bundesrat hat in einem von Sachsen vorgelegten Entschließungsantrag die Bundesregierung einstimmig aufgefordert, die Aufsichtsstandards für Waren- und Warenderivatebörsen, besonders im rasch wachsenden Energiehandel, weiter zu entwickeln und an die Behördenstandards im Wertpapierbereich anzugleichen."

Schwere Regulierungsmängel bei der EEX

In der Tat: Das gesetzliche Aufsichtsinstrumentarium für die EEX war äußerst mangelhaft. Das liegt an mehreren Faktoren: Die Börse ist zwar eine Aktiengesellschaft nach den Regeln des Privatrechts. Sie wird aber – im Grundsatz – öffentlich-rechtlich überwacht. Gerade diese öffentliche Aufsicht ist der Anlass für das Vertrauen des Marktes in die Ordnungsmäßigkeit des Handelsgeschehens, wie die Kommentatoren zum maßgeblichen Aufsichtsrecht annehmen[210]. Für die Wertpapierbörsen, die seit langem existieren, ist das Aufsichtsinstrumentarium im Börsengesetz (BörsG)[211] und im Wertpapierhandelsgesetz (WpHG)[212] geregelt. Nach dem BörsG ist die Aufsichtsinstanz für die Ordnungsmäßigkeit der Organisation des Handelsbetriebs das jeweilige Landeswirtschaftsministerium. Die Sauberkeit des Handelsverkehrs selbst, insbesondere die Überwachung der Manipulationsfreiheit und das Unterbleiben von Insiderpraktiken, ist hingegen im WpHG geregelt und obliegt dem Bundesamt für Finanzdienstleistungen (BaFin). Im BörsG wird vorgeschrieben, dass an der Börse eine Handelsüberwachungsstelle[213] einzurichten ist. Sie muss Daten über den Börsenhandel und die Abwicklung systematisch und lückenlos erfassen und auswerten und notwendige Ermittlungen durchführen. Sie kann auch Details börslicher Geschäfte erfragen. Der außerbörsliche Handel wird allerdings nicht überwacht. Die Handelsüberwachungsstelle muss die Aufsichtsbehörde und die BaFin unterrichten, sofern *„Tatsachen"* festgestellt werden, die auf Rechtsverletzungen oder sonstige Umstände beim Handel an der Börse hindeuten. Kommt es zu Regelverletzungen, können die Verantwortlichen mit Bußgeldern belegt oder strafrechtlich verfolgt werden[214]. Für die Strafverfolgung ist eine weitere Behörde zuständig, nämlich die Staatsanwaltschaft als Ermittlungsbehörde sowie die Strafjustiz. Die Mehrgleisigkeit dieser Aufsichtsregeln erzeugt schon bei der Überwachung der Wertpapierbörsen Informations- und Abstimmungsprobleme.

---

210. Beck, in: Schwark, Kapitalmarktrechts-Kommentar 2004, § 24 WpHG, Rz 10; Lenenbach, Kapitalmarkt- und Börsenrecht, 2002, Rz. 10.2; Ensthaler, BB 2006, 733.

211. V. 16.07.2007, BGBl I 1330, 1351, zuletzt geändert durch Art. 5 des Gesetzes v. 12.03.2009, BGBl I 470.

212. V. 09.09.1998, BGBl I 2708, zuletzt geändert durch Art. 3 des Gesetzes v. 20.03.2009, BGBl I 607; die Missbrauchsaufsicht wird ergänzt durch die VO zur Konkretisierung des Verbotes der Marktmanipulation, MaKonV v. 01.03.2005, BGBl I 515; vgl. BT-Drs. 12/6679, 33 zum WpHG; Lenenbach, Kapitalmarkt- und Börsenrecht, 2002, Rn 10.2; Ensthaler, BB 2006, 733.

213. § 7 BörsG, HÜSt.

214. Für die Verhängung von Bußgeldern ist zuständig die BaFin nach § 40 WpHG, die Strafbarkeit ist geregelt in § 38 Abs. 2 WpHG.

Die EEX ist aber kein reiner Finanzplatz wie eine Wertpapierbörse, sondern ein Gemisch aus Warenbörse, soweit Energie auf dem Spotmarkt gehandelt wird, und Handelsplatz für Finanzprodukte, soweit sie auf dem Terminmarkt gehandelt werden. Sie ist zudem eine junge Börse, weil sie, erst im Jahr 2000 als LPX gegründet, 2002 aus der Fusion von LPX und EEX (ehemals Frankfurt) hervorgegangen war. Der Gesetzgeber hätte daher eine sorgfältige Regulierung für diesen Handelsplatz erarbeiten müssen. Warum das unterblieb, sollte – etwa in einer Dissertation – untersucht werden. Einigermaßen ausreichende Regeln gibt es nur für den Terminmarkt mit seinen Finanzprodukten, eingeschlossen die Strafbarkeit. Der Spotmarkt ist hingegen mangelhaft geregelt. Die Handelsvorgänge mussten der BaFin als der Aufsichtsinstanz nicht gemeldet werden, es gab also keine Meldepflichten[215]. Es gab kein Insiderhandelsverbot[216]. Das Verbot der Kurs- und Marktpreismanipulation[217] galt nur für den Terminmarkt. Die Erweiterung auf den Spotmarkt kam erst durch das Anlegerschutzverbesserungsgesetz 2004[218]. Die Manipulation des Spotmarktes war nicht strafbar[219]. Den Konzernen war diese Rechtslage natürlich klar – und sie werden die Freiräume genutzt haben.

Die sächsische Börsenaufsichtsbehörde, das Wirtschaftsministerium, hat sich mehrfach bemüht, über den Bundesrat eine Verbesserung dieses Zustandes zu erreichen[220]; ohne Erfolg. *„Ein unerklärlicher Gegenwind"* habe alles blockiert, wie ein sächsischer Aufsichtsbeamter klagte. Man kann sich schon vorstellen, woher dieser *„Gegenwind"* kam: aus den Zentralen der Stromkonzerne, womöglich vermittelt durch das Bundeswirtschaftsministerium[221]. Erst Mitte des Jahres 2009 gelang eine gewisse Schließung der Lücken[222]. Zu diesem Zeitpunkt war aber – vor allem auf Betreiben des RWE – längst entschieden, dass der Spotmarkt an die Pariser Börse EPEX verlagert werden sollte. Das heißt im Klartext: Der Spotmarkt im Stromhandel (und auch beim Gas) hat sich der Aufsicht durch die Flucht ins Ausland weitgehend entzogen[223]. An der EPEX gibt es keine Aufsichtsinstanz nach deutschem Vorbild. Es findet lediglich ein Monitoring statt.

---

215. § 9 WpHG betrifft nur die Meldepflichten für „Finanzinstrumente", also für den Termin-, nicht aber den Spotmarkt; vgl. dazu und zum folgenden Becker, WuW 2010, 398.

216. Nach § 15 WpHG ist jeder Emittent von „Finanzinstrumenten", die zum Handel an einer Börse zugelassen sind, verpflichtet, Insider-Informationen unverzüglich zu veröffentlichen, eingeführt durch das Anlegerschutzverbesserungsgesetz (AnSVG) v. 28.10.2004, BGBl I 2630, zur Umsetzung der Marktmissbrauchsrichtlinie 2003/6/EG; gilt nicht für den Spotmarkt.

217. § 20a Abs. 1 WpHG, eingeführt durch das 4. Finanzmarktförderungsgesetz, BT-Drs. 14/8017, 173, 176; zur Gesetzgebungsgeschichte Altenhain, BB 2002, 1874 f.

218. Vgl. Fußnote 206.

219. § 38 Abs. 2 WpHG bestraft nur denjenigen, der auf den „Börsen- oder Marktpreis eines Finanzinstruments ... einwirkt"; die Manipulation des Spotmarkts ist daher nicht strafbar: Staatsanwaltschaft Düsseldorf, Einstellungsverfügung v. 07.12.2009, 120 KJs 22/09; anderer Auffassung Jahn, ZNER 2008, 297, 305 ff., 309; zum Kapitalmarktstrafrecht Spindler, NJW 2004, 3449.

220. Insbesondere mit der Stellungnahme des Bundesrates zum Finanzmarkt-Richtlinie-Umsetzungsgesetz, FRUG, v. 15.12.2006, BR-Drs. 833/06 (Beschluss); vgl. dazu Becker, Rechtsfolgen mangelhafter Regulierung des Stromhandels, WuW 2010, 398 m. w. N.

221. Dieser Rechtsbereich – Einfluss des Lobbyismus auf die Weiterentwicklung des Kapitalmarktrechts über Bundeswirtschafts- und Bundesfinanzministerium – müsste dringend untersucht werden.

222. Gesetz zur Änderung des Einlagensicherungs- und Anlegerentschädigungsgesetzes und anderer Gesetze v. 25.06.2009, BGBl I 1528

223. Die EPEX Spot gehört zu 50 % der EEX und der französischen Strombörse Powernext: vgl. energate Messen-

154

Diese Mängel haben auch rechtliche Konsequenzen. Wenn der Spotmarkt nicht ausreichend überwacht ist, fehlt ihm die Basis für das Vertrauen des Marktes[224]. Das gilt auch für den Terminmarkt, weil der Terminmarkt wesentlich vom Spotmarkt beeinflusst wird. In einem Gutachten[225] heißt es dazu: *„Im europäischen Energiemarkt wird ein Großteil der Energie in langfristigen Verträgen gehandelt, nur ein vergleichsweise geringer Teil Day Ahead in den Stromauktionen. Dennoch macht es Sinn, die ökonomische Analyse auf die Preisbildung am Spotmarkt zu fokussieren. Dies liegt darin begründet, dass die Preise in allen vorgelagerten Strommärkten die erwarteten Spotmarktpreise reflektieren und somit die Spotpreise auch in der langen Frist die Stromkosten determinieren."* Deswegen gehen auch der Bundesrat[226] und die Monopolkommission[227] davon aus, dass der Spotmarkt den Terminmarkt wesentlich beeinflusst. Folglich schlagen die Aufsichtsmängel für den Spotmarkt auch auf den Terminmarkt durch. Auch dem Terminmarkt fehlt die Basis für das Vertrauen des Marktes. Rechtlich hat das die Konsequenz, dass sich die Konzerne als marktbeherrschende Unternehmen, die den Strommarkt nach selbst gesetzten Regeln abwickeln, nicht darauf berufen können, die Preise würden doch *„am Markt"* gebildet, also an der EEX. Denn für dieses Argument fehlt die entscheidende Rechtsgrundlage, die behördliche Aufsicht. Das wiederum hat die Konsequenz, dass Stromkunden eigentlich nur einen „angemessenen" Preis schulden, also einen, der sich an den Kosten der Stromproduktion der Marktbeherrscher orientiert, wie das in den Grundsätzen der sogenannten kartellrechtlichen Preishöhenkontrolle geregelt ist[228]. Wie vorzugehen wäre, wird alsbald gezeigt.

7 Voraussetzungen „angemessener" Strompreise I

Der Gesetzgeber hat nicht erkannt, dass mit der Liberalisierung der Energiemärkte eine funktionierende Aufsicht auch für den Stromhandel erforderlich war, wozu die Überwachung des entstehenden börslichen Stromhandels gehört hätte. Man muss ihm allerdings zugute halten, dass eine Regulierung angesichts des anspringenden Stromwettbewerbs nicht erforderlich schien. Dazu kam, dass in den meisten europäischen Ländern staatseigene Strom- und in der Regel auch Gasunternehmen tätig waren, denen der Sinn nicht nach Wettbewerb stand – und steht, wie das Beispiel EdF zeigt. Warum sollte da Deutschland regulatorischer Musterknabe für den Energiehandel werden? Die Energiekonzerne verneinten das. Schließlich waren (und sind) hohe Strompreise politisch erwünscht, weil sie die Markteinführung der

---

ger v. 01.09.2009; ferner Pressemitteilung der EEX v. 23.09.2009.

224. Vgl. dazu Benner, Börsenpreise für Stromhandelsprodukte an der European Energy Exchange, ZNER 2004, 371: Benner, langjähriger Aufseher für die Frankfurter Wertpapierbörse im hessischen Wirtschaftsministerium, kommt zu dem Ergebnis, dass die Preisbildung an einer nicht ausreichend beaufsichtigten Börse mangelhaft ist.

225. Ockenfels/Grimm/Zoettl, Strommarktdesign, Preisbildungsmechanismen im Auktionsverfahren für Stromstundenkontrakte an der EEX, 2008, 15 (Gutachten im Auftrag der EEX zur Vorlage bei der sächsischen Börsenaufsicht).

226. BR-Beschluss v. 11.05.2007 zum Finanzmarkt-Richtlinie-Umsetzungsgesetz, BR-Drs. 247/07 und Stellungnahme zum Gesetzentwurf v. 15.12.2006, BR-Drs. 833/06 (Beschluss), Ziff. 6.

227. Sondergutachten Strom und Gas 2007, Rz 201.

228. §§ 19 Abs. 4 Nr. 2, 29 GWB.

Erneuerbaren Energien erleichtern; von der höheren Mehrwertsteuer hier einmal abgesehen, die den Finanzminister erfreut.

Gemessen daran allerdings, dass Strompreise *„billig"* sein sollten, wie es § 1 des Energiewirtschaftsgesetzes formulierte, dass in Deutschland wenige Konzerne den Energiemarkt beherrschen, dass marktbeherrschende Unternehmen verpflichtet sind, angemessene Vertragsbedingungen und -preise zu bilden und ihre Marktmacht nicht zu missbrauchen, gemessen daran hätte der Staat flankierende Regeln für den Stromhandel bilden müssen. Denn da lagen die Determinanten für den Wettbewerb – und das Bundeskartellamt wusste aus den Fusionskontrollentscheidungen RWE/VEW und VEBA/VIAG genau, dass an den Energiemärkten wenige Giganten existierten (an deren Zustandekommen es mitgestrickt hatte), denen die Freude am Wettbewerb nicht in die Wiege gelegt worden war, sondern das genaue Gegenteil.

Bei der Frage, wie eine Energiebörse verfasst werden sollte, konnte man sich an Beispielen orientieren, nämlich den USA, Großbritannien und der skandinavischen Nordpool, die schon seit 1993 existiert[229]. Zwei Konstruktionsmöglichkeiten standen zur Verfügung: Das Pool-Modell[230], gekennzeichnet durch die Pflicht, den gesamten Stromhandel über die Börse abzuwickeln, so die USA, Kanada, Australien, Neuseeland und Russland, oder den Umfang der Nutzung der Börse für den Stromhandel freizustellen, wie es den Gründern der Leipziger Börse vorschwebte, allen voran den Energiekonzernen. Denn dieses Modell bot ihnen die besten Steuerungsmöglichkeiten für die Beeinflussung des börslichen Preisbildungsprozesses. Klar war zweierlei: Der Strom aus den billigen Grundlastkraftwerken – Kernkraft und Braunkohle – durfte nicht an der Börse preisbestimmend werden. Deswegen entschied man sich für die Weiterführung und Dominanz des OTC-Marktes. Das Merit-Order-Prinzip, das im Grundsatz sachgerecht für Strombörsen ist, können Marktbeherrscher ebenfalls für ihre Zwecke einsetzten, weil nämlich prinzipgemäß das jeweils teuerste Kraftwerk Preismarker ist. Nur: Es führt prinzipiell zu überhöhten Preisen, was die Monopolkommission auch klar erkannt hat: *„Marktmacht im Stromgroßhandel äußert sich darin, dass die Merit Order in der Stromerzeugung nicht länger eingehalten wird. Marktmächtige Erzeuger haben das Interesse und zugleich die Möglichkeit, Erzeugungskapazitäten auf dem Großhandelsmarkt zurückzuhalten."*[231]

Die Abhilfe liegt auf der Hand. Der Staat muss sein Versäumnis, sich in die Auslegung des Stromhandels über eine Börse regulatorisch einzuklinken, korrigieren. Insbesondere muss die Grundentscheidung der Konzerne für ein Börsen- und gegen ein Pool-Modell korrigiert werden. Es ist kein Wunder, dass sich die europäischen Konzerne – überwiegend Staatsunternehmen – gegen ein Pool-Modell mit Andienungspflicht entschieden haben, das zudem dem Staat überlegene Aufsichtsinstrumente verschafft hätte. Für die in Deutschland gegebenen Bedingungen – 80 % der Grundlast-, Mittellast- und Spitzenlastkraftwerke in

---

229. Vgl. dazu Wikipedia: NordPool.

230. Vgl. dazu Ockenfels/Grimm/Zoettl, Strommarktdesign. Preisbildungsmechanismus im Auktionsverfahren für Stromstundenkontrakte an der EEX, Gutachten im Auftrag der EEX zur Vorlage an die sächsische Börsenaufsicht, 11. März 2008,11 ff.

231. MK Sondergutachten Strom und Gas 2009, Rz 211; Heribert Hauck, Hat der Strompreisbildungsmechanismus der EEX einen Konstruktionsfehler? in: Dieberg (Hrsg.), Sind die Industriestrompreise in Deutschland missbräuchlich überhöht?, 2010, 17.

den Händen von nur vier marktbeherrschenden Unternehmen – muss daher mindestens eine Andienungspflicht vorgesehen werden. Außerdem muss die Börse so überwacht werden, dass Marktmanipulationen und Insiderhandel ausgeschlossen sind.

8 Voraussetzungen „angemessener" Strompreise II

Kartellrechtliche Instrumente für die Preiskontrolle

An einer anderen Front hat der Gesetzgeber nicht versagt, sondern dem Bundeskartellamt und den Stromabnehmern ein interessantes Instrument zur Verfügung gestellt, das allerdings in der Vergangenheit gerade beim Strom bisher kaum angewandt wurde, weil es in einer Marktwirtschaft fehl am Platze sei: Es geht um die *kartellrechtliche Preishöhenkontrolle*. Zentrale Vorschrift ist der § 19 Abs. 4 Nr. 2 GWB. Danach sind Entgelte missbräuchlich, die von denjenigen abweichen, die sich bei wirksamem Wettbewerb mit hoher Wahrscheinlichkeit ergeben würden; hierbei seien insbesondere die Verhaltensweisen von Unternehmen auf vergleichbaren Märkten mit wirksamem Wettbewerb zu berücksichtigen (sogenannter Als-Ob-Maßstab). Der kartellrechtlichen Preishöhenkontrolle schlägt allerdings im Schrifttum Misstrauen entgegen[232]. In mehreren höchstrichterlichen Entscheidungen scheiterten die Kartellbehörden zudem häufig an fehlenden Maßstäben für die Preismissbrauchskontrolle[233]. Der deutsche Gesetzgeber hat aber gerade an dieser Stelle nachgelegt, nachdem die Untersuchungen der europäischen Wettbewerbsbehörde und die Bund-Länder-Arbeitsgruppe „Verbesserung der Markttransparenz im Stromgroßhandel" die Strombörse EEX aufgespießt hatte. Er erließ das „*Gesetz zur Bekämpfung des Preismissbrauchs im Bereich der Energieversorgung und des Lebensmittelhandels*"[234]. Nach dem neuen § 29 war es Unternehmen mit marktbeherrschender Stellung – wie E.ON und RWE – verboten,

„*diese Stellung missbräuchlich auszunutzen, indem es*

1. Entgelte oder sonstige Geschäftsbedingungen fordert, die ungünstiger sind als diejenigen anderer Versorgungsunternehmen oder von Unternehmen auf vergleichbaren Märkten, es sei denn, das Versorgungsunternehmen weist nach, dass die Abweichung sachlich gerechtfertigt ist, ...

2. oder Entgelte fordert, die die Kosten in unangemessener Weise überschreiten."

Die Vorschrift war allerdings schon im Gesetzgebungsverfahren unter schweren Beschuss geraten. Die Beweislastumkehr – „*es sei denn, das Versorgungsunternehmen weist nach ...*" – sollte nämlich nach der ursprünglichen Fassung auch für Verfahren vor den Zivilgerichten gelten. Der Verbraucher kann ja, wenn er Ansprüche auf kartellrechtlicher Grundlage geltend macht, diese entweder im Beschwerdewege bei der Kartellbehörde einreicht; in der Hoffnung, dass diese das Verfahren aufgreift und das Unternehmen zur Rechenschaft zieht. Die zweite Möglichkeit liegt im Zivilprozess auf kartellrechtlicher Basis: Bei den Zivilgerichten sind für das Kartellrecht besondere Spruchkörper mit spezifischer Erfahrung eingerichtet. Aber siehe

---

232. Vgl. etwa Immenga/Mestmäcker, § 19 GWB Rz 155 ff.
233. BGH, U. v. 14.02.1978, NJW 1978, 2439 (United Brands); BGHZ 68, 23 (Valium I); BGH NJW 80, 1164 (Valium II).
234. V. 10.12.2007, BGBl I 2966, in Kraft getreten zum 22.12.2007.

da: Der Angriff der Konzerne auf die Beweislastumkehr für die Verfahren vor den Zivilgerichten hatte Erfolg. Gerade da, wo Marktteilnehmer wegen des Fehlens interner Kenntnisse auf Beweiserleichterungen angewiesen sind, verweigerte ihnen die endgültige Gesetzesfassung solche Hilfen. Die Kartellbehörden hingegen verfügen über sehr effektive Untersuchungsverfahren: Auskunftsbeschlüsse, Durchsuchungen bis hin zu Beschlagnahmen etc. Aber die Kartellbehörde muss sich erst einmal entschieden haben tätig zu werden.

... in den Händen nachsichtiger Kartellbehörden

Noch vor dem Inkrafttreten des § 29 GWB hatte das Bundeskartellamt sich mit einer ausgesprochen mutigen Entscheidung gegen die Praxis der RWE AG (und der anderen Stromkonzerne) gewandt, den Preis der CO_2-Zertifikate auf die Strompreise aufzuschlagen. Nach einer umfassenden, mehr als ein Jahr währenden Untersuchung hatte das Amt unter dem 18.12.2006 eine Abmahnung[235] erlassen, mit der die Einpreisung im Ergebnis verboten und möglicherweise sogar die Rückzahlung der überhobenen Strompreise angeordnet worden wäre.

Hintergrund war der starke Anstieg der Strompreise im Jahr 2005, ausgelöst durch den Handel mit Emissions-Zertifikaten. Deren Einpreisung führte etwa bei der RWE Power im Vergleich der ersten Quartale von 2005 zu 2006 zu einem Gewinnzuwachs um 42,8 % bzw. 5,36 Mrd. Euro (Januar bis September), der nach Presseangaben von den höheren Strompreisen getrieben wurde. Das Amt kam zu den folgenden Feststellungen: Die RWE AG habe beim Absatz von Strom-Grundlastbändern und Strom-Vollversorgung an Industriekunden eine missbräuchliche Preisstellung im Sinne von § 19 GWB sowie Art. 82 EG getroffen. Dies wurde festgestellt auf Beschwerden zahlreicher Unternehmen und Unternehmensvereinigungen.

Die Einpreisung habe bei den Unternehmen zu einem „Opportunitätsgewinn" geführt. Die Einpreisung sei nur angesichts eines auf den Strommärkten fehlenden wesentlichen Wettbewerbs möglich. Unternehmen in anderen Wirtschaftsbereichen mit Wettbewerb könnten sich das nicht leisten. Die Mitglieder des Duopols, E.ON und RWE, hätten – hier gibt das Amt eine Sachbehauptung des Verbandes industrieller Kraftwirtschaft (VIK) wieder – 5 Mrd. Euro potentielle „windfall profits" gemacht, die die Industriekunden 2,3 Mrd. potentielle „windfall losses" kosteten. Dabei wiesen die Beschwerdeführer darauf hin, dass die Unternehmen von der Einpreisung auch mit Kraftwerken profitierten, die – wie Wasser- und Atomkraftwerke – überhaupt nicht am Emissionshandel teilnehmen. In der Tat zählen die deutschen Industriestrompreise – entgegen anders lautenden Behauptungen aus der Branche – europaweit zu den höchsten. Es sei auch falsch, dass der Staat mit Strom- und Umsatzsteuer der stärkste Preistreiber sei.

RWE sei zusammen mit E.ON Marktbeherrscherin. Zwischen beiden Unternehmen herrsche kein wesentlicher Wettbewerb. In diesem Zusammenhang verweist das Amt auf das

---

235. ZNER 2007, 448.

Fusionskontrollverfahren E.ON Mitte/Stadtwerke Eschwege mit den Feststellungen in seiner Markterhebung[236], die das OLG Düsseldorf[237] und der BGH[238] bestätigt haben.

Dort wird bezüglich aller vier Verbundunternehmen festgestellt, dass diese „unter dem Gesichtspunkt der Absatzsicherung ein Interesse haben, auf allen Absatzwegen vertreten zu sein"[239]. Kontrolle und Absatzsicherung bei hohen Preisen gelinge den Verbundunternehmen insbesondere wegen der fehlenden Möglichkeiten anderer Wettbewerber, größere Strommengen zu erzeugen. Im Rahmen der Erhebung wurde eine „Dominanz der Verbundunternehmen im Hinblick auf eine Beeinflussung des Stromhandels" belegt. In diesem Zusammenhang verweist das Amt auf die Ergebnisse der Sektorenuntersuchung der Europäischen Kommission vom 16.02.2006[240], wo die Vermutung festgehalten werde, „dass die hohe Konzentration und die damit verbundene Marktmacht im Bereich der Stromerzeugung dazu beitrage, dass mit der gezielten Rücknahme bzw. dem gezielten Einsatz von Stromerzeugungskapazitäten Börsenpreise für Strom maßgeblich beeinflusst werden."[241]

Von Bedeutung sind auch die Feststellungen zu den Marktvolumina, wobei beispielsweise auffällt, dass auf dem Großkundenmarkt offenbar deutliche Unterschiede zumindest zwischen E.ON (über 15 %) und EnBW (unter 15 %) nicht bestehen. Was den Innen- und Außenwettbewerb der Verbundunternehmen angehe, betrieben „E.ON und RWE – zumindest aber alle vier Verbundunternehmen – ... weiterhin eine Strategie der Absatzsicherung über die Beteiligung an regionalen und lokalen Weiterverteilern"[242]. Schließlich liege zwischen den Verbundunternehmen ein „wettbewerbsloses Umfeld" vor[243]. Nach Eliminierung fehlerhafter Angaben insbesondere von E.ON und EnBW kommt das Amt zu dem Ergebnis, „dass die Erhebung sehr deutlich zeigt, dass weder zwischen E.ON und RWE noch zwischen den vier Verbundunternehmen wirksamer Binnenwettbewerb vorhanden ist"[244]. Dafür spricht auch, dass die Kundengewinnquoten auf dem Weiterverteilermarkt für E.ON, RWE und EnBW fast durchweg unter 1 % liegen[245].

---

236. ZNER 2008.
237. B. v. 06.06.2007, ZNER 2007, 327.
238. U. v. 11.11.2008, KVR 60/07.
239. A.a.O., S. 8.
240. A.a.O., S. 9 m. w. N.
241. A.a.O., S. 9.
242. A.a.O., S. 36 f.; vgl. dazu auch Hellwig, der in einem Gutachten zum Zusammenschlussvorhaben RWE Energy AG/Saar Ferngas AG 12/2006, darauf aufmerksam macht, dass es für die Absatzsicherungsstrategie auch auf die Beteiligungsanzahl in der eigenen Regelzone ankomme: Die Welle der Beteiligungen an Versorgern in den eigenen Regelzonen habe dazu geführt, dass E.ON und EnBW 2003 bereits an mehr als der Hälfte der Unternehmen aus der Gruppe der hundert größten Stromversorger in ihren Regelzonen beteiligt waren (S. 17); Hellwig verweist auch auf eine Äußerung von Marnette, Vorstandsvorsitzender der Norddeutschen Affinerie AG, wonach es schwierig sei, von einem anderen Verbundunternehmen außer von dem, in dessen Regelzone man sich befinde, ein Angebot zu bekommen, und wenn man eines bekomme, sei es „ganz zufällig" identisch mit dem, was der „lokale Besatzer" auch fordere.
243. A.a.O., S. 40 ff.
244. A.a.O., S. 43.
245. A.a.O., S. 44.

Mit Blick auf die Produktionsstufe stellt das Amt folgendes fest: Je mehr sich die markt- und unternehmensbezogenen Strukturmerkmale der einem Oligopol zuzurechnenden Unternehmen gleichen, desto eher könne es zu wettbewerbsbeschränkendem Parallelverhalten kommen.

Oligopolistisches Parallelverhalten sei wesentlich durch Homogenität, geringes Innovationspotential und Preistransparenz begünstigt. Wettbewerbliche Verstöße könnten in der Regel nur über den Preis erfolgen, würden sofort erkannt und geahndet. Die Möglichkeiten von Außenwettbewerb durch Vattenfall oder EnBW gegenüber dem Duopol würden durch Verbindungen in einer Reihe von Gemeinschaftskraftwerken gedämpft. Bei EnBW sei auch nach dem Einstieg der ressourcenstarken Electricité de France (EdF) kein die Verhaltensspielräume des Duopols wirksam begrenzendes Verhalten zu beobachten. Insgesamt sei das Oligopol durch ein „über Jahrzehnte ... von Wettbewerbshandlungen weitgehend ungetrübtes Klima wechselseitig respektierter Versorgungsgebiete verbunden". Die Markteintrittsbarriere werde insoweit auch durch die Netzentgelte bestimmt.

Das beanstandete Preisverhalten seien die im Zusammenhang mit dem Absatz von Strom-Grundlastbändern und Strom-Vollversorgung an die Industriekunden im bilateralen Geschäft in Deutschland geforderten bzw. tatsächlich erzielten Preise. Denn in den Preisforderungen sei der Handelswert unentgeltlich zugeteilter CO_2-Zertifikate anteilig enthalten. Deren Preisveränderungen würden zum Teil über vertragliche Anpassungsklauseln weitergegeben. Diese Preisbildung beanstandete das Amt als zu einem erheblichen Teil missbräuchlich:
- Die RWE AG habe selbst eingeräumt, dass der Zertifikathandel „Opportunitätskosten" (gegebene, aber nicht realisierte Gewinnmöglichkeiten) ausgelöst hätte,
- die Preisentwicklung resultiere nicht aus anderen preistreibenden Faktoren: Die Preise für Braunkohle und Uran hätten sich nicht geändert, der Preis für Importsteinkohle sei nach neuesten Daten nicht gestiegen, sondern mit 61,61 Euro tSKE unter das Niveau des vierten Quartals des Jahres 2004 gesunken, der Preisindex für Kraftwerksgas sei gegenüber dem Vorjahr um 14,2 Indexpunkte gestiegen, jedoch sei der auf den gasseitigen Effekt entfallende Teil der Preiserhöhung unabhängig vom gasseitigen Preiserhöhungsanteil und könne diesen deswegen nicht erklären,
- andere am Emissionshandel teilnehmende Industrien könnten wegen des dort herrschenden Wettbewerbs nicht einpreisen,
- Deutschland stehe im Vergleich der Industriestrompreise an der Spitze.

Unabhängig von diesen Vergleichsbetrachtungen zeige die Preisstellung auch kein wettbewerbliches Verhalten, was die Zertifikate angehe. Vielmehr hätten die Zertifikate vollständig zum Einsatz kommen müssen; ja es mussten noch Zertifikate hinzugekauft werden. Eine Verkaufsmöglichkeit für die Zertifikate am Markt bestand also gar nicht. Das werde in einer Präsentation von Vattenfall auch offen zugegeben. Bemerkenswert sei auch die ertragssteuerliche Behandlung der Zertifikate: Diese seien nach einem Erlass des BMF vom 06.12.2005 im Zeitpunkt ihrer Ausgabe mit null Euro zu bewerten. Dieser Wert seien die Anschaffungskosten. Ein Gewinn könne nicht entstehen. Allerdings will das Amt die Zulässigkeit der Einpreisung nicht völlig ausschließen, sondern ist bereit, 25 % des pro MWh anteilig enthaltenen jeweiligen Zertifikatspreises nicht zu beanstanden.

Angekündigt wurde eine Verfügung nach § 32 GWB mit Sofortvollzug. Mit dieser Verfügung hätte also festgestellt werden können, dass die Einpreisung der Zertifikate bis auf einen Anteil von 25 % des jeweiligen EEX-Preises missbräuchlich war. Die Strombezieher

160

hätten 75 % des CO_2-gestützten Strompreisanteils zurückfordern können. Zu einer Verfügung kam es allerdings nicht: Die RWE AG bestritt zwar den Vorwurf, ging jedoch auf das Bundeskartellamt zu und bot die Versteigerung großer Strommengen auf Erzeugungskostenbasis ohne CO_2-Komponente an. Schließlich verpflichtete das Bundeskartellamt die RWE AG mit Beschluss vom 26.09.2007, in den kommenden vier Jahren 46 Mia. kWh (TWh) aus abgeschriebenen Braun- und Steinkohlekraftwerken an leistungsgemessene Strom-Endkunden zu versteigern. Der Mindestpreis soll sich nach den Erzeugungskosten ohne CO_2-Komponente richten. Zugleich wurde das Verfahren wegen der Einpreisung der kostenlos zugeteilten CO_2-Zertifikate eingestellt.

Damit hatte RWE auf den ersten Blick nachgegeben. Das Amt hatte andererseits mit Blick auf Prozessrisiken und die Bindung großer Arbeitskapazitäten durch das Verfahren auf weitergehende Schritte – insbesondere eine Anordnung der Rückzahlung von Strompreisteilen – verzichtet; so die Begründung nach außen. Hinter vorgehaltener Hand konnte man freilich hören, dass der Verzicht auf die Abmahnung mit dem Führungswechsel beim Amt zusammenhing: Präsident Böge, der dem Bundeskartellamt von 1999 bis zum 30.März 2007 vorstand, habe sich „durch entschlossenes und hartnäckiges Agieren einen Namen gemacht"[246]. Seinem Nachfolger Bernhard Heitzer wurde eine entsprechende Statur nicht nachgesagt. Im April 2008 erklärte Heitzer dem Wirtschaftsmagazin Brand 1 sein Amtsverständnis als Präsident des Bundeskartellamts: Es „gibt eine falsche Erwartungshaltung an uns ... Aber wir sind keine Preisregulierungsbehörde ..." Damit gibt er die im Schrifttum vorherrschende Meinung zur kartellrechtlichen Preishöhenkontrolle wieder. Wie sich das Amt weiter dazu stellte, konnte man einerseits an einer Untersuchung von Gaspreisen studieren, die die Kartellamtsbediensteten Becker und Blau[247] als gelungenen Beispielsfall für die Anwendung des § 29 GWB preisten[248]. Anders sieht das Kartellamts-Altmeister Markert[249]. Die Autoren reduzieren auch den ordnungspolitischen Gehalt des § 29 auf den „Schutz der Nachfrage vor überschießenden, auch unter dem Gesichtspunkt des Anreizes für Marktzutritte Dritter nicht mehr zu rechtfertigenden Preisstellungen der etablierten Versorger"[250]. Heute müsse die Preismissbrauchsaufsicht die Öffnung der Energiemärkte begleiten. Aber von ihnen verspricht sich offenbar das Amt nicht viel. Stattdessen heißt es etwas wolkig, „die großen Operationen laufen bereits und versprechen langfristig eine Genesung des Patienten, dessen Fieber und Schmerzen im Hinblick auf die Endkunden noch vorübergehend behandelt werden müssen".

Ein großes Fragezeichen muss man auch bei den Ausführungen zur Preismissbrauchsaufsicht bei Strom anbringen. Das beginnt schon bei den Instrumenten, bei denen das zeitliche Vergleichsmarktprinzip eine große Rolle spielen müsste. Das Amt stand ihm auch durchaus geneigt gegenüber[251]. Denn unmittelbar nach der Liberalisierung im Jahr 1998 hatte ein heftiger Preiswettbewerb bei Strom eingesetzt, verursacht durch unternehmerische Fehleinschätzun-

---

246. Managermagazin v. 30.03.2007.
247. 2009, Becker ist Vorsitzender der 8. Beschlussabteilung beim Bundeskartellamt, Blau ist Referentin.
248. Die Preismissbrauchsnovelle in der Praxis 2010.
249. In seiner Kommentierung des § 29 im Münchener Kommentar Europäisches und Deutsches Wettbewerbsrecht (Kartellrecht), GWB, § 29 Rn. 39.
250. S. 12.
251. Vgl. Engelsing, ZNER 2003, 111.

gen der EnBW und des RWE. Die Preise für die reine Energie hatten sich mehr als halbiert. Nach dieser kurzen Wettbewerbsphase, die etwa im Jahr 2002 zu Ende ging, hatten sich die Preise verdreifacht. Dieses Phänomen hätte das Amt mit Ermittlungen und Entscheidungen aufarbeiten müssen. Geschehen ist allerdings nichts. Erst jetzt wurde eine Sektorenuntersuchung aufgenommen, von der aber wahrscheinlich keine großen Ergebnisse zu erwarten sind: Denn die Akten des Missbrauchsverfahrens bei der Kommission, die auf zahlreichen Asservaten beruhen[252], sind verschlossen. Außerdem sind die Preise für Weiterverteiler und Industrie wegen der Wirtschaftskrise stark gefallen. Ob also für den Zeitraum ab 2008 noch Missbrauch feststellbar sein wird, ist trotz der breiten Datenbasis fraglich.

Auch bei dem zweiten, in § 29 angelegten Kontrollinstrument, dem Gewinnbegrenzungskonzept, sucht man vergeblich nach Hilfestellungen für die „private Verfolgung des Kartellrechts", die die Kommission mit ihrem Weißbuch vorgab. Ein Dreh- und Angelpunkt bei der Anwendung dieses Konzepts ist die Preisbildung an der Börse. Dazu gibt es äußerst kritische Bemerkungen der Monopolkommission in ihrem Sondergutachten Strom und Gas 2007 und 2009 zur Preisbildung an der EEX. Dort heißt es, dass „die Merit Order in der Stromerzeugung nicht länger eingehalten wird..."[253]. Die Monopolkommission kommt „zu der Einschätzung, dass sowohl Anreize als auch Möglichkeiten zur missbräuchlichen Ausnutzung von Erzeugermarktmacht auf dem Stromgroßhandelsmarkt gegeben sind. Aus der Perspektive eines Gewinn maximierenden Erzeugers ist die strategische Zurückhaltung von Erzeugungskapazitäten geradezu eine gebotene Strategie"[254].

Wäre die Preisbildung an der Börse missbräuchlich und würde man die Handhabung der Konzerne auf dem OTC-Markt, auf dem etwa 80 % des Großhandels stattfinden als unangemessen einstufen, käme es auf die Frage an, wie man einer hohen Differenz zwischen Kosten und Preis auf die Spur kommt. Dieser Frage gehen die Autoren nicht nach. In der Praxis bekannt gewordene Durchschnittswerte bei den Kosten erfassten „die Realität nicht richtig" (S. 94). Aber eine Begründung dazu fehlt. Gerade hier, beim Dreh- und Angelpunkt kartellrechtlicher Angemessenheitskontrolle, hätte man mehr erwarten können, zumal bekannt ist, dass es für die Preisbildung am Spotmarkt der EEX, die eine Basis-Funktion für die Preisbildung am Terminmarkt hat, mangels entsprechender Vorschriften keine behördliche Aufsicht und keine Strafbarkeit von Missbrauch gab[255].

Der Betrachter steht also vor einer im Grunde unbegreiflichen Situation: Das Bundeskartellamt hat ausgezeichnete Vorarbeiten geleistet. Die Abmahnung hätte nur mit der richtigen formalen Einleitung und drei Unterschriften versehen werden müssen und wäre in der Welt gewesen. Ihre Aussichten beim OLG Düsseldorf und beim BGH waren gut, wie an der nachdrücklichen Kartellrechtsprechung erkennbar. Damit wäre schon die CO_2-Einpreisung (mit bis zu 25 Euro/MWh in den Anfangsjahren) vom Tisch gewesen.

Aber das Argumentationsmaterial für Industrie und Verbraucher liegt auf dem Tisch. Sie können es vor Gericht verwenden. Die Argumentationsweise ist in § 29 GWB vorgegeben;

---

252. Vgl. dazu den Schriftsatz des Bundeskartellamts im Fusionskontrollverfahren E.ON/Eschwege, ZNER 2009, 78.

253. 2009 Rz 173.

254. 2009, Rz 180.

255. Vgl. Monopolkommission, Sondergutachten 2007, Rz 194; Verf., WuW 2010, 398.

sie gilt inhaltlich aber auch schon vorher. Zwar muss vorgetragen und belegt werden, dass wirksamer Wettbewerb zu anderen als den praktizierten Preisen geführt hätte. Nach dem sogenannten zeitlichen Vergleichsmarktprinzip kann man aber auf die Preise des entwickelten Wettbewerbs in den Jahren 1999 bis 2001 verweisen, die für die reine Energie nur ein Drittel der Preise etwa des Jahres 2006 ausmachten. Nach dem Gewinnbegrenzungskonzept müssen zwar die Kosten der Stromversorgung dargelegt werden. Dabei kann man aber auf zahlreiche Äußerungen aus den Stromkonzernen selbst verweisen[256]. Danach liegen die Erzeugungskosten im Erzeugungsmix nicht über 28 EUR/MWh. Gesteht man den Konzernen eine 10 %ige Eigenkapitalverzinsung zu, die sogar noch unter der Verzinsung liegen würde, die für die Bestimmung von Netzentgelten gewährt werden, kommt man auf 31 EUR/MWh – und nicht die im Jahr 2006 ff. geforderten 60 EUR und mehr und auch nicht auf die zur Zeit – wegen der Finanzkrise – besonders niedrigen 45 EUR/MWh. Dieser Preis dürfte auch damit zusammenhängen, dass sich die Stromkonzerne derzeit wohl nach Kräften bemühen, beim Börsenhandel nicht aufzufallen. Angesichts dieser Rechtslage verwundert es, dass sich die Industrie praktisch nicht an die gerichtliche Durchsetzung ihrer Schadenersatzforderungen herantraut.

Eine große Frage ist, was bei der Untersuchung des Stromsektors herauskommt, die das Bundeskartellamt für die Zeit nach dem Jahr 2007 durchführt. Bedauerlich ist, dass Daten, die bei der Europäischen Kommission für die Zeit davor angefallen sind, nicht herangezogen werden. Rechtlich könnten sie es, aber das Amt wird das Brüsseler Verfahrensergebnis nicht unterlaufen wollen. Aber vielleicht kommen die Handelspraktiken in den Zeiten des Informationsfreiheitsgesetzes und Wikileaks doch noch ans Licht. Spannende Zeiten!

---

256. Vgl. dazu Becker, Kartellrechtliche Kontrolle von Strompreisen, ZNER 2008, 289.

6. Kapitel
E.ON oder die Liebe zum Risiko

1   Die E.ON AG: Der größte private Energiekonzern der Welt

Der Aufstieg der E.ON AG seit ihrer Entstehung im Jahr 2000 ist atemberaubend. Das Geschäftsjahr 2002 schloss noch mit einem Umsatz von 37 Mrd. EUR ab. Im Jahr 2009 waren es bereits 81,8 Mrd. EUR; mehr als eine Verdopplung in nur sechs Jahren! Das lag vor allem an der Expansion in die U.S.A. und die Beitrittsländer zur EU im Osten, wo E.ON wie im Westen bei der Stromversorgung in der Erzeugung, dem Handel und Vertrieb, bei der Gasversorgung in der Förderung, über Handel und Transport bis hin zum Vertrieb an den Endverbraucher, tätig werden wollte. In Zentraleuropa findet man E.ON überall, nämlich in Deutschland, Frankreich, Österreich, der Schweiz, den Niederlanden, Tschechien, der Slowakei, Ungarn, Bulgarien und Rumänien. Dafür wurde eigens die Market Unit Central Europe gegründet. Daneben existieren die Market Units Nordic, UK, US, Italy, Spain, Russia und die überregional tätigen Market Units Pan European Gas, Energy Trading und Climate and Renewables. Die Holding-Gesellschaften dazu heißen für UK E.ON UK plc, Coventry, für Schweden Nordic (E.ON Nordic AB, Malmö), US-Midwest: E.ON U.S.LLC, Louisville, Energy Trading (E.ON Energy Trading SE, Düsseldorf), Climate and Renewables (E.ON Climate and Renewables GmbH, Düsseldorf), Russia (E.ON Russia Power, Moskau), Italy (E.ON Italia, Mailand), Spanien (E.ON Espana, Madrid).

Die Konzernstrategie der vergangenen sechs Jahre war durch eine Fokussierung auf das Kerngeschäft im Energiebereich gekennzeichnet. Es sollte ein *„lupenreiner Energieversorger"* entstehen, so der damalige Vorstandsvorsitzende Ulrich Hartmann. E.ON hat daher zahlreiche Beteiligungen verkauft, beispielsweise den Mobilfunk-Bereich VIAG Intercom (an die British Telecom; heute O$_2$), den österreichischen Mobilfunkanbieter One, den überregionalen Wasserversorger Gelsenwasser (an die Stadtwerke in Bochum und Dortmund) und die Immobiliengesellschaft Viterra. Im Jahr 2004 wurden 97,5 % der Anteile an der Degussa an die RAG verkauft, nachdem E.ON von dieser die Mehrheit der Ruhrgasanteile übernommen hatte. Damit wurden die Auflagen aus der Ministererlaubnis für die Fusion E.ON/Ruhrgas umgesetzt. Stattdessen wurden in Osteuropa zahlreiche Beteiligungen an nun privatisierten Energieversorgungsunternehmen erworben, mit Schwerpunkt Russland. Ende April 2010 einigte sich E.ON mit dem amerikanischen Unternehmen PPL über den Verkauf der US-Tochter E.ON U.S.LLC, Louisville, und zwar für einen Preis von 7,6 Mrd. US-Dollar.

Diese Verkäufe sorgten zwar für hohe Barmittelbestände; Jahr für Jahr gab es hohe Cash flows. Sonderdividenden wurden aber nicht bezahlt. Stattdessen legte E.ON ein Investitionsprogramm von rund 60 Mrd. EUR auf, das für die Expansion in neue Märkte, wie Italien,

Spanien, Frankreich und Russland, sowie in neue Kraftwerksinfrastruktur und Erneuerbare Energien ausgelegt war. Den Griff nach dem größten spanischen Energieversorger ENDESA, eingefädelt im Jahr 2006, gab E.ON allerdings im Jahr 2007 auf – unter auffälligen Umständen.

Im Februar 2006 unterbreitete E.ON ein Kaufangebot in Höhe von 29,1 Mrd. Euro in bar. Dieses Angebot lehnte ENDESA im Dezember ab, weil es viel zu niedrig sei und die industrielle Logik fehle. Die Transaktion war aber auch sehr teuer: E.ON-Chef Bernotat schätzte, dass sich die Transaktion inklusive der Übernahme von ENDESAs 18 Mrd. Euro Nettoschulden, 3 Mrd. Euro Pensionsrückstellungen und etwa 5 Mrd. Euro für Minderheitsaktionäre auf 55 Mrd. Euro belaufen würde, womit sie die größte der deutschen Firmengeschichte gewesen wäre. Allerdings wäre auch der zum damaligen Zeitpunkt größte Stromversorger entstanden: Mit E.ON 50 Mio. Kunden, 75 Mrd. Euro Umsatz (57 Mrd. E.ON, 18 Mrd. ENDESA) in etwa 30 Staaten und insgesamt 107.000 Beschäftigten. Am 28. Juli 2006 erteilte die spanische Aufsichtsbehörde CNE die Genehmigung für die Übernahme, jedoch unter erheblichen Auflagen. Man spekulierte darüber, ob die Regierung Zapatero hinter diesen Auflagen steckte. E.ON teilte daraufhin mit, dass die Kommission hinter der Übernahme stehe und die Auflagen als rechtswidrig betrachte. Das erscheint allerdings fraglich: Die Kommission hatte ja gerade die Razzien in der E.ON-Konzernzentrale durchgeführt und – sicherlich mit großem Interesse – gelesen, wie der europäische Strommarkt unter Anführung von E.ON wettbewerbsresistent gestaltet werden sollte. In dieser Situation den Griff von E.ON nach ENDESA auch noch zu unterstützen, war nicht gerade glaubwürdig. Zwischenzeitlich war allerdings mit dem spanischen Bauunternehmen Acciona überraschend ein potentieller Konkurrent mit 10 % bei ENDESA eingestiegen. E.ON bekräftigte demgegenüber den Willen, bei dem größten spanischen Energieerzeuger zum Zuge zu kommen. Aber am 2. April 2007 entschloss sich E.ON überraschend, das Übernahmeangebot zurückzuziehen. Man darf vermuten, dass die Kommission hier die Finger im Spiel hatte. Denn diese Übernahme hätte von der Kommission geprüft und gebilligt werden müssen – dies in Kenntnis der Bestrebungen von E.ON, ein europaweites Kartell der Stromversorger aufzubauen. Aber E.ON holte dennoch etwas heraus: Mit den Konkurrenten Acciona und ENEL wurde ein Beteiligungspaket mit Aktivitäten in Spanien, Italien und Frankreich sowie weiteren Aktivitäten in Polen und in der Türkei im Wert von etwa 10 Mrd. Euro geschnürt. Zum Zeitpunkt des Rückzugs hielten die Konkurrenten Acciona und ENEL zusammen schon 46 % der Anteile von ENDESA. Und diese Fusion klappte. Im Oktober 2007 übernahmen die Bieter 92 % von ENDESA für 42,5 Mrd. Euro, wovon auf ENEL ein Anteil von 67 % und auf Acciona ein Anteil von 25 % entfiel. Der Griff von E.ON nach ENDESA aber war gescheitert – mit Recht.

Der Schwerpunkt des Geschäfts liegt allerdings weiter in Deutschland. Die Endkunden versorgt E.ON über die Regionalversorger E.ON Avacon (Helmstedt), E.ON Bayern (München), E.ON edis (Fürstenwalde), E.ON Hanse (Quickborn), E.ON Mitte (Kassel), E.ON Thüringer Energie (Erfurt) und E.ON Westfalen Weser (Paderborn). In Hannover sind die Kraftwerksbetreiber E.ON Kernkraft GmbH, der größte private Kernkraftbetreiber Europas, und E.ON Kraftwerke GmbH, in Landshut ist die E.ON Wasserkraft GmbH angesiedelt, die 110 Wasserkraftwerke betreibt.

Die größten Renditen erwirtschaften die Kraftwerksbeteiligungen. E.ON ist allein an neun Kernkraftwerken beteiligt[257] (RWE nur an drei), aus den Beteiligungen werden 63 Terawattstunden an elektrischer Energie erzeugt. Darüber hinaus gehören E.ON acht Steinkohlekraftwerke, darunter drei der fünf Blöcke Staudinger in Großkrotzenburg. Block I wird derzeit erneuert; deswegen bekämpfte E.ON auf das Heftigste eine Regierungsübernahme von Rot/Rot/Grün in Hessen unter Anführung von Frau Ypsilanti und mit tatkräftiger Beteiligung des „Solarpapstes" der SPD Hermann Scheer.

Außerdem gehören E.ON zwei Braunkohle- sowie neun Gas- und Ölkraftwerke. Von großer Bedeutung sind schließlich die Pumpspeicherwerke. Pumpspeicherwerke haben die Funktion von Batterien: Wasser wird des Nachts mit billigem Nachtstrom in das höher gelegene Reservoir bzw. See gepumpt, um dann bei Bedarf über Fallrohre Generatoren anzutreiben. E.ON verfügt über sechs Pumpspeicherwerke mit insgesamt ca. 1.100 MW. Diese Pumpspeicherkraftwerke sind mit ihrer Fähigkeit, „Stromspitzen abzufahren", also in Spitzenlastzeiten elektrische Energie beizusteuern, Juwelen. Diese Fähigkeit macht sie auch für die „Lagerung" für Strom aus Erneuerbaren Energien bedeutsam. Die Einspeisung von Windstrom hat bereits heute einen derartigen Umfang angenommen, dass die Stromerzeugung in Grundlast aus Kernkraftwerken zunehmend zurückgefahren werden muss. Pumpspeicherkraftwerke sind daher für den Regelenergiehaushalt unverzichtbar. Schließlich ist E.ON auch im Erneuerbare Energien-Geschäft tätig.

Mit diesem Kraftwerkspark steuert E.ON 22 % des deutschen Strombedarfs bei. Es ist aufschlussreich, dass E.ON unter dem Druck der Europäischen Kommission zwar bereit war, sein Höchstspannungsnetz zu verkaufen, dessen Rendite aber ohnehin regulierungshalber deutlich unter 10 % geschrumpft war, ferner seine Laufwasserkraftwerke insbesondere in Bayern. Auch das Verteilergeschäft der Thüga war letztlich strategisch nicht so wichtig wie der Kraftwerkspark. Aber den Kraftwerkspark im übrigen würde E.ON auch gegenüber aufrechterhaltenen oder gar gesteigerten Entflechtungsbestrebungen von Kommission und Bundesregierung mit Zähnen und Klauen verteidigen.

2 E.ON fängt ein Bußgeld von 38 Mio. Euro für das „fahrlässige Brechen eines Siegels"

E.ONs Verhalten bei der Strompreisbildung an der Leipziger Energiebörse EEX war von der Europäischen Kommission schon mit deutlichen Worten beschrieben worden. Die EG-Kommission, befasst mit dem Verdacht auf wettbewerbsbeschränkende Verhaltensweisen der E.ON, ordnete am 24.05.2006 „eine Nachprüfung" an, wie eine Razzia in der Amtssprache der Wettbewerbsbehörden heißt. Am 29.05.2006 um 14 Uhr durchsuchten vier Vertreter der Kommission und sechs Vertreter des Bundeskartellamts „ausgewiesen durch ihre Dienstausweise" insbesondere die Vorstandsbüros der E.ON Energie in München. Die an diesem Tag gefundenen und vorsortierten Dokumente wurden in einen Aktenraum gebracht, weil sie an diesem Tag nicht mehr gesichtet und kopiert werden konnten. Der Raum wurde mit einem

---

257. Aufstellung im Anhang 3.

speziellen Siegel gesichert, das nicht mehr vom Untergrund abgelöst werden kann, ohne dass das Ablösen des Siegels erkennbar bleibt. Am Morgen des nächsten Tages stellte das *„Nachprüfungsteam gemeinsam mit Unternehmensvertretern und den externen Rechtsanwälten von EE"* fest, dass sich das Siegel erheblich verändert hatte. Zwar klebte das Siegel immer noch an der Bürotür. Es ließ aber über seine gesamte Fläche einen VOID-Schriftzug erkennen, eine spezielle Präparierung des Siegels, mit der man offenbar im Hause E.ON nicht gerechnet hatte. Die Beamten erstellten ein Siegelbruchprotokoll. Die E.ON-Vertreter bestritten den veränderten Zustand des Siegels nicht, weigerten sich aber, das Protokoll über den Siegelbruch zu unterzeichnen. Die Kommission gewährte rechtliches Gehör. Die E.ON-Anwälte schrieben sich die Finger wund, fügten Gutachten etwa über *„tangential zur Siegelfläche wirkende Kräfte"* bei, mit denen bewiesen werden sollte, dass das Erbrechen möglicherweise versehentlich, und vielleicht durch Reinigungskräfte, erfolgt sein konnte.

Die Kommission beeindruckte das im Ergebnis nicht. Sie verhängte *„38 Mio. EUR Geldbuße wegen fahrlässigen, aber möglicherweise folgenlosen Siegelbruchs"*[258]; mit „möglicherweise folgenlosem" Siegelbruch wurde die Tatsache gewertet, dass die Kommission weder beweisen konnte, wer das Siegel erbrochen hatte, noch, dass aus dem Aktenraum Akten verschwunden waren. Sie hatte sich am Vorabend ja noch kein Bild über den Inhalt der Akten machen können. Man darf spekulieren: E.ON dürfte die belastendsten Dokumente haben verschwinden lassen. Eine entgegengesetzte Beweisführung gab es ja nicht. Aber das verdammte Siegel ... Im Bußgeldbescheid der Kommission hieß es jedenfalls wie folgt:

„1. Jede Veränderung am Siegel, die anzeigt, dass der versiegelte Gegenstand bzw. Raum geöffnet worden ist bzw. geöffnet worden sein könnte, ist als Siegelbruch anzusehen.
2. Fahrlässiger Siegelbruch ist anzunehmen, wenn nicht alle im Gebäude befindlichen Personen (z. B. des Reinigungsdienstes) auf die Existenz der Siegel und die Notwendigkeit ihrer Unversehrtheit von dem betroffenen Unternehmen hingewiesen wurden.
3. Bei der Bemessung der Geldbuße ist zu berücksichtigen, dass es sich für ein Unternehmen, bei dem eine Nachprüfung durchgeführt wird, nicht lohnen darf, ein Siegel zu brechen.
4. Zudem ist bei der Bemessung der Geldbuße zu berücksichtigen, dass Nachprüfungen im Regelfall nur angeordnet werden, wenn Wettbewerbsverstöße vermutet werden und eine anderweitige Sachverhaltsaufklärung eine geringere Wirksamkeit verspricht.
5. Es kann nicht als mildernder Umstand gewertet werden, dass die Kommission keinen spezifischen Beweis dafür erbracht hat, dass die Tür zum Raum tatsächlich geöffnet wurde bzw. Dokumente entwendet worden sind."

3 Der nächste Bußgeldbescheid der Kommission

Die Kommission hat offensichtlich den bei den Razzien im Mai und Dezember 2006 gesammelten Fundus an Asservaten weiter ausgewertet. Das ergibt sich aus einem weiteren Bußgeldbescheid vom Juli 2009[259], mit dem E.ON Ruhrgas und E.ON gesamtschuldnerisch zu einem Bußgeld von 553 Mio. EUR belegt wurden; die GDF Suez mit einem Bußgeld in

---

258. Der Bußgeldbescheid ist abgedruckt in WuW 9/2008, 1033 ff.
259. Vom 08.07.2009, COMP/39.401 – E.ON/GdF.

entsprechender Höhe. Anlass war eine „Marktaufteilungsvereinbarung", die die Ruhrgas und die GdF im Jahre 1975 getroffen hatten. Es habe, so die Kommission, *sich dabei um förmliche schriftliche Vereinbarungen* (gehandelt), *angesichts derer festgestellt werden kann, dass Ruhrgas und GDF ursprünglich eine Vereinbarung mit dem Ziel der Wettbewerbsbeschränkung geschlossen hatten. Diese Vereinbarungen begrenzten das Geschäftsgebaren der Beteiligten, indem sie ihre Nutzung des Gases beschränkten, das über die MEGAL-Pipeline, einen wichtigen Teil der europäischen Gastransportinfrastruktur, befördert wurde; sie bewirkten damit eine Aufteilung der Märkte."* (178) Außerdem gehe aus den der Kommission vorliegenden Unterlagen hervor, dass *„E.ON und/oder E.ON Ruhrgas sowie GDF in zahlreichen Treffen neben legitimen Themen, die für sie aufgrund einer gemeinsamen Investition von gemeinsamem Interesse waren, auch ihre jeweilige Strategie zum Verkauf des über die MEGAL-Pipeline transportierten Gases in Frankreich und Deutschland diskutierten und die andere Seite über ihre Absichten informierten. Diese Kontakte und der entsprechende Austausch von Geschäftsgeheimnissen fanden statt, um das gegenseitige Geschäftsverhalten zu beeinflussen mit dem Ziel, die Zusatzvereinbarungen [...] umzusetzen, die u. a. die Bedingungen, unter denen GDF Gas aus der MEGAL-Pipeline ausspeisen konnte, und den Verkauf von Kapazitäten bis zur französischen Grenze durch E.ON Ruhrgas zum Gegenstand hatten, und um den Inhalt dieser Vereinbarungen im Laufe der Jahre an die neuen Marktbedingungen nach der Liberalisierung anzupassen, ohne jedoch dabei die Beschränkungen aufzuheben. (179).*

(180) Z. B. versprach GDF, ,die historische Verbundenheit' zu E.ON Ruhrgas zu berücksichtigen und sicherte dem Unternehmen ,enge Informationen' zu seinen Überlegungen betreffend mögliche Verkäufe von Gas in Deutschland zu. GDF versicherte E.ON Ruhrgas, sein Ziel der Wahrnehmung von Geschäftsmöglichkeiten sei ,nicht gegen Ruhrgas gerichtet', es beabsichtige ,derzeit nicht, Gas aus der MEGAL in Süddeutschland zu vermarkten', seine Versuche, Gas im Gebiet von E.ON Ruhrgas abzusetzen, seien ,eher darauf gerichtet, den Markt kennenzulernen, als ein direkter frontaler Angriff', dass GDF ,verstanden habe, dass wir [E.ON Ruhrgas] der Lieferant für [...] seien und bleiben wollen' und dass es beabsichtige, ,die bestehenden Lieferverträge [von E.ON Ruhrgas] zu respektieren', es habe ein Interesse daran, ,den Wert des Marktes' in Deutschland ,zu erhalten', es betrachte Deutschland nicht als ,Schlüsselzielmarkt'. Außerdem versicherten E.ON und/oder E.ON Ruhrgas GDF, sie planten ,keinen aggressiven Marktauftritt' bei ihrer Eröffnung bei ihrer Eröffnung eines Vertriebsbüros in Frankreich ... Ferner bat GDF E.ON Ruhrgas um Unterstützung, um zu verhindern, dass das im Rahmen des Gasfreigabeprogramms von E.ON Ruhrgas (aus der Auflage zur Ministererlaubnis) verkaufte Gas auf den französischen Markt kam. Jedes Mal, wenn eine Seite versuchte, in irgendeine noch so begrenzte Form des Wettbewerbs auf dem Gebiet der anderen Seite einzutreten, beschwerten sich beide ... Um ihren eigenen Absatz gegen solche Anschuldigungen zu verteidigen, erklärten die Parteien, man müsse dem Druck der Kommission [...] nachgeben.

(181) Dieser Austausch bestätigt, dass die Parteien die Marktaufteilungsvereinbarung von 1975 als verbindlich betrachteten und sie über die Jahre hinweg fortgesetzt einhielten."

Die Beweislage war offensichtlich, da es sich bei den Zusatzvereinbarungen von 1975 um schriftliche Vereinbarungen und damit um unmittelbare Beweise mit höchster Beweiskraft gehandelt haben muss. E.ON Ruhrgas und GDF – zwei große Wettbewerber – hätten ihre Kontakte für eine wettbewerbswidrige Marktaufteilung genutzt. Es sei um den wettbewerbswidrigen

Zweck gegangen, den Gasversorgungsmarkt in den betreffenden Gebieten zu kontrollieren. Die Parteien hätten Geschäftsgeheimnisse, d. h. Informationen über Preise und Strategien, ausgetauscht und im Voraus die künftigen Strategien des jeweils anderen besprochen, sich also vorher geeinigt. Damit seien Strategien wettbewerbswidrig vereinheitlicht worden. Das Verhalten wertete die Kommission als sehr gravierend, was an dem hohen Bußgeld von insgesamt 1,1 Mrd. EUR erkennbar ist.

4   Die Absprachen des marktbeherrschenden Duopols von E.ON und RWE

Bisher noch nicht mit einem Bußgeld belegt, ja noch nicht einmal als aufgreifenswürdig betrachtet sind Absprachen zwischen E.ON und RWE, die offenbar noch viel weiter gingen als das bußgeldwürdige Verhalten von E.ON Ruhrgas/GDF. Es handelt sich dabei um Verhaltensweisen, die im Schriftsatz des Bundeskartellamts vom 30.11.2006 zur Auswertung der von der Kommission gefundenen Asservate unter der Überschrift „*I. Kein Binnenwettbewerb*" folgendermaßen beschrieben werden:

„*(6) Die Asservate zeigen zunächst, dass der [E.ON-]Konzern und RWE sich gegenseitig zumindest in den Jahren 2003 bis 2006 regelmäßig über wirtschaftliche Unternehmenskennziffern und –strategien – insbesondere in bilateralen Gesprächen auf Vorstandsebene – informierten, um dem jeweils anderen eine gleichgerichtete oder daran angepasste strategische Ausrichtung (Duopol) zu ermöglichen. Darüber hinaus illustrieren sie, wie beide Unternehmen ihre Absatzgebiete und Minderheitsbeteiligungen im Energiebereich in Gespräche der Jahre 2003 bis 2005 so zu arrondieren und auszutauschen versuchten – insbesondere in Osteuropa (Ungarn, Tschechien) aber auch in Deutschland –, dass ihre gegenseitigen Interessensbereiche und Einflussgebiete im Sinne eines wettbewerbslosen Zustands aus Unternehmenssicht untereinander optimiert werden.*

1. Austausch von Unternehmensparametern und -strategien

(7) Ein als vertraulich gekennzeichnetes Gesprächsprotokoll über ein Spitzengespräch am 05.09.2003 zwischen den Vorstandsvorsitzenden von E.ON (Bernotat) und Ruhrgas (Bergmann) auf der einen Seite und RWE (Roels) auf der anderen Seite, belegt eine Abstimmung von Unternehmensstrategien zwischen E.ON und RWE direkt auf der Vorstandsvorsitzendenebene. Gegenstand des Gesprächs war u.a. die Behandlung von RWE durch E.ON im Vorfeld der Ministererlaubnis E.ON Ruhrgas. RWE spricht von einer großen „Frustration bezüglich der Behandlung durch E.ON bei der Umsetzung der Absprachen im Vorfeld der Ministererlaubnis". Herr Roels (RWE) betont seine Erwartung, „dass sich E.ON eine großzügige Gegenleistung ausdenkt, die E.ON nicht viel kostet, aber vielleicht für RWE großen Wert hat und die außerhalb der Bereiche liegen könnte, die Gegenstand der Absprache waren". Im weiteren Verlauf des Gesprächs wird die „gute Zusammenarbeit zwischen Ruhrgas und RWE-Gas" betont, die schon „langfristig" existiere. Auch wird seitens E.ON empfohlen, RWE möge überdenken, ob es nicht besser sei, dass Thyssengas die Beschwerde beim BGH zurücknehme, um eine Entscheidung des BGH zu verhindern. Hier hat Thyssengas als RWE-Konzernunternehmen noch im Herbst 2003 durch die Rücknahme der Revision im Verfahren Thyssengas gegen STAWAG Stadtwerke Aachen (AZ. des BGH: KZR 26/02) eine für RWE ungünstige Entscheidung des Senats rechtskräftig werden lassen, um die Branche insgesamt vor einer in der Frage der Zulässigkeit von langfristigen Gaslieferverträgen mit hoher Bedarfsdeckung erwarteten negativen

Entscheidung des BGH zu bewahren[260]. *Weiterhin wird von den Herren Bernotat und Roels die gemeinsame Erarbeitung von „Positionen" im Rahmen von Fachleutetreffen zum „breiten Feld von Grundsatzfragen zum Emission-Trading" beschlossen."*

Diese Gespräche für die nationale Ebene dienten offensichtlich zunächst der Bereinigung der Verstimmungen nach dem E.ON-Ruhrgas-Coup, der bei RWE zu einer großen *„Frustration bezüglich der Behandlung durch E.ON bei der Umsetzung der Absprachen im Vorfeld der Ministererlaubnis"* geführt hatte. RWE erwartete eine *„großzügige Gegenleistung ..., die E.ON nicht viel kostet, aber vielleicht für RWE großen Wert hat und die außerhalb der Bereiche liegen könnte, die Gegenstand der Absprache waren".* Auch EnBW hatte offensichtlich ein Störgefühl hinsichtlich der *„Vereinbarungen im Zusammenhang mit der Aufhebung der Beschwerde von EnBW im Ministererlaubnisverfahren".* E.ON dürfte beiden Unternehmen Wohltaten erwiesen haben, um das gute Klima zwischen den Konzernen nicht zu stören. Außerdem haben sich die Giganten verständigt, um eine erwartete ungünstige Entscheidung des BGH zu den langfristigen Gaslieferverträgen zu verhindern.

„(8) In einem Protokoll über ein Gespräch bei der RWE AG zum Thema „gemeinsamer Standpunkt von E.ON und RWE bei der Umsetzung der EU-Richtlinien Strom/Gas" vom 09.10.2003 wird dargelegt, dass man bis Ende Oktober gemeinsame politische Vorstellungen zur Umsetzung der EU-Richtlinie entwickeln, diese aber getrennt einspeisen wolle. RWE beabsichtige, den Kanal Clifford Chance/Prof. Büdenbender zu nutzen."

Der *„Kanal Clifford Chance/Prof. Büdenbender"*: Clifford Chance ist die Anwaltskanzlei, die üblicherweise für RWE auftritt. Prof. Büdenbender war früher Justitiar des RWE-Konzerns und bekleidet jetzt eine Professur an der Universität Dresden. Wenn RWE also bestimmte *„politische Vorstellungen zur Umsetzung der EU-Richtlinie Strom/Gas entwickeln"* wollte, sollten diese nach außen hin nicht als Meinung des Hauses deklariert werden, sondern als Stimme in der wissenschaftlichen Auseinandersetzung, nachdem sie zuvor vom Anwaltsbüro Clifford Chance auf Linie gebracht worden waren.

(9) Im Rahmen eines Gesprächs auf Vorstandsebene zwischen E.ON und RWE am 22.03.04 werden u.a. die Gesprächsergebnisse zu den Themen Emissionsrechtehandel und EnWG-Novelle unter Protokollziffer 10 wie folgt festgehalten: *„Wir haben abschließend die politischen Interessen und die Abstimmungsprozesse zwischen den Häusern in Sachen Emissionsrechtehandel und EnWG-Novelle eingehend diskutiert. Hieraus folgen keine wichtigen neuen Erkenntnisse. Alle Beteiligten waren sich einig, dass bei gegebener Konkurrenz das Verhältnis der Häuser weiter entspannt werden muss und kann."*

(10) In der Nachbereitung eines Treffens u.a. mit RWE am 07.06.04 aber auch mit nationalen und internationalen Wettbewerbern aus den Bereichen Strom und Gas in 2004 kommt E.ON bezüglich RWE zu dem Schluss, dass man den strategischen Dialog auf halbjährlicher Basis fortsetzen wolle („Keep strategic dialogue on half yearly basis"). Gesprächspartner von E.ON war Arndt Neuhaus, Vice President Corporate Strategy, RWE.

---

260. Vgl. Pressemitteilung des Bundesgerichtshofs Nr. 129/2003 vom 04.11.03 „Revisionsrücknahme verhindert erneut BGH-Entscheidung zu langfristigen Energielieferverträgen" sowie des BKartA vom 07.11.03 „Bundeskartellamt zur Verhinderung einer BGH-Entscheidung zu langfristigen Energie-Lieferverträgen".

(11) Ebenfalls im Jahr 2004, wird im Rahmen eines Ergebnispapiers über einen Jour Fixe am 26.07.04 bezüglich bereits erfolgten Gesprächen mit RWE festgestellt: „Ruhrgas und Herr Winkel haben Papier mit Kernforderungen für Zustimmung bei Kooperationen erstellt. 1. Zustimmung bei Datteln, 2. Netzausbau, 3. Geheimhaltungsgebot mit Ruhrkohle (Handel) bezüglich der Lieferpreise und gleiche Preise wie Steag/RWE, 4. Für Herne4 ein kostenbasiertes Angebot ...".

Die Frage, wie sich E.ON und RWE beim Kraftwerksbau des jeweils anderen verhalte, wurde also minutiös festgelegt, nämlich in dem „Papier mit Kernforderungen für Zustimmung bei Kooperationen". RWE wollte also dem E.ON-Kraftwerk Datteln und – wahrscheinlich – dem dazugehörigen Netzausbau zustimmen, der sich ja im RWE-Gebiet abspielen musste. Von entscheidender Bedeutung waren die Kohlepreise für das neue Kraftwerk, für die E.ON offenbar dieselben Preise wie RWE und das fünftgrößte Stromunternehmen der Bundesrepublik, STEAG, ausgehandelt hatte; Preise, die natürlich geheim zu halten waren.

„(12) Am 08.06.04 trafen sich RWE Power und E.ON Energie AG. Gesprächsteilnehmer auf Seiten RWE waren Dr. Lambertz, Herr Kehr, Herr Poll; E.ON Energie AG wurde vertreten durch Prof. Elsässer und Herrn Fischer. Prof. Elsässer war bis Juni 2005 im Vorstand der E.ON AG, sein Nachfolger ist Herr Bernhard Fischer. Ein Herr Johann Lambertz ist seit 2003 Mitglied des Vorstands der RWE Power AG.

Gesprächsthemen waren u.a. eine Verständigung über die zu erwartenden Zubaukapazitäten im Kraftwerksbereich, bzw. den Wert, den man gemeinsam nach außen kommunizieren wolle. Eine Verständigung erreichte man auch darüber, dass Kraftwerksprojekte von Newcomern (Lubmin und Hürth) nicht vom jeweils anderen unterstützt werden sollten. Ansonsten teilte man sich auf sehr konkreter Basis (Planungszeitraum, Planungsstand, technische Daten) die eigenen Kraftwerksprojekte mit und eruierte Kooperationsmöglichkeiten mit dem jeweils anderen. Handschriftliche Vermerke auf diesem Asservat belegen, dass der Austausch dieser strategischen Unternehmensinformationen auch Gegenstand anderer Gespräche mit RWE werden sollte bzw. war."

Auch dieser Vermerk belegt eine intensive „Verständigung" über Kraftwerksprojekte, bei denen man entweder kooperieren oder sich nicht in die Quere kommen wollte.

„(13) Ebenfalls in 2004, und zwar am 21.06.04 fand ein Gespräch auf Vorstandsebene zwischen den Herren Teyssen (E.ON) und Hohlefelder (E.ON) sowie Bonekamp (RWE) und Ufer (RWE) u.a. zu Regulierungsthemen (Realkapitalverzinsung vs. Nettosubstanzerhaltung, Nationaler Allokationsplan, Anreizregelung) sowie zu den Themen „STEAG/Datteln sowie Saarferngas" statt. Zu den Regulierungsthemen wurden übereinstimmende Positionen festgestellt, zum Thema „STEAG/Datteln sowie Saarferngas" wurde seitens RWE klargestellt, dass das Interesse der RWE, die Saarferngas zu erwerben, sich nicht gegen E.ON Ruhrgas richte, insbesondere nicht gegen die Vorlieferantenposition der E.ON Ruhrgas. Herr Teyssen ist seit Januar 2004 Vorstandsvorsitzender der E:ON Energie AG sowie Mitglied des Vorstands der E.ON AG, Herr Hohlefelder ist seit 1999 Vorstandsmitglied der E.ON Energie AG, Herr Ufer ist seit Oktober 2003 im Vorstand der RWE Energy AG und Herr Bonekamp ist seit April 2004 Vorstandsvorsitzender der RWE Energy AG sowie Mitglied des Vorstands der RWE AG."

Diese „Vorstandsebene" war hochrangig besetzt: Teyssen war Vorstandsvorsitzender der E.ON Energie AG und ist jetzt – als Nachfolger von Bernotat – Vorstandsvorsitzender der E.ON AG. Hohlefelder war im Bundesumweltministerium Abteilungsleiter für die Atomaufsicht und wurde von E.ON abgeworben, Bonekamp und Ufer sind beide Vorstandsmitglieder der RWE AG, also der Holding. Sehr interessant sind die Bemerkungen zum Thema „STEAG/ Datteln sowie Saarferngas": RWE wollte nämlich die Saarferngas AG (SFG) erwerben, eine der acht regionalen Gasverteilungsgesellschaften mit ca. 570.000 angeschlossenen Haushalten. Die Anteile waren im Besitz der STEAG, die wiederum zu 100 % der RAG gehörte. Weiterer Anteilseigner der SFG war die E.ON AG mit 20 %. Insofern waren die Klarstellungen „auf Vorstandsebene" einmal darauf gerichtet, dass E.ON dem Deal nicht etwa widerspreche. Von großer Bedeutung war ferner der Hinweis, dass sich der Deal nicht gegen die Ruhrgas richtete, die zu 90 % Vorlieferantin der SFG war. RWE hätte aber mit dem Erwerb seine marktbeherrschende Stellung auch im Saarland gestärkt, denn die SFG war an zahlreichen Stadtwerken beteiligt. Außerdem war RWE im Saarland auch durch die VSE präsent, die ihr zu 70 % gehört, das stromverteilende Pendant zur SFG. Die Abstimmung mit E.ON hatte daher klar wettbewerbsbeschränkende Wirkung, weil sie sicherstellte, dass die beiderseitigen Einflusssphären respektiert würden. Die im Jahr 2006 in der Tat angepackte Fusion scheiterte dann am Bundeskartellamt. Darauf wurde die Saarferngas zur ENOVOS Deutschland AG umgegründet, an der RWE mit 19,8 % und E.ON mit 10,8 % beteiligt ist. Auch die neue Gesellschaft hält zahlreiche Beteiligungen an Regionalunternehmen und Stadtwerken, auf die E.ON und RWE mit ihren zusammen 30 % Kapitalanteil – jedenfalls – Informationen und Einfluss behalten.

„(15) Im Rahmen eines Ergebnisprotokolls berichtet Herr Teyssen über ein Gespräch zwischen E.ON und RWE am 16.03.05 auf Vorstandsebene, das er und Herr Hohlefelder mit den Herren Bonekamp und Ufer von RWE in Düsseldorf geführt hatten. Themen waren die Abgabe der RWE Beteiligung an den Stadtwerken Düsseldorf, die Regulierung in Deutschland, die Regulierung in Ungarn, die Gesamtstruktur Ungarn und Mol Gas sowie Tschechien. Es soll eine kleine Arbeitsgruppe (2 bis 3 Mitarbeiter) eingerichtet werden, die auf sehr vertraulicher Ebene die Chancen für einen Interessenausgleich zwischen E.ON und RWE eruiert. Bezüglich eines einheitlichen Vorgehens gegenüber den B-Ländern in Sachen Regulierung wurden die koordinierenden Personen festgelegt. (Anmerkung: Mit B-Ländern werden allgemein die Länder bezeichnet, die von der Oppositionspartei im Bundestag auf Landesebene regiert werden, im März 2006 also die CDU/CSU-regierten Bundesländer). Die hier genannten Gesprächspartner treffen sich regelmäßig und in gleicher Besetzung auch zu anderen Themenbereichen, ihre Funktionen wurden bereits erläutert."

„Auf sehr vertraulicher Ebene [sollen] die Chancen für einen Interessenausgleich zwischen E.ON und RWE eruiert" werden: offenbar betreffend „die Gesamtstruktur Ungarn und Mol Gas sowie Tschechien". Interessenausgleich heißt – wie später zu sehen sein wird – Asset-Tausch. Wiederum geht es um Gebietsabgrenzung.

„(16) In einer E-Mail vom 15.05.06 wurde über eine Telefonkonferenz zwischen E.ON und RWE berichtet. Themen dieser Telefonkonferenz waren u.a. die Regulierung und die CO_2-Preise. Zur Regulierung teilt RWE mit, dass bei einer Verringerung der Tarife um 20 % durch die Bundesnetzagentur man mit Kostenreduzierung, Preiserhöhung und Kürzung der Investitionsplanung reagieren könne. Zum Thema CO_2-Preise teilt E.ON mit, dass man mit 6 bis 10 Euro pro Tonne langfristig rechne; RWE konnte oder wollte hierzu allerdings keine Angaben machen, insbesondere blieb die Frage in diesem Gespräch unbeantwortet, welche CO_2-Preise RWE beim Kraftwerksneubau zugrunde legt."

Man sprach also über die „CO_2-Preise": Wie kommt es zu der Mitteilung von E.ON, dass man „*mit 6 bis 10 Euro pro Tonne langfristig rechne*"; die Preise richten sich bei der EEX doch nach Angebot und Nachfrage?

5 Das Deutschland-Kartell

Das Bundeskartellamt hat sich, wohl weil die Beweislage dafür am klarsten war, darauf festgelegt, nur ein Duopol marktbeherrschender Unternehmen zwischen E.ON und RWE anzunehmen; anstelle eines Oligopols aus E.ON, RWE, EnBW und Vattenfall, in dem alle vier als marktbeherrschende Unternehmen zusammen betrachtet werden[261]. Die Anlässe waren die Fusionskontrollentscheidungen, in denen es verhältnismäßig einfach war, anhand der Unternehmensparameter die marktbeherrschenden Stellungen zu definieren. Zusätzlich konnte das Amt auf eine eigene Untersuchung der Wettbewerbsverhältnisse am Strom-Großkundenmarkt in den Jahren 2003 und 2004 zurückgreifen[262]. So kam es zur „Duopol"-Theorie. Vattenfall hatte sich am Fusionskarussell der drei anderen Konzerne nicht beteiligt; abgesehen vom Gründungsakt, der staatlich gewollt war. Aber EnBW? EnBW war zwar mit einem Knalleffekt in den Wettbewerb gestartet, aber ohne viel Federlesens in die abgestimmte Strategie der Strompreisbildung an der EEX eingeschwenkt, die darin bestand, nur den jeweiligen EEX-Preis als maßgeblichen Preis anzuerkennen, also die EEX als Preismarker auch für das OTC-Geschäft anzuerkennen, das quantitativ viel bedeutender war und ist. Das folgende Zitat zeigt sehr deutlich, dass auch EnBW in Verhaltensabstimmungen zum Stromhandel eingebunden war:

„*(29) Unterlagen zur Vorbereitung eines Handelsgespräches am 16.02.04 kennzeichnen das jeweils konkrete Verhalten aller vier Verbundunternehmen E.ON, RWE, Vattenfall und EnBW in Bezug auf die Weiterentwicklung der Strombörse EEX. Die Rubriken in den einzelnen Unternehmensabschnitten ‚Fragen Richtung Vattenfalls' und ‚Fragen Richtung EnBW' und die dort formulierten konkreten Fragen können als Indiz dafür ausgefasst werden, dass es sich um ein terminiertes Handelsgespräch zwischen den vier Verbundunternehmen handelt. Weitere Themen dieses Handelsgespräches sind OTC-Clearing und die Preiseffekte von CO_2-Zertifikaten. Auch zum Thema OTC-Clearing werden konkrete Fragen in den E.ON-Vorbereitungsunterlagen an RWE, Vattenfall und EnBW formuliert.*"

Man hat also ein „*Handelsgespräch*" geführt und sich über das „*konkrete Verhalten aller vier Verbundunternehmen E.ON, RWE, Vattenfall und EnBW in Bezug auf die Weiterentwicklung der Strombörse EEX*" verständigt. Bezeichnenderweise ging es auch um das OTC-Clearing, also die Preisbildung und das Preis-Management im OTC-Geschäft. Aber auch im übrigen hat man sich besprochen, vom Bundeskartellamt zusammengefasst unter der Überschrift „*Treffen und Kooperation auf nationaler Ebene*":

(27) In einer als E-Mail verschickten internen Mitteilung vom 31.03.03 über ein vertrauliches Gespräch zwischen E.ON, RWE, EnBW und Vattenfall auf Vorstandsebene tauschen die vier Verbundunternehmen u.a. Verhaltensparameter aus, und zwar bezüglich

---

261. Vgl. insbesondere die E.ON/Eschwege-Entscheidung des Bundeskartellamts v. 12.09.2003, billigend OLG Düsseldorf, B. v. 06.06.2007, ZNER 2007, 327; ebenso BGH, U. v. 11.11.2008, KVR 60/07, BGZ 178, 285 = ZNER 2009, 357.
262. ZNER 2008, 345.

- *Der Weiter- oder Nichtweitergabe von Kostensenkungen durch Kartellamtsverfügungen Netznutzungsentgelte betreffend und*
- *der Mitarbeit an Netzzugangs- Netznutzungsverordnungen der Regulierungsbehörde.*

(28) Ebenfalls in 2003, und zwar in einem Ergebnisprotokoll der Vorstandssitzung vom 03.09.03, berichtet Herr Bergmann (Vorstandsvorsitzender der E.ON Ruhrgas AG) über ein offenbar bilaterales Gespräch mit Herrn Claassen (Vorstandsvorsitzender der EnBW). Als Ergebnis wird festgehalten: „Man wolle in Baden-Württemberg schnell eine Einigung bei Gasthemen herbeiführen. Weitere Themen seien Netzentgelte sowie die Vereinbarungen im Zusammenhang mit der Aufhebung der Beschwerde von EnBW im Ministererlaubnisverfahren gewesen." Herr Bergmann berichtet sodann über ein Gespräch mit Statkraft und deren Verhalten bei VNG.

(30) Eine Gesprächsnotiz von Herrn Teyssen vom 29.06.04 über ein Gespräch mit „U.C. (EnBW)" vom 22.09.04 hatte den Austausch von Unternehmensstrategien in den Bereichen „aktuelle Wettbewerbslage Deutschland, CEE, NAP, Regulierung, etc." zum Inhalt. Trotz „gelegentlicher Störungen" zwischen E.ON und EnBW wird das Verhältnis zwischen den Häusern als grundsätzlich positiv eingeschätzt. Herr Teyssen ist seit Januar 2004 Vorstandsvorsitzender der E.ON Energie AG. Der seit Mai 2003 gewählte Vorstandsvorsitzende der EnBW heißt Utz Claassen."

Auch diese Passagen zeigen, dass man EnBW sehr wohl in die Absprachen einbezogen hat; es wurden „Verhaltensparameter" ausgetauscht, man plante eine „Einigung bei Gasthemen", es ging um den „Austausch von Unternehmensstrategien in den Bereichen aktuelle Wettbewerbslage Deutschland, CEE, NAP, Regulierung etc.". Resümee: Das Verhältnis zwischen den Häusern E.ON und EnBW wird „als grundsätzlich positiv eingeschätzt". Daraus kann man nur schließen, dass es ein Deutschland-Kartell gab und dass EnBW dazugehörte. Die Duopol-These des Amtes muss überdacht werden.

6   Die Aufteilung von Ost- und Südeuropa

Das nächste Kapitel zeigt, wie die beiden Konzerne Deutschland und Europa unter sich aufteilen. In Gesprächen, „die von RWE ausgegangen sind", werden „dem E.ON-Konzern Beteiligungen in Deutschland, Ungarn, Tschechien, Italien und der Slowakei angeboten". Man bespricht Strategien über die „Arrondierung von Absatzgebieten und Minderheitsbeteiligungen zur gegenseitigen Respektierung der Einflusssphären"

„(17) Mögliche Beteiligungsbereinigung mit RWE – Vorschlag für ein Grundsatzgespräch zwischen E.ON / Bernotat und RWE / Roels" ist die Überschrift einer internen E.ON-Mitteilung vom 25.09.03. In dem Papier werden Gespräche erwähnt, die von RWE ausgegangen sind und in denen dem E.ON Konzern Beteiligungen in Deutschland, Ungarn, Tschechien, Italien und der Slowakei angeboten wurden. E.ON hat Interesse signalisiert, insbesondere für Paketlösungen. Als eine Zielsetzung wird das Erreichen von Mehrheitspositionen bei der Beteiligungsbereinigung angesehen. Die von RWE angebotenen Beteiligungen (Assets) aus dem Strom- und Gasbereich sind mit ihren Unternehmenskennziffern (Umsatz, Absatz, Aktionäre) konkret aufgeführt.

(18) Es existiert ein internes Memo vom 21.11.2003 als Gesprächsunterlage für ein Gespräch auf Vorstandsebene mit RWE über die konzernweite Bereinigung der Beteiligungen

beider Konzerne im Inland und im europäischen Ausland. Eine anliegende Liste mit Beteiligungen an denen seitens E.ON ein Gesprächsinteresse besteht, soll RWE übergeben werden. Die Liste ist in vier Gruppierungen aufgeteilt:

A *Beteiligungen, zu denen bereits Gespräche zwischen E.ON und RWE stattfanden. Hier sind insbesondere für Deutschland ein Kraftwerk aufgeführt, aber auch Beteiligungen im osteuropäischen Ausland.*

B *Bereinigung Beteiligungsstrukturen Gasverteiler Tschechien. Hier sind drei Beteiligungen genannt.*

C *Gasspeicher. Hier werden zwei deutsche Gasspeicher genannt.*

D *Sonstige Bereinigungen. Hier finden sich neben einer ungarischen Beteiligung die ausschließlich deutschen Beteiligungen an vier Stadtwerken.*

(19) Ebenfalls vom 21.11.03 datiert wiederum als Gesprächsgrundlage für ein Treffen auf Vorstandsebene mit RWE über die konzernweite Bereinigung der Beteiligungen beider Konzerne im In- und europäischen Ausland gedachtes weiteres internes E.ON-Memo. In diesem Papier wird die Liste der Assets, über die Gespräche im Hinblick auf einen Austausch bzw. eine Beteiligungsbereinigung gewünscht werden, deutlich ausgeweitet und in Bezug auf strategische Interessen konkretisiert. Als Gesprächspartner wurden Herr Pohlig (E.ON) und Herr Zetzsche (RWE) benannt. Herr Rolf Pohlig ist seit 2000 Generalbevollmächtigter für E.ON im Bereich Übernahmen und Fusionen. Er wechselt nunmehr zu RWE, dort soll er zum Mai 2007 den Finanzvorstand Klaus Sturany ablösen. Andreas Zetzsche ist Leiter des Bereichs Übernahmen und Fusionen der RWE AG.

(20) In 2004, und zwar am 12.03.04, hat ein weiteres Treffen auf Vorstandsebene zwischen den Herren Teyssen (E.ON) und und Bonekamp (RWE) bzw. Ufer (RWE) stattgefunden. Im Zentrum des Gesprächs standen die Tauschmöglichkeiten von Beteiligungen in Zentral- und Osteuropa. Eingehend diskutiert wurden auch die politischen Interessen und die Abstimmungsprozesse zwischen den Häusern in Sachen Emissionshandel und EnWG-Novelle. Ein Folgetermin wird für Ende April 2004 in München vereinbart. Ein Protokoll über dieses Folgegespräch am 21.06.04 zwischen E.ON und RWE in München existiert ebenfalls (siehe Anlage B.7).

(21) Im Jahr 2005 fanden eine Reihe von Treffen zwischen E.ON und RWE auf Vorstandsebene zwischen den Herren Teyssen (E.ON), Hohlefelder (E.ON) und Bonekamp (RWE) bzw. Ufer (RWE) zum Beteiligungsaustausch statt, und zwar am 16.03.05 und am 14.04.05.

Am 11.06.05 konstatiert Herr Teyssen, dass es am Vorabend in bilateralen Verhandlungen mit der RWE gelungen ist, den Interessenausgleich mit RWE bezüglich Tschechien und Ungarn herzustellen. Herr Teyssen informiert den gesamten E.ON Vorstand laut Protokoll vom 14.06.05 über diesen bilateralen Interessen- und Assetaustausch mit RWE."

Es ist E.ON also gelungen, *„den Interessenausgleich mit RWE bezüglich Tschechien und Ungarn herzustellen"*: Man hat offensichtlich die Assets aus dem Strom- und Gasbereich in Deutschland, Ungarn, Tschechien, Italien und der Slowakei intensiv analysiert. Beide Konzerne haben geprüft, welche Beteiligung gut in die jeweiligen Konzernstrategien und die bereits anvisierten regionalen Schwerpunkte passen würden. Dann wurden Vorstandsbeschlüsse herbeigeführt. Zur Umsetzung hat man mit den Partnern vor Ort gesprochen und sich mit den nationalen Gesellschaften und ihren Gesellschaftern geeinigt – wer weiß, für welche Gegenleistungen. Aber: Darüber existieren Vorstandsprotokolle, Verhandlungsprotokolle,

Kaufverträge etc. Man kann dem Vorgehen also auf die Spur kommen, „Aufgreifwille" – wie es in der Sprache der Kartellbehörden heißt – vorausgesetzt.

Das Ziel dieser Geschäfte ist, wie seit 100 Jahren erprobt, die Herbeiführung geschlossener Versorgungsgebiete. Man erinnere sich an die Vorgehensweise des Bayernwerks in Thüringen. Das Bayernwerk hatte sich bei den Übernahmeverhandlungen mit der DDR-Regierung die Kombinate Erfurt, Jena und Meiningen reserviert. Dazu gehörten die kommunalen Versorger in der Region des jeweiligen Kombinats. Durch den Stromvergleich waren die kommunalen Stromversorger aber zunächst autark. Dank der geschickten Vorgehensweise von Bayernwerksvorstand Holzer – ehemaliger Ministerialer –, dessen Kompromissvorschlag zur Braunkohleverstromung den Stromvergleichsverhandlungen – ohne Abstimmung mit RWE und PreussenElektra – die entscheidende Wende gebracht hatte, konnten sich die Kombinatsnachfolger ENAG, OTEV und SEAG mit Hilfe der Vorfeldorganisation Contigas das Vertrauen der Bürgermeister verdienen; u. a. durch Hilfestellung bei der Herbeiführung der Betriebsaufnahmegenehmigungen durch das Wirtschaftsministerium. So gelang den Bayernwerkstöchtern der Einstieg in 24 von 28 Thüringer Stadtwerken und letztlich die Installierung eines „Fürstentums Thüringen" unter der Firma E.ON Thüringen AG. Um genau dasselbe geht es bei der „*Arrondierung von Absatzgebieten und Minderheitsbeteiligungen zur gegenseitigen Respektierung der Einflusssphären*" – in der nüchternen Sprache des Kartellamtes – in den Beitrittsländern und Russland. So strickt man einen europaweiten Konzern!

Kartellrechtlich ist das von hoher Relevanz. Aber die Wettbewerbsbehörde der Europäischen Kommission, die für das Aufgreifen wohl zuständig wäre, sieht sich möglicherweise dadurch gelähmt, dass die EU unter Entwicklungsaspekten ein großes Interesse daran hat, dass in den ehemaligen Ostblock-Ländern leistungsfähige Energieversorger entstehen. Insofern ist die Situation nicht anders als im Jahre 1990, als die Bundesregierung vor der Frage stand, ob sie die Stromverträge absegnen sollte, die noch die DDR-Regierung mit den westdeutschen Konzernen geschlossen hatte. Bekanntlich stand sie ja vor der Drohung, dass es ansonsten „*ziemlich kalt würde in den Neuen Ländern*", wie die Stromkonzerne verlauten ließen, die ja schon die Geschäftsbesorgung der Kombinate betrieben. Daher wurde der Deal im Einigungsvertrag abgesegnet. Dass dabei die Interessen der ostdeutschen Kommunen unter die Räder gerieten, war zwar schmerzlich, letztlich aber nicht zu vermeiden.

7 Das Europakartell der Energieversorger

Das Dokument des Bundeskartellamts zeigt schließlich, dass E.ON und RWE es schafften, durch europaweite Abstimmungen mit den teils staatlichen Energiekonzernen europaweite Kartellabsprachen hinzubekommen; unter der Überschrift „*II. Kein Außenwettbewerb*":

„*(22) Eine weitere Gruppe von Dokumenten zeigt das Fehlen von Außenwettbewerb durch regelmäßige Treffen [von E.ON] und Wettbewerbern aus den Bereichen Strom und Gas auf europäischer Ebene zumindest in den Jahren 2004 und 2005, in denen u.a. die Grundhaltungen der jeweiligen Energieversorger zu strom- und gaspolitischen Fragestellungen aber auch konkrete Einzelprojekte besprochen werden. Daneben gab es Treffen aller vier nationalen Verbundunternehmen E.ON, RWE, EnBW und Vattenfall oder in kleinerer Zusammensetzung zumindest in den Jahren 2003 bis 2005, und zwar zur Klärung gemeinsamer Positionen in nationalen strom- und gaspolitischen Fragestellungen aber auch hinsichtlich konkreter Einzelprojekte.*

1. Treffen und Kooperation auf europäischer Ebene

(23) Ab Frühjahr 2004 bereitet E.ON eine „Strategic roadmap" vor. Die E.ON Strategic roadmap dient der Vorbereitung und Durchführung von Treffen mit großen europäischen Energieversorgern. Die Treffen sind mit festen Terminen und konkreten Ansprechpartnern in den jeweiligen Unternehmen gekennzeichnet. Als Termine werden z. B. ausgewiesen: RWE am 07.05.04, GdF am 27.05.04, ENEL am 17.06.04, ENI am 18.06.04, Ural Power Management Company am 15.06.04, Fortum am 22.06.04, Vattenfall am 23.06.04, EdF am 21.06.04, Endesa am 25.06.04, Centrica am 22.07.04 und Electrabel am 06.09.04. Gesprächspartner sind jeweils Personen in leitenden bzw. Vorstandsfunktionen, z. B. für Vattenfall ist Lennart Billfalk, Executive Vice President von Vattenfall AB vorgesehen.

(24) Es wurden seitens E.ON Charts pro Unternehmen angefertigt, und zwar über die Ergebnisse der Einzelgespräche von E.ON mit europäischen Energieversorgern. Die Charts weisen als Datum den 14.09.04 auf. Die Charts sind pro Unternehmen dreigeteilt in Key data, Key Issue und Next Steps:

Key data: Hier wird z. B. genannt: Erzeugungskapazität, Anzahl der Kunden und welchen Rangplatz das Unternehmen z. B. bei der Erzeugung und/oder Verkauf in verschiedenen Gebieten einnimmt sowie Umsatzangaben und betriebswirtschaftliche Kennziffern wie EBITDA und EBIT.

Key Issue: In dieser Rubrik werden u.a. Aussagen getroffen über die gebietsmäßige Ausrichtung und das so genannte „core business" des Unternehmens, die Absichten zu expandieren und mögliche Bereiche gemeinsamer Interessen.

Next Steps: Hier werden Themen für die nächsten Einzelgespräche vorgeschlagen, und zwar so genannte „Next Steps" für z. B. die Unternehmen:

- *Vattenfall: „Maintain frequent dialogue on strategic level"*
- *Eni: "organize a meeting with relevant contact persons from Eni Power to discuss power options"*
- *Suez: "Cooperation regarding gas supply and LNG, Potential asset swaps regarding Hungary, Poland, France"*
- *RWE: "Keep strategic dialogue on half yearly basis".*

Abschließend wird für Follow up meetings festgehalten:

- *Yearly meetings with key competitions on an individual basis*
- *Possibly, yearly roundtable of the strategy managers of the large European utilities."*

(25) Das Ergebnisprotokoll vom 28.09.04 zur Vorstandssitzung vom 23.09.04 enthält einen Bericht von Dierk Paskert, seinerzeit Bereichsleiter Konzernstrategie, und zwar über die Ergebnisse der Gespräche mit europäischen Energieversorgern. Er gibt den Hinweis, dass BP die Gespräche wegen kartellrechtlicher Probleme abgelehnt habe, die Gespräche mit ENI, ENEL, Scottish & Southern Energy, Suez, Endesa, EdF, GdF, RWE, Centrica, Vattenfall und Fortum aber geführt worden seien. Als Ergebnis wurde im Protokoll der Vorstandssitzung festgehalten: „Man wolle sich künftig jährlich mit den einzelnen Wettbewerbern treffen und voraussichtlich im nächsten Jahr ein Round-Table-Treffen mit den Strategieverantwortlichen etablieren. Der Vorstand diskutiert über mögliche Kooperationen und plant, sich auf der Strategieklausur

im Februar insbesondere mit ENI Power, Tractebel und potentiellen Wachstumsmärkten" zu „beschäftigen".

(26) Ein Jahr nach dem vereinbarten Round-Table-Treffen mit den Strategieverantwortlichen (siehe oben) lässt sich ein solches Treffen der großen Energieversorger in Europa feststellen. Aus einem Protokoll über ein Treffen von E.ON mit ENEL, EDF, Electrabel, RWE, Vattenfall, u.a. in Rom am 04.11.05 und 05.11.05 geht hervor, dass diese Treffen nunmehr regelmäßig auf der Basis gegenseitiger Einladung erfolgen. Das nächste Treffen – auf Einladung RWE – sollte am 07.04.06 und 08.04.06 stattfinden. Die Treffen sind mit dem Namen „Treffen Club 7" gekennzeichnet und können damit als institutionalisiert angesehen werden. Auch hat der Club 7 sich eine ebenfalls institutionalisierte Untergruppe mit Namen „Club 7 Task Force zum Emissionshandel" eingerichtet. Die Treffen des Clubs 7 bzw. seiner Untergruppen dienen laut Protokoll dem Austausch von Unternehmensstrategien und Erfahrungen in speziellen Fragen, wie z. B. der Entwicklung der Kernenergie, der Begegnung von Vorwürfen zu den Windfall Profits im CO_2-Zertifikatsbereich und der Begegnung öffentlichen Drucks wegen der Strompreisentwicklung."

In diesem Kapitel beschreibt das Bundeskartellamt also „Treffen und Kooperation auf europäischer Ebene". Man traf sich nicht nur mit RWE, sondern auch mit EdF und GdF, den führenden französischen Strom- und Gaskonzernen. An EdF hält der französische Staat 84,8 % der Aktien. EdF verfügt über ein Quasi-Monopol im Stromhandel und ist sehr stark in der Stromerzeugung: Dafür sind verantwortlich weltweit 58 Kernkraftwerke an 20 Standorten. Mit 496 Mrd. kWh produziert EdF über 22 % der in der EU erzeugten elektrischen Energie. GdF Suez entstand aus der Fusion der früher getrennten GdF und Suez im Jahr 2008. Das Unternehmen ist Europas größter Erdgasversorger, Eigentümer des größten Netzes aus Hochdruckleitungen mit einer Länge von 31.717 km in Frankreich sowie der zweitgrößten Speicherstätte für Erdgas in Europa. Im Jahr 2007 setzte GdF 730 TWh Erdgas ab und erzielte einen Konzernumsatz vom 27,4 Mrd. EUR". Die von E.ON im Rahmen der „Strategic Road Map" organisierten Gespräche bezogen also die Strom- und Gas-Quasi-Monopolisten aus Frankreich mit ein. Mit GdF Suez bestand ohnehin schon die Zusammenarbeit seit 1975 bei der MEGAL, die die Europäische Kommission mit ihrer Entscheidung vom 08.07.2009 als Kartellabsprache kennzeichnete, die nach Art. 81 EG verboten war.

ENI und ENEL sind die führenden italienischen Energiekonzerne. ENI ist das größte Unternehmen Italiens und spielt mit einem Jahresumsatz von 108,1 Mrd. EUR (2008) in der E.ON-Liga. Der operative Gewinn belief sich im Jahr 2008 auf 18,6 Mrd. EUR, nach Steuern immer noch auf 8,8 Mrd. EUR. Dem italienischen Staat gehören 30,3 % der Aktien. ENI ist aktiv im Bereich Erdöl, Erdgas, Stromerzeugung, Petrochemie. ENEL ist der größte italienische Stromversorger mit Sitz in Rom. Er erzielt einen Umsatz von 64 Mrd. EUR (2009). Der Staat ist mit 13,9 % der Aktien beteiligt. Gespräche mit ENI und ENEL sicherten also auch die Einwirkung auf den italienischen Energiemarkt mit ab.

Vattenfall ist der größte schwedische Energieerzeuger mit einem Umsatz von 15,17 Mrd. EUR (2007): Ein interessantes Unternehmen, das aus der „Kungliga Vattenfall Styrelsen", der Königlichen Wasserfallbehörde, entstand. Heute noch nimmt die Stromerzeugung aus Wasserkraft einen großen Umfang ein. Vattenfall gehört zu 100 % dem schwedischen Staat. Daher war der Beschluss des Storting, das einzige schwedische Kernkraftwerk Barsebäck stillzulegen, ein Schritt zurück zu den Erneuerbaren Energien. Jedoch wurde vor kurzem der Beschluss gefasst, Barsebäck wieder zu reaktivieren. Fortum ist einer der größten skandinavischen Energiekonzerne. 50,9 % der Aktien befinden sich in der Hand des finnischen Staates. Der Umsatz belief sich auf 5,6 Mio. EUR (2008). Gespräche mit Vattenfall und Fortum sicherten daher auch die Auswirkungen auf Skandinavien ab.

ENDESA ist nach der Marktkapitalisierung das größte spanische Energieunternehmen. Unter der sozialistischen Regierung von Ministerpräsident Felipe González wurde es ab 1988 teilprivatisiert. Die Ausdehnung der Gespräche auf ENDESA bedeutete de facto, dass das gesamte Westeuropa, von Skandinavien bis Spanien, von E.ON in die Absprachen einbezogen wurde. Bei diesen Gesprächen muss E.ON Gefallen an ENDESA gefunden haben.

In die Gesprächsrunde wurde außerdem mit CENTRICA eines der größten britischen Erdöl- und Erdgasunternehmen einbezogen. CENTRICA gehört British Gas, dem größten britischen Gasversorger. Aus Belgien kam Electrabel dazu. Electrabel ist der führende belgische Energiedienstleister und Marktführer in Benelux und eine 100 %ige Tochter von GdF Suez mit einem Umsatz von 15,2 Mrd. EUR. Mit der Ural Power Management Company wurde zwar – gemessen an den anderen Gesellschaften – ein Exot in die Gespräche eingereiht; die Firma ist nämlich ein Energiedienstleister, der aber in großem Umfang in der Modernisierung der russischen Kraftwerkslandschaft eingesetzt wird und deswegen über ein großes Know-how verfügt. Auch dieser Gesprächsbereich machte aus Sicht von E.ON Sinn.

Wie sich aus dem Kartellamtsbericht ergibt, tauschten sich die Unternehmen über die gebietsmäßige Ausrichtung und die Kerngeschäfte aus, die Absichten zu expandieren und *„mögliche Bereiche gemeinsamer Interessen"*. Zu diesem Zweck wurden jährliche Treffen mit den Schlüsselmerkmalen für den Wettbewerb festgelegt, bei denen *„mögliche Kooperationen"* ins Auge gefasst wurden. Diese Gespräche hatten offensichtlich auch in dem Sinne Erfolg, dass man einen Gesprächskreis *„Treffen Club 7"* gründete, der sich *„dem Austausch von Unternehmensstrategien und Erfahrungen in speziellen Fragen"* widmete, z. B. *„der Begegnung öffentlichen Drucks wegen der Strompreisentwicklung"*!

Auch BP sollte nach dem Bericht in die Gespräche eingezogen werden. BP lehnte die Gespräche *„wegen kartellrechtlicher Probleme ab"*. Die anderen Gesellschaften hatten offensichtlich keine Skrupel. Es wäre interessant zu wissen, ob die Rechtsabteilungen der Unternehmen wegen kartellrechtlicher Fragen konsultiert worden sind – wahrscheinlich nicht. Das machte gerade bei den Staatskonzernen Sinn, weil diese ohnehin kaum Angst haben mussten, jedenfalls von ihren nationalen Kartellbehörden angegangen zu werden.

Für E.ON sieht die Sache aber ganz anders aus. Nach der Entscheidung der EG-Kommission vom 08.07.2009 in Sachen E.ON/GdF Suez ist zwar den Unternehmen nach Art. 81 des EU-Vertrages nicht verboten, *„sich dem festgestellten oder erwarteten Verhalten ihrer Konkurrenten auf intelligente Weise anzupassen"*. Aber die Vorschrift verbietet *„streng jede unmittelbare oder mittelbare Fühlungnahme zwischen Unternehmen ... durch die entweder das Marktverhalten eines gegenwärtigen oder potentiellen Wettbewerbers beeinflusst oder ein solcher Wettbewerber über das Marktverhalten, zu dem man selbst entschlossen ist oder dass man in Erwägung zieht, ins Bild gesetzt wird, wenn die Fühlungnahme bezweckt oder bewirkt, dass Wettbewerbsbedingungen entstehen, die nicht den normalen Bedingungen auf dem in Betracht kommenden Markt entsprechen"*. Ein Indiz für solche verbotenen Verhaltensweisen ist es, wenn sich *„die Ungewissheit des anderen Wettbewerbers auf dem Markt hinsichtlich des von ihm zu erwartenden Verhaltens aufgehoben oder wesentlich vermindert wird ... auch* *wenn sich die Partner nicht ausdrücklich auf einen gemeinsamen Plan für ihr Marktverhalten geeinigt haben"*. Gemessen an diesen Aussagen muss man nunmehr darauf warten, dass die EU-Kommission nicht nur den „alten Hut" aufgreift, die Vereinbarung zwischen E.ON und GdF Suez aus 1975 anlässlich des Baus der MEGAL-Pipeline, sondern die offensichtlich sehr viel weiterreichenden, bis in die Einzelheiten der Strategiediskussion reichenden Gespräche und Abstimmungen, die das Bundeskartellamt zusammengestellt hat. Dabei ist der Vorteil, dass sich die Kommission hierbei auf Schriftstücke aus der Konzernzentrale von E.ON stützen kann und deswegen die Beweisprobleme nicht so dramatisch sind.

Allerdings sind bisher Verfolgungsmaßnahmen der Kartellbehörden nicht bekannt geworden. Aber: Der Umfang der Absprachen ist, weil er praktisch die gesamte westeuropäische Energieindustrie umfasst, so gigantisch, dass die Kartellbehörden mit ihren Arbeitsmöglichkeiten, mag noch so viel Kooperation zwischen der EU-Wettbewerbsbehörde und den nationalen stattfinden, schlechte Karten haben. Die Behörden sind einfach für derartige Kartelle nicht aufgestellt. Der Fall ist so groß, dass man schon mehr als eine „task force" braucht, um dem beizukommen. Ob dafür der politische Wille – und die Kraft – vorhanden sind? Die Zweifel folgen nicht allein aus den gesetzlichen Eingriffsinstrumenten, sondern auch aus der Stellung und Ausstattung des Bundeskartellamts.

7. Kapitel
Das Bundeskartellamt

1 Halbherzige Konstruktion

Licht und Schatten: Das ist der Eindruck, der sich nach dem Rückblick auf die Tätigkeit der Kartellbehörden vor der Liberalisierung und den ersten zwölf Jahren danach aufdrängt. Er gilt für alle, die europäische, die beim Bundeskartellamt in Berlin/Bonn konzentrierte und die in den Ländern eingerichteten Kartellbehörden, die in der Regel tun müssen, was der Minister sagt – der sich nicht mit der Industrie streiten will. Allerdings gibt es viele interessante Ausnahmen[263], etwa die von der Hessischen Kartellbehörde angestoßene Untersuchung der Wasserpreise. Das europäische Kartellrecht, das gegenüber der Energiewirtschaft keine Ausnahmen vorsah, wurde einfach nicht angewandt. Das Kartellamt, dem das deutsche Wettbewerbsrecht die Hände gebunden hatte, konnte ebenfalls auf das europäische Kartellrecht zurückgreifen und hat es – wenn auch spät – getan. Für die Landeskartellbehörden gab es aber praktisch keine Basis für kartellbehördliches Tätigwerden gegenüber der Energiewirtschaft. Das musste sich eigentlich mit der Liberalisierung ändern. Aber was geschah? Die Brüsseler Generaldirektion Wettbewerb und das Bundeskartellamt waren sich einig, die Fusionen von VEBA/VIAG und von RWE/VEW freizugeben. Dadurch entstand – was auf der Hand lag – das marktbeherrschende Duopol, mit dem die Kartellaufsicht seither ihre liebe Not hat. Dem unersättlichen Appetit der neuen Giganten, sich Stadtwerke in großer Zahl einzuverleiben, wurden keine Zügel angelegt. Die langfristigen Energielieferverträge wurden beim Strom überhaupt nicht und beim Gas erst sehr, sehr spät angegangen und scheinen jetzt peu à peu wieder zurückzukehren. Die kartellrechtliche Preishöhenkontrolle, seit jeher im Gesetz und vom Bundestag mit dem in 2007 eingeführten Paragraphen 29 GWB noch akzentuiert, wurde Jahre nach der Liberalisierung zwar energisch angepackt, dann aber mit halbherzigen Vergleichen, aus Angst vor Niederlagen vor dem EuGH und dem BGH, für die gar kein Anlass bestand, verglichen: ein Trauerspiel. § 29 spielt praktisch keine Rolle[264]. Man fragt sich, wie das kommt.

Die Antwort ist einfach. Der preußische Staat und das Reich standen den Kartellen positiv gegenüber. Der einflussreiche deutsche Staatswissenschaftler Schmoller, Mitglied des Preußischen Staatsrats, sah in den Kartellen die „richtigen Organe einer hohen Form der vergesell-

---

263. Wie die kartellbehördliche Verfolgung überhöhter Wasserpreise, die von der hessischen Landeskartellbehörde angeschoben wurde und der jetzt das Bundeskartellamt sekundiert.
264. Vgl. dazu die Veröffentlichung von Becker/Blau, Die Preismissbrauchsnovelle in der Praxis, 2010, vgl. dazu das 5. Kapitel, Die Strompreisbildung, Seite 169.

schafteten Volkswirtschaft, als die berufenen centralen Steuerungsorgane der Produktion"[265]. Selbst die Weimarer Republik und die Weltwirtschaftskrise führten nicht zur Etablierung einer wirksamen Kartellaufsicht. Den Nazis passten Kartelle nach anfänglichem Schwanken in ihre Sicht der Wirtschaft. Es war die Besatzungsmacht USA, die die Bundesrepublik – auf Basis ihrer fast siebzigjährigen Erfahrung – zu einem Gesetz gegen Wettbewerbsbeschränkungen drängte. Die Bundesregierung war sich eben nicht einig: Adenauer hörte auf seine Freunde vom BDI, sein Wirtschaftsminister Ludwig Erhard kämpfte hingegen für ein GWB mit einem Kartellverbot, das zur *„sozialen Marktwirtschaft"* im Sinne Müller-Armacks[266] passte. Daher wurde zwar einerseits das Kartellverbot durchgesetzt, andererseits gab es zahlreiche Ausnahmen für die Wirtschaftsbereiche Bundespost, Verkehrswirtschaft, Landwirtschaft, Energiewirtschaft und das Zentralbankensystem und bei Preisbindungsverträgen. Eine Fusionskontrolle enthielt das Gesetz nicht, sie kam erst 1973. Ein Hauptproblem war ferner, dass der Gesetzgeber auf eine Legaldefinition des Wettbewerbs verzichtete, andererseits bei der Definition des marktbeherrschenden Unternehmens formulierte: *„Soweit ein Unternehmen für eine bestimmte Art von Waren oder gewerblichen Leistungen ohne Wettbewerber ist oder keinem wesentlichen Wettbewerb ausgesetzt ist, ist es marktbeherrschend im Sinne dieses Gesetzes"* (§ 22 Abs. 1 GWB). Das Bundeskartellamt musste so zunächst definieren, was Wettbewerb, dann, was Marktbeherrschung, also Einschränkung von Wettbewerb, ist und anschließend Kriterien definieren. Die gerichtliche Kontrolle bekam so eine Vielzahl von Angriffspunkten und hat diese auch weidlich genutzt. Art. 86 EWGV (jetzt Art. 102 AEUV) enthält überhaupt keine Definition der Marktbeherrschung. Insofern bleibt das EU-Recht noch hinter der deutschen Rechtslage zurück.

Entsprechend halbherzig erfolgten auch Konstruktion und Ausstattung des Bundeskartellamtes. Es gibt das ausgezeichnete Buch von Ortwein[267], dessen Vorteil es ist, dass es ein Politologe geschrieben hat. Die Auseinandersetzungen um die Gründung des Kartellamtes und das Für und Wider um seine Tätigkeit sind also um die politische Dimension erweitert.

Eine für die Konstruktion des Amtes ganz entscheidende Frage war das Verhältnis zum Bundeswirtschaftsminister. Sein Ministerium soll eigentlich die Wirtschaftstätigkeit unterstützen und sie nicht durch Verbote und Missbrauchsaufsicht gängeln. Eine starke Stellung des Bundeskartellamts hätte daher nur erreicht werden können, wenn das Amt eine wirklich unabhängige Stellung wie etwa die Deutsche Bundesbank bekommen hätte, was allerdings eine Änderung des Grundgesetzes vorausgesetzt hätte. Statt dessen wurde es zwar als *„selbständige Bundesoberbehörde"* (jetzt § 51 Abs. 1 GWB) etabliert, aber dem Geschäftsbereich des Bundeswirtschaftsministers zugeordnet. Es hat auch keinen eigenen Haushalt, vielmehr wird im Etat des Bundeswirtschaftsministeriums ein besonderes Kapitel für den Haushalt des Amtes geführt. Ob aus seiner Stellung ein Weisungsrecht des Bundeswirtschaftsministers oder eine Weisungsunabhängigkeit abzuleiten ist, ist strittig. So sollen Einzelweisungen gegenüber dem Amt, z. B. zur Einleitung eines bestimmten einzelnen Verfahrens, zulässig

---

265. Christian Meitzel, Schmoller, Gustav v., in: Handwörterbuch der Staatswissenschaften, 7. Bd., 4. Aufl. 1926, S. 251–253.
266. Grundlegend sein Buch Wirtschaftslenkung und Marktwirtschaft, 1947, neu aufgelegt von Kastell, München 1990.
267. Das Bundeskartellamt. Eine politische Ökonomie deutscher Wettbewerbspolitik, 1998.

sein, der Bundeswirtschaftsminister dürfe aber nicht in *„schwebende Verfahren"* eingreifen, da das Amt seine Entscheidungen *„kollegial"* durch seine Beschlussabteilungen in einem *„justizähnlichen Verfahren"* trifft[268]. Ortwein meint: *„Das Problem der Weisungsgebundenheit ist weitgehend theoretischer Natur, viel wichtiger sind die informellen Einwirkungsmöglichkeiten des Bundeswirtschaftsministers bzw. des Ministeriums auf das BKartA."*[269]. Die starke Stellung, die sich das Amt relativ schnell erkämpfte, war der starken Persönlichkeit ihres ersten Präsidenten Eberhard Günther zu verdanken, den Adenauer aufgrund der Vorbehalte seiner Freunde vom BDI gar nicht mochte, der aber die Gunst von Bundeswirtschaftsminister Erhard genoss. Adenauer soll bei der in sehr schlichtem Rahmen stattgefundenen Aushändigung der Ernennungsurkunde Günther gegenüber gesagt haben: *„Mein Freund Berg* [Präsident des BDI] *sagte mir, Sie seien eine ganz böse Jong, aber na ja."*[270] Günther war der Begründer desjenigen Nimbus des Amtes, dem Ortwein[271] *„noch eine gute Portion Berliner Zivilcourage"* attestiert. Aber mit Günther wurde auch eine Tradition begründet, die die Zweifel an der Selbständigkeit des Amtes nährt. Denn auch die Nachfolger von Günther, Wolfgang Kartte, Dieter Wolf, Ulf Böge, Werner Heitzer, Andreas Mundt, kamen aus dem Wirtschaftsministerium; wenn auch nach vorher unterschiedlich langen Kartellamtstätigkeiten. Sie hatten damit über Jahre hinweg die Luft der Industriefreundlichkeit inhaliert und mussten jetzt Kartelle verbieten, Missbrauchsverfügungen verhängen und Bußgelder erlassen: Das genaue Gegenteil der vorherigen Praxis. Allein dieses Verhältnis ist wie Feuer und Wasser.

Weiteres Merkmal einer im Staatsgefüge wenig geschätzten Einrichtung wurde die mangelhafte Anfangsausstattung. Statt der vorgesehenen vier Beschlussabteilungen wurde nur eine gebildet, es wurden nur 49 anstelle von 170 Beamten Anfang 1958 eingestellt, ein *„Kartellamtsstart mit Schwierigkeiten"*[272]. Im Jahr 1958 folgten zunächst drei Beschlussabteilungen und eine Einspruchsabteilung, in den Jahren 1959 und 1960 eine vierte und fünfte Beschlussabteilung. Bis zum Jahr 1980 kam es zur Einrichtung von insgesamt neun Beschlussabteilungen, ferner der Referate Harmonisierung der Kartellrechtspraxis, Allgemeine Fragen/ Öffentlichkeitsarbeit, Europäisches Kartellrecht, Deutsche und Europäische Fusionskontrolle, Internationale Wettbewerbsfragen, Kartelle, Marktbeherrschung, Europäisches und Internationales Kartellrecht/Grundsatzfragen sowie eine Abteilung für Prozessführung und Allgemeine Rechtsangelegenheiten. Bemerkenswert: Die Mitarbeiter der Abteilung „Prozessführung und Allgemeine Rechtsangelegenheiten" dürfen zwar vor den Gerichten bis zum BGH selbständig auftreten. Für eine Vertretung durch Rechtsanwälte fehlt aber das Geld. Die Bundesnetzagentur kann sich hingegen durch Rechtsanwälte vertreten lassen. Die Personalausstattung des Amtes blieb aber insgesamt unzureichend. Im Jahr 1998 gab es 252 Beschäftigte. Ortwein kommt zu folgendem Ergebnis: *„Für die Verwaltungspraxis hat die geringe Personalausstattung aber einen nicht zu unterschätzenden negativen Effekt."*[273]

---

268. Emmerich, Kartellrecht, 6. Aufl., München 1991, 489.
269. Ortwein, Bundeskartellamt, 87.
270. Ortwein, Bundeskartellamt, S. 77, Fußnote 4.
271. Ortwein, Bundeskartellamt, 5.
272. Vgl. Volks-Wirtschaft, Sozialdemokratischer Pressedienst v. 07.01.1958, 2 f.
273. Ortwein, Bundeskartellamt, 109 und Kap. 8, 249 ff.

Für die Energiewirtschaft war bis zum Jahre 2008 nur die 8. Beschlussabteilung mit fünf bis sechs Bediensteten zuständig. Bei ihr lagen die Fusionskontrolle und die Missbrauchsaufsicht. Im Jahre 2008 wurde eine 10. Beschlussabteilung für die Missbrauchsaufsicht eingerichtet; angesichts der durch die Liberalisierung eingetretenen Vervielfachung der Aufgaben viel zu spät. Insgesamt sind damit für die Aufsicht über vier marktbeherrschende Konzerne, die großen Stadtwerke und eine Vielzahl von Handelsunternehmen nur ca. zehn Kartellamtsbedienstete zuständig. Diesen steht eine Phalanx von mindestens 300 im Energierecht tätigen Rechtsanwälten und Mitarbeitern von Rechtsabteilungen der Konzerne und Stadtwerke gegenüber. Dazu kommen zahlreiche Volks- und Betriebswirte in den Konzernen, deren Aufgabe es ist, Unternehmensakquisitionen strategisch zu planen und sie umzusetzen. Sie verfügen zudem über das Geld, wissenschaftlichen Sachverstand einzukaufen, sei es für Gutachten, sei es für die Ausrichtung von Konferenzen u.ä. Das Missverhältnis ist erschreckend. Waffengleichheit existiert nicht. Die Instrumente des Gesetzes und die Ausstattung der Behörden sind geradezu lächerlich im Verhältnis zu den Truppen auf der anderen Seite. Die Kartellaufsicht ist in diesem Zuschnitt „weiße Salbe".

2 Nötige Änderungen

Wenn der Staat eine wirksame Kartellaufsicht will, müssen die Kartellbehörden von Bund und Ländern anders aufgestellt und es muss auch für eine verbesserte Zusammenarbeit zwischen der Kommission und dem jeweiligen Mitgliedstaat gesorgt werden. Die Forderungen zur Veränderung liegen auf der Hand:
– Ausgliederung des Bundeskartellamts aus dem Geschäftsbereich des Bundeswirtschaftsministeriums,
– Aufgabe der Praxis, Präsidenten grundsätzlich aus den Bediensteten des Wirtschaftsministeriums zu stellen,
– massive Aufstockung der personellen Ausstattung des Amtes, insbesondere auch für die Energiewirtschaft,
– bessere Ausstattung der Prozessabteilung,
– Verbesserung der Besoldung:
Der Präsident wird nach der Besoldungsstufe B8 bezahlt und ist damit – etwa – dem Präsidenten des Statistischen Bundesamtes, aber auch dem Präsidenten der Stiftung Preußischer Kulturbesitz gleichgestellt. Aber er ist damit eine Besoldungsgruppe schlechter eingeordnet als etwa ein Botschafter oder ein Ministerialdirektor. Die Vorsitzenden der Beschlussabteilung erhalten B3 und liegen damit weit unter den Bundesrichtern, die – auf der Basis einer eigenen Besoldung – etwa B6 verdienen. Diese Besoldung ist angesichts der geforderten Qualifikation, zu der auch eine durch Qualifikation erworbene Unabhängigkeit gehört, und vor allem angesichts der sehr weitreichenden Konsequenzen kartellbehördlicher Entscheidungen, nicht angemessen. Wer sich eine Kartellamtspraxis wünscht, die den gesetzlichen Aufgaben gerecht wird, muss auch für ein angemessenes Besoldungsgefüge sorgen.

In der Frage des Amtsstatus könnte sich bald Bewegung ergeben. Nach dem dritten Richtlinienpaket der EU müssen Regulierungsbehörden völlig unabhängig werden. Damit verträgt sich die Einordnung in den Geschäftsbereich eines Ministeriums nicht. Wenn aber die Bundesnetzagentur (und die Landesregulierungsbehörden?) aus dem Geschäftsbereich des

Bundeswirtschaftsministeriums ausgegliedert werden, was ist dann mit dem Bundeskartellamt? Der Aufgabenbereich verlangt Gleichstellung.

Eine weitere Möglichkeit, die Strukturen der marktbeherrschenden Unternehmen in der Energiewirtschaft zu verändern, liegt in der Einführung einer Entflechtungsbefugnis des Bundeskartellamts, die zur Zeit in der Diskussion ist[274]. Eine solche Entflechtungsbefugnis ist notwendig, weil Amt und Monopolkommission darüber einig sind, dass strukturellen Eingriffen der Vorrang gegenüber Maßnahmen etwa der kartellrechtlichen Preishöhenkontrolle gebührt. Aber auch hier ist die Einführung des Instrumentes durch den Gesetzgeber das Eine, dessen Anwendung durch das Bundeskartellamt das Andere, zumal diesen Fällen immer der Bundeswirtschaftsminister höchste Aufmerksamkeit widmen wird. Im Gesetzentwurf soll ihm auch eine Versagungskompetenz eingeräumt werden. Von der Bewilligung einer solchen Kompetenz sollte aber abgesehen werden. Außerdem müsste endlich – einer verbreiteten Kritik an der Ministererlaubnis folgend[275] – die Ministererlaubnis für Fusionen abgeschafft werden, die das Amt zuvor abgelehnt hat.

---

274. Vgl. den Regierungsentwurf, ZNER 2010, 264, mit Gutachten der Monopolkommission, vollständig abgedruckt in WuW 2010, 697.
275. Heimann, Die Ministererlaubnis in der deutschen Fusionskontrolle, 2010; Bergmann, Die Ministererlaubnis in der Zusammenschlusskontrolle, 2006.

8. Kapitel
Die Atomverstromung: Triumph der Verdrängung

1   Die kriegerische Nutzung der Atomkraft

Am 6. und 9. August 1945 warfen die Amerikaner die Atombomben „Little Boy" und „Fat Man" auf die japanischen Städte Hiroshima und Nagasaki ab. 100.000 Menschen starben sofort, weitere 100.000 an den späteren Folgen. Gerechtfertigt wurde der Abwurf von Präsident Truman damit, dass so eine Invasion und ein verlustreicher Bodenkrieg vermieden worden seien. Das Leben von Millionen japanischer Soldaten und Zivilisten sei gerettet worden. Tatsächlich war der Krieg zu diesem Zeitpunkt längst entschieden, wie der amerikanische Historiker Gar Alperovitz[276] aufgrund akribischen Studiums von Tagebüchern, Protokollen und anderen Dokumenten nachgewiesen hat, von denen nicht wenige erst in jüngster Zeit der Öffentlichkeit zugänglich gemacht wurden. Tatsächlich war Japan mit Zustimmung des Kaisers an die Sowjetunion um Vermittlung für Friedensgespräche mit den Vereinigten Staaten herangetreten[277]. Hätten die USA sich dazu durchringen können, Garantien für den Erhalt der Monarchie zu geben, wäre der Krieg wahrscheinlich längst beendet gewesen.

„Es war nicht nötig, dieses furchtbare Ding auf sie abzuwerfen", kommentierte Dwight D. Eisenhower den Abwurf der beiden Atombomben. Diese Einschätzung Eisenhowers teilten außer einer ganzen Reihe ranghoher Militärs des Zweiten Weltkriegs auch zahlreiche US-Historiker. Tatsächlich ging es den Amerikanern um die Beeinflussung der anstehenden Verhandlungen in Potsdam. Die Entwicklung in Polen und auf dem Balkan nach der Besetzung durch sowjetische Truppen hatte die Vereinigten Staaten erkennen lassen, wie gering ihre Einwirkungsmöglichkeiten waren. Der zu erwartende Abzug der amerikanischen Truppen aus Europa würde die Position des Westens noch weiter schwächen. Im Hinblick auf Asien hatten die Vereinigten Staaten Stalin bedrängt, bald in den Krieg gegen Japan einzutreten. Der Besitz der Atomwaffe veränderte die Situation radikal; er machte die Vereinigten Staaten praktisch unangreifbar, und ihr Einsatz das Eingreifen der Sowjetunion in den Krieg gegen Japan überflüssig. Truman ließ sogar den Zeitpunkt der Potsdamer Konferenz verschieben, um Gewissheit über die Einsatzfähigkeit der Bombe zu haben. Sein Verhalten auf der Konferenz (ein Teilnehmer: Er sei „ein anderer Mensch" gewesen, nachdem er die Nachricht über den erfolgreichen Test erhalten hatte), z. B. in der Ablehnung einer klärenden Klausel

---

276. Hiroshima. Die Entscheidung für den Abwurf der Bombe, 1995.
277. Kluth, in seiner Besprechung des Buchs von Alperovitz in der FAZ v. 29.12.1995.

zur bedingungslosen Kapitulation und der Reparationsfrage, war eine Machtdemonstration gegenüber Moskau[278].

Tatsächlich hält sich die von Truman verbreitete Legitimierung des Atombombenabwurfs im offiziellen Amerika bis heute. Kritische Stimmen wurden unterdrückt. Major Claude Eatherly z. B., ein Besatzungsmitglied des Flugzeugs, das die Bombe auf Hiroshima abwarf, wurde aus der Gesellschaft ausgestoßen. Als er sich nach seiner Demobilisierung nicht als Kriegsheld feiern lassen wollte und seine Stimme gegen die nukleare Rüstung erhob, wurde er auf Geheiß der Airforce in eine Nervenklinik gesteckt. Amerika führt eben nur gerechte Kriege[279].

Die Nachricht vom Abwurf der Atombombe auf Hiroshima rief bei den damals im britischen „Farmhall" internierten deutschen Atomphysikern uneinheitliche und zwiespältige Empfindungen hervor, wie Radkau[280] in seiner grundlegenden Habilitationsschrift (gleichwohl gut lesbar) berichtet. Manche äußerten Erleichterung darüber, dass man selber zwar die furchtbare Waffe entwickelt, aber am Einsatz nicht Teil hatte. Aber stärker war doch die Betroffenheit über die dadurch demonstrierte überwältigende Überlegenheit der amerikanischen Forschung und auch die Sorge, dass man selbst nunmehr in aller Augen als Versager dastünde. Robert Jungk hat in seinem Buch über das Schicksal der Atomforscher[281] den Nicht-Bau der Atombombe als einen Akt passiven Widerstands der deutschen Atomforscher dargestellt. Diese These wurde in der deutschen Öffentlichkeit bereitwillig aufgenommen, und wirkte zumal in der Zeit des „Göttinger Manifestes" ganz plausibel. Gegenüber den amerikanischen Wissenschaftlern musste sie als Demonstration verantwortungsbewusster Wissenschaft erscheinen. Jungk musste allerdings zugeben, dass sich seine wohlwollende Interpretation nicht einmal auf Selbstzeugnisse der deutschen Atomforscher stützen konnte. Die Diskussion der Wissenschaftler in Farmhall war durch ein versteckt installiertes Mikrofon auf Tonband aufgenommen worden[282], wie der amerikanische Physiker Goudsmit mitteilt, der die deutsche Atomforschung nach dem alliierten Einmarsch analysiert hatte. Radkau[283] kommt zu dem Ergebnis, dass der deutsche Wissenschaftsbetrieb aus eigener Kraft unfähig zu jener praktisch ausgerichteten Kooperation großen Stils war, wie sie in den amerikanischen „Atomstädten" Oak Ridge und Los Alamos verwirklicht wurde. Dazu kam, dass das NS-Regime wegen seines distanzierten Verhältnisses zur Wissenschaft nicht die Fähigkeit besaß, seine Wissenschaftler zu solchen Formen der Zusammenarbeit zu bewegen.

2   Der Stromstaat will die „friedliche Nutzung" der Atomkraft

Am 08. Dezember 1953 trat Präsident Eisenhower vor die UN-Vollversammlung und verkündete sein Programm „Atomkraft für den Frieden"[284]. Er bot den Ländern der Welt an, das Wissen

---

278. Kluth (Fußnote 247).
279. Süddeutsche Zeitung, 6.8.02.
280. Joachim Radkau, Aufstieg und Krise der deutschen Atomwirtschaft 1945 – 1957, 1983, 34, Kapitel „Die spekulative Phase".
281. Das Schicksal der Atomforscher, 1956.
282. Goudsmit, S. A., Alsos. The failure in German science, 1947.
283. Radkau, Aufstieg und Krise der deutschen Atomwirtschaft, 34.
284. Vgl. dazu Karweina, Der Stromstaat, 1984, 217.

der USA mit ihnen zu teilen. Das war ein geschickter Schachzug: Auf diese Art und Weise konnten die USA den jeweiligen Entwicklungsstand in den anderen Ländern erfahren. Die Briten legten im Jahr 1955 ein Zehnjahresprogramm für den Bau von zwölf Atomkraftwerken auf. Die Gesamtleistung von 1.500 bis 2.000 MW wurde schon ein Jahr später auf 6.000 erhöht. Dabei ging es allerdings um den Bau „verkleideter Atomkraftwerke"; der erzeugte Strom war nur ein Abfallprodukt der Bombenherstellung.

Die deutschen Forscher, voran Carl-Friedrich von Weizsäcker, Werner Heisenberg, Karl Wirtz, mussten den Vorwurf der Zweitklassigkeit durch Erfolge bei der friedlichen Nutzung der Atomenergie entkräften. Ein Duz-Freund Heisenbergs war Finkelnburg, der die Reaktorforschungsabteilung der Fa. Siemens aufbaute. An Heisenberg wandte sich 1955 das RWE, als es darum ging, ein Firmenmitglied in die Grundlagen der Kernspaltung einzuführen.

Verteidigungsminister Strauß forderte immer lauter Atomwaffen für die Bundeswehr, selbst Adenauer machte ominöse Andeutungen über eine europäische Kernwaffenproduktion: *„Taktische Atomwaffen sind im Grunde nichts Anderes als eine Weiterentwicklung der Artillerie."* Doch die Wissenschaftler waren gegen Atomwaffen in deutscher Hand, wie man 1957 jedenfalls den Unterzeichnern des Göttinger Manifestes entnehmen konnte. Man musste allerdings genau hingucken. Denn im Grundsatz kann jedes Kernkraftwerk zur Herstellung von Bombensprengstoff benutzt werden. Heisenberg hatte also allen Grund, misstrauisch zu werden"[285]. Denn Wissenschaftler und Industrieführer legten Wert darauf, dass der künftige deutsche Reaktor möglichst viel Plutonium produziere.

In diesen 50iger Jahren kam es auch zur Bildung des „Megawatt-Clans", einer Lobbygruppe der deutschen Wirtschaft, die den Kurs des Stromstaats bestimmte und Bundesregierungen von CDU und SPD gleichermaßen auf eine expansive Kernenergie-Politik festlegte[286]. Es kam zu vielfältigen Allianzen: Krupp verbündete sich mit BBC zur BBC-Krupp-Reaktorbau, DEMAG und Atomics International gründeten Interatom, Gute Hoffnungshütte nahm eine Lizenz von General Atomic, und die deutsche Babcock & Wilcox bot den Magnox-Reaktor ihrer britischen Schwester an. Übrig blieb allerdings nur Interatom als 100 %ige Siemenstochter. Dabei war auch die Firma Höchst, mit Karl Winnacker als Vorsitzendem der Fachkommission Reaktorbau. 1959 wurde Winnacker Präsident des Deutschen Atomforums. Der langjährige Atomminister Siegfried Balke war Direktor der Wacker-Chemie, einer 50 %igen Tochter der Farbwerke Höchst.

Es kam zu einer heute kaum vorstellbaren Begeisterung für die friedliche Nutzung der Atomkraft. Während die Amerikaner 1954 das erste Atom-U-Boot der Welt, die „USS Nautilus" vom Stapel laufen ließen, wollten die deutschen den Nuklearantrieb zivil erproben. Sie bauten 1964 die „Otto Hahn", benannt nach dem Kernphysiker. Sie sollte das Symbol einer *„strahlenden Zukunft"* werden. 1968 startete der Betrieb als Forschungsschiff – das nebenbei Erz transportierte. Nach 650.000 Seemeilen und 80 kg Uranverbrauch wurde der Frachter stillgelegt. Zu teuer. Ein zweites geplantes Fracht-„Atomschiff" wurde nie gebaut.

Die Atomverstromung wurde geradezu als Rückgrat der Industriegesellschaft gepriesen. Politiker wie Filbinger warnten vor einer Energielücke: *„Sonst gehen die Lichter aus!"* Basis

---

285. Radau, Aufstieg und Krise der deutschen Atomwirtschaft, 44 f.
286. Karweina, Der Megawatt-Clan, Stern-Buch 1981.

waren Prognosen, die mit den tatsächlichen Entwicklungen auch nicht annähernd Schritt halten konnten. Es kam auch zu immer unrealistischeren Abschätzungen der Preise von Atomstrom insbesondere in den USA: Kohlestrom aus vergleichbaren Anlagen kostete 2 bis 3,5 Pf/kWh, Atomstrom dagegen 21,8 Pf/kWh. Doch das wussten nur die Experten. Hier lag wohl der Grund, warum die Elektrizitätswirtschaft der Atomkraft keinen Reiz abgewinnen konnte. Kommunen hingegen wollten kommunale Kleinkraftwerke mit einer Leistung von 50 bis 90 MW bauen: *„Überall in den Städten plante man daher den Aufstand gegen die Konzerne.[287]"* Beispielsweise sollte ein solcher Reaktor am Stadtrand von Ludwigshafen entstehen.

Allerdings stellte sich sehr schnell heraus, dass es sich bei der Kernkraft nicht nur um eine neue Art der Dampferzeugung handelte. Vielmehr wurde das große Gefahrenpotential der AKWs immer deutlicher. Das RWE war daher an Atomenergie nicht interessiert. Unter Leitung seines Vorstandsvorsitzenden Schöller hatte man gerade die Wasserkraftwerke Schluchsee und Vorarlberg stark vergrößert, riesige Summen in die Erschließung von Braunkohlefeldern gesteckt, neue Kohlekraftwerke gebaut und alte modernisiert. Die Atomkraft wurde schlicht nicht gebraucht. Herrmann Josef Abs, inzwischen Chef der Deutschen Bank und Aufsichtsratsvorsitzender des RWE, machte den Finanzausschuss der Atomkommission darauf aufmerksam, dass kein Bedarf für Atomstrom bestand, solange es Kohle, Öl und Erdgas im Überfluss gab.

Gleichwohl kam es zum Bau des „Versuchsatomkraftwerks Kahl", nur 20 km von der Frankfurter City am Main gelegen, das im Juni 1961 den ersten Atomstrom in das deutsche Netz speiste. Es handelte sich dabei um eine Art Abschiedsgeschenk des in Pension gehenden Schöller für Heinrich Mandel, den einzigen Kernkraft-Enthusiasten der Konzernspitze. Dort saß aber mit Helmut Meysenburg auch ein Kernkraftskeptiker. Mandel fragte allerdings, ob der RWE-Strom in Süddeutschland trotz der hohen Übertragungskosten auch dann noch konkurrenzfähig sein würde, wenn die dortigen EVU eigene Kernkraftwerke gebaut hätten. Das erzeugte eine Wirtschaftlichkeitsdiskussion. Sie brachte aber nicht viel. Es gelang dem RWE nicht, den Wunschpartner Bayernwerk zu einer 25 %igen Beteiligung am Versuchskraftwerk Gundremmingen zu bringen. Die Allianz kam erst zustande, als sich die Bundesregierung entschloss, das Projekt zu unterstützen (ihr gehörten 40 % des Bayernwerk-Kapitals).

Das Siedewasser-Kernkraftwerk in Gundremmingen (Block A) mit seinen 240 MW kostete dann RWE und Bayernwerk knapp 100 Mio. Über 200 Mio. kamen von der öffentlichen Hand. Ein verärgerter Ministerialer aus dem Atomministerium erklärte, es handele sich bei dieser Finanzierung *„um eine in dieser Form wohl beispiellose Verbindung zwischen den im wesentlichen vom Staat repräsentierten Interessen der Gesamtwirtschaft auf der einen Seite und den in erster Linie auf ihre eigenen Ziele gerichteten Bestrebungen der beiden Unternehmen auf der anderen".*

Das war das Ergebnis, wenn man als Staat ein Produkt in einen desinteressierten Markt drücken wollte. Der Auftrag ging an AEG/General Electric, was wieder Empörung in der deutschen Schwerwasserfraktion hervorrief. Nächstes Projekt war der Schwerwasserreaktor in Niederaichbach. Als der Auftrag 1966 endlich vergeben wurde, kamen 215,9 Mio. Mark aus Staatskassen, die restlichen 10 Mio. Mark steuerte Siemens bei. Die EVU als Bauherrn weigerten sich, eigenes Geld in dieses Prestigeobjekt zu stecken. Und sie taten recht daran:

---

287. Karweina, Der Stromstaat, 229.

Der Reaktor brachte nur ein Viertel der bestellten Leistung, wurde nie abgenommen und von Siemens nach einem Jahr abgeschaltet.

Es waren also nicht die Stromkonzerne, die den Ausbau der Kernkraft forcierten. Es war vielmehr der Staat, der Bau und Betrieb derart massiv subventioniert hat. Zu einem Umschwung kam es erst, als General Electric in den USA ein AKW für einen bindenden Festpreis mit Gesamtgarantie erstellte; 26 MW für 64 Mio. $. Damit kam man zu dem Ergebnis, dass Kohlestrom aus einem gleich großen Kraftwerk am Oyster Creek 30 % teurer als Atomstrom sei. Aber einen solchen Preis gab es nur in dieser Dumping-Periode. Sobald die Festpreise den Markt in Bewegung gebracht hatten, wurden sie gestrichen. So kostete ein AKW, das 1965 bestellt worden war, plötzlich über 300 $ pro Kilowatt. Aber das kam erst bei der Schlussabrechnung im Jahr 1972 heraus. Auch die geplante Lebensdauer von 40 Jahren wurde nicht erreicht. Amerikanische Betreiber waren froh, wenn ihre Kraftwerke 20 Jahre liefen. Auch die Arbeitsverfügbarkeit von 88 % wurde nicht erreicht, amerikanischer Durchschnitt waren 61 %.

Die amerikanische Dumping-Periode führte allerdings zu zahlreichen Bestellungen. In den vier Jahren zwischen 1966 und 1970 erhielt die amerikanische Atomindustrie Aufträge für 56.000 MW. Mit ihnen setzte sich fatalerweise der Leichtwasserreaktor durch, der technisch wesentlich schwieriger zu beherrschen ist als der Schwerwasserreaktor. In Deutschland blieb man zwar beim Misstrauen gegen amerikanische Verkaufsmethoden. Aber in der Öffentlichkeit wurde kein Vergleich zwischen den Kosten von Atom- und Braunkohlestrom angestellt. Tatsächlich ist die Atomverstromung teurer.

Der Reaktor von Gundremmingen erwies sich wegen der hohen Anlagekosten als unwirtschaftlich. Das RWE setzte jetzt auf den Größenvorteil: Biblis sollte mit seinen zwei Einheiten je 1.200 MWh erzeugen. Tatsächlich wurde mit dem ersten Auftrag am 29. Mai 1969 ein 1.150 MW-AKW beauftragt. Die damalige veröffentlichte Kalkulation zeigte, dass Biblis A etwas weniger als ein Steinkohle-Doppelblock gleicher Leistungsgröße kosten sollte. Der erste Leistungsreaktor war aber das Kernkraftwerk Obrigheim, dessen Genehmigungsgeschichte so desaströs war, dass wir darauf zurückkommen werden.

3 „Ich grüße dich, Atomreaktor": Atomverstromung in der DDR

In der DDR herrschte die gleiche Atomeuphorie wie im Westen[288]. Schon im April 1955 kam es zum Abschluss eines Vertrages zwischen der Sowjetunion und der DDR über „Hilfeleistungen bei der Entwicklung der Forschungen auf dem Gebiet der Physik des Atomkerns und der Nutzung der Atomenergie für die Bedürfnisse der Volkswirtschaft" (die Bundesrepublik konnte erst ein Jahr später ein ähnliches Abkommen mit den Vereinigten Staaten schließen). Am 16. Dezember 1957 wurde in Rossendorf bei Dresden der erste DDR-Versuchsreaktor eingeweiht, nur wenige Wochen nach der Einweihung des sogenannten Atom-Eis der Technischen Hochschule München. Die Freiheit, Zeitung der Bezirksleitung der SED in Halle/Saale, begrüßte das Ereignis hymnisch: „Ich grüße Dich, Atomreaktor, ..." Zahlreiche deutsche Wissenschaftler, die am sowjetischen Atomprojekt mitgearbeitet hatten, kehrten nach Deutschland zurück. Es

---

288. Vgl. dazu den sehr interessanten Aufsatz von Karlsch, „Ich grüße dich, Atomreaktor", Frankfurter Allgemeine Sonntagszeitung v. 03.10.2010, S. 65 f.

kam zur Gründung eines „Amtes für Kernforschung und Kerntechnik". Am 01.01.1956 wurde das Zentralinstitut für Kernphysik in Rossendorf eröffnet. Da die Stromerzeugung in der DDR zu mehr als 90 % auf Braunkohle basierte, ruhten die Hoffnungen auf der vermeintlichen saubereren Atomverstromung. Dabei konnte die DDR auf die größten Uranvorkommen Europas zurückgreifen, konzentriert bei der Wismut AG.

Der erste Leistungsreaktor war das 170 MW-Kraftwerk bei Rheinsberg, das aufgrund einer persönlichen Zusage von Chruschtschow gegenüber Ulbricht gebaut wurde. Pläne für ein zweites Kraftwerk scheiterten allerdings. Es dauerte bis zum Abschluss eines Abkommens vom 14. Juli 1965, auf dessen Grundlage vier Kraftwerksblöcke mit je 440 MW in Lubmin bei Greifswald errichtet wurden. Das dritte Projekt bei Stendal blieb nach mehr als zehnjähriger Projektierungs- und Bauzeit unvollendet. Der Anteil der Atomverstromung blieb damit bei zehn Prozent. Den westdeutschen Stand der Sicherheitstechnik haben die DDR-Anlagen freilich nie erreicht.

4 Die Entsorgungsfrage

Das Problem wird nicht erkannt

„Im Meer verklappen, vergraben oder bis auf weiteres einfach liegen lassen – das waren die gängigen Methoden des Umgangs mit radioaktiven Abfällen, als die Alliierten der Bundesrepublik Deutschland 1954 das Recht zugestanden, sich an der Entwicklung der friedlichen Nutzung der Kernenergie zu beteiligen", schreibt Dietrich in seiner Besprechung des Buchs von Detlef Möller „Endlagerung radioaktiver Abfälle in der Bundesrepublik Deutschland"[289]; ein Kompendium zur Geschichte des Salzstocks Asse II. Es war daher kein Wunder, dass die Entsorgungsfrage bei der Schaffung des Atomgesetzes (AtG) in den Jahren 1956 bis 1959 nicht vorkam[290]. Das sollte sich erst mit der vierten Novelle des AtG 1976 ändern. So war die Endlagerdebatte fast zwanzig Jahre lang „ein Fachgespräch zwischen Beamten der zuständigen Ressorts (Wirtschaft, Forschung, Innen, Finanzen) und Wissenschaftlern verschiedener Disziplinen. Im Bundestag kam das Thema praktisch nicht vor." (Dietrich). Zwar war klar, dass die Entsorgung staatliche Aufgabe sei. Ins Auge gefasst war die Physikalisch-Technische Bundesanstalt in Braunschweig. Konkret sollte die Aufgabe allerdings einer privaten Gesellschaft überlassen werden, deren Kosten nach dem „Verursacherprinzip" von den Stromverbrauchern getragen werden sollte. Aber eine Rechtsgrundlage dafür fehlte bis zur vierten Novelle zum AtG vom 31.10.1976[291]. Mit ihr wurde § 9a „Verwertung radioaktiver Reststoffe und Beseitigung radioaktiver Abfälle" nachgeschoben. Danach musste der Betreiber einer kerntechnischen Anlage dafür „sorgen, dass anfallende radioaktive Reststoffe sowie ausgebaute oder abgebaute radioaktive Anlagenteile ... (entweder) schadlos verwertet ... oder als radioaktive Abfälle geordnet beseitigt werden".

---

289. Ediert 2009, die Besprechung erschien in der FAZ v. 02.11.2009.
290. Hierzu und zum Folgenden Belzer, Zur rechtlichen Problematik der Beseitigung radioaktiver Abfälle, ET 25 (1975), 102 ff.
291. BGBl I 3053.

Vorausgegangen waren chaotische Zustände: Denn ab Mitte der 60er Jahre drohten die Abfallsammelstellen der Kernforschungsanlagen in Jülich und Karlsruhe überzulaufen. Auch die Wirtschaft meldete mit dem Anlaufen der ersten kommerziellen Reaktoren erhöhten Entsorgungsbedarf an. Da musste es auf einmal schnell gehen. Das Salzbergwerk Asse II war günstig zu erwerben. Der Bund beauftragte 1965 die „Gesellschaft für Strahlenforschung mbH (GSF)", jetzt das Helmholtz-Zentrum München (HMGO), mit der Bereitstellung der Anlage. „Allen Beteiligten war klar, dass es sich hier nicht primär um eine Versuchseinlagerung handelte"[292]. Auch seien die Kosten der Einlagerung – anfangs 100 Mark für ein 200-Liter-Fass – in der Asse bewusst niedrig angesetzt worden, um die industrielle Nutzung der Kernenergie zu fördern. Das Schlagwort von der „ungelösten Entsorgung" machte die Runde[293]. Zwölf Energieversorgungsunternehmen gründeten die – letztlich sogenannte – „Deutsche Gesellschaft zur Wiederaufarbeitung von Kernbrennstoffen" (DWK), Wiederaufarbeitung war das Zauberwort: Angedacht wurde ein „Brennstoffkreislauf", in dem abgebrannte Brennelemente wieder und wieder aufgearbeitet werden sollten. Am 26./27.09.1977 veranstaltete die Bundesregierung eine öffentliche Anhörung, die am 30.11.1977 in den sogenannten „Entsorgungsbericht" einmündete. Die Bundesregierung teilte mit, dass sie im Einvernehmen mit den Ländern „Grundsätze zur Entsorgungsvorsorge für Kernkraftwerke" aufgestellt habe. Im März und April 1979 veranstaltete die Landesregierung von Niedersachsen unter der Leitung des Physikers und Philosophen Carl Friedrich von Weizsäcker ein sechstägiges wissenschaftliches Symposium, das sogenannten „Gorleben-Hearing". Darauf erklärte die Regierung, sie sei von der sicherheitstechnischen Realisierbarkeit des Entsorgungszentrums in Gorleben überzeugt. Die Wiederaufarbeitung solle nicht weiterverfolgt werden. Statt dessen solle das Konzept der sofortigen Endlagerung verfolgt werden. Aber eine Entscheidung über die zweckmäßigste Form der Behandlung und Endlagerung radioaktiver Abfälle solle erst dann fallen, wenn Klarheit über die energiepolitische Zukunft bestehe. Damit war eine Chance vertan: Der Bund hätte nämlich, so schätzt das Hasso Hofmann ein[294], eine atomrechtliche Weisung gegenüber dem niedersächsischen Sozialministerium zur Erteilung einer Genehmigung erlassen können, Gorleben für die direkte Endlagerung vorzusehen. Die niedersächsische Landesregierung unter dem damaligen Ministerpräsidenten Albrecht (CDU) hätte sich dem wohl beugen müssen, obwohl strittig war, ob man „einem Land gegen seinen Willen ein Entsorgungszentrum ... aufzwingen darf"[295].

Die Plutoniumwirtschaft

Die große Alternative zur direkten Endlagerung war die Wiederaufarbeitung mit Hilfe der sogenannten Brütertechnologie. Ein Brüter ist ein Kernreaktor, der nicht nur zur Energiege-

---

292. So Möller, Endlagerung radioaktiver Abfälle in der Bundesrepublik Deutschland, 2009.
293. Hasso Hofmann, Rechtsfragen der atomaren Entsorgung, 1981, 20; Schüller, in: Probleme der Kernenergie – Chancen, Risiken und Perspektiven in einer sich wandelnden Energiewirtschaft, 1977, 159.
294. Rechtsfragen der atomaren Entsorgung, 1981, 33.
295. Hartkopf, Staatssekretär im Bundesministerium des Innern: Über die Sicherheit der Kernkraftwerke heute, Pressemitteilung des BMI v. 08.10.1979, Halbsatz 80.

winnung, sondern gleichzeitig zur Erzeugung weiterer spaltbaren Materials dient. Er soll mehr Brennstoff herstellen („erbrüten") als er selbst in der gleichen Zeit verbraucht. Durch eine Verbundwirtschaft aus Brutreaktoren, Wiederaufarbeitung und Leichtwasserreaktoren könne der Uranvorrat der Erde etwa sechzigmal mehr Energie liefern, als wenn nur das Uran 235 gespalten würde, hieß es. Der geheimnisvolle erbrütete Stoff war das Plutonium. Der Prozess begeisterte die Wissenschaftler so, dass allen Ernstes von einer „atomaren Hohepriesterschaft", d. h. einer internationalen technischen Funktionselite gesprochen wurde, welche – in einen besonderen Stand erhoben – das notwendige technische Wissen für eine auf Plutonium bauende Energiewirtschaft auf unabsehbare Zeit bewahrte, eine Art Welt-Orden der Kerntechniker, in dem die Eingeweihten dem „unverstandenen Wunder" Kernenergie (Winnacker/Höchst/Wirtz), dem „Gott aus der Materie" (G. v. Uexküll) dienen sollten. Dieses wundervolle Bild stammte natürlich von einem ihrer Vorkämpfer, nämlich von Alvin M. Weinberg[296].

Auch in Deutschland gehörte die Brütertechnologie zum Standard. Der erste deutsche Versuchs-Brutreaktor wurde in den Jahren 1971 bis 1974 in Karlsruhe gebaut. Diese Anlage, KNK-I, wurde 1977 zu einem Schnellen Brüter mit der Bezeichnung KNK-II umgerüstet und war bis 1991 in Betrieb. In Kalkar am Niederrhein wurde ab 1973 ein industrielles Brutreaktorkraftwerk mit einer Leistung von 300 MW gebaut. Auch weltweit gab es verschiedene Brutreaktoren[297]. Der Schnelle Brüter in Kalkar ging allerdings nie ans Netz. Die Bauarbeiten wurden 1991 eingestellt. Während der Anhörung zur Erteilung der ersten Inbetriebnahmegenehmigung hatte es peinlicherweise einen Brand gegeben, der von der SBK, der Schnelle Brüter-Kraftwerks-Gesellschaft, als *„Dachpappenbrand"* heruntergespielt wurde. Tatsächlich hatte Natrium gebrannt: Der Schnelle Brüter wurde nämlich nicht mit Wasser, sondern mit Natrium gekühlt, das an der Atmosphäre anfängt zu brennen. Das war aber das geringere Risiko. Problematischer ist, dass Brutreaktoren mit aufwändigen Maßnahmen in den unterkritischen Zustand gebracht werden müssen. Es werden Abschaltstäbe in den Reaktorkern „hineingeschossen" (SCRAM). Ausgelöst wird eine solche Abschaltung durch empfindliche Systeme zur Feststellung von Übertemperaturen und von Siedevorgängen: störanfällig! Aber das Hauptproblem der Brütertechnik liegt im großtechnischen Umgang mit Plutonium, das verglichen mit Uran wesentlich gesundheitsgefährlicher ist.

Die Wiederaufarbeitung

Wesentlicher Bestandteil der Plutoniumwirtschaft ist die Wiederaufarbeitung. Auch in Deutschland sollte eine solche Anlage errichtet werden, und zwar in Wackersdorf im bayerischen Landkreis Schwandorf – und das trotz der negativen Erfahrungen mit der Wiederaufarbeitungsanlage von Windscale (GB), die nach einem Störfall mit Kontaminationsfolgen im

---

296. Hasso Hofmann, Rechtsfragen der atomaren Entsorgung, 1981, 56, mit Verweis auf Weinberg: Social Institutions and Nuclear Energy, in: Science 177 (1972), 27 ff., 33 f.; kritisch Gofmann, Die Lösung des Atomproblems liegt in einem Moratorium, in: Das Risiko Kernenergie, hrsg. v. Holger Strohm, 1975, 57 ff., 65 ff.; vgl. auch Meyer-Abich, Energiebedarf und Energienachfrage – Kriterien der Sozialkosten-Nutzen-Analyse alternativer Energieversorgungssysteme, in: C. Amery u.a.: Energiepolitik ohne Basis, 1978, 46 ff.
297. Vgl. dazu Wikipedia, „Brutreaktor".

September 1973 stillgelegt werden musste[298]. Sir John Hill, der Präsident der British Nuclear Fuel's Ltd., sagte 1975 in Anspielung auf die Ereignisse in Windscale: *„Die Aufarbeitung von bestrahlten Brennelementen aus kommerziellen Kraftwerken ist sehr viel schwieriger, als irgendjemand vor zehn Jahren vorausgesehen hat. Damals glaubte man bei uns und in anderen Ländern, das Problem sei gelöst."* Dieser Punkt spielte natürlich auch beim Gorleben-Hearing eine große Rolle. Die DWK sah darin allerdings kein Problem.

Ganz anders sah das allerdings der Wissenschaftler Alexander Rossnagel in seinem Buch *„Radioaktiver Zerfall der Grundrechte?"*[299]. Er setzte sich mit dem Szenario der Plutonium-wirtschaft auseinander, nach der der Gleichgewichtszustand einer vollständigen Produktion des Kernenergiestroms von 120 GWe durch Brüter nach dieser Strategie im Jahre 2050 erreicht werden sollte. Unterstellt wurde dabei, dass wenn sich Großkraftwerke des Biblis B-Formats (1.300 MW) durchsetzten, in 50 Jahren in der Bundesrepublik 53 Brüter und 40 Leichtwasserreaktoren stehen würden. Diese 93 Kernkraftwerke würden sich auf etwa 50 Standorte verteilen. Dieses System würde komplettiert durch etwa vier Zwischenlager vom Typ „Ahaus" (1.500 t/a), vier Wiederaufarbeitungsanlagen vom Typ Gorleben (1.400 t/a) und eine weitere vom Typ Draghan (350 t/a). Die Endlagerung sollte in einem nuklearen „Entsorgungszentrum" zusammengefasst werden, so dass die konditionierten Abfälle dort an Ort und Stelle in Steinsalzlager versenkt werden könnten. Während die Kernenergie 1980 nur 3 % des gesamten Primärenergiebedarfs der Bundesrepublik gedeckt hat, würde sie nach diesen Vorstellungen in etwa 50 Jahren beinahe die Hälfte bestreiten.

Auf der Basis dieses Szenarios betrachtet Roßnagel die Frage, ob sich Kernenergie und das für sie erforderliche Sicherungssystem verfassungsrechtlich legitimieren ließen. Dabei wird unterstellt, dass die Kernenergie verfassungsrechtlich geschützt sei. Zum Schutz der Grundrechte müsse es dann allerdings auch ein verfassungsrechtlich geschütztes nukleares Sicherungssystem geben. Dabei müssten die Grundrechte nach ihrem Wesensgehalt geschützt werden. Besondere Vorkehrungen erforderten das *„nukleare Arbeitsverhältnis"* und natürlich die gesellschaftliche Gefahrenvorsorge. Roßnagel befürchtete den „radioaktiven Zerfall der Grundrechte" deswegen, weil die Bedrohung der Gesellschaft durch soziale, ethnische, religiöse und politische Konflikte, durch menschliche Böswilligkeit und Unzulänglichkeit zunehmen werde[300]. Eine entscheidende Maßgabe lag darin, dass das Sicherungssystem verhindern müsse, dass Terroristen unterschiedlichster Herkunft nukleare Sprengsätze herstellten. Die Vision, mit einer Atombombe eine Macht ausüben zu können, die bisher die führenden Nationen der Welt für sich reservierten, würde *„auf jede subnationale Gruppe, die mit terroristischer Gewalt ihre Ziele erreichen will, faszinierend wirken"*. Schon die *„Eroberung der Leitwarte eines Kernkraftwerks würde jede Regierung in eine äußerst schwierige Lage bringen und weltweite Publizität für die Täter und ihre Anliegen bewirken"* – diese Vision wäre ja (fast) Wirklichkeit geworden.

---

298. H. Michaelis, Kernenergie, 1977, 376, 379.
299. Untertitel: Zur Verfassungsverträglichkeit der Kernenergie, 1984.
300. A.a.O., 232.

Das Scheitern der Wiederaufarbeitungstechnologie

Das Genehmigungsverfahren für die Wiederaufarbeitungsanlage in Wackersdorf (WAA) erzeugte allerdings Massenproteste, die die Parole „*WAAhnsinn*" skandierten. Ein Höhepunkt war das „*WAAhnsinn-Festival*" im Bayerischen Burglengenfeld. Der Widerstand wurde auch vor die Gerichte getragen; der Würzburger Rechtsanwalt Baumann wurde damit bekannt. Aber den Garaus machten der Wiederaufarbeitungstechnologie die Kosten. Denn Brennelemente aus wiederaufgearbeitetem Material sind bei den heutigen Uranpreisen deutlich teurer als Brennelemente aus „frischem" Uran. Diese Kosten hatte der VEBA-Vorstand Bennigsen-Foerder rechnen lassen; das Ergebnis war verheerend. Nach der Reaktorkatastrophe von Tschernobyl setzte er sich für einen neuen energiepolitischen Konsens ein, in dem die Kernenergie als „Übergangstechnologie" vorübergehend ihren Platz finden sollte, um die Kosten für die Verstromung der im internationalen Vergleich teureren deutschen Steinkohle verkraftbar zu machen. Im Streit um die Wiederaufarbeitungsanlage Wackersdorf schloss Bennigsen-Foerder im Frühjahr 1989 gegen den Willen der damaligen Bundesregierung einen Vertrag zur Wiederaufarbeitung deutscher Brennelemente im französischen La Hague und bereitete damit der Entscheidung gegen Wackersdorf den Weg[301].

Fazit: Stillstand in der Entsorgungsfrage

Der Ausstieg aus der Plutoniumwirtschaft hätte natürlich das Thema Endlagerung wieder auf die Tagesordnung bringen müssen. Denn abgebrannte Brennelemente wurden nur teilweise wiederaufgearbeitet – im Ausland. Die Mehrzahl wurde und wird in „Nasslagern" innerhalb der Kernkraftwerke gelagert. Die Anzahl der Brennelemente nimmt zu. Aber Bewegung kam in die Endlagerfrage erst nach Bekanntwerden der Zustände im Atommülllager Asse II. „*Strahlende Fracht, düstere Zukunft*", titelte SPIEGEL online[302]: „*Einsturzgefahr, dubiose strahlende Lauge im Untergrund ... Was für die Ewigkeit halten sollte, ist schon nach vierzig Jahren am Ende – wie es mit dem radioaktiven Müll weitergehen soll, ist unklar.*" Die Bundesregierung will die Erkundung von Gorleben wieder aufnehmen – nach über zwanzig Jahren.

Aber das „Ewigkeitsproblem" der atomaren Entsorgung ist damit nicht vom Tisch: Der Rechtsphilosoph Hasso Hofmann hat es in seinem schon 1981 erschienenen Buch[303] abschließend beschrieben: Abgesehen von dem Problem, ob die Salzformation in Gorleben nicht durch Wassereinbrüche gefährdet ist – die Erfahrungen in Asse sprechen dagegen – wirft die Endlagerung ein „*Zivilisationsrisiko*" auf. Winnacker/Wirtz[304] schreiben: „*Wir werden das Problem mit ziemlicher Sicherheit lösen können. Dies gilt aber nur solange, wie die Zivilisation und die staatlichen Ordnungen bestehen, mit denen wir jetzt leben.*" Strittig war die notwendige Überwachungszeit – die niedersächsische Landesregierung ging im Gorleben-Hearing von

---

301. Quelle: Wikipedia.
302. V. 26.06.2008.
303. Rechtsfragen der atomaren Entsorgung.
304. Das unverstandene Wunder, 384.

mindestens 500 Jahren aus, andere verlangen 50.000 oder 100.000 Jahre[305]. Eine Garantie für den Fortbestand dieser zivilisatorisch-politischen Rahmenbedingungen kann niemand auch nur für 300 Jahre garantieren. *„300, 500, 1.000 oder 10.000 Jahre – das sind unsere Geschicke seit dem Dreißigjähren Krieg, sind die Entwicklungen seit Luthers Geburt, dem ‚Hexenhammer' und der Entdeckung Amerikas, das sind die Wechselfälle von den Anfängen des Heiligen Römischen Reiches Deutscher Nation, das ist die Menschheitsgeschichte seit den Tagen des Neandertalers"*, schreibt Hofmann[306]. Er kommt zu dem Fazit: *„Das Atomgesetz verlangt für Leben und Gesundheit hinlänglichen Schutz. Deswegen müssen die zivilisatorisch-politischen Rahmenbedingungen für die nächsten tausend Jahre erhalten bleiben. Da dies nach aller menschlichen Erfahrung nicht angenommen werden kann, steht der geplante Vollzug der Entsorgungsregelung im Widerspruch zu dem nicht auf die gegenwärtig lebenden Generationen beschränkten oder beschränkbaren Schutzzweck des Atomgesetzes".*

5 Das „Staats"kraftwerk Obrigheim: Ein Schwarzbau

In den frühen 60er Jahren entschieden sich elf Energieversorgungsunternehmen in Baden-Württemberg, darunter die Energieversorgung Schwaben (EVS), das Badenwerk und die Technischen Werke Stuttgart (TWS), Unternehmen, die weit überwiegend der öffentlichen Hand gehörten, ein Kernkraftwerk in der Gemarkung Obrigheim mit 254 MW elektrischer Nettoleistung zu bauen[307]. Es sollte ein „Demonstrations-Kraftwerk" entstehen, mit dem man den Beweis erbringen wollte, dass die Atomverstromung in industriellem Maßstab möglich war. Im März 1964 legte Siemens als Herstellerfirma den ersten Sicherheitsbericht vor. Danach sollte der Reaktor, der in Lizenz der amerikanischen Firma Westinghouse gebaut wurde, nach dem amerikanischen Regelwerk, dem sogenannten ASME-Code ausgelegt werden. Für den Reaktordruckbehälter (RDB) war eine Wanddicke von 190 mm festgelegt. Verwendet werden sollte ein einheitlicher Werkstoff nach amerikanischer Norm.

Kurz nach Fertigstellung des Sicherheitsberichts wurde der Planungsgesellschaft für den Reaktor bekannt, dass die Firma Westinghouse einen ähnlichen Reaktor, wie er Stuttgart angeboten worden war, auch mit 300 MW elektrischer Nettoleistung anbot. Ein solcher Reaktor war beispielsweise für das Schweizer Kernkraftwerk Beznau bestellt worden. Darauf bestellte die KWO eine solche 300 MW-Anlage.

Allerdings musste für diese Leistung der gesamte Reaktorkern geändert werden, also das Kerngerüst, die Brennstäbe, die Regelkomponenten u.a. Dadurch verlor die Anlage eine nach dem Sicherheitsbericht wichtige Genehmigungsvoraussetzung, die sogenannte inhärente Sicherheit. Der Sicherheitsbericht pries nämlich die Anlage deswegen als so sicher, weil sie einen negativen Temperaturkoeffizienten habe. Bei zunehmender Leistung moderiere sich die Anlage selbst ab. Durch die Leistungserhöhung bekam die Anlage jedoch einen durchgehend positiven Temperaturkoeffizienten. Die Betriebssicherheit musste daher durch aufwendige technische Zusatzeinrichtungen dargestellt werden.

---

305. Hofmann, Rechtsfragen der atomaren Entsorgung, 226.
306. Rechtsfragen der atomaren Entsorgung, 226.
307. Quelle: Wikipedia.

Die Bestellung bei Siemens erfolgte vier Tage vor Erteilung der ersten Teilerrichtungsgenehmigung durch das Stuttgart Wirtschaftsministerium als Genehmigungsbehörde. In dieser Errichtungsgenehmigung[308] war eine elektrische Leistung von ca. 280 MW vorgesehen.

In den folgenden Monaten entwickelte sich ein Verwirrspiel. Siemens musste ja die Reaktorkomponenten ganz anders bauen als im ursprünglichen Sicherheitsbericht beschrieben. Deswegen entschied man sich bei der Firma Klöckner, in deren Werk Georgsmarienhütte der Reaktordruckbehälter gebaut wurde, diesen, der nach dem Schmieden eine Wandstärke von ca. 220 mm hatte, bis auf eine mittlere Wanddicke von ca. 160 mm auszudrehen. Außerdem wurde der RDB verlängert, um die längeren Brennstäbe in ihm unterzubringen. Am 01. August 1966 legte der TÜV Baden das Errichtungsgutachten vor. Im Errichtungsgutachten wurde der alte Reaktor beschrieben. Es fehlten also Hinweise darauf, dass durch die veränderte Auslegung die inhärente Sicherheit und insbesondere die Einhaltung der Anforderungen des ASME-Codes verlorengegangen waren. Der RDB wies nurmehr eine Auslegung nach dem Regelwerk für konventionelle Dampfkessel auf. Dieser fehlte – naturgemäß – die Berücksichtigung permanenten Neutronenbeschusses der Behälterwand.

Die technische Konzeption sollte mit der 3. Teilerrichtungsgenehmigung (TEG) genehmigt werden. Maßgebliche Grundlage dafür war das Errichtungsgutachten, in dessen Anhang IV die Konstruktionszeichnungen für den RDB und die weiteren Komponenten verzeichnet sind. Das Gutachten wurde der für die Bauüberwachung zuständigen atomrechtlichen Aufsichtsbehörde, dem Arbeits- und Sozialministerium (ASM), jedoch ohne die Anlagen zum Anhang IV vorgelegt, also ohne die Zeichnungen. Selbst der TÜV Baden erhielt die Zeichnungen verspätet, erst nach Fertigstellung des RDB. In einem Schreiben, das von KWO an den TÜV Baden gesandt worden war, hieß es, dass Siemens dieses Schreiben *„mit der Bitte um ausschließliche Weiterleitung an den TÜV"* übersandt habe: Eine unverhohlene Aufforderung, die Behörden über die Veränderungen nicht zu informieren. Tatsächlich erhielt das Wirtschaftsministerium nur wenige Tage später ein Schreiben, in dem die Maße des RDB und mögliche Änderungen bei der Kernauslegung nicht erwähnt werden.

Die abschließende 3. TEG sollte im April 1967 erteilt werden. Im Vorfeld bemühte sich das als Aufsichtsbehörde des Bundes zuständige Bundesforschungsministerium um die Konstruktionsunterlagen. Aber auch das Ministerium erhielt die abschließenden Zeichnungen nicht. Am 28. März 1967 stand der Entwurf der Genehmigung bei der Aufsichtsbehörde zur Mitzeichnung an. Die Unterschrift hätte von Herrn Geiger, dem Referatsleiter, geleistet werden sollen. Dieser meldete sich jedoch für diesen Tag krank. Deswegen musste sein Stellvertreter, Ministerialrat Günter, unterschreiben. Es fehlten aber die im Anhang IV der 3. TEG erwähnten Konstruktionszeichnungen. Herr Günther ging daher davon aus, dass die Anlage so errichtet würde, wie im 1. Sicherheitsbericht beschrieben. Trotz seiner Bedenken zeichnete er den Genehmigungsentwurf ab. Allerdings bestand er darauf, dass die tatsächliche Ausführung mit speziellen Freigabebescheiden zu genehmigen war. Diese Auflage wurde vom Wirtschaftsministerium, der Genehmigungsbehörde, aber wieder gestrichen. Dieses Ministerium kannte die Konstruktionszeichnungen aber auch nicht. Es steht fest, dass es sie erst viel später erhalten hat. Die unter dem 17.04.1967 erteilte 3. TEG erging also, ob-

---

308. Vom 16.03.1965.

wohl die Behörden nicht wussten, wie der Reaktor tatsächlich errichtet werden sollte. Diese Details sind bekannt geworden, weil sich der baden-württembergische Landtag in einem Untersuchungsausschuss in den Jahren 1994 bis 1996 detailliert mit der Errichtungsphase von KWO beschäftigte[309]. Der Untersuchungsausschuss hat auch Ministerialrat Günther als Zeugen gehört, der genau beschrieb, wie es zur Mitzeichnung gekommen war. Rechtliche Konsequenzen konnte er jedoch als Techniker nicht ziehen. Eine abschließende rechtliche Beurteilung hat der Untersuchungsausschuss nicht vorgelegt – auffälligerweise.

Das weitere Genehmigungsverfahren nahm dann wiederum einen eigenartigen Verlauf. Die Behörden haben nämlich, nachdem ihnen die Mängel des Errichtungsgenehmigungsverfahrens deutlich wurden, insbesondere der teilweise unterlassenen Sicherheitsprüfung, verschiedene Anläufe zur Heilung der Mängel unternommen. Aber erst ein – ausgerechnet – von den GRÜNEN im baden-württembergischen Landtag eingeleitetes staatsanwaltschaftliches Ermittlungsverfahren und spätere Prozesse führten dazu, dass die Abläufe aufgeklärt wurden – bis hin zum Untersuchungsausschuss. „Reiner Tisch" wurde aber nicht gemacht. Am 11.09.1968 erging nämlich eine erste Teilbetriebsgenehmigung (TBG), und zwar auf der Grundlage eines TÜV-Gutachtens, mit dem nunmehr die Anlage in ihrer tatsächlichen Auslegung begutachtet wurde. Mit dieser Teil*betriebs*genehmigung konnte aber die *Errichtungs*genehmigung nicht nachgeholt werden. Genauso war das mit der 2. TBG vom 20.09.1968, mit der ein „*Anfahr- und Probebetrieb mit einer thermischen Leistung bis 907,5 MW*" genehmigt wurde. Freigegeben wurde damit das Kritischmachen des Reaktors, die Nullleistungsversuche und der Probebetrieb bei Schwachlast, Teillast und Volllast. Dafür war eine Phase von zwei Wochen geplant. Der Dauerbetrieb wurde damit nicht erlaubt. Dafür wären die Ergebnisse des Probebetriebs nötig gewesen. Das ASM hat dann über Jahre hinweg versucht – rechtlich lief KWO immer noch im Probebetrieb –, die Genehmigungsmängel zu heilen. Das gelang nicht.

Nachdem im Jahr 1984 die GRÜNEN in den baden-württembergischen Landtag gekommen waren, ließen sie die Sicherheits- und Genehmigungsfragen bei KWO gutachtlich untersuchen. In der Landtagsdebatte vom 11.02.1987 trug der Abgeordnete Kuhn das Ergebnis der Untersuchungen vor. KWO habe keine Dauerbetriebsgenehmigung. Die These der Regierung, nachträgliche Genehmigungen hätten sich zu einer Dauerbetriebsgenehmigung „*aufsummiert*", stimme nicht. Sie reichten bei der Staatsanwaltschaft Mosbach Strafanzeige ein. Die Staatsanwaltschaft holte ein Gutachten bei dem Freiburger Staatsrechtler Prof. Wahl ein. Dieser kam zu dem Ergebnis, KWO werde ohne Dauerbetriebsgenehmigung betrieben. Nunmehr hätte die Staatsanwaltschaft eigentlich Strafverfahren wegen ungenehmigten Betriebs eines Kernkraftwerks gegen die Verantwortlichen, also die Ministeriumsbediensteten und die KWO-Führungsmannschaft, einleiten müssen. Denn der ungenehmigte Betrieb eines Kernkraftwerks ist nach § 327 Abs. 1 StGB verboten. Jedoch erhoben einige Bürger Klage gegen das Land mit den Antrag, das Kernkraftwerk stillzulegen, weil eine erforderliche Genehmigung fehle[310]; Anlass für die Staatsanwaltschaft, erst einmal abzuwarten. Mit seinem Urteil vom 23. Mai 1990 gab der Verwaltungsgerichtshof (VGH) in Mannheim der Klage statt, ordnete die Aufhebung des Bescheides mit der „Aufsummierungsthese" an und verpflichtete

---

309. Vgl. Abschlussbericht v. 15.01.1996 mit abweichendem Bericht des Abgeordneten Kuhn, Die Grünen.
310. § 19 Abs. 3 AtG.

das Ministerium, den Antrag der Kläger neu zu bescheiden. Denn die 2. TBG gestatte nur den Anfahr- und Probebetrieb. Ministerpräsident Späth verfügte daraufhin die Stilllegung von KWO, die – vom VGH bestätigt – etwa ein Jahr andauerte.

Das Urteil gab denjenigen Kräften im ASM Auftrieb, die schon immer für eine Heilung der Genehmigungsmängel gefochten hatten, insbesondere Ministerialrat Günther, dem Referatsleiter. Sein Anlagenreferent Dr. Friedrich, seit Ende 1988 zuständiger intimer Kenner der Anlage, beschrieb in einer *„Skizze für ein Positionspapier zu den Voraussetzungen für die Erteilung einer Betriebsgenehmigung"*[311] sehr deutlich die Mängel der seinerzeitigen Sicherheitsprüfung. Herr Günther legte diese Skizze dem Minister vor und verlangte, dass ein ordentliches Genehmigungsverfahren nach den dafür geltenden Maßstäben des Atomgesetzes durchgeführt werde. Der Minister war allerdings dagegen. Darauf beantragte Ministerialrat Günther unter dem 14.09.1990 seine Entlassung in den vorzeitigen Ruhestand. Zur Begründung schrieb er, dass er mit der Behandlung von Sicherheitsfragen in kerntechnischen Anlagen durch das Umweltministerium nicht immer einverstanden sein konnte. Letzter Anlass sei die Entscheidung des Ministers, das Verfahren für die Schlussgenehmigung nicht nach den maßgeblichen Vorschriften durchzuführen: *„Damit erhalten nach meiner Auffassung die wirtschaftlichen Belange des Betreibers ein zu starkes Gewicht gegenüber den sicherheitstechnischen Erfordernissen."* In einem weiteren Schreiben wies er auf die negative Rolle hin, die der TÜV Baden angesichts der Anforderungen an eine wirksame Aufsicht gespielt habe: *„Ich hoffe, dass Sie hierfür im Hinblick auf die Ungeheuerlichkeit einer aus meiner Sicht einmaligen Fehlentwicklung in einem Rechtsstaat Verständnis haben."* Auf eine offizielle Verabschiedung verzichtete er.

Aber das Bundesverwaltungsgericht zog nicht mit: Auf die Revision des Landes hob das Bundesverwaltungsgericht dass VGH-Urteil unter dem 07.06.1991 wieder auf. Prof. Sendler, der Präsident des Bundesverwaltungsgerichts, verkündete das Urteil vor dem Eintritt in den Ruhestand als letzte Amtshandlung alleine – eine völlig ungewöhnliche Vorgehensweise, die wohl damit erklärlich ist, dass Sendler schon im Jahr 1988 an einem Urteil des Bundesverwaltungsgerichts mitgewirkt hatte, mit dem festgestellt worden war, dass das Atomkraftwerk Mülheim-Kärlich über eine grob fehlerhafte 1. Teilerrichtungsgenehmigung verfügte. Er wollte wohl nicht – als gern eingeladener Redner auf dem Atomforum und Kernkraftbefürworter – als der Präsident des Bundesverwaltungsgerichts in die Geschichte eingehen, dessen Tätigkeit zur Schließung von zwei Atomkraftwerken führte. Zwar hielt das Bundesverwaltungsgericht daran fest, dass die Dauerbetriebsgenehmigung fehle und erst noch erteilt werden müsse. Aber KWO werde nicht ohne eine „erforderliche Genehmigung" im Sinne des Gesetzes betrieben. Denn in technischer Hinsicht unterscheide sich der Dauerbetrieb nicht von dem bereits genehmigten Probebetrieb. Dabei berief sich das Bundesverwaltungsgericht auf den VGH, der aber eine solche tatsächliche Feststellung gar nicht getroffen hatte. Juristen prüfen eine solche gerichtliche Argumentation nach dem Straftatbestand der Rechtsbeugung. Auch das Bundesverfassungsgericht nahm eine Verfassungsbeschwerde mit derselben Begründung nicht an.

Für die Obrigheim-Vertreter war dieses Urteil das gefundene Fressen. Der Regierung Späth gegenüber argumentierten sie, ihnen stehe pro Tag der rechtswidrigen Stilllegung 1 Mio.

---

311. August 1990.

DM Schadenersatz zu. Jedoch würden sie auf dessen Geltendmachung verzichten, wenn die Dauerbetriebsgenehmigung nunmehr „zügig" erteilt würde. Aber Dr. Friedrich blieb bei seinen Bedenken. Seine Bewerbung um die Stelle eines Referatsleiters hatte jedoch keinen Erfolg. Seine Tätigkeit wurde vielmehr im Ministerium nunmehr als „Negativaufsicht" abqualifiziert. Allerdings lasen im Genehmigungsverfahren – wegen der möglichen Akteneinsicht – die Kläger mit. Deswegen schrieb der statt Dr. Friedrich zum Referatsleiter bestellte Dr. Keil eine Stellungnahme zur Vorgehensweise des TÜV Baden bei der Abarbeitung der Sicherheitsrügen: „Die zu wählenden Formulierungen sind mit Referat 51 des UM sowie mit dem Wirtschaftsministerium abzustimmen. ... Die von den Klägern vorgebrachten angeblichen Sicherheitsmängel beim KWO springen teilweise zu sehr ins Auge ..."

Nach der Landtagswahl im Frühjahr 1992 kam es zur Bildung einer Großen Koalition, in der der Atomkritiker Harald B. Schäfer (SPD) das Umweltministerium erhielt. Unmittelbar nach Amtsantritt trug Dr. Friedrich ihm die Kritikpunkte vor. Der Minister verlangte daraufhin einen ausführlichen Vermerk von Dr. Friedrich. Dieser wurde allerdings von Dr. Keil redigiert, in dem alle kritischen Punkte herausgestrichen wurden. Ein zentraler Punkt war der Sprödbruchsicherheitsnachweis: Die Ringe des RDB (16 cm stark) waren nämlich mit stark kupferhaltigem Schweißgut geschweißt worden. Kupfer neigt unter Neutronenbeschuss zur Versprödung. Darin sah Dr. Friedrich eine erhebliche Gefahr: KWO sei nicht etwa „eine überdimensionierte gutmütige Kleinanlage, wie gern dargestellt wird, sondern eine durch Leistungserhöhungen und hohe Verfügbarkeiten belastungsmäßig ausgereizte alte Anlage."

Nachdem im SPIEGEL[312] ein Artikel über Obrigheim unter der Überschrift „Früh vergreist" erschien, kam es zur Einrichtung des Untersuchungsausschusses im baden-württembergischen Landtag, der zahlreiche Zeugen hörte, darunter auch Dr. Friedrich. Der 200-seitige abweichende Bericht des Abgeordneten Kuhn, den dieser unter Zuhilfenahme des Kernkraftfachmanns Ammansberger erstellte, beschrieb minutiös die technischen und Genehmigungsmängel. Kuhn kam zu dem Ergebnis, weder decke die 3. TEG den Reaktor in seinem tatsächlichen Zustand ab, noch werde dieser sicher betrieben.

Auf dieser Grundlage reichten die Obrigheim-Kläger eine neue Klage ein, mit der sie beim VGH zunächst keinen, beim Bundesverwaltungsgericht aber dann doch Erfolg hatten[313]. Das Bundesverwaltungsgericht schrieb dem VGH die weitere Prüfung vor. Insbesondere müsse zweifelsfrei ausgeschlossen werden können, dass die Anlage, so wie sie errichtet wurde und betrieben werde, den Vorschriften des Atomgesetzes widerspreche, die zum Schutz der Bürger vorgesehen seien.

Nachdem im weiteren Verfahren von den Ministerien mehrere Gutachten vorgelegt worden waren, mit denen die Sicherheit von KWO belegt werden sollte, beantragten die Kläger beim Bundesumweltministerium, das Verfahren auf den Bund als atomrechtliche Aufsichtsbehörde überzuleiten. Das Landesumweltministerium sei befangen. Dieser Schriftsatz hatte ein überraschendes Ergebnis: Das Ministerium bat die Kläger um einen Vergleich. Nach dem Ausstiegsgesetz müsse KWO spätestens 2005 stillgelegt werden. Daran wollten sich Land und KWO halten. Ohnehin müssten die Kläger, wenn sie beim VGH obsiegten, damit rechnen,

---

312. Heft 4/1994.
313. U. v. 25.10.2000, BVerwGE 112, 123.

dass das Land beim Bundesverwaltungsgericht weiterprozessiere. Deswegen solle man doch 2005 als das endgültige Aus für KWO vereinbaren. Das Land bot an, dass KWO sämtliche Verfahrenskosten der Kläger übernehme. Darauf ließen sich die Kläger ein. Seit Mai 2005 liegt KWO still, als erstes Opfer des Atomausstiegs.

6   Mülheim-Kärlich: Schwarzbau auf der Erdbebenspalte

Am 09.01.1973 bestellte RWE bei dem Konsortium BBC/BBR einen Druckwasserreaktor mit einer Leistung von ca. 1.300 MW. Die „Babcock-Brown-Boveri Reaktor GmbH" war erst am 07.12.1971 mit einem Gesellschaftskapital von damals 100.000 DM gegründet worden. Der Reaktor sollte denn auch nicht von ihr, sondern von der amerikanischen Firma Babcock & Wilcox Co. gebaut werden. Am 09.01.1975 wurde die erste Teilerrichtungsgenehmigung (TEG) erteilt. Das Reaktorgebäude sollte mit den übrigen Gebäuden, insbesondere dem Maschinenhaus, einen gemeinsamen Gebäudekomplex in sogenannter Kompaktbauweise bilden. Allerdings sollte mit der Errichtung erst nach schriftlicher Freigabe der Genehmigungsbehörde begonnen werden. Außerhalb des Genehmigungsverfahrens, nach Abschluss der Anhörungen, hatte RWE weitere Gutachten zu Fragen der Erdbebensicherheit erstatten lassen. Daraus ergab sich, dass der nördliche Teil des Gebäudes auf halbfesten Tonen, der südliche hingegen auf einer „*Verwerfungszone*", also einer Erdbebenspalte, gegründet worden wäre. Die Gutachter schlugen deshalb vor, das Reaktorgebäude in nördlicher Richtung auf eine feste Gebirgsscholle zu verschieben. Diese war für den gesamten Kernkraftwerkskomplex nicht groß genug. RWE entschloss sich daher, die Gebäudeanordnung so zu ändern, dass nunmehr zwei getrennte Komplexe, verbunden durch eine Rohrleitungsbrücke, entstehen sollten. RWE informierte die Genehmigungsbehörde im Laufe des Jahres 1974 über die geänderte Planung. Das Ministerium machte sie aber nicht zum Gegenstand des Genehmigungsverfahrens. In einer Besprechung vom 09.12.1974 kamen die Vertreter des RWE und des Ministeriums überein, dass es nur eine Errichtungsgenehmigung geben und die weitere Errichtung des Kernkraftwerks durch „*Freigaben*" – insgesamt acht – gestattet werden sollte. Am 09.01.1975 wurde die „1. Teilgenehmigung" erteilt, aber für das Kraftwerk in seiner ursprünglichen Auslegung. Erst am 06.07.1977 erging ein als „2. Teilgenehmigung" bezeichneter Bescheid, mit dem die neue gesamte Anordnung genehmigt wurde.

RWE waren offenbar Zweifel an der Standfestigkeit dieses Vorgehens gekommen. Jedenfalls versammelten sich am 17.01.1977 bei der Notarin Margot Mühle in Essen ein Prokurist des RWE, ein Bankdirektor und ein Justitiar, diese handelnd für die kurz vorher gegründete Société Luxembourgoise des Centrales Nucléaires S.A. (SCN). Beurkundet wurde ein Erbbaurecht für die SCN für das gesamte Kernkraftwerk von 20 ha mit der Berechtigung und Verpflichtung von SCN, das Kernkraftwerk zu errichten und zu betreiben. Außerdem wurde ein Vertrag über ein „Finanzierungsleasing" zwischen SCN und RWE geschlossen – Vorkehrungen für eine mögliche Insolvenz der SCN?

Am 09.09.1988 hob das Bundesverwaltungsgericht die 1.TEG auf[314]. Zu diesem Zeitpunkt war das Kernkraftwerk gerade einmal zweieinhalb Jahre gelaufen. Der Leistungsbetrieb des

---

314. BVerwGE 80, 207 = NVwZ 1989, 52.

Kernkraftwerks wurde abgebrochen. Mülheim-Kärlich sollte nie mehr ans Netz gehen: Auch den Richtern des OVG Koblenz waren offenbar Zweifel an der Sicherheit des Kernkraftwerks unmittelbar vor den Toren von Koblenz gekommen.

Das Bundesverwaltungsgericht meinte, dass die Errichtungsgenehmigung in ihrem „*definitiv feststellenden und ihrem deshalb zulässigerweise auch gestattenden Teil nur so weit gehen [kann], wie die Anlage in allen sicherheitstechnisch relevanten Einzelheiten von der Genehmigungsbehörde geprüft worden ist.*" Das war bei der 1. TEG nicht der Fall, weil sie die Errichtung des längst aufgegebenen Reaktorgebäudes genehmigt hatte, nicht aber die verwirklichte Gebäudeanordnung.

Daraufhin verklagte RWE das Land Rheinland-Pfalz auf Schadenersatz wegen Amtspflichtverletzung: Nicht ohne Grund, denn die Genehmigungsbehörde war ja bereits vor der Erteilung der 1. TEG über die Änderungen informiert worden, hatte sie aber nicht in die Genehmigung übernommen. Das Land- und das Oberlandesgericht verurteilten das Land wegen hälftigen Mitverschuldens zur Zahlung von Schadenersatz in Höhe von ca. 2 Mrd. DM. Der BGH[315] wies die Klage aber „*bezüglich des Anspruchs auf Ersatz fehlgeschlagener Aufwendungen*" aus der Zeit vor dem 06.07.1977 bzw. wegen vorheriger bindender Investitionsentscheidungen ab. Zwar müssten „*an die Bediensteten einer obersten Landesbehörde, die mit einer atomrechtlichen Anlagengenehmigung der vorliegenden Art befasst sind, ... insoweit hohe Anforderungen gestellt werden*". Die Behörde hätte daher die 1. TEG nicht „*erteilen dürfen, ohne dass eine hinreichende Sicherheitsprüfung als Grundlage für ein vorläufiges positives Gesamturteil erfolgt war – und zwar bezüglich einer Anlage, die so nicht mehr gewollt war.*" Zugunsten des Bürgers bestehe ein Vertrauensschutz. Aber: „*Solches Vertrauen ist ... in dem Maß nicht schutzwürdig, in dem der Bürger selbst erkennt oder es sich ihm aufdrängen muss, dass der erteilte Verwaltungsakt geltendes Recht verletzt*". Das war hier der Fall, weil die Behörde und RWE noch vor der Erteilung der 1. TEG zusammengekommen und Einigkeit darüber erzielt hatten, dass die 1. TEG so erteilt werden solle wie beantragt. Daher habe sich die 1. TEG auf ein Kernkraftwerk bezogen, das nach den Vorstellungen der Genehmigungsbehörde wie auch der Klägerin überhaupt nicht mehr gebaut werden sollte. Eine abschließende Sicherheitsüberprüfung für das Bauwerk in der verwirklichten Anordnung habe nicht vorgelegen. RWE genieße daher kein „*schutzwürdiges Vertrauen*".

Der Ministerialbeamte, der für die Erteilung der 1. TEG mit zuständig gewesen ist, verließ noch vor dem Ergehen des BGH-Urteils die Behörde und wechselte als Justitiar zur Vereinigung Deutscher Elektrizitätswerke (VDEW).

7 Biblis A: Das Aha-Erlebnis Grüner Atomaufsicht

Im Jahr 1991 obsiegten in der hessischen Landtagswahl SPD und GRÜNE. Umweltminister wurde Joschka Fischer und leistete seinen Amtseid diesmal korrekt gekleidet, nachdem er zur ersten Koalition mit der SPD im Oktober 1985 noch ohne Schlips und in Turnschuhen geschworen hatte. In der Koalitionsvereinbarung legten sie fest, dass die Landesregierung die weitere Nutzung der Atomenergie ablehne; mit der Folge, dass die in Hessen betriebenen

---

315. BGH, U. v. 16.01.1977, BGHZ 134, 268.

Anlagen nach dem Willen der Landesregierung keine Zukunft mehr gehabt hätten. Allerdings konnte sich die Landesregierung damit nicht von den Vorgaben des Atomgesetzes freizeichnen, was auch festgehalten wurde. Allerdings sollten die noch bestehenden Atomanlagen *„höchsten Sicherheitsanforderungen"* genügen müssen.

Unter diesem Blickwinkel prüfte die hessische Atomaufsicht nunmehr die Sicherheit der Blöcke A (1.225 MW) und B (1.300 MW) des Atomkraftwerks Biblis. Dafür gab es auch Anlass: Biblis A ging im Juni 1974 ans Netz und war damit eins der ältesten deutschen Atomkraftwerke (AKW). Sein „Reaktorleben" verlief durchaus merkwürdig: Errichtung und Betrieb wichen in großem Umfang von den Genehmigungen ab. Sicherheitsfragen waren und sind offen, wobei sich freilich die Atomaufsichtsbehörden nicht einig waren: Sicher, sofern sich die politisch „schwarz" geführte Atomaufsicht äußerte, unsicher mit der Androhung sofortiger Stilllegung, wenn „grüne" Minister zuständig wurden.

Im März 1988 wurde bei der Hessischen Aufsichtsbehörde der Widerruf der Betriebsgenehmigung für Biblis A beantragt. Im Juli 1988 folgte ein Eilantrag beim Hessischen Verwaltungsgerichtshof (VGH), der auf die vorläufige Stilllegung des AKW abzielte. Monatelang passierte nichts. Im November 1988 veröffentlichte die Frankfurter Rundschau einen Artikel, der zuvor in einer amerikanischen Fachzeitschrift erschienen war, über einen „Störfall" vom 16./17. Dezember 1987, der der Aufsichtsbehörde zwar gemeldet, vom Betreiber aber in die niedrigste Kategorie N (normal) eingestuft war. Die Behörde veranlasste eine Begutachtung durch den TÜV Bayern. Erst der FR-Artikel führte dann zu einer ausführlichen Untersuchung und Diskussion im Landtag.

Während des Wiederanfahrens des Reaktors nach einer Reparatur war vom Personal über zwei Schichten hinweg, mehr als 15 Stunden, nicht bemerkt worden, dass ein Ventil im Nachkühlsystem nicht geschlossen war, so dass Radioaktivität austrat. Nachdem das Personal die Störung mitten in der Nacht festgestellt hatte, wurde der Blockleiter zu Hause angerufen, der – aus dem Schlaf gerissen – nachts um 4 entschied, bei laufendem Reaktor (!) das Ventil „anzutippen", um es wieder gangbar zu machen. Dadurch trat wiederum Radioaktivität aus. Der Vorgang klappte zwar. Jedoch waren sich alle Beteiligten später einig, dass ein schweres menschliches Versagen vorlag; so auch der Untersuchungsausschuss.

Plötzlich entfaltete der VGH hektische Aufklärungsaktivitäten. Dennoch wurde der Eilantrag nach einem guten halben Jahr richterlicher Nachdenklichkeit abgelehnt. Die Beschwichtigungen des Ministeriums, man habe den Vorfall bewertet und sehe jedenfalls keine Gefahr durch den Weiterbetrieb, sah das Gericht als ausreichend an. Insbesondere teilte das Gericht die Meinung, der Betreiber sei nach wie vor zuverlässig. Dann folgt juristische Feinarbeit: Auch wenn keine ausreichende Schadensvorsorge getroffen sei, liege darin nur eine atomrechtliche, aber keine polizeiliche Gefahr; so dass auch keine Stilllegung geboten sei. Im September 1989 lehnte die Behörde den Antrag auf Widerruf der Betriebsgenehmigung ab. Es wurde Klage erhoben.

Dann passierte etwas Überraschendes: Mit Bescheid vom 27.03.1991 erließ Umweltminister Weimar/CDU 49 nachträgliche Auflagen, von denen sich allein zehn mit fehlenden Nachweisen zum *„Sicherheitserdbeben"* befassten. Gravierende Mängel gab es ferner offensichtlich im Bereich der sicherheitstechnisch wichtigen elektrischen Komponenten und bei der Vermeidung unzulässiger Wasserstoffkonzentrationen. Im Bescheid heißt es ferner, dass offensichtlich Mängel vorlagen, *„die Sofortmaßnahmen in der Anlage zwingend erforder-*

lich machen". Diese seien jedoch in der Revision 1990 beseitigt worden. Angesichts dieses Eingeständnisses waren die Ablehnung des Widerrufsantrags und die Auskünfte gegenüber dem VGH sicherlich fragwürdig. Im Übrigen, so heißt es weiter, bestand zwar *"zunächst kein Anlass, Sofortmaßnahmen nach § 19 Abs. 3 AtG zu ergreifen oder die Genehmigung nach § 17 AtG zu widerrufen."* Jedoch seien die Anordnungen *"spätestens bis Ende der 1993 beginnenden Revision zu realisieren."* Die sofortige Vollziehung des Bescheides wurde angeordnet. Außerdem verständigten sich Atomaufsicht und Betreiber über den Bau einer unabhängigen Notstandswarte, von der im Ernstfall Block A oder Block B angesteuert werden könnten.

Die Betreiberin RWE klagte gegen diesen Bescheid und beantragte die Aussetzung des Sofortvollzugs. Diesem Antrag gab der VGH am 09. Juli 1998 (sieben Jahre später!) statt; was bedeutete, dass der Auflagenbescheid bis dahin vollziehbar war. RWE stellte denn auch zahlreiche Anträge auf Genehmigung von Nachrüstungen, von denen in der Folgezeit acht beschieden wurden, aber schon von der Rot-Grünen-Koalition, die im April 1991 an die Macht gekommen war; mit Umweltminister Joschka Fischer. Nach intensiver Prüfung der Sicherheits- und Genehmigungslage setzte ein Umdenken ein: Fischer wollte ab Februar 1994 Biblis vorläufig stilllegen und berief sich zur Begründung auf das Vorliegen einer Gefahr, zumindest aber eines Gefahrenverdachts bei einem Weiterbetrieb der Anlage. Folgende Gründe wurden angeführt:
- Fehlende Redundanztrennung,
- defizitäre Brandschutzmaßnahmen im Rangierverteiler (Raum unter der Warte mit den Kabelbäumen zu den verschiedenen Komponenten),
- ungenügende Erdbebenauslegung,
- nicht ausreichende Nachwärmeabfuhr,
- fehlende Nachweise zur Beherrschung einer Explosion aufgrund der Wasserstoffbildung im Reaktorsicherheitsbehälter u. a. m.

In der Tat war ja die Frist im Auflagenbescheid („Revision 1993") verstrichen. Der Hessische VGH hatte auch nicht etwa den Sofortvollzug aufgehoben.

Dennoch erging der Stilllegungsbescheid nicht. Denn das Bundesministerium für Umwelt, Naturschutz und Reaktorsicherheit (BMU) unter seiner damaligen Leiterin Dr. Angela Merkel erließ eine bundesaufsichtliche Weisung, mit der der Erlass der Stilllegungsverfügung untersagt wurde. Dabei berief sich das BMU auf eine gutachterliche Stellungnahme der Gesellschaft für Anlagen- und Reaktorsicherheit (GRS).

Mitte des Jahres 1995 beabsichtigte die Hessische Atomaufsicht wiederum aus Gründen der Brandgefahr und auch aufgrund zahlreicher Genehmigungsmängel die Anordnung der vorläufigen Betriebseinstellung. Die Bescheidentwürfe wurden in zwei „bundesaufsichtlichen Gesprächen" erörtert. Die Hessische Atomaufsicht blieb bei ihrer Einschätzung, es sei eine atomrechtliche Gefahr durch einen möglichen Brand im Rangierverteiler anzunehmen. Grundlage waren mehrere Gutachten. Die endgültige Stilllegung zum 31. Dezember 1995 wurde für den Fall angeordnet, dass für die bestehenden Genehmigungslücken keine Abhilfe geschaffen werde. Ein weiterer Grund trat noch hinzu: Die Anlage sei nicht ausreichend gegen Störmaßnahmen und sonstige Einwirkungen Dritter (Terrorismus, Sabotage) geschützt. Im Dezember erging aber erneut eine bundesaufsichtliche Weisung zur Verhinderung der beabsichtigten Bescheidungen.

Mit einem weiteren Bericht an das BMU vom 31. Oktober 1996 legte die Hessische Atomaufsicht dar, dass nach ihrer Ansicht der Widerruf der Betriebsgenehmigung für Biblis A nötig sei, weil der sicherheitstechnisch mehr als bedenkliche Gesamtzustand der Anlage mittlerweile bereits für eine längere Zeit hingenommen worden sei, als es auch nach Aussage des BMU verantwortbar gewesen wäre, und die Anlage in angemessener Zeit nicht nachrüstbar sei. Eine hinreichende Nachrüstung könne deshalb selbst unter optimistischen Annahmen nicht vor dem Jahr 2005 erfolgen; das Notstandssystem könne realistischerweise erst um das Jahr 2010 verwirklicht sein. Bei einer theoretischen Gesamtnutzungsdauer der Anlage von ca. 30 bis 35 Jahren erweise sich eine weitere Nachrüstung daher als obsolet.

Im März 1997 lehnte der Hessische VGH die Klage der Bürger auf endgültige Stilllegung ab. Das Ministerium wurde jedoch verpflichtet, den vorläufigen Stilllegungs- und den Aufhebungsantrag der Kläger unter Beachtung der Rechtsauffassung des Gerichts erneut zu bescheiden. Zu den Genehmigungsmängeln entwickelte der VGH freilich eine ganz besondere Theorie: Eine Anlage sei erst dann nicht mehr genehmigt, wenn sich der verwirklichte Zustand völlig anders darstelle als der mit der Genehmigung beabsichtigte (sogenannte „Aliud-Theorie"). So konnte man großzügig sein. Über die RWE-Klage wurde noch nicht entschieden. Jedoch wurde mit Beschluss vom 09.07.1998 hinsichtlich der ganz überwiegenden Zahl der Auflagen die aufschiebende Wirkung der Klage wiederhergestellt, bis die Genehmigungsverfahren zur Abarbeitung der Auflagen abgeschlossen seien.

Im April 1999 gewann die CDU im Land Hessen die Landtagswahl, während im Bund ab Oktober die Rot-Grüne-Koalition an die Macht kam. Die Konstellation führte zur Umkehr der „Hackordnung": Das Atomgesetz führen die Länder nämlich in Auftragsverwaltung des Bundes durch; mit der Konsequenz, dass der Bund sachliche Weisungen erteilen darf. Eine Befriedung war damit aber nicht verbunden:

Denn das Land erteilte RWE eine weitere Genehmigung für Änderungsmaßnahmen im Nebenkühlwassersystem VE. Dem trat das BMU mit der Behauptung entgegen, damit sei gegen bundesaufsichtliche Absprachen verstoßen worden. Das wurde vom Land bestritten. Daraufhin erteilte das BMU der Hessischen Behörde die Weisung, weitere Genehmigungen erst nach bundesaufsichtlicher Zustimmung zu erteilen.

Im Juni 2000 paraphierten Vertreter von vier Energieversorgungsunternehmen, der Chef des Bundeskanzleramtes und die Staatssekretäre im BMU und im Bundeswirtschaftsministerium den sogenannten „Atomkonsens", der auch Maßgaben zur Nachrüstung von Biblis A enthielt. Der BMU hatte nämlich gegenüber RWE folgendes erklärt:

„Das Bundesumweltministerium bekräftigt seine Auffassung, dass für einen mehrjährigen Weiterbetrieb Nachrüstungen als auch ein qualifiziertes Notstandssystem sicherheitstechnisch notwendig sind ...

Unter der Voraussetzung einer Erklärung des Betreibers, auf eine Übertragung von Energiemengen auf Biblis A zu verzichten und der Betreiber die noch zu produzierende Energiemenge definitiv festlegt, wird binnen drei Monaten über ein Nachrüstungsprogramm entschieden, das sowohl den sicheren Betrieb gewährleistet als auch in angemessenem Verhältnis zur Restnutzung steht ..."

Ende August 2000 gab dann das BMU eine Erklärung zur Nachrüstung ab, in der 20 Einzelmaßnahmen aufgeführt waren. Es wurde darauf hingewiesen, dass die Anlage zum Teil gravierende sicherheitstechnische Mängel aufweise, die nach damaliger Festlegung der

Aufsichtsbehörde bis spätestens Ende der 1993 beginnenden Revision zu realisieren waren. Bis heute sei nur ein kleiner Teil der Mängel beseitigt worden. Das BMU habe wegen der besonderen Bedeutung der Sicherheitseinrichtungen für die Störfallbeherrschung und wegen der Mängel aus der Sicherheitsanalyse 1991 festgelegt, dass ein Weiterbetrieb ohne Nachrüstungen in diesem Bereich längstens bis zum Wiederanfahren nach der Revision 2001 hingenommen werden könne. Deswegen sollten alle Bescheide in dem betroffenen Genehmigungsverfahren spätestens bis Ende Juni 2001 erteilt werden.

Das Land Hessen sah darin einen verfassungswidrigen Eingriff in seine Verwaltungszuständigkeit und erhob Klage gegen den Bund beim Bundesverfassungsgericht. Diese Klage wurde am 19. Februar 2002 abgewiesen[316]. Der Bund dürfe im Rahmen der Bundesauftragsverwaltung alle Aktivitäten entfalten, die er für eine effektive und sachgerechte Vorbereitung und Ausübung seines Direktions- und Weisungsrechts für erforderlich halte. Jedoch müsse er, wenn er in der Sache entscheiden wolle, die Sach- und Entscheidungsbefugnis („Sachkompetenz") erst an sich ziehen. Dem Land verbleibe in diesem Fall lediglich die sogenannte Wahrnehmungskompetenz, also das Handeln und die Verantwortlichkeit nach außen im Verhältnis zu Dritten. Zwar habe die Erklärung gegenüber RWE „einen politischen und unverbindlichen Inhalt". Andererseits sei das Land Hessen inzwischen auf die Linie des Bundes bezüglich den Nachrüstungen eingeschwenkt. Deswegen habe der Bund auch eine Weisung zu den Nachrüstungen für überflüssig gehalten.

Schon vorher hatte das Bundesverwaltungsgericht in seinem Urteil vom 25. Oktober 2000[317] betreffend das Kernkraftwerk Obrigheim entschieden, dass jede wesentliche Abweichung von einer Genehmigung eine neue bzw. Änderungsgenehmigung erfordere. Die Rechtsauffassung des Hessischen VGH, der einen Verstoß gegen die Genehmigung nur bei einer derart weitgehenden Abweichung sah, dass etwas Anderes (Aliud) tatsächlich gebaut war, wurde damit gekippt. Die Duldung eines formal illegalen Betriebs stelle den begründungsbedürftigen Ausnahmefall dar. Jedenfalls dürfe die Rechtsstellung Dritter durch die Duldung nicht verschlechtert werden. Sie müssten also so gestellt sein, als wäre ein ordnungsmäßiges Genehmigungsverfahren durchgeführt worden. Außerdem müsse das Fehlen einer erforderlichen Genehmigung dem Betreiber verborgen geblieben sein, ohne dass ihn ein Verschuldensvorwurf treffe; etwa, wenn ein Gericht das so entschieden habe. Der VGH hatte allerdings im Urteil vom März 1997 ausgeführt, dass „möglicherweise Zweifel daran erhoben werden könnten, ob die Anlage genehmigungskonform errichtet wurde".

Für die Kläger war diese Situation nicht sehr befriedigend, hatte die „grüne" Atomaufsicht doch mehrfach Stilllegungsentscheidungen in ihrem Sinne angekündigt, aber nicht umsetzen können. Deswegen verlangten sie von der Hessischen Atomaufsicht endlich die Bescheidung ihres Stilllegungsantrags, die dem Land vom Hessischen VGH im März 1997 aufgegeben worden war. Jahre später, erst nach Einleitung eines Zwangsgeldverfahrens, schickte die Behörde mit Datum vom 03. Juni 2004 einen Bescheid, mit dem sie den alten Ablehnungsbescheid vom 18.09.1989 aufhob, zugleich aber den Antrag auf Stilllegung nach Maßgabe des Kasseler

---

316. BVerfGE 104, 249 ff.
317. ZNER 2000, 277.

206

Urteils ablehnte. Ein Jahr später, unter dem 08. Juli 2005, kam ein weiterer Bescheid, der den vorherigen ergänzte. Diese Bescheide waren nun sehr interessant:

Die Auflagen vom 27.03.1991 seien weiterhin Grundlage des Nachrüstungsprogramms, von dem seit 1999 in den Revisionen Teile umgesetzt wurden. Nach den Planungen aus 1999/2000 sollte die Auflagenerfüllung im Jahr 2003 abgeschlossen werden. Jedoch verschiebe sich die weitere Realisierung auf die Revision 2005. Einige nachträgliche Auflagen seien noch offen. Aus einer Tabelle „Stand der verfahrenstechnischen Auflagen Ende 2003" ergibt sich, dass 32 Auflagen „*erfüllt bzw. teilerfüllt*" sowie drei Auflagen noch offen seien (nach 14 Jahren!).

Die Mitteilungen zur Genehmigungslage waren noch niederschmetternder: Die (CDU-geführte) Behörde teilte nämlich die Existenz zweier Listen von Abweichungen des Ist-Zustandes von der Genehmigungslage mit: Eine „*Einundvierziger-*" und eine „*Zweihundert-Punkte-Liste*". Auch unter dem Druck der Prozesse hatte die Hessische Atomaufsicht offensichtlich Überprüfungen der Genehmigungslage veranlasst, die im wesentlichen vom TÜV Nord durchgeführt worden sind. Der TÜV hatte folgende Klassifizierungen festgelegt:

K 1 = Punkte, die keine Auswirkungen auf die technische Lösung oder Auslegung der Anlage haben (formale Dokumentationsabweichungen),

K 2 = Abweichungen, die bezüglich ihrer Wirkung eindeutig sicherheitsgerichtet sind (die im Sinne der bundesverwaltungsgerichtlichen Rechtsprechung aber dennoch als wesentlich angesehen werden müssen),

K 3 = Abweichungen, deren sicherheitstechnische Bewertung einer detaillierten Betrachtung unterzogen werden muss.

Bei der 41er Liste hatte die Behörde acht und bei der 200-Punkte-Liste 59 Abweichungen der Kategorie K 3 festgestellt: Insgesamt also 67 Abweichungen, bei denen sich die Behörde bis zum Datum der Bescheidung unsicher gewesen sein muss, ob der Genehmigungsmangel sicherheitstechnische Auswirkungen hat oder tolerierbar sei. Ihr Programm zur Abarbeitung beschreibt die Behörde wie folgt:

„*Bei allen wesentlichen Änderungen solle ein atomrechtliches Genehmigungsverfahren durchgeführt werden. Dennoch solle der Weiterbetrieb zugelassen werden. Eine auch nur vorläufige behördliche Untersagung des Anlagenbetriebs sei wegen der Duldung eines (nur) formell illegalen, aber den materiellrechtlichen Anforderungen des Atomgesetzes entsprechenden Anlagenbetriebes unverhältnismäßig*".

Damit wurde, was die Sicherheits- und Genehmigungsmängel angeht, folgende Marschroute erkennbar: Der Betreiberin wird nachgelassen, erforderliche Nachrüstungen jeweils in den Revisionszeiten (i. d. R. im August) vorzunehmen, statt sie im Interesse der Sicherheit der Bürger in einem Zug abzuarbeiten. Die Behörde nahm also trotz der Erkenntnis, dass Nachrüstungen wegen unsicherer oder ungenehmigter Anlagenzustände nötig sind, Rücksicht auf die kommerziellen Interessen der Betreiberin. Die Sicherheitsinteressen der Bürger wurden nachrangig behandelt. Sie müssen, da die Mehrzahl der Genehmigungsmängel aus der Zeit von 1971 bis 1974 (im Jahr 1974 ging Block A ans Netz) stammt, diese Mängel bereits seit 36 Jahren dulden; also praktisch das ganze „*Reaktorleben*".

Die wesentliche Absolution leitet die Behörde daraus ab, dass „*die hier relevanten Sachverhalte entsprechend der damals üblichen Genehmigungspraxis behandelt wurden, deswegen konnten alle Beteiligten davon ausgehen, dass keine Genehmigungsdefizite bestanden.*" Mit anderen Worten: Schlampereien wurden von der Aufsichtsbehörde hingenommen und auch noch zugunsten des Betreibers – und zulasten der Bürger, deren Schutz der Behörde anvertraut ist – argumentativ ausgewertet.

Aber es kam noch toller: In den Akten hatte sich ein Entwurfsbescheid der Atomaufsicht vom Juli 1995 gefunden, dessen Ergehen das BMU mit bundesaufsichtlicher Weisung verhindert hatte. Es hieß dort:

„Mit Schreiben vom 18. August 1981 behauptete der Bund für Umwelt und Naturschutz, Landesverband Hessen e. V. (BUND) gegenüber dem Hessischen Minister für Wirtschaft und Technik (HMWT) und nachrichtlich gegenüber dem Bundesminister des Inneren (BMI), die Genehmigungsinhaber seien bei der Errichtung des KWB A von den ausgelegten Antragsunterlagen abgewichen. Das BMI bat mit Schreiben ... vom 25. August 1981 um Bericht.

Die zuständige Abteilung des HMWT erläuterte gegenüber dem Minister in einem Vermerk vom 11. September 1981 (...), mangels personeller Kontinuität des Genehmigungsreferates könne ohne erheblichen Zeitaufwand nicht geprüft werden, ob bei der Errichtung derart von den ausgelegten Unterlagen abgewichen worden sei, dass eine zusätzliche Öffentlichkeitsbeteiligung erforderlich geworden wäre. Es sei jedoch sicher zu derartigen Änderungen gekommen. Es wurde vorgeschlagen, gegenüber dem BMI und dem BUND zu behaupten, die Genehmigungsbehörde habe hinsichtlich der Veränderungen gegenüber den ausgelegten Unterlagen jeweils entschieden, dass die Genehmigungsinhaber entweder keine wesentliche Änderung oder zwar wesentliche Änderungen vorgenommen hätten, die jedoch keine erneute Öffentlichkeitsbeteiligung erfordert hätten. Der Minister erklärte am 17. September 1981 sein Einverständnis mit diesem Vorgehen. Die Schreiben ... vom 02. März 1982 an den BUND und vom 19. März 1982 an den BMI entsprachen der festgelegten Darstellungsweise. Gegenüber dem BMI wies der HMWT außerdem darauf hin, dass die Veränderungen während der Errichtungsphase der Anpassung an den sich weiterentwickelnden Stand von Wissenschaft und Technik gedient hätte. Eine behördliche oder gutachterliche Untersuchung von Abweichungen von den Errichtungsgenehmigungen fand nicht statt.“

Man sieht: Die Behörde hatte nicht nur über Jahre hinweg einen in weiten Teilen nicht genehmigten Anlagenbetrieb hingenommen, sie hatte offenbar auch die damalige Bundesaufsicht, den Bundesinnenminister, und die Bürger belogen. Maßnahmen der Hessischen Atomaufsicht, den formell illegalen und unsicheren Betrieb der Anlage durch Stilllegung zu beenden, wurden von der Bundesaufsicht angehalten. Erst die (Grüne) Atomaufsicht im Bund führte eine sicherheitsgerichtete Abarbeitung der Sicherheits- und Genehmigungsmängel durch; allerdings mit *„gebremstem Schaum“*. Denn inzwischen war der Atomkonsens in Kraft getreten. Dieser hatte den – angeblichen – *„ausstiegsorientierten Gesetzesvollzug“* gestoppt. Was war das?

8 Der „ausstiegsorientierte Gesetzesvollzug im Atomrecht"

Die hessische Koalitionsvereinbarung von 1991 war natürlich in der Atomgemeinde nicht unbemerkt geblieben, zumal schon vorher, nämlich in Schleswig-Holstein, ein erklärter Atomkraftgegner, der Sozialdemokrat Günther Jansen, als Sozial- und Energieminister für die Atomaufsicht zuständig geworden war. Er holte als Abteilungsleiter für die Atomaufsicht den zunächst in Hessen aktiven Physiker Gustav Sauer, der in mehreren Entscheidungen sicherheitsorientierte nachträgliche Auflagen nach § 17 Abs. 3 AtG erlassen hatte. So wurde

z. B. die Stilllegung des Atomkraftwerks Brokdorf angeordnet, um so Gelegenheit zu geben, einen – von 380 – gebrochenen Zentrierstiften für das Kerngerüst zu ersetzen. Freilich hob das OVG Lüneburg mit seinem „Zentrierstift-Urteil"[318] diese Auflage auf. Ein sicherheitstechnisches Bedürfnis für die alsbaldige, zeit- und kostenaufwändige Reparatur habe nicht bestanden.

Das schleswig-holsteinische und das hessische Vorgehen riefen allerdings einen Kritiker hohen Ranges auf den Plan: Prof. Sendler, Präsident des Bundesverwaltungsgerichts a.D. und Vorsitzender des für die Atomaufsicht zuständigen 7. Senats ebenfalls a.D., veröffentlichte im Märzheft 1992 der Zeitschrift Die öffentliche Verwaltung[319] einen Aufsatz unter dem Titel „*Anwendungsfeindliche Gesetzesanwendung – ausstiegsorientierter Gesetzesvollzug im Atomrecht*". Er reklamierte, dass der von ihm sogenannte „*ausstiegsorientierte Gesetzesvollzug*" gegen den Förderzweck des Atomgesetzes[320] verstoße. Zweck des Gesetzes sei die Erforschung, die Entwicklung und die Nutzung der Kernenergie zu friedlichen Zwecken. Zwar sei der Schutzzweck des Gesetzes vorrangig[321], anders als dies das Gesetz regele. Deswegen verstießen nachträgliche Auflagen gegen den Förderzweck des Atomgesetzes. Eigentlicher Anlass von Sendlers Philipika waren aber Pressemeldungen, „*wonach in Niedersachsen ein Beirat gebildet worden ist, der die niedersächsische Landesregierung beim angestrebten Ausstieg aus der Atomenergie beraten soll, und wonach die Länder Hessen und Niedersachsen in der Verfolgung ihres Ziels, die Nutzung der Kernenergie zu beenden, enger zusammenarbeiten wollen. Lange ist es auch noch nicht her, dass Berater empfohlen haben, im Kampf gegen die Kernenergie verdeckt mit Bürgerinitiativen zusammenzuarbeiten und sie zu möglichst zahlreichen Einwendungen zu animieren, um dann die darin liegende soziale Sprengkraft zu mobilisieren, sowie für die richtige Besetzung der Gerichte zu sorgen. In diesem Zusammenhang muss man das auch schon vor Jahren kolportierte Gerüchte sehen, dass die Kündigung des Staatsvertrages für das gemeinsame Oberverwaltungsgericht für die Länder Niedersachsen und Schleswig-Holstein durch Schleswig-Holstein auch zusammenhängen soll mit der angeblich zu konservativen Rechtsprechung des OVG Lüneburg gerade in Atomrechtssachen.*"[322]

Allerdings gab Sendler der Atomgemeinde auch den Rat, sie solle sich „*als ein Muster an Korrektheit erweisen, nichts vertuschen und nichts zu verheimlichen suchen; denn eines Tages wird es doch von irgend jemandem aufgedeckt und kann – eben, weil zunächst verheimlicht – leicht aus einer Mücke zum Elefanten aufgeblasen werden*". In diesem Fall zitierte er die Mängel bei dem Speditionsunternehmen für Castor-Behälter Transnuklear. Solchermaßen sensibilisiert betätigte sich die Rechtsprechung in den nächsten Jahren eher atomkraftfreundlich.

Im Oktober 1998 gewannen SPD und GRÜNE die Bundestagswahlen. Umweltminister – und damit für die Atomaufsicht zuständig – wurde Jürgen Trittin. Sein Kollege, Außenminister Joschka Fischer, wird ihm empfohlen haben, seine hessischen Ministerialen, als Staatssekretär Rainer Baake und als Abteilungsleiter Wolfgang Renneberg, nach Berlin/Bonn zu holen (der Sitz des Bundesumweltministeriums ist in Bonn). Im hessischen Umweltministerium war schon im Vorfeld der Bundestagswahlen 1998 ein Gesetzentwurf für die 10. Atomgesetz-

---

318. V. 16.02.1989, DVBl 1989, 1106.
319. DöV 1992, 181.
320. § 1 Nr. 1 AtG.
321. BVerwG, DVBl 1972, 678, 680 (Würgassen) und BVerwGE 53, 30, 58 (Mülheim-Kärlich).
322. Sendler, DöV 1992, 181, 186.

novelle vorbereitet worden, welcher als Bundesratsinitiative eingebracht werden sollte[323]. Dieser nach dem damaligen Staatssekretär im hessischen Umweltministerium Baake benannte „Baake-Entwurf" war im wesentlichen durch zwei Rechtsgutachten[324] vorbereitet worden. Der Förderzweck im Atomgesetz sollte gestrichen werden. Außerdem sollte für Kernkraftwerke ein vollständiger Ausstieg in fünf Jahren und für alle übrigen Anlagen ein Ausstieg in zehn Jahren erfolgen. Die Betriebsgenehmigungen sollten auf 25 Jahre seit dem Tag der ersten Inbetriebnahme befristet werden. Außerdem wurden ein Verbot der Wiederaufarbeitung von Kernbrennstoffen und das Gebot der standortnahen Zwischenlagerung vorgesehen. Die Beförderung bestrahlter Kernbrennstoffe war danach die Ausnahme. Eine Entschädigungsregelung gab es nicht. Als Grund für den Ausstieg aus der Kernenergienutzung führte der Entwurf die neue Risikobewertung der Kernenergie an. Das Gewicht des Schadenspotentials sei bisher unterschätzt worden[325]. Weniger gefährliche Alternativen der Energiegewinnung seien existent, aber bisher vernachlässigt worden.

Dieser Entwurf war die Basis für eine Vereinbarung zwischen den Energieversorgungsunternehmen und der Bundesregierung, die am 11. Juni 2001 tatsächlich unterschrieben wurde[326]. Damit wurde die im Koalitionsvertrag zunächst anvisierte Novelle des Atomgesetzes im Sinne des hessischen Entwurfs zurückgenommen. Denn der Referentenentwurf für eine Novellierung des Atomgesetzes hatte heftige Kritik verursacht[327]. Statt dessen wurde der Weg des Konsenses gewählt.

Ein solcher Konsens war für die Atomwirtschaft keineswegs unattraktiv. Denn es lag auf der Hand, dass der Politikwechsel, der mit der rot-grünen Bundesregierung verbunden war, auch die Atomrechtsgesetzgebung beeinflussen würde. Da boten Verhandlungen über die Umsetzung über Verhandlungen deutlich bessere Einflussmöglichkeiten als über den Gesetzgeber. Die Aufgabe des Förderzwecks war zu verschmerzen. Die Befristung der Laufzeit der Kernkraftwerke, wenn sie nicht allzu radikal war, ebenfalls. Außerdem bot sich die Aussicht, bei einem Politikwechsel wieder zu der alten Regelung zurückzukehren. Schließlich war der vorgesehene Verzicht auf die Wiederaufarbeitung aus wirtschaftlichen Gründen längst Allgemeingut bei den Konzernen. Praktisch war auch, dass Staatssekretär Baake mit Walter Hohlefelder, der zuvor Abteilungsleiter für die Atomaufsicht im Bundesumweltministerium gewesen und dann zu E.ON gewechselt war, ein Gesprächspartner zur Verfügung stand, dem das ministeriale Denken nicht fremd war.

Am 13.06.2000 kam der Atomkonsens zustande[328]. Danach *„respektieren die EVUs die Entscheidung der Bundesregierung, die Stromerzeugung aus Kernenergie geordnet beenden zu wollen"*. Die künftige Nutzung der vorhandenen Kernkraftwerke solle befristet werden, so dass insgesamt eine Laufzeit von 32 Jahren erreicht wird. Das wird durch eine Festlegung der Strommengen für jede einzelne Anlage erreicht. Allerdings können Strommengen von

---

323. Schneehain, Der Atomausstieg: Eine Analyse aus verfassungs- und verwaltungsrechtlicher Sicht, 2004, 19 ff.
324. Rossnagel/Roller, Die Beendigung der Kernenergienutzung durch Gesetz, 1998.
325. „Baake-Entwurf", 5.
326. In diesem Buch, Anhang 4.
327. Vgl. etwa Schmidt-Preuß, Rechtsfragen des Ausstiegs aus der Kernenergie, 2000.
328. Wortlaut Anhang 4.

jüngeren auf ältere Anlagen übertragen werden. Besonders interessant ist die Regelung zum *„ausstiegsorientierten Gesetzesvollzug"*. Es heißt im Konsens: *„Während der Restlaufzeiten wird der von Recht und Gesetz geforderte hohe Sicherheitsstandard weiter gewährleistet; die Bundesregierung wird keine Initiative ergreifen, um diesen Sicherheitsstandard und die diesem zugrundeliegende Sicherheitsphilosophie zu ändern. Bei Einhaltung der atomrechtlichen Anforderungen gewährleistet die Bundesregierung den ungestörten Betrieb der Anlagen. ... Die Bundesregierung wird keine Initiative ergreifen, mit der die Nutzung der Kernenergie durch einseitige Maßnahmen diskriminiert wird. Dies gilt auch für das Steuerrecht. Allerdings wird die Deckungsvorsorge ... auf einen Betrag von 5 Mrd. Mark erhöht."* In der Sicherheitsfrage sollte es allerdings keinen Rabatt geben. Die Betreiber sollten verpflichtet werden, *„Periodische Sicherheitsüberprüfungen"* (PSÜ) durchzuführen. Zur Entsorgung wurde vereinbart, die Wiederaufarbeitung nur bis zum 01.07.2005 zuzulassen. Danach solle nur noch direkte Endlagerung stattfinden. Bis dahin würden abgebrannte Brennelemente in standortnahen Zwischenlagern gelagert. Die Erkundung des Salzstocks in Gorleben solle bis zur Klärung konzeptioneller und sicherheitstechnischer Fragen für mindestens drei, längstens jedoch zehn Jahre unterbrochen werden (also bis 2010). Diese Regeln sollen durch eine Novelle des Atomgesetzes umgesetzt werden.

Das *„Gesetz zur geordneten Beendigung der Kernenergienutzung zur gewerblichen Erzeugung von Elektrizität"* wurde am 22.04.2002 beschlossen[329]. § 1 Nr. 1 nannte als Gesetzeszweck *„die Nutzung der Kernenergie zur gewerblichen Erzeugung von Elektrizität geordnet zu beenden und bis zum Zeitpunkt der Beendigung den geordneten Betrieb sicherzustellen"*. Damit waren den Interessen von Rot/Grün, aber auch den Interessen der Stromunternehmen am ungestörten Betrieb der Anlagen Rechnung getragen. Die Betreiber waren gehalten, turnusmäßige Periodische Sicherheitsüberprüfungen durchzuführen. Die Zulässigkeit der Wiederaufarbeitung endete mit dem 30.06.2005. Die Kraftwerksbetreiber waren zur Zwischenlagerung verpflichtet. Die direkte Endlagerung war Sache des Bundes, der *„Anlagen zur Sicherstellung und zur Endlagerung radioaktiver Abfälle einzurichten"* hat (§ 9a Abs. 3 Satz 1 AtG). In Anlagen zum Gesetz waren die Reststrommengen und die Termine für die Sicherheitsüberprüfungen geregelt. Zugunsten des RWE wurde vorgesehen, dass Reststrommengen des stillgelegten Kraftwerks Mülheim-Kärlich auf die KKW Emsland, Neckarwestheim II, Isar II, Brokdorf, Gundremmingen B und C sowie auf Biblis B übertragen werden könnten. Von dieser letzteren Möglichkeit hat RWE zwischenzeitlich Gebrauch gemacht. Eine Genehmigung war nicht nötig.

9 Leichen pflastern ihren Weg

Aber die Sicherheit der Atomkraftwerke ist ein Märchen. Dafür braucht man gar nicht ins Ausland zu schweifen, zum Reaktor Harrisburg, der 1978 havarierte, oder nach Tschernobyl, der 1986 in die Luft ging. Es reicht, die deutschen Anlagen zu betrachten. Mehrere Technologielinien wurden aufgegeben: Die gesamte Plutoniumwirtschaft mit Brüter und Wiederaufarbeitung, der Graphit-moderierte Reaktor, neue Siedewasserreaktoren werden

---

329. BGBl I 1351.

nicht gebaut etc. Eine Übersicht über die stillgelegten Reaktoren zeigt, dass sie überwiegend wegen technischer Mängel ihr Ende fanden.

Der **Versuchsreaktor Kahl:**[330] Den Stromkonzernen RWE und Bayernwerk ging es um einen Test. Es wurde daher in den USA ein Mini-Reaktor mit nur 15 MW Leistung bestellt. Treibende Kraft in Kahl war der junge Diplom-Ingenieur und spätere RWE-Vorstand Heinrich Mandel, der von der Zukunft der Atomenergie überzeugt war. Er ließ den Versuchsreaktor in nur 29 Monaten Bauzeit errichten – ohne Genehmigung, die gab es erst hinterher. Die Standortwahl war bedenklich; Kahl liegt nur etwa 20 km südöstlich der Großstadt Frankfurt am Main, viel zu nah an einem Ballungsraum. Die Sicherheitsauflagen waren kurios: Eine Schafherde sollte auf dem Werksgelände gehalten werden. Jedes Jahr solle eines der Tiere geschlachtet werden, um es ärztlich zu untersuchen. Aber es gab kaum Proteste. Am 13.11.1960 wurde die erste Kettenreaktion in Gang gesetzt. Das Kraftwerk lief bis November 1985. Es wurden immerhin 100 Störfälle registriert, darunter ein Defekt, der zu einem GAU hätte führen können: 1968 sei minutenlang die Stromversorgung zusammengebrochen, so dass kein Notkühlsystem habe anspringen können. Der vollständige Rückbau sollte im Jahr 2008 beendet sein.

Der **Mehrzweckforschungsreaktor Karlsruhe** (MZFR) war ein schwerwassergekühlter und –moderierter Druckwasserreaktor auf dem Gelände des Forschungszentrums Karlsruhe mit einer Leistung von 850 MW. Er wurde erstmals am 29. September 1965 kritisch und am 03. Mai 1984 stillgelegt. Der Rückbau läuft.

Der **Versuchsreaktor Jülich** war etwas Besonderes: Mit ihm sollte die Hochtemperaturreaktortechnologie getestet werden. Er war ein „Kugelhaufenreaktor" mit einer Leistung von 13 MW. 1967 ging das Kraftwerk ans Netz. Nach 21 Betriebsjahren wurde der Reaktor am 31.12.1988 abgeschaltet. Auch dieser Reaktor verzeichnete einen dramatischen Störfall: Am 13. Mai 1978 traten infolge eines länger unbemerkten Lecks im Überhitzerteil des Dampferzeugers 27,5 t Wasser in den He-Primärkreislauf und damit in den Reaktorkern ein. Der durch das Wasser im Kern verursachte Reaktivitätseffekt – der Effekt, der den Tschernobyl-Unfall auslöste – und die Gefahr einer chemischen Reaktion des Wassers mit dem Graphit mit der Bildung explosionsfähiger Gase stellte einen der kritischsten Störfälle für einen Hochtemperaturreaktor dar. Der Störfall blieb wahrscheinlich nur deshalb ohne schwere Folgen, weil der Kern nur Temperaturen unter 500°C aufwies und das Leck klein blieb. Trotzdem musste der Reaktor fast ein Jahr lang durch das Fahren mit verringerter Temperatur „getrocknet" werden, um die mit Spaltprodukten kontaminierten Wasserreste zu entfernen. Nach einem Bericht von Moormann, Mitarbeiter des Forschungszentrums Jülich, war der Reaktor übermäßig stark kontaminiert. Das wurde auf eine unzureichende Überwachung des Reaktorkerns sowie einen länger andauernden Betrieb bei unzulässig hohen Temperaturen zurückgeführt. Es habe sich dabei um inhärente Probleme von Kugelhaufenreaktoren gehandelt. Damit stellte sich die Frage, ob das Prinzip überhaupt verantwortbar war. Der Rückbau wirft wegen der Kontamination erhebliche Probleme auf. Der Reaktorbehälter soll zunächst nicht zerlegt werden, sondern etwa 60 Jahre abklingen. Dann werde er von Robotern zerlegt und in ein Endlager überführt. Die Rückbaukosten werden auf 500 Mio. Euro geschätzt; wahrscheinlich viel zu niedrig.

---

330. Quelle für alle Anlagen: Wikipedia.

Kernkraftwerk Großwelzheim: Auch dieses Kraftwerk war ein Versuchskraftwerk mit einer elektrischen Leistung von 25 MW. Es handelte sich um einen Heißdampf-Siedewasser-Reaktor mit integrierter nuklearer Überhitzung, erbaut auf dem Gelände des Kernkraftwerks Kahl. Das Kraftwerk ging am 14. Oktober 1969 in Betrieb, wurde aber bereits im April 1971 wegen technischer Mängel stillgelegt. Der Rückbau ist seit 1998 abgeschlossen.

Kernkraftwerk Niederaichbach: Bei diesem Versuchsreaktor sollte der Betrieb mit nicht angereichertem Uran (Natur-Uran) getestet werden. Er war mit Kohlendioxid (CO_2) gekühlt und mit schwerem Wasser (D_2O) moderiert. Die elektrische Nettoleistung lag bei 100 MW. Aber: Das Kraftwerk war nur von 1973 bis 1974 in Betrieb; die in dieser Zeit erzeugte Energie entsprach rund 18 Tagen Volllast. Die kurze Betriebszeit lag an den relativ komplex aufgebauten Dampferzeugern, die aufgrund der Erfahrungen in der kurzen Betriebszeit hätten ausgetauscht werden müssen. Da inzwischen die Beschränkungen für den Umgang mit angereichertem Uran weggefallen und die Entwicklung der technisch einfacheren Leichtwasserreaktoren weiter fortgeschritten war, wurde das Konzept aufgegeben. Der Reaktor wurde von 1987 bis 1995 rückgebaut, mit Kosten von 280 Mio. Mark.

Die **Kompakte Natriumgekühlte Kernreaktoranlage Karlsruhe** (KNK) war ein Brutreaktor auf dem Gelände des Forschungszentrums Karlsruhe mit einer elektrischen Bruttoleistung von 21 MW. Das Kraftwerk wurde 1971 als sogenannter thermischer Reaktor in Betrieb genommen und lief bis 1975. Danach wurde die Anlage basierend auf dem Grundmodell des russischen BOR-60 zum Prototyp eines schnellen Brutreaktors umgebaut. Dieser ging 1977 in Betrieb und wurde 1991 abgeschaltet. Der Rückbau soll bis 2013 abgeschlossen sein, mit Kosten von 309 Mio. Euro.

Gundremmingen A: Block A – daneben gibt es noch B und C – war ein Siedewasserreaktor mit einer Leistung von 237 MW, der von 1966 bis zu einem Störfall am 13. Januar 1977 betrieben wurde. Der Reaktorblock erlitt bei dem Störfall einen Totalschaden. Er wird seit 1983 zurückgebaut. Der Ablauf des Unfalls ist instruktiv: Bei kaltem und feuchtem Wetter traten an zwei stromabführenden Hochspannungsleitungen Kurzschlüsse auf. Bei der dadurch eingeleiteten Schnellabschaltung kam es zu Fehlsteuerungen. Nach ca. zehn Minuten stand im Reaktorgebäude das Wasser etwa 3 m hoch und die Temperatur war auf rund 80°C angestiegen. Durch die Fehlsteuerung wurde zuviel Wasser zur Notkühlung in den Reaktor gepresst. Über Druckventile gelangten zwischen 200 und 400 m³ radioaktives Kühlwasser in das Reaktorgebäude. Dieses Wasser wurde, wie auch die Gase, später ins Freie geleitet. Die Reparatur hätte Investitionen von 180 Mio. DM erfordert. Der Unfall wird als der *„bisher einzige Großunfall eines Kernkraftwerks mit Totalschaden"* in Deutschland eingeschätzt. Der Rückbau begann 1983 und sollte im Jahr 2005 abgeschlossen sein. Beim Rückbau fallen nach Betreiberangaben rund 10.000 t Schrott an, wovon 86 % wiederverwertbar und 14 % einer Endlagerung als radioaktiver Abfall zuzuführen seien. Aufschlussreich ist auch folgendes Datum: Auf dem Kraftwerksgelände befindet sich ein Zwischenlager für verbrauchte Brennelemente mit einem Schwermetallgewicht von 2.250 t. Das Betondach ist mit 55 cm relativ dünn und würde dem Absturz eines Verkehrsflugzeugs nicht standhalten.

Kernkraftwerk Obrigheim (KWO): Die Anlage war mit einem leichtwassermoderierten Druckwasserreaktor ausgerüstet. Die elektrische Bruttoleistung betrug 357 MW. Der Reaktor wurde am 22.09.1968 erstmals kritisch und am 11. Mai 2005 endgültig abgeschaltet. Das

Genehmigungsverfahren war notleidend[331]. Eine abschließende Teilerrichtungsgenehmigung, mit der die tatsächlich gebaute Anlage geprüft und freigegeben worden wäre, hat KWO nie erhalten. Die nach dem Atomgesetz vorgesehene Stilllegung im Jahr 2002 konnte der Betreiber EnBW durch Übertragung von Reststrommengen von Philippsburg bis in den Mai 2005 strecken.

Das **Kernkraftwerk Lingen** (KWL) war ein Siedewasserreaktor mit einer Leistung von 250 MW. Das Kraftwerk wurde seinerzeit von VEW betrieben und ging 1968 ans Netz. Im Jahr 1977 wurde der nukleare Teil des Kernkraftwerks nach einem Schaden im Dampfumformersystem stillgelegt und befindet sich seither im *„sicheren Einschluss"*. Ab 2013 soll das Kraftwerk beseitigt werden.

Das **Kernkraftwerk Würgassen** war ein Siedewasserreaktor der ersten Generation, gelegen an der Weser. Die Nettoleistung belief sich auf 640 MW. Der Reaktor befand sich in einer Maschinenhalle mit Leichtbetondecke; ein Betoncontainment war nicht vorhanden. Das Kraftwerk wurde am 20.10.1971 zum ersten Mal kritisch. Aber es sollte noch bis 1975 dauern, bis er ans Netz ging. Betrieben wurde er bis 1994. Dann wurden Haarrisse im Stahlmantel des Reaktorkerns entdeckt und der Reaktor abgeschaltet. Am 14.04.1997 erfolgte die endgültige Stilllegung. Die Stilllegung erfolgte nach Angaben von PreussenElektra aus *„wirtschaftlichen Gründen"*. Anhand dieses Kraftwerks entzündete sich die Problematik Flugzeugabsturz: 1978 stürzte acht Kilometer vom Kernkraftwerk entfernt ein Kampfflugzeug vom Typ Phantom im Tiefflug ab und zerschellte. Das löste eine intensive Diskussion darüber aus, inwieweit Kernkraftwerke gegen Flugzeugabsturz abgesichert sind. PreussenElektra gab anschließend zu, dass das KKW nur gegen eine *„Aufprallgeschwindigkeit von 350 bis 450 km/h gesichert"* sei. Derzeit sind fast 50 Unternehmen mit knapp 500 Mitarbeitern mit dem Rückbau beschäftigt, der bis 2014 geplant ist. Für den Rückbau wurden bisher 700 Mio. Euro zurückgestellt.

Kernkraftwerk Stade: Das Kraftwerk ging am 19. Mai 1972 ans Netz und wurde am 14. November 2003 offiziell stillgelegt und ging dann in den sogenannten *„Restbetrieb"* über. Der Betreiber E.ON gab wirtschaftliche Gründe für die Abschaltung an.

Kernkraftwerk THTR-300: Dieser „Thorium-Hoch-Temperatur-Reaktor" in Hamm-Uentrop verfügte über eine elektrische Leistung von 300 MW. Die Kühlung sollte durch Helium erfolgen. Nachdem am Versuchsreaktor Jülich das Funktionsprinzip des Hoch-Temperatur-Reaktors in Kugelhaufen-Bauweise erprobt worden war, wurde der THTR-300 als Prototyp geplant und 1983 in Betrieb genommen. Aber schon im September 1989 musste er wieder stillgelegt werden: Zwar kann bei dieser Auslegung keine Kernschmelze auftreten. Aber es gab Probleme mit der Betriebssicherheit. U. a. traten durch die Absorberstäbe, die von oben in den Kugelhaufen hineingedrückt wurden, wesentlich häufiger als vorausberechnet Bruchschäden an den Brennelementen auf. Insgesamt wurden nach der Stilllegung 18.000 beschädigte Brennelemente gefunden, tausendmal mehr als erwartet. Der Reaktor wurde im Zentrum zu heiß. Überheiße Gassträhnen haben vermutlich 36 Haltebolzen der Heißgasleitung beschädigt, so dass sie brachen (1988). Kugelentnahme war nur bei erniedrigter Leistung möglich und konnte daher nur sonntags vorgenommen werden. Außerdem war die Herstellung und Wiederaufbereitung der Kugelbrennelemente nicht garantiert. Eine Störung mit Austritt von

---

331. Vgl. dieses Kapitel, 4. Das „Staats"kraftwerk Obrigheim: ein Schwarzbau.

Radioaktivität am 04. Mai 1986 führte zunächst zu einer Phase des Stillstands der Anlage. Die Betreiberin geriet im August 1989 an den Rand des Bankrotts und musste durch Zahlungen der Bundesregierung von 92 Mio. DM gestützt werden. Inzwischen hatte die Energiewirtschaft das Interesse am Kugelhaufenreaktor verloren. Der Reaktor selbst wurde bis 1997 in den sogenannten „sicheren Einfluss" überführt und verursacht weiter Kosten in Höhe von 6,5 Mio. Euro jährlich. Frühestens 2027, nach Unterschreiten der relevanten Grenzwerte, kann er endgültig abgerissen werden.

Greifswald Blöcke I bis V und Rheinsberg: Diese Reaktoren sowjetischer Bauart wurden noch vor der Einigung von westdeutschen Kernkrafttechnikern inspiziert. Ihr Zustand wurde als so unsicher eingeschätzt, dass sie allesamt noch vor der Einigung abgeschaltet wurden. Der Rückbau und die Entsorgung ruhen seither als „Altlast" bei der „Energiewerke Nord". Zum Zeitpunkt der endgültigen Stilllegung, 1995, wurden die Kosten für den Abriss auf 3 bis 5 Mrd. Euro geschätzt. Bis 2007 wurden bereits 2,5 Mrd. Euro investiert. 2012 soll der Rückbau beendet und der Zustand „grüne Wiese" erreicht sein.

Greifswald Block I verzeichnet einen spektakulären Störfall, der den „menschlichen Faktor" beleuchtet: Ein Elektriker wollte seinem Lehrling zeigen, wie man elektrische Schaltkreise überbrückt. Dabei kam es zu einem Kurzschluss auf der Primärseite des Blocktrafos des Block I. Durch den entstehenden Lichtbogen brach ein Kabelbrand aus. Das Feuer im Hauptkabelkanal zerstörte die Stromversorgung und die Steuerleitungen von fünf Hauptkühlmittelpumpen (der Block verfügt nur über sechs). Das Feuer wurde zwar schnell unter Kontrolle gebracht. Aber erst nach dem Brand erhielt jede Hauptkühlmittelpumpe ihre separate Stromversorgung. Der Unfall ist daher auch als Standard-Unfall-Szenario in die Simulator-Schulung in Greifswald nach 1990 eingeflossen.

Schneller Brüter Kalkar (SNR-300) und Wiederaufarbeitung: Der Bau wurde wegen sicherheitstechnischer und politischer Bedenken 1991 eingestellt. Durch die gewaltigen Kosten beim Bau und der anschließenden Bereithaltung für einen eventuellen späteren Betrieb wurde das Kraftwerk einen der größten Investitionsruinen Deutschlands. Die Baukosten beliefen sich auf etwa 7 Mrd. DM (ca. 3,6 Mrd. Euro). Kalkar war auch das Kraftwerk, das den größten Bürgerprotest hervorrief: 1977 gab es eine erste Demonstration, bei der 40.000 Menschen auf die Straßen gingen. Das Polizeiaufgebot hierzu gilt als das größte in der Geschichte der Bundesrepublik. Auch die Rückbaukosten werden astronomisch: Die Reaktorkuppel verfügt über 2 m dicke Betonwände. Heute befindet sich auf dem Gelände der „Vergnügungspark Wunderland Kalkar".

Fazit: Die Liste der experimentellen, havarierten und sonst stillgelegten Anlagen ist mit 21 länger als die der noch am Netz befindlichen 17 Kernkraftwerke. Die Investitionen waren hoch und zum großen Teil vergeblich. Mit den Kosten für Rückbau und Endlagerung werden Höhen erreicht, die weit über den Kosten konventioneller Kraftwerke liegen. Dazu kommen ihr Risiko und die ungelöste Entsorgungsfrage. Die Kosten dafür wurden und werden dem Stromverbraucher auferlegt. Der bezahlt mit diesen teuren Technologien weit mehr als nötig gewesen wäre. Die Risiken der *„friedlichen Kernkraftnutzung"* sind überdies nicht mehr nur ein *„Zivilisationsrisiko"*, das der Bürger hinnehmen müsse – wie wir sehen werden. Dazu kommt die weltweit ungelöste Entsorgungsfrage.

10 Die Kosten der Atomverstromung

Es ist gerade angesichts der aktuellen Auseinandersetzung um die Kosten der Einführung Erneuerbarer Energien sehr interessant, sich einen Überblick über die Kosten der Atomverstromung zu verschaffen.

Den Aufmacher für diese Auseinandersetzung machte der SPIEGEL[332], wo unter dem Titel *„Öko um jeden Preis"* Hochrechnungen für die Umstellung der Energieversorgung in Europa bis 2050 mitgeteilt werden, die *„auf bis zu sagenhafte 3 Billionen EURO allein für die Stromerzeugung"* kommen. Auch Zahlen für Deutschland kommen vor: 23,5 Cent/kWh, aktuell 6,5 Cent/kWh. Dem SPIEGEL ist offensichtlich nicht wohl dabei: *„Es ist zweifellos ein Extrem-Szenario, selbst RWE kommt bei längeren Laufzeiten von Atomkraftwerken auf deutlich niedrigere Werte."* Bemerkenswert ist, dass sich der SPIEGEL immer wieder auf den RWE-Ökonomen Frondel abstützt, der für Extrem-Szenarien bekannt ist[333].

Allein der Überblick über die – rudimentären – Rückbaukosten der 21 stillgelegten deutschen Atomreaktoren weist hohe Kosten auf, die teilweise schon angefallen sind, teilweise aber noch erwachsen werden. Geht man einmal von einem Mittelwert von 2 Mrd. EUR aus – der bei den kleinen Versuchsreaktoren sicher unter-, bei den Leistungskraftwerken aber sicher überschritten wird –, käme man auf 42 Mrd. EUR. Ein vollständiger Überblick darüber, in welchem Umfang diese Rückbaukosten durch die Rückstellungen der Betreiber gedeckt sind, existiert nicht. Dabei handelt es sich um diejenigen Kosten der Atomverstromung, die beim Betreiber anfallen: Planungs-, Bau-, Erhaltungs-, Betriebs- und Rückbaukosten. Sie werden vom Stromkunden bezahlt. Daneben gibt es noch die Kosten der öffentlichen Förderung der Atomtechnologie.

Der Unterschied zwischen den Erneuerbaren Energien und der Atomverstromung liegt allerdings darin, dass der Stromkunde die Einführung der EE durch einen Aufschlag auf den Strompreis selbst finanziert. Dabei wird häufig von „Subvention" gesprochen; der Begriff ist allerdings falsch.

Anders war es bei der Einführung der Atomverstromung. Sie wurde vom Staat vor allem mit hohen Subventionen und gegen den Widerstand der Stromkonzerne eingeführt. Eine genaue Abschätzung dieser öffentlichen Förderung gibt es nicht. Einen ersten Überblick liefert die Studie Staatliche Förderungen der Atomenergie des Forums Ökologisch-Soziale Marktwirtschaft[334] vom August 2009: Staatliche Förderungen der Atomenergie im Zeitraum 1950 bis 2008. Die Zusammenfassung listet folgende Ergebnisse auf:

A. **Finanzhilfen**, die wie folgt gegliedert sind:

1. **Forschungsausgaben des Bundes für Forschungsreaktoren und Pilotprojekte im Atomsektor** betrugen von 1950 bis 2008 rd. 41,2 Mrd. EUR (real). Dabei ging es zunächst vorwiegend um den Aufbau von Forschungsreaktoren, während in jüngerer Zeit zunehmend Kosten für Stilllegung, Rückbau und Endlagerung anfielen.

---

332. Nr. 38/2010 v. 20.09.2010. S. 88.

333. Frondel war an einem Streitgespräch mit der Professorin Claudia Kemfert vom DIW beteiligt, veranstaltet von der Wirtschaftswoche (07.06.2010, S. 81). Kemfert konnte ihm gut belegt nachweisen, dass er mit übertriebenen Zahlen arbeitete.

334. Im Auftrag von Greenpeace.

2. **Ausgaben der Bundesländer:** Hier wird auf eine Studie des DIW 2007 zurückgegriffen, in der die Ausgaben der Länder für die Atomforschung im Zeitraum 1956 bis 1975 mit real (Preise 2006) 4,97 Mrd. EUR beziffert werden.

3. **Bürgschaften für ausländische Projekte:** Zwischen 1969 und 1998 erhielt der Export von Atomtechnik in zwanzig Länder Hermes-Bürgschaften in Höhe von 6 Mrd. EUR. Davon ließen sich 2 % als Subventionswerte der Exportkreditgarantien ansetzen, was zu einem Förderwert von 120 Mio. EUR führt. Dazu kommt der deutsche Anteil am finnischen Reaktor Olkiluoto.

4. **Der deutsche Anteil an EURATOM** wird mit 1,8 Mrd. EUR beziffert.

5. **Der Nachbetrieb bzw. die Stilllegung der ostdeutschen Atomkraftwerke** kann nicht genau abgeschätzt werden. Bisher seien dem Staat durch den Rückbau Kosten in Höhe von ca. 2,7 Mrd. EUR entstanden.

6. **Sanierung des sowjetischen Uranerzbergbaus in Sachsen und Thüringen (Wismut):** Bisher seien für die Sanierung Bundesmittel von 6,2 Mrd. EUR veranschlagt. Der Abschluss der Arbeiten werde nicht vor 2020 erwartet. Dieser veranschlagte Gesamtbetrag könne wahrscheinlich nicht eingehalten werden.

7. **Kauf, Errichtung, Betrieb, Sanierung und Schließung des Endlagers Morsleben:** Die beim Bund insgesamt angefallenen Kosten betrügen 2,3 Mrd. EUR. Die deutschen Kraftwerksbetreiber steuern einen Beitrag von 138 Mio. EUR = 6 % bei.

8. **Sanierung und Schließung des Endlagers Asse:** Die bisherigen staatlichen Aufwendungen für die Erkundung und den Betrieb der Asse betrugen bis 2008 rd. 290 Mio. EUR, für die Schließung und Stilllegung werden aktuell etwa 2 Mrd. EUR veranschlagt.

9. **Standortsuche für Endlager Gorleben und Konrad:** Die hier zu berücksichtigenden Kosten seien bereits unter den Ausgaben des Bundesministeriums für Bildung und Forschung (BMBF) berücksichtigt.

10. **Ausgaben infolge des Tschernobyl-Unfalls national und international:** Deutschland hat sich mit verschiedenen Beiträgen an der Sicherstellung des Sarkophags in Tschernobyl beteiligt. Belegt seien Kosten in Höhe von ca. 453 Mio. EUR.

11. **Beiträge an internationale Organisationen:** Hier listet die Studie die Beiträge an die IAEO und an die CERN auf. Belegt seien 1,14 Mrd. EUR. Die tatsächlichen Kosten lägen weit höher.

B. Steuervergünstigungen

1. **Ertragssteuerminderung durch Rückstellung für Entsorgung und Stilllegung:** Die Betreiber müssen für Stilllegung, Rückbau und Entsorgung Rückstellungen bilden. Da die Steuerverwaltung auf eine Zweckbindung gegenüber den Unternehmen verzichtet hat, können die Betreiber die Gelder für Unternehmensaktivitäten in anderen Geschäftsbereichen verwenden; insbesondere Zukäufen. Den sich daraus ergebenden Innenfinanzierungsvorteil schätzt die Studie auf 17,3 Mrd. EUR ab.

   Dazu kommt der Zinsvorteil aus der Verschiebung von Steuerzahlungen in die Zukunft. Diesen schätzt das DIW (2007) auf insgesamt 5,6 Md. EUR ab. Die Studie selbst kommt auf einen Zinsvorteil bis 2008 von 2,8 Mrd. EUR.

2. **Nichtbesteuerung Brennstoffkosten:** Während andere Energieträger beim Einsatz in der Stromerzeugung versteuert wurden, war und ist der Einsatz von Kernbrennstoffen steuerfrei.

Würde man den Vorteil mit dem Energieäquivalent des Steuersatzes auf leichtes Heizöl bewerten, ergibt sich daraus ein Nettovorteil der Atomenergie bei der Energiebesteuerung von 34,8 Mrd. EUR nominal bzw. 40,5 Mrd. EUR real (in Preisen 2008). An diesen Vorteil wurde auch beim Atomkonsens I festgehalten. Erst mit dem Atomkonsens II soll es zur Einführung einer Kernbrennstabsteuer kommen.

C. Budgetunabhängige staatliche Regelungen

1. **Förderwert der Strompreiserhöhung durch den Emissionshandel:** Der EU-weit seit 2005 eingeführte Emissionshandel erfasst CO_2-Emissionen aus Energiewirtschaft und Industrie. Da die Stromkonzerne die CO_2-Kosten auf die Strompreise aufschlagen, entstehen Windfall-Profits, weil für die Atomverstromung keine Zertifikate benötigt werden. Bei einem für die zweite Handelsperiode ab 2008 erwarteten Preis der Zertifikate von 22 bis 26 EUR/tCO_2 ergibt sich eine Strompreiserhöhung von 1 bis 4 Cent/kWh. Setzt man als „best guess" eine Strompreiserhöhung um 1,5 Cent/kWh an, kommt man auf 2,2 Mrd. EUR Vorteil allein für 2008. Insgesamt schätzt die Studie den Vorteil aus dem Emissionshandel im Zeitraum 2005 (zum 01.01.2005 wurde der Emissionshandel eingeführt) bis 2008 vorsichtig auf ca. 6 Mrd. EUR.

2. **Förderwert des unvollständigen Wettbewerbs in der Elektrizitätswirtschaft:** In der Studie findet sich eine fundierte Schätzung der Zusatzgewinne, die durch den oligopolistischen Strommarkt in Deutschland ermöglicht werden. Die Studie sieht den staatlichen Fördertatbestand in der unterlassenen bzw. unzureichenden wettbe-werbsorientierten Regulierung. Die Studie sieht diesen Förderwert als *„Förderung im weiteren Sinne".*

D. Externe Kosten und Haftung

Der wesentliche Einflussfaktor bei den externen Kosten Atomenergie seien die zu erwartenden Kosten und Risiken eines nuklearen Unfalls. Die Haftpflichtversicherung bzw. Deckungsvorsorge setzt genau bei diesen Kosten und Risiken an. Interessant ist, dass die bis zum Atomkonsens I gesetzlich vorgegebene Deckungsvorsorge auf 500 Mio. EUR begrenzt war. Mit dem Atomkonsens I wurde den Konzernen nachgelassen, nur jeweils ein Atomkraftwerk zu versichern, während sich die Konzerne untereinander verpflichteten, bei der Schadensdeckung Ausgleichsleistungen zu erbringen. Mit Scheer[335] kann man die Vorteile auf ca. 142 Mrd. EUR abschätzen. Die Studie sieht sich außerstande, eine präzise Abschätzung zu liefern, was an der unterlassenen Internalisierung der externen Kosten liegt. Eine Abschätzung führt bei Annahme von 1 ct/kWh zu einem Förderwert der Nicht-Internalisierung von real 42,3 Mrd. EUR für den Zeitraum 1950 bis 2008 und zu einem Förderwert der Restlaufzeiten der AKW von 12,4 Mrd. EUR.

---

335. Hermann Scheer, Rechtsfolgen der Aufkündigung des Atomkonsenses I, in: ZNER 2010, 358: Jeder einzelne AKW-Betreiber musste durch das Ausgleichsverfahren nur 13 Mio. EUR jährliche Versicherungsbeiträge bezahlen statt etwa 250 Mio. EUR. Geht man etwa davon aus, dass 20 AKWs einen Aufwand von 5 Mrd. EUR verursacht hätten, wäre allein diese Privilegierung über 30 Jahre 150 Mrd. EUR abzüglich der tatsächlichen Aufwendungen von 13 Mio. EUR (x 20 AKWs x 30 Jahre =) 7,8 Mrd. EUR.

E. Sonstige staatliche Leistungen zugunsten des Atomsektors

An dieser Stelle verzeichnet die Studie nur nachrichtliche Aufführungen, nämlich mit Hinweisen auf staatliche Leistungen wie die Sicherung der Castortransporte, die Kosten der nationalen Atomverwaltung, die Kosten für Aufbau und Unterhaltung einer behördlichen und/oder halbstaatlichen Infrastruktur, die Kosten für den Katastrophenschutz im Hinblick auf das Risiko nuklearer Unfälle.

Fazit: Insgesamt kommt die Studie so auf einen Betrag der öffentlichen Förderung von 164,7 Mrd. EUR. Der tatsächliche Vorteil liegt wahrscheinlich weit höher.

11 Der Ausstieg aus dem Ausstieg?

Der Atomkonsens wird gekündigt

CDU und FDP haben die Kernenergie in ihrem Koalitionsvertrag[336] als *„Brückentechnologie"* bezeichnet, die solange gebraucht werde, *„bis sie durch Erneuerbare Energien verlässlich ersetzt werden kann".* Daher bestehe Bereitschaft, *„die Laufzeiten deutscher Kernkraftwerke unter Einhaltung der strengen deutschen und internationalen Sicherheitsstandards zu verlängern".* Deswegen solle so schnell wie möglich eine Vereinbarung mit den Betreibern getroffen werden, in der *„u. a. Betriebszeiten der Kraftwerke, Sicherheitsniveau, Höhe und Zeitpunkt eines Vorteilsausgleichs, Mittelverwendung zur Erforschung vor allem von Erneuerbaren Energien, insbesondere von Speichertechnologien"* geregelt sein sollen. Das bedeutet, dass der Atomkonsens gekündigt wird und das Atomgesetz geändert werden muss.

Die Betreiber standen sofort auf der Matte. Die Maximalforderung ging dahin, die Betriebsgenehmigung befristungsfrei zu stellen. Das Klima zwischen der Regierung und den Betreibern war allerdings nicht so gut. Das lag an der von der Koalition beschlossenen Neueinführung einer Brennelementesteuer. Diese verstoße gegen den Atomkonsens, argumentieren die Konzerne. Dass der Atomkonsens von ihnen nur zu gerne aufgegeben wird, was die Laufzeiten angeht, wurde dabei verschwiegen: double standards. Die Kündigung des Atomkonsenses bedeutet zugleich, dass die relative Befriedungswirkung, die mit ihm verbunden war, ebenfalls aufgegeben wird. Dabei geht es zum einen um den *„ausstiegsorientierten Gesetzesvollzug".* Zwar sind derzeit alle Bundesländer mit Kernkraftwerksstandorten auf der politischen Linie der Bundesregierung. Aber das kann sich ändern, wie die knappen Verhältnisse in Schleswig-Holstein und Hessen zeigen. Der Bund müsste mit seiner Atomaufsicht wieder ins Getümmel, aufsichtliche Weisungen sind denkbar, die dann vor dem Bundesverfassungsgericht beklagt werden ...

Dazu kommt die Anti-Atomkraftbewegung. Dass sie keineswegs eingeschlafen ist, zeigt die Menschenkette zwischen Brunsbüttel und Krümmel im April 2010, die mit weit über 100.000 Teilnehmern über eine Strecke von 120 km problemlos zustande kam. Das *„Schlachtfeld"* könnte wiederum Gorleben werden. In der Koalitionsvereinbarung ist die vorbehaltlose Erkundung des Salzstocks vereinbart. Sollte eine Genehmigung ergehen, wird sie nicht nur beklagt,

---

336. V. 24.10.2009, Ziff. 4.2.

sondern mit allen demokratischen Mitteln bekämpft werden. Große Polizeiaufgebote werden die Regel sein. Ein objektives Problem liegt darin, dass Gorleben nicht nur die abgebrannten Brennelemente aufnehmen muss, sondern auch die riesigen Mengen Atomschrott, die schon jetzt anfallen und verstreut gelagert sind. Gewiss, auch konventionelle Kraftwerke erzeugen bei ihrem Abriss riesige Mengen Bauschutt und Stahlschrott. Aber der große Unterschied ist die Verstrahlung der Maschinenanlagen, die alle aus hochfesten Stählen bestehen. Es wird sich ausweisen, ob dafür die Kernkraftrückstellungen der Betreiber reichen. Nötig ist ein aktueller Entsorgungsbericht, der die laufenden und die anstehenden Rückbauten und die dafür erforderlichen Aufwendungen und Kosten verzeichnet. Da könnten vielen die Augen übergehen.

Der terroristische Flugzeugabsturz

Außerdem hat sich in einer hochbrisanten Frage inzwischen die *„Sicherheitsphilosophie"* geändert. Das Risiko des Absturzes eines Flugzeuges auf ein Kernkraftwerk gehörte nach älterer Rechtsauffassung zum *„Restrisiko"* – mit der Folge, dass Bürger keinen Anspruch auf Schutz vor dieser Gefahr hatten. Das änderte sich mit dem terroristischen Anschlag auf die Twin Towers am 11. September 2001.

Der im Auftrag von Kongress und Präsidenten der Vereinigten Staaten erstellte Bericht der „9/11 Commission" führt aus, dass es einen *„grandiosen ursprünglichen Plan"* der Al-Kaida-Terroristen gegeben hat, mit zehn entführten Flugzeugen über die Ziele vom 11. September hinaus unter anderem das CIA- und FBI-Hauptquartier sowie Atomkraftwerke zu treffen – mit dem Hauptziel, die US-Politik durch einen schweren Schlag gegen die Wirtschaft des Landes zu beeinflussen. Im Bericht heißt es zu den Plänen des Al-Kaida-Terroristen *Khalid Sheikh Mohammed (KSM)*:

„KSM reasoned he could best influence U.S.policy by targeting the country´s economy. (...) KSM describes a grandiose original plan: a total of ten aircraft to be hijacked, nine of which would crash into targets on both coasts – they included those eventually hit on September 11 plus CIA and FBI headquarters, nuclear power plants, and the tallest buildings in California and the State of Washington." [337].

Die Variante, mit Flugzeugen ein Atomkraftwerk in der Nähe von New York zu treffen, ist auch von den Terroristen *Atta* und *Binalshibh* in Erwägung gezogen und später verworfen worden. Die anderen Piloten befürchteten, dass der Flugraum rund um Atomkraftwerke gut überwacht war, womit die Wahrscheinlichkeit erhöht worden wäre, dass alle Flugzeuge vor dem Einschlag in die anvisierten Ziele hätten abgeschossen werden können. Ein zweiter Grund bestand darin, dass Atomkraftwerken keine besondere symbolische Bedeutung zukäme. Der Bericht führt dazu aus:

„.... Atta also mentioned that he had considered targeting a nuclear facility he had seen during familiarization flights near New York ... According to Binalshibh, the other pilots did not like the idea. They thought a nuclear target would be difficult because the airspace

---

337. The 9/11 Commission Report, S. 153 f. – keine Hervorhebung im Original.

around it was restricted ... increasing the likelihood that any plane would be shot down before impact. ... Nor would a nuclear facility have particular symbolic value."[338]

Der „9/11 Commission Report" macht deutlich, dass sich islamistische Terroristen durchaus vorstellen können, ihre Ziele mit dem Angriff auf ein Atomkraftwerk zu erreichen (*KSM* und *Atta*). *KSM* war der ursprüngliche Ideengeber für die sog. „*Plane operation*", die Entführung von Flugzeugen und deren Einsatz als Waffen. Ein wesentliches Ziel des islamistischen Terrorismus besteht darin, die Politik der westlichen Welt durch die Beeinträchtigung der Wirtschaft (siehe *KSM*) und durch größtmögliche Personenopfer (siehe Anschläge vom 11. März 2004 in Madrid) zu beeinflussen. Dieses verheerende Ziel lässt sich mit dem Versuch der Verursachung eines Super-GAUs in einem Atomkraftwerk – mit einer Kernschmelze und dem Austritt großer Mengen an Radioaktivität – hervorragend erreichen. Dass sich die Terroristen des 11. September für andere – vorwiegend symbolische – Ziele entschieden haben, schließt nicht aus, dass sich künftige Anschläge auf Atomkraftwerke richten könnten. Die Anschläge von Al-Kaida vom 11. März 2004 in Madrid veranschaulichen dies. Die Terroristen haben mit den dortigen Sprengstoffanschlägen in Pendlerzügen weitgehend auf Symbolik verzichtet und wollten vor allem einen größtmöglichen Personenschaden erreichen. Dadurch haben sie kurz vor den Wahlen zum spanischen Parlament erhebliche Unruhe in die Politik gebracht und konnten einen nicht zu unterschätzenden Einfluss auf den Regierungswechsel von Ministerpräsident *Aznar* zu *Zapatero* nehmen. Beim durchgeführten Anschlag vom 7. Juli 2005 auf U-Bahn-Stationen in London und dem versuchten Anschlag vom 31. Juli 2006 auf Regionalbahnen in Köln hat sich das Muster des größtmöglichen Personenschadens wiederholt.

Die Sicherheitsbehörden des Bundes bestätigen, dass die Symbolik kein notwendiges Anschlagskriterium für den islamistischen Terrorismus ist. Ein Anschlag auf kerntechnische Einrichtungen sei eine „mögliche Option", erklärte die Bundesregierung in der Antwort auf eine Kleine Anfrage im Deutschen Bundestag:

„Nach Einschätzung der Sicherheitsbehörden des Bundes zum islamistischen Terrorismus ist seit den Anschlägen des 11. September 2001 davon auszugehen, dass Täter aus diesem Bereich nicht nur eine symbolische Wirkung ihrer Taten anstreben, sondern insbesondere versuchen größtmögliche Personenschäden zu erzielen. Ein Anschlag auf kerntechnische Einrichtungen muss daher als mögliche Option angesehen und kann nicht völlig ausgeschlossen werden."[339]

Vor den Olympischen Spielen im Jahr 2000 vereitelten australische Sicherheitsbehörden einen Anschlag einer möglicherweise mit Al-Kaida verbundenen Terrorgruppe auf den australischen Atomforschungsreaktor „Lucas Heights" in Sydney[340]. Der Verdacht gegen einen Waffenhändler, der am 5. Januar 2007 mit panzerbrechenden Raketen einen Anschlag auf diesen Atomforschungsreaktor in Sydney habe verüben wollen, zeigt, dass über den islamistischen Terrorismus hinaus Atomkraftwerke ins Visier terroristischer Aktivitäten geraten können[341]. Eine neue Dimension eröffnet sich mit Hilfe des sogenannten „Cyber-Terrorismus": Die digitale Steuerung des iranischen Atomkraftwerks Bushehr ist offenbar Opfer eines An-

---

338. The 9/11 Commission Report, S. 245 – keine Hervorhebung im Original.
339. Bundestags-Drs. 16/724, Antwort auf Frage 18.
340. Vgl. EUROPOLITAN vom 17. Mai 2004.
341. Vgl. Frankfurter Rundschau vom 6. Januar 2007, 6.

griffs von Computerviren geworden[342]. Die terroristische Weiterentwicklung eines Gegenangriffs könnte in der Programmierung einer Selbstzerstörung liegen. Denn die Steuerung von Atomkraftwerken erfolgt weitestgehend über Computersoftware. Warum soll es nicht möglich sein, beispielsweise das Anfahren der Hauptkühlmittelpumpen vollständig fehl zu steuern?

Die Konsequenzen eines terroristischen Flugabsturzes beispielsweise auf die Kuppel des Reaktors Biblis A wären verheerend. Mit einer durch den Aufprall eines Flugzeugs ausgelösten Kernschmelze im AKW Biblis A könnten Terroristen über vier Millionen Menschen in einer der wichtigsten Wirtschaftsregionen Europas – den Ballungsgebieten Rhein-Main und Rhein-Neckar – mit austretender Radioaktivität bedrohen. Im näheren Umkreis von Biblis (bis 70 km) wohnen über 2.101.000 Menschen – in den Großstädten Mainz, Wiesbaden, Frankfurt am Main, Offenbach, Darmstadt, Heidelberg, Mannheim und Ludwigshafen sowie in der mittelgroßen Stadt Worms. Nochmal so viele Menschen – nämlich 2.133.500 – wohnen innerhalb dieses Umkreises in den Landkreisen Bergstraße, Groß-Gerau, Offenbach, Darmstadt-Dieburg (alle Hessen), in den Landkreisen Mainz-Bingen, Alzey-Worms, Bad Dürkheim (alle Rheinland-Pfalz) sowie im Rhein-Neckar-Kreis (Baden-Württemberg).

Diese Szenarien und die verheerenden Folgen erschienen dem deutschen Gesetzgeber so plausibel, dass er der Bundesregierung und der Bundeswehr mit dem Luftsicherheitsgesetz[343] die Möglichkeit gab, ein von Terroristen gekapertes Flugzeug abzuschießen. Diese gesetzliche Ermächtigung wurde vom Bundesverfassungsgericht mit dem berühmten Urteil vom 15.02.2006[344] verworfen: *„Die Ermächtigung der Streitkräfte, gemäß § 14 Abs. 3 des Luftsicherheitsgesetzes durch unmittelbare Einwirkung mit Waffengewalt ein Luftfahrzeug abzuschießen, das gegen das Leben von Menschen eingesetzt werden soll, ist mit dem Recht auf Leben nach Art. 2 Abs. 2 Satz 1 GG in Verbindung mit der Menschenwürdegarantie des Art. 1 Abs. 1 GG nicht vereinbar, soweit davon tatunbeteiligte Menschen an Bord des Luftfahrzeugs betroffen werden."* Ergebnis: Mit dem terroristischen Flugzeugabsturz muss weiter gerechnet werden.

Diese Gefahr ging auch in die Rechtsprechung des Bundesverwaltungsgerichts ein: Mit seinem Urteil vom 10.04.2008[345] entschied es, dass bei der Festlegung der Sicherheitsanforderungen an ein atomares Zwischenlager der terroristische Flugzeugabsturz berücksichtigt werden müsse. Mit anderen Worten: Es muss den Absturz eines Verkehrsflugzeugs ohne Radioaktivitätsfreisetzung in die Umwelt überstehen können.

Die deutsche „Gesellschaft für Anlagen- und Reaktorsicherheit" (GRS) hat im Auftrag des Bundesumweltministeriums die Sicherung der deutschen Atomkraftwerke gegen terroristischen Flugzeugabsturz untersucht, mit dem folgenden Ergebnis: Keines der deutschen Atomkraftwerke ist so gegen einen Flugzeugabsturz gesichert, dass eine Katastrophe ausgeschlossen werden könne. Fünf Kernkraft-Typen wurden als Referenzanlagen genauer analysiert und die Ergebnisse dann auf die übrigen 14 Kraftwerke übertragen (Obrigheim und Stade waren noch am Netz). Zwei Szenarien wurden zugrundegelegt: Im ersten zerstört ein Passagierflugzeug

---

342. faz.net: Der digitale Erstschlag ist erfolgt, v. 22.09.2010.
343. Gesetz zur Neuregelung von Luftsicherheitsaufgaben v. 11.01.2005, BGBl I 78.
344. BVerfGE 115, 118.
345. ZNER 2010, 417; vgl. auch Pistner/Küppers, Analyse des „Bedrohungspotentials gezielter Flugzeugabsturz" am Beispiel der Anlage Biblis A, Öko-Institut 2007.

die Reaktorhülle, im zweiten werden durch den Aufprall die Rohrleitungen im Inneren des Reaktors abgerissen. Zwar würden die Betonhüllen bei den sieben modernen Druckwasserreaktoren, die gegen den Absturz eines Phantom-Kampfjets ausgelegt sind, dem Aufprall einer Passagiermaschine standhalten. Dennoch ist ein GAU wie in Tschernobyl möglich: Die Erschütterungen durch den Aufprall könnten zu schweren Zerstörungen im Inneren führen. Bei den drei neueren Siedewasserreaktoren (Krümmel sowie Gundremmingen B und C) würde ein größeres Verkehrsflugzeug sogar die Betonhülle durchschlagen. Bei den neun älteren Kernkraftwerken kann schon durch den Absturz einer kleinen Verkehrsmaschine eine Katastrophe ausgelöst werden. Zu entsprechenden Ergebnissen führte eine Untersuchung der internationalen Länderkommission Kerntechnik aus dem Jahr 2002.

Dem Bundesumweltministerium waren diese Ergebnisse seit dem Jahr 2002 bekannt. Trotzdem wurden die gefährdeten Anlagen nicht stillgelegt. Grund war eine Abwägung: Die Abschaltung gerade der gefährdeten Altanlagen stand nach dem Atomkonsens so nahe an, dass auf nachträgliche Auflagen zur Nachrüstung, die extrem teuer geworden wären, verzichtet wurde. Diese Verhältnismäßigkeitserwägung gilt aber nicht mehr, wenn der Atomkonsens aufgekündigt wird. Die Atomaufsichtsbehörden werden sich auf viel Arbeit und viele Prozesse – mit ungewissem Ausgang – einstellen müssen.

Die Schlacht um den Einspeisungsvorrang droht

Im Koalitionsvertrag haben sich die Parteien zu dem Ziel bekannt, *„die Erderwärmung auf maximal 2 °C zu begrenzen"*[346]. Für Deutschland wollen sie daher *„einen konkreten Entwicklungspfad festlegen. (Wir) bekräftigen unser Ziel, die Treibhausgas-Emissionen bis 2020 um 40 % gegenüber 1990 zu senken"*. Deswegen hält auch diese Koalition am *„Weg in das regenerative Zeitalter"* fest und will die *„Technologieführerschaft bei den Erneuerbaren Energien ausbauen"*. Festgehalten wird auch am EEG sowie am *„unbegrenzten Einspeisevorrang"*. Aber was bedeutet das?

Schon jetzt ist der Anteil der Erneuerbaren Energien am „Strommix" so hoch, dass sogar Kernkraftwerke mit zunehmender Tendenz ihren Strom nicht mehr verkaufen können. SPIEGEL online stelle am 23.04.2010 unter dem Titel *„Ökostrom verdrängt Atomenergie in Rekordzeit"* die Lage wie folgt dar: *„Der Ausbau Erneuerbarer Energien übertrifft alle Prognosen, schon jetzt werden Kernkraftwerke zum Teil ihren Strom nicht los ... Am 25. Dezember 2009 etwa ließen orkanartige Böen Deutschlands Windkraftanlagen auf Hochtouren laufen. Da die Kraftwerke nicht schnell genug heruntergeregelt werden konnten, war auf einmal mehr Strom verfügbar als nachgefragt wurde. An der deutschen Strombörse in Leipzig hatte das absurde Folgen: Der Strompreis drehte ins Minus. Abnehmer von Elektrizität verdienten zeitweise bis zu 230 Euro pro Megawattstunde. Insgesamt konnten Stromkäufer gut 14 Mio. Euro auf ihren Konten gutschreiben. Ein solches Überangebot gibt es in letzter Zeit immer öfter: Zwischen September und Anfang März sind die Strompreise an 29 Tagen in den negativen Bereich abgedriftet. Schuld daran ist die unkoordinierte Energiepolitik der Regierung."*

---

346. Ziff. 4.2, 17.

Mehrere neue wissenschaftliche Untersuchungen u. a. des Umweltbundesamtes und des Sachverständigenrates für Umweltfragen (SRU) kommen übereinstimmend zu dem Ergebnis, dass der Ausbau der Erneuerbaren Energien so schnell vorankommt, dass es auch bei einem Ausstieg aus der Atomkraft und einem Verzicht auf den Bau neuer Kohlekraftwerke zu keinen Einschränkungen bei der Versorgungssicherheit kommen wird. Im Bereich der Erneuerbaren Energien waren Ende 2009 nach Schätzungen des Branchenverbandes der Erneuerbaren Energien bereits 43,8 GW an Stromerzeugungskapazität in Deutschland installiert[347]. Nach Berechnungen des Umweltbundesamtes werden die Erneuerbaren Energien bis 2020 einen Anteil am Stromverbrauch von mindestens 37 % erreichen. Der Branchenverband der Erneuerbaren Energien prognostiziert für das Jahr 2020 gar eine installierte Leistung von 111 GW, die 47 % der bundesdeutschen Stromnachfrage decken wird[348]. Zu vergleichbaren Ergebnissen kommt der SRU in seiner Stellungnahme *„100 % Erneuerbare Stromversorgung bis 2050: klimaverträglich, sicher, bezahlbar"*[349]. Aus der Zusammenfassung dieser Studie[350] ergibt sich: *„Weder eine Verlängerung der Laufzeit von Atomkraftwerken noch der Bau neuer Kohlekraftwerke mit Kohlendioxidabscheidung und –speicherung sind notwendig. Anders ausgedrückt: Bereits der Bestand an konventionellen Kraftwerken (mit einem geringen Zubau an Gaskraftwerken) reicht als Brücke – hin zu einer regenerativen Stromversorgung – aus."*

Daraus ergibt sich: Bleibt es beim Einspeisevorrang, werden die Einspeisungen aus Erneuerbaren Energien zwangsläufig immer mehr konventionell erzeugten Strom verdrängen. Diese Verdrängung geht bis in die Grundlast auch der Kernkraftwerke. Dieser Vorgang entzieht sich politischer Planung. Auch wenn ein novelliertes Atomgesetz die Laufzeiten verlängert, könnten sie trotzdem nicht länger laufen. Die Betreiber kommen überdies in große technische Schwierigkeiten, weil Kernkraftwerke dann *„abgefahren"* werden müssen, wie die *„Reaktorfahrer"* sagen. Das geht aber gar nicht so einfach – und kostet außerdem viel Geld. Was ins Haus steht, ist ein großer Showdown: Wer darf einspeisen, die EEs oder die AKWs?

Kein Sachzwang

Diese sich abzeichnenden Auseinandersetzungen sind deswegen so irrational, weil kein Sachzwang besteht. Die Stromversorgung könnte auch ohne Atomverstromung sichergestellt werden. Aber die politischen Auseinandersetzungen im Bundestag, die sich abzeichnenden mit dem Bundesrat mit seiner regierungskritischen Mehrheit, die unvermeidliche Anrufung des Bundesverfassungsgerichts, die Gefährdungen aus der unmöglich zu schaffenden Sicherheit vor dem terroristischen Flugzeugabsturz, die Auseinandersetzungen mit der Anti-AKW-Bewegung um Gorleben, werden kommen. Dabei bestand für die Atomverstromung nie eine Notwendigkeit. Mit viel, viel Geld, das den Stromverbrauchern aus der Tasche gezogen wurde, wurde eine Technologie gefördert, die letztlich nicht sicher beherrschbar ist, aufgegeben wird und das unlösbare Atommüllproblem erzeugt. Es stände einem der rationalsten demokra-

---

347. BEE, unendlich-viel-energie.de/10-Jahre-EEG – installierte Leistung.
348. BEE, Stromversorgung 2020 – Wege in eine moderne Energiewirtschaft, Januar 2009.
349. Mai 2010, 47.
350. SRU (Fußnote 349), 82.

tischen Rechtsstaaten der Welt gut an, über die Frage der weiteren Nutzung der Atomkraft auch rational zu entscheiden.

9. Kapitel
Der unaufhaltsame Aufstieg der Erneuerbaren Energien

1   Der Gesetzgeber entscheidet höchst selbst

Das Stromeinspeisungsgesetz

Das Recht der Erneuerbaren Energien und insbesondere die Regelung der Einspeisevergütungen haben eine ganz überraschende parlamentarische Basis: Sie sind nicht etwa entstanden aus parlamentarischen Initiativen der GRÜNEN, die in den frühen 90er Jahren die Hauptprotagonisten des Umwelt- und Klimaschutzes waren. Vielmehr entstand das Stromeinspeisungsgesetz (StrEG) aus einer Initiative der Fraktionen von CDU/CSU und der FDP vom 07. September 1990[351]. Vorläufer war eine staatliche Preisregelung, nämlich die Bayerische Anordnung By 2/52 für die Einspeisevergütung aus Wasserkraftstrom[352]. Damit wird auch der eigentliche Anreger für das Gesetz deutlich: Der Mittelstand, beispielsweise verkörpert in der Bayerischen Vereinigung der kleinen Wasserkraftbetreiber, deren Geschäftsführer, Dr. Peter Ramsauer, später in den Bundestag kam und heute Bundesverkehrsminister ist.

Aus dem Fraktionsentwurf entstand der Gesetzentwurf der Bundesregierung[353], der im Wirtschaftsausschuss, eingebracht von dem CSU-Abgeordneten Engelsberger, Zustimmung fand[354]. Der Bundesrat stimmte, obwohl es sich nicht um ein zustimmungspflichtiges Gesetz handelte, mit seiner regierungstragenden Mehrheit zu[355], wobei er auch die Zustimmung der SPD-Länder fand; Vorsitzender der Wirtschaftsministerkonferenz war seinerzeit der nordrhein-westfälische Bundeswirtschaftsminister Jochimsen. Die BR-Vorlage ist insofern sehr interessant, als darauf aufmerksam gemacht wird, dass der Vorläufer für die Einspeisevergütungen, die Verbändevereinbarung[356] insbesondere für Strom aus Kraft-Wärme-Kopplung, nur sehr viel niedrigere Einspeisevergütungen erbracht hätte. Auf Basis des Gesetzes sollte sich eine Mindestvergütung von 13,91 bzw. 16,70 Pf./kWh ergeben. Gefördert würden über 4.000 bereits laufende Anlagen auf Basis Erneuerbarer Energien mit einer elektrischen Leistung von rd. 470 MW. Den kleineren Wasserkraftwerken sollten dadurch zusätzlich über 40 Mio. DM zufließen, den Windkraftwerken ca. 220.000 DM und den Solaranlagen ca. 10.000 DM p.

---

351. BT-Drs. 11/7816.
352. Vgl. den Gesetzentwurf der Bundesregierung vom 25.09.1990, BT.-Drs. 11/7971, zu § 3, 6.
353. S. die vorherige Fußnote.
354. Beschlussempfehlung und Bericht vom 26.09.1990, BT-Drs. 11/7978.
355. BR-Drs. 581/90.
356. Vom 01.08.1979, dazu Altrock/Oschmann/Theobald, EEG, 2006, Einführung Rz. 5 ff.

a. Auch die Anlagen zur Verwertung von Deponiegas und Klärgas sind nennenswert dabei, nämlich mit 7 Mio. DM.

Der Bundestag stimmte dem Gesetz am 12.10.1990[357] ebenfalls zu – obwohl inzwischen die Vereinigung deutscher Elektrizitätswerke den Braten gerochen hatte und Sturm lief gegen das Gesetz. Jedoch war es zu spät. Die parlamentarischen Mehrheiten waren gesichert. Überflüssig, zu sagen, dass die SPD-Bundestagsfraktion, in der der Abgeordnete Hermann Scheer um Zustimmung warb, dem Gesetz ebenfalls zustimmte; und natürlich erst Recht die Fraktion der GRÜNEN.

Das Stromeinspeisungsgesetz war mithin das Produkt einer großen Koalition; die heute vielleicht etwas in Vergessenheit geraten ist, der Sache nach aber heute noch hält.

Das Erneuerbare Energien-Gesetz

Auslöser für eine Novellierung des StrEG war das Erreichen des sogenannten 5 %-Deckels für die Versorgungsgebiete der Schleswag (Rendsburg) und von EWE (Oldenburg): Danach überstieg der eingespeiste Strom 5 % des im Versorgungsgebiet insgesamt abgesetzten Stroms, so dass die Aufnahmepflicht der Unternehmen entfiel. Aufnahmeverpflichtet war nunmehr der vorgelagerte Netzbetreiber[358]. Bei den Regierungsfraktionen aus SPD und GRÜNEN bestand Einigkeit, dass eine umfassende Novellierung des Rechts der Erneuerbaren Energien nötig geworden war. Anders als üblich wurde aber der Gesetzentwurf nicht von dem innerhalb der Bundesregierung damals für Erneuerbare Energien federführenden Bundeswirtschaftsministerium erarbeitet, sondern von einer Arbeitsgruppe der Regierungsfraktionen[359] unter Federführung des Abgeordneten Hermann Scheer. Hintergrund waren Differenzen zwischen den Fraktionen und dem BMWi, beispielsweise über die Verwendung des eingespeisten Stroms. Das BMWi wollte diesen den Netzbetreibern überlassen, entweder zur eigenen oder zur Verwertung am Markt. Im letzten Moment entstand im Parlament eine davon völlig abweichende Konzeption, nämlich die des physikalischen Belastungsausgleichs, wie sie in § 11 des Gesetzes[360] (EEG 2000) schließlich geregelt wurde. Das Gesetz fand eine deutliche parlamentarische Mehrheit. Auch der Bundesrat stimmte zu. Die ablehnenden Stimmen kamen insbesondere aus der CDU/CSU-Bundestagsfraktion. Die FDP enthielt sich. Damit war die parlamentarische Basis nicht mehr ganz so überzeugend.

Allerdings führte das EEG in den ersten vier Jahren zu einem deutlichen Zuwachs des Anteils der Erneuerbaren Energien in der Stromerzeugung: Er stieg von 4,6 % im Jahre 1998 auf rd. 16 % Ende 2009. Der stärkste Zuwachs fand bei der Windenergie statt, mit der im Jahr 2009 etwa 38,1 Mrd. kWh Strom erzeugt wurden[361]. Der Anteil aus Wasserkraft lag mit

---

357. BGBl I. 2633.
358. Vgl. § 4 StrEG, Härteklausel.
359. So die Darstellung der Entstehungsgeschichte bei Altrock/Oschmann/Theobald, EEG, 2006, Einführung Rz. 17.
360. Vom 29.03.2000, BGBl I 305; die Konzeption entstand an einem Freitag Morgen in der Kanzlei des Verfassers, als Gesetz wurde sie am darauffolgenden Montag beschlossen.
361. FAZ, 30.07.2010; sehr interessant sind die folgenden Zahlen: installierte Kapazität derzeit 26.387 MW, die

227

20 Mrd. kWh jetzt darunter. Die Wirtschaftskraft und auch der Beschäftigtenanteil in der Erneuerbare Energien-Branche sind damit dermaßen gestiegen, dass eine Umkehr nicht mehr denkbar ist. Selbst die der CDU angehörenden Ministerpräsidenten von Niedersachsen und Schleswig-Holstein sind Anhänger der Erneuerbaren Energien. Damit hat der parlamentarische Gesetzgeber in voller Legitimität den Siegeszug der Erneuerbaren Energien durchgesetzt.

2 100 % Erneuerbare Stromversorgung bis 2050: klimaverträglich, sicher, bezahlbar

Unter diesem – programmatischen – Titel veröffentlichte der Sachverständigenrat für Umweltfragen (SRU), eine schon im Jahr 1971 eingerichtete Institution der wissenschaftlichen Politikberatung beim Umweltministerium, im Mai 2010 eine Stellungnahme, aus der ein Sondergutachten zur Zukunft der Stromversorgung in Deutschland mit Blick auf das Jahr 2050 entstehen soll. Diese Stellungnahme und erste Ergebnisse für das Sondergutachten wurden dem Umweltausschuss des Deutschen Bundestages vorgestellt. Die Ergebnisse waren einigermaßen revolutionär:

- Erneuerbare Energien (EE) könnten im Jahr 2050 selbst eine Nachfrage decken, die auf 700 TWh im Jahr steigt und damit um ca. 20 % höher läge als heute.
- Die Versorgungssicherheit werde in jeder Stunde des Jahres gewährleistet.
- Die Kosten können auf unter 7 ct/kWh gesenkt werden.
- Laufzeitverlängerung und neue Kohlekraftwerke sind nicht nötig.
- Langfristig ist die Erneuerbare Stromversorgung günstiger als die heutige.
- Aber: Da Strom aus EE nicht stetig erzeugt wird, müssen in großem Umfang neue Speicherkapazitäten – insbesondere Pump- und Druckluftspeicher – zur Verfügung gestellt werden, was eine intensive Zusammenarbeit mit Norwegen und Dänemark voraussetzt.
- Die Netze müssen ausgebaut werden, um Stromtransporte insbesondere aus Offshore-Windkraft und aus den Speichern zu den Verbrauchern zu gewährleisten.
- Die Politik, die die Herausforderungen noch nicht ausreichend erkannt hat, muss für klare Zielsetzungen sorgen und die Weichen stellen.

Der eigentliche Zündstoff liegt im unvermeidlichen Konflikt mit den Betreibern lukrativer Kohle- und Kernkraftwerke. Diese Kraftwerke werden nicht mehr gebraucht und müssen abgeschaltet werden. Das werden die Konzerne mit allen Mitteln zu verhindern versuchen. Dieser Konflikt tobt bereits und kann beim Streit über die Verlängerung der Laufzeiten der Kernkraftwerke besichtigt werden.

---

der Kernkraftwerke nur noch 21.507 MW. Sie erzeugten allerdings 135 Mrd. kWh, mehr als dreimal soviel wie die Windanlagen.

Die Klimaziele

Der Rat der Europäischen Union legte sich in seiner Tagung vom 29./30. Oktober 2009[362] darauf fest, dass die Emissionen klimaschädlicher Gase bis 2050 auf 80 bis 95 % zurückgehen müssten, im Vergleich zu den Emissionen des Jahres 1990. Bis zum Jahr 2020 müssten 30 % Rückgang erreicht sein. Damit übernimmt der Rat die Forderungen der Klimawissenschaft[363]. Die Bundesregierung will die Treibhausgasemissionen bis zum Jahr 2020 sogar um 40 % gegenüber 1990 reduzieren und hat die Notwendigkeit einer weiteren Reduktion der Treibhausgase um mindestens 80 % bis 2050 im Koalitionsvertrag festgelegt. Das ist auch angebracht, weil Deutschland im Vergleich der EU-Mitgliedstaaten eine Spitzenposition im Ausstoß von Treibhausgasen einnimmt.

In der Tat: Die Klimaveränderungen sind mit Händen greifbar. Das gilt für das Deutschland des Jahres 2010, wo der heißeste Juni seit Beginn der Wetteraufzeichnungen gemessen wurde, während der Juli im Süden Deutschlands so regenreich war, dass der Bodensee eineinhalb Meter über der üblichen Pegelmarke lag. In Russland wurde der heißeste Sommer seit jeher verzeichnet, begleitet von verheerenden Waldbränden. In Pakistan sind Millionen durch heftige Regenfälle mit anschließenden Überschwemmungen obdachlos geworden. In der Arktis ist eine riesige Gletscherplatte abgebrochen: Dabei nimmt die Erderwärmung seit langem zu. Die vereinbarte Begrenzung auf 2°C Zunahme greift erst in vielen Jahren. Das Jahr 2050 als Zieljahr der Verringerung der Emissionen auf 10 bis 15 % des Standes 1990 ist noch 40 Jahre dahin. Die Stromversorgung ist in ihrer aktuellen Form für etwa 40 % der gesamten deutschen CO_2-Emissionen verantwortlich[364]. Deswegen geht der SRU davon aus, dass es zur Erreichung des Minderungsziels für Treibhausgase von nur 80 % bis 2050 nötig ist, *„die Stromversorgung vollständig zu dekarbonisieren"*[365].

Der aktuelle Stand der installierten Leistung, des Verbrauchs und der Anteil der EE daran

In Deutschland beläuft sich die gesamte Erzeugungskapazität (*„installierte Leistung"*) auf 154 GW (Gigawatt, = 154 Mrd. Kilowatt). Erzeugt wurden im Jahr 2009 ca. 582 GWh (synonymer Begriff TWh = Terawattstunden), von denen allerdings die elektrische Arbeit, die für die Stromerzeugung im jeweiligen Kraftwerk verbraucht wird, abzuziehen ist (Nettostromerzeugung). Dann kommt man auf etwa 530 GWh Verbrauch von Dritten. Die anteilige Kapazität der 17 deutschen Kernkraftwerke lag 2009 bei 21,5 GW. Sie erzeugten allerdings 135 GWh, mehr als dreimal soviel wie die Windanlagen.

---

362. Rat der Europäischen Union (2009): Schlussfolgerungen des Vorsitzes, 15265/1/09.
363. Intergovernmental Panel on Climate Change (IPCC), 2007: Climate Change 2007: Netegation. Contribution of Working Group 3 zu III to the Fourth Assessment Report of the Intergovernmental Panel on Climate Change, Cambridge.
364. Umweltbundesamt, Nationale Trendtabellen für die deutsche Berichterstattung atmosphärische Emissionen. 1990 – 2008, 2010.
365. SRU, 100 % Erneuerbare Stromversorgung bis 2050, 6.

Der Anteil der Erneuerbaren Energien daran beläuft sich auf ca. 40 GW, der Anteil der Windkraft daran auf ca. 26,4 GW. Der derzeitige Zubau beläuft sich auf 6 GW p.a. Nach den Annahmen des Branchenverbands der Erneuerbaren Energien wird für das Jahr 2020 eine installierte Leistung von 111 GW vorliegen, die 47 % der bundesdeutschen Stromnachfrage decke[366].

Die vollständige Umstellung der Stromversorgung auf EE bis 2050 ist möglich

Der SRU zitiert eine Reihe aktueller Studien, die belegen, dass ein Strukturwandel hin zu einer weitgehend oder vollständig auf erneuerbaren Quellen beruhenden Stromerzeugung in Deutschland und Europa möglich ist[367]. Die wichtigste Basis liefert die REMIX-Studie des Deutschen Zentrums für Luft- und Raumfahrt (DLR)[368]. Das Modell analysiert in einem ersten Schritt die Potentiale erneuerbarer Energieträger und berechnet dann einen optimierten (= kostenminimalen) Mix von Energieträgern. Erhoben werden dafür die Stromerzeugungspotentiale Erneuerbarer Energien in Deutschland, Europa und Nordafrika. Einbezogen wurden 36 Länder von Albanien bis Ägypten[369]. Die wichtigsten Stromquellen sind Wind (onshore und offshore), Laufwasserkraftwerke, Speicherwasserkraftwerke, Photovoltaik, gasförmige und feste Biomasse. Zum Ausgleich der fluktuierenden Erzeugung werden Pump- und Druckluftspeicher benötigt.

Für die Kostenabschätzung verwendet die Studie Annahmen über *„Lernraten"*: Sie besagen, dass bei einer Verdopplung der Produktion einer bestimmten Technologie (z. B. Zahl der produzierten Windräder) mit einer Kostenreduktion um X % zu rechnen ist. Allerdings streiten sich die Experten über die künftigen Kostensenkungspotentiale. Jedoch liegen für Wind und Photovoltaik empirische Daten vor. Das DLR geht bei Wind von Lernraten von 11,5 % für onshore und 18,6 % für offshore aus. Im Bereich der Photovoltaik kommt Surek[370] zu historischen Lernraten von 20 %, die allerdings wohl nicht durchgehalten werden können.

Das REMIX-Modell umfasst Europa und Nordafrika. Es arbeitet mit einer zeitlichen Auflösung von einer Stunde und kann daher die Stromerzeugung im Jahresverlauf stundengenau auf die Nachfrage abstimmen. Vorausgesetzt ist die vollständige Versorgungssicherheit. Das kann man nur durch zeitgleiche Produktion Erneuerbarer Elektrizität oder durch Verwendung

---

366. BEE, Stromversorgung 2020 – Wege in eine moderne Energiewirtschaft, 2009, 4.
367. PwC (PricewaterhouseCoopers), 2010, PIK (Potsdam-Institut für Klimafolgenforschung), IIASA (International Institute for Applied Systems Analysis), ECF (European Climate Forum), 2010; EREC (European Renewable Energy Council), 2010; UBA (Umweltbundesamt), Klimaschutz und Versorgungssicherheit. Entwicklung einer nachhaltigen Stromversorgung, Dessau-Roßlau, 2009; Öko-Institut und Prognos AG 2009; Nitsch/Wenzel, Langfristszenarien und Strategien für den Ausbau Erneuerbarer Energien in Deutschland unter Berücksichtigung der europäischen und globalen Entwicklung. Leitszenario 2009, Berlin 2009 (BMU); FoE (Friends of the Eearth Europe)/SEI (Stockholm Environment Institute), 2009, The 40 % study. Mobilizing Europe to achieve climate justice, Brüssel, Stockholm 2009.
368. Möglichkeiten und Grenzen der Integration verschiedener regenerativer Energiequellen zu einer 100 % regenerativen Stromversorgung der Bundesrepublik Deutschland bis zum Jahr 2050. Endbericht. Entwurf, Stuttgart.
369. SRU-Stellungnahme, 10, mit Grafik.
370. Crystal growth and materials research in photovoltaics: progress and challenges, Journal of Crystal Growth, 275, 292 ff., 294.

von Strom aus Speichern sicherstellen. Das Modell rechnet mit zwei Grundannahmen über den Verbrauch in 2050: Eine Grundannahme geht von einem Verbrauch von 509 TWh/a aus; ein Verbrauch, wie er aktuell in etwa vorliegt. In einem zweiten Szenario wird eine Steigerung auf 700 TWh/a unterstellt. Bei beiden Szenarien kann der Bedarf vollständig aus in Deutschland erzeugter Elektrizität gedeckt werden (*„Deutschland als Insel"*). Wahrscheinlicher ist aber ein Szenario mit einem Austausch der unterschiedlichen Erzeugungs- und Speicherkapazitäten in den Ländern eines Stromverbunds. Die Annahme, dass es im Jahr 2050 zu einer Stabilisierung des Verbrauchs im Bereich von 500 TWh/a kommen kann, wird von vielen Untersuchungen gestützt[371].

Bei den Potentialen der Energieträger liegen die relativ kostengünstigen im Bereich der on- und offshore-Windenergienutzung (ca. 407 TWh/a) und der Nutzung der Wasserkraft. Diese ist allerdings auf ca. 28 TWh/a begrenzt. Auch die Nutzung der Biomasse, die im Vergleich zur Geothermie zu relativ niedrigen Grenzkosten realisiert werden kann, ist mit ca. 71 TWh/a deutlich begrenzt. Die Nutzung der Photovoltaik hat zwar ein größeres Potential (ca. 110 TWh/a), führt aber schon zu erheblich höheren Grenzkosten. Die Windenergie und Photovoltaik unterliegen allerdings sehr großen Schwankungen. Aufgrund dieser Schwankungen ist in Deutschland nur unter günstigen Bedingungen ein Leistungsangebot von ca. 190 GW möglich, während unter ungünstigen Bedingungen nur ein Leistungsangebot von ca. 39 GW verfügbar ist. Diesem Leistungspotential regenerativer Energiequellen steht bei einer jährlichen Nachfrage von ca. 500 TWh eine nachgefragte Maximalleistung von 81 GW und eine minimale Last von 35 GW gegenüber. Daraus ergibt sich zwingend, dass elektrische Arbeit in Überflusszeiten gespeichert und in Mangelzeiten abgerufen werden muss.

Die Situation verbessert sich extrem, wenn man das Erzeugungspotential für die Region Europa/Nordafrika in die Betrachtung einbezieht. Bei Erzeugungskosten von weniger als 5 ct/kWh (Kosten des Jahres 2050) lassen sich über 47.000 TWh/a erzeugen – der deutsche Bedarf liegt bei nur 509 TWh/a. Betrachtet man Europa und den nördlichen Rand des afrikanischen Kontinents als ein mögliches gemeinsames Versorgungsgebiet, so zeigt sich, dass hier einer maximalen Netzlast (Nachfrage) von ca. 840 GW – das ist die Spitzenlast des favorisierten deutschen Nachfrageszenarios – ein Erzeugungspotential von ca. 39.800 GW gegenübersteht. Eine Versorgung der Region Europa-Nordafrika mit regenerativer Energie kommt also auch nicht ansatzweise an die Grenzen der Erzeugungspotentiale. Vielmehr reichen ca. 2 % dieser Potentiale aus, um eine dauerhafte regenerative Stromversorgung der Region zu gewährleisten. In Deutschland lässt sich *„jede denkbare zukünftige Stromnachfrage ... befriedigen"*[372].

---

371. Öko-Institut/Prognos, Modell Deutschland – Klimaschutz bis 2050: vom Ziel her denken, Basel/Berlin, 2009; UBA: Politikszenarien für den Klimaschutz V – auf dem Weg zum Strukturwandel. Treibhausgas-Emissionsszenarien bis zum Jahr 2030, Dessau/Rosslau, 2009; Barthel/Bunse/Irrek/Thomas, Optionen und Potentiale für Endenergieeffizienz und Energiedienstleistungen. Endbericht. Wuppertal-Institut für Klima, Umwelt, Energie, 2006; Enquête-Kommission nachhaltige Energieversorgung unter den Bedingungen der Globalisierung und Liberalisierung, Endbericht, Deutscher Bundestag, 2002 (BT-Drs 14/9400); Nitsch, Weiterentwicklung der Ausbaustrategie Erneuerbare Energien – Leitstudie 2008, Berlin 2008 (Hrsg. BMU).
372. SRU, Stellungnahme 2010, 23.

Aber: massiver Speicherausbau nötig

Insbesondere die fluktuierende Einspeisung aus Windkraft und Photovoltaik führt dazu, dass in großem Umfang Speicher gebraucht werden. Hierfür sind insbesondere Pumpspeicherkraftwerke nötig, für die der SRU ein großes Potential insbesondere in Norwegen sieht. Deutschland verfügt gegenwärtig über eine installierte Pumpspeicherleistung von ca. 7 GW und eine gesamte Speicherkapazität von ca. 0,04 TWh[373]. Allein Norwegen besitzt Speicherkraftwerke mit einer Speicherkapazität von bis zu 84 TWh[374], die zu erheblichen Teilen durch den Bau von Steigleitungen und den Einbau zusätzlicher Pumpen in Pumpspeicherkraftwerke umgewandelt werden können. Das setzt allerdings die entsprechenden Investitionen voraus. Auch Schweden verfügt über Speicherwasserkraftwerke mit Speicherkapazitäten von fast 34 GWh[375].

Als weitere Technologie stehen konventionelle Druckluftspeicherkraftwerke zur Verfügung. Dabei handelt es sich um Gasturbinenkraftwerke, die mit Hilfe von Kompressoren Druckluft erzeugen und insbesondere in Salzkavernen speichern. Bei Bedarf wird dann die Druckluft einer Gasturbine zugeführt, die einen Generator treibt. Ein derartiges Kraftwerk betreibt E.ON, das Spitzenlastkraftwerk Huntorf, das seit 1978 in Betrieb ist und mit 300.000 m³ über eine Leistung von 321 MW verfügt. Aber die Potentiale werden aufgrund der zahlreichen Vorkommen von Salzstöcken vor allem in Norddeutschland auf eine gesamte Speicherkapazität von bis zu 3,5 TWh geschätzt. Der Wirkungsgrad dieser Kraftwerke kann noch durch die Nutzung der Kompressionswärme in Wärmespeichern verbessert werden (AA-CAES[376]). In den Bau dieser Pumpspeicherkraftwerke und die Nutzbarmachung von Salzkavernen muss ebenfalls erheblich investiert werden.

Und: Netzausbau nötig

Für dieses Szenario – hoher Anteil an offshore-Windkraft, eventuell gewaltige Leistungszuwächse und Strommengen in Nordafrika – ist natürlich ein *„leistungsstarker transeuropäischer Stromverbund"* nötig[377]. Denn wenn der Strombedarf auch in der Mitte und im Süden Deutschlands aus offshore-Erzeugungskapazitäten genutzt werden soll, wie dies beispielsweise der Beschluss des Stadtrates von München nach sich zieht, müssen *„erhebliche neue Übertragungskapazitäten zwischen der deutschen Nordseeküste und den Zentren des Elektrizitätsverbrauchs im Westen, in der Mitte und im Süden Deutschlands"* ermöglicht werden[378]. Die Stadtwerke München streben nämlich die Umsetzung dieses Beschlusses, den

---

373. SRU, Stellungnahme 2010, 59.
374. NordPool ASA, Market Data. Reservoir content for Norway, 2010
375. NordPool ASA 2010.
376. Advanced Adiabatic Compressed Air Energy Storage.
377. Zisch, Möglichkeiten des großräumigen (transeuropäischen) Ausgleichs von Schwankungen großer Teile intermettierender Elektrizitätseinspeisung aus regenerativen Energiequellen in Deutschland im Rahmen einer 100 %igen regenerativen Stromerzeugung mit dem Zeithorizont 2050, Kassel 2009, Gutachten im Auftrag des SRU.
378. SRU, Stellungnahme 2010, 68.

Haushaltsbedarf bis 2015 aus Erneuerbaren Energien zu decken, vor allem durch Einstieg in offshore-Investitionen an. Die Erzeugungsleistung der Windenergie offshore wird daher geplant auf 8 GW in 2015, 27 GW in 2020, 44 GW in 2025 und 49 GW in 2030, um bis zum Jahr 2050 auf über 80 GW ausgebaut zu werden. Dafür werden hohe Speicherkapazitäten insbesondere in Norwegen benötigt. Dafür steht zur Zeit nur eine Transportleistung von ca. 1,5 GW unter Inanspruchnahme Dänemarks zur Verfügung. Zusätzlich sind die deutsch-norwegischen Verbindungsleitungen NorGer (geplante Inbetriebnahme 2015) und Nordlink (geplante Inbetriebnahme 2018) mit jeweils 1,4 GW Leistung in Planung[379]. Um aber die „*Stromsenke*", also die Einlagerung von Strom in norwegischen Pumpspeichern, von 7 GW vollständig nutzen zu können, müssten zusätzlich weitere Leitungen mit einer Kapazität von ca. 2,7 GW zwischen Deutschland und Norwegen gebaut werden.

Erst recht werden gewaltige Netzausbauten nötig, wenn Desertec, ein riesiges thermo-elektrisches Kraftwerkssystem in der nördlichen Sahara, gebaut wird. Bekannt gewordene Planungen sprechen von bis zu 80 Höchstspannungsleitungen in Gleichstromtechnik mit einer Länge von 3.000 bis 5.000 km durch Marokko, Algerien, das Mittelmeer, Spanien, Frankreich und Italien: ein „*super-grid*".

Die „Sterbelinie" konventioneller Kraftwerke

Unter dieser Überschrift befasst sich der SRU auch mit der Phase des Übergangs in den Zustand vollständiger Bedarfsdeckung durch Erneuerbare Energien. Möglich sei nur noch ein „*sehr begrenzter Zubau konventioneller Kraftwerke*"[380]. Schon jetzt werde „*das zeitweise Abschalten von Kraftwerken erforderlich, die bislang dem Grundlastbetrieb zuzuordnen sind*"[381]. Das bedeutet für Kernkraftwerke, die im Teillastbetrieb nur bis auf 50 % ihrer Nennleistung abgeregelt werden können[382], dass sie zukünftig abgeschaltet werden müssten. „*Eine Analyse historischer Daten zeigt, dass die Leistung von Grundlastkraftwerken (im wesentlichen Braunkohle- und Kernkraftwerke) in der Vergangenheit an Zeitpunkten mit starker Einspeisung von Windstrom nicht unter 46 % reduziert werden konnte*"[383]. Neue Steinkohlekraftwerke könnten allenfalls kurzzeitig bis zu einer Untergrenze von 25 % ihrer Nennlast heruntergeregelt werden[384]. Das muss auch der E.ON AG, der größten Betreiberin von Kernkraftwerken, klar sein, weil es sich aus einer in ihrem Auftrag erstellten Studie ergibt[385]. Die „*klassische Grundlast*" werde im

---

379. Fagerholm/Hommstrøm/Lie/Munkemord/Vilnes, Europe's future electricity highway rises from the sea, Montel Magazine 1/2010, 60.
380. SRU, Stellungnahme 2010, 17.
381. SRU, Stellungnahme 2010, 74.
382. Hundt/Barth/Sun/Wissel/Voß, Verträglichkeit von Erneuerbaren Energien und Kernenergie im Erzeugungs-portfolio. Technische und ökonomische Aspekte, Institut für Energiewirtschaft und rationale Energieanwendung Stuttgart, 2009.
383. Nicolosi, Windpower integration and powersystem flexibility. An empirical analysis of extreme events in Germany under the new negative price regime, Köln, EWI Working Paper 10/01, 2010.
384. DEBRIV (Bundesverband Braunkohle), Braunkohlekraftwerke werden flexibler. Informationen und Meinun-gen, 2010/1, 7.
385. Hundt/Barth/Sun/Wissel/Voß, Verträglichkeit von Erneuerbaren Energien und Kernenergie im Erzeugungs-

Jahr 2020 nicht mehr existieren[386]. Die Konsequenzen für E.ON und RWE sind gravierend. Wir werden noch dazu kommen[387].

Die Schwächen des SRU in seinen Untersuchungsempfehlungen

Für die Umsetzung der von ihm konzipierten Strategie fordert der SRU *"klare politische Botschaften"*. Sehr fraglich ist aber, ob es dazu kommt. Der Zustand der Koalition und das Bekenntnis zur Verlängerung der Kernkraftlaufzeiten lässt das nicht erwarten. Dazu kommt der Widerstand der Konzerne. Ihre Strategie muss es sein, den Umbau des Erzeugungssystems, mit dem ja ein Machtwechsel verbunden ist, möglichst zu verhindern und Investitionen in Speicherkraftwerke und den Ausbau von Netzen gerade nicht vorzunehmen.

Der Ausbau der Erneuerbaren Energien ist allerdings in großem Umfang, Beibehaltung der Fördersätze des EEG vorausgesetzt, Sache der Länder. Sie können mit Hilfe detaillierter Landesplanung, wie es das Konzept des neuen Energiegesetzes einer (gescheiterten) Landesregierung Ypsilanti/Scheer in Hessen war, den Ausbau der onshore-Windkraft als dem wichtigsten Standbein Erneuerbarer Stromerzeugung vorantreiben. Das ist das Gebot der Stunde; nicht das forcierte Setzen auf neue offshore-Kapazitäten. Denn diese erfordern gewaltige Netzinvestitionen, die die Stromkonzerne hintertreiben können. Der Ausbau von Pump- und Druckluftspeichern ist gleichwohl nötig – und jetzt kommen die Kommunen mit ihren Stadtwerken ins Spiel.

Die Rolle der Stadtwerke

Es gibt in Deutschland gut 900 Stadtwerke, von denen etwa 550 auch die Stromversorgung betreiben. Dahinter steckt ein gewaltiger Schrumpfungsprozess. Denn im Jahr 1934 gab es noch etwa 16.000 EVU, die ihre Zwangsmitgliedschaft in der Wirtschaftsgruppe Elektrizitätsversorgung antraten. Ende 1937 existierten lediglich noch 9.600 bis ca. 10.000 Unternehmen. In der Gasversorgung verringerte sich die Anzahl von 2.000 auf 1.200[388]. Der Konzentrationsprozess hatte vor allem zwei Gründe: Das Reichswirtschaftsministerium (RWM) arbeitete auf eine Zusammenfassung der Energieverteilung in großräumigen Gebietsunternehmen und der Verbundwirtschaft vor allem in der Erzeugung hin, weil eine Konzentration die Staatsaufsicht erleichtere[389]. Das Instrument dafür war die mit dem EnWG 1936 neu eingeführte Genehmigungspflicht nach § 5 EnWG, die nach Ansicht des RWM auch auf schon existierende

---

portfolio. Technische und ökonomische Aspekte, Institut für Energiewirtschaft und rationale Energieanwendung Stuttgart, 2009, 22.

386. Fraunhofer IWES/BEE, Dynamische Simulation der Stromversorgung in Deutschland nach dem BEE-Szenario „Stromversorgung 2020", Hintergrundpapier zur Studie von Fraunhofer IWES im Auftrag des BEE, Kassel, 2009, 37.

387. Im 13. Kapitel: Die Krise der Stromkonzerne.

388. Zenke, Genehmigungszwänge im liberalisierten Energiemarkt, 1998, 78 m.w.N.

389. Matzerath, in: Deutscher Gemeindetag, Bd. 2, Neuordnung der Energiewirtschaft, 402.

EVU zutraf. Trotz der Proteste des Deutschen Gemeindetages mussten sich die kommunalen EVU nun einer Genehmigungspflicht unterwerfen, die viele Gemeinden verunsicherte und sie zum Verkauf ihrer Unternehmen brachte. Aufkäufer waren die Stromkonzerne mit ihren Regionalgesellschaften, die in großem Umfang kommunale Stromverteilung auf der Basis von Konzessionsverträgen übernahmen. Dafür sprach auch die von den Konzernen billig erzeugte Energie, mit der die kommunale Eigenerzeugung, fand sie überhaupt statt, nicht Schritt halten konnte.

Heute findet ein gegenteiliger Prozess statt. Die Kommunen sind aus der Liberalisierung 1998 überwiegend gestärkt hervorgegangen. Zwar fanden in relativ erheblichem Umfang Teilverkäufe statt, von denen insbesondere die Thüga profitierte. Aber die kommunalen Stromverteiler hatten in großem Umfang von der strategischen Fehlleistung von RWE und EnBW profitiert, einen exzessiven Strompreiswettbewerb loszutreten. Die Einkaufspreise der EVU reduzierten sich auf ein Drittel der vorherigen Höhe. Beim Verkauf an die Verbraucher wurden aber die alten Preise genommen. Die entstehenden Margen nutzten die kommunalen Versorger, um sich zu konsolidieren. Es entstanden *„kommunale Konzerne"*[390].

Der derzeit wirkungsvollste Prozess ist die Rekommunalisierung: Der 1990 eingeführte § 103a Abs. 4 GWB begrenzte die Laufzeit von Konzessionsverträgen auf zwanzig Jahre. Spätestens 1994 sollten lang laufende Konzessionsverträge ihr zwangsweises Ende finden. Die Endschaftsklauseln der Konzessionsverträge boten den Kommunen zwar die Möglichkeit, die Stromversorgungen zurückzukaufen. Davon wurde allerdings wenig Gebrauch gemacht, weil die sich abzeichnende Liberalisierung eher für Verunsicherung denn für Optimismus sorgte. Deswegen blieb es im wesentlichen bei den alten Verhältnissen. Konzessionsverträge wurden verlängert. Das vom Gesetzgeber angestrebte *„Aufbrechen verkrusteter Strukturen"* unterblieb. Aber die seinerzeit um zwanzig Jahre verlängerten Konzessionsverträge laufen jetzt in großem Umfang aus[391]. Zahlreiche Stadtwerke wollen endlich die Stromnetze in Stadtteilen übernehmen, die noch beim Regionalversorger liegen. Viele wollen sich in die Region ausdehnen. Die „Zeitung für kommunale Wirtschaft" (ZfK) veröffentlicht regelmäßig auslaufende Konzessionsverträge, nachdem der Gesetzgeber des EnWG 2005 vorgeschrieben hatte, dass Kommunen das Auslaufen von Konzessionsverträgen öffentlich bekannt geben müssen. Zwar ist die Kaufpreisbestimmung für Netze rechtlich noch nicht ganz geklärt. Aber es spricht sehr viel dafür, dass der Ertragswert des Netzes, der sich aus den gesetzlich regulierten Netzentgelten ergibt, den Kaufpreis bestimmt. In diese Richtung weist auch eine – schon ältere – Leitentscheidung des Bundesgerichtshofs, das „Kaufering-Urteil"[392]. Viele kommunale Unternehmen arbeiten in Kooperationen zusammen und unterstützen sich auch bei derartigen Fragen.

Zu dieser Entwicklung passt der Siegeszug der Erneuerbaren Energien wie die Faust aufs Auge. Bisher war die Eigenerzeugung von Strom für die kommunalen Unternehmen eher die Ausnahme; die Erzeugung in den Großkraftwerken der Konzerne ist einfach billiger.

---

390. Attig, Erweiterung der Geschäftsfelder von Stadtwerken anstelle von Anteilsverkauf, ZNER 2005, 102.
391. Dazu Deutscher Städte- und Gemeindebund (DStGB) in Zusammenarbeit mit der Anwaltskanzlei Becker Büttner Held und den Stromwirtschaftlern BET: Auslaufende Konzessionsverträge. Ein Leitfaden für die Praxis, 2010; zu den Zahlen ecoprog.com.
392. V. 16.11.1999, BGHZ 143, 129 = ZNER 1999, 137.

Zwar haben sich große Kommunen sogar an Atomkraftwerken beteiligt (Stadtwerke Bielefeld und München, Hamburger Elektrizitätswerke)[393]; aber das war die große Ausnahme. Viel häufiger gibt es hingegen Eigenerzeugung in Heizkraftwerken nach dem technischen Kraft-Wärme-Kopplungs-Prinzip (KWK). Die eingesetzte Primärenergie wird zugleich zur Strom- und Wärmeerzeugung genutzt und erreicht so Wirkungsgrade von 80 %, die für die Konzerne unerreichbar ist; die Kühltürme der Kraftwerke geben die erzeugte Wärme an die Atmosphäre ab. Kommunale KWK erfordert allerdings hohe Investitionen in den Ausbau der Fernwärme, die von den Stadtvätern wegen ihrer Kosten häufig gescheut werden. Hier haben die Stadtwerke in den Neuen Ländern paradoxerweise die Nase vorn, weil sie von der Fernwärmeversorgung in den Plattenbauten profitieren (sofern es diese noch gibt).

Die Eigenerzeugung mit Hilfe Erneuerbarer Energien ist hingegen hoch attraktiv: Windkraft, Wasserkraft, Photovoltaik und Biomasse sind mit ihren durch das EEG gesetzlich garantierten Einspeisevergütungen nicht nur für private Investoren attraktiv, sondern auch für kommunale Unternehmen. So hat die kleine Stadt Wolfhagen in der Nähe von Kassel beschlossen, bis 2013 vollständig aus Erneuerbaren Energien versorgt zu werden. München will bis 2015 zumindest die Haushaltskunden aus – im wesentlichen – Windkraft versorgen; allerdings offshore erzeugt, was Netzverstärkungen und Speicherbau voraussetzt. Die Konditionen der gesetzlichen Regulierung der Netze müssen dann allerdings so beschaffen sein, dass nicht nur Druck auf die Entgelthöhe ausgeübt wird, sondern auch Anreize für Investitionen gesetzt werden. Beispielsweise stellt sich die Frage, ob Netzentgelt für die „Zwischenlagerung" von Energie im Speicher überhaupt anfallen muss. Die Bedeutung der Speicher haben auch die kommunalen Unternehmen noch nicht erkannt, anders als die Konzerne, deren Strategie es ist, nicht in den Speicherausbau als Infrastrukturmerkmal zu investieren, um den Vormarsch der EE zu verzögern.

Den Wert der Dezentralität für den ökologischen Umbau der Energieversorgung spricht auch Bundesumweltminister Röttgen öffentlich an. Seine Vision sei für 2050 eine nahezu CO_2-freie Energieversorgung. Dabei seien die Kommunen und ihre Unternehmen unverzichtbare Partner: „Wir brauchen sie, wenn wir die Vision realisieren wollen."[394]

An dieser Stelle tritt ein weiteres Konfliktmerkmal auf: Die Verlängerung der Laufzeit der Atomkraftwerke kollidiert mit den Anstrengungen der Stadtwerke für den Ausbau der Eigenerzeugung. Zahlreiche Kommunen haben in den Ausbau der Eigenerzeugung investiert oder sich am Bau hocheffizienter Kraftwerke beteiligt – allerdings im Vertrauen auf den Bestand des Ausstiegskonsenses. Darin liegt auch eine verfassungsrechtliche Dimension. Wenn der Staat die Wirtschaft reguliert, wie er das mit dem Atomkonsens und der darauf basierenden Atomgesetzänderung gemacht hat, hat er damit eine Vertrauensposition geschaffen, auf deren Weiterbestand ein verfassungsrechtlich geschütztes Interesse besteht[395]. Gravierend ist auch das Argument, dass das Aushandeln der Konditionen der Laufzeitverlängerung in einem Atomkonsens II in den „Parlamentsvorbehalt" eingreife; das rechtsstaatliche Grund-

---

393. Vgl. Anhang 3.

394. Vision 2050 – Perspektiven für Stadtwerke im Energiemarkt, Zweite gemeinsame Konferenz des Bundesumweltministeriums und des Verbandes kommunaler Unternehmen am 06. Juli 2010 in Berlin.

395. Däuper/Ringwald/Hilmes, Rechtliche Grenzen einer Laufzeitverlängerung für den Betrieb von Kernkraftwerken, ZNER 2010, 343.

prinzip, nach dem der Gesetzgeber alle wesentlichen Entscheidungen selbst treffen müsse. Ein Atomkonsens II ziehe die wesentlichen Eckpunkte für die Änderungen vor die Klammer und präjudiziere damit die Entscheidung des Parlaments. Das wird für verfassungswidrig gehalten[396]. Dazu kommt: Mit der Änderung der Rahmenbedingungen wird zugleich in den Wettbewerb eingegriffen. Nach Meinung des früheren Präsidenten des Bundeskartellamts, Ulf Böge, befreit eine Laufzeitverlängerung die Konzerne vom Wettbewerbsdruck, erhält ihnen ihre Markt- und Machtposition ohne eigene Anstrengungen und baut sie gegen die erklärte politische Strategie der Dekonzentration sogar weiter aus[397]. Eine reine Abschöpfung von Gewinnen aus der Laufzeitverlängerung zugunsten des Bundeshaushalts brächte für die notwendige ökologische Erneuerung der Volkswirtschaft *„herzlich wenig"*. Wenn man etwas für die Erneuerung der Energiewirtschaft tun wolle, müsse das abgeschöpfte Geld tatsächlich dafür eingesetzt werden.

Ein Konfliktfeld: die Industriestrompreise

Die Stellungnahme des SRU enthält allerdings eine bittere Pille für die deutsche Industrie: Die – im europaweiten Vergleich ohnehin in der Spitzengruppe liegenden – deutschen Strompreise werden steigen. Denn *„der Nachteil eines Umsteuerns liegt darin, dass während der nächsten Jahrzehnte 2 bis 3,5 ct/kWh höhere Elektrizitätskosten getragen werden müssen, um die für einen erfolgreichen Klimaschutz notwendige rechtzeitige Systemumstellung zu finanzieren"*[398]. Erst danach können die Strompreise sogar unter das heutige Niveau fallen. Hier liegt ein Problem, dem sich die Politik stellen muss. Für die stromintensive Industrie gibt es bereits eine entsprechende Härtefallregelung im EEG[399]. Danach können einschlägige Unternehmen beim Bundesamt für Ausfuhrkontrolle (BafA) den Antrag stellen, von der EEG-Umlage befreit zu werden; allerdings in einem bürokratischen Einzelfallverfahren, in dem auch nicht alle Fallkonstellationen befriedigend gelöst sind. Der Pferdefuß liegt darin, dass die EEG-Umlage von der nicht antragsberechtigten Industrie und von den Haushaltskunden alleine getragen werden muss, sie subventionieren also die stromintensive Industrie. In diesem Problem liegt viel Zündstoff.

Es gibt allerdings einen unkonventionellen Weg, einen Ausgleich für in der Vergangenheit gezahlte hohe Strompreise zu erreichen, der im Kapitel über die Strompreise beschrieben wurde[400]. Die deutschen Strompreise werden im wesentlichen von vier Konzernen gestaltet, E.ON, RWE, Vattenfall und EnBW, die allesamt marktbeherrschende Unternehmen sein dürften. Sie beherrschen den Strommarkt als Oligopol. Solche Unternehmen dürfen nur „angemessene" Strompreise verlangen[401]. Sie dürfen nur den Ersatz ihrer Kosten und eine angemessene

---

396. Waldhoff/v. Aswege, Kernenergie als „Goldene Brücke"? – Verfassungsrechtliche Probleme der Aushandlung von Laufzeitverlängerungen gegen Gewinnabschöpfungen, ZNER 2010, 328.
397. ZfK 6/10, 06.
398. SRU-Stellungnahme, 82.
399. §§ 40 ff.
400. 5. Kapitel, Die Strompreisbildung, 7. Voraussetzungen angemessener Strompreise.
401. §§ 19 Abs. 4 Nr. 2, 29 GWB.

Eigenkapitalverzinsung verlangen[402]. Unangemessen ist zunächst der CO_2-Aufschlag, wie das Bundeskartellamt in seiner Abmahnung vom 18.12.2006[403] nachgewiesen hat. Allerdings verweisen die Stromkonzerne darauf, dass sie ihre Preisbildung an den Preisen der EEX orientieren, an der Marktpreise ermittelt würden. Dieses Argument setzt aber voraus, dass dort auch wirklich ein Preisbildungsverfahren existiert, das das Vertrauen des Marktes verdient. Dazu gehörte erstens, dass der Strompreismix preisbestimmend wird, wie er in Deutschland tatsächlich existiert. Preisbestimmend müsste also der Strom aus (billigen) Grundlast- und (teureren) Spitzenlastkraftwerken werden. Das ist in Deutschland nicht der Fall: Die Konzerne verkaufen 80 % ihres Stroms nicht über die Börse, sondern in Individualverträgen, in die sie aber die hohen EEX-Preise hineinschreiben. Das ist ein Teil der im Abschlussbericht der Europäischen Kommission[404] beschriebenen „Kapazitätszurückhaltung", die also keineswegs nur durch vereinzelte manipulative Maßnahmen herbeigeführt wird, sondern durch grundlegende strukturelle Entscheidungen, die allein die Konzerne getroffen haben und die nicht von der – zuständigen – Kartellaufsicht verhindert wurden. Dazu kommt, dass der Spotmarkt der EEX, der auch für den Terminmarkt preisbestimmend ist, behördlich nicht überwacht wurde, so dass die Aufsichtsinstanz BaFin Manipulationen gar nicht erkennen konnte. Außerdem wurden ein Manipulationsverbot erst vor wenigen Jahren und die Strafbarkeit derartiger Manipulationen erst im Jahre 2009 eingeführt. Daraufhin wurde der börsliche Spotmarkt an die Pariser Börse EPEX verlegt, wo er ebenfalls nicht behördlich überwacht wird, sondern nur einem nachträglichen Monitoring unterliegt. Die Preisbildung an der EEX führt also nicht zu einem „Marktpreis", der das Vertrauen der Handelsteilnehmer rechtfertigt. Daher greift die kartellrechtliche Angemessenheitskontrolle; die Verbraucher können Schadenersatz verlangen.

---

402. Becker, ZNER 2008, 289; ders., WuW 2010, 398 m.w.N.
403. ZNER 2007, 448; vgl. dazu das Kapitel 5, Strompreise.
404. ZNER 2009, 69; s. im einzelnen Kapitel 5, Strompreise.

10. Kapitel
Der Kampf um die Stromerzeugung – Vereinung des Unvereinbaren im Energiekonzept der Bundesregierung

1 Das kommende Jahrzehnt: Spannend in jeder Beziehung

Zwei Züge rasen aufeinander zu: Die Stromkonzerne kämpfen um den Erhalt ihrer sagenhaften Gewinne aus Kernkraft-, Braunkohle- und Steinkohleverstromung, heraus aus einer über mehr als ein Jahrhundert gewachsenen wirtschaftlichen Stellung mit höchster Bedeutung für die Volkswirtschaft. Auf der anderen Seite nimmt der Zubau an Erzeugungskapazität aus dezentral aufgestellten Anlagen in Händen vieler Investoren zu, wenn nicht der Gesetzgeber im letzten Moment an vor allem einer Stellschraube dreht, dem Einspeisevorrang für Erneuerbare Energien. Danach sieht es (noch) nicht aus. Auch die schwarz-gelbe Koalition will am Einspeisevorrang festhalten. Folglich ist die Kollision unvermeidlich. Wie wird sich der Gesetzgeber aufstellen?

Die Auseinandersetzung läuft – und sie könnte nicht spannender sein. Das liegt zum einen an den Akteuren: Auf der einen Seite die Stromkonzerne, die zur wohl mächtigsten Industriebranche Deutschlands zählen, nicht zuletzt geadelt durch ihre Aufgabe der Stromversorgung, einer *„öffentlichen Aufgabe von höchster Bedeutung“*, wie selbst das Bundesverfassungsgericht formuliert[405]. Aber ein wichtiger Teil der Strombranche, die Stadtwerke, geht jetzt neue Wege, auch unter dem Druck der Kommunalparlamente, die sich eher den sauberen Energien als der „schmutzigen“ Kohleverstromung und der „unsicheren“ Atomkraft verschreiben.

Auf der anderen Seite steht geradezu eine Volksbewegung, die viele Tausende zählenden dezentralen Stromerzeuger mit ihren Wind-, Solar- und Wasserkraftanlagen. Zu ihnen zählen auch die „Landwirte als Energiewirte“, mit ihrem starken bayerischen Standbein, dem Ursprungsland des Stromeinspeisungsgesetzes. Sie haben eine neue Industrie hervorgebracht, die EE-Industrie, eine zentrale Zukunftsbranche mit heute schon über 340.000 Arbeitsplätzen, einem Investitionsvolumen von 17,7 Mrd. EUR und einem Jahresumsatz von 33 Mrd. EUR (Zahlen 2009).

Ähnlich dramatisch ist es um das Schlachtfeld bestellt. Die Stromversorgung, unverzichtbar Bestandteil modernen Lebens, Essentiale der industriellen Erzeugung, geht in den nächsten vierzig Jahren über in die Hände der vielen dezentralen Akteure und verdrängt die zentrale

---

405. Die Versorgung mit Strom und Gas ist heute so wichtig „wie das Interesse am täglichen Brot“, BVerfGE 91, 206.

Stromversorgung auf der Basis von Kohle, Gas und Atom mit ihrer mehr als hundertjährigen Geschichte: Ein wahrhaft epochaler Prozess!

Ein wichtiger Markstein darin war der Atomkonsens I, dessen Revision jetzt ansteht. Die Frage, mit welchen Argumenten gekämpft wird, welche Bataillone mobilisiert werden, ist dabei von entscheidender Bedeutung. Vor allem kommt es auf die Meinungsbildung und damit auf die Rolle von Presse, Fernsehen, Internet etc. an. Wie bekommt man heraus, was wahr ist und was gelogen, wer von wem für welche Botschaften benutzt wird und wie in der täglichen Informationsflut der Rote Faden gefunden wird? *„Es tobt auch eine Schlacht der Studien"*, schreibt der SPIEGEL[406] – und gerade der SPIEGEL-Artikel, in dem dieses Zitat steht, ist ein Lehrstück dafür, wie – im Interesse gewisser Botschaften – getextet wird; wir werden es noch sehen.

Eine ganz interessante Rolle spielt die Bundesregierung. Denn sie wird von der „Klimakanzlerin" geleitet, die sich diese schmückende Bezeichnung mit ihrem Einsatz für eine verantwortliche Klimapolitik auf internationalem Parkett redlich verdient hat. Diese Regierung hat erstmals am 06. September 2010 ein „Energiekonzept für eine umweltschonende, zuverlässige und bezahlbare Energieversorgung" vorgelegt und mit einer *„Unterrichtung durch die Bundesregierung"* in fortgeschriebener Version unter dem 28.09.2010 in die parlamentarische Beratung des Bundestags eingebracht[407]. Daran will – und muss – sich diese Kanzlerin und ihre Regierung messen lassen. In einem Antrag der Fraktion der CDU/CSU und FDP vom selben Tage[408] ist von *„ambitionierten Klimaschutzzielen"* die Rede.

Aber zugleich findet sich in diesem Energiekonzept auch das Bekenntnis, einen Teil der Atomkraftwerke bis zu vierzehn Jahren länger am Netz zu lassen – programmatische Bekundungen, die nicht zusammenpassen, wenn man die Aussage des SRU in Erinnerung hat, dass es beim Ausbau der EE nur im bisherigen Umfang bis 2020 die herkömmliche Grundlast nicht mehr geben wird. Nähere Aussagen dazu, wie dieser Konflikt zu lösen ist, fehlen. Dieser Konflikt, die *„Einspeisekonkurrenz"*, muss aber gelöst werden. Der Netzbetreiber, in dessen Netz EE- und Atomstrom zu gleicher Zeit hinein wollen, aber nicht können, braucht klare Kollisionsregeln. Diese finden sich zur Zeit (noch) im EEG. Aber im juristischen Schrifttum wird bereits die Rechtsauffassung vertreten[409], der Netzbetreiber könne sich auf seine Befugnisse im Rahmen des „Notfallmanagements" berufen, die ihm nicht das EEG, sondern das Energiewirtschaftsgesetz geben. Im Notfall könne der Netzbetreiber EE-Einspeisungen wegregeln, ohne Entschädigung! Es ist absehbar, dass die Gerichte entscheiden müssen.

2   Das Energiekonzept der Bundesregierung, Teil I: EE

„Ein großer Wurf", so rühmen Kanzlerin Merkel und Umweltminister Röttgen das Energiekonzept der Bundesregierung – und das trifft auf den EE-Teil des Konzeptes sogar zu; aber man muss genau hinschauen und identifiziert dann die heute schon eingebauten Ansätze für Abstriche. Das ist die eine Linie. Daneben enthält das Konzept aber auch ein Kapitel

---

406. Nr. 38/2010 v. 20.09.2010, 92.
407. Drucksache 17/3049.
408. Drucksache 17/3050.
409. Scholz/Tüngler, RdE 2010, 317.

„Kernenergie und fossile Kraftwerke", das Bekenntnisse zum herkömmlichen Teil der Energieversorgung enthält, aber zahlreiche Fragen aufwirft.

Der EE-Teil setzt sich ein hohes Ziel: *„Deutschland soll in Zukunft bei wettbewerbsfähigen Energiepreisen und hohem Wohlstandsniveau eine der energieeffizientesten und umweltschonendsten Volkswirtschaften der Welt werden ... Erstmalig* (wird) *der Weg in das Zeitalter der Erneuerbaren Energien beschrieben* (und zwar mit der) *Entwicklung und Umsetzung einer langfristigen, bis 2050 reichenden Gesamtstrategie*". Das ist sie, die Gesamtstrategie:

„So muss beispielsweise im Strombereich der Ausbau der Erneuerbaren Energien zusammen mit der Steigerung der Energieeffizienz, dem Ausbau der Stromnetze und dem Bau neuer Speicher angegangen werden. Auch im Gebäudebereich hat insbesondere der Einsatz von Effizienzmaßnahmen ein enormes Potential. Erst wenn das ausgeschöpft wird, kann der Einsatz Erneuerbarer Energien für die Wärmeversorgung seine volle Wirkung entfalten."

Die Leitschnur bilden die Klimaschutzziele. Wenn *„entsprechend der Zielformulierung der Industriestaaten bis 2050* (Treibhausgasemissionen) *um mindestens 80 % ... reduziert werden,"* führt das zu den folgenden Entwicklungsschritten:

Der Anteil der Erneuerbaren Energien am Bruttoendenergieverbrauch soll bis 2020 18 %, bis 2030 30 %, bis 2040 45 % und bis 2050 60 % ausmachen. Schon bis 2020 solle der Anteil der Stromerzeugung aus Erneuerbaren Energien am Bruttostromverbrauch 35 % betragen. Die weiteren Schritte sehen aus wie folgt: 50 % bis 2030, 65 % bis 2040, 80 % bis 2050. Das sind – weitgehend – die Zahlen aus der SRU-Studie. Es werden auch Zahlen zum „zusätzlichen Investitionsbedarf" angegeben: *„Das zu erwartende Investitionsvolumen liegt in einer Größenordnung von rund 20 Mrd. EUR jährlich"*. Allerdings seien mit diesen Investitionen auch Verminderungen der Energieimporte und die Einsparung von Energiekosten verbunden. Dann folgt ein Hinweis, der im Energiekonzept Stand 06. September noch nicht enthalten war, sondern nunmehr im Stand vom 28. September enthalten ist: *„Außerdem stärken sie die führende Stellung deutscher Unternehmen im Bereich der Umwelt- und Energietechnologien."*

Die Version vom 28. September enthält auch einen Absatz zum Thema der Staatsverschuldung. Dafür seien finanzielle Spielräume nötig. In diesem Zusammenhang kommt das Sondervermögen „Energie- und Klimafonds" ins Spiel, das die Bundesregierung den Konzernen abverhandelt hat.

Nach diesen programmatischen Aussagen steigt das Konzept in die *„Handlungsfelder im einzelnen"* ein: *„A. Erneuerbare Energien als eine tragende Säule zukünftiger Energieversorgung."* Die größten Herausforderungen beständen

- im Ausbau der Windenergie (offshore und onshore),
- in der nachhaltigen Nutzung und Erzeugung von Bioenergie,
- in einer stärkeren Nutzung der Erneuerbaren Energien für die Erzeugung von Wärme und Kälte,
- in der stärker bedarfsgerechten Erzeugung und Nutzung der Erneuerbaren Energien,
- in einer besseren Integration der Erneuerbaren Energien in die Energieversorgung,
- im qualitativen und quantitativen Ausbau der Stromnetze,
- in der Entwicklung und Förderung der Speichertechnologien sowie
- in der weiteren Stärkung des europäischen Strommarktes.

Sonnenstrom fehlt als „Herausforderung". Und der Ausbau soll auch „kosteneffizient" erfolgen: *„Wir werden den unbegrenzten Einspeisevorrang erhalten und zugleich die Förderung* *wirtschaftlicher und die Einspeisung effizienter gestalten.*" Mit der EEG-Novelle 2010 seien *„die notwendigen Korrekturen"* bei der Einspeisevergütung für Sonnenstrom vorgenommen worden. In diesem Zusammenhang findet sich der Hinweis, dass die Photovoltaik 9 % zum EEG-Strom beitrage, aber 40 % der EEG-Differenzkosten erzeuge. Allerdings weise die Photovoltaik auch ein hohes Kostensenkungspotential und eine hohe technologische Lernkurve auf. Die Degression von 9 % verschärfe sich abhängig vom wachsenden Marktvolumen und könne sich ab dem Jahr 2012 um bis zu zwölf Prozentpunkte erhöhen. Darin liege ein *„Element der Mengensteuerung, ... dieser Ansatz* (könne) *auf andere geeignete Bereiche ausgedehnt werden. Die Regelungen zum Eigenverbrauch von EE-Strom sollten mit dem Ziel einer tatsächlichen Entlastung der Netze weiterentwickelt werden. Geprüft werden soll u. a.*

- *die Einführung einer optionalen Marktprämie oder eines Stetigkeitsbonus für virtuelle Kraftwerke,*
- *die Weiterentwicklung der Ausgleichsmechanismusverordnung (Vermarktung durch Übertragungsnetzbetreiber) zu einer stärker bedarfsgerechten Erzeugung und Nutzung des Stroms aus Erneuerbaren Energien...,*
- *die Verringerung der zahlreichen Boni im EEG, insbesondere im Bereich der Biomasse, um Überförderungen zu vermeiden..."*

Für den Ausbau der offshore-Windenergie bestehe *„vorrangiger Handlungsbedarf".* Um das Ziel eines Ausbaus auf 25 GW bis 2030 zu erreichen, müssten insgesamt etwa 75 Mrd. EUR investiert werden. Diese Annahme erscheint allerdings übersetzt: E.ON hat gerade den Windpark Rödsand II in Betrieb genommen und für dieses Kraftwerk mit 207 MW Leistung ca. 400 Mio. EUR investiert[410]. Ein 1.000 MW-Kraftwerk würde mit entsprechendem Aufwand 2 Mrd. EUR kosten; 25 GW demnach 50 Mrd. EUR. Geht man davon aus, dass sich wegen der Lernraten Investitionen verbilligen und Anschluss- und Übertragungseinrichtungen vernetzt werden können, müssten die Investitionen sogar darunter liegen. Als Investitionsanreiz will das Konzept die Errichtung der ersten zehn offshore-Windparks fördern. Dafür soll die KfW ein Sonderprogramm mit einem Kreditvolumen von insgesamt 5 Mrd. EUR auf den Markt bringen. Die „Vorratshaltung" von Genehmigungen soll unterbunden werden.

Die onshore-Windenergie biete *„kurz- und mittelfristig das wirtschaftlichste Ausbaupotential".* Allerdings müsse der Ausbau entsprechend den naturschutzrechtlichen Regelungen mit Landschaftsbild und Naturschutz verträglich gestaltet werden. Ein Schwerpunkt stelle das Repowering dar. Zwecks optimaler Erschließung sollten gemeinsam mit Ländern und Kommunen die Raumordnungspläne weiterentwickelt werden, um ausreichende Flächen für neue Windenergiegebiete auszuweisen. Zur Optimierung der Genehmigungsverfahren solle geprüft werden, aktuelle Bestandsregister aller bereits errichteten, genehmigten oder geplanten Anlagen zu erstellen.

Einigen Aufwand widmet das Energiekonzept auch der *„nachhaltigen und effizienten Nutzung der Bioenergie",* die wegen ihres breiten Einsatzspektrums und ihrer guten Speicherfähigkeit in allen drei Nutzungspfaden „Wärme", „Strom" und „Kraftstoffe" weiter ausgebaut werden solle. Diesem Thema widmet das Konzept offenbar besondere Aufmerksamkeit, was

---

410. Tagesspiegel v. 13.10.2010.

daran erkennbar ist, dass es im Verlauf der Fassungen vom 06. bis zum 28. September deutlich überarbeitet und ergänzt wurde. Wichtige Elemente seien

- verstärkte Verwendung organischer Rest- und Abfallstoffe, landwirtschaftlicher Koppel-produkte, Landschaftspflegematerial und Holz aus Kurzumtriebsplantagen,
- Steigerung der Energie- und Flächeneffizienz,
- stärkere Nutzung von Biomethan,
- Ergänzung des Bedarfs durch Importe nachhaltig erzeugter Biomasse.

Allerdings seien die heimischen Bioenergiepotentiale durch Nutzungskonkurrenzen sowie im Hinblick auf den Naturschutz und die Biodiversität begrenzt. Deswegen solle der Einsatz in allen Verwendungsbereichen an angemessene Effizienz- und Treibhausgasreduktionskriterien geknüpft werden.

Der Erzeugungsbereich insbesondere für Strom erscheint damit relativ umsichtig abge-arbeitet. Eine weitere Schlüsselfrage in diesem Zusammenhang ist die Netzinfrastruktur; das Konzept widmet sich ihr unter der Überschrift *„Die leistungsfähige Netzinfrastruktur für Strom und Integration Erneuerbarer Energien"*. Beim Ausbau der EE spielten Netzinfrastruktur und Speichertechnologien eine Schlüsselrolle. Zur Integration gehöre allerdings auch, die Erneuerbaren schrittweise an das Marktgeschehen heranzuführen und zunehmend Anreize zur bedarfsgerechten Stromerzeugung zu schaffen. Von zentraler Bedeutung ist der Ausbau der Netzinfrastruktur. Das bisherige Stromnetz sei durch historisch gewachsene Erzeugungs-strukturen geprägt. Die Stromerzeugung liege nahe an den Verbrauchszentren. In Zukunft werde die Stromerzeugung auf See und in den Küstenregionen deutlich zunehmen. Aller-dings würden zusätzlich viele dezentrale Erzeugungsanlagen einspeisen. Außerdem nehme Deutschland zukünftig zunehmend am Stromaustausch in Europa teil. Der massive Ausbau der EE mache die Planung eines deutschen overlay-Netzes („Stromautobahn") nötig, das in einen europäischen Verbund integriert werden müsse. Besonders dringlich sei der Bau von Nord-Süd-Trassen. Deswegen wolle die Bundesregierung *„prüfen, ob und wie der Ausbau der deutschen Netzinfrastruktur durch wirtschaftliche Anreize und planerische Instrumente deutlich beschleunigt werden kann"*. Dafür werden zahlreiche Instrumente vorgestellt. In erster Linie erforderlich sei der *„Dialog mit den wichtigsten Akteuren"* (insbesondere den Netzbetreibern und Ländern). Aufbauend auf dem Bestandsnetz und dem Energieleitungsausbaugesetz (En-LAG) solle ein Konzept für ein *„Zielnetz 2050"* entwickelt werden. Die dafür erforderlichen Rahmenbedingungen müssten geschaffen werden, insbesondere müsse es einen *„zehnjährigen Netzausbauplan"* geben. Die Planungs- und Genehmigungsverfahren im Leitungsausbau müssten weiter beschleunigt werden. Dabei solle eine Bund-Länder-Arbeitsgruppe helfen.

Dem Ausbau der Speicherkapazitäten widmet das Konzept große Aufmerksamkeit, weil sie *„wichtig und geboten"* seien. Es ergäben sich vier zentrale Handlungsfelder:

- Erschließung der verfügbaren deutschen Potentiale für Pumpspeicherkraftwerke,
- Nutzung ausländischer Pumpspeicher für Deutschland, insbesondere in Norwegen,
- geprüft werden müssten zügig Investitionsanreize, damit Strom aus Biomasse gezielt zum Ausgleich der Fluktuation von Wind und Sonne Erzeugtem eingespeist werde,
- die Forschung in neue Speichertechnologien müsse deutlich intensiviert und zur Markt-reife geführt werden (z. B. Druckluftspeicher, Wasserstoffspeicher und aus Wasserstoff hergestelltes Methan, Batterien für Elektrofahrzeuge).

Ein interessanter Schritt in diesem Zusammenhang ist die Ankündigung, neue Speicherkraftwerke, insbesondere Pumpspeicherkraftwerke und andere Stromspeicher, für einen längeren Zeitraum als bisher von den Entgelten für den Netzzugang freizustellen. Interessant ist auch die Idee, Energiespeicher für den Regelenergiemarkt zuzulassen.

Im Infrastrukturkapitel allerdings nicht ganz passend untergebracht ist das Thema *„schrittweise Markt- und Systemintegration der EE"*. Dafür müssten die EE schrittweise an den Markt herangeführt und Anreize zur bedarfsgerechten Stromerzeugung geschaffen werden. Dafür solle die Einführung einer optionalen Marktprämie geprüft werden, auf deren Basis die Anlagenbetreiber entweder die feste EEG-Vergütung in Anspruch nehmen oder den Strom direkt verkaufen könnten. Im letzteren Fall erhielten sie statt der Festvergütung zusätzlich zu den Markterlösen eine Marktprämie. Auch solle geprüft werden, die „Ausgleichsmechanismusverordnung" (Vermarktung durch Übertragungsnetzbetreiber) und das „Grünstromprivileg" so weiterzuentwickeln, dass Anreize für marktgerechtes Verhalten gesetzt, die EEG-Umlage dadurch aber nicht dauerhaft erhöht werde.

Ein interessantes – wiederum nur – Prüfobjekt ist die Weiterentwicklung des Strommarktes. Im derzeitigen Marktdesign könnten möglicherweise Strompreise nicht genügend Anreize zum Bau von Anlagen zur Leistungsabsicherung geben, etwa flexible Gas- oder Kohlekraftwerke. Gleiches gelte für Energiespeicher. Daher müsse geprüft werden, ob *„die Bereitstellung von Kapazitäten ..."* (sogenannte „Kapazitätsmärkte") möglich sei.

Ein Prüfstein für die Glaubwürdigkeit des Konzepts für die „Energiewende" dürften die Herangehensweise und die Instrumente für die angekündigte Überführung *„wachsender Anteile aus der EEG-Förderung in das Marktgeschehen"* werden. Ein Test dafür könnte eine Untersuchung sein, die das Bundeswirtschaftsministerium ausgeschrieben hat: *„Optimierung und Umstrukturierung der EEG-Förderung zur verbesserten Netz- und Marktintegration Erneuerbarer Energien"*[411]. Anlass der Erkenntnis ist die Beobachtung, *„dass die jetzige Förderstruktur des EEG nicht nur zu sehr hohen Kosten, sondern aufgrund des Einspeisevorrangs auch zu Problemen im Netz führt. Gleichzeitig sind die Anlagenbetreiber heute aufgrund des EEG in keiner Weise angehalten oder veranlasst, sich bedarfs- und marktgerecht zu verhalten. Dies führt zu wirtschaftspolitisch unsinnigen Kosten für die Stromverbraucher und für die gesamte Volkswirtschaft. Das gegenwärtige EEG-Fördersystem ist deshalb nicht mehr zeitgemäß und muss sukzessive umstrukturiert werden."* Vor diesem Hintergrund seien die folgenden Fragen zu untersuchen:

1. Kann einer veränderte Auslegung von Windkraftanlagen ein Beitrag zur verbesserten Netz- und Marktintegration der Windenergie leisten, z. B. durch Erhöhung der Volllaststundenzahl?
2. Welche EE-Anlagen können in technischer Hinsicht auf welcher Spannungsebene welche Systemdienstleistungen erbringen?
3. Ob und inwieweit können Stromnetze durch Eigenverbrauch entlastet oder Netzausbau vermieden werden?
4. Welche volkswirtschaftlichen und netztechnischen Konsequenzen ergeben sich, wenn die Förderung von Strom aus Photovoltaik-Dachanlagen bei Erreichen der Netzparität

---

411. Bearbeitungs-Nr. IC4-020815-51/10 aus 8/2010.

eingestellt würde und PV-Strom nur noch zum Eigenverbrauch (mit Speicher) genutzt werden könnte?

5. In welchen Bereichen des Vergütungssystems im Bereich Biomasse/Biogas gibt es eine Überförderung; wie kann im Interesse einer energiepolitisch notwendigen Systemstabilisierung auf eine nachfrageorientierte Auslegung der Anlagen und entsprechende Stromerzeugung hingewirkt werden?

6. Können EE-Anlagen am Regelenergiemarkt teilnehmen und wie können Inkongruenzen zwischen Regelenergie- und Spotmarkt beseitigt werden; welche Rolle spielt das Doppelvermarktungsverbot nach § 56 EEG?

7. Welche volkswirtschaftlichen Auswirkungen hätte die Befreiung von der Umlagepflicht nach § 37 Abs. 1 Satz 2 EEG, wenn sie unverändert bliebe, und welche strukturellen Verbesserungsmöglichkeiten gibt es?

Die Untersuchungsgegenstände zielen überwiegend auf technische Verbesserungen der Einspeisungen. Im Bereich Photovoltaik geht es aber auch ans „Eingemachte", wenn die „Netzparität" erreicht wird. Dafür gibt es verschiedene Definitionen: Preisgleichheit unter Einfluss aller Preisbestandteile bzw. tendenzielle Annäherung an den Marktpreis für Energie. Aber auch im Bereich der WKA werden durchaus *„Anpassungen der Vergütungsstruktur"* in den Blick genommen. Der Untersuchung wohnt also einige Brisanz inne – und vor diesem Hintergrund ist erkennbar, dass der EE-Pfad des Energiekonzepts zwar durchaus richtig angelegt ist und die erforderlichen Zielsetzungen und Instrumente zu deren Erreichung aufzählt. Allerdings kann die Herstellung von Transparenz bei den „Stellschrauben" durchaus auch zur Bereitstellung beträchtlicher Eingriffsmöglichkeiten führen.

3 Pfad II: Kernenergie und fossile Kraftwerke

Fossile Kraftwerke

Dieses Kapitel beginnt mit der richtigen Feststellung, dass *„die fossilen Energieträger, insbesondere die Kohle (Braun- und Steinkohle) zusammen mit der Kernenergie den Großteil der Stromerzeugung in Deutschland"* sichern. Jedoch werde *„der notwendige Umbau der Stromversorgung hin zum Erneuerbaren Zeitalter mit der Perspektive 2050 ... diesen traditionellen Energiemix deutlich verändern."* Die Kernenergie werde allerdings zeitlich befristet noch gebraucht – im Mittel zwölf Jahre zusätzlich zu den bisher vorgesehenen. Die Regierung gehe daher davon aus, dass *„die Laufzeitverlängerung keine nachteilige Wirkung auf den Wettbewerb im Energiesektor zur Folge haben wird, zumal die neue Kernbrennstoffsteuer und weitere Zahlungen der Kernkraftwerksbetreiber den überwiegenden Teil der Zusatzgewinne abschöpfen".* Dann folgt ein Kapitel, das im Vergleich zur Konzeptfassung vom 06. September neu hineingekommen ist: *„Wettbewerbliche Strukturen weiter stärken".* Dort wird die von der Monopolkommission geforderte und im Koalitionsvertrag angekündigte Markttransparenzstelle für den Großhandel mit Strom und Gas beim Bundeskartellamt erwähnt. *„Mögliches Fehlverhalten bei der Preisbildung"* soll dadurch effektiver aufgedeckt werden. Die Bedingungen für einen flächendeckenden Wettbewerb auf dem Gasmarkt würden verbessert. Der europäische Marktverbund beim Strom solle beschleunigt hergestellt werden, insbesondere durch den Ausbau der Kuppelkapazitäten. *„Das Strommarktdesign der Zukunft, also das Zu-*

sammenspiel zwischen einem wachsenden Anteil der Erneuerbaren Energien, der neuen Rolle konventioneller Energieträger, den Regel- und Ausgleichsenergiemärkten, Energiespeichern sowie der Einbindung in den europäischen und außereuropäischen Verbund muss im Kern marktwirtschaftlich ausgerichtet sein. Damit der Markt seine Kräfte entfalten kann, müssen heute die Weichen gestellt und ein zukunftsorientierter Rahmen definiert werden."

Fossile Kraftwerke werden im Zusammenhang einer *„Weiterentwicklung zu einem flexiblen Kraftwerkspark"* betrachtet. Kommunale Unternehmen erhalten einen besonderen Anreiz, wenn sie den Neubau hocheffizienter und CCS-fähiger fossiler Kraftwerke betreiben:
- Förderfähig sind Kraftwerksbetreiber mit einem Anteil an den deutschen Erzeugungskapazitäten von weniger als fünf Prozent,
- förderfähig sind hocheffiziente und CCS-fähige Kraftwerke, vorrangig Kraftwerke mit KWK,
- die Fördersumme ist begrenzt auf fünf Prozent der jährlichen Ausgaben des Energie- und Klimafonds in den Jahren 2013 bis 2016.

Der Einstieg in die CCS-Diskussion erfolgt relativ skeptisch: *„Auch die Erzeugung und Speicherung von CO_2 (CCS)* [solle] *als Option erprobt"* werden. Das sei vor allem für energieintensive Industriezweige mit hohen prozessbedingten CO_2-Emissionen nötig. Durch solche technologische Verbesserungen sollten die Voraussetzungen dafür geschaffen werden, dass eine *„Verstromung fossiler Energieträger z. B. von heimischer Braunkohle künftig klimaneutral erfolgen kann"*. Für die Entwicklung der CCS-Technologie wird eine ganze Reihe von Projekten angesprochen; interessant ist vor dem Hintergrund der aktuellen Auseinandersetzungen, dass *„die Bundesregierung ... über die CCS-Technologie einen intensiven Bürgerdialog führen"* wird. Das wird wohl erforderlich werden: Schon jetzt prüfen Bürgermeister, in deren Gemeindegebieten möglicherweise CCS-Speicher gebaut werden könnten, ob und in welcher Form sie gegen das anstehende Erkundungsgesetz klagen können. Der erste, noch vor der Bundestagswahl vorgelegte Gesetzentwurf war bekanntlich daran gescheitert, dass zahlreiche Abgeordnete ihre Zustimmung erst einmal verweigerten, nachdem sie festgestellt hatten, dass in ihrem Wahlkreis möglicherweise CCS-Speicher eingerichtet werden könnten. Anlass war eine Wahlkreiskarte, in die der Abgeordnete Hermann Scheer mögliche CCS-Standorte eingezeichnet hatte, um die Karte dann unter den Abgeordneten zirkulieren zu lassen. Vor diesem Hintergrund verwundert es, dass zwei Grundfragen der CCS-Technologie im Energiekonzept nicht angesprochen werden:
- Die CCS-Technologie ist so teuer, dass der reine Energiepreis für Kohlestrom um ein Drittel steigen wird; das wird Neubauvorhaben im Vergleich zu Windkraftstrom unwirtschaftlich machen.
- CCS würde Speicherkapazitäten blockieren, die für Druckluftspeicher dringend gebraucht werden. Im Energiekonzept wird aber nur ein Atlas angekündigt, *„um Nutzungskonkurrenz zwischen CCS und Geothermie zu prüfen"*.

Ein schwaches Kapitel!

Kernenergie als „Brückentechnologie"

Kernenergie stellt derzeit 25 % der deutschen Stromerzeugung sicher. Jedoch haben Windeinspeisungen in der jüngeren Vergangenheit bereits dazu geführt, dass Atomkraftwerke zurückgefahren werden mussten. Diese Konkurrenzen werden mit dem verstärkten EE-Zubau zunehmen. Vor diesem Hintergrund ist es sehr überraschend, dass im Energiekonzept keinerlei Begründungen dafür stehen, warum die älteren AKWs acht Jahre und die neueren vierzehn Jahre – im Mittel zwölf Jahre – länger am Netz bleiben sollen. Dieser Konflikt wird uns noch beschäftigen.

Zur Umsetzung dieses Teils des Energiekonzepts hatte die Bundesregierung bereits zwei *„Formulierungshilfen der Bundesregierung für die Fraktion der CDU/CSU und FDP"* vorgelegt, und zwar mit Entwürfen eines 11. und 12. Gesetzes zur Änderung des Atomgesetzes, die am 28.10.2010 auch beschlossen wurden[412]. Im 11. Gesetz werden die technischen Regelungen für die Laufzeitverlängerungen dadurch vorgenommen, dass in einer Anlage 3 zum Atomgesetz Strommengen auf die noch am Netz befindlichen siebzehn Atomkraftwerke verteilt werden. Basis sind Daten über die Strommengen, die die einzelnen Kraftwerke p. a. erzeugt haben. Zwar werde an der grundsätzlichen Entscheidung, die Kernenergie nur noch befristet zu nutzen, festgehalten. *„Diese Entscheidung ... wird jedoch nunmehr im Lichte eines energiewirtschaftlichen Gesamtkonzeptes an den gesamtwirtschaftlichen Erfordernissen ausgerichtet und entsprechend korrigiert."* Die Vorsorge gegen Schäden werde weiter ausgebaut, und zwar im Rahmen einer 12. AtG-Novelle. In diesem Zusammenhang wird der *„Schutz der deutschen Atomkraftwerke vor terroristischen Gefahren"* erwähnt, der *„dem international Üblichen [entspreche] ... teilweise deutlich darüber hinaus"* gehe.

Die Novellen sind als Gesetze konzipiert, denen der Bundesrat nicht zustimmen muss. In diesem Zusammenhang wird § 34 AtG verändert: Dabei handelt es sich um eine höchst interessante Regelung. Sie knüpft an an einen schweren Unfall, etwa durch Kernschmelze – das Gesetz spricht allerdings vornehm nur von einem *„nuklearen Ereignis"*. In einem solchen Fall haftet der Betreiber für alle Schäden und muss dafür eine Haftpflichtversicherung vorhalten[413]. § 34 regelt, dass der Betreiber von Schadenersatzverpflichtungen freizustellen ist, soweit diese von der Deckungsvorsorge nicht gedeckt sind oder aus ihr nicht erfüllt werden können (§ 34 Abs. 1 Satz 1). Der Höchstbetrag der Freistellungsverpflichtung ist allerdings gedeckt und beträgt 2,5 Mrd. Euro. Diese Freistellungsverpflichtung wird zwischen Bund und Ländern aufgeteilt (§ 36 AtG). § 34 Abs. 2 sieht bei der Regulierung eines solchen Schadens Verfahrensvorkehrungen vor, in die die Länder eingeschaltet werden. Mit der Neuregelung im 11. Änderungsgesetz wird die Einbeziehung der Landesbehörden gestrichen. So soll der Bundesrat außen vor gehalten werden.

Der Entwurf begründet auch den Standpunkt, warum der Bundesrat nicht beteiligt werden müsse. Das sei deswegen der Fall, weil die Länder keine neuen Aufgaben erhielten; vielmehr nähmen lediglich vorhandene Aufgaben quantitativ zu. In diesem Zusammenhang setzt

---

412. BT-Drs. 17/3051 und 3052.

413. Scheer, in: Rechtsfolgen der Aufkündigung des Atomkonsenses I, ZNER 2010, 358, weist darauf hin, dass die Betreiber niemals jeden einzelnen Atomreaktor bis zur Höhe der gesetzlich festgelegten Deckungssummen versichern mussten. Statt dessen hatten sie immer schon zugestanden bekommen, nur einen einzelnen Reaktor zu versichern und ggf. bei einem weiteren Schadensfall eine gemeinschaftliche Haftung zu übernehmen. Daraus ergab sich, dass seit der Anhebung der Deckungssumme auf 2,5 Mrd. Euro durch den Atomkonsens I jeder einzelne AKW-Betreiber nur 13 Mio. Euro jährliche Versicherungsbeiträge zahlte statt etwa 250 Mio. Euro.

sich die Begründung mit dem Beschluss des Bundesverfassungsgerichts vom 04. Mai 2010[414] (Luftsicherheitsgesetz II) auseinander.

Diese Vorgehensweise und ihre Begründung wirft allerdings ein hohes verfassungspolitisches Risiko auf: Die Mehrzahl der – teilweise sogar vom BMU in Auftrag gegebenen – Gutachten zur Frage der Bundesratspflichtigkeit postuliert nämlich ein Zustimmungsbedürfnis; darunter das Gutachten von Papier[415], kein geringerer als der ehemalige Präsident des Bundesverfassungsgerichts.

Die Länder Rheinland-Pfalz, Nordrhein-Westfalen und Berlin haben bereits ein Organstreitverfahren vor dem Bundesverfassungsgericht angekündigt, mit dem sie die fehlende Bundesratszustimmung monieren wollen. Ein weiteres Risiko liegt in der Laufzeitverlängerung für die älteren Atomkraftwerke, weil bei diesen die Terrorismusgefahr erkannt, aber hingenommen wird. Man muss sich Folgendes klarmachen: Das BMU hatte, noch unter grüner Führung, die Gefahren und die Gefährdungen der Atomkraftwerke durch terroristischen Flugzeugabsturz untersuchen lassen[416]. Diese Gefahr wurde bejaht. Wenn gleichwohl keine Nachrüstauflagen, etwa durch Verstärkung der Reaktorkuppeln, angeordnet wurden, dann aus Verhältnismäßigkeitsgründen: Von teuren zusätzlichen Schutzauflagen war vor dem Hintergrund der noch relativ kurzen Restlaufzeiten (vgl. Biblis A: ans Netz gegangen 1974, nach Atomkonsens I voraussichtlicher Abschalttermin 2007, durch verschleppte Nachrüstungen und Übertragung von Reststrommengen über 2010 hinaus gestreckt) abgesehen worden. Biblis A wäre also beim normalen Lauf der Dinge nach etwa 33 Jahren vom Netz gegangen. Davon lagen fünf bis sechs Jahre im „Verhältnismäßigkeitsspektrum", etwa ein Sechstel der Laufzeit. Wenn jetzt jedoch acht Jahre hinzukommen, sind das vierzehn Jahre, mehr als ein Drittel der Gesamtlaufzeit und mehr als eine Verdopplung des „Verhältnismäßigkeitsspektrums". Da das Bundesverwaltungsgericht die fehlende Auslegung gegen terroristischen Flugzeugabsturz als Gefahr gesehen hat, die dem Bürger ein Klagerecht gibt[417], liegt auch in diesem Thema ein hohes verfassungsrechtliches Risiko.

Zwar wurde den Abgeordneten auch ein 12. Gesetz zur Änderung des Atomgesetzes vorgelegt, mit dem unter Anpassung an die Richtlinie 2009/71/EURATOM insbesondere eine Weiterentwicklung der Sicherheitsvorkehrungen geregelt wird, die sich jedoch im Bereich der Minimierung des Restrisikos bewegen, dem Dritten also kein Klagerecht geben. Außerdem wird – und das ist die weitere Funktion des Gesetzes – ein Enteignungsrecht für die Beschaffung von Salzstockkapazitäten geschaffen. Der Untergrund des Salzstocks Gorleben gehört nämlich zum Teil dem Grafen Bernstorff und anderen, die sich dem Verkauf ihres Eigentums an den Bund verweigert haben. Dafür sollen nunmehr Eingriffsinstrumente geschaffen werden.

---

414. 2 BvR 8 und 9/07, ZNER 2010, 380.
415. NVwZ 2010, 1113.
416. Reaktorsicherheitskommission, Sicherheit deutscher Atomkraftwerke gegen gezielten Absturz von Großflugzeugen, 2001.
417. U. v. 10.04.2008, ZNER 2010, 417.

Der „Atomfrieden" ist dahin

Der Atomkonsens I hatte auch zu einem gewissen „Burgfrieden" an der Atomfront geführt. Zwar wurde immer wieder gegen Castor-Transporte demonstriert. Jedoch sind die großen Demonstrationen der Vergangenheit ausgeblieben. Erst mit der Ankündigung der Bundesregierung, die Laufzeiten zu verlängern, kam es wieder zu Großdemonstrationen. Die Laufzeitverlängerung und die mit ihr verbundenen Einzeleingriffe schaffen ein derartig großes Konfliktpotential, teils juristisch, teils politisch, dass man sich fragen muss, warum die Bundesregierung diese Konflikte auf sich nimmt. Einige Begründungen bieten sich an: Die hohe politiksteuernde Macht der Stromkonzerne, der Furor von CDU und FDP, die dem Atomkonsens I nicht zugestimmt hatten, die Hybris der Macht, Mehrheit ist eben Mehrheit ... Aber die Auseinandersetzung um „Stuttgart 21" zeigt, wie die Verhältnisse sind. Es ist ein Volksaufstand im Entstehen, dessen Ausmaß den Regierungsfraktionen und ihrer Regierung möglicherweise noch gar nicht klar ist.

In vermintes Gelände führt noch ein weiteres Kapitel des Energiekonzepts.

4 Pfad III: Die Einspeisekonkurrenz

Der Anteil des Stroms aus EE soll von heute 20 auf 35 Prozent im Jahr 2020 steigen. Das bedeutet, dass in entsprechendem Umfang fossil und nuklear erzeugter Strom verdrängt wird. Dieser Konflikt wird bei den Netzbetreibern auftreten, die die konkurrierenden Strommengen aufnehmen müssen. Mit den Auswirkungen auf die Strombereitstellungen aus herkömmlichen Kraftwerken befasst sich das Energiekonzept nicht; damit befasst sich allerdings das Gutachten des Sachverständigenrats für Umweltfragen[418], das davon ausgeht, dass es im Jahr 2020 die herkömmliche „Grundlast" nicht mehr geben wird, die derzeit insbesondere von Atom- und Braunkohlekraftwerken sichergestellt wird. Da schon bisher Atomkraftwerke zurückgefahren werden mussten, wenn Windstrom ins Netz drängte, ist klar, dass sich die Einspeisungen insbesondere gegen AKWs, die nur bis auf 45 Prozent ihrer Nennleistung zurückgefahren werden können, und Braunkohlekraftwerken auswirken.

Für die Konkurrenz der Einspeisungen hat § 8 EEG eine zentrale Regelung getroffen: Der EE-Strom ist vorrangig ist das Netz aufzunehmen. Ist das einmal nicht möglich, weil die Netzkapazität erschöpft ist, muss der Anlagenbetreiber entschädigt werden (§ 11 EEG). Der Koalitionsvertrag und das Energiekonzept bekräftigen: Am Einspeisevorrang soll festgehalten werden. Die Konsequenz ist absehbar: Die Stromkonzerne werden die Verdrängung des von ihnen erzeugten Stroms nicht widerstandslos hinnehmen. Dabei könnte sich ein Mangel auswirken, der schon viel früher hätte angegangen werden müssen, dessen Behebung aber den Stromkonzernen bisher jedenfalls im Wege der Regulierung nicht aufgegeben worden ist: Das ist der Mangel an Speichern. Das EEG und das Netzregulierungsrecht des EnWG enthalten auch keine entsprechenden Bauverpflichtungen.

Allerdings wird sich der Staat an dieser Stelle auch zurücklehnen können. Denn für die Stromkonzerne ist die Einspeisekonkurrenz nicht nur in der Vergangenheit bereits wahr-

---

418. 100 % erneuerbare Stromversorgung bis 2050: klimaverträglich, sicher, bezahlbar, dazu das 9. Kapitel.

nehmbar gewesen; sie kennen auch die Vorrangregelung des EEG. Daher wäre es ihre Sache gewesen, für die Zwischenspeicherung von nachrangig erzeugtem fossilen oder nuklearen Strom Speicherkapazitäten vorzusehen. Sie können sich daher auf den Mangel an Speichern nicht berufen, weil sie ihn selbst zu vertreten haben. Also bleibt es dabei, dass fossil und nuklear erzeugter Strom, der im Netz nicht unterzubringen ist, gar nicht erst erzeugt werden darf. Das Entstehen von Überschussstrom muss vielmehr durch das Zurückfahren von Kraftwerken vermieden werden.

5 Absehbare Strategien zur Beeinflussung der öffentlichen Meinung

Die Argumentationslinie ist bereits deutlich: *„Öko um jeden Preis"*, titelte der SPIEGEL[419], *„doch die Politik in Berlin verschweigt bislang die Risiken des Umbaus – und vor allem die gewaltigen Kosten."* Mit *„Irrsinn"* überschrieb Andreas Mihm von der FAZ[420] einen Kommentar dazu, dass die EEG-Umlage um 70 Prozent auf 16 Mrd. EUR steigen werde. Immerhin wurde im Wirtschaftsteil derselben Ausgabe mitgeteilt, dass ein Viertel des Aufschlags daraus herrührte, dass die Netzbetreiber im Jahr 2009 bei ihrer Prognose für 2010 von leicht steigenden Börsenstrompreisen ausgegangen waren. Die Preise fielen aber. Deswegen fehlten ihnen nun 1,1 Mrd. EUR in der Rechnung für 2010, die auf die Umlage des Jahres 2011 aufgeschlagen würden. Würde diese Fehlkalkulation der Netzbetreiber (verschuldet oder unverschuldet?) korrigiert, betrüge der Aufschlag nur gut 50 Prozent. Eine solche Schlagzeile war aber nirgends zu lesen.

Der SPIEGEL-Artikel stützte sich bei den Abschätzungen für die EE-Förderung weitgehend auf Zahlen des industrienahen RWI-Instituts und dessen Ökonom Frondel, der sich in einem Interview mit der Wirtschaftswoche[421] von der Energieexpertin Kemfert vom DIW mehrfach korrigieren lassen musste. Aber, auch das SRU-Gutachten kommt zu dem Ergebnis, dass in den kommenden Jahren ein Aufschlag von ca. 3,5 Cent auf die Strompreise eintreten werde. Deswegen ist der Ansatz, das Vergütungssystem des EEG zu überarbeiten und Potential zu nutzen, die Einspeisungen bedarfsgerechter und ökonomischer zu gestalten, sinnvoll. Aber diese Argumentation reicht nicht aus:

6 Die Kosten der „Energiewende" – und die Kosten der konventionellen Stromerzeugung

Bei den EE-Kosten handelt es sich um einen Aufschlag auf die Stromkosten im übrigen. Letztere müssen sich daher ebenfalls der Frage nach ihrer Berechtigung stellen. Das ist unter drei Aspekten veranlasst:

---

419. Nr. 38/2010 v. 20.09.2010, 88.
420. 15.10.2010, S. 11; vgl. dazu die substantiierte Auflistung der Berechnung der Umlage, die u. a. deswegen zu einer sprunghaften Erhöhung führte, weil ein neues Berechnungsverfahren angewandt wird; Neue Energie 11/2010, 18.
421. Nr. 23 v. 07.06.2010, 81.

- CO_2-Aufschlag
- Preisbildungsmechanismus an der EEX
- Kosten der Atomverstromung.

CO_2-Aufschlag

Der Strompreis enthält einen CO_2-Aufschlag, der daraus herrührt, dass die Stromkonzerne die Kosten der CO_2-Zertifikate an der Börse als sogenannte „Opportunitätskosten" – realisierbare, aber nicht realisierte Gewinne – behandeln. Bei der Einführung des CO_2-Handelssystems zum 01.01.2005 ergaben sich Preise von 25 EUR/MWh. Derzeit beträgt der Aufschlag 14,65 EUR/ MWh (Stand 01.11.2010). Der CO_2-Aufschlag verstößt nach Ansicht des Bundeskartellamts in der Abmahnung vom 18.12.2006[422] gegen § 19 Abs. 4 Nr. 2 GWB: Der Aufschlag ist aus zahlreichen Gründen sachlich nicht gerechtfertigt. Die Konzerne können sich den Aufschlag nur wegen ihrer Marktmacht leisten.

Preisbildungsmechanismus an der Börse

Die Stromkonzerne berufen sich bei ihrer Preisbildung auf die Börsenprodukte. Deren Entstehen wurde im Abschlussbericht der Europäischen Kommission zum Missbrauchsverfahren gegen E.ON[423] im einzelnen untersucht. Die Kommission kam zu dem Ergebnis, dass die Preisentwicklung zwischen 2002 und 2007 durch Kapazitätszurückhaltung zu erklären sei. Allerdings wurde das Verfahren nicht mit einem Bußgeld beendet; vielmehr einigte sich E.ON mit der Kommission, das Verfahren gegen Veräußerung seines Höchstspannungsnetzes und 15 Prozent der Kraftwerkskapazitäten einzustellen. Nach kartellrechtlicher Argumentation, bei der auf die Stellung der vier Stromkonzerne als marktbeherrschende Unternehmen im Stromhandel abzustellen ist, dürften allenfalls 31 EUR/MWh – und nicht 65, wie derzeit – verlangt werden[424]. 34 EUR/MWh werden nicht gerechtfertigt verlangt.

Die Kosten der Atomverstromung

In der Auseinandersetzung um die Kosten der „Energiewende" lohnt es sich, die Kosten der Einführung der Atomverstromung näher zu betrachten. Sie setzen sich, was die bereits angefallenen und die aktuell aufzuwendenden angeht, aus zwei Komponenten zusammen:
- den Subventionen für die Atomwirtschaft, die der Steuerzahler bezahlt hat,
- den Abrisskosten für die bereits stillgelegten 21 AKWs.

---

422. ZNER 2008, 448.
423. ZNER 2009, 69.
424. Vgl. zu den Einzelheiten das 5. Kapitel.

Die ersteren bezifferte das Forum Ökologisch-Soziale Marktwirtschaft in der Studie „*Billiger Strom aus Atom und Kohle? Staatliche Förderungen 1970 – 2008*"[425] auf 164,7 Mrd. EUR. Dazu kommen die Kosten der bereits vollständig beseitigten oder noch in der Rückbauphase befindlichen 21 Atomkraftwerke. Geht man für jedes von – im Mittel – 2 Mrd. EUR aus, kommt man auf 42 Mrd. EUR, zusammen mit den Subventionen weit über 200 Mrd. EUR.

Dazu kommen die Rückbaukosten für die noch laufenden 17 AKWs = 34 Mrd. EUR, für die mindestens teilweise schon Rückstellungen gebildet worden sind. Dazu kommen die Kosten der Endlagerung insbesondere für den hochradioaktiven Abfall, für den bisher noch kein Endlager gefunden ist. Die Kosten stehen in den Sternen[426].

Die Kosten der Klimakatastrophe

Mit der Klimakatastrophe und ihren Folgen für die Welt und Deutschland hat sich eine Vielzahl von Berichten befasst. Besonders bekannt geworden ist die Untersuchung des International Panel of Climate Change (IPCC)[427]. Danach bleibt auch Deutschland von den Folgen der Erderwärmung nicht verschont. Eine Zusammenfassung der Ergebnisse findet sich in der Studie des SRU[428]. Alle Untersuchungen, die vor den Kosten der Energiewende warnen, ohne die Kosten der Erderwärmung in den Blick zu nehmen, können daher nicht ernst genommen werden. Das gilt auch für Verweise darauf, dass statt forcierten EE-Ausbaus der Handel mit Emissionszertifikaten vorangetrieben werden müsse[429]. Großbritannien hatte mit diesem Konzept begonnen und damit schlechte Erfahrungen gemacht. Emissionshandel und EEG sind zwei Nebeninstrumente, die nebeneinander gebraucht werden: Stromversorger, die auf fossile Energie setzen, müssen deren Einsatz zurückfahren, zugleich müssen Investoren Anreize gegeben werden, in EE zu investieren.

---

425. Dazu näher 8. Kapitel: Die Atomverstromung: Triumph der Verdrängung, 11. Die Kosten der Atomverstromung.
426. Dazu Peter Drasdo, Die Kosten der atomaren Endlagerung, 2001.
427. Vgl. dazu SPIEGEL online 04.05.2007.
428. Siehe 10. Kapitel, 2. 100 % erneuerbare Stromversorgung bis 2050: klimaverträglich, sicher, bezahlbar.
429. Vgl. etwa Walter Hamm, FAZ v. 18.10.2010.

11. Kapitel
Die verfassungsrechtlichen (-gerichtlichen) Risiken einer Laufzeitverlängerung

Die Landtagswahl in Nordrhein-Westfalen hat die schwarz-gelbe Regierungskoalition im Bund die Bundesratsmehrheit gekostet. Es war daher eine entscheidende Frage, ob ein Gesetz über die Laufzeitverlängerung vom Bundestag ohne Beteiligung des Bundesrates verabschiedet werden könne. Dabei wurde in der Bundesregierung damit argumentiert, dass auch die gesetzliche Umsetzung des Atomkonsenses I ohne Zustimmung des Bundesrates verabschiedet wurde. Die verfassungsrechtliche Rechtfertigung dafür lag allerdings darin, dass wegen der Beendigung der Atomverstromung und der Abkürzung der Laufzeiten auch die Aufgaben der Länderatomaufsichten verringert wurden[430]. Das war jetzt anders, weil die Laufzeitverlängerung eben eine entsprechende zeitliche Verlängerung der Landesaufsichtsaufgaben mit sich brachte. Deswegen ist allein die Frage der „Bundesratspflichtigkeit" von entscheidender Bedeutung dafür, ob die Laufzeitverlängerung überhaupt umgesetzt werden kann. Mehrere Bundesländer haben bereits angekündigt, dass sie die Frage der Bundesratspflichtigkeit in einem sogenannten Organstreitverfahren vor das Bundesverfassungsgericht tragen würden. In die Frage der Bundesratspflichtigkeit spielt auch herein, dass die Landesaufsichtsbehörden die Gefahren des terroristischen Flugzeugabsturzes prüfen und ggf. durch Auflagen Sicherheitsbedenken Rechnung zu tragen hätten. Beim Atomkonsens I waren die Vertragspartner und auch der Gesetzgeber davon ausgegangen, dass es mit Blick auf die abgekürzten Laufzeiten unverhältnismäßig gewesen wäre, den Betreibern teure Nachrüstauflagen – etwa durch Verstärkung der Reaktorkuppeln – aufzuerlegen. Dieses Problem wurde beim Atomkonsens II gesehen; hier liegt der Grund, warum die älteren – nicht gegen terroristischen Flugzeugabsturz gesicherten – AKWs nur acht Jahre und die anderen zwölf Jahre länger laufen dürften.

Aber das ist nicht die einzige verfassungsrechtliche Hürde. Denn die Stromversorgung ist mit Blick auf ihre überragende Bedeutung für die Gesellschaft eine öffentliche Aufgabe höchsten Ranges[431]. Die Stromversorgung muss daher technisch zuverlässig geregelt werden (vgl. §§ 11 ff. EnWG). Die Sicherheit der Stromversorgung könnte dadurch gefährdet sein, dass Netzbetreiber im Rahmen ihres „Einspeisemanagements" in zunehmendem Umfang über konkurrierende Einspeisungen aus fossil/nuklearer Produktion und aus Erneuerbaren

---

430. Wieland, die Zustimmungsbedürftigkeit eines Gesetzes zur Verlängerung der Laufzeit von Kernkraftwerken, ZNER 2010, 321; Rossnagel/Hentschel, Rechtsgutachten zur Zustimmungsbedürftigkeit des 11. Änderungsgesetzes zum Atomgesetz, 48, mit zahlreichen Nachweisen in Fußnote 203, danach ganz herrschende Auffassung.
431. BVerfGE 91, 206 m.w.N.

Energien zu entscheiden haben. Zwar gilt insoweit grundsätzlich der Vorrang Erneuerbarer Energien (§ 8 EEG). Aber die Reichweite der Regelungsbefugnis der Netzbetreiber ist streitig. Wie werden Konkurrenzfragen so gelöst, dass die Energieversorgung sicher bleibt? Diese Frage ist nicht nur wegen der Bedeutung der Elektrizitätsversorgung als öffentliche Aufgabe so bedeutsam, sondern auch aus Gründen der verfassungsrechtlichen Systemgerechtigkeit: Der Gesetzgeber des EnWG und des EE hat die fossil/nukleare Stromversorgung historisch übernommen. Aber er hat die Erneuerbaren Energien mit dem StREG und dem EEG als vorrangige Einspeiseformen ausgestattet und damit das Staatsziel Umweltschutz (Art. 20a GG) umgesetzt. Dieses Staatsziel, konkret: der Klimaschutz, soll so erfüllt werden, dass in absehbarer Zeit eine ausschließlich klimaunschädliche Stromversorgung betrieben wird. Daher darf der Gesetzgeber beide Stromerzeugungswege nicht unverbunden nebeneinander stellen. Er muss aus Gründen der Systemgerechtigkeit dafür sorgen, dass beide Pfade in einem geregelten Miteinander funktionieren und das Ausbauziel erreicht wird.

1   Zur Frage der Bundesratspflichtigkeit der Laufzeitverlängerung

Der Bundestag hatte am 28. Oktober nicht nur über die Laufzeitverlängerung zu entscheiden, sondern auch über ein weiteres Gesetz zur Einführung eines § 7d AtG mit der Einführung einer neuen Sicherheitsaufgabe[432]. Beide Gesetze wurden beschlossen, wobei es auch aus dem Regierungslager Abweichler gab, die ihre Stimmabgabe mit persönlichen Erklärungen erläuterten. Beide Gesetze enthalten zur Rechtfertigung der Verabschiedung ohne Beteiligung des Bundesrates kurze Rechtfertigungen, in denen insbesondere darauf abgestellt wird, dass die rein quantitative Erweiterung der Länderaufgaben nicht zustimmungsbedürftig sei.

Diese Position in der Anhörung im Ausschuss für Umwelt, Naturschutz und Reaktorsicherheit vom 21.Oktober 2010 wurde von zwei Gutachtern vorgetragen, Prof. Dr. Rupert Scholz, München, der früher Bundesverteidigungsminister und Abgeordneter war und jetzt als Anwalt für eine Anwaltskanzlei arbeitet. Der Standpunkt wurde auch von Prof. Dr. Schorkopf vertreten. Die zahlreichen Gutachter, die abweichende Auffassungen vertraten, waren nicht eingeladen. Dabei hatten drei der Professoren im Auftrag des BMU gegutachtet.

Für die Antwort auf die Frage, ob der Bundesrat an einem Gesetz beteiligt werden muss, muss man zwei verschiedene Regelungen des Grundgesetzes unterscheiden. Der Grundsatz findet sich in Art. 83 GG, nach dem die Länder die Bundesgesetze als eigene Angelegenheit ausführen. In diesem Fall regeln sie nach Art. 84 GG die Einrichtung der Behörden und das Verwaltungsverfahren, soweit nicht Bundesgesetze mit Zustimmung des Bundesrates etwas Anderes bestimmen. Der Bund hat bei diesem Typus der Ausführung von Bundesgesetzen nur eine Rechts-, aber keine Sachaufsicht. Die sogenannte „Sachkompetenz" liegt in diesem Falle bei den Ländern.

Der zweite Typus ist in Art. 85 GG geregelt, den man „Bundesauftragsverwaltung" nennt. Auch in diesem Fall regeln die Länder die Einrichtung der Behörden, soweit nicht der Bundesgesetzgeber mit Zustimmung des Bundesrates etwas Anderes bestimmt. Aber die Landesbehörden unterstehen nicht nur der Rechtsaufsicht, sondern *„den Weisungen der*

---

432. Bt-Drs. 17/3051 und 3052.

zuständigen obersten Bundesbehörden", der sogenannten Fachaufsicht (Art. 85 Abs. 3 GG). Die „Sachkompetenz" bleibt in diesem Falle beim Bund. Das ist im Atomrecht so. Denn die Ausführung des Atomgesetzes ist nach Art. 74 GG ein Gegenstand der konkurrierenden Gesetzgebung, bei dem der Bund die Zuständigkeit an sich ziehen kann (Art. 74f a.) GG), was er mit dem Atomgesetz getan hat. Zu Art. 85 tritt Art. 87c GG, der sagt, dass Gesetze, die aufgrund des Art. 74f a.) GG ergehen, *„mit Zustimmung des Bundesrates bestimmen* [können], *dass sie von den Ländern im Auftrag des Bundes ausgeführt werden"*.

Scholz stützt seine ablehnende Meinung zur Zustimmungsbedürftigkeit auf drei Entscheidungen des Bundesverfassungsgerichts[433]. Zustimmungsbedürftig seien Inhaltsnormen nur dann, wenn die Regelung der Verwaltungszuständigkeit eine wesentlich andere Bedeutung und Tragweite erhalte, also bei einer grundlegenden qualitativen Veränderung mit Systemverschiebung im föderativen Gefüge. Da die erste Novelle (Laufzeitverlängerung) die Vollzugslast nur quantitativ erhöhe und nicht qualitativ verändere, werde diese Höhe nicht erreicht. Veränderungen der Risiken der Länder im Bereich der Staatshaftung – der Staat haftet für die Verfassungsmäßigkeit und regelgerechte Anwendung der Gesetze – seien keine qualitative Veränderung, weil es Staatshaftung immer gebe.

Prof. Schorkopf wies darauf hin, dass die Zustimmungsbedürftigkeit von Bundesgesetzen die Ausnahme sei. Auch er bezog sich auf die Rechtsprechung des BVerfG. Allerdings konzidierte er, dass nicht abschließend geklärt sei, unter welchen Voraussetzungen eine quantitative Erhöhung der Aufgabenlast die Bedeutung und Tragweite einer bereits übertragenen Aufgabe wesentlich ändere – und damit nach Art. 87c GG Zustimmungsbedürftigkeit bewirke. Wenn er die Bundesratspflichtigkeit verneine, dann mit der Stellung des Bundesrats im Verfassungsgefüge: Der Bundestag trage die primäre Verantwortung für ein Gesetz. Die Länder hätten nach Art. 50 GG über den Bundesrat nur ein Mitwirkungsrecht. Das Zeitmoment spiele bei einer solchen Regelung keine Rolle, weil das Atomgesetz kein Zeitgesetz sei. Diese Auffassung wird auch geteilt von Badura[434] und Degenhart[435].

Diesen Auffassungen steht eine ganze Phalanx von Gutachten gegenüber, von denen allein drei vom BMU in Auftrag gegeben waren, was einer gewissen Pikanterie nicht entbehrt.

Prof. Papier, München, früher Präsident des Bundesverfassungsgerichts und Vorsitzender des Ersten Senats, hob in seinem Gutachten[436] auf die besondere Struktur der Bundesauftragsverwaltung nach Art. 85 GG ab, wonach die Länder mit Zustimmung des Bundesrats

---

433. BVerfGE 75, 108 (Wehrpflicht), 105, 313 (Zivildienstgesetz 1978) und B. v. 04.05.2010, ZNER 2010, 380 (Luftsicherheitsgesetz II); Scholz hat seine Auffassung zusammen mit Moench upgedatet: Zur Zustimmungsbedürftigkeit eines Gesetzes zur Verlängerung der Laufzeiten der Kernkraftwerke – zusammenfassende Bewertung der rechtswissenschaftlichen Diskussion –, August 2010.

434. Die Notwendigkeit einer Zustimmung des Bundesrates zu einer Novellierung des Atomgesetzes, mit der in Abweichung von Vorschriften des Gesetzes zur geordneten Beendigung der Kernenergienutzung zur gewerblichen Erzeugung von Elektrizität, v. 22. April 2002 (BGBl I 1351), die zulässige Produktion von Elektrizitätsmengen („Reststrommengen") erhöht wird (Art. 87c GG, § 24 Abs. 1 AtG); erstattet im Auftrag des Bayerischen Umweltministeriums.

435. Rechtsgutachten zur Zustimmungsbedürftigkeit eines Gesetzes zur Verlängerung der Laufzeit von Kernkraftwerken, 6/2010, erstattet im Auftrag des Umweltministeriums Baden-Württemberg.

436. Als Aufsatz unter der Überschrift: Zustimmungsbedürftigkeit eines Gesetzes zur Verlängerung der Laufzeiten von Kernkraftwerken abgedruckt in NVwZ 2010, 1113.

„auf den letztlich wichtigsten Teil ihrer von Verfassung wegen eingeräumten (Art. 83 GG) Vollzugskompetenz [verzichten], *nämlich auf die exekutische Sachkompetenz".* Deswegen müsse der Bundesrat zustimmen. Es gehe nicht darum, ob sie neue Aufgaben bekämen. Es komme vielmehr darauf an, dass *„bei einer wesentlichen Änderung der vollzugsfähigen und vollzugsbedürftigen Sachregelungen die Interessen der Länder im Kontext der Auftragsverwaltung besonders betroffen* [sind], *und deshalb sind, was das Zustimmungserfordernis anbelangt, besondere Anforderungen zu stellen."* Dazu gehöre auch die zeitliche Verlängerung der Auftragsverwaltung, die daher bundesratspflichtig sei. Diesen Ansatz wendet Papier schon auf den Atomkonsens I und die dazu ergangene Atomgesetznovelle an.

Diesen argumentativen Ansatz vertritt auch Wieland[437], der sein Gutachten ebenfalls im Auftrag des BMU erstattet hat. Zwar kommt er im Gegensatz zur Auffassung von Papier zu dem Ergebnis, dass es beim Atomkonsens I lediglich um eine Verringerung der Aufgaben der Länder gegangen sei. Daher sei jene Änderung nicht bundesratspflichtig gewesen. Das sei bei der Laufzeitverlängerung anders: *„Da die atomrechtliche Aufsicht von den Ländern im Auftrag des Bundes ausgeführt wird, ist mit der Verlängerung der Laufzeit der Kraftwerke auch eine Verlängerung der Auftragsverwaltung und damit der Beschränkung der Verwaltungshoheit der Länder verbunden, die nur mit Zustimmung des Bundesrats zulässig ist. ...."*

Einen anderen Aspekt der Laufzeitverlängerung untersuchen Waldhoff/von Aswege[438], die Wege aufzeigen sollten, wie der Bund verfassungsrechtlich zulässig einen Teil der Gewinne der AKW-Betreiber abschöpfen könnte. Die Einführung einer Kernbrennstoffsteuer erweise sich zunächst aus verfassungsrechtlicher Sicht als unproblematisch, da der Bund über die Zuständigkeit aus Art. 105 Abs. 2 Satz 1 und 2 GG verfüge[439]. Eine Sondersteuer auf Unternehmensgewinne sei aber grundsätzlich unzulässig. Anders sei es, wenn die „Gewinnabschöpfung" durch freiwillige Zahlungen der Energieversorgungsunternehmen bzw. einer Versteigerungslösung erfolge.

Als verfassungsrechtlich problematisch sehen Waldhoff/von Aswege aber die Bindung des Gesetzgebers durch einen Vertrag über einen Atomkonsens II zur Vorzeichnung der Gesetzesänderungen. Dieser Ablauf verletze das Demokratieprinzip (Art. 20 Abs. 1 und 2 GG), „verwische" Verantwortungszusammenhänge und stelle politische Ungleichheit her, weil die Bürger eine solche Einwirkungsmöglichkeit auf den Gesetzgeber nicht hätten. Wesentliche Entscheidungen müssten im Bundestag fallen. Denn die *„normative Grundsatzentscheidung für oder gegen die rechtliche Zulässigkeit der friedlichen Nutzung der Kernenergie* [obliegt] ... *wegen ihrer weitreichenden Auswirkungen auf die Bürger, insbesondere auf ihren Freiheits-Gleichheitsbereich,* [als] ... *grundlegende und wesentliche Entscheidung"* dem Gesetzgeber[440].

---

437. ZNER 2010, 321.

438. Kernenergie als „goldene Brücke"? Verfassungsrechtliche Probleme der Aushandlung von Laufzeitverlängerungen gegen Gewinnabschöpfungen, ZNER 2010, 328.

439. insoweit verweisen die Autoren auf ein Gutachten von Wieland, Rechtliche Rahmenbedingungen für die Erhebung einer Kernbrennstoffsteuer, Rechtsgutachten im Auftrag des BMU, März 2002, 59.

440. BverfGE 49, 89, 127; vgl. auch Böhm, Atomrecht im Wandel – von der staatlichen Förderung zum Ausstieg, in: Dolde (Hrsg.), Umweltrecht im Wandel, Berlin 2001, 667, 682.

Geulen/Klinger[441] und ihnen folgend und weitaus differenzierter Rossnagel/Hentschel[442] zeigen auf, dass mit dem Atomkonsens I in Anwendung des Verhältnismäßigkeitsgrundsatzes von zahlreichen eigentlich gebotenen Nachrüstauflagen abgesehen worden sei. Davon hätten insbesondere die älteren Kernkraftwerke profitiert, vor allem Biblis A. Daher führe die Laufzeitverlängerung nicht nur zu einer zeitlichen Verlängerung, sondern übertrage den Ländern auch Aufgaben mit wesentlich neuer Tragweite. Dabei gehe es insbesondere um die Prüfung des Risikos terroristischer Anschläge ("Einwirkungen Dritter", § 7 Abs. 2 Nr. 5 AtG). Seit den terroristischen Anschlägen vom 11. September 2001 habe sich die Sicherheitslage grundlegend geändert. Die neuen Risikoszenarien beträfen insbesondere den *"gezielten Flugzeugabsturz"*. Die Autoren beziehen sich auf mehrere Untersuchungen, etwa der Reaktorsicherheitskommission (RSK)[443] oder die von Renneberg[444], die deswegen besonders bedeutsam ist, weil Renneberg Abteilungsleiter für Reaktorsicherheit im BMU während der Legislaturperioden 1999 bis 2009 war; davor war er Abteilungsleiter für Reaktorsicherheit im Hessischen Umweltministerium. Die rechtliche Tragweite der Gefahrenvorsorge, die die Länderaufsichten wahrnehmen müssen, ergibt sich daraus, dass das Bundesverwaltungsgericht[445] annimmt, dass ein atomares Zwischenlager vor einem terroristischen Flugzeugabsturz gesichert werden müsse. Diese Aufgabe gehöre nicht zum Restrisiko, sondern zur Vorsorge gegen Gefahren, und sei daher drittschützend. Dazu komme, dass der Atomkonsens I im Hinblick auf die geringe Reststrommenge davon abgesehen habe, RWE, dem Betreiber von Biblis A, aufzugeben, eine Auflage der hessischen Atomaufsichtsbehörde aus dem Jahr 1991 noch zu erfüllen; begründet wurde dieses Zugeständnis mit dem *"angemessenen Verhältnis zur Restnutzung"*[446]. Die Betreiber hatten mit Blick darauf reklamiert, dass die Umsetzung nachträglicher Auflagen rechtswidrig geworden sei[447].

Weitere Aufgaben erwüchsen der Aufsicht aus den Problemen der Alterung; nach dem neuen Gesetz verlängere sich die Laufzeit der älteren Meiler ja von 32 plus 8 auf 40, die der jüngeren von 32 plus 12 auf 44 Jahre. Renneberg gelangt aufgrund einer Einzeluntersuchung der Reaktoren zu dem Ergebnis, dass die gebotenen Nachrüstungen einem Neubau gleichkämen und dass *"Planungen, Genehmigungen und baumfassende Überprüfungen"* erforderlich wären und große Zeiträume in Anspruch nehmen würden[448]. Aufgaben mit erheblicher Tragweite ergäben sich schließlich aus Stilllegung und Abbau. Wesentlich neue Aufgaben ergeben sich für die Länder auch aus der gebotenen Sicherung der atomaren Entsorgung, insbesondere bei der Einrichtung von Endlagern für hochradioaktive, wärmeentwickelnde Abfälle (§ 9a Abs.

---

441. Bedarf die Verlängerung der Betriebszeiten der Atomkraftwerke der Zustimmung des Bundesrats?, NVwZ 2010, 1118.
442. Rechtsgutachten zur Zustimmungsbedürftigkeit des 11. Änderungsgesetzes zum Atomgesetz, 10/2010.
443. Vgl. Geulen/Klinger, a.a.O., Fußnoten 14 ff.
444. Risiken alter Atomkraftwerke, 2010.
445. ZNER 2010, 417 = NVwZ 2008, 1012: Die Genehmigungsbehörde müsse das Risiko des Anlagenbetriebs „durch laufende Anpassung der für eine Risikobeurteilung maßgeblichen Umstände an den jeweils neuesten Erkenntnisstand" prüfen und bewerten.
446. Atomkonsens I vom 14.07.2000, NVwZ Beilage IV/2000, Anlage 2.
447. Vgl. dazu Heitsch, Sicherheitsmaßstäbe in der Beendigungsphase, 11. deutsches Atomrechtssymposium, 167 ff., 188.
448. Renneberg, a.a.O., 22 ff.

3 AtG). Weitere rechtliche Verschärfungen der Aufsichtspflichten folgten aus der Richtlinie 2009/91/EURATOM. Das Optimierungsgebot des Art. VI Abs. 2 und 3 der Richtlinie gehe über die verfassungsgerichtliche Vorgabe hinaus, nach der die Risikobeurteilung dynamisch *„dem jeweils neuesten Erkenntnisstand"* anzupassen sei. Die Richtlinie führe vielmehr zu einer *„grundlegenden Neuorientierung der europäischen Atompolitik"*[449].

Im Ergebnis ist eine klar herrschende Auffassung zu konstatieren, nach der die Verlängerung der Laufzeiten bundesratspflichtig war. Das Gesetzgebungsverfahren ist also insoweit verfassungsrechtlich fehlerhaft.

2 Verletzung des Rechtsstaatsprinzips durch mangelhafte Vorkehrungen für die öffentliche Aufgabe Stromversorgung

Das Bundesverfassungsgericht postuliert in ständiger Rechtsprechung, dass die Stromversorgung eine öffentliche Aufgabe von höchster Bedeutung sei[450]. Eine gesetzliche Neuregelung, die das Verhältnis zwischen den beiden Verfahren zur Stromerzeugung aus fossil/nuklearen Kraftwerken und der aus Erneuerbaren Energien nicht im einzelnen regelt und damit Gefährdungen der Sicherheit der Stromversorgung zulässt, verstößt gegen das Rechtsstaatsprinzip.

3 Biblis A: Ein Hochrisikoreaktor

Biblis A ist bereits seit 1974 am Netz und hatte ein durchaus auffälliges „Reaktorleben"[451]. 1988 war ein zunächst verschwiegener Störfall aufgedeckt worden. Nach dessen Untersuchung erließ Umweltminister Weimar/CDU 49 nachträgliche Auflagen, von denen sich allein zehn mit fehlenden Nachweisen zum „Sicherheitserdbeben" befassten. Außerdem lagen zahlreiche weitere Mängel vor. Im Zug der Verhandlungen zum Atomkonsens I kam es aber auch für Biblis A zu Zugeständnissen. Zahlreiche Sicherheitsauflagen aus dem Jahr 1991, die im Jahr 2000 noch immer nicht umgesetzt worden waren, mussten nicht mehr umgesetzt werden, um den Aufwand in einem *„angemessenen Verhältnis zur Restnutzung"* zu halten, wenn der Betreiber auf die Übertragung von Reststrommengen auf Biblis A verzichte. Noch heute sind 25 der 55 Sicherheitsauflagen von 1991 nicht vollständig erfüllt[452]. Da das Gesetz zur Umsetzung des Atomkonsenses I Mitte 2002 in Kraft trat und Biblis A im Jahr 2007 bei nomalem Reaktorfahren seine Strommengen verbraucht hätte, wäre ein Zeitraum von weiteren fünf Jahren die „Verhältnismäßigkeitsmarge" gewesen. Inzwischen sind aber drei weitere Jahre ins Land gegangen. Dazu kommen die acht Jahre aus der Laufzeitverlängerung. Das bedeutet,

---

449. Hermes, Die europäische Regulierung des Atomsektors und Gemeinschaftsrecht, 12, 12. Deutsches Atomrechtssymposium 2004, 37 ff., 44.
450. BVerfGE 91, 206 m.w.N.
451. Vgl. dazu das 8. Kapitel, Die Atomverstromung: Triumph der Verdrängung, konkret zu Biblis A, S. 413.
452. Vgl. dazu Rossnagel/Hentschel, Rechtsgutachten zur Zustimmungsbedürftigkeit des 11. Änderungsgesetzes zum Atomgesetz, 41 m.w.N.

dass Biblis A, seit 1991 ohne die erforderlichen Sicherheitsnachweise, bis 2018 ohne die geforderten Sicherheitsnachweise weiterlaufen soll. Renneberg listet diese in seiner Studie[453] auf:

- *„Bei Biblis A treten deutlich mehr altersbedingte Fehler auf.*
- *Das Personal wird wesentlich stärker mit radioaktiver Strahlung belastet.*
- *Biblis A ist gegen Störfälle wesentlich schlechter geschützt, weil sein gesamtes Sicherheitsdesign veraltet ist. Insbesondere das Risiko, dass Sicherheitssysteme im Störfall ausfallen können, ist größer. Die Sicherheitssysteme sind räumlich und verfahrenstechnisch nach dem heutigen Stand der Technik nicht hinreichend unabhängig voneinander. Insbesondere bei Lecks oder Rissen von Rohrleitungen ist deshalb das Risiko unbeherrschbarer Ereignisabläufe deutlich höher.*
- *Die Störfallbeherrschung ist weniger wirksam, weil u.a. ein unabhängiges Notkühlsystem fehlt.*
- *Biblis A verfügt im Störfall über weniger gesicherte Wasserreserven zur Kühlung des Reaktors.*
- *Biblis A ist gegen Brandeinwirkungen innerhalb und außerhalb der Anlage schlechter geschützt.*
- *Biblis A ist gegen Erdbeben und Druckwellen von außen, z. B. durch Explosionen, weit weniger geschützt als es dem Stand der Technik entspricht. Biblis A verfügt nicht über ein dem Stand der Technik entsprechendes unabhängiges und verbunkertes Notstandssystem.*
- *Ein katastrophales Versagen der Schutzeinrichtungen von Biblis A wäre bei terroristischen Flugzeugangriffen weit wahrscheinlicher als beim Vergleichskraftwerk, da die Betonhülle von Biblis nicht dem Stand der Technik entspricht, ein flugzeugabsturzsicheres Notstandssystem fehlt und das Sicherheitsdesign der Anlage veraltet ist.“*

Klar ist, dass diese Mängel nicht länger unter Verhältnismäßigkeitserwägungen hingenommen werden können. Biblis A muss vielmehr sofort vom Netz. Gerichtliches Eingreifen dürfte überfällig sein, um die Bevölkerung und die Umwelt zu schützen.

4   Die Laufzeitverlängerungsgesetze: ein hohes verfassungsrechtliches Risiko

Die Analyse der Verfassungsrechtslage in den dazu ergangenen Gutachten zeigt: Die schwarzgelbe Bundestagsmehrheit konnte die Gesetze zur Laufzeitverlängerung nicht ohne Beteiligung des Bundesrats erlassen. Es besteht eine hohe Wahrscheinlichkeit, dass das Bundesverfassungsgericht in den zu erwartenden Organstreitverfahren entsprechend entscheiden wird. Dabei wird auch eine Rolle spielen, dass die Laufzeitverlängerung die Länder mit neuen Auflagen belasten wird, die nach dem Atomkonsens I vermieden worden waren; etwa der Prüfung der Gefahren aus terroristischem Flugzeugabsturz und – entweder – der Veranlassung zusätzlicher Auflagen oder der vorzeitigen Stilllegung der Kernkraftwerke, der Prüfung vorzeitiger Alterung aus Versprödung von Schweißnähten etc. Dazu kommen die Mängel im Gesetzgebungsverfahren, die durchaus verfassungsrechtliche Dimension haben. Das werden wir am Ende des nächsten Kapitels sehen.

---

453. Risiken alter Kernkraftwerke, 6/2010, 28.

12. Kapitel
Warum die Stromkonzerne so mächtig sind; und wie sie diese Macht jetzt missbrauchen

1   Einfluss über Lobbyismus

Alle vier Energiekonzerne verfügen über personalstarke Niederlassungen in Berlin, am Sitz der Bundesregierung. Im Büro von E.ON in Brüssel, am Sitz der Europäischen Kommission, arbeiten, wenn die Kommission oder das Europäische Parlament brisante energiepolitische Steuerungsentscheidungen bearbeiten, wie etwa die Richtlinien zur Liberalisierung der Energiemärkte in den Mitgliedstaaten, über 30 Personen. Offiziell bezeichnet man diese Tätigkeit als Interessenvertretung, public affairs, politische Kommunikation, Politikberatung etc. Tatsächlich ist Lobbyismus eine Methode der Einwirkung auf Entscheidungsträger und Entscheidungsprozesse vor allem durch Information im Rahmen einer festgelegten Strategie. Eine gängige Definition lautet, Lobbyismus sei *„eine aus dem Englischen übernommene Bezeichnung für eine Form der Interessenvertretung in der Politik, in der Interessengruppen (Lobbies) die Exekutive und Legislative durch persönliche Kontakte oder die öffentliche Meinung über die Massenmedien beeinflussen"*[454]. Die Macht der Lobbyisten ist so groß, dass sie in dem grundlegenden Buch von Thomas Leif und Rudolf Speth[455] die *„Fünfte Gewalt"* genannt wurden. Lobbyisten kommen allerdings keineswegs nur aus den Konzernen. Unternehmensverbände, Gewerkschaften, Nichtregierungsorganisationen (NGOs) und andere Verbände bringen ihre Interessen gezielt in das Gesetzgebungsverfahren mit ein. Das ist gerade die zentrale Aufgabe der Verbände: Die Interessen ihrer Mitglieder im politischen Willensbildungsprozess zu vertreten[456].

Das ist legitim. Die Abgeordneten und die Ministerien müssen wissen, welche Strukturen, welche Interessen, welche Sachzwänge etc. im Gesetzgebungsvorhaben eine Rolle spielen. Deswegen werden Lobbyisten für den Willensbildungsprozess sogar gebraucht. Aus diesem Grund führte der Präsident des Deutschen Bundestages die „öffentliche Liste über die Registrierung von Verbänden und deren Vertretern" ein. Die Anzahl der Einträge wächst; im Juni 2010 waren 2.136 Verbände registriert. In ihrem Programm zur Bundestagswahl 2009 hatten die SPD,

---

454. Wikipedia, zum Stichwort „Lobbying".
455. Die fünfte Gewalt. Lobbyismus in Deutschland, 2006.
456. Vgl. § 22 Abs. 4, 47 der Gemeinsamen Geschäftsordnung der Bundesministerien (GGO).

260

Bündnis 90/die Grünen und die Partei die Linke sogar die Forderung nach Einrichtung eines verpflichtenden Lobbyregisters aufgenommen[457]. Die Europäische Kommission hat ebenfalls ein Register der Interessenvertreter eingerichtet und dazu einen „Verhaltenskodex" erlassen. Dazu heißt es sehr aufschlussreich: *„Die Kommission ist sich bewusst, dass der Auftrag der meisten Organisationen und Einrichtungen, die Lobbyarbeit betreiben, mehr umfasst als die Aktivitäten, für die die Eintragung erwartet wird. Sie sind u.a. beteiligt an der Erstellung von Studien, Statistiken und anderen Informationen und Dokumentationen sowie an Schulungen und Maßnahmen zur Erweiterung der Kompetenz für Mitglieder oder Klienten; sofern dabei keine Interessenvertretung stattfindet, fallen diese Tätigkeiten nicht unter diese Definition. Die Bürger und sonstigen Akteure erwarten von Interessenvertretern zu Recht, dass diese sich von den Grundsätzen der Offenheit, Transparenz, Billigkeit und Integrität leiten lassen. Entsprechend sind die Mitglieder der Kommission und Kommissionsbedienstete an strenge Vorschriften gebunden, die ihre Unparteilichkeit gewährleisten. Die einschlägigen Bestimmungen sind öffentlich bekannt und im Vertrag zur Gründung der Europäischen Gemeinschaft, im Beamtenstatut, im Verhaltenskodex für Kommissionsmitglieder und den Kodex für gute Verwaltungspraxis niedergelegt."*

Und dann kommen klare Regeln für das Verhalten der Lobbyisten:

„1. Sie nennen sich namentlich und geben den Namen der Organisation(en) an, für die sie tätig sind oder die sie vertreten;

2. sie machen über sich selbst keine falschen Angaben im Hinblick auf die Registrierung, um Dritte und/oder EU-Bedienstete zu täuschen;

3. sie geben an, welche Interessen und gegebenenfalls welche Klienten oder Mitglieder sie vertreten;

4. sie stellen sicher, dass die von ihnen bereitgestellten Informationen nach ihrem besten Wissen unverzerrt, vollständig, aktuell und nicht irreführend sind;

5. sie beschaffen sich nicht auf unlautere Weise Informationen oder erwirken auf unlautere Weise Entscheidungen und unternehmen keine diesbezüglichen Versuche;

6. sie verleiten EU-Bedienstete nicht dazu, gegen die für sie geltenden Regeln und Verhaltensnormen zu verstoßen;

7. sie respektieren, falls sie ehemalige EU-Bedienstete beschäftigen, deren Pflicht, die für sie geltenden Regeln einzuhalten und ihrer Geheimhaltungspflicht zu genügen."

Der Erlass solcher Regelungen signalisiert allerdings, dass sich in der Vergangenheit nicht alle Lobbyisten daran gehalten haben. Da Lobbyisten Gesetzentwürfe möglichst schon in der Entstehungsphase prägen und als bedenklich empfundene Konzepte *„frühzeitig versenken"* wollen, wird ihre Arbeit häufig als penetrant empfunden. Der ehemalige Bundesfinanzminister Peer Steinbrück forderte in seiner traditionellen Rede beim Neujahrsempfang der Frankfurter Industrie- und Handelskammer *„Lobbyisten in die Produktion"*. Als zuständiger Minister müsse er für eine *„zukunftsfähige Haushalts- und Finanzpolitik ein robustes Immunsystem entwickeln gegen die Attacken der organisierten Einzelinteressen"*. Ähnlich äußerte sich Gesundheitsministerin Ulla Schmidt: *„Ich wünsche mir bei allen drei Koalitionspartnern die*

---

457. Dazu Hans-Jörg Schmedes, Mehr Transparenz wagen? Zur Diskussion um ein gesetzliches Lobbyregister beim Deutschen Bundestag, Zeitschrift für Parlamentsfragen, 2009, 543.

Nervenstärke, dass alle sagen: Bis die Fusionen (der Krankenkassen, d. Verf.) *und die echte Kostendämpfung erfolgt sind, setzen die Lobbyisten bei uns keinen Fuß mehr in die Tür.*"

Als besonders anfällig für Konzerninteressen haben sich in zahlreichen Fällen gerade leitende Beamte in den Ministerien erwiesen, die sogenannten „politischen Beamten", die teilweise mit jeder Regierung wechseln: Abteilungsleiter, Staatssekretäre, Minister. Staatssekretäre und Minister kommen häufig aus der freien Wirtschaft und kehren nach einem Regierungswechsel in diese zurück. Für Abteilungsleiter scheint es eine Art „Laufbahn" zu geben, die im Vorstandssessel eines Konzerns endet. Walter Hohlefelder, Abteilungsleiter für Reaktorsicherheit im Bundesumweltministerium, wechselte zur PreussenElektra AG und führte für die Atomwirtschaft die Atomkonsensverhandlungen. Staatssekretär Dr. Tacke wurde nach Erteilung der Ministererlaubnis für die Fusion E.ON/Ruhrgas Vorstandsvorsitzender der STEAG, an der auch E.ON eine nennenswerte Beteiligung hat, sein Minister Werner Müller wurde Chef der Ruhrkohle AG. Ex-Bundeskanzler Gerd Schröder, der E.ON zur Stellung eines Antrags auf Ministererlaubnis ermuntert hatte, wurde Vorsitzender des Aktionärsausschusses der Nord Stream-Gesellschaft, die die Ostseepipeline baut, sein Außenminister Joschka Fischer ist Berater bei Siemens und der Pipeline-Gesellschaft Nabucco. Die Probleme dieser Berufswechsel liegen darin, dass die Akteure in ihrer beruflichen Tätigkeit möglicherweise schon die Interessen des in Aussicht genommenen neuen Arbeitgebers berücksichtigen. Dazu kommt, dass sie im neuen Job ihre Beziehungen, ihre Kenntnisse der Willensbildungsstrukturen und vor allem ihren Nimbus einsetzen können.

2   Stromversorgung als Staatstätigkeit

Die Betrachtung der Vorgehensweise der Lobbyisten beantwortet aber nicht die Frage, warum die öffentliche Verwaltung so willig auf die Zuarbeit der Unternehmen und ihrer Verbände reagiert und sogar Angebote annimmt, Unternehmensmitarbeiter in Ministerien abzuordnen, wie der Bundesrechnungshof[458] monierte. Das gilt auch für die Energiewirtschaft: Beispielsweise saßen in einer „task force Netzzugang" des Bundeswirtschaftsministeriums Müller Mitarbeiter von Industrieunternehmen, deren Aufgabe es war, Beschwerden von wechselwilligen Kunden zu bearbeiten. Nach öffentlicher Kritik wurde die „task force Netzzugang" von Bundeswirtschaftsminister Wolfgang Clement am 31. Juli 2002 aufgelöst. Die Begründung war, im Ministerium seien nicht in ausreichender Anzahl sachkundige Mitarbeiter vorhanden. Das Problem war nur, dass diese abgeordneten Mitarbeiter beim Bearbeiten von Beschwerden der Kunden möglicherweise über das Verhalten ihrer Arbeitgeber zu befinden hatten. Aber auch diese Einzelfälle erklären nicht das industriefreundliche Vorverständnis von Bediensteten insbesondere des Bundeswirtschaftsministeriums bei der Bearbeitung von Gesetzesvorhaben. Dafür muss es noch andere Erklärungen geben.

Die unter den Industriebranchen unvergleichliche Stellung der Stromwirtschaft rührt daraus her, dass sie weitgehend vom Staat gegründet und betrieben wurde und wird. Die

---

458. Vgl. Bericht v. 17.09.2009; seit dem 16.10.2008 legt die Bundesregierung Berichte zum Einsatz externer Mitarbeiter in Ministerien und Bundesbehörden vor. Nach einer Verwaltungsvorschrift des Bundeskabinetts vom Juli 2008 sollen externe Mitarbeiter ganz von der Mitarbeit an Gesetzen ausgeschlossen werden.

kommunalen Unternehmen wurden, nachdem die Bürgermeister staunend in Berlin und München das elektrische Licht bewundert und es in ihre Gemeinden importiert hatten, quasi als Amt der öffentlichen Verwaltung geführt. Der kommunale „Eigenbetrieb" ist noch heute eine Rechts- und Betriebsform, die in – insbesondere kleineren – Gemeinden häufig anzutreffen ist. Aber die Mehrzahl der kommunalen Unternehmen wird heute in den Rechtsformen der Gesellschaften des Privatrechts geführt (GmbH, Aktiengesellschaft). Heute sind im Verband kommunaler Unternehmen (VkU) 1.400 Mitgliedsunternehmen verzeichnet. Über VkU-Mitgliedsunternehmen werden 54 % des insgesamt abgesetzten Stroms, 51 % Gas, 53 % Wärme und 77,5 % Wasser abgegeben. Das bedeutet, dass über die Hälfte der insgesamt in Deutschland abgesetzten Energie nach wie vor von kommunalen Unternehmen verkauft wird. Auf die Ausgestaltung der Versorgung haben die kommunalen Gremien maßgeblichen Einfluss. Daraus ergibt sich eine starke Stellung der kommunalen Wirtschaft, die über die Verbände VkU, Deutscher Städtetag und Deutscher Städte- und Gemeindebund (DStGB) wahrgenommen wird. Kein Gesetzgeber würde sich etwa trauen, die Konzessionsabgaben für die Strom-, Gas- und Wasserversorgung abzuschaffen, die einen gewichtigen Teil der Gemeindefinanzen sicherstellen und in großem Umfang für den Ausgleich von Verlusten im Öffentlichen Personennahverkehr (ÖPNV) herhalten. Zur Dimension: Der Gewinn der kommunalen Unternehmen allein aus der Stromversorgung soll sich in der Regel auf etwa das Volumen der Konzessionsabgaben belaufen. Diese sind zwar ein Unikat unter den EU-Mitgliedstaaten. Aber alle Bestrebungen, sie abzuschaffen, blieben letztlich ohne Erfolg.

Mindestens so staatsnah waren die Energieunternehmensgründungen der Weimarer Zeit: PreussenElektra, Bayernwerk, Energieversorgung Schwaben, Badenwerk etc. Das RWE war ebenfalls ein *„gemischtwirtschaftliches Unternehmen"*, in dem die kommunalen Aktionäre die Stimmenmehrheit besaßen, auch wenn die unternehmerische Führung von privatwirtschaftlichem Denken bestimmt war. Es war daher kein Wunder, dass sie die Diskussion über eine Kartellverordnung ohne jegliche Einschränkung ihrer Rechtsstellung überstanden. In der Nazi-Zeit verhinderte der EVU-freundliche Reichswirtschaftsminister Schacht jegliche staatliche Einschränkung der Monopolstellung, wie die Präambel des EnWG 1935 mit dem Hinweis auf die *„schädlichen Folgen des Wettbewerbs"* zeigt. Die Stromkonzerne waren dann für die Rüstungsindustrie unverzichtbar. Auch nach dem Zweiten Weltkrieg änderte sich an dieser Stellung über viele Jahre hinweg nichts. Zwar erzwangen insbesondere die Amerikaner ein Kartellgesetz. Aber der Energiewirtschaft und ihren unmittelbar in der Bundes- und den Landesregierungen sitzenden Interessenvertretern (Abteilung „Beteiligungsverwaltung") gelang es ohne großen Aufwand, den Ausnahmebereich Versorgungswirtschaft im GWB durchzusetzen. Den Kartellbehörden wurden wenig Instrumente in die Hand gegeben, eine effektive Kartellaufsicht zu betreiben. Erst die Liberalisierung, wiederum auf externe Einflüsse zurückzuführen, nämlich die EU, führte zu einer Veränderung des rechtlichen Rahmens: Der Ausnahmebereich für die Versorgungswirtschaft wurde abgeschafft. Diese Phase wurde nunmehr von den Staaten genutzt, die Ausgangslage entscheidend zu verändern: Sie trennten sich, soweit nicht schon geschehen (VEBA) ganz oder teilweise von ihren Beteiligungen, was von den Konzernen begrüßt und genutzt wurde; erweiterten sich dadurch ihre Handlungsmöglichkeiten insbesondere mit Ausweitung der Konzerntätigkeit ins Ausland entscheidend. Ein gutes Beispiel ist der E.ON-Konzern mit seinen market-units Central Europe, Pan-European Gas, UK, Nordic, US-Midwest, Russia, Italy, Spain, Energy Trading, Climate & Renewables.

In den letzten Jahren hat der Einfluss der Konzerne auf den deutschen Staat kaum nachgelassen: Zwar sind die Netze durch das EnWG 2005 reguliert worden. Dadurch haben sich die Margen im Netzbetrieb wohl auf unter 10 % des eingesetzten Kapitals verringert. Die zweite Phase der Regulierung, die sogenannte Anreizregulierung, hat aber offenbar die Preiserhöhungsspielräume wieder vergrößert, wie an der Bemerkung von Matthias Kurth, Präsident der Bundesnetzagentur, zur Kritik von E.ON an Netzentgeltentscheidungen seiner Behörde erkennbar ist: *„Wenn ich überhaupt was mit Willkür mache, dann zu ihren Guns-ten, nicht zu ihren Ungunsten"*, hieß es in einem Branchendienst[459]. Kurth verwies darauf, dass seine Mitarbeiter mit *„einiger Kreativität"* E.ON eine Erhöhung seiner Entgelte um fast 30 % zugestanden hätten. *„Mit Recht und Gesetz hätte ich auch ihre Entgelte von 2006 fortschreiben können"*. Beim Stromhandel wurde bisher keinerlei Regulierung durchgesetzt. Der Preisbildungsprozess an der EEX verläuft in seinem wichtigsten Bereich, dem Spotmarkt, weitgehend unbeaufsichtigt und vor allem deswegen auch mangelhaft sanktioniert[460]. Die Margen aus dem Stromhandel, den die Konzerne mit ihrem 80 %igen Anteil am gesamten Erzeugungsmarkt dominieren, sind wohl deutlich höher als vor der Liberalisierung. Dabei muss man nämlich den Preis für die Energie und den CO_2-Preis addieren, weil dieser Preis von den Konzernen auf den Energieanteil aufgeschlagen wird, obwohl sie die Zertifikate bis vor kurzem kostenlos erhalten haben. So erweist sich die Einführung der Liberalisierung als schrankenlose Freiheit für die Konzerne und absolute Machtlosigkeit der Verbraucher.

Dabei hatte das Bundesverfassungsgericht die Tätigkeit der Energiewirtschaft als „öffent-liche Aufgabe" bezeichnet[461]. Auch wenn die Konzerne also nicht mehr dem Staat gehören, so werden doch ihre Aufgaben als zumindest im öffentlichen Interesse liegend, wenn nicht als mittelbare Staatstätigkeit angesehen. Das kennzeichnet ihren Rang; sollte aber auch zu gelebter Regeltreue – und einer besseren Aufsicht – führen.

3   Dazu kommt die schiere Größe

Der Rang der Stromwirtschaft unter den Industriebranchen ist insbesondere an ihrem Börsen-wert ablesbar: Der über die Jahre wertvollste deutsche Konzern, Siemens, der insbesondere von seinem Kraftwerks- und Netzgeschäft profitiert, hat einen Börsenwert von 54,6 Mrd. Euro. Genauso groß ist schon E.ON mit einem Börsenwert von 54,6 Mrd. Euro (1/2010) und einem Umsatz von 81,8 Mrd. Euro in 2009 (2008: 86,7 Mrd. Euro). RWE weist einen Börsenwert von 40 Mrd. Euro auf. Beide zählen daher zu den dominanten DAX-Konzernen. Das wirtschaftliche Gewicht dieser zwei Konzerne, die beide ihren Firmensitz in Nordrhein-Westfalen haben, kann von diesem Bundesland und natürlich auch von der Bundesregierung nicht missachtet werden. Jedes Anliegen trifft auf äußerstes Wohlwollen. Als die Nord Stream-Pipelinegesellschaft, an der E.ON maßgeblich beteiligt ist, in Moskau den Gesellschaftsvertrag unterzeichnete, konnte E.ON-Chef Bernotat in Begleitung von Bundeskanzlerin Merkel auftreten. Die von den Unternehmen sichergestellte Energieversorgung als „öffentliche Aufgabe", ihre Größe, ihre

---

459. Energate Messenger v. 18. September 2009.
460. Vgl. dazu Becker, Rechtsfolgen regulatorischer Mängel des Stromhandels, WuW 2010, 398.
461. Ständige Rechtsprechung: BVerfGE 68, 193, 206; 70, 1, 15; B. v. 16.05.1989, NJW 1990, 1783; BVerfGE 91, 206, 115, 205, 227; B. v. 10.09.2008, 1 BvR 1914/02; B. v. 18.05.2009, 1 BvR 1731/05 = ZNER 2009, 232.

Wirtschaftskraft, die Anzahl der Arbeitsplätze, das von ihnen erwirtschaftete Steueraufkommen sichern ihnen einen maßgeblichen Platz in der Aufmerksamkeit der Regierung. Da bedarf es guter Gründe, um sich einem Wunsch zu verschließen oder womöglich alternative Wege zu gehen – wie es jetzt im Umbau der Stromversorgung zu den Erneuerbaren Energien ansteht.

4   Und jetzt: Der Lobbyismusexzess

Jetzt haben die Atomkonzerne und ihre Lobbyisten überreizt; und zwar beim Durchsetzen der Laufzeitverlängerungen für Atomkraftwerke. Denn die Abläufe waren nicht nur für Lobbyismusexperten interessant, sondern verletzen auch die Verfassung. Es sieht alles danach aus, als hätten sich die Strategen der Konzerne – trotz vieler zur Laufzeitverlängerung erstatteter Gutachten – beim Handling der Durchsetzung der Laufzeitverlängerung nicht verfassungsrechtlich beraten lassen. Dabei ist die Grenzziehung zwischen zulässigem Lobbyismus und unzulässiger „Privatisierung der Gesetzgebung" eng – wie man zeigen kann.

„.... Hättest du nur geschwiegen, Rolf-Martin", mögen manche in Berlin, Essen und Düsseldorf gestöhnt haben![462] Rolf-Martin Schmitz, Vorstandsmitglied der RWE, plauderte auf einem von der „Süddeutschen Zeitung" organisierten Kongress über einen Vertrag zwischen den vier Kernkraftwerksbetreibern und der Bundesregierung. Der sei in der Nacht vom 5. auf den 6. September, Sonntag auf Montag, verhandelt und um 5.23 Uhr, im Morgengrauen, unterzeichnet worden. Die Zuhörer stutzten. Einen Tag zuvor hatten Wirtschaftsminister Rainer Brüderle und Umweltminister Norbert Röttgen in der Bundespressekonferenz stolz das Energiekonzept präsentiert und ausführlich über die Rahmenbedingungen einer Laufzeitverlängerung für Kernkraftwerke gesprochen [...]. Den Vertrag erwähnten sie mit keiner Silbe.

Dann kam Herr Schmitz und die Blamage war perfekt. In den folgenden Tagen stellte sich heraus: Weder die beiden Minister noch ihre Ressorts, noch die Parlamentarier waren involviert. Verhandelt hatte ausschließlich das Bundesfinanzministerium, mit Unterstützung des Kanzleramts. *„Sie zwingen mich zu bekennen, dass ich zu der Zeit im Bett lag"*, erklärte CDU-Fraktionschef Volker Kauder am 9. September auf die entsprechende Frage eines Journalisten. Es habe zu den Eckpunkten einer Telefon-Schaltkonferenz gegeben (am Samstag vorher), anschließend habe man die Details und den Vertragstext ausgearbeitet. *„Das ist offenbar in der Nacht gemacht worden"*, mutmaßte Kauder. *„Ich weiß, was da im Wesentlichen verhandelt wurde, aber ich kenne den Vertrag nicht."*

Auf der Webseite der Bundesregierung wurde nach anfänglichem Abwiegeln eine Kopie des Vertrages veröffentlicht. Darauf fanden sich fünf krakelige Unterschriften. Auf die Anfrage, wer die Unterzeichner sind, nannte die Pressestelle des Bundesfinanzministeriums nur den Namen des dortigen Staatssekretärs Hans-Bernhard Beus. Die übrigen seien Vertreter der Kernkraftwerksbetreiber. Dazu solle man doch bitte direkt bei RWE, Eon, EnBW und Vattenfall nachfragen.

Die Nervosität der politischen Akteure wurde auch deutlich bei der Anhörung zur 11. und 12. Novelle des Atomgesetzes im Ausschuss für Umwelt, Naturschutz und Reaktorsicherheit am 21. Oktober 2010. Dort erhielten nur die juristischen Gutachter der Regierung,

---

462. Text mit freundlicher Genehmigung von Neue Energie 10/2010, 36.

die Professoren Scholz, München, und Schorkopf, Göttingen, Gelegenheit zum Auftritt. Die Forderungen der Oppositionsfraktionen, auch die der Regierungslinie nicht zustimmenden juristischen Gutachter einzuladen, hatten keinen Erfolg. Daraufhin war es zu einem Eklat in der Sitzung gekommen. Die Oppositionsabgeordneten wurden sogar an der Stellung von Änderungs-anträgen zur Laufzeitverlängerungsnovelle gehindert, entgegen § 71 Abs. 2 der Geschäftsordnung des Bundestages. So verhält man sich nur, wenn der klare Blick für ein sauberes Procedere verlorengegangen ist. Sehr aufschlussreich war denn auch die Kritik von Bundestagspräsident Norbert Lammert (CDU) an der eigenen schwarz/gelben Regierung. Der FAZ[463] sagte er, bei den Beratungen in der vergangenen Woche habe es sich nicht um *„ein Glanzstück von Parlamentsarbeit"* gehandelt. Er habe vielmehr den *„Verdacht mangelnder Sorgfalt".* Auch inhaltlich zeigte sich Lammert unzufrieden. Nach seiner Auffassung sei die Laufzeitverlängerung nicht sachlich begründet, sondern schlicht zwischen den verschiedenen Interessen ausgehandelt worden. *„Das entspricht nicht meinen Anforderungen an ordentliche Gesetzgebungsarbeit"*[464].

Diese Abläufe sind – was in dieser Hellsichtigkeit nicht häufig ist – ebenfalls in dem juristischen Gutachten von Waldhoff/von Aswege[465] behandelt. Die Bundesregierung habe mit dem angestrebten Konsens *„eine Handlungsform* [gewählt], *die den beabsichtigten Handlungserfolg zwar durch Einwirkung auf den formellen Gesetzgebungsprozess, aber außerhalb des rechtlich formalisierten Verfahrens zu erreichen sucht".* Dabei handele es sich um *„informales Staatshandeln".* Explizite Regeln dafür fehlten. Die Konsenssuche im Vorfeld des formellen Gesetzgebungsverfahrens stoße aber auf verfassungsrechtliche Grenzen. Das Rechtsstaatsprinzip in Art. 20 Abs. 3 GG binde die Regierung *„auch in ihrem tatsächlichen Handeln an die gesetzlichen Vorschriften und (verfassungs-) rechtlichen Grundsätze".*

Abgesehen von dem ganz grundsätzlichen Kritikansatz der Gutachter – der Verletzung des „Parlamentsvorbehalts" als Konzentration der Willensbildung auf das Parlament – gebe es auch Verfahrensaspekte, die für den Einfluss von Lobbyismus auf den gesetzgebenden Prozess beachtet werden müssten. Unentbehrlich sei insbesondere das Plenum des Bundestags als unentbehrlicher Ort für die öffentliche Debatte und das Forum der Integration unterschiedlicher Standpunkte für die Verbindung von Wahlvolk und politischem Prozess. Die Einwirkung der Stromkonzerne auf das Gesetzgebungsverfahren sei darauf aber *„gar nicht angelegt; das Zustandekommen des Konsenses ist gerade durch Nichtöffentlichkeit bedingt".* Es komme zu einer *„Einbeziehung Privater in die Gesetzgebung"* – was zum Zeitpunkt der Abfassung des Gutachtens noch gar nicht erkennbar war, aber tatsächlich eingetreten ist. Tatsächlich lief die Konsensbildung zur Laufzeitverlängerung und auch zur Generierung des Aufkommens für den Fonds zur weiteren Abstützung der EE-Einführung am Parlament vorbei.

Dieses Verfahren sei auch über die gesetzlich vorgesehene Verbändebeteiligung nach §§ 22 Abs. 4 und 47 der Gemeinsamen Geschäftsordnung für die Bundesministerien hinausgegangen. Die EVU hätten vielmehr *„die parlamentarische Entscheidung vor*[strukturiert] *bzw. nehmen diese gar vorweg".* Der verfassungsrechtlich vorgesehene Einfluss auf die Rechtsetzung über

---

463. v. 29.10.2010.
464. SZ v. 02.11.2010.
465. Kernenergie als „Goldene Brücke"? Verfassungsrechtliche Probleme der Aushandlung von Laufzeitverlängerungen gegen Gewinnabschöpfungen, ZNER 2010, 328, 339 ff.

Lobbyismus schlage „*in eine Beteiligung an der rechtsetzenden Gewalt um*". Die EVU seien dadurch aber nicht in den Legitimations- und Verantwortungszusammenhang des Grundgesetzes integriert. Auch finde „*kein Ausgleich ihrer Betreiberinteressen durch die Einbeziehung weiterer Interessenvertreter statt*": So hätten gerade die Stadtwerke, die im Vertrauen auf die Bestandskraft des Atomkonsenses I und der gesetzlichen Laufzeitverkürzung in neue Kraftwerke, vor allem für die Bereitstellung von Regelenergie, und auf Basis Erneuerbarer Energien investiert hatten, im Ausschuss gehört werden müssen. Damit kommt eine weitere verfassungsrechtliche Kategorie ins Spiel, nämlich die Freiheit des Wettbewerbs, in die der Gesetzgeber jedenfalls dann nicht eingreifen darf, wenn dieser Eingriff mit Rückwirkungen verbunden ist. Diese liegen darin, dass die Investoren auf die vom Gesetzgeber neu geschaffene Wettbewerbslage vertraut und investiert haben und nunmehr zusehen müssen, wie ihre Investitionen entwertet werden.

Eine Entscheidung des Verfassungsgerichts könnte daher nicht nur die Verfassungsfragen etwa der Bundesratspflichtigkeit betreffen, sondern auch die Grenzziehung zwischen erlaubtem Lobbyismus und verbotener Steuerung des Gesetzgebungsprozesses durch die Gewinninteressen der Stromkonzerne.

13. Kapitel
Die Krise der Stromkonzerne

Wir stehen nicht nur vor der Energiewende. Wir stehen auch vor dem Niedergang der Stromkonzerne. Ihre Machtstellung begründeten sie dadurch, dass sie Strom in ihren riesigen Kraftwerken weitaus billiger erzeugen konnten als die Stadtwerke. So mussten diese ihre Eigenerzeugung zunehmend abgeben. Kommunale Kraftwerke waren nur als Heizkraftwerke – also in Kraft-Wärme-Kopplung – rentabel. Der Aufstieg der Konzerne war also auch mit dem Niedergang der Stadtwerke verbunden, auf die die Konzerne hämisch als bloße „Weiterverteiler" herabblickten.

Jetzt findet der umgekehrte Prozess statt. Die fossile und nukleare Stromerzeugung steht vor dem absehbaren Aus; der Widerstand der Konzerne führt allenfalls zu einer Verzögerung. Gleichzeitig nimmt die dezentrale Erzeugung nicht nur quantitativ, sondern auch bei der Zahl der Anlagenbetreiber immer mehr zu; dazu gehören auch die Stadtwerke. Der Fall der Einen korrespondiert dem Aufstieg der Anderen. Das kann man an vielen Indizien festmachen: Nicht nur am Machtwechsel in der Erzeugung, sondern auch in der kartellrechtlichen Positionierung, die an Strukturmerkmalen anknüpft, an den Börsenkursen, der Vorgehensweise der Konzerne bei der Durchsetzung ihrer Ziele etc. Es sieht düster aus für sie. Nur E.ON hat rechtzeitig Konsequenzen gezogen – und baut ab in Deutschland.

1   Der Machtwechsel in der Erzeugung

Die Daten

Der Anteil der Stromerzeugung aus den Konzernen betrug im Verhältnis zu den sonstigen Erzeugern traditionell 80 Prozent. Dieser Anteil fällt. Ende 2010 werden die Erneuerbaren Energien knapp 20 Prozent erreichen. Dazu kommen die Erzeugungen der Kommunen und der Industrie, deren Anteil wächst. Stadtwerke engagieren sich bei den Erneuerbaren, weil das die Parlamente so wünschen. Dass etwa die Stadtwerke München – trotz ihrer AKW-„Scheibe" Isar II – bis 2015 alle Haushaltskunden und bis 2025 ihre gesamte Kundschaft aus Erneuerbaren Energien versorgen wollen, ist ein Signal. Dieser Trend ist nicht aufzuhalten, auch weil er eine starke investive Schubkraft hinter sich hat. Dazu kommt die dezentrale Biomasseverstromung, mit ihrer Allianz zwischen Kommunen, sonstigen Investoren und der Landwirtschaft. Es ist kein Wunder, dass sich der Freistaat Bayern oder Mecklenburg-Vorpommern insoweit besonders hervortun; auch Hessen, bei Erneuerbaren Energien Schlusslicht, will Biomasse-Schwerpunkt werden. Diese Entwicklung zeigt sich an den Hochrechnungen im Energiekonzept der Bundesregierung: EE-Anteil 2020: 35 Prozent, nach Angaben der Branche 40 Prozent,

2050 80 bis 100 Prozent. Im Jahr 2030 erreicht die geplante installierte EE-Kapazität bereits 103 GW und liegt damit gleichauf mit der heute verfügbaren Kapazität aller konventionellen Kraftwerke in Deutschland. 2050 geht das Energiekonzept von zumindest 80 Prozent-Anteil der EE aus, der sich auf eine installierte Leistung von insgesamt 150 GW aus regenerativen Quellen stützen soll; 76 GW davon soll alleine der Wind beisteuern[466].

Rechtlicher Stützpfeiler ist der EE-Einspeisevorrang gemäß § 8 EEG, der europarechtlich abgesichert ist (Art. XVI Abs. 2 EE-RL). Allerdings sehen die Vorrangregelungen vor, dass durch den vorrangigen Netzzugang nicht die Sicherheit und Zuverlässigkeit der Versorgung gefährdet wird. Das ist ein Auftrag an die Netzbetreiber, die das Einspeisemanagement in der Hand haben. Dazu ist im rechtswissenschaftlichen Schrifttum bereits eine Auseinandersetzung entbrannt: Die EE-Befürworter[467] gestehen dem Netzbetreiber allenfalls das Recht zu, Erneuerbare Erzeuger „abzuregeln", wenn das durch Notfallmaßnahmen erfordert wird. Recht und Pflicht des Netzbetreibers zu derartigen Maßnahmen ergibt sich aus § 13 Abs. 2 EnWG, der von – den Stromkonzernen nahestehenden – Autoren ausgeweitet wird, bis hin zum Entfallen der Entschädigungspflicht[468]. Diese Kontroverse wird vor den Gerichten ausgetragen werden; sie vermag aber die EE in ihrem Vormarsch allenfalls verzögern, aber nicht aufhalten.

Das bedeutet in der Konsequenz, dass zuerst die Kernkraft-, dann die Braunkohle- und zuletzt die Steinkohleverstromung vom Netz gehen wird. CCS hat wahrscheinlich allenfalls als CO_2-Endlager für die Industrie eine wirkliche Perspektive. CCS als Pendant der Kohleverstromung dürfte aber nicht kommen, weil die Stromerzeugung schon aus abgeschriebenen Kraftwerken – und erst recht aus neuen – zu teuer wird[469].

Das „Duopol" schwindet dahin

Das Bundeskartellamt hat sich in seiner Beurteilung der Machtverhältnisse in der Stromwirtschaft auf ein „Duopol" aus E.ON und RWE und vor allem auf eine strukturelle Sicht festgelegt[470], in der der hohe Anteil von E.ON und RWE an der deutschen Stromerzeugung eine wichtige Rolle spielte; dazu kamen insbesondere das Höchstspannungsnetz mit den beschränkten Kuppelstellenkapazitäten zum Ausland und die vielen Beteiligungen an Stadtwerken, in der die *Beteiligungsstrategie zur Absatzsicherung* zum Ausdruck kamen.

Aber: Der Anteil der Konzerne an der Stromversorgung schrumpft und kann auch nicht annähernd durch ihre Investitionen insbesondere in offshore-Windkraft ausgeglichen werden. Der Machtwechsel in der Erzeugung ist nicht aufzuhalten. E.ON hat denn auch die – zum

---

466. Altrock/Hermann, Ausbau der Windenergie und Laufzeitverlängerung – energiewirtschaftlich und rechtliche Herausforderungen für das zukünftige Marktdesign, ZNER 2010, 350.
467. Vgl. etwa Altrock/Herman, a.a.O., 352 ff.; Schumacher, ZUR 2009, 522, 528; Wustlich/Hoppenbrock, in: Altrock/Oschmann/Theobald, EEG, 3. Auflage, § 11 Rz. 58.
468. Scholz/Tüngler, Zum Verhältnis des Einspeisemanagements nach dem Erneuerbare Energien-Gesetz und der Systemverantwortung der Übertragungsnetzbetreiber nach dem Energiewirtschaftsgesetz, RdE 2010, 317.
469. Schumann/Grefe, Der globale Countdown, 2008, 256 ff.
470. Vgl. dazu das 4. Kapitel, Monopoly – mit staatlichem Segen, S. 108 ff.; BKartA, B. v. 12.09.2003; dazu OLG Düsseldorf, ZNER 2007, 327 und BGH v. 11.11.2008, ZNER 2008, 357.

Teil von der Europäischen Kommission erzwungenen – Konsequenzen gezogen und sich von seinem Höchstspannungsnetz und Teilen der Kraftwerkskapazitäten getrennt. Außerdem wurde die Thüga verkauft. Damit sind in der Tat Veränderungen in den strukturellen Merkmalen eingetreten, die die Beurteilung des Bundeskartellamtes tragen. E.ON hat konsequenterweise versucht, mit einer bei Frontier Economics in Auftrag gegebenen Studie die Marktmachtvorwürfe zu entkräften[471]. Das Londoner Forschungsinstitut verweise in seiner Untersuchung darauf, dass sich Duopolvorwürfe auf Marktdaten aus den Jahren 2003 bis 2006 bezögen. *„Seither befindet sich der deutsche Stromerzeugungsmarkt weitgehend unbemerkt von Politik und Öffentlichkeit allerdings in erheblichem Wandel."* Neue Kraftwerksbetreiber auch aus dem Ausland hätten sich etabliert. Die von der Europäischen Kommission mit E.ON vereinbarten Verkäufe von Kapazitäten und Geschäften in Deutschland habe die Marktlage stark verändert. Die Briten schätzen, dass E.ON inzwischen mit nur noch vierzehn Prozent der deutschen Stromerzeugung weit unter den wettbewerbsrelevanten Marktmachtschwellen der Kartellbehörden in Brüssel und Bonn liege. Auch der gemeinsam mit RWE erreichte Marktanteil von nur noch vierzig Prozent liege deutlich unter jenen fünfzig Prozent, die im deutschen Wettbewerbsrecht als relevantes Aufgreifkriterium für die gemeinsame Marktbeherrschung eines Duopols genannt seien.

In der Tat: Die strukturellen Veränderungen hat es gegeben. Ob das reicht, um das Bundeskartellamt von seiner Einschätzung abzubringen, ist offen. Aber mit den Veränderungen geht auch ein wichtiger Anreiz für die Usancen der Marktbeherrscher verloren: Das „oligopolistische Parallelverhalten". E.ON und RWE haben sich ja nicht nur parallel verhalten, sondern regelmäßig getroffen, um die Verhältnisse zu beeinflussen oder gar zu steuern, bei E.ON wohl bis hin zur Manipulation des Börsenhandels[472]. Es lohnt sich für die Konzerne einfach nicht mehr, Kartellabsprachen zu treffen. Kartellamtlicher Druck und die Veränderung der Marktverhältnisse gehen so Hand in Hand.

Die „Rekommunalisierung"

Dazu kommen die Bestrebungen der Stadtwerke, ihre Versorgungsgebiete zumindest abzurunden, vielfach aber auch in die Region auszuweiten, die sogenannte Rekommunalisierung. Der VkU schätzt[473], dass in Deutschland zwischen 2009 bis 2015 7.800 der geschätzten 14.300 Stromkonzessionsverträge auslaufen. Viele Stadtwerke sind angetreten, um die Netze von den konzerneigenen Regionalversorgern zu kaufen und lassen sich dabei von den offenen Rechtsfragen nicht abhalten. Leitend sind folgende Erwägungen:
- Schon der reine Netzbetrieb ist mit Kapitalverzinsungen, die vom maßgeblichen Netzrecht zwischen sieben und neun Prozent festgelegt sind, nicht unattraktiv;

---

471. FAZ, 21.10.2010.
472. Vgl. dazu das 5. Kapitel, Die Strompreisbildung: Der Verbraucher hatte immer das Nachsehen, S. 151 ff., und das 6. Kapitel, E.ON oder die Liebe zum Risiko, S. 173 f.
473. Information gegenüber dem Verfasser.

–   am Netz „hängen die Kunden": Dieser Erfahrungssatz aus der Zeit vor der Liberalisierung, in der die Kunden „gefangene Kunden" waren, trägt auch noch heute: Ein Stadtwerk, das als Netzbetreiber öffentlich auftritt, wird vom Kunden natürlich auch als Versorger gesehen;
–   dazu kommt die Eigenerzeugung, für die ein Netz nicht nur die Einspeisung, sondern überhaupt die taktische Versorgungsbasis liefert.

Stadtwerke haben außerdem in großem Umfang Kooperationen gebildet, mit denen sie Fragen des Netzbetriebs und der Regulierung, des Einkaufs von Energie, der Investition in Wind-, Solar- und Biomasseanlagen abstimmen können. Dadurch entstehen immer schlagkräftigere Strukturen im Wettbewerb. Diese Merkmale machen die Rekommunalisierung so attraktiv.

2   Der Defaitismus der Stromkonzerne

Der Erfolg der Französischen Revolution hatte seine Grundlage letztlich darin, dass der Feudalismus abgewirtschaftet hatte. Dem Prunk des „Sonnenkönigs" Louis XIV. standen die Hungerrevolten in der Vendée gegenüber. Die objektiven Symptome des Abgewirtschafteten gehen einher mit dem Defaitismus der (noch) Mächtigen.

Das war gut zu merken am „Energiepolitischen Appell" der vier Stromkonzerne, den sie mit weiteren 36 Industrie- und Verbandsgrößen veröffentlichten[474]. Die Konzerne kamen nicht umhin, den Aufstieg der Erneuerbaren anzuerkennen und zu akzeptieren: Sie schrieben:

„Herausforderungen annehmen: Die Zukunft gehört den Erneuerbaren

Die ökologische Ausrichtung unserer Energieversorgung ist richtig. Erneuerbaren und CO_2-freien Energien gehört die Zukunft. Deutsche Unternehmen engagieren sich mit Know-how und Investitionen, um ambitionierte Projekte voranzutreiben. Windkraft kommt aus der Nord- und Ostsee, Sonnenenergie aus Südeuropa und vielleicht irgendwann aus der Sahara. Wir sind in Europa und weltweit ein Vorreiter im Klimaschutz und in der Energieeffizienz. Das soll auch so bleiben.

Ökologischen Umbau ermöglichen: Investitionen politisch nicht blockieren

Der Ausbau der Erneuerbaren erfordert gewaltige Investitionen. Die finanziellen Mittel hierfür müssen von den Energieversorgern und Verbrauchern erwirtschaftet werden. Eine Politik, die darauf setzt, den Haushalt mit neuen Energiesteuern zu sanieren, blockiert notwendige Investitionen in die Zukunft. Beispiel: Die geplante Brennelementesteuer oder eine weiter steigende Ökosteuer dürfen in ihrer Konsequenz Zukunftsinvestitionen nicht verhindern.

Weichen stellen: weniger Bürokratie für eine starke Infrastruktur

Viele der neuen Energien werden weit entfernt von den Verbraucherzentren im Westen und Süden Deutschlands produziert. Deshalb müssen neue leistungsfähige und intelligente Stromnetze ebenso wie Energiespeicher mit Nachdruck entwickelt und ausgebaut werden. Solche Innovationen, die deutschen Unternehmen zudem attraktive Marktchancen eröffnen, sind nur mit weniger Bürokratie und schnelleren Genehmigungen zu verwirklichen. Dabei ist die deutsche Wirtschaft wie von jeher auf eine intakte und verlässliche Infrastruktur angewiesen."

Erst dann legten sie ihre Vorstellungen von der nahen Zukunft auf den Tisch:

„Wohlstand sichern: Energie muss bezahlbar bleiben

---

474. Alle großen Tageszeitungen, Magazin DER SPIEGEL etc. v. 21.08.2010.

Eine starke und wettbewerbsfähige Industrie, die sich global behaupten muss, sichert die Zukunfts- und Wettbewerbsfähigkeit des Standortes Deutschland. Knapp ein Drittel unseres Wohlstandes und über 90 Prozent unserer Exporte werden von der Industrie erwirtschaftet. Aber nur unter gleichen Rahmenbedingungen, also ohne einseitige Belastungen, können unsere Unternehmen diese Position wahren. Das gilt vor allem für die energieintensive Industrie. Eine sichere, saubere und vor allem bezahlbare Energieversorgung ist deshalb für Deutschland unerlässlich. Erneuerbare Energien – insbesondere die Sonnenenergie – verursachen aber auf lange Sicht noch erhebliche Mehrkosten, in diesem Jahr allein 8 Milliarden Euro. Damit die Preise für alle bezahlbar bleiben, können wir bis auf Weiteres nicht auf kostengünstige Kohle und Kernenergie verzichten.

Realistisch bleiben: Deutschland braucht weiter Kernenergie und Kohle

Die regenerative Energiewende ist nicht von heute auf morgen zu bewerkstelligen. Erneuerbare brauchen starke und flexible Partner. Dazu gehören modernste Kohlekraftwerke. Dazu gehört auch die Kernenergie, mit deren Hilfe wir unsere hohen CO_2-Minderungsziele deutlich schneller und vor allem preiswerter erreichen können als bei einem vorzeitigen Abschalten der vorhandenen Anlagen. Ein vorzeitiger Ausstieg würde Kapital in Milliardenhöhe vernichten – zu Lasten der Umwelt, der Volkswirtschaft und der Menschen in unserem Land."

Spiritus rector war wohl Jürgen Großmann, RWE-Vorstandsvorsitzer, den die FAZ[475] unter der Überschrift *„Ein Mann und seine Meinung"* portraitierte. Aber ob Großmann – der nicht aus der Energiewirtschaft kommt, sondern erfolgreicher Gießereiunternehmer war – dem Anliegen der Stromkonzerne damit letztlich einen Gefallen getan hat, ist offen. Die Süddeutsche Zeitung[476] bezweifelt das; vor allem bei der Bundeskanzlerin, die in der Zeitung[477] wie folgt zitiert wird: *„Bei mir ist das immer so: Wenn irgendetwas in Richtung einer Drohung oder eines Gepresst Werdens führt, dann führt das bei mir meistens zu einer totalen Gegenbewegung."* Sie sei Kanzlerin aller Deutschen und nicht einer jeden Gruppe. *„Und deshalb sollte jeder einen solchen Eindruck vermeiden."*

Die Botschaft ist klar. Aber dann stellt sich die Frage, warum die Konzerne gleichwohl die Bundesregierung dazu drängen konnten, den in ihren Häusern konstruierten Atomkonsens II durchzudrücken. Aber das könnte auch Ausdruck einer Haltung sein, die in der öffentlichen Verwaltung und der Rechtsprechung häufig anzutreffen ist, wenn sich ein Staatsdiener mit seiner Meinung nicht durchsetzen konnte. Er rechnet dann mit der Rechtsprechung bzw. mit der nächsten Instanz. Und dass die Atomgesetznovellen vor dem Bundesverfassungsgericht beklagt würden, war klar. Man fragt sich nur, warum diese Einsicht bei den Atomkonzernen nicht auch handlungsleitend geworden ist.

Das Ungehörige der Vorgehensweise kam in der Antwort der Stadtwerke auf den energiepolitischen Appell der vierzig Manager sehr schön heraus. Die „Initiative pro Wettbewerb und Klimaschutz", getragen von 42 Stadtwerken und vier Ministern aus Bundesländern[478], schrieb:

„Vier gewinnen, Millionen verlieren.

---

475. In derselben Nummer vom 21. August 2010.

476. V. 26. August 2010

477. SZ ebenda.

478. Vgl. etwa Süddeutsche Zeitung v. 28.10.2010: „Vier gewinnen. Millionen verlieren".

Heute entscheidet der Bundestag über die Laufzeitverlängerung von Kernkraftwerken. Dies ist eine Entscheidung über Zukunft oder Vergangenheit. Während sich E.ON, EnBW, RWE und Vattenfall durch die Laufzeitverlängerung jeden Tag Millionen-Gewinne sichern, werden die Länder, Kommunen und Stadtwerke geschwächt. Die Folgen für Millionen Bürgerinnen und Bürger: noch weniger Geld für öffentliche Einrichtungen wie Krankenhäuser, Schulen und Schwimmbäder.

1. Der Wettbewerb wird verhindert.

Nur im Wettbewerb können sich die Energiepreise langfristig kostengerecht entwickeln. Börsennotierte Großkonzerne sind jedoch auf hohe Gewinne aus, um die Interessen der Anleger zu bedienen.

2. Der Verbraucher zahlt die Zeche.

Oligopole wie die großen vier Kernkraftwerksbetreiber können die Preise bestimmen und durchsetzen. Die Milliarden-Gewinne der Konzerne kommen aus dem Portmonee der Bürgerinnen und Bürger.

3. Notwendige Investitionen in den Umbau der Energieversorgung werden gestoppt.

Die Energieerzeugung der Zukunft ist dezentral. Stadtwerke und regionale Energieversorger investieren dafür in die notwendige Infrastruktur. Die Marktdominanz der Großkonzerne behindert den weiteren Ausbau.

4. Die regionale Wirtschaftskraft wird geschwächt.

Stadtwerke und regionale Energieversorger betreiben ihre Anlagen und Versorgungsnetze in ihren Heimatregionen. Die Wertschöpfung verbleibt im Land und stärkt auch den regionalen Mittelstand. Das sichert Arbeitsplätze vor Ort – in den Kommunen, in Handwerk, Gewerbe und Industrie.

5. Die Nutzung Erneuerbarer Energien wird verzögert.

Wind und Sonne erzeugen schwankende Strommengen. Bis zur Marktreife geeigneter Speichertechnologien sichern idealerweise flexible Kraftwerke die Versorgung. Kernkraftwerke sind dafür ungeeignet. Der Vorrang für Erneuerbare Energien wird gefährdet.

6. Kommunale Milliarden-Investitionen werden vernichtet.

Stadtwerke und regionale Energieversorger haben seit dem Atomausstiegsbeschluss 6,5 Milliarden Euro in eine CO_2-arme Energieversorgung investiert. Eine Laufzeitverlängerung macht die Investitionen unrentabel. Vermögen der Bürgerinnen und Bürger wird im großen Stil vernichtet.

7. Der Klimaschutz wird ausgebremst.

Länger laufende Kernkraftwerke verhindern weitere Investitionen in moderne Erzeugungsanlagen. Einsatz und Entwicklung moderner Effizienz-Technologien wie Kraft-Wärme-Kopplung kommen zum Erliegen. Das schadet dem Klimaschutz.

8. Länder, Stadtwerke und unabhängige Regionalversorger bilden daher einen Schulterschluss.

Diese Unternehmen versorgen die Bürgerinnen und Bürger nicht nur mit Energie, sondern engagieren sich zudem vielfach für regionalen Mehrwert. Wer die Stadtwerke schwächt, schwächt die Kommunen und die regionale Wirtschaft. Die Betroffenen sind die Bürgerinnen und Bürger.

Deshalb sind wir als Stadtwerke und Länder gegen die geplante Laufzeitverlängerung der Kernkraftwerke. Wir sind für schlüssige energiepolitische Rahmenbedingungen pro Wettbewerb und pro Klimaschutz. Bei der Ausgestaltung des Energiekonzepts fordern wir ein Mitspra-che- und Mitentscheidungsrecht. Denn wir sind es, die den Bürgerinnen und Bürgern und der Wirtschaft eine moderne Energie-Infrastruktur und eine lebenswerte Umwelt sichern."

Tatsächlich ist es so, dass die Laufzeitverlängerung den Konzernen zusätzliche Milliarden-Gewinne beschert – aber es ist ein Pyrrhus-Sieg. Sie können nicht gewinnen. Das liegt an einer weiteren Eigenschaft der Energiewende:

3   Die Energiewende wird von Vielen getragen

Viele Hunde sind des Hasen Tod. Das weiß man nicht nur aus dem Märchen, sondern kann es auch sehr schön beim Wachsen der EE erkennen. Die vielen Investoren sind nur ein äußeres Zeichen. Dahinter steht eine gesellschaftliche Bewegung, die von der Kraft der Erneuerbaren erzeugt ist. Es handelt sich um die Energie der Zukunft, mit der ein allgemein akzeptiertes Ziel – der Klimaschutz – umgesetzt wird. Die Zahl der Unterstützer ist riesig und wächst ständig. Die wirtschaftliche Macht der EE-Industrie nimmt zu. Das ist auch daran zu erkennen, dass deutsche Unternehmen auch im Ausland große Erfolge haben. So unterstützt beispielsweise die Fa. Solarworld des „Sonnenkönigs" Frank Asbeck den Staat Katar bei seinem Ziel einer CO_2-freien Energieversorgung[479]. Solar-Millennium baut ein 1.000 MW-Sonnenkraftwerk in den USA. Die Kasseler Firma SMA ist Weltmarktführer bei Wechselrichtern – und glänzt mit steigenden Aktienkursen.

Demgegenüber hat die Atomverstromung ihre (vielleicht) einmal vorhandene gesellschaft-liche Akzeptanz längst verloren. Der Atomkonsens I hatte befriedende Kraft. Die Laufzeit-verlängerung hat die Anti-AKW-Bewegung zu neuem – und machtvollem – Leben erweckt. All diese Momente dürften zu politischen Umbrüchen zu Lasten der Atomverstromung und ihrer gesellschaftlichen Basis führen.

4   Das Versagen der Konzernstrategen

Die Durchsetzung der Laufzeitverlängerung ist in der Presse als Sieg der Stromkonzerne und Versagen der Stadtwerke interpretiert worden[480]. Die Börse sieht das anders. Die Kurse von E.ON und RWE dümpeln seit langem in Bereichen, die keine Phantasie der Investoren auslösen[481]. Schon im April warnten RWE-Chef Jürgen Großmann und sein Kollege von EnBW Hans-Peter Villis: *„Wenn es betriebswirtschaftlich keinen Sinn mehr macht, wird wohl keiner ein Kernkraftwerk weiter betreiben. Dies gilt auch für uns."*[482] Das war an die Adresse der Bundesregierung gerichtet und sollte sie vor allzu großen Begehrlichkeiten bei der Kernbrennstoffsteuer und der Dotierung des Ausbaufonds für die Erneuerbaren warnen – und die Warnungen hatten Erfolg. Das Öko-Institut[483] sagt vorher, dass die vier Konzer-

---

479. Interview mit dem Chef des Qatar-Science & Technology Parks von Katar, Tidu Maini, Die Welt v. 04.10.2010.
480. Vgl. etwa manager-magazin.de, Keine Chance gegen die Konzerne, 07.09.2010.
481. FAZ v. 21.10.2010.
482. Handelsblatt v. 23.04.2010.
483. Erste Auswertung des am 05. September 2010 ausgehandelten Modells für die Laufzeitverlängerung der

ne Zusatzprofite von ca. 76 Mrd. Euro vereinnahmen, von denen 43 Prozent auf E.ON, 26 Prozent auf RWE, 21 Prozent auf EnBW und 7 Prozent auf Vattenfall Europe entfielen. Die Abschöpfungsquote liege bei 42 Prozent. Allerdings könne dieses Ergebnis nach der – sehr komplizierten – Formel im Atomkonsens II – auch kräftig steigen, und zwar dann, wenn die realen Strompreise stiegen. Die Zusatzprofite könnten sich dann auf 126 Mrd. Euro summieren, von denen nur 25 Prozent abgeschöpft würden[484]. Aber in diesen Hochrechnungen ist nur ein Teil der pessimistischen Annahmen der Börse begründet. Der wesentliche Anteil des „Pessimismus-Abschlags" dürfte im verfassungsgerichtlichen Risiko liegen.

Sehr aufschlussreich ist allerdings darüber hinaus eine Betrachtung der Konzernstrategien, die sehr unterschiedlich ausfallen.

5   Konsequenzen für die großen Vier

„Aufbruch ohne Ziel – die Energiekonzerne stehen vor dem größten Umbau ihrer Geschichte", hieß es in einer großen Tageszeitung[485]. In der Tat: Die Analyse der Strategien zeigt, dass die Konzerne in ihrer Mehrzahl nach der Devise verfahren: Das Vorhandene verteidigen, das Neue in den Blick nehmen. Aber eine entschiedene Festlegung auf die Strategie der Zukunft fehlt. Ausnahme ist nur E.ON; und das hat einen ganz bestimmten Grund.

E.ON

E.ON wird der Ausstieg aus der Kernkraft hart treffen. Denn E.ON verfügt allein über (ca. 8.650 von 21.507 MW =) 40 % der installierten Kernkraftwerkskapazität[486]. Im Schleswig-Holstein hat E.ON drei Kraftwerksbeteiligungen, nämlich Brokdorf (80 Prozent), Brunsbüttel (33,3 Prozent) und Krümmel (50 Prozent). Bei Weitergeltung des Atomkonsenses I müsste Brunsbüttel bereits stillgelegt sein, Krümmel könnte noch etwa fünf und Brokdorf sieben Jahre laufen. Durch die Neuregelung erhalten Brunsbüttel acht, Krümmel und Brokdorf je vierzehn Jahre, das sind insgesamt 9,19 und 21 Jahre. In Niedersachsen verfügt E.ON über die folgenden Beteiligungen an KKWs: Unterweser hundert Prozent, Grohnde 83,3 Prozent, Emsland 12,5 Prozent. Ohne die Laufzeitverlängerung müsste der Betrieb von Unterweser im kommenden Jahr, der von Grohnde in etwa sechs Jahren und der von Emsland in etwa neun Jahren eingestellt werden. Durch das Änderungsgesetz werden die Laufzeiten um acht bzw. um vierzehn Jahre auf insgesamt 8,22 und 23 Jahre verlängert. In Bayern hat E.ON die folgenden Beteiligungen: Isar I hundert Prozent, Isar II 75 Prozent, Grafenrheinfeld hundert Prozent. Die Laufzeit von Isar I würde ohne Verlängerung im kommenden Jahr und von Isar II nach Ablauf von neun Jahren eingestellt werden. Durch das Änderungsgesetz verlängern sich die Laufzeiten um acht bzw. vierzehn Jahre auf insgesamt noch zwischen neun und 23 Jahre.

---

deutschen Kernkraftwerke, Verfass. Felix Christian Matthes, 06.09.2010, 12.
484. Öko-Institut a.a.O., 13.
485. Süddeutsche Zeitung v. 11.11.2010, 17.
486. Vgl. die Auflistung in Anhang 3.

Die Konsequenzen der Unsicherheit über die verfassungsrechtliche Standfestigkeit der Änderungsgesetze sind also beträchtlich. Bliebe es bei der bisherigen Regelung, würden bei E.ON die exorbitant hohe Gewinnmargen aus Kernkraftwerken relativ schnell wegfallen. Wie das Kapitel über die Strompreise gezeigt hat, fallen für die Atomverstromung in im wesentlichen abgeschriebenen Kraftwerken maximal 20 Euro/MWh Kosten an. E.ON verkauft diesen Strom zeitweilig aber zu Preisen von weit über 60 Euro/MWh, allerdings nicht über die Börse, sondern „over the counter" (OTC). Der Profit allein hieraus lässt sich leicht errechnen: Die deutschen Kernkraftwerke erzeugten im Jahr 2009 135 Mrd. kWh, E.ON entsprechend seiner Leistung 40 % davon = 54 Mrd. kWh. Diese Menge spülte im Jahr 2009 bei einem angenommenen Verkaufspreis von 0,06 Euro/kWh 3,24 Mrd. Euro in die Kassen; bei Betriebskosten von einem Drittel des Verkaufspreises verbleibt ein Profit von 2,16 Mrd. Euro. E.ON weist im Geschäftsbericht für 2009 einen bereinigten Konzernüberschuss von 5,3 Mrd. Euro aus. Allein der Kernkraftprofit macht also 40,75 % des (weltweiten) Gesamtgewinns aus. Schon diese Überlegung rechtfertigt hinhaltenden Widerstand.

Dazu kommt, dass E.ON, um dem von der Kommission angedrohten Bußgeld in mehrfacher Milliardenhöhe wegen Manipulation der EEX zu entgehen, sein Höchstspannungsnetz und Wasserkraftkapazitäten verkauft hat: Assets, die gerade in der Übergangsphase und auch zu Zeiten vollständiger Verbrauchsdeckung aus Erneuerbaren Energien unerlässlich sind. Zwar verfügt E.ON mit 1.115 MW über eine ansehnliche Pumpspeicherkraftwerkskapazität. Aber diese Kapazität werden zu Ausgleichszwecken wahrscheinlich die aneinander angrenzenden Hochspannungsnetze der Konzerntöchter in Schleswig-Holstein, Brandenburg, Niedersachsen, Hessen und Bayern nutzen. Außerdem verfügt E.ON über das Druckluftspeicherkraftwerk Huntorf, das aber allenfalls für „Fingerübungen" in dieser Technologie herhalten dürfte. E.ON muss also, wenn es seine Stellung in Deutschland mit ihrem hohen Gewinnbeitrag halten will, alles tun, um dem Angriff ausgebauter Erneuerbarer Energien auf seine Grundlastkraftwerke entgehen zu können.

E.ON hat allerdings längst die Konsequenz aus der Einsicht gezogen, dass die nuklear/fossile Erzeugung in absehbarer Zeit wegbricht. Die Verhandlungen über den Atomkonsens I hatte nämlich Walter Hohlefelder geführt, seinerzeit PreussenElektra-Mann und Geschäftsführer der E.ON Kernkraft GmbH. Vorher war er Abteilungsleiter im BMU für die Bereiche Reaktorsicherheit, Strahlenschutz und nukleare Entsorgung – erfahren also auch in der Denke der Ministerialbürokratie. Es war daher konsequent, dass er von den Stromkonzernen als Verhandlungsführer bestimmt wurde. Sein Gesprächspartner auf der anderen Seite war Rainer Baake, zunächst Staatssekretär im Hessischen Umweltministerium und dann auf entsprechendem Rang im BMU in den Zeiten Rot/Grün. Hohlefelder – und mit ihm E.ON – stand zu dem, was er verhandelt hatte – und wirkte damit auf die strategische Neuausrichtung von E.ON ein: Seit 2002 wird der Konzern umgebaut. Der Umsatz von knapp 82 Mrd. Euro 2009 wird nur noch zur Hälfte, nämlich mit 41,4 Mrd. Euro im Market Unit Central Europe erzielt. Da dieser Market Unit Gesellschaften in Deutschland, Frankreich, den Niederlanden, Belgien, Ungarn, der Slowakei, der Tschechischen Republik, Bulgarien und Rumänien umfasst, ist Deutschland zwar größter Absatzmarkt geblieben. Aber der Umsatzanteil dürfte höchstens die Hälfte des Gesamtumsatzes von 41 Mrd. Euro im Market Unit Central Europe ausmachen. Da E.ON einen Teil seiner deutschen Kraftwerkskapazitäten veräußerte, hat sich der Anteil am deutschen Stromerzeugungsmarkt auf rund fünfzehn Prozent verringert[487]. Da E.ON außerdem das Höchstspannungsnetz und Teile der Thüga verkauft hat, ist der Anteil am deutschen Geschäft im massiven Rückgang begriffen. Das zeigt sich übrigens auch am EE-Marktanteil. Von den 3 GW (2.957 MW) Erzeugungsportfolio in Europa entfallen auf Deutschland nur 208 MW, keine zehn Prozent. Im Jahr 2001 war der Umsatz noch fast vollständig in Deutschland erzielt worden[488]. Das zeigt: E.ON hat das Unternehmen extrem erfolgreich internationalisiert – zu Lasten des Auftritts als deutscher Stromkonzern.

RWE

Das RWE könnte – aus historischen Gründen – gut für den Übergang in moderne Zeiten gerüstet sein, dank des genialen Arthur Koepchen, Stinnes' Nachfolger. Koepchen kam auf die Idee, den *„schwarzen Strom"* aus den Kohlekraftwerken mit *„weißem Strom"* aus Wasserkraftwerken in Süddeutschland und den Alpenländern zu ergänzen. Dafür steigerte er die Spannung in den Überlandleitungen auf 220.000 Volt, baute eine Höchstspannungsbrücke zwischen dem Kohlestrom Rhein und Ruhr zum weißen Wasserkraftstrom in Bayern in den dortigen Beteiligungsunternehmen wie den Lech-Elektrizitätswerken. Um beide Standbeine miteinander zu verbinden, baute er eine 800 km lange Trasse quer durch West- und Süddeutschland und verlegte dafür bis zum Jahr 1930 insgesamt 4.100 km Höchstspannungsleitungen. Neben dem Bau des Schluchseewerkes im Schwarzwald wurden zwei Flusskraftwerke am Hochrhein und an der Aare gebaut. Im Jahr 1929 kam erstmals der Austausch des *„schwarzen"* gegen *„weißen"* Strom zustande. Auf dieses Potential könnte RWE zurückgreifen.

Allerdings verfügt auch RWE über einen erheblichen Kernkraftanteil: insgesamt 5.668 MW = ca. 26,3 % der gesamten Nuklearkapazität. Dazu kommen beim RWE die riesigen Braunkohlekraftwerke, die zur Grundlast gehören, und in erheblichem Umfang Steinkohlekapazitäten, die ebenfalls bei weitem nicht so gut regelbar sind wie Gaskraftwerke. Wie RWE über deren Schicksal denkt, ergibt sich aus einem Vergleich der gesicherten Kraftwerksabschaltungen in Nordrhein-Westfalen mit geplanten Zubauten. Vom Netz gehen sollen Kraftwerke mit einer elektrischen Bruttoleistung von 3.070 MW. Dabei ist RWE mit allein 2.390 MW (Hamm A und B, Bergheim-Niederaußem A und B, Weisweiler C und D sowie Frimmersdorf C-M). Neue Kraftwerke hat RWE aber im Umfang von 6.000 MW geplant (Neurath F und G, Niederaußem, Hamm-Uentrop D und E). Das ergibt sich aus den Anmeldungen für das Kraftwerkserneuerungsprogramm der (abgelösten) CDU-Landesregierung[489]. Die geplante Leistung allein in NRW ist also mehr als doppelt so hoch wie die stillzulegende. Insgesamt plant RWE den Zubau von zwölf GW in Kohle und Gas[490].

Skrupel lässt RWE allerdings bezüglich der Aussichten der Carbon Capture and Storage (CCS)-Technologie erkennen: Das geplante CCS-Projekt in Köln-Hürth wurde auf Eis gelegt,

---

487. Unternehmensbericht 2009, 51.
488. Geschäftsbericht 2001, 140 f.
489. Vgl. dazu die Stellungnahme der deutschen Umwelthilfe für das Wirtschaftsministerium NW zur geplanten ersten Änderung des Landesentwicklungsplans v. 10. Juni 2010, 11 ff.
490. Geschäftsbericht 2009, 24.

nachdem die Frage der CO_2-Speicherung – das Gas sollte über Pipelines nach Schleswig-Holstein geleitet und dort eingelagert werden – wegen des massiven Widerstands von Bevölkerung und Politik in Schleswig-Holstein nicht gelöst werden konnte. Das ist auch kein Wunder, weil die CO_2-Abschaltung den ohnehin schlechten Wirkungsgrad von Kohlekraftwerken nochmals reduziert. Im dänischen Kohlekraftwerk Esbjerg testete der Energieversorger DONG Energy eine Versuchsanlage zur Kohlendioxid-Abtrennung. Nach einer ersten Zwischenbilanz haben sich die Effizienz und Energiebilanz des Kraftwerks durch die CO_2-Abtrennung gravierend verschlechtert, und zwar von 45 auf 30 %. Zu ähnlichen Ergebnissen kommen Forscher der Ruhr-Universität Bochum, die im Frühjahr 2010 eine Simulation von CO_2-Abschaltungs-prozessen mit Membranen beim sogenannten Pre-Combustion-Verfahren durchführten. Dabei zeigte sich, dass – ausgehend von einem elektrischen Wirkungsgrad von 47 % – mit Verlusten von 5 bis zu 10 Prozentpunkten zu rechnen sei[491]. Dazu kommen die Kosten des Transports und der Speicherung. All das führt nach der sehr hellsichtigen Untersuchung von Harald Schumann, Journalist beim Tagesspiegel, und Christine Grefe, Journalistin bei der ZEIT, Der globale Countdown[492], dazu, dass die Kohleverstromung teurer wird als die aus Erneuerbaren Energien. Dazu kommt, dass die CCS-Technologie frühestens 2020 einsetzbar ist; gerade dann, wenn die meisten Grundlast-Kraftwerke vom Netz gehen sollen. Das ganze, sagen die Autoren, sei *„also nichts als ein Ablenkungsmanöver, um den nötigen Umbau der Stromwirtschaft zu blockieren".*

Die Börse bestraft RWE für die Strategielosigkeit: Der Kurs liegt bei ca. 50 Euro (Stammak-tien, Stand 10.11.2010). Ende 2009 hatte er noch mit 67,96 Euro notiert[493]. Damit reagiert die Börse auch darauf, dass RWE von der Energiewende in Deutschland weitaus stärker betroffen ist als E.ON. Der Anteil an Aktivitäten außerhalb Deutschlands lag im Geschäftsjahr 2009 nur bei 34 Prozent – im Gegensatz zu den von E.ON von 75 bis 80 Prozent. Bis 2013 will RWE den internationalen Anteil auf rund 50 Prozent steigern. Zwischen 2010 und 2013 sollen 18 Mrd. Euro in Kraftwerke investiert werden, davon 50 Prozent in *„CO_2-freie und CO_2-arme Technologien".* Aber: Für die Mittelaufbringung müssten die bestehenden Kraftwerke auf Basis fossil/nuklear weiter profitabel betrieben werden. Dafür seien klare politische Rahmenbedin-gungen erforderlich; im Klartext: RWE muss um die Kernkraft kämpfen.

Gerade der von der absehbaren Entwicklung im Herzen getroffene RWE-Konzern muss sich daher genau überlegen, wohin die Reise geht. Eine rationale Strategie kann eigentlich nur dahin gehen, sich der alten Stärken zu bedienen: Ausbau der Netze, vor allem des Höchstspannungsnetzes, über das RWE im Gegensatz zu E.ON noch verfügt, Ausbau der Gaskraftwerkstechnologie, die Regelenergie für die fluktuierende EE-Einspeisung bereitstellt, Investitionen in Pumpspeicher- und – insbesondere – Druckluftkraftwerke und den Ausbau von Pumpspeicherkraftwerken in Norwegen. Aber ob all das im Hause *„RWE – voRWEggehen"* wirklich strategieleitend wird, muss bezweifelt werden.

---

491. Stellungnahme der deutschen Umwelthilfe v. 10.06.2010, 21, Fußnote 24.
492. 2008, 256 ff.: In Kap. „Die Kohlelüge"; in dem – 2007 geschriebenen – Buch wurde auch die Finanzkrise bis ins Einzelne vorhergesagt.
493. Geschäftsbericht 2009, 26.

EnBW

Der EnBW-Konzern, entstanden aus der Fusion des Badenwerks und der Energieversorgung Schwaben im Jahr 2000, gehört zu 45,01 Prozent dem Zweckverband der Oberschwäbischen Elektrizitätswerke (OEW, Städte und Kreisen aus Baden-Württemberg) und zu 45,01 Prozent der französischen EdF, an der der französische Staat 84,8 Prozent der Aktien hält. 5,63 Prozent der EnBW-Aktien gehören kommunalen Kleinaktionären. Diese haben zusammen mit dem OEW daher im Moment das Sagen. Aber wer bestimmt die Strategie?

EnBW besitzt nur 15 GW Kraftwerkskapazitäten und liegt damit weit unter RWE mit seinen 49,6 GW. Aber beim Stromabsatz hatte EnBW bereits im Jahr 2008 130 GWh erreicht, und damit fast ein Viertel des gesamten Stromabsatzes, der freilich im Jahr 2009 – wirtschaftskrisenbedingt – auf 120 GWh zurückging. Der Stromabsatz ist der Hauptindikator für die Konzernstrategie, die offenkundig wesentlich von der EdF und ihren Absatzinteressen bestimmt ist. Zum traurigen strategischen Erzeugungsbild passt, dass über 89 Prozent des Konzernumsatzes im Inland erwirtschaftet werden – ja konzentriert auf Baden-Württemberg. Daran ändert die Beteiligung an den Düsseldorfer Stadtwerken in Höhe von knapp 55 Prozent und die 26 prozentige Beteiligung am Oldenburger Energiekonzern EWE wenig. Beide Beteiligungen erfolgten nämlich nicht, um damit Standbeine im EE-Ausbau zu schaffen. In dieses Bild gehört, dass es der EnBW zwar gelungen ist, die zum Zeitpunkt des Ausscheidens von Konzernchef Goll auf knapp sieben Prozent gefallene Eigenkapitalquote zum Jahresultimo 2008 wieder auf 18,5 Prozent zu hieven. Allerdings stieg auch die Verschuldung auf knapp 5,8 Mrd. Euro.

EnBW verfügt allerdings auch über eine EE-Tochter, nämlich die EnBW-Erneuerbare Energien GmbH (EEE). Das Konzernziel sei es, den Anteil Erneuerbarer Energien auf mindestens zwanzig Prozent bis 2020 zu erhöhen, was einer Verdopplung der heutigen Erzeugung entspräche[494]. Diesem EE-Anteil von knapp elf Prozent stehen allerdings 57 Prozent Kernenergie gegenüber, was den höchsten Anteil aller Stromkonzerne bedeutet, und ein Anteil von 32 Prozent aus fossilen Energieträgern. Der EE-Anteil von elf Prozent kommt allerdings vor allem aus großen Wasserkraftwerken. Angesichts der kaum wahrnehmbaren EnBW-Aktivitäten für den Ausbau von Windkraft fragt man sich, wie der EE-Erzeugungsanteil in zehn Jahren auf zwanzig Prozent gehoben werden soll – und wie die 89 Prozent aus nuklear/fossiler Energieerzeugung ersetzt werden könnten, wenn die AKWs abgeschaltet werden und die Kohlekraftwerke am CCS-Problem scheitern. Zwar wirbt EnBW mit dem Ausbau von Windkraft: EnBW-Windpark Baltic IA ca. 50 MW, Baltic 2 mit rund 300 MW – Inbetriebnahme nicht genannt, zwei Windparks in der Nordsee mit jeweils ca. 400 MW – Planungs- und Inbetriebnahmedaten fehlen, außerdem 50 onshore-Windkraftanlagen mit 80 MW Gesamtleistung, insgesamt 1.200 MW. Aber wie soll der Windstrom die Nord-Süd-Distanz überwinden? Von Netzbauinvestitionen hat man bei EnBW noch nichts gelesen, erst recht nicht von Investitionen in Speicher. Dieses Stichwort ist in der EnBW-Strategie Fehlanzeige. Und erst recht ist nicht erkennbar, wie die 15 GW abgängigen Kapazitäten ersetzt werden sollen. Damit ist EnBW der Konzern, der am wenigsten erkennen lässt, wie er den Weg in die Zukunft meistern will.

---

494. Wikipedia.

Vattenfall

Dem viertgrößten in Deutschland tätigen Stromkonzern Vattenfall Europe, der in den Jahren 2000 bis 2002 aus einer Fusion der VEAG und ihrer Braunkohletagebaue sowie der Berliner und Hamburger Stadtwerke BEWAG und HEW entstanden war, sagte die Journalistin Cerstin Gammelin[495] eine *„Expansion ins Unglück"* voraus. Vattenfall müsse nämlich vereinen, was nicht zusammengehöre: Zwei selbstbewusste Stadtwerke, überschuldete Kraftwerke und obendrein ostdeutsche Braunkohlentagebaue. Es sei das *„komplizierteste Fusionsvorhaben bei der Restrukturierung der deutschen Stromwirtschaft"*, hieß es in einem internen Vattenfall-Schriftstück. Vattenfall produziere nämlich 80 Mrd. kWh, *„viel mehr, als der Konzern verkaufen könne"*. E.ON und RWE hätten die Kraftwerke der Vattenfall Europe längst mit eigenen Stromlieferanten umzingelt: Avacon, E.dis, envia und Hansegas/Schleswag. Die Akquisition führte bei Vattenfall nicht nur zu einem Anstieg der Verbindlichkeiten auf 8 Mrd. Euro. Das Problem war auch, dass die Akquisitionen nicht zur Vattenfall-Philosophie passten: *„Die haben unser gutes Geld aus sauberer Wasserkraft in deutsche Kernkraftwerke investiert"*, hieß es in Schweden. Aus dieser Nervosität rührte der Rausschmiss des Vorstandsvorsitzenden Rauscher anlässlich des unglücklichen Managements eines Trafobrandes im Konzern-AKW Krümmel. Dabei hatte er den Konzern bis dahin gut aufgebaut.

Auch Vattenfall profitierte allerdings von der deutschen Strompreisexplosion: Trotz sinkenden Stromabsatzes stieg der Umsatz. Allerdings musste Vattenfall auch kräftig investieren, so in das Braunkohlekraftwerk Boxberg und neue Höchstspannungsleitungen. Ein umstrittenes Engagement war das Steinkohlekraftwerk Moorburg in Hamburg, an dem beinahe die schwarz-grüne Ehe gescheitert wäre. Das Vorhaben wurde allerdings dadurch erleichtert, dass sich auch der europaweit größte Kupferkonzern Norddeutsche Affinerie AG (jetzt Aurubis) an Moorburg beteiligte, um die exorbitanten Stromkosten zu drücken. Erstmals im Geschäftsjahr 2005 konnte der Konzern ein erfreuliches Ergebnis vorlegen[496]. Der Kraftwerkspark solle weiter optimiert und modernisiert werden. Vattenfall möchte auch Pionier im Ausbau der CCS-Technik sein und entwickelte eine Pilotanlage.

Aber im Jahr 2008 kam es zu einer Überraschung: Vattenfall kündigte – im Anschluss an E.ON – den Verkauf seines deutschen Stromnetzes an. Vattenfall habe, anders als E.ON, das unter Druck verkaufen musste, *„eine rein strategische Entscheidung"* getroffen, sagte der finnische Vorstandsvorsitzende Hatakka[497]. Zu einem guten Marktdesign gehöre, dass man Netz und Betrieb trennt. Außerdem waren Vattenfall die Renditen aus dem Netz nicht hoch genug. Dem Käufer, einem Konsortium aus dem belgischen Netzbetreiber Elia und des australischen Rentenfonds- und Infrastrukturfinanzierers IFM, reichen sie allerdings. Sehr fraglich ist daher, ob Vattenfall damit gut beraten war. Zwar war absehbar, dass die geplanten offshore-Windparks in der Ostsee neue und kostspielige Stromtrassen nötig machen würden. Aber dafür gibt es höhere Investitions-Budgets, die auch bessere Renditen ermöglichen. Vor allem gilt das Vattenfall-Netz als zentrale Schaltstelle im europäischen Strommarkt, weil es

---

495. ZEIT v. 14.11.2002, 34.
496. Dr. Hans-Jürgen Meier, Finanzvorstand von Vattenfall, am 09. Mai 2005 auf der Pressekonferenz: Umsatz 10,5 Mrd. EUR, Nettogewinn 726 Mio. EUR.
497. SZ v. 13.03.2010.

die Verbindung von Europas größtem Strommarkt nach Dänemark, Polen und Tschechien sichert. Stromtransport und -speicherung sind das Rückgrat für die Umstellung der Stromversorgung auf EE.

Der Verkauf geht vielleicht auch auf eine defaitistische Sicht von Vattenfall auf den Weiterbetrieb der Kernkraftwerksbeteiligungen zurück: Brunsbüttel (Anteil 66,7 Prozent) wäre nach dem Atomkonsens I bereits 2009 vom Netz gegangen, Krümmel (50 Prozent) im Jahr 2016 und Brokdorf (20 Prozent) im Jahr 2018. Unter den Bedingungen des Atomkonsenses II fällt Vattenfall nun ein unverhofftes Geschenk in den Schoß. Ob es gelingt, mit CCS die Braunkohleverstromung zu retten, ist auch offen. Bleibt Vattenfall daher langfristig in Deutschland?

6 Differenzierte – und insgesamt traurige – Perspektiven

Das Bild ist unterschiedlich: E.ON hat am energischsten die Konsequenzen aus der Einsicht aus der Ausverhandlung des Atomkonsenses I gezogen: Die Perspektiven der Atom- und der fossilen Verstromung sind begrenzt. Diversifizierung ins Ausland tut Not. Dort hat E.ON große Erfolge – aber der Auftritt in Deutschland schwindet dahin.

Anders RWE: Die Konsequenzen, die E.ON gezogen hat, sind bei RWE nicht annähernd so überzeugend zu erkennen. Vor allem ist der Umbau zum EE-Konzern viel zu amorph und auch zu zögerlich. Der Konzern weiß nicht, was er machen soll.

Auch die Lage bei EnBW ist nicht rosig. Baden-Württemberg wird noch beherrscht wie ein Fürstentum – aber nicht mehr lange. Mit einem aktuellen EE-Anteil von elf Prozent und fehlenden Perspektiven für den vollständigen Ersatz der nuklear/fossilen Verstromung ist nicht erkennbar, wie die Machtposition aufrechterhalten werden soll – es sei denn, mit Hilfe der EdF. Aber auch deren AKWs werden nicht ewig laufen.

Vattenfall ist unter schwierigen Bedingungen angetreten, hat kräftig in die Braunkohleverstromung investiert und bei der Nuklearverstromung ein unglückliches Bild geliefert. Perspektiven, die in der Übertragung der schwedischen Konzernlinie auf Deutschland gelegen hätten, sind kaum erkennbar. Statt dessen verkauft Vattenfall das asset, das für die Zukunft in EE gebraucht würde, sein Übertragungsnetz – ein trauriges Bild.

III.
Epilog

„In Gorleben demonstriert die Gesellschaft", sagte eine Demonstrantin anlässlich der aktuellen Castor-Transporte. Die Zahl der Demonstranten nimmt zu – und auch ihre Phantasie: Sie bauen Betonbarrieren in Pyramiden-Form, die mit den von der Polizei gemieteten Greifbaggern nicht gepackt werden können. Sie „schottern", indem sie die Schottersteine aus dem Gleisbett wühlen. Sie sprühen die Ketten, mit denen sie sich an die Schienen fesseln, mit Hartschaum ein, so dass die Schneidwerkzeuge nicht zupacken können.

Aber der gesellschaftliche Prozess zeigt sich nicht nur an der Form der Widerstandshandlungen. Er zeigt sich auch in dem Bewusstsein, dass die Atomverstromung der Gesellschaft gewaltige und unlösbare Risiken beschert, die der Kernschmelze und der Entsorgungsfrage. Dabei wurde die Atomverstromung nie gebraucht und konnte vom Staat nur mit riesigen Investitionen aus Steuermitteln durchgedrückt werden. Auch heute ist die Verlängerung der Laufzeiten nicht nötig, sondern erzeugt nur zusätzliche hochradioaktive Abfälle und blockiert den Ausbau der Erneuerbaren Energien. Rational ist das alles kaum zu fassen – und letztlich das Ergebnis des staatlichen Engagements bei der Erzeugung von Strom, das mit seiner überragenden Bedeutung für eine Industriegesellschaft wie die deutsche überaus vernünftig war. Aber der Staat gerät immer mehr in die Rolle des Zauberlehrlings, der sich von den Mächten, die er rief – eben den Stromkonzernen –, nicht emanzipieren kann. Jetzt wird er von der technischen Entwicklung, wie sie die Erneuerbaren Energien repräsentieren und wie sie von genialen Strategen, wie Hermann Scheer einer war, vorangetrieben wurden. Es ist eine Frage der politischen und gesellschaftlichen Vernunft, die Energiewende zu schaffen. Daran hat Hermann Scheer immer geglaubt – und wir sollten ihm vertrauen.

Anhang 1

Der Schriftsatz des Bundeskartellamts im Fusionskontrollverfahren E.ON/
Eschwege vom 30.11.2006

Ein Auszug aus dem Schriftsatz ist abgedruckt in der Zeitschrift für Neues Energierecht,
ZNER 2009, 78.

B. (2) Die gefundenen Asservate belegen für die Strommärkte in Deutschland auf eindrucksvolle Weise,
– dass zwischen dem Konzern der Beschwerdeführerin zu 1. und RWE kein Binnenwettbewerb besteht (dazu unten I.),
– dass zwischen dem Konzern der Beschwerdeführerin zu 1. und RWE auf der einen Seite und EnBW und Vattenfall aber auch anderen großen in- und ausländischen Stromversorgungsunternehmen auf der anderen Seite kein nennenswerter Außenwettbewerb stattfindet (dazu unten II.) und
– dass die Beschwerdeführerin zu 1. auf den jeweiligen Strommärkten die vorhandene Marktmacht dazu nutzt, bestehende Marktstrukturen und –verhältnisse zu beeinflussen und zu festigen (dazu unten III.).

(3) Ob der Sachverhalt einer kartellrechtlich unzulässigen Kooperation zwischen E.ON und RWE insbesondere auf den Strommärkten in Deutschland von der Europäischen Kommission weiter verfolgt und ggf. bebußt wird, kann hier dahin gestellt bleiben. Auf jeden Fall aber belegen die gefundenen Asservate eine Form von Kooperation, die zumindest als wettbewerbsloses Duopol mit entsprechender Marktmacht angesehen werden muss.

(4) Die gefundenen Asservate belegen für E.ON darüber hinaus, dass die Strategie der vertikalen Konzentration über Stadtwerksbeteiligungen insbesondere dazu dient, Absatzmärkte zu sichern aber auch mögliche Wettbewerbsaktionen bzw. Unabhängigkeitsbestrebungen von Stadtwerken bereits im Ansatz zu unterbinden. Sie belegen überdies frühere Ausführungen des Bundeskartellamtes in der Sache – insbesondere zur Syneco -, welche die Gegenseite im laufenden Beschwerdeverfahren noch als unzutreffend zurückgewiesen hatte (dazu ebenfalls unten III.).

(5) Die nachstehend angeführten Asservate reichen bereits für sich genommen aus, um das vom Bundeskartellamt angenommene wettbewerbslose Duopol zwischen E.ON und RWE sowie die wettbewerbsschädlichen Wirkungen einer Beteiligung an Weiterverteilern, insbesondere Stadtwerken zu belegen. Die Asservate selbst sind in einer um Geschäftsgeheimnisse bereinigten Form für alle Verfahrensbeteiligten als *Anlage B* beigefügt. Soweit aus den Asservaten wörtlich zitiert wird, ist dies durch die Verwendung von Anführungszeichen gekennzeichnet.

I. Kein Binnenwettbewerb

(6) Die Asservate zeigen zunächst, dass der Konzern der Beschwerdeführerin zu 1. und RWE sich gegenseitig zumindest in den Jahren 2003 bis 2006 regelmäßig über wirtschaftliche Unternehmenskennziffern und –strategien – insbesondere in bilateralen Gesprächen auf Vorstandsebene – informierten, um dem jeweils anderen eine gleichgerichtete oder daran angepasste strategische Ausrichtung (Duopol) zu ermöglichen. Darüber hinaus illustrieren sie, wie beide Unternehmen ihre Absatzgebiete und Minderheitsbeteiligungen im Energiebereich in Gespräche der Jahre 2003 bis 2005 so zu arrondieren und auszutauschen versuchten – insbesondere in Osteuropa (Ungarn, Tschechien) aber auch in Deutschland –, dass ihre gegenseitigen Interessensbereiche und Einflussgebiete im Sinne eines wettbewerbslosen Zustands aus Unternehmenssicht untereinander optimiert werden.

1. Austausch von Unternehmensparametern und –strategien

(7) Anlage B.1, E.ON AG – CB 6, Seite 1 bis 4:

Ein als vertraulich gekennzeichnetes Gesprächsprotokoll über ein Spitzengespräch am 05.09.2003 zwischen den Vorstandsvorsitzenden von E.ON (Bernotat) und Ruhrgas (Bergmann) auf der einen Seite und RWE (Roels) auf der anderen Seite, belegt eine Abstimmung von Unternehmensstrategien zwischen E.ON und RWE direkt auf der Vorstandsvorsitzendenebene. Gegenstand des Gesprächs war u.a. die Behandlung von RWE durch E.ON im Vorfeld der Ministererlaubnis E.ON Ruhrgas. RWE spricht von einer großen „Frustration bezüglich der Behandlung durch E.ON bei der Umsetzung der Absprachen im Vorfeld der Ministererlaubnis". Herr Roels (RWE) betont seine Erwartung, „dass sich E.ON eine großzügige Gegenleistung ausdenkt, die E.ON nicht viel kostet, aber vielleicht für RWE großen Wert hat und die außerhalb der Bereiche liegen könnte, die Gegenstand der Absprache waren". Im weiteren Verlauf des Gesprächs wird die „gute Zusammenarbeit zwischen Ruhrgas und RWE-Gas" betont, die schon „langfristig" existiere. Auch wird seitens E.ON empfohlen, RWE möge überdenken, ob es nicht besser sei, dass Thyssengas die Beschwerde beim BGH zurücknehme, um eine Entscheidung des BGH zu verhindern. Hier hat Thyssengas als RWE-Konzernunternehmen noch im Herbst 2003 durch die Rücknahme der Revision im Verfahren Thyssengas gegen STAWAG Stadtwerke Aachen (AZ. des BGH: KZR 26/02) eine für RWE ungünstige Entscheidung des Senats rechtskräftig werden lassen, um die Branche insgesamt vor einer in der Frage der Zulässigkeit von langfristigen Gaslieferverträgen mit hoher Bedarfsdeckung erwarteten negativen Entscheidung des BGH zu bewahren (vgl. Pressemitteilung des Bundesgerichtshofs Nr. 129/2003 vom 04.11.03 „Revisionsrücknahme verhindert erneut BGH-Entscheidung zu langfristigen Energielieferverträgen" sowie des BKartA vom 07.11.03 „Bundeskartellamt zur Verhinderung einer BGH-Entscheidung zu langfristigen Energie-Lieferverträgen"). Weiterhin wird von den Herren Bernotat und Roels die gemeinsame Erarbeitung von „Positionen" im Rahmen von Fachleutetreffen zum „breiten Feld von Grundsatzfragen zum Emission-Trading" beschlossen.

(8) Anlage B.2, E.ON AG – CB 3, Seite 2:

In einem Protokoll über ein Gespräch bei der RWE AG zum Thema „gemeinsamer Standpunkt von E.ON und RWE bei der Umsetzung der EU-Richtlinien Strom/Gas" vom 09.10.2003 wird dargelegt, dass man bis Ende Oktober gemeinsame politische Vorstellungen zur Umsetzung der EU-Richtlinie entwickeln, diese aber getrennt einspeisen wolle. RWE beabsichtige, den Kanal Clifford Chance/Prof. Büdenbender zu nutzen. An dem Gespräch nahmen auch Vertreter der Verfahrensbevollmächtigten im vorliegenden Beschwerdeverfahren (RA Röhling und RA Scholz von Freshfields) teil.

(9) Anlage B.3, E.ON Energie AG – KRK 031, Seite 1 bis 2:

Im Rahmen eines Gesprächs auf Vorstandsebene zwischen E.ON und RWE am 22.03.04 werden u.a. die Gesprächsergebnisse zu den Themen Emissionsrechtehandel und EnWG-Novelle unter Protokollziffer 10 wie folgt festgehalten: „Wir haben abschließend die politischen Interessen und die Abstimmungsprozesse zwischen den Häusern in Sachen Emissionsrechtehandel und EnWG-Novelle eingehend diskutiert. Hieraus folgen keine wichtigen neuen Erkenntnisse. Alle Beteiligten waren sich einig, dass bei gegebener Konkurrenz das Verhältnis der Häuser weiter entspannt werden muss und kann."

(10) Anlage B.4, E.ON AG – PC 22, Seite 1 und 16 bis 29 sowie Anlage B.18, E.ON AG, PC 23, Seite 11:

In der Nachbereitung eines Treffens u.a. mit RWE am 07.06.04 aber auch mit nationalen und internationalen Wettbewerbern aus den Bereichen Strom und Gas in 2004 kommt E.ON bezüglich RWE zu dem Schluss, dass man den strategischen Dialog auf halbjährlicher Basis fortsetzen wolle („Keep strategic dialogue on half yearly basis"). Gesprächspartner von E.ON war Arndt Neuhaus, Vice President Corporate Strategy, RWE.

(11) Anlage B.5, E.ON Energie AG – KRK 047, Seite 1 bis 2:

Ebenfalls im Jahr 2004, wird im Rahmen eines Ergebnispapiers über einen Jour Fixe am 26.07.04 bezüglich bereits erfolgten Gesprächen mit RWE festgestellt: „Ruhrgas und Herr Winkel haben Papier mit Kernforderungen für Zustimmung bei Kooperationen erstellt. 1. Zustimmung bei Datteln, 2. Netzausbau, 3. Geheimhaltungsgebot mit Ruhrkohle (Handel) bezüglich der Lieferpreise und gleiche Preise wie Steag/RWE, 4. Für Herne4 ein kostenbasiertes Angebot ...".

(12) Anlage B.6, E.ON AG – IM 001, Seite 1 bis 2:

Am 08.06.04 trafen sich RWE Power und E.ON Energie AG. Gesprächsteilnehmer auf Seiten RWE waren Dr. Lambertz, Herr Kehr, Herr Poll; E.ON Energie AG wurde vertreten durch Prof. Elsässer und Herrn Fischer. Prof. Elsässer war bis Juni 2005 im Vorstand der E.ON AG, sein Nachfolger ist Herr Bernhard Fischer. Ein Herr Johann Lambertz ist seit 2003 Mitglied des Vorstands der RWE Power AG.

Gesprächsthemen waren u.a. eine Verständigung über die zu erwartenden Zubaukapazitäten im Kraftwerksbereich, bzw. den Wert, den man gemeinsam nach außen kommunizieren wolle. Eine Verständigung erreichte man auch darüber, dass Kraftwerksprojekte von Newcomern (Lubmin und Hürth) nicht vom jeweils anderen unterstützt werden sollten. Ansonsten teilte man sich auf sehr konkreter Basis (Planungszeitraum, Planungsstand, technische Daten) die eigenen Kraftwerksprojekte mit und eruierte Kooperationsmöglichkeiten mit dem jeweils anderen. Handschriftliche Vermerke auf diesem Asservat belegen, dass der Austausch dieser strategischen Unternehmensinformationen auch Gegenstand anderer Gespräche mit RWE werden sollte bzw. war.

287

(13) Anlage B.7, E.ON Energie AG – IM 017, Seite 1 bis 3:

Ebenfalls in 2004, und zwar am 21.06.04 fand ein Gespräch auf Vorstandsebene zwischen den Herren Teyssen (E.ON) und Hohlefelder (E.ON) sowie Bonekamp (RWE) und Ufer (RWE) u.a. zu Regulierungsthemen (Realkapitalverzinsung vs. Nettosubstanzerhaltung, Nationaler Allokationsplan, Anreizregelung) sowie zu den Themen „STEAG/Datteln sowie Saarferngas" statt. Zu den Regulierungsthemen wurden übereinstimmende Positionen festgestellt, zum Thema „STEAG/Datteln sowie Saarferngas" wurde seitens RWE klargestellt, dass das Interesse der RWE, die Saarferngas zu erwerben, sich nicht gegen E.ON Ruhrgas richte, insbesondere nicht gegen die Vorlieferantenposition der E.ON Ruhrgas. Herr Teyssen ist seit Januar 2004 Vorstandsvorsitzender der E:ON Energie AG sowie Mitglied des Vorstands der E.ON AG, Herr Hohlefelder ist seit 1999 Vorstandsmitglied der E.ON Energie AG, Herr Ufer ist seit Oktober 2003 im Vorstand der RWE Energy AG und Herr Bonekamp ist seit April 2004 Vorstandsvorsitzender der RWE Energy AG sowie Mitglied des Vorstands der RWE AG.

(14) Anlage B.8, E.ON Energie AG – KRK 019, Seite 1 bis 2:

Am 20.10.04 informiert Herr Teyssen (E.ON) per Telefax die Herren Bonekamp (RWE) und Knop (RWE) über weitere E.ON-Unternehmensparameter bezüglich Sachanlageinvestitionen in den Bereichen Kraftwerke und Netze. Ausgetauscht wurden u.a. konkrete Ausgaben in Euro der Neuinvestitionen in Netze und Kraftwerke im Zeitraum 1999 bis 2004 sowie die entsprechenden Berechnungs- und Darstellungsmethoden.

(15) Anlage B.9, E.ON Energie AG – KRK 012, Seite 1 bis 4:

Im Rahmen eines Ergebnisprotokolls berichtet Herr Teyssen über ein Gespräch zwischen E.ON und RWE am 16.03.05 auf Vorstandsebene, das er und Herr Hohlefelder mit den Herren Bonekamp und Ufer von RWE in Düsseldorf geführt hatten. Themen waren die Abgabe der RWE Beteiligung an den Stadtwerken Düsseldorf, die Regulierung in Deutschland, die Regulierung in Ungarn, die Gesamtstruktur Ungarn und Mol Gas sowie Tschechien. Es soll eine kleine Arbeitsgruppe (2 bis 3 Mitarbeiter) eingerichtet werden, die auf sehr vertraulicher Ebene die Chancen für einen Interessenausgleich zwischen E.ON und RWE eruiert. Bezüglich eines einheitlichen Vorgehens gegenüber den B-Ländern in Sachen Regulierung wurden die koordinierenden Personen festgelegt. (Anmerkung: Mit B-Ländern werden allgemein die Länder bezeichnet, die von der Oppositionspartei im Bundestag auf Landesebene regiert werden, im März 2006 also die CDU/CSU-regierten Bundesländer). Die hier genannten Gesprächspartner treffen sich regelmäßig und in gleicher Besetzung auch zu anderen Themenbereichen, ihre Funktionen wurden bereits erläutert.

(16) Anlage B.10, E.ON AG – I.S 3, Seite 1 bis 2:

In einer E-Mail vom 15.05.06 wurde über eine Telefonkonferenz zwischen E.ON und RWE berichtet. Themen dieser Telefonkonferenz waren u.a. die Regulierung und die CO_2-Preise. Zur Regulierung teilt RWE mit, dass bei einer Verringerung der Tarife um 20 % durch die Bundesnetzagentur man mit Kostenreduzierung, Preiserhöhung und Kürzung der Investitionsplanung reagieren könne. Zum Thema CO_2-Preise teilt E.ON mit, dass man mit 6 bis 10 Euro pro Tonne langfristig rechne; RWE konnte oder wollte hierzu allerdings keine Angaben machen, insbesondere blieb die Frage in diesem Gespräch unbeantwortet, welche CO_2-Preise RWE beim Kraftwerksneubau zugrunde legt.

2. Arrondierung von Absatzgebieten und Minderheitsbeteiligungen zur gegenseitigen Respektierung der Einflusssphären

(17) Anlage B.11, E.ON AG – CB 5, Seite 2 bis 6:

„Mögliche Beteiligungsbereinigung mit RWE – Vorschlag für ein Grundsatzgespräch zwischen E.ON / Bernotat und RWE / Roels" ist die Überschrift einer internen E.ON-Mitteilung vom 25.09.03. In dem Papier werden Gespräche erwähnt, die von RWE ausgegangen sind und in denen dem E.ON Konzern Beteiligungen in Deutschland, Ungarn, Tschechien, Italien und der Slowakei angeboten wurden. E.ON hat Interesse signalisiert, insbesondere für Paketlösungen. Als eine Zielsetzung wird das Erreichen von Mehrheitspositionen bei der Beteiligungsbereinigung angesehen. Die von RWE angebotenen Beteiligungen (Assets) aus dem Strom- und Gasbereich sind mit ihren Unternehmenskennziffern (Umsatz, Absatz, Aktionäre) konkret aufgeführt.

(18) Anlage B.12, E.ON AG – CB 2, Seite 1 bis 2:

Es existiert ein internes Memo vom 21.11.2003 als Gesprächsunterlage für ein Gespräch auf Vorstandsebene mit RWE über die konzernweite Bereinigung der Beteiligungen beider Konzerne im Inland und im europäischen Ausland. Eine anliegende Liste mit Beteiligungen an denen seitens E.ON ein Gesprächsinteresse besteht soll RWE übergeben werden. Die Liste ist in vier Gruppierungen aufgeteilt:

A   Beteiligungen, zu denen bereits Gespräche zwischen E.ON und RWE stattfanden. Hier sind insbesondere für Deutschland ein Kraftwerk aufgeführt aber auch Beteiligungen im osteuropäischen Ausland.

B   Bereinigung Beteiligungsstrukturen Gasverteiler Tschechien. Hier sind drei Beteiligungen genannt.

C   Gasspeicher. Hier werden zwei deutsche Gasspeicher genannt.

D   Sonstige Bereinigungen. Hier finden sich neben einer ungarischen Beteiligung die ausschließlich deutschen Beteiligungen an vier Stadtwerken.

(19) Anlage B.13, E.ON Energie AG – IM 15, Seite 1 bis 7:

Ebenfalls vom 21.11.03 datiert wiederum als Gesprächsgrundlage für ein Treffen auf Vorstandsebene mit RWE über die konzernweite Bereinigung der Beteiligungen beider Konzerne im In- und europäischen Ausland gedachtes weiteres internes E.ON-Memo. In diesem Papier wird die Liste der Assets, über die Gespräche im Hinblick auf einen Austausch bzw. eine Beteiligungsbereinigung gewünscht werden, deutlich ausgeweitet und in Bezug auf strategische Interessen konkretisiert. Als Gesprächspartner wurden Herr Pohlig (E.ON) und Herr Zetzsche (RWE) benannt. Herr Rolf Pohlig ist seit 2000 Generalbevollmächtigter für E.ON im Bereich Übernahmen und Fusionen. Er wechselt nunmehr zu RWE, dort soll er zum Mai 2007 den Finanzvorstand Klaus Sturany ablösen. Andreas Zetzsche ist Leiter des Bereichs Übernahmen und Fusionen der RWE AG.

(20) Anlage B.3, E.ON Energie AG – KRK 031, Seite 1 bis 2 sowie Anlage B.7, E.ON Energie AG – IM 017, Seite 1 bis 3:

In 2004, und zwar am 12.03.04, hat ein weiteres Treffen auf Vorstandsebene zwischen den Herren Teyssen (E.ON) und und Bonekamp (RWE) bzw. Ufer (RWE) stattgefunden. Im Zentrum des Gesprächs standen die Tauschmöglichkeiten von Beteiligungen in Zentral- und Osteuropa. Eingehend diskutiert wurden auch die politischen Interessen und die Abstimmungsprozesse

Anhang 1

zwischen den Häusern in Sachen Emissionshandel und EnWG-Novelle. Ein Folgetermin wird für Ende April 2004 in München vereinbart. Ein Protokoll über dieses Folgegespräch am 21.06.04 zwischen E.ON und RWE in München existiert ebenfalls (siehe Anlage B.7).

(21) Anlage B.14, E.ON Energie AG – IM 006, Seite 1, 3, 6 und 11, Anlage B. 15, E.ON Energie AG – LJ 004, Seite 1, Anlage B.16, E.ON Energie AG – LJ 001, Seite 1 sowie Anlage B.17, E.ON AG – GBJ 11, Seite 1 und 9:

Im Jahr 2005 fanden eine Reihe von Treffen zwischen E.ON und RWE auf Vorstandsebene zwischen den Herren Teyssen (E.ON), Hohlefelder (E.ON) und Bonekamp (RWE) bzw. Ufer (RWE) zum Beteiligungsaustausch statt, und zwar am 16.03.05 und am 14.04.05.

Am 11.06.05 konstatiert Herr Teyssen, dass es am Vorabend in bilateralen Verhandlungen mit der RWE gelungen ist, den Interessenausgleich mit RWE bezüglich Tschechien und Ungarn herzustellen. Herr Teyssen informiert den gesamten E.ON Vorstand laut Protokoll vom 14.06.05 über diesen bilateralen Interessen- und Assetaustausch mit RWE.

II. Kein Außenwettbewerb

(22) Eine weitere Gruppe von Dokumenten zeigt das Fehlen von Außenwettbewerb durch regelmäßige Treffen der Beschwerdeführerin zu 1. und Wettbewerbern aus den Bereichen Strom und Gas auf europäischer Ebene zumindest in den Jahren 2004 und 2005, in denen u.a. die Grundhaltungen der jeweiligen Energieversorger zu strom- und gaspolitischen Fragestellungen aber auch konkrete Einzelprojekte besprochen werden. Daneben gab es Treffen aller vier nationalen Verbundunternehmen E.ON, RWE, EnBW und Vattenfall oder in kleinerer Zusammensetzung zumindest in den Jahren 2003 bis 2005, und zwar zur Klärung gemeinsamer Positionen in nationalen strom- und gaspolitischen Fragestellungen aber auch hinsichtlich konkreter Einzelprojekte.

1. Treffen und Kooperation auf europäischer Ebene

(23) Anlage B.4, E.ON AG – PC 22, Seite 1 und die Seiten 17 bis 29:

Ab Frühjahr 2004 bereitet E.ON eine „Strategic roadmap" vor. Die E.ON Strategic roadmap dient der Vorbereitung und Durchführung von Treffen mit großen europäischen Energieversorgern. Die Treffen sind mit festen Terminen und konkreten Ansprechpartnern in den jeweiligen Unternehmen gekennzeichnet. Als Termine werden z. B. ausgewiesen: RWE am 07.05.04, GdF am 27.05.04, ENEL am 17.06.04, ENI am 18.06.04, Ural Power Management Company am 15.06.04, Fortum am 22.06.04, Vattenfall am 23.06.04, EdF am 21.06.04, Endesa am 25.06.04, Centrica am 22.07.04 und Electrabel am 06.09.04. Gesprächspartner sind jeweils Personen in leitenden bzw. Vorstandsfunktionen, z. B. für Vattenfall ist Lennart Billfalk, Executive Vice President von Vattenfall AB vorgesehen.

(24) Anlage B. 18, E.ON AG – PC 23, Seite 1 bis 13:

Es wurden seitens E.ON Charts pro Unternehmen angefertigt, und zwar über die Ergebnisse der Einzelgespräche von E.ON mit europäischen Energieversorgern. Die Charts weisen

290

als Datum den 14.09.04 auf. Die Charts sind pro Unternehmen dreigeteilt in Key data, Key Issue und Next Steps:

Key data: Hier wird z. B. genannt: Erzeugungskapazität, Anzahl der Kunden und welchen Rangplatz das Unternehmen z. B. bei der Erzeugung und/oder Verkauf in verschiedenen Gebieten einnimmt sowie Umsatzangaben und betriebswirtschaftliche Kennziffern wie EBITDA und EBIT.

Key Issue: In dieser Rubrik werden u.a. Aussagen getroffen über die gebietsmäßige Ausrichtung und das so genannte „core business" des Unternehmens, die Absichten zu expandieren und mögliche Bereiche gemeinsamer Interessen.

Next Steps: Hier werden Themen für die nächsten Einzelgespräche vorgeschlagen, und zwar so genannte „Next Steps" für z. B. die Unternehmen:

- Vattenfall: „Maintain frequent dialogue on strategic level"
- Eni: "organize a meeting with relevant contact persons from Eni Power to discuss power options"
- Suez: "Cooperation regarding gas supply and LNG, Potential asset swaps regarding Hungary, Poland, France"
- RWE: "Keep strategic dialogue on half yearly basis".

Abschließend wird für Follow up meetings festgehalten:

- Yearly meetings with key competitions on an individual basis
- Possibly, yearly roundtable of the strategy managers of the large European utilities."

(25) Anlage B.19, E.ON AG – GBJ 106, Seite 1 und 10 bis 11:

Das Ergebnisprotokoll vom 28.09.04 zur Vorstandssitzung vom 23.09.04 enthält einen Bericht von Dierk Paskert, seinerzeit Bereichsleiter Konzernstrategie, und zwar über die Ergebnisse der Gespräche mit europäischen Energieversorgern. Er gibt den Hinweis, dass BP die Gespräche wegen kartellrechtlicher Probleme abgelehnt habe, die Gespräche mit ENI, ENEL, Scottish & Southern Energy, Suez, Endesa, EdF, GdF, RWE, Centrica, Vattenfall und Fortum aber geführt worden seien. Als Ergebnis wurde im Protokoll der Vorstandssitzung festgehalten: „Man wolle sich künftig jährlich mit den einzelnen Wettbewerbern treffen und voraussichtlich im nächsten Jahr ein Round-Table-Treffen mit den Strategieverantwortlichen etablieren. Der Vorstand diskutiert über mögliche Kooperationen und plant, sich auf der Strategieklausur im Februar insbesondere mit ENI Power, Tractebel und potentiellen Wachstumsmärkten" zu „beschäftigen".

(26) Anlage B.20, E.ON Energie AG – HG 31, Seite 1 bis 4:

Ein Jahr nach dem vereinbarten Round-Table-Treffen mit den Strategieverantwortlichen (siehe oben) lässt sich ein solches Treffen der großen Energieversorger in Europa feststellen. Aus einem Protokoll über ein Treffen von E.ON mit ENEL, EDF, Electrabel, RWE, Vattenfall, u.a. in Rom am 04.11.05 und 05.11.05 geht hervor, dass diese Treffen nunmehr regelmäßig auf der Basis gegenseitiger Einladung erfolgen. Das nächste Treffen – auf Einladung RWE – sollte am 07.04.06 und 08.04.06 stattfinden. Die Treffen sind mit dem Namen „Treffen Club 7" gekennzeichnet und können damit als institutionalisiert angesehen werden. Auch hat der Club 7 sich eine ebenfalls institutionalisierte Untergruppe mit Namen „Club 7 Task Force zum Emissionshandel" eingerichtet. Die Treffen des Clubs 7 bzw. seiner Untergruppen dienen laut Protokoll dem Austausch von Unternehmensstrategien und Erfahrungen in speziellen Fragen, wie z. B. der Entwicklung der Kernenergie, der Begegnung von Vorwürfen zu den

Windfall Profits im CO_2-Zertifikatsbereich und der Begegnung öffentlichen Drucks wegen der Strompreisentwicklung.

2. Treffen und Kooperation auf nationaler Ebene

(27) Anlage B.21, E.ON Energie AG – EW 210, Seiten 1 bis 3:

In einer als E-Mail verschickten internen Mitteilung vom 31.03.03 über ein vertrauliches Gespräch zwischen E.ON, RWE, EnBW und Vattenfall auf Vorstandsebene tauschen die vier Verbundunternehmen u.a. Verhaltensparameter aus, und zwar bezüglich

– Der Weiter- oder Nichtweitergabe von Kostensenkungen durch Kartellamtsverfügungen Netznutzungsentgelte betreffend und

– der Mitarbeit an Netzzugangs- Netznutzungsverordnungen der Regulierungsbehörde.

(28) Anlage B.22, E.ON AG – GBJ 102, Seite 1 bis 2:

Ebenfalls in 2003, und zwar in einem Ergebnisprotokoll der Vorstandssitzung vom 03.09.03, berichtet Herr Bergmann (Vorstandsvorsitzender der E.ON Ruhrgas AG) über ein offenbar bilaterales Gespräch mit Herrn Claassen (Vorstandsvorsitzender der EnBW). Als Ergebnis wird festgehalten: „Man wolle in Baden-Württemberg schnell eine Einigung bei Gasthemen herbeiführen. Weitere Themen seien Netzentgelte sowie die Vereinbarungen im Zusammenhang mit der Aufhebung der Beschwerde von EnBW im Ministererlaubnisverfahren gewesen." Herr Bergmann berichtet sodann über ein Gespräch mit Statkraft und deren Verhalten bei VNG.

(29) Anlage B.23, E.ON S&T, HM 2, Seite 1 bis 2:

Unterlagen zur Vorbereitung eines Handelsgespräches am 16.02.04 kennzeichnen das jeweils konkrete Verhalten aller vier Verbundunternehmen E.ON, RWE, Vattenfall und EnBW in Bezug auf die Weiterentwicklung der Strombörse EEX. Die Rubriken in den einzelnen Unternehmensabschnitten „Fragen Richtung Vattenfall" und „Fragen Richtung EnBW" und die dort formulierten konkreten Fragen können als Indiz dafür aufgefasst werden, dass es sich um ein terminiertes Handelsgespräch zwischen den vier Verbundunternehmen handelt. Weitere Themen dieses Handelsgespräches sind OTC-Clearing und die Preiseffekte von CO_2-Zertifikaten. Auch zum Thema OTC-Clearing werden konkrete Fragen in den E.ON Vorbereitungsunterlagen an RWE, Vattenfall und EnBW formuliert.

(30) Anlage B.24, IM 003, Seite 1 bis 2:

Eine Gesprächsnotiz von Herrn Teyssen vom 29.06.04 über ein Gespräch mit „U.C. (EnBW)" vom 22.09.04 hatte den Austausch von Unternehmensstrategien in den Bereichen „aktuelle Wettbewerbslage Deutschland, CEE, NAP, Regulierung, etc." zum Inhalt. Trotz „gelegentlicher Störungen" zwischen E.ON und EnBW wird das Verhältnis zwischen den Häusern als grundsätzlich positiv eingeschätzt. Herr Teyssen ist seit Januar 2004 Vorstandsvorsitzender der E.ON Energie AG. Der seit Mai 2003 gewählte Vorstandsvorsitzende der EnBW heißt Utz Claassen.

(31) Anlage B.25, E.ON AG -. DM 041, Seite 1 bis 2:

Auf der Ebene „Leiter Vertrieb Industriekunden" wird in einer E-Mail vom 11.07.04 eine Vereinbarung zwischen E.ON und Vattenfall über einen best practice und benchmark Austausch zum Vertrieb Industriekunden und Kennziffernvergleich bei Stadtwerken (z. B. durchschnittliche Bruttomarge in Prozent) getroffen, allerdings angeblich unter Beachtung

der „üblichen Wettbewerbseinschränkungen". Man verabredet die Erhebungsmethoden festzulegen; als Termin für die Datenerfassung ist Ende September 2004 vorgesehen.

(32) Anlage B.26, E.ON S&T – En 4, Seite 1 bis 3:

E-Mails vom 20.01.05, 16.02.05, 24.03.05 und 29.03.05 zwischen RWE, E.ON, Vattenfall
und EnBW belegen eine Einladung von RWE auf der Ebene Leiter Konzerncontrolling für
den 06.04.05 im Group Center in Essen. RWE schreibt in der Einladung: „.... von der Vattenfall Europe AG wurde angeregt, in diesem Jahr nochmals einen Erfahrungsaustausch
Risikomanagement stattfinden zu lassen, um sich über Umsetzungskonzepte sowie Methoden zum Risikomanagement auszutauschen." Als weitere Themen werden in der Einladung
vorgeschlagen: „Aktuelle Umsetzungskonzepte des Risikomanagements, Software für das
Risikomanagement, Adressausfallrisiken, Einbindung von Commodity-Risiken in das KonTraG-
Risikomanagement." Gern kommt man – so die Formulierung – seitens E.ON dieser Einladung
nach und regt bereits ein Treffen am Vorabend des o. g. Termins an.

(33) Anlage B.27, E.ON S&T – AH 10, Seite 1:

In einer konzerninternen E-Mail vom 05.07.05 berichtet ein Mitarbeiter von E.ON auf der
Ebene „Energiepartner – Stadtwerke Kooperationen" von einem vereinbarten Treffen mit einem
Kontaktmann bei Vattenfall bezüglich eines Austausches zum Reservemarkt, insbesondere
zum Preisverhalten der Vattenfall.

(34) Anlage B.28, E.ON Energie AG – IM 011, Seite 1 bis 3:

In einem internen Entwurf einer E.ON Mitteilung an Vorstandsmitglieder vom 26.09.05
wird über ein Gespräch mit Vattenfall am 22.09.05 zum Thema Unternehmensentwicklung
berichtet. Weitere Themen bei diesem Gespräch waren: Unbundling sowie ein Beteiligungs-
tausch im Strom- und Gasbereich.

III. Marktanteile, Marktmacht, Marktbeeinflussung

(35) Eine Vielzahl von Dokumenten zeigt, dass die Beschwerdeführerin zu 1. nach eigenen
Marktanteilsberechnungen im gesamten E.ON Gebiet über Marktanteile bei den Stromkunden
in Deutschland von mehr als 60 % verfügt, zum Teil über 90 % und auch erwartet, dass dies
zumindest im Jahr 2008 noch so sein wird, und dass die Beschwerdeführerin zu 1. mit Marktmacht verbundene Verhaltensspielräume in den Bereichen Erzeugung, Handel und Vertrieb
von Strom nutzt bzw. genutzt hat, um die Stromproduktpreise maßgeblich zu beeinflussen.
Sie selbst spricht von so genannten Stellgrößen der Strompreispolitik und stellt einen Fonds
(genannt SPP – Handelsbuch) zur Verfügung, um diese Stellgrößen aktiv zu steuern.

Die Dokumente zeigen auch, wie die Beschwerdeführerin zu 1. verhindert, dass Dritte
Zugriff auf Stromerzeugungskapazitäten bekommen, mit dem Ziel, ihre Machtpositionen auf
der Erzeugerstufe nicht zu beeinträchtigen, und wie sie durch Kundenbindungsstrategien
sowie durch vertikale Integration eine Strategie der Absatzsicherung betreibt und somit einen
Großteil ihrer Erzeugungskapazitäten frühzeitig kalkulierbar auslastet.

1. Marktanteilsberechnungen und Verhaltensspielräume

(36) Anlage B.29, E.ON Energie AG – JO 020, Seite 1, 7 und 10:

E.ON spricht in einem Chart für ein Vertriebscontrolling vom 28.10.05 von den geschätzten Veränderungen der Marktanteile im eigenen Gebiet in den Endkundensegmenten Geschäfts- und Privatkunden von 2005 bis 2008. Danach vermutet E.ON ein Sinken der Marktteile von 2005 bis 2008 bei den Geschäftskunden auf über 60 % und bei den Privatkunden auf rd. 90 %.

(37) Anlage B.30, E.ON S&T – AH 11, Seite 1, 4, 6, 9, 10:

In einer Entscheidungsvorlage von E.ON S&T (EST) für eine Vorstandssitzung am 08.12.03 geht es um die Strompreispolitik für 2004 und Folgejahre.

E.ON stellt bei der Beantwortung der Frage „Welchen Anteil haben wir an der Markt-preisentwicklung?" für 2003 fest: „Von März bis Juni 2003 hat ein intensiver Einsatz des SPP Eigenhandelsbuches zur Initiierung von Marktpreissprüngen und zur Absicherung von Marktpreiseinbrüchen beigetragen ... EST hat als Treiber des Marktes sehr großen Anteil am Durchstoßen eines Zielpreises." Für den Zeitraum Juli bis September 2003 konstatiert EST: „Wenig Eingriff durch EST notwendig, um Marktpreis auf hohem Niveau zu stabilisieren." Grund dafür waren, so EST, Fundamentaldaten wie Hitze, Trockenheit, kein Wind, etc. Für das letzte Quartal 2003 spielen insbesondere die Beteiligungen an Stadtwerken eine große Rolle: „Jahresendpanik von für 2004 noch nicht eingedeckten Händlern und Stadtwerken. Erwartete Chancen zur Assetvermarktung wurden konsequent genutzt."

Als im Beeinflussungsbereich von E.ON liegende Stellgrößen der Strompreispolitik 2004 in den Bereichen Erzeugung, Handel und Vertrieb identifiziert EST.

– Für die Erzeugung sind Stellgrößen eine strategische Handlungsfähigkeit im Spotmarkt durch tägliche Make-or-Buy-Entscheidungen sowie dynamische Mindestmargen.

– Für den Handel sind Stellgrößen eine Vermarktung oberhalb eines gesetzten Konzernpreises und die Errichtung eines SPP-Handelsbuches zur Preisbeeinflussung.

– Für den Vertrieb ist eine Stellgröße die Anwendung der Regel, dass REVUs auf Markt-preisbasis verkaufen müssen, so lange dieser größer als der Konzernpreis ist.

Wie eine dynamische Mindestmarge im Bereich Erzeugung aussehen kann wird seitens EST an einem Beispiel verdeutlicht: Die entgangenen Deckungsbeiträge durch einen Kraft-werksstillstand betrugen minus 25 Mio. Euro. Dem standen zusätzliche Deckungsbeiträge in Höhe von plus 40 Mio. Euro gegenüber, verursacht durch die Verknappung und in der Folge gestiegener Marktpreise. Der so entstandene Saldo von plus 15 Mio. Euro verdeutlicht damit, dass Kraftwerksstilllegung und damit verbundener Preissteigerung durchaus eine für den Konzern vorteilhafte Alternativstrategie zur aktiven Preisbeeinflussung über das SPP-Handelsbuch sein kann.

Der Beschlussvorschlag in dieser Vorlage sieht vor: „Die Fortsetzung der Strompreispolitik mit dem Ziel der Preisstabilisierung auf hohem Niveau wird zugestimmt." Als hierfür not-wendige Instrumente werden im Dezember 2003 bereits für vier Jahre im Voraus festgesetzte Konzernpreise pro kWh freigegeben, d. h. bis 2007, die als absolute Untergrenze für die Vermarktung eigener Erzeugung gelten sollten sowie ein SPP-Eigenhandelsbuch mit einem noch festzulegenden Geldbetrag in Millionenhöhe zur Verteidigung dieser Preisuntergrenzen.

(38) Anlage B.31, E.ON AG – CB 7, Seite 1 bis 3:

In einer Vorstandsvorlage vom 04.05.05 zur Vorbereitung eines Strategiegesprächs wird gleich zu Beginn festgestellt: „E.ON Energie befindet sich in Deutschland zur Zeit in einer sehr profitablen Situation. Künftige Veränderungen im Marktumfeld, wie etwa der erhöhte politische Druck aufgrund steigender Großhandelspreise, Kraftwerksneubau, regulative Veränderungen und Unbundling stellen jedoch eine zunehmende Gefahr für die bestehende Marktstruktur dar. In diesem Marktumfeld ist die präzise Steuerung von Preisen, Investitionen und Strukturen entscheidend, um das Marktgleichgewicht und damit auch die langfristige Ertragskraft zu stabilisieren." An späterer Stelle wird festgehalten: „In der jetzigen Phase der Marktentwicklung, die sich durch eher geringen Wettbewerb, Konsolidierung und steigende Wholesale-Preise auszeichnet, profitieren die integrierten Stromversorger. ... Im Gegensatz zum Regulierer, der bereits ab Mitte 2005 mit einem signifikanten Rückgang der Endkundenpreise rechnet, geht E.ON Energie davon aus, dass die Endkundenpreise trotz moderater Rückgänge in den Netznutzungsmargen aufgrund steigender Erzeugungsmargen zunächst noch weiter ansteigen werden."

(39) Anlage B.32, E.ON AG – PC 3, Seite 1, 32, 41 bis 44:

In einer Präsentation für ein Strategiegespräch am 10.05.05 wird die Umsetzung einer Konzernpreisstrategie, die auf Marktmacht und Verhaltensspielräumen basiert, deutlich.

Die Überschrift auf Seite 32 lautet: „Mit der Umsetzung der No-Regret-Strategie verfolgt EEA das Ziel, die Marktstellung in der Erzeugung zu halten und das bestehende Marktgleichgewicht nicht zu stören." Unter Ziele der E.ON Energie findet sich:
- „Halten der Marktstellung und des Ergebnisses im Bereich Erzeugung, ...
- Über Kooperationen Mengen am Markt fest vermarkten."

Auf Seite 44 lautet die Überschrift: „Die bisher erfolgreiche Betriebsstrategie basiert auf handelsmarktnahen Bepreisungen und einer konsequenten Marge vor Menge-Politik." Unter der Rubrik Preisstrategie findet sich bei den einzelnen Kunden:
- Weiterverteiler/Vertriebspartner und Groß/Topkunden: Konsequente Marge vor Menge-Philosophie,
- KMUs: Durchsetzung aller Energiepreissteigerungen sowie Vertriebsmarge, tendenziell Hochpreispolitik,
- Privatkunden: Durchreichung von Preissteigerungen soweit von Preisaufsicht akzeptiert.

In der Rubrik Vertriebsstrategie soll der Fokus auf der kosteneffizienten Bindung von Bestandskunden liegen sowie auf einem passiven Wettbewerbsverhalten. E.ON dokumentiert auf diese Weise die Preispolitik eines Marktbeherrschers, der keine Rücksicht auf seine Kunden nehmen muss, weil diesen die Handlungsalternativen fehlen.

2. Verhinderung von Kraftwerkskapazitäten in den Händen Dritter, um die Kontrolle über die Erzeugungskapazitäten zu erhalten

(40) Anlage B.33, E.ON AG – HG 7, Seite 1 und 8 bis 9:

Im Protokoll der Vorstandssitzung vom 17. und 20.10.2005 wird unter dem Punkt 4.05 „Beteiligung von Kraftwerken" dargelegt, dass „zunehmenden Überlegungen von Kunden, insbesondere Stadtwerken, eigene Kraftwerksleistung errichten oder erwerben zu wollen, sowohl mit dem Angebot längerfristiger Stromlieferverträge ... als auch mit Beteiligung an

Anhang 1

unseren Zubauten begegnet werden (kann). ... Reale Kraftwerksbeteiligungen sollen dabei grundsätzlich nur dann angeboten werden, falls eine Beteiligung an einem anderen Zubau-Projekt konkret droht. Dadurch werden dann wenigstens Deckungsbeiträge aus Errichtung und Betrieb des Gemeinschaftskraftwerks erzielt und Chancen zum Verkauf des Restbedarfs an den Kunden eröffnet." Insgesamt geht es darum, dass Dritte möglichst keine Kontrolle über Erzeugungskapazitäten bekommen sollen.

(41) Anlage B.34, E.ON Energie AG .- JN 008, Seite 1 bis 2:

Bei der Anlage handelt es sich um eine Vorlage zur Vorstandssitzung am 17.10.05, die umfangreiche und sehr detaillierte Ausführungen zu verschiedenen Handlungsoptionen enthält, wenn Kunden, insbesondere Stadtwerke, an den Bau von eigenen Erzeugungska-pazitäten denken. In der Zusammenfassung auf den ersten beiden Seiten wird dargelegt: „Bei der Beteiligung von Kunden an unseren Kraftwerkszubauten ... können wir geringe Umsatz- und Gewinnbeiträge in der Bau- und Betriebsphase erzielen und den Partner für den Reststrombedarf an E.ON binden. Dem stehen als gravierende Nachteile gegenüber, dass wir den heutigen Strombeziehern den Eintritt in den Erzeugungsmarkt ermöglichen ... Beim Abschluss längerfristiger Stromliefverträge würden demgegenüber der heutige Marktanteil erhalten und entsprechend deutlich höhere Umsatz- und Ergebnisbeiträge als bei einer Betei-ligung erzielt. Das bei gesicherter Lieferung übernommene Risiko des Kraftwerksausfalls ist im großen Kraftwerkspark gut beherrschbar und durch eine angemessene Preiskomponente zu kompensieren. ... Reale Kraftwerksbeteiligungen sollten grundsätzlich nur dann angeboten werden, wenn eine Beteiligung an einem anderen Zubau-Projekt droht. ... Weiterhin sollten gleichwertige Gegenleistungen vom Partner damit verbunden sein wie z. B. langfristiger Ver-triebsabsatz. ... Insgesamt ist das Drohpotential durch den Zubau von Beteiligungskraftwerken begrenzt, da die Standortfrage für Neueinsteiger weitgehend ungelöst ist und sich kleine und mittlere Stadtwerke nur über Bündler in ein wettbewerbsfähiges Projekt einbringen können."

(42) Anlage B.35, E.ON S&T – WT 7, Seite 1:

Dass Kraftwerksprojekte, an denen ein Stadtwerk oder ein lokaler Elektrizitätsversorger beteiligt ist, nicht automatisch dazu führen, dass der Kunde auch über seinen Anteil frei im Sinne einer unabhängigen Geschäftsführung verfügen kann, musste die N-Ergie, ein Gemeinschaftsunternehmen zwischen der Städtischen Werke Nürnberg GmbH (60,2 %) und dem E.ON-Konzernunternehmen Thüga AG (39,8 %) erfahren. Die N-Ergie bezieht seit Januar 2006 über ein virtuelles Kraftwerk der Beschwerdeführerin zu 1. Strom. Sie ist darüber hinaus an dem Kraftwerksprojekt Irsching V beteiligt, an dem die Beschwerdeführerin zu 1. Mehr-heitsgesellschafter ist. Aus einer E-Mail von Peter Schäfer, Leiter Energiepartner von E.ON Energie, datiert vom 17.05.06, an Karl-Michael Fuhr, seit 2003 Vorsitzender der Geschäfts-führung von E.ON S&T, geht folgendes hervor: „Herr ... rief mich heute an. E.ON Energie sei auf N-Ergie zugegangen und habe bewirkt, dass N-Ergie keine Langfristverträge mehr im Markt platziert. Zuvor habe in ähnlicher Form Syneco der N-Ergie empfohlen, keine weiteren Langfristmengen unter Marktpreisen als Mittelfristverträge im Industriesektor zu verkaufen." Im weiteren Verlauf der E-Mail wird deutlich, dass sich die Syneco um die Belieferung der N-Ergie bemüht hat und über die Intervention seitens E.ON Energie nunmehr verärgert ist. Vorgeschlagen wird, die Intervention zurück zu nehmen, da die Nachfrage aus dem Syneco/ Thüga-Kreis befriedigt wird, und E.ON hierdurch keinen Schaden hat. Auch hierdurch wird

296

deutlich, dass – anders als die Beschwerdeführerinnen stets betont haben – die Syneco nichts anderes als ein verlängerter Arm des E.ON Konzerns ist.

3. Kundenbindungsstrategien zur Absatzsicherung und vertikale Integration

(43) Anlage B.36, E.ON AG -. CB 9, Seite 1 bis 3:

Bereits am 29.04.02 hat E.ON Energie in einem Papier über Geschäftslogik und Konzernaufstellung dargelegt: „Das E.ON Geschäftsmodell beruht auf der Nutzung von Skalen- und Verbundvorteilen in den Dimensionen Wertschöpfungsstufen, Produkten und Regionen. ... Vertikale Integration im Stromgeschäft dient dem Risikomanagement und der Optimierung der Wertschöpfung. ... Vertikale Integration sichert die Optimierung des Gesamtsystems über die Wertschöpfungskette ... ist Kern des operativen Geschäfts ... hat hohe Sicherungswirkung und wirkt langfristig existenzsichernd (siehe Enron ...).“

(44) Anlage B.37, E.ON AG – CB 102, Seite 1, 24, 28, 29, 32, 33:

Im April 2003 wird in einem Papier mit dem Titel „Thüga, Quo Vadis?“ die Bedeutung der vertikalen Integration über Minderheitsbeteiligungen hervorgehoben. Unter der Bezeichnung „Führung durch Partnerschaft“ wird eine Beteiligung an einem Stadtwerk auch deshalb als positiv angesehen, weil Konzessionsverträge von den Kommunen an das eigene Unternehmen vergeben werden und weil Einflussnahme und Vorkaufsrechte vertraglich verankert und institutionalisiert sind, z. B. durch Konsortialverträge aber auch durch die Besetzung von Führungspositionen.

An anderer Stelle lautet es: „Der Erhalt der Wertschöpfung vor Ort ermöglicht die Absicherung und Expansion unserer lokalen Absatzmärkte und erhöht die Schlagkraft der Einheit ...“. Als Ziele der Thüga AG werden u.a. angesehen „Erhalt, Steigerung des Beteiligungsergebnisses“ sowie „Vermeidung von Konflikten zwischen Beteiligungen mit E.ON“. Grundlage dieser Strategie – so im o.g. Papier – „ist eine sachgerechte und politiktaugliche Verteilung lokaler, regionaler und zentraler Aufgaben“. Als Thüga-Strategie und –Angebot wird den Beteiligungen die Bündelung und Optimierung des Energiebezugs über die Syneco nahegelegt. Der Vorschlag, den Energiebezug über die Syneco zu gestalten, ergibt für E.ON nur Sinn, wenn sichergestellt ist, dass die Syneco – obwohl gesellschaftsrechtlich nicht zum E.ON Konzern gehörend – sich wie ein E.ON Konzernunternehmen verhält.

(46) Anlage B.29, E.ON Energie AG – JO 020, Seite 7 und 10:

Auch in 2005, in einem Chart für Vertriebscontrolling vom 28.10.05 werden weitere Maßnahmen zur Kundenbindung vor Ort für erforderlich gehalten. Als erste vertriebliche regionale und lokale Vorortmaßnahmen zur Kundenbindung werden vorgeschlagen:
- Vertriebspartner: u.a. Ausbau von Vertriebspartnerprogrammen der REVUs,
- Geschäftskunden: u.a. Weiterentwicklung der Kundenbetreuungskonzepte,
- Privatkunden: u.a. regionale Stärkung der Marke.

(47) Anlage B.32, E.ON AG – PC 3, Seite 1, 32, 41 bis 44:

In einer Präsentation für ein Strategiegespräch am 10.05.05 wird im Zusammenhang mit der dem Erfordernis der rechtlichen Entflechtung gemäß den EG-Binnenmarkt-Beschleunigungsrichtlinien 53/2002 und 55/2002 die E.ON-Beteiligungsstrategie erörtert. Es wird davon gesprochen, dass die 134 Stadtwerke, an denen E.ON Energie Minderheitsbeteiligungen hält,

Anhang 1

versuchen, den „beherrschenden Einfluss" von E.ON zu reduzieren, um dem Legal Unbundling zu entgehen. E.ON dagegen strebt an, den beherrschenden Einfluss aufrecht zu erhalten. So soll durch Unbundling Kooperationsmodelle „das bestehende Beteiligungsnetzwerk gestärkt und ausgebaut werden". Zielsetzung sei die „gesellschaftliche Verflechtung mit Stadtwerken". Flankierende Angebote weiterer Dienstleistungen zur Sicherstellung der Unbundling Konformität von Beteiligungen sind u.a. die kaufmännische und technische Betriebsführung durch E.ON. Hier spricht E.ON selbst davon, dass bei den 134 Minderheitsbeteiligungen an Stadtwerken – anders als man gesellschaftsrechtlich vermuten würde – ein beherrschender Einfluss seitens E.ON vorliegt.

IV. Fazit

(48) Es kann festgehalten werden, dass die asservierten Beweismittel von 2002 bis ins Jahr 2006 hinein belegen, dass ein marktbeherrschendes Duopol von der E.ON AG und der RWE auf einem oder mehreren Strommärkten in Deutschland nach wie vor besteht und dass ein solches marktbeherrschendes Duopol durch die Beteiligung an Stadtwerken verstärkt wird. Dieser Befund ist unabhängig von dem gleichen Befund, den die Beschlussabteilung auf Grund der bisherigen Marktdatenerhebungen getroffen hat, er dient somit als weitere Festigung des bisherigen Befundes.

(49) Es kann durch die Asservate nachgewiesen werden, dass sich E.ON und RWE gegenseitig regelmäßig über wirtschaftliche Unternehmenskennziffern und –strategien informieren, um dem jeweils anderen Duopolpartner eine gleichgerichtete oder daran angepasste strategische Ausrichtung zu ermöglichen. Die dabei ausgetauschten Informationen stellen im normalen geschäftlichen Umgang zwischen Wettbewerbern Geschäftsgeheimnisse dar. Hierzu gehört auch die gegenseitige Gebiets- und Interessenarrondierung im In- und Ausland durch Austausch von Beteiligungen. Binnenwettbewerb zwischen E.ON und RWE liegt somit nicht vor.

(50) Durch regelmäßige Treffen von E.ON und RWE mit weiteren Wettbewerbern aus den Bereichen Strom und Gas auf europäischer Ebene haben E.ON und RWE u.a. die Grundhaltungen der jeweiligen Energieversorger zu strom- und gaspolitischen Fragestellungen aber auch konkrete Einzelprojekte besprochen. Ein zu berücksichtigender Außenwettbewerb im Inland sowie im europäischen Ausland konnte auf diese Weise vermieden werden. Dies ging so weit, dass institutionalisierte Arbeitsgruppen eingerichtet wurden, um gemeinsame Interessen zu eruieren und ein gemeinsamer Auftritt nach Außen bei einzelnen Grundfragen der Energie- und Gaswirtschaft herzustellen.

(51) Eine Vielzahl von Asservaten zeigt, dass E.ON nach eigenen Berechnungen und im eigenen Gebiet heute über Marktanteile bei Endkunden zwischen 65 % bis 90 % verfügt bzw. noch 2008 verfügen wird. Gleichzeitig wird festgestellt, dass die Wettbewerbsintensität in Deutschland nicht besonders hoch und die Situation für E.ON damit besonders profitabel ist. Die Asservate belegen auch, dass E.ON Verhaltensspielräume über so genannte Stellgrößen in den Bereichen Erzeugung, Handel und Vertrieb von Strom nutzt bzw. genutzt hat, um die Stromproduktpreise maßgeblich zu beeinflussen. Die Machtstellung, die E.ON zusammen mit RWE auf der Erzeugungsstufe hat, soll nicht durch Stromerzeugungskapazitäten in den Händen Dritter beeinträchtigt werden. Hierzu hat E.ON eine Strategie entwickelt, wie Dritte

ggf. an eigenen Zubauten beteiligt werden können und auch hinsichtlich ihrer Produkte im Einflussbereich E.ON verbleiben.

(52) Schließlich kann gezeigt werden, dass E.ON durch Kundenbindungsstrategien sowie durch vertikale Integration eine Strategie der Absatzsicherung betreibt. Ein Großteil der erzeugten Strommenge ist durch Beteiligungen bereits auf der Absatzseite abgesichert. Auch Beteiligungen von Stadtwerken an E.ON-Kraftwerkszubauten bzw. Gemeinschaftskraftwerke mit Stadtwerken dienen letztlich dazu, erzeugte Mengen langfristig gesichert abzusetzen. Schließlich spricht E.ON selbst davon, dass die 134 Minderheitsbeteiligungen an Stadtwerken einem beherrschenden Einfluss von E.ON unterliegen und dass es gilt, dieses Beteiligungsnetzwerk in der Zukunft auszubauen.

Anhang 1a

Gemeinschaftskraftwerke von VEBA/VIAG und RWE

a. Gemeinschaftskraftwerke

- Kernkraftwerke Gundremmingen Betriebsgesellschaft mbH, Gundremmingen: Die Gesellschaft betreibt das Kernkraftwerk Gundremmingen Block B und C; die erzeugte Energie steht den Gesellschaftern RWE Energie AG und Bayernwerk im Verhältnis der Beteiligungsanteile von 75 % zu 25 % zu.
- Kernkraftwerk Lippe-Ems GmbH: Die KLE GmbH betreibt das Kernkraftwerk Emsland; an der Gesellschaft ist die RWE Energie AG zu 12,5 % und ebenfalls die VEBA zu 12,5 % beteiligt. Die Gesellschaft wird von dem Mehrheitseigentümer VEW Energie AG (75 % der Anteile) geführt. Den Gesellschaftern steht der erzeugte Strom ihrer Quote entsprechend zu.
- KNG Kraftwerks- und Netzgesellschaft mbH, Rostock: Die Gesellschaft betreibt ein Steinkohlekraftwerk in Rostock, an dem die RWE Energie AG zu 24,6 %, die VEBA zu 24,6 % und die Bayernwerk zu 21,1 % beteiligt sind. Der erzeugte Strom steht der VEAG, die ebenfalls an dem Unternehmen beteiligt ist, zu.
- Bayerische Wasserkraftwerke AG: Die Lech-Elektrizitätswerke AG, ein Konzernunternehmen des RWE-Konzerns, und die Bayernwerk sind unmittelbar und mittelbar zu 50 % an dem Unternehmen beteiligt, das Wasserkraftwerke in Bayern betreibt. Das Unternehmen wird vom Bayernwerk beherrscht. Die Strombezugsrechte stehen im wesentlichen den Gesellschaftern zu.
- Rhein-Main-Donau AG: An der Gesellschaft, die Wasserkraftwerke am Rhein-Main-Donau-Kanal betreibt, sind die Lech-Elektrizitätswerke AG als Konzernunternehmen des RWE-Konzerns zu 22,5 % (mittelbar) beteiligt; die Bayernwerk ist zu 77,49 % beteiligt und führt die Gesellschaft. An einer Tochtergesellschaft der RMD, der Mittlere Donau-Kraftwerke AG, ist die Lech-Elektrizitätswerke ebenfalls zu 40 % beteiligt.
- Untere Iller AG: Die Gesellschaft betreibt Wasserkraftwerke. Sie steht zu 40 % im Anteilsbesitz der Lech-Elektrizitätswerke und zu 60 % im Anteilsbesitz der Bayernwerk AG.

Anhang 1b

Gemeinschaftsbeteiligungen von VEBA/VIAG und RWE

VEAG AG: Das Verbundunternehmen VEAG betrieb die Braunkohleverstromung in den Neuen Bundesländern. An der VEAG sind die RWE Energie AG mit 26,25 %, die VEBA mit 26,25 % und die Bayernwerk mit 22,5 % beteiligt. Diese drei Gesellschafter kontrollieren VEAG gemeinsam als Oligopol. Die restlichen Anteile verteilen sich auf die übrigen Verbundunternehmen VEW, EnBW, BEWAG und HEW. Die VEAG betreibt gleichzeitig das Übertragungsnetz in den Neuen Bundesländern. Preisvorstöße eines Oligopolmitglieds würden sich aufgrund der damit verbundenen Kundenverluste zu Lasten des Gemeinschaftsunternehmens und damit zu Lasten der Einnahmen dieses Oligopolmitglieds aus dem Gemeinschaftsunternehmen auswirken. Ein einzelnes Oligopolmitglied kann daher die Politik in VEAG nicht alleine bestimmen.

LAUBAG AG: Die LAUBAG war der größte Braunkohleproduzent in Ostdeutschland und bildete als Vorlieferant der VEAG wirtschaftlich eine Einheit mit der VEAG. An der LAUBAG waren die sieben westdeutschen Verbundunternehmen wie folgt beteiligt: PreussenElektra 30 %, Bayernwerk 15 %. Daneben hielt die BBS-Braunkohle-Beteiligungsgesellschaft mbH 55 % der Anteile. An der BBS war die Energiebeteiligungs-Holding (bestehend aus BEWAG, HEW, VEW und EVS, zu EnBW gehörend) mit 18,2 %, die Rheinbraun AG, eine Tochtergesellschaft der RWE, mit 71,8 % und RWE Energie mit 10 % beteiligt.

Rhenag Rheinische Energie AG: Die Rhenag war zu 54,1 % im Anteilsbesitz der RWE Energie AG und zu 41,3 % im Anteilsbesitz der Thüga AG, an der der VEBA-Konzern eine Beteiligung in Höhe von 56,29 % hält. Die Rhenag betrieb im wesentlichen Gasversorgung, daneben aber auch Stromversorgung als Regionalversorger. Sie hielt darüber hinaus zahlreiche Minderheitsbeteiligungen an Stadtwerken, die neben der Gas- auch die Stromversorgung betreiben. Der VEBA-Konzern war in Höhe seiner o. g. Beteiligung am Erfolg dieser RWE-Tochter wesentlich interessiert. Er war in dessen Aufsichtsrat vertreten und verfügte daher über privilegierte Kenntnisse ihrer Geschäftspolitik. Ferner bestanden gemeinsame Beteiligungen an STEAG und Beteiligungen der envia an Stadtwerken im Bundesland Sachsen.

STEAG AG: Die STEAG ist im wesentlichen in der Steinkohleverstromung tätig und veräußert den erzeugten Strom nahezu ausschließlich an die RWE Energie AG und VEW Energie AG. Zu 26 % ist die Gesellschaft für Energiebeteiligung mbH an der STEAG beteiligt, an der wiederum RWE Energie AG zu 49,7 % und die VEBA mittelbar und unmittelbar zu 50,3 % beteiligt sind. Hauptgesellschafterin der STEAG ist die RAG AG mit einer Beteiligung von 71,5 %.

Anhang 1c

Die Beteiligungen von RWE und VEW an Regionalversorgern

Elektromark Hagen:	10,0% (RWE)
Emscher Lippe Energie GmbH (ELE):	79,0 % (RWE)
envia Mitteldeutsche Energie AG (envia):	63,0 % (RWE)
EWR AG:	50,0 % (RWE)
Kraftwerke Altwürttemberg AG (KAWAG):	30,0 % (RWE)
Koblenzer Elektrizitätswerk und Verkehrs AG (KEVAG):	57,0 % (RWE)
Lechwerke AG (LEW):	40,0 % (RWE)
Mainkraftwerke (MKW):	27,0 % (RWE)
Niederrheinische Versorgung und Verkehr AG (NVV):	50,0 % (RWE)
OIE AG:	100 % (RWE)
Pfalzwerke AG:	25,0 % (RWE)
Vereinigte-Saar-Elektrizitäts-AG (VSE):	41,0 % (RWE)
Aktiengesellschaft für Versorgungsunternehmen (AVU):	50,0 % (VEW)
Elektromark Hagen:	10,0 % (VEW)
MitteldeutscheEnergie AG (MEAG)	61,0 % (VEW)

Anhang 2

Die Folien des Insiders: Schlussfolgerungen

- Große Stromerzeuger wie RWE oder EnBW traten im vergangenen Jahr 2006 an der EEX auf der Kaufseite auf. Andere sehr große Stromerzeuger wie E.ON verkauften an der EEX kaum Strom.
- Da die EEX nur einen sehr kleinen Abschnitt des Gesamtstrommarktes darstellt, wird der von diesen Unternehmen an der EEX eingekaufte Strom dank erfolgreicher Vertriebs- strukturen außerbörslich verkauft.
- Die von den großen Stromerzeugern an der EEX verantwortete Stromnachfrage führt zu einem erhöhten Referenzpreis.
- Der an der EEX festgelegte Referenzpreis wäre viel niedriger, wenn große Stromerzeuger, die am Gesamtmarkt als Anbieter auftreten, an der EEX eine ähnliche Handelsposition einnehmen würden.
- Vor diesem Hintergrund liegt die Vermutung nahe, dass große deutsche Stromerzeuger die Anonymität des Börsenhandels nutzen, um durch Netto-Stromeinkäufe den EEX- Referenzpreis zu steigern.
- Kann der EEX-Preis (Phelix Base) unter diesen Umständen repräsentativ und eine Referenz für den deutschen Strommarkt sein?
- Ein Missbrauch der Anonymität des Strom-Börsenhandels kann nur vermieden werden, indem eine Pflicht zur Veröffentlichung des aggregierten Handelsvolumens einzelner Teilnehmer eingeführt wird.
- Als gewinnorientiertes Unternehmen ist die EEX an einem möglichst hohen Gewinn durch hohe Umsätze interessiert. Aufgrund der großen Konzentration am deutschen Strommarkt lassen sich hohe Börsenumsätze nur durch eine aktive Beteiligung am Handel der großen Stromerzeuger erzielen.
- Große Stromkonzerne arbeiten ebenfalls gewinnorientiert. Sie werden an der EEX nur dann Strom handeln, wenn sie dadurch ihre eigenen finanziellen Ziele erreichen, d. h. den Gewinn maximieren können.
- Die Einstellung der großen deutschen Stromkonzerne gegenüber dem börslichen Stromhan- del an der EEX ist ein Spiegelbild dessen, wie der Stromhandel an der Börse zur Erreichung ihrer eigenen finanziellen Ziele beiträgt. Nachfolgend wird RWEs Einstellung vorgestellt:
- RWE AG – Handel an der Strombörse EEX: An der Leipziger Strombörse EEX sind Tag für Tag 128 Teilnehmer aus 15 europäischen Ländern sowie den USA aktiv – mehrheitlich Banken, Händler oder Industrieunternehmen mit völlig unterschiedlichen Interessen. Auf diese Weise ist sicher gestellt, dass kein Teilnehmer das Geschehen auf dem Parkett – und damit die Preise – zu seinen Gunsten beeinflussen kann. Die Bundesanstalt für Finanz-

dienstleistungsaufsicht (BaFin) überprüft dies und hat dies verschiedentlich bestätigt. Die EEX unterliegt weiter den gleichen Sicherheits- und Aufsichtsregeln wie die Frankfurter Wertpapierbörse.

– Genauso RWE AG – Handel an der Strombörse EEX: Der an der EEX ermittelte Preis gilt in Europa als anerkannter Referenzpreis für Strom. Das gilt für Regulierungsbehörden im In- und Ausland (z. B. E-Control in Österreich) oder auch Banken, die ihren Kunden EEX-Preis-basierte Instrumente anbieten (u. a. Deutsche Bank, Dresdner Bank, Bank Leu). Das im Spotmarkt gehandelte Volumen an der EEX ist seit Handelsbeginn kontinuierlich auf heute rund 15 Prozent des gesamten deutschen Strombedarfs gestiegen. Der Markt ist damit liquide genug, um als valider Preisindikator zu gelten. Zum Vergeich: Die älteste europäische Strombörse NordPool in Skandinavien erreichte in den ersten drei Jahren nach ihrer Gründung 1993 lediglich einen Anteil von 6 Prozent. Und an der New Yorker Nymex werden 10 Prozent des nordamerikanischen Rohölverbrauches gehandelt – niemand käme auf die Idee, die dort erzielten Verkaufswerte nicht als internationale Richtwerte anzuerkennen.

– Im vergangenen Jahr 2006 stammten die vier größten Stromverkäufer an der EEX aus dem Ausland: Vattenfall, J. Aron, Barclays Bank und Sempra Energy. Im Vergleich zum gesamten deutschen Strommarkt sind ausländische Teilnehmer auf der Verkaufsseite des EEX-Spotmarktes überrepräsentiert. Sie nutzen die Börse für den Stromverkauf, da sie über weniger ausgereifte Vertriebsstrukturen verfügen als inländische Stromerzeuger.

– Am Spotmarkt der EEX waren im vergangenen Jahr 2006 über 135 Teilnehmer zugelassen. Dies bedeutet jedoch keine große Markttiefe, denn einzelne Teilnehmer haben ein sehr großes Gewicht, sowohl auf der Kaufseite (RWE mit ca. 28 % des Netto-Stromeinkaufs) als auch auf der Verkaufsseite (Vattenfall mit über 51 % des Netto-Stromverkaufs).

– Von wem profitiert die EEX? Sie profitiert vom Stromverkauf ausländischer Teilnehmer. Obwohl die Bedeutung ausländischer Energieunternehmen auf dem gesamten deutschen Strommarkt viel geringer ist als inländischer Stromerzeuger, würde an der EEX ohne ausländische Handelsteilnehmer kein Strom-Referenzpreis zustande kommen.

– Wem nützt die EEX? Sie nützt den großen deutschen Stromerzeugern. Trotz Besitz von ca. 65 % der deutschen Erzeugungskapazitäten nutzen RWE, EnBW und (teilweise auch) E.ON den börslichen Marktplatz, um durch Netto-Stromeinkäufe den Referenzpreis für den gesamten deutschen Strommarkt konsequent zu erhöhen.

– Der EEX-Referenzpreis (Phelix Base) wird dann für außerbörslich abgeschlossene Strom-lieferverträge herangezogen.

– An der EEX entsteht der Strompreis durch Aufeinandertreffen von Angebot und Nach-frage. Wird die EEX, trotz klarer Regeln bei der Preisbildung, durch eine inflationierte Nachfrage zum Spielball der großen deutschen Stromkonzerne?

– RWE und EEX betreiben gemeinsam den seit September 2006 angebotenen Intraday-Strommarkt. Bei der EEX spielt RWE eine führende Rolle als Market Maker am Strom-Terminmarkt sowie beim Aufbau des zukünftigen Gas-Marktes. Die Vorteile und der Nutzen der Zusammenarbeit von RWE und EEX werden in beiden Unternehmen auf Managementebene erkannt und in beidseitigem Interesse konsequent ausgenutzt. Die Anonymität des Handels sorgt für die nötige Diskretion.

– Wirkliche Transparenz, die einen Missbrauch der Anonymität verhindert, kann nur durch eine Pflicht zur Veröffentlichung aggregierter Daten über das Handelsverhalten einzelner Teilnehmer erreicht werden.

Anhang 3

Die Kraftwerke und Kraftwerksbeteiligungen von E.ON

I. Kernkraftwerke

Brokdorf (1.370 MW; 80 % E.ON, 20 % Vattenfall Europe)	1.096 MW
Grafenrheinfeld (1.345 MW)	1.345 MW
Grohnde (1.360 MW; 83,3 % E.ON, 16,7 % Stadtwerke Bielefeld)	1.133 MW
Isar I und II (878 MW; 1.400 MW, Block II: 75 % E.ON, 25 % Stadtwerke München)	1.926 MW
Unterweser (1.365 MW)	1.365 MW
Gundremmingen B und C (2 x 1.320 MW; 25 % E.ON, 75 % RWE)	660 MW
Brunsbüttel (771 MW; 33,3 % E.ON, 66,7 % Vattenfall Europe)	257 MW
Krümmel (1.401 MW; 50 % E.ON, 50 % Vattenfall Europe)	700 MW
Emsland (1.329 MW; 12,5 % E.ON, 87,5 % RWE)	166 MW
SUMME	8.648 MW

II. Steinkohlekraftwerke

- Bexbach (240 MW)
- Kiel (160 MW)
- Heyden/Lahde (865 MW)
- Staudinger I, III, V in Großkrotzenburg (249, 293, 510 MW)

Beteiligungen:

- Veltheim (880 MW; 66,7 % E.ON, 33,3 % Stadtwerke Bielefeld)
- Wilhelmshaven (747 MW)
- Scholven (740 MW, 700 MW, 4 x 340 MW und 70 MW),
- Gustav Knepper, Dortmund.

III. Braunkohlekraftwerke

- Buschhaus (350 MW)
- Schkopau (900 MW)

IV. Gas- und Ölkraftwerke

- Emden IV (400 MW)
- Emden Gasturbine (50 MW)
- Enfield (392 MW)
- Gebersdorf I und II (383 und 440 MW)
- Irsching (415 MW)
- Kirchmöser
- Ingolstadt III und IV (2 x 386 MW),
- Robert Frank/Landesbergen (487 MW)
- Staudinger IV/Großkrotzenburg (622 MW)

V. Pumpspeicherwerke

– Erzhausen I – IV (je 55 MW, insgesamt	220 MW)
– Habburg I – IV (je 40 MW, insgesamt	160 MW)
– Reisach I – III (je 35 MW, insgesamt	105 MW)
– Reisach-Tanzmühle	(30 MW)
– Waldeck I (2 x 35 MW und 70 MW, insgesamt	140 MW)
– Waldeck II (1 x 240 MW/1 x 220 MW =	460 MW)
SUMME	1.115 MW

VI. Erneuerbare Energien

Zwei Biomassekraftwerke Landesbergen und Emden (je 20 MW), Solar- und Windenergie: Hybridkraftwerk Pellworm (1 MW), Offshore-Windpark alpha ventus (60 MW; 26,5 % E.ON, 47,5 % EWE, 26,25 % Vattenfall Europe), Solarpark Le Lauzet (1 MW). Schließlich wird seit 1978 das Druckluftspeicherkraftwerk Huntorf betrieben (Speichervolumen 300.000 m³, Leistung 321 MW, Arbeit ca. 0,642 GWh).

Anhang 4

Vereinbarung zwischen der Bundesregierung und den
Energieversorgungsunternehmen vom 14. Juni 2000

I. Einleitung

Der Streit um die Verantwortbarkeit der Kernenergie hat in unserem Land über Jahrzehnte hinweg zu heftigen Diskussionen und Auseinandersetzungen in der Gesellschaft geführt. Unbeschadet der nach wie vor unterschiedlichen Haltungen zur Nutzung der Kernenergie respektieren die EVU die Entscheidung der Bundesregierung, die Stromerzeugung aus Kernenergie geordnet beenden zu wollen.

Vor diesem Hintergrund verständigen sich Bundesregierung und Versorgungsunternehmen darauf, die künftige Nutzung der vorhandenen Kernkraftwerke zu befristen. Andererseits soll unter Beibehaltung eines hohen Sicherheitsniveaus und unter Einhaltung der atomrechtlichen Anforderungen für die verbleibende Nutzungsdauer der ungestörte Betrieb der Kernkraftwerke wie auch deren Entsorgung gewährleistet werden.

Beide Seiten werden ihren Teil dazu beitragen, dass der Inhalt dieser Vereinbarung dauerhaft umgesetzt wird. Die Bundesregierung wird auf der Grundlage dieser Eckpunkte einen Entwurf zur Novelle des Atomgesetzes erarbeiten.

Bundesregierung und Versorgungsunternehmen gehen davon aus, dass diese Vereinbarung und ihre Umsetzung nicht zu Entschädigungsansprüchen zwischen den Beteiligten führt.

Bundesregierung und Versorgungsunternehmen verstehen die erzielte Verständigung als einen wichtigen Beitrag zu einem umfassenden Energiekonsens.

Die Beteiligten werden in Zukunft gemeinsam daran arbeiten, eine umweltverträgliche und im europäischen Markt wettbewerbsfähige Energieversorgung am Standort Deutschland weiter zu entwickeln. Damit wird auch ein wesentlicher Beitrag geleistet, um in der Energiewirtschaft eine möglichst große Zahl von Arbeitsplätzen zu sichern.

II. Beschränkung des Betriebs der bestehenden Anlagen

1. Für jede einzelne Anlage wird festgelegt, welche Strommenge sie gerechnet ab dem 01.01.2000 bis zu ihrer Stilllegung maximal produzieren darf (Reststrommenge). Die Berechtigung zum Betrieb eines KKW endet, wenn die vorgesehene bzw. durch Übertragung geänderte Strommenge für die jeweilige Anlage erreicht ist.

2. Die Reststrommenge (netto) wird wie folgt berechnet: Für jede Anlage wird auf der Grundlage einer Regellaufzeit von 32 Kalenderjahren ab Beginn des kommerziellen Leistungsbetriebs die ab dem 01.01.2000 noch verbleibende Restlaufzeit errechnet. Für Obrigheim wird eine Übergangsfrist bis zum 31.12.2002 vereinbart.

   Weiterhin wird eine jahresbezogene Referenzmenge zu Grunde gelegt, die für jedes Kraftwerk als Durchschnitt der 5 höchsten Jahresproduktionen zwischen 1990 und 1999 berechnet wird. Die Referenzmenge beträgt für die KKW insgesamt 160,99 TWh/a (ohne Mülheim-Kärlich).

   Gegenüber diesen Referenzmengen wird für die Restlaufzeit auf Grund der sich fortsetzenden technischen Optimierung, der Leistungserhöhung einzelner Anlagen und der durch die Liberalisierung u.a. veränderten Reservepflicht zur Netzstabilisierung eine um 5,5 % höhere Jahresproduktion unterstellt.

   Die Reststrommenge ergibt sich durch Multiplikation der um 5,5 % erhöhten Referenzmenge mit der Restlaufzeit.

   Die sich so für die einzelnen KKW ergebenden Reststrommengen sind in der Anlage 1 aufgeführt. Diese Reststrommengen werden im Anhang zur Novelle des AtG verbindlich festgelegt; Ziff. II / 4 bleibt unberührt.

3. Die EVU verpflichten sich, monatlich dem Bundesamt für Strahlenschutz die erzeugte Strommenge zu melden.

4. Die EVU können Strommengen (Produktionsrechte) durch Mitteilung der beteiligten Betreiber an das BfS von einem KKW auf ein anderes KKW übertragen.

   Zwischen den Verhandlungspartnern besteht Einvernehmen, dass die Flexibilität genutzt wird, um Strommengen von weniger wirtschaftlichen auf wirtschaftlichere Anlagen zu übertragen. Deshalb werden grundsätzlich Strommengen von älteren auf neuere und von kleineren auf größere Anlagen übertragen. Sollten Strommengen von neueren auf ältere Anlagen übertragen werden, bedarf dies des Einvernehmens zwischen den Verhandlungspartnern im Rahmen der Monitoring-Gruppe (vgl. Ziffer VII) unter Beteiligung des betroffenen EVU; dies gilt nicht bei gleichzeitiger Stilllegung der neueren Anlage.

5. RWE zieht den Genehmigungsantrag für das KKW Mülheim-Kärlich zurück.

   Ebenso nimmt das Unternehmen die Klage auf Schadensersatz gegen das Land Rheinland-Pfalz zurück. Mit der Vereinbarung sind alle rechtlichen und tatsächlichen Ansprüche im Zusammenhang mit dem Genehmigungsverfahren sowie mit den Stillstandszeiten der Anlage abgegolten.

   RWE erhält die Möglichkeit entsprechend der Vereinbarung 107,25 TWh gemäß Ziff. II/4 auf andere KKW zu übertragen.

   Es besteht Einvernehmen, dass diese Strommenge auf das KKW Emsland oder andere neuere Anlagen sowie auf die Blöcke B und C des KKW Gundremmingen und max. 20 % auf das KKW Biblis B übertragen werden.

Anhang 4

III. Betrieb der Anlagen während der Restlaufzeit

1. Sicherheitsstandard / Staatliche Aufsicht

Unbeschadet unterschiedlicher Einschätzungen hinsichtlich der Verantwortbarkeit der Risiken der Kernenergienutzung stimmen beide Seiten überein, dass die Kernkraftwerke und sonstigen kerntechnischen Anlagen auf einem international gesehen hohen Sicherheitsniveau betrieben werden. Sie bekräftigen ihre Auffassung, dass dieses Sicherheitsniveau weiterhin aufrecht erhalten wird.

Während der Restlaufzeiten wird der von Recht und Gesetz geforderte hohe Sicherheitsstandard weiter gewährleistet; die Bundesregierung wird keine Initiative ergreifen, um diesen Sicherheitsstandard und die diesem zugrundeliegende Sicherheitsphilosophie zu ändern. Bei Einhaltung der atomrechtlichen Anforderungen gewährleistet die Bundesregierung den ungestörten Betrieb der Anlagen.

Zum weiteren Verfahren der Nachrüstung des KKW Biblis A wird auf die in Anlage 2 enthaltene Erklärung des Bundesumweltministeriums gegenüber der RWE AG verwiesen.

Die EVU werden bis zu den in Anlage 3 genannten Terminen Sicherheitsüberprüfungen (SSA und PSA) durchführen und die Ergebnisse den Aufsichtsbehörden vorlegen. Damit wird eine bei der Mehrzahl der KKW begonnene Praxis fortgesetzt.

Die Prüfungen sind alle 10 Jahre zu wiederholen. Die PSÜ entfällt, wenn der Betreiber verbindlich erklärt, dass er den Betrieb der Anlage binnen 3 Jahren nach den in Anlage 3 genannten Terminen einstellen wird.

Die Sicherheitsüberprüfung erfolgt auf der Grundlage des PSÜ-Leitfadens.

Bei einer Fortentwicklung des Leitfadens wird BMU die Länder, die Reaktorsicherheitskommission und die Betreiber der KKW beteiligen. Die Pflicht zur Vorlage einer Sicherheitsüberprüfung wird als Betreiberpflicht zur Unterstützung der staatlichen Aufsicht im Rahmen des § 19 AtG gesetzlich normiert.

Die Unabhängigkeit und Qualifikation der GRS bleibt gewährleistet.

Die Forschung auf dem Gebiet der Kerntechnik, insbesondere der Sicherheit, bleibt frei.

2. Wirtschaftliche Rahmenbedingungen

Die Bundesregierung wird keine Initiative ergreifen, mit der die Nutzung der Kernenergie durch einseitige Maßnahmen diskriminiert wird. Dies gilt auch für das Steuerrecht. Allerdings wird die Deckungsvorsorge durch Aufstockung der so genannten zweiten Tranche oder einer gleichwertigen Regelung auf einen Betrag von 5 Mrd. DM erhöht.

Anhang 4

IV. Entsorgung

1. Zwischenlager

Die EVU errichten so zügig wie möglich an den Standorten der KKW oder in deren Nähe Zwischenlager. Es wird gemeinsam nach Möglichkeiten gesucht, vorläufige Lagermöglichkeiten an den Standorten vor Inbetriebnahme der Zwischenlager zu schaffen.

2. Wiederaufarbeitung

Die Entsorgung radioaktiver Abfälle aus dem Betrieb von KKW wird ab dem 01.07.2005 auf die direkte Endlagerung beschränkt. Bis zu diesem Zeitpunkt sind Transporte zur Wiederaufarbeitung zulässig. Angelieferte Mengen dürfen verarbeitet werden. Die Wiederaufarbeitung setzt den Nachweis der schadlosen Verwertung für die zurückzunehmenden Wiederaufarbeitungsprodukte voraus.

Die EVU werden gegenüber ihren internationalen Partnern alle zumutbaren vertraglichen Möglichkeiten nutzen, um zu einer frühestmöglichen Beendigung der Wiederaufarbeitung zu kommen.

Die Bundesregierung und EVU gehen davon aus, dass in dem vorgesehenen Zeitraum die noch verbleibenden Mengen transportiert werden können. Sie gehen des weiteren davon aus, dass die Genehmigungsverfahren für Transporte zur Wiederaufarbeitung bei Vorliegen der gesetzlichen Voraussetzungen bis zum Sommer 2000 abgeschlossen werden können.

Sollte der Prozess der Abwicklung der Wiederaufarbeitung aus von den EVU nicht zu vertretenden Gründen nicht zeitgerecht durchgeführt werden können, werden beide Seiten rechtzeitig nach geeigneten Lösungen suchen.

3. Transporte

Die EVU können abgebrannte Brennelemente bei Vorliegen der gesetzlichen Voraussetzungen bis zur Inbetriebnahme der jeweiligen standortnahen Zwischenlager in die regionalen Zwischenlager sowie bis zur Beendigung der Wiederaufarbeitung ins Ausland transportieren.

Beide Seiten gehen davon aus, dass die standortnahen Zwischenlager in einem Zeitraum von längstens fünf Jahren betriebsbereit sind. Bundesregierung, Länder und EVU richten gemeinsam eine ständige Koordinierungsgruppe zur Durchführung der Transporte ein. Zu den Aufgaben gehört auch die Zusammenarbeit mit den Sicherheitsbehörden von Bund und Ländern.

4. Gorleben

Die Erkundung des Salzstockes in Gorleben wird bis zur Klärung konzeptioneller und sicherheitstechnischer Fragen für mindestens 3, längstens jedoch 10 Jahre unterbrochen.

311

Die Bundesregierung gibt zur Erkundung des Salzstockes Gorleben eine Erklärung ab, die als Anlage 4 Bestandteil dieser Vereinbarung ist.

5. Pilotkonditionierungsanlage

Die zuständigen Behörden schließen das Genehmigungsverfahren für die Pilotkonditionierungsanlage nach den gesetzlichen Bestimmungen ab. Die Nutzung der Anlage wird auf die Reparatur schadhafter Behälter beschränkt. Ein Antrag auf Sofortvollzug der atomrechtlichen Genehmigung wird nur bei akutem Bedarf gestellt.

6. Schacht Konrad

Die zuständigen Behörden schließen das Planfeststellungsverfahren für den Schacht Konrad nach den gesetzlichen Bestimmungen ab. Der Antragsteller nimmt den Antrag auf sofortige Vollziehbarkeit des Planfeststellungsbeschlusses zurück, um eine gerichtliche Überprüfung im Hauptsacheverfahren zu ermöglichen.

7. Kosten für Gorleben und Schacht Konrad

Es besteht Einvernehmen, dass die Kosten für Gorleben und Schacht Konrad notwendigen Aufwand darstellen. Die EVU werden daher im Hinblick auf Gorleben und auf die von ihnen anteilig zu übernehmenden Kosten für Schacht Konrad keine Rückzahlung von Vorauszahlungen verlangen. Grundlage ist die vom Bund abgegebene Zusage zur Sicherung des Standortes Gorleben während des Moratoriums (vgl. in Anlage 4 die Erklärung des Bundes zur Erkundung des Salzstockes in Gorleben). Die Offenhaltungskosten werden von den EVU (bei Schacht Konrad anteilig) übernommen.

Die EVU nehmen zur Kenntnis, dass sich die Bundesregierung um eine vergleichsweise Klärung von Entschädigungsansprüchen des Bundes gegen das Land Niedersachsen im Zusammenhang mit früheren aufsichtlichen Verfügungen bzw. der Nichterteilung von Zulassungen bemüht. Die EVU erklären, dass sie bezüglich der auf sie entfallenden Anteile keine Rückzahlungsansprüche gegen den Bund geltend machen werden.

8. Entsorgungsvorsorgenachweis

Der Entsorgungsvorsorgenachweis wird an die Inhalte dieser Vereinbarung angepasst.

V. Novelle des Atomgesetzes

1. Die EVU nehmen zur Kenntnis, dass die Bundesregierung die Einführung eines gesetzlichen Neubauverbots für KKW sowie einer gesetzlichen Verpflichtung zur Errichtung und Nutzung von standortnahen Zwischenlagern beabsichtigt.
2. Die Bundesregierung wird auf der Grundlage dieser Eckpunkte einen Entwurf zur Novelle des AtG erarbeiten (siehe dazu die summarische Darstellung in Anlage 5). Die Beteiligten schließen diese Vereinbarung auf der Grundlage, dass das zu novellierende Atomgesetz einschließlich der Begründung die Inhalte dieser Vereinbarung umsetzt. Über die Umsetzung in der AtG-Novelle wird auf der Grundlage des Regierungsentwurfs vor der Kabinettbefassung zwischen den Verhandlungspartnern beraten.

VI. Sicherung der Beschäftigung

Für Bundesregierung und EVU hat die Sicherung der Arbeitsplätze in der Energiewirtschaft einen hohen Stellenwert. Die mittelfristig angelegte Vorgehensweise und insbesondere die Möglichkeit zur flexiblen Handhabung der Laufzeiten sollen diesem Anliegen Rechnung tragen. Bundesregierung und EVU werden darüber sprechen, wie die Rahmenbedingungen für eine umweltverträgliche und im europäischen Markt wettbewerbsfähige Energieversorgung gestaltet werden können, um den Energiestandort Deutschland zu stärken. Im Ergebnis wollen die Beteiligten erreichen, dass mit Investitionen in Kraftwerke sowie Energiedienstleistungen wettbewerbsfähige Arbeitsplätze in möglichst großem Umfang in unserem Land gesichert werden.

VII. Monitoring

Um die Umsetzung der gemeinsamen Vereinbarungen zu begleiten, wird eine hochrangige Arbeitsgruppe berufen, die sich aus drei Vertretern der beteiligten Unternehmen und drei Vertretern der Bundesregierung zusammensetzt.
Unter Vorsitz von ChefBK bewertet die Arbeitsgruppe in der Regel einmal im Jahr – ggf. unter Heranziehung externen Sachverstands – gemeinsam die Umsetzung der in dieser Vereinbarung enthaltenen Verabredungen.

Die Vereinbarung wird paraphiert:

für die Energieversorgungsunternehmen von	für die Bundesregierung von
Dr. Walter Hohlefelder, VEBA AG	Staatssekretär Dr. Frank-Walter Steinmeier, Chef des Bundeskanzleramtes
Gerald Hennenhöfer, VIAG AG	Staatssekretär Rainer Baake, Bundesministerium für Umwelt,

Anhang 4

Naturschutz und Reaktorsicherheit

Dr. Gerd Jäger, RWE AG

Staatssekretär Dr. Alfred Tacke,
Bundesministerium für Wirtschaft
und Technologie

Dr. Klaus Kasper, Energie Baden-Württemberg AG

Berlin, den 14. Juni 2000

Anlage 1

Reststrommengen (netto) für die einzelnen KKW

KKW	Reststrommenge ab 01.01.2000 (TWh netto)
Obrigheim	8,70
Stade	23,18
Biblis A	62,00
Neckarwestheim I	57,35
Biblis B	81,46
Brunsbüttel	47,67
Isar I	78,35
Unterweser	117,98
Philippsburg 1	87,14
Grafenrheinfeld	150,03
Krümmel	158,22
Gundremmingen B	160,92
Philippsburg 2	198,61
Grohnde	200,90
Gundremmingen C	168,35
Brokdorf	217,88
Isar 2	231,21
Emsland	230,07
Neckarwestheim 2	236,04
Summe	2.516,05
Mülheim-Kärlich	107,25
Gesamtsumme	2.623,30

Die Tabelle enthält die für die einzelnen KKW festgelegten Reststrommengen, die für jedes KKW wie folgt berechnet wurden:

1. Tagesscharfe Berechnung der Restlaufzeit bei einer Regellaufzeit von 32 Kalenderjahren ab Beginn des kommerziellen Leistungsbetriebes.
2. Berechnung einer Referenzmenge als Durchschnitt der fünf höchsten Jahresproduktionsmengen zwischen 1990 und 1999 für jedes KKW (160,99 TWh/a für die KKW insgesamt).
3. Zuschlag in Höhe von 5,5 % auf die Referenzmenge.
4. Berechnung der Reststrommenge als Produkt aus Restlaufzeit und der um den Zuschlag erhöhten Referenzmenge.

Anhang 4

Anlage 2

Erklärung des Bundesumweltministeriums gegenüber RWE zum weiteren Verfahren der Nachrüstung des Kernkraftwerkes Biblis Block A

Die Hessische Aufsichtsbehörde hat am 27.03.1991 nachträgliche Auflagen zur sicherheitstechnischen Nachrüstung von Biblis A erlassen.

Das Bundesumweltministerium bekräftigt seine Auffassung, dass für einen mehrjährigen Weiterbetrieb Nachrüstungen als auch ein qualifiziertes Notstandssystem sicherheitstechnisch notwendig sind.

Das Bundesumweltministerium prüft derzeit, inwieweit ein sicherer Betrieb von Biblis A bis zur Realisierung bestimmter Nachrüstungen gewährleistet ist. Das Ergebnis wird dem Betreiber bis spätestens Ende August mitgeteilt.

Die Regelungen der Vereinbarung zwischen der Bundesregierung und den Energieversorgern vom 14. Juni 2000 sehen vor, dass Biblis A ab dem 01.01.2000 bis zur Stilllegung maximal 62 TWh produzieren darf.

Das Bundesumweltministerium wird bis spätestens Ende August 2000 gegenüber der hessischen Genehmigungs- und Aufsichtsbehörde Maßnahmen zur Beschleunigug der Genehmigungsverfahren festlegen; dazu gehören eine Strukturierung der Verfahren und eine Definition der Bewertungsmaßstäbe.

Unter der Voraussetzung einer Erklärung des Betreibers, auf eine Übertragung von Energiemengen auf Biblis A zu verzichten und der Betreiber die noch zu produzierende Energiemenge definitiv festlegt, wird binnen 3 Monaten über ein Nachrüstungsprogramm entschieden, das sowohl den sicheren Betrieb gewährleistet als auch in angemessenem Verhältnis zur Restnutzung steht. Die nachträglichen Auflagen werden in diesem Fall angepasst. Das Bundesumweltministerium wird umgehend die notwendigen Gespräche einleiten.

Anlage 3

Übersicht über die Sicherheitsüberprüfungen in den KKW

KKW (Jahr der Inbetriebnahme)	Sicherheits-Status-Analyse (SSA)	Probabilistische Sicherheits-Analyse (PSA)	Nächste PSÜ
Obrigheim (1968)	97	98	entfällt, da 1998 durchgeführt
Stade (1972)	8/87	3/97	31.12.2000
Biblis A (1974)	2/91	2/91	31.12.2001
Biblis B (1976)	–	8/89	31.12.2000
Neckarwestheim 1 (1976)	12/98	12/94	31.12.2007
Brunsbüttel (1976)	–	3/97	30.06.2001
Isar 1 (1977)	10/94	10/92	31.12.2004
Unterweser (1978)	6/90	8/95	31.12.2001
Philippsburg 1 (1979)	8/95	5/98	31.08.2005
Grafenrheinfeld (1981)	10/98	4/96	31.10.2008
Krümmel (1983)	6/98	12/97	30.06.2008
Gundremmingen B/C (84)	12/97	6/93	31.12.2007
Grohnde (1984)	–	8/98	31.12.2000
Philippsburg 2 (1984)	10/98	6/98	31.10.2008
Brokdorf (1986)	10/96	6/96	31.10.2006
Isar 2 (1998)	9/99	6/99	31.12.2009
Emsland (1988)	12/98	4/98	31.12.2009
Neckarwestheim 2 (1988)	12/98	7/98	31.12.2009

Anhang 4

Anlage 4

Erklärung des Bundes zur Erkundung des Salzstockes in Gorleben

Gemäß § 9 a Abs. 3 des Atomgesetzes hat der Bund die gesetzliche Aufgabe, Anlagen zur Endlagerung radioaktiver Stoffe einzurichten. Die Bundesregierung bekennt sich zu dieser Aufgabe und erklärt, dass sie die erforderlichen Maßnahmen ergreift, um unbeschadet des Ausstiegs aus der Kernenergie die benötigten Endlagerkapazitäten für radioaktive Abfälle rechtzeitig zur Verfügung zu stellen.

Als potenzielle Wirtsgesteine für Endlager kommen sowohl Salz als auch andere Gesteinsformationen wie Granit und Ton in Betracht. 1979 wurde entschieden, für eine mögliche Endlagerung den Salzstock Gorleben zu erkunden. Die dabei bisher gewonnenen geologischen Erkenntnisse stellen sich im Wesentlichen wie folgt dar:

Die Ausdehnung des für die Einlagerung von hochradioaktiven Abfällen vorgesehenen Älteren Steinsalzes hat sich im Rahmen der Erkundung des Erkundungsbereich 1 (EB 1) als größer erwiesen, als ursprünglich angenommen. Der EB 1 reicht allerdings für die prognostizierte Abfallmenge nicht aus.

Die analytisch bestimmten Hebungsraten des Salzstockes lassen erwarten, dass im Hinblick auf mögliche Hebungen auch in sehr langen Zeithorizonten (größenordnungsmäßig 1 Mio. Jahre) nicht mit hierdurch verursachten Gefährdungen zu rechnen ist. Es wurden keine nennenswerten Lösungs-, Gas- und Kondensateinschlüsse im Älteren Steinsalz gefunden. Die bisherigen Erkenntnisse über ein dichtes Gebirge und damit die Barrierefunktion des Salzes wurden positiv bestätigt. Somit stehen die bisher gewonnenen geologischen Befunde einer Eignungshöffigkeit des Salzstockes Gorleben zwar nicht entgegen.

Allerdings sieht die Bundesregierung im Zusammenhang mit der laufenden internationalen Diskussion die Notwendigkeit, die Eignungskriterien für ein Endlager fortzuentwickeln und die Konzeption für die Endlagerung radioaktiver Abfälle zu überarbeiten. Der Stand von Wissenschaft und Technik und die allgemeine Risikobewertung haben sich in den letzten Jahren erheblich weiter entwickelt; dies hat Konsequenzen hinsichtlich der weiteren Erkundung des Salzstockes in Gorleben.

Vor allem folgende Fragestellungen begründen Zweifel:

- Die Beherrschbarkeit von Gasbildung in dichtem Salzgestein in Folge von Korrosion und Zersetzung der Abfälle stellt ein besonderes Problem dar.
- International wird verstärkt die Rückholbarkeit der radioaktiven Abfälle gefordert. Dagegen zielt die bisherige Konzeption auf den dichten Einschluss im Salz.
- Die Geeignetheit von Salz als Wirtsgestein im Vergleich zu anderen, wie Ton oder Granit, ist vor dem Hintergrund der Erkenntnisse in anderen Ländern zu untersuchen.
- Bei der direkten Endlagerung bestrahlter Brennelemente müssen voraussichtlich zusätzliche Anforderungen erfüllt werden, um langfristig die Kritikalität (kritische Ansammlung spaltbarer Stoffe) auszuschließen.
- Die Internationale Strahlenschutzkommission wird voraussichtlich bald Empfehlungen veröffentlichen, die erstmalig ein radiologisches Schutzziel für unbeabsichtigtes menschliches Eindringen in ein Endlager beinhalten.

Eine weitere Erkundung des Salzstockes Gorleben kann zur Klärung der genannten Fragen nichts beitragen. Deshalb wird die Erkundung des Salzstockes in Gorleben für mindestens 3 Jahre, längstens jedoch für 10 Jahre unterbrochen; es erfolgt eine zügige Klärung der o.g. Fragen.

Das Moratorium bedeutet keine Aufgabe von Gorleben als Standort für ein Endlager. Vielmehr geht es darum, während der Prüfung der konzeptionellen und sicherheitstechnischen Fragen keine Investitionen zu tätigen, die nicht zur Klärung dieser Fragen beitragen können.

Der Bund ergreift die erforderlichen Maßnahmen, um während des Moratoriums den Standort Gorleben zu sichern. Dazu gehören die notwendigen rechtlichen Schritte, um die Position des Bundes als Antragsteller zu sichern und das Vorhaben gegen Eingriffe Dritter zu schützen. Der Bund wird die notwendigen Maßnahmen ergreifen, damit die beantragte 10jährige Verlängerung des Rahmenbetriebsplans für das Erkundungsbergwerk erteilt wird. Der Bund wird die Planung durch eine atomrechtliche Veränderungssperre (Rechtsverordnung nach § 9 g AtG) sichern.

Anhang 4

Anlage 5

Summarische Darstellung einer Novelle des Atomgesetzes

1. Grundlegende Neuregelungen
1.1. Gesetzeszweck:
– Streichung des Förderzwecks
– Nutzung der Kernenergie zur gewerblichen Erzeugung von Elektrizität geordnet zu beenden und bis zum Zeitpunkt der Beendigung den geordneten Betrieb sicher zu stellen
1.2. Verbot von Genehmigungen für die Errichtung und den Betrieb von neuen Kernkraftwerken
1.3. Forschung auf dem Gebiet der Kerntechnik, insbesondere der Sicherheit, bleibt frei

2. Befristung der bestehenden Betriebserlaubnisse
2.1. Erlöschen des Rechts zum Leistungsbetrieb des jeweiligen KKW, wenn die im Anhang zum Gesetz vorgesehene bzw. durch Übertragung geänderte Strommenge für das jeweilige KKW erreicht ist.
2.2. Laufzeitberechnung
– Festlegung einer konkreten Strommenge für jedes KKW in einem Anhang zum Gesetz
– Recht zur Übertragung der jeweiligen Strommengen auf andere Anlagen gemäß der Eckpunkte für einen Energiekonsens
– Zielbestimmung: Alt auf Neu
2.3. Meldepflicht für jedes EVU bzgl. der monatlich erzeugten Strommenge
2.4. Zuständige Behörde für Entgegennahme der Meldungen: BfS

3. Sicherheitsanforderungen
3.1. Beibehaltung des derzeitigen gesetzlichen Sicherheitsstandards
3.2. Gesetzliche Normierung der Pflicht zur periodischen Sicherheitsüberprüfung

4. Entsorgung
4.1. Pflicht zur Errichtung und Nutzung von Zwischenlagern bei den KKW
4.2. gesetzliche Regelung für Zwischenlösungen
4.3. ab 01.07.2005:
– Beschränkung der Entsorgung auf die direkte Endlagerung
– Verbot der Wiederaufarbeitung gem. Ziff. IV / 2
4.4. Beibehaltung der durch die AtG-Novelle 1998 eingeführten „Veränderungssperre" zur Sicherung des Standortes Gorleben während des Moratoriums (im § 9 g)
4.5. Anpassung des Entsorgungsvorsorgenachweises an die Inhalte der Vereinbarung
5. Aufhebung der Atomgesetznovelle vom April 1998

Die AtG-Novelle vom 6. April 1998 wird aufgehoben, ausgenommen:
– Regelungen zur Umsetzung von EU-Recht
– Veränderungssperre (im § 9 g, s.o. 4.4.)

320

6. Erhöhung der Deckungsvorsorge

Anmerkungen zur summarischen Darstellung einer Novelle des AtG
(Anlage 5)

1. Zu Ziff. 4.1.
   Von dieser Verpflichtung wird abgesehen, wenn eine Stillegung der Anlage vorgesehen und zum Zeitpunkt der Stilllegung bei Beachtung der Vereinbarung zu IV. Entsorgung kein Bedarf für eine standortnahe Zwischenlagerung gegeben ist.
2. Zu Ziff. 4.2.
   Die Beteiligten waren sich über die Notwendigkeit und den Inhalt der Regelungen im Grundsatz einig.
3. Zu Ziff. 4.5.
   Gemeinsames Verständnis ist, dass der Entsorgungsvorsorgenachweis auf Basis der Zwischenlagerung geführt werden soll.
4. Zu Ziff. 5.
   Durch die Aufhebung des § 7 Abs. 2 Satz 2 wird nur die von der Vorgängerregierung beabsichtigte Klarstellungsfunktion aufgehoben.

Anhang 5

Anhang 5

Vertrag zwischen der Bundesregierung und den vier Energiekonzernen über die Verlängerung der KKW-Laufzeiten (Stand 06.09.2010)

Vor dem Hintergrund der enormen energie- und klimapolitischen Herausforderung hat sich die Bundesregierung entschlossen, die Laufzeiten der Kernkraftwerke in Deutschland zu verlängern.

Die Energieszenarien im Auftrag der Bundesregierung, die am 27. August 2010 vorgelegt worden sind, zeigen, dass eine Laufzeitverlängerung deutliche volkswirtschaftlich positive Effekte hat, Importrisiken begrenzt und strompreisentlastend wirkt. Somit erscheint eine Laufzeitverlängerung unter Wahrung des hohen Sicherheitsniveaus als das geeignete Instrument, um auch im Stadium des Übergangs in das regenerative Zeitalter das Ziel einer wirtschaftlichen, sauberen und sicheren. Energieversorgung zu erreichen. Die Sicherheit der Kernkraftwerke hat dabei die höchste Priorität. Die nachfolgenden Vereinbarungen schränken in keiner Weise den Umfang von Sicherheits- und Nachrüstungsanforderungen für Kernkraftwerke ein, die die zuständigen Behörden ausschließlich nach den gesetzlichen, insbesondere atomrechtlichen Vorgaben festlegen.

Verbunden wird die Laufzeitverlängerung mit einer Abschöpfung eines Teils der Zusatzgewinne, die den Energieversorgungsunternehmen durch die Laufzeitverlängerung zufließen. Die Mittel sollen eingesetzt werden, um Effizienzfortschritte und den Ausbau der erneuerbaren Energien in Deutschland zu beschleunigen. Dies sind die entscheidenden Voraussetzungen, um langfristig auf Kernenergie verzichten zu können.

Die Bundesregierung hat sich vor diesem Hintergrund auf folgende Eckpunkte mit den Energieversorgungsunternehmen verständigt:

Förderfondsvertrags Term Sheet aus Besprechung Bund - EVU
(Stand 06.09.2010, 04:30 Uhr)

1. Vertragsparteien:

Bund
4 EVUs
KKW-Betreibergesellschaften

2. Präambel:

– Von EVUs gehaltene KKW-Betreibergesellschaften betreiben insgesamt 17 Kernkraftwerke, denen gemäß Atomgesetz (AtG) jeweils zum Stichtag ab 01.01.2000 Reststrommengen zugewiesen wurden, nach deren Produktion die Berechtigung zum Leistungsbetrieb erlischt (vorbehaltlich Übertragung).
– Bundesregierung plant als Teil ihres Energiekonzeptes eine Gesetzesinitiative, die Laufzeiten der Kernkraftwerke durch Änderung der Anlage 3 des AtG zu verlängern sowie zusätzliche Fördermaßnahmen zur Umsetzung des Energiekonzepts zu ergreifen.
– EVUs sind bereit nach Maßgabe und unter den Voraussetzungen dieses Vertrages aus den durch eine Laufzeitverlängerung erzielten Erträgen einen Förderbeitrag zur Forderung der nachhaltigen Energieversorgung. insbesondere erneuerbarer Energien, der Speichertechnologie und Energieeffizienz sowie von Kraft-Wärme-Kopplung („nachhaltige Energieversorgung") zu leisten.
– Bundesregierung plant außerdem und unabhängig von diesem Vertrag eine Gesetzesinitiative zur Erhebung einer Kernbrennstoffsteuer nach dem Entwurf Kernbrennstoffsteuergesetz vom [*]. Bundesregierung ist bekannt dass EVUs und KKW-Betreibergesellschaften erhebliche Zweifel an rechtlicher Zulässigkeit der Erhebung einer Kernbrennstoffsteuer haben und dass sie sich nach ihrer Meinung, schon aus aktienrechtlichen Gründen, unabhängig von diesem Vertrag rechtliche Schritte gegen dieses Gesetz und die Erhebung der Steuer vorbehalten müssen.

3. Förderbeitrag:

Für jede ab 2017 von einer KKW-Betreibergesellschaft aus der Laufzeitverlängerung in das Netz (ohne Eigenverbrauch) zusätzlich eingespeiste Megawattstunde (MWh) („LZV-Elektrizitätsmengen") leistet die KKW-Betreibergesellschaft im gleichen. Jahr einen Förderbeitrag („Förderbeitrag") an ein Sondervermögen des Bundes zur Finanzierung von Fördermaßnahmen zur Umsetzung des Energiekonzepts („Fonds"). Der Förderbeitrag beträgt 9 Euro /MWh. Die Parteien werden eine aufkommensneutrale Aufteilung der Förderbeiträge aufgrund der unterschiedlichen LZV-Elektrizitätsmengen prüfen. Der Förderbeitrag ist variabel im Hinblick auf die Entwicklung des Verbraucherpreisindexes und kumulativ auch im Hinblick auf die Entwicklung des [German Baseload Future].
– Der Förderbeitrag erhöht oder ermäßigt sich zum 1.1.2017 und nachfolgend zum 1.1. jeden Folgejahres im selben prozentualen Verhältnis, wie sich der Index der Verbraucherpreise (alle Haushalte, Basis 2005 = 100) ab dem 1.1.2011 erhöht oder ermäßigt.
– Der Anpassung auf der Basis, des [German Baseload Futures] n+2 liegt ein Ausgangspreis in Höhe von Euro 53,83/MWh (Tagesschlusspreis am 03.09.2010) zugrunde (Ausgangspreis). Dieser Ausgangspreis erhöht oder ermäßigt sich zum 1.1.2017 und nachfolgend zum 1.1. jeden Folgejahres im selben prozentualen Verhältnis, wie sich der Index der Verbraucherpreise (alle Haushalte, Basis 2005 – 100) ab dem 1.1.2011 erhöht oder ermäßigt. Wenn und soweit der volumengewichtete 12-Monats-Durchschnitt der im Jahr n-2 für die. Lieferung im Jahr n maßgebliche [German Baseload Futures] den angepassten Ausgangspreis um

mehr als Euro 10,17 überschreitet, wird der Förderbeitrag für das Jahr n um die Hälfte der Mehrüberschreitung angepasst. Wenn und soweit der volumengewichtete 12-Monats-Durchschnitt der im Jahr n-2 für die Lieferung im Jahr n maßgebliche German Baseload Futures den Wert von Euro 43,00 / MWh unterschreitet, wird der Förderbeitrag für das Jahr n um die Hälfte der Unterschreitung angepasst.

– Die Parteien werden im Jahre 2019 auf der Grundlage der dann vorliegenden Erfahrungen mit der vorstehendes Anpassungsregelung gemeinsam prüfen, ob sie der Intention der Parteien gerecht wird, die diesem Vertrag mit Blick auf den Vorteilsausgleich aus der Laufzeitverlängerung zugrunde liegt. Bei einer solchen Überprüfung sind neben der Strompreisentwicklung auch sämtliche Kosten der KKW-Betreibergesellschaften/EVUs (soweit im Zusammenhang mit dem jeweiligen KKW) in die Betrachtung einzubeziehen. Die Parteien werden erforderlichenfalls angemessene Änderungen vereinbaren.

– Als nicht rückzahlbare Vorausleistung auf die ab 2017 geschuldeten Förderbeiträge zahlen die KKW-Betreibergesellschaften jeweils einzelschuldnerisch gemäß der als Anlage C beigefügten Aufteilung in den Jahren 2011 and 2012 einen Betrag i.H.v. insgesamt 300 Mio. Euro p.a. und in den Jahren 2013 bis 2016 einen Betrag i.H.v. insgesamt 200 Mio. Euro p.a. in den Fonds ein. Soweit die Erhebung einer Kernbrennstoff- oder ähnlichen Steuer den Jahresbetrag von 253 Mrd. Euro übersteigt, verringert sich die jährliche Vorausleistung um den übersteigenden Betrag. Wenn der Steuerbetrag eines der Jahre 2011 bis 2015 den Betrag von Euro 2,3 Mrd. zuzüglich des jährlichen Vorausleistungsbetrages überschreitet, wird der überschießende Betrag auf die Folgejahre bis einschließlich 2016 vorgetragen. Der Vortrag dient zunächst zur Auffüllung des Steuerbetrags bis zu Euro 2,3 Mrd p.a., im Übrigen mindert er die jährliche Vorausleistung. Nicht verrechnete Teile des Vortrages werden auf die Folgejahre vorgetragen. Bei Stilllegung eines KKW ohne Übertragung von Elektrizitätsmengen entfällt die Vorausleistung. Die in den Jahren 2011 bis 2016 insgesamt gezahlten Vorausleistungen werden auf die Förderbeiträge der Jahre 2017 bis 2022 in jeweils gleichen jährlichen Raten angerechnet; in diesen Jahren nicht verrechnete Teile der Vorausleistungsbeiträge werden auf die Folgejahre zur Verrechnung vorgetragen.

– Die Förderbeiträge und die Vorausleistungen mindern sich um (i) den Betrag, der sich ergibt, wenn Zahlungen nach diesem Vertrag mit Steuern, Beiträgen oder anderen Abgaben, die spezifisch die die Kernenergie erzeugenden Unternehmen betreffen, belastet werden, oder (ii) die Steuerbelastung, die sich ergibt, wenn Zahlungen nach diesem Vertrag oder die Kernbrennstoffsteuer nicht unbeschränkt als steuerlich abzugsfähige Betriebsausgaben anerkannt werden.

– Bei der Übertragung von Elektrizitätsmengen gehen Rechte und Pflichten aus diesem Vertrag in entsprechendem Verhältnis über. Mit der Übertragung von Elektrizitätsmengen entfällt die Vorausleistung des Übertragenden ab dem Übertragungszeitpunkt.

– Jedes EVU garantiert in Höhe des ihm gemäß Anlage A zuzurechnenden KKW-Anteils die Erfüllung der Verpflichtungen der KKW-Betreibergesellschaften aufgrund dieser Vereinbarung; im Falle von Übertragungen von Reststrommengen erstreckt sich die Garantie des EVU, dem das übernehmende KKW zugerechnet wird, auch auf die Verpflichtungen, die sich aus der Übernahme ergeben.

4. Minderung des Förderbeitrags

Der Förderbeitrag mindert sich für das laufende und für künftige Jahre,
(i) wenn insgesamt oder für das jeweilige KKW
   (a) Bestimmungen zur Laufzeitverlängerung und zur Übertragbarkeit von Elektrizitäts-
       mengen abweichend von der gem. Anlage B vorgesehenen Fassung geregelt, verkürzt,
       verändert, unwirksam oder aufgehoben werden oder in sonstiger Weise entfallen oder
   (b) ab dem 6, September 2010 gestellte Nachrüstungs- .oder Sicherheitsanforderungen
       einen Gesamtbetrag von 500 Mio. Euro für das beireffende KKW überschreiten, um
       den Betrag, um den die Änderung oder die weiteren Nachrüstungs- oder Sicherheits-
       anforderungen bezogen, auf die restlichen LZV-EIektrizitätsmengen die Kosten je MWh
       für das betreffende KKW erhöhen, oder
(ii) wenn eine Kernbrennstoffsteuer oder eine ähnliche Steuer mit einem höheren Steuersatz
     als Euro 145./ g Plutonium 239/241, Uran 233/235 erhoben wird (ausgenommen zur
     Korrektur gemeinsamer Kalkulationsirrtümer) oder für eine längere Dauer als in den
     Jahren 2011 bis 2016 erhoben oder wenn sine anderweitige Steuer, Abgabe oder sons-
     tige Belastung eingeführt, begründet oder erhöht wird, durch die eine Zahlungspflicht
     im Zusammenhang mit dem Kernbrennstoffkreislauf (einschließlich Entsorgung), der
     Elektrizitätserzeugung aus Kernenergie, der Verteilung oder dem Handel von Elektrizität
     aus Kernenergie begründet oder erhöht wird, um den Betrag der sich daraus ergebenden
     zusätzlichen Belastung je MWh.
Die Minderung führt nicht zu einem negativen Förderbeitrag. Rechnerisch negative Förderbeiträge eines KKW-Anteils können jedoch gegen Förderbeiträge der anderen KKW-Anteile.
des selben EVUs angerechnet werden, wenn dies erforderlich ist, um den wirtschaftlichen
Betrieb des übertragenden KKW sicherzustellen.
   Nachrüstungs- oder Sicherheitsanforderungen. i.S.v. Ziffer 4 (i) (b) sind alle erforderlichen
sicherheits- und anlagenzustandsverbessernden Maßnahmen, die nicht dem Instandhal-
tungsaufwand des Regelbetriebes nach AtG zuzurechnen sind; hierzu gehören insbesondere
Aufwendungen, die darauf gerichtet sind, Maßnahmen aufgrund § 7d AtG zu verwirklichen,
sowie diejenigen Aufwendungen, die auf die Realisierung von Maßnahmen abzielen, die
aufgrund ihrer wesentlichen Veränderung einer atomrechtlichen Änderungsgenehmigung
nach § 7 AtG bedürfen, sowie diejenigen Aufwendungen, die aufgrund von behördlichen
Zustimmungen, oder Anordnungen nach §§ 17, 19, 19a AtG darauf gerichtet sind, das
nachgewiesene Sicherheitsniveau der Anlage zu verbessern. In jedem Falle muss es sich um
Maßnahmen im Zusammenhang mit Nachrüstungs- und Sicherheitsanforderungen handeln.
Aufwendungen in diesem Sinne umfassen auch die Kosten, die durch die Verfahren für die
Zustimmung oder Genehmigung solcher Maßnahmen aufgewendet werden.

5. Wirksamwerden:

Wirksamkeit des Vertrages steht unter folgender Bedingung:
– Bestimmungen zur Laufzeitverlängerung und Übertragbarkeit von Elektrizitätsmengen
   sind in der gem. Anlage B vorgesehenen Fassung in Kraft getreten.

Anhang 5

– Paraphierung des Vertrages bis Ende September 2010; Unterzeichnung mit Abschluss der parlamentarischen Beratung.
– Anwendungszeitraum ab 1.1.2011

6. Schiedsvereinbg/Rechtsweg:

Schiedsgutachten, im Übrigen Rechtsweg zu des zuständigen Gerichten.

7. Verschiedenes/Schlussbestimmungen:

– Anpassungsklausel in besonderen Fällen (§ 60 VwVfG), insbesondere bei wesentlichen Änderungen der Marktmechanismen, z.B. Einführung eines Kapazitätsmarktes (Festlegung jährlicher Informationspflichten), der hoheitlichen Anforderungen oder des Entsorgungsregimes
– Änderungsklausel, Anlagen Bestandteil des Vertrages, Vollständigkeitsklausel
– Salvatorische Klausel
– Vertragslaufzeit: Vertragsablauf für die jeweilige KKW-Betreibergesellschaft mit Ablauf des Jahres, das dem Jahr folgt, in dem die KKW-Betreibergesellschaft die Einspeisung von LZV-Elekttizitätsmengen beendet hat
– Gremienvorbehalt (wird bis zum Vertragsschluss ausgeräumt)

Die Paraphierung dieses Termsheets steht unter der aufschiebenden Bedingung einer schriftlichen Bestätigung des Bundesumweltministeriums, dass

(i) die von der Bundesregierung geplante Laufzeitverlängerung von durchschnittlich 12 Jahren durch eine der bisherigen Anlage 3 zu § 7 Abs. 1a AtG entsprechenden neue Anlage 3a, die die Neumengen aus der Laufzeitverlängerung pro KKW in TWh auflistet, sowie durch eine entsprechende, in diesem Vertrag unter Anlage B Teil 1 aufgeführte Ergänzung von § 7 Abs. 1a Satz 1 AtG umgesetzt werden soll,

(ii) auf die neuen Strommengen aus der Laufzeitverlängerung gemäss Anlage 3a zu § 7 Abs. 1a Satz 1 AtG die Übertragbarkeitsregelungen § 7 Abs. 1b AtG anwendbar sein sollen und

(iii) die neue Anlage 3a zu § 7 Abs. 1a AtG mit den jeweiligen Strommengen pro KKW der diesem Vertrag unter Anlage B Teil 2 beigefügten Liste entsprechen soll.

Berlin, den 6. September 2010

Anlage A zu Termsheet vom 6.9.2010: Zurechnung von KKW-Anteilen zu den EVUs

Anlage B zu Termsheet vom 6.9.2010: Übertragbarkeit von Elektrizitätsmengen und Laufzeitverlängerung

Teil 1: Übertragbarkeit von Elektrizitätsmengen
   § 7 Abs. 1a Satz 1 AtG erhält folgende Fassung:
   „Die Berechtigung zum Leistungsbetrieb einer Anlage zur Spaltung von Kernbrennstoffen zur gewerblichen Erzeugung von Elektrizität erlischt, wenn die in Anlage 3 Spalte 2 und die in Anlage 3a Spalte 2 für die Anlage aufgeführte Elektrizitätsmenge oder die sich auf Grund von Übertragungen nach Absatz 1b ergebende Elektrizitätsmenge produziert ist."
   § 7 Abs. 1b AtG in der am 6. September 2010 gilt auch für die Übertragung neuer Elektrizitätsmengen aus der Laufzeitverlängerung.
Teil 2: Anlage 3a zu § 7 Abs. 1a – Laufzeitverlängerung (Zusatzmengen, ohne Reststrommengen nach Anlage 3 zu § 7 Abs. 1a AtG in der am 6. September 2010 geltenden Fassung)

Anlage C: KTA-Schlüssel

327

Anlage A zu Termsheet vom 6.9.2010: Zurechnung von KKW–Anteilen zu den EVUs				
Lfd. Nr.	KKW-Block	EVU	Kapitalanteil	Zurechnung
1.	Biblis A	RWE	100%	100%
2.	Neckarwestheim 1	EnBW	100%	100%.
3.	Biblis B	RWE	100%	100%
4.	Brunsbüttel	EON	1/3	1/3
		Vattenfall	2/3	2/3
5.	Isar 1	EON	100%	100%
6.	Unterweser	EON	100%	100%
7.	Philippsburg 1	EnBW	100%	100%
8.	Grafenrheinfeld	EON	100%	100%
9.	Krümmel	EON	50%	50%
		Vattenfall	50%	50%
10.	Gundremmingen B	EON	25%	25%
		RWE	75%	75%
11.	Philippsburg 2	EnBW	100%	100%
12.	Grohnde	EON	5/6	100%*
		Stadtwerke Bielefeld	1/6	0
13.	Grundremmingen C	EON	25%	25%
		RWE	75%	75%
14.	Brokdorf	EON	80%	80%
		Vattenfall	20 %	20 %
15.	Isar 2	EON	75 %	100 %*
		Stadtwerke München	25 %	0
16.	Emsland	EON	12,5 %	12,5 %
		RWE	87,5 %	87,5 %
17.	Neckarwestheim 2	EnBW	100 %	100%

*Soweit sich die Garantie auf Anteile erstreckt, die nicht von EVU gehalten werden, kann das garantie-rende EVU auf die Nutzung der auf diese Anteile entfallenden LZV-Elektrizitätsmengen am Nutzungs-ende verzichten.

Anhang 5

Anlage B zu Termsheet vom 6.9.2010: Übertragbarkeit von Elektrizitätsmengen und Laufzeitverlängerung	
KKW-Block	LZV EWL
Biblis A	68,617
Neckarwestheim 1	51,000
Biblis B	70,663
Brunsbüttel	41,038
Isar 1	54,984
Unterweser	79,104
Philippsburg 1	55,826
Grafenrheinfeld	135,617
Krümmel	124,161
Grundremmingen B	125,759
Philippsburg 2	146,956
Grohnde	150,442
Grundremmingen C	126,938
Brokdorf	146,347
Isar 2	144,704
Emsland	142,328
Neckarwestheim 2	139,793
Gesamt	1.804,278

329

Anlage C: KTA-Schlüssel			
KTA-Schlüssel	Kernkraftwerk	Betrag in Mio. Euro (bei Gesamt 300 Mio. Euro p.a.)	Betrag in Mio. Euro (bei Gedamt 200 Mio. Euro p.a.)
5,9%	Biblis A	17,70	11,80
6,3%	Biblis B	1878	12,52
4,2%	Neckarwestheim 1	12,57	8,38
6,5%	Neckarwestheim 2	19,38	12,92
3,8 %	Brunsbüttel	11,52	7,68
4,3 %	Isar 1	12,96	8,64
6,6%	Isar2	19,86	13,24
6,5%	Unterweser	19,62	13,08
4,3%	Philippsburg 1	12,96	8,64
6,6%	Philippsburg 2	19,86	13,24
6,3%	Grafenrheinfeld	18,93	12,62
6,2%	Krümmel	18,57	12,38
6,4%	Grundremmingen B	19,32	12,88
6,4%	Grundremmingen C	19,32	12,88
6,5%	Grohnde	19,62	13,08
6,5%	Brokdorf	19,62	13,08
6,5%	Emsland	19,38	12,92

ISBN-13: 978-3-920328-57-7

CIP Titelaufnahme der Deutschen Bibliothek:
Peter Becker: Aufstieg und Krise der deutschen Stromkonzerne.
Zugleich ein Beitrag zur Entwicklung des Energierechts
© Ponte Press Bochum, 2010
Ponte Press Verlags GmbH, Stockumer Str. 148, D-44892 Bochum
www.ponte-press.de

Kein Teil dieses Buches darf ohne schriftliche Erlaubnis des Verlages als
Mikrofilm oder in anderer Weise reproduziert werden.
No part of this book may be reproduced in any form by photostat, microfilm, or any other
means, without a written permission from the publisher.

Print: Druckerei POMP, Bottrop
Printed in Germany